2007年全国高校校园文化建设优秀成果
2007年浙江省首批高校优秀校园文化品牌

王建华 主编

风则江大讲堂

第三辑

中国社会科学出版社

图书在版编目（CIP）数据

风则江大讲堂·第三辑/王建华主编. —北京：中国社会科学出版社，2009.9
ISBN 978-7-5004-7769-3

Ⅰ.风… Ⅱ.王… Ⅲ.人文科学—演讲—文集 Ⅳ.C53

中国版本图书馆 CIP 数据核字（2009）第 076348 号

责任编辑	罗　莉
责任校对	李　莉
封面设计	毛国宣
技术编辑	李　建

出版发行	中国社会科学出版社		
社　　址	北京鼓楼西大街甲 158 号	邮　编	100720
电　　话	010—84029450（邮购）		
网　　址	http://www.csspw.cn		
经　　销	新华书店		
印　　刷	北京新魏印刷厂	装　订	北京富达兴装订有限公司
版　　次	2009 年 9 月第 1 版	印　次	2009 年 9 月第 1 次印刷
开　　本	710×1000　1/16		
印　　张	30		
字　　数	489 千字	插　页	2
定　　价	52.00 元		

凡购买中国社会科学出版社图书，如有质量问题请与本社发行部联系调换
版权所有　侵权必究

《风则江大讲堂》编委会

主　任　王建华
副主任　宋培基　唐和祥　王建力
成　员　梁　涌　柳国庆　寿永明　杜坤林
　　　　　陈　红

编　辑　梁　涌　张　颖　袁继锋　王　一
摄　影　汤伟星　王旭飞

领悟文化堂奥　放飞激情梦想

（代序）

"在绍兴这个人杰地灵的地方，在这个文化底蕴深厚的圣地，我们今天相聚在一起，共同探讨这个跨越专业的学术盛宴和走入社会的校园文化，感受绍兴文理学院的传统学风和她的现代精神。"一位嘉宾在"风则江大讲堂"百期暨开讲三周年恳谈会上如是说。

2008年11月13日下午，"风则江大讲堂"迎来发展中的盛事——"风则江大讲堂"百期暨开讲三周年恳谈会在咸亨大酒店隆重举行。省市有关部门的领导、沪浙部分高校的专家学者和媒体负责人数十人围席恳谈，点评大讲堂的过去和将来，情深意切，透露着对"风则江大讲堂"的厚爱。

校党委书记王建华教授致辞致谢。他说，"风则江大讲堂"三年来的发展得到了方方面面的关心、支持和帮助。省委教育工委、省教育厅在很多场合对"风则江大讲堂"给予了充分肯定，省社科联的领导和他们主办的浙江人文大讲堂给予了多方指导，绍兴市委市政府、宣传部、文广局和《绍兴日报》、绍兴电视台等媒体提供了各种帮助，浙江大学、浙江师范大学、宁波大学等兄弟院校也大力支持；百位在各个领域学有专长、声名赫赫的专家莅临讲学，更给大讲堂注入了不竭的生命力。他以一首《西江月》："八方来风则淳，千水汇流为江。枝繁叶茂三春秋，大气满城百讲。领悟文化堂奥，放飞激情梦想。破浪扬帆远航时，当忆廊桥风光"，表达了对大讲堂百期和开讲三周年的祝贺。"大讲堂是一个平台，我们的目的是通过它，使我们的学生健康成长，学生综合素质得到多方面的营养，在文化的熏陶中厚重思想，同时也为绍兴市文化强市建设做出我们的贡献。"王建华教授在阐述了"风则江大讲堂"的创办初衷后，恳请各位专家对大讲堂的进一步发展提出宝贵意见，"在现有基础上怎样进一步提升，这是我们一直在思考的问题，她今后的发展还迫切需要多方呵护和大家共同的支持"。

与会领导和专家纷纷表示，他们一直都在通过阅读文字材料、现场聆听等方式关注着大讲堂。浙江理工大学党委书记费君清回忆了和王建华书记共同为大讲堂揭幕并为王建华书记讲座担任主持的情景，说："三年来我一直关注着大讲堂，阅读大讲堂结集成册的资料。大讲堂已成为文理校园的亮点，这要归因于好的领导，高度重视，大力支持；归因于大师、名家的倾情讲学；归因于学生的热情参与，自信面对大家，发挥潜能，进行有水准的交流；归因于敬业的工作班子，在讲座中以及前期、后期工作中的尽心尽力。我对大讲堂成就辉煌表示由衷的祝贺。"浙江师范大学党委副书记黄华童说："我也算是绍兴人，对绍兴有感情，对文理学院有感情，对'风则江大讲堂'也特别有感情。寄给我的'风则江大讲堂'材料我都看过，的确非常有教益，我每次读了以后都有种享受美味大餐、吸收丰厚营养的感觉。总体上说，这个大讲堂太精彩了，组织者太有思想了，令人震撼。"

领导和专家们对"风则江大讲堂"三年来的发展给予了充分肯定和高度赞誉。省教育厅宣教处处长薛晓飞说："几乎每所大学都有自己的讲堂，但是像'风则江大讲堂'这样持之以恒，按照做品牌的执著追求，有自己特定的目标做下来的，确实不容易。它在全省近80所高校中脱颖而出，成为全省校园文化品牌典型，乃至得到教育部的肯定，有着重大的意义。'风则江大讲堂'三年打造的辉煌，其实是用一百场精彩讲座奠定起来的。它最起码发挥了三个方面的作用：一是为师生营造了一片育人的舞台，二是为师生构建了一片精神家园，三是为绍兴这座历史文化名城开辟出一片新的文化绿洲。"黄华童教授用四个"一"、五个"性"和八个特点来概括"风则江大讲堂"：一个全面提升学生素质的大讲堂，一个开拓学生视野的好窗口，一个校园文化的好品牌，一个文化丰厚的大宝库；时代性、思想性、学术性、人文性、丰富性；创意好，形式新，有特色，内容广，品位高，底蕴深，教益丰，影响大。绍兴市文广局局长李永鑫讲道："三年来，大讲堂已经开办一百期，迎来了一百位很有名气的学者、全国顶尖的专家。这个讲堂是一个纽带，为我们见到这一百位学者专家，听他们发表有见地的见解提供了条件，起到了补充人才、增加绍兴文化内涵的作用，不但强化了文理学院的学风，而且为推动绍兴学习型城市建设营造了好的风气。"绍兴县委宣传部部长孙君认为，"风则江大讲堂"能够办得这么成功，折射出绍兴文理学院的变化，一是学校的变化，办学层次和学生素养都有了大幅提升；二是学校教育的变化，突出了素质教育；三是文化建设价值取向的变化，非常注重人文传统的弘扬。浙江大学党委宣传部副部长彭凤仪盛赞："三年路程，百期大讲堂，不容易。从酿造品牌到推荐这个品牌，再到今天这么多受众在追逐这个品牌，并且有那么多学生、老师、专家、学者在托举这个品牌，这个过程是打造校园文化品牌的一次创新探索，是践行整合营销传播的一个成功范例。在这样一个注重设计的时代，在这样一个崇尚品牌的时代，绍兴文理学院打造了这样一个文化品牌，是文化力、传播力和影响力三力互动演进的一个过程，也是大学的名师和大学的文化共融共进的一个过程，还是省内知名高校和绍兴名城融合联姻、共同推进文化发展和繁荣的一个过程，也是高校的硬指标和软实力有效渗透、双向提升的一个过程。"宁波大学党委宣传部副部长张芝萍则认为"风则江大讲堂"的品牌效应、模式效应已经魅力四射。

　　领导和专家们的金玉良言更温暖、明亮了大讲堂主办者的心。浙江大学人文学院常务副院长廖可斌教授对大讲堂提出了四点建议：和绍兴文脉相结合，借助传统的优势文化品牌，把大讲堂进一步推向全国，推向世界；选题可以更自由开放多样化，结合金融风暴等热点话题开出讲座，引导学生关心社会，关心时代；更加开放，更加全面地辐射渗透到社会；持之以恒，做好品牌。省社科联副主席曾骅建议，一是在讲座开讲之前更多地提供与主题相关的背景资料；二是传播力决定影响力，透明度决定公信度，要更多地借助地方媒体；三是更多地体现地方韵味，推广地方文化研究成果。省社科联科普处处长俞晓光还表示，浙江人文大讲堂可以和"风则江大讲堂"从师资、传播资源等方面进行互动，加强合作、沟通、联系，共享共建，共同打造浙江文化建设的品牌。绍兴市委机关党工委书记董明阳指出，"风则江大讲堂"的举办对于学习型社会建设、学习型组织建设是非常重要的一个举措，可以利用这个平台来培养本校、本地的学者和老师，适当结合绍兴特定时期的中心工作、工作大局设计选题，融入社会，加强互动。绍兴市委宣传部宣传处处长周南提出，可以在做大、做深、做强上下工夫，扩大内容的广泛性和听众覆盖面；整合资源，尝试系统化、专题化、菜单化；积极借助社会力量，探索投入和产出机制，加强纵向与横向联系，实现资源共享与信息共用。

领导和专家们均对"风则江大讲堂"寄予厚望。薛晓飞处长说："要在大学打造一个品牌，营造这么一个阵地，耕耘这么一片家园，确实是不容易的事情，这需要一份守望的执著。希望'风则江大讲堂'能够不跟风、不媚俗，坚持守望、追求的执著。"廖可斌老师寄语："这个品牌应该是一个百年品牌，也应该成为百年品牌，一定要持之以恒地做下去。"上海师范大学都市文化研究中心主任杨剑龙教授说："我曾为大讲堂题词：'吴越胜景风则江，誉满东南大讲堂。树人传统承鲁迅，独立精神循嵇康。'大讲堂在短短三年内影响越来越大，现在看来第二句肯定要改，不仅是'誉满东南'，而且'誉满华夏'，也许过几年要改成'誉满全球'了。"

这些真挚坦诚的鼓励，这些高瞻远瞩的箴言，这些殷切深厚的期待，为"风则江大讲堂"总结出了许多新元素，提供了许多新信息，提出了许多好建议，丰富深厚了大讲堂的内涵。这也必会汇成一股强大的动力，鞭策我们在"风则江大讲堂"百期暨开讲三周年之后的日子里，加倍用心，加倍努力，把大讲堂越办越好，开创校园文化品牌建设的新局面。

目 录

张　文	刑法与人格	（1）
杨立新	侵权责任法的立法热点	（26）
霍存福	"合情合理，即是好法"	（53）
	——从谢觉哉的"情理法"观说起	
郑成良	法律、正义与权利	（84）
崔建远	民事纠纷的解决与和谐社会构建	（110）
尹伯成	房地产业健康发展与和谐社会的构建	（136）
奥尔罕·帕慕克	我们究竟是谁	（153）
	——在卡尔斯与法兰克福	
莫　言	我为什么写作	（164）
莫砺锋	唐宋诗词的现代意义	（198）
刘跃进	西方文明与当代中国文学研究	（226）
陈　洪	说说"红学"的一笔糊涂账	（250）
李宇明	语言强国	（279）
崔希亮	话语的潜台词与交际策略	（304）
毛　丹	好的文科该教什么	（328）
王水照	永远的苏东坡	（349）
靳埭强	生活·心源	（373）
	——艺术设计之魂	
上仓庸敬	黑泽明和他的《七武士》	（396）

于　海　城市生活呼唤人文精神 …………………………………（410）
田耀农　谈美论丑探美育 ……………………………………（445）

张 文

北京大学法学院暨宁波大学法学院教授,博士生导师。现任北京市法学会副会长、中国犯罪学研究会常务理事、中国刑法学研究会理事,曾任北京大学司法研究中心主任、北京大学社会科学学部学术委员会委员、澳门科技大学法学院院长。主要研究领域:中国刑法学、刑事政策学、犯罪学。合撰专著、教材20余部,主要有《人格刑法导论》、《刑法因果关系论》、《刑事责任要义》、《中国刑事司法制度与改革研究》、《十问死刑——以中国死刑文化为背景》等,在《中国法学》、《法学研究》、《北京大学学报》、《莫斯科大学学报》、《中外法学》等刊物上发表学术论文50余篇。曾获北京大学优秀教学奖、北京市教学成果一等奖、日本桐山奖教金特等奖等奖项。

刑法与人格

(2007年10月18日)

绍兴与北京大学是非常有缘的。在北京大学一百多年的历史上有很多校长,其中就有四位是绍兴人,有两位是北京大学历史上最有名的校长,新中国成立前的是蔡元培先生,新中国成立后的是马寅初先生。我作为北京大学的一个学生和北京大学的一个老师,到我们老校长的出生地作一场讲座,感到非常高兴,也非常亲切。

绍兴是历史名城,出了好多名人,文化底蕴非常深厚,这里的青年学子也非常优秀,我曾经有过领教。前年我在宁波大学也作过讲座，讲完了以后学生们的提问切中论题，给我留下了非常深刻的印象。今天，面对着你们这些青年才俊，我既感到非常高兴，同时也觉得有压力，但我会尽可能讲好，为咱们大讲堂出一点力。

今天我讲座的题目是"刑法与人格"，中心就是讲，目前实行的刑法制度，不管是英美法系，还是大陆法系，都是以行为为本位，只是看行为人的行为是否触犯了刑法的规定，凡是触犯了刑法规定的就必须依法受到制裁，而不看行为人的人格如何。这也可以称之为行为刑法。但是我认为，在行为刑法的基础上要进一步向前推进，还要讲人和人格，这是21世纪刑法现代化的发展方向。

我准备讲以下三个问题：为什么要把刑事法人格化；刑事法人格化有没有可能，即可行性问题；怎样把刑事法人格化。

一 刑事法人格化的必要性

（一）为什么要提出犯罪人格问题

首先，我们来讨论一个问题：为什么要把刑法与人格联系起来呢？你们在高中或大学时也曾接触过刑法知识，即规定什么行为是犯罪并应当受到处罚的法律是刑法。一个人实施怎样的行为是犯罪，应怎么处罚，这就是刑法所要研究的内容。

按我的理解，这就是行为刑法，是以行为为中心的刑法。19世纪以来，行为刑法在世界上一直占据统治地位。到目前为止，我们国家仍然是这样。举个例子来说：2003年某青年到杭州一个食品商店偷窃，数额达1万多元。被送往派出所后，警察讯问时，他一言不发，因而不知道他姓什么叫什么，更不知道他住在什么地方，于是警察认为他是个哑巴。因为按现行刑法规定，需要判定这个人是否为成年人，所以就做了骨龄鉴定，骨龄鉴定的结果显示这个人超过了20岁。司法机关认为，虽然不知此人的姓名、住址以及他以前的情况，但是，他盗窃1万多块钱的行为确凿，按照刑法规定构成了盗窃罪。最后，法院在判决书中，给这个人拟了个名字"甲"（并附上照片），男，20岁；并依据他盗窃1万多元的事实，按照盗窃罪判处他有期徒刑三年。这是行为刑法的典型判例。

这个判决，我认为是存在问题的。第一，有没有医院鉴定他是否是个哑巴？小说《红岩》中有位名叫华子良的人，装疯卖傻了多少年啊，我们如何排除这个青年没有装聋作哑？事实上也并没有排除。第二，他是不是个精神病人？同样也没有做精神病的司法鉴定。根据现行刑法规定，如果这个人是精神病人，不能够辨别、控制自己的行为，那他的行为也不算犯罪。第三，他是不是个惯犯？他过去是否偷过东西？也不知道。另外，他是不是个外来民工，因为进城以后没有找到工作、没有饭吃，才到商店偷东西？对此，同样也不知道。也就是说，在这个人为什么偷窃，他到底是个什么样的人，都不清楚的情况下，就按照他客观实施的这一次行为，就给他定了罪，被贴上了犯罪人的标签。

这个判决有两种风险：一种是可能放纵罪犯。如果这个青年是个惯窃，而只是按照他的一次盗窃行为判三年有期徒刑，岂不是放纵了他？！另一种是可能造成冤枉。如果这个青年是个精神病人，而给他定罪，岂不是冤枉？！或者，他是个到杭州来打工的民工，因为没找到工作而没有饭吃，不得已偶尔到商店偷窃，而法院就以这一次行为判处他三年有期徒刑，岂不是太过于严厉？！由此可见，只讲行为，不讲人和人格的刑法制度是存在问题的。

（二）行为刑法只是半个真理

1. 行为刑法具有进步性

从上面的例子来看，行为刑法存在着严重问题，但我并不是要完全否定它。因为行为刑法相对于古代社会的结果刑法、罪刑擅断而言，有其自身的进步性。按照一个人的行为来定罪，要比古代社会按照行为造成的结果来定罪，有利于人权保障。

古代不仅不是完全按照人的行为来判定罪行，比如以言论定罪，而且物也可能会犯罪。在北京故宫北边的景山公园有一座山，山的东面原来有一棵歪脖树，它被锁了起来。为什么被锁起来呢？就是因为明末李自成打入北京时，崇祯皇帝在这棵树上自尽了，于是就认为这棵树是有罪的，就把它锁了起来。1959年我到北京读书时，这棵树还在，后来这棵树死了，现在景区人员找了棵相仿的槐树来见证这件事。

在日本古代，有一个皇帝出游时，本来兴致很高，结果路上碰到了大雨，出游就被打断了。皇帝很气恼，于是让大臣把雨接到瓶子里，封存起来放到监狱里面。也就是说，天上下的雨是有罪的，因为它影响了皇帝的出游。这就是历史上有名的"雨的禁狱"。

总之，古代的刑法是按照行为的结果，甚至不光是人的行为结果，即使是物也可以按照犯罪来处理。这样的话，就会造成按照皇帝的意旨办案，他认为谁有罪谁就有罪，就给谁判刑，侵犯人权；

而且古代的刑罚也非常严酷，广泛适用死刑、肉刑。而近代的行为刑法制度，按照行为人的行为来定罪判刑，改变了古代刑法的这种状况。

2. 行为刑法存在先天不足、后天宽严失控的弊病

（1）行为刑法观认为犯罪是理性人的自由意志的产物，这是没有科学根据的。

18、19世纪，资产阶级批判古代封建刑法的"罪刑擅断"、"刑罚残酷"，提出必须按照行为来定罪。他们认为，人都是有理性的人，都能判断是非，一个人的犯罪行为是在他自己的自由意志支配下实施的，因此应当按照客观行为标准来定罪。只有这样，定罪的范围才不至于扩大化，才有利于保障人权。在行为刑法观的基础上，又提出了"罪刑法定"原则，即什么行为是犯罪要根据法律规定，法无明文规定不为罪；还提出了犯罪行为要跟刑罚大体相当的"罪刑均衡"原则等。

但是，他们所主张的"自由意志"论的犯罪原因观，是没有科学根据的。因为人的意志并不是完全自由的，犯罪的原因也不能用自由意志来解释。这种理论不能回答有些人提出的问题：在同样的社会条件下，为什么有60%的人不犯罪，另有5%的人自杀，5%的人患精神病，5%的人只是流浪、乞讨并不危害社会，而只有25%的人却犯了罪，并且他们犯的罪并不完全一样呢？对于这样的问题，用个人的"自由意志"论是无法予以解答的。

（2）只看行为，不看人和人格，滥贴犯罪人的标签，会制造犯罪人。

虽然行为刑法相对于古代的结果刑法来讲，确实有其进步性，也可以说是重大的历史进步，但是用一分为二的观点来分析，它既有进步的一面，也有弊端的一面。除了上述犯罪原因观不科学外，我认为行为刑法在司法中还有一个弊端，就是完全按照一个人的行为予以定罪，就有可能会制造犯罪人。这是指行为人本来没有犯罪人格、不是犯罪人，但国家仅仅按照他的行为给他定罪、判刑、关入监狱，会使得他的人格发生异化，会使其成为一个真正的犯罪人。这不是国家自己在制造犯罪人吗？！

为了说明这个问题，我举两个例子。湖南有两个青年（没有违法前科记载）夏天的时候在大街上闲逛，突然想抽烟，但身上没带钱，于是两个人到了火车站，冒称铁路民警拦住了一个农村青年。对此人搜身，只搜出一块钱和半包烟，临走时，两青年还踢了

他一脚，骂了声"穷鬼"。这个农村青年觉得非常气愤，刚下火车就遇到这样的人，又是被搜身，又是被人踢，于是就到派出所报案。民警立即出动，抓住了这两个青年人。经讯问，二人承认，冒充铁路民警抢了一块钱、半包烟，还踢了人家一脚。根据现行刑法第263条规定，冒充军警人员抢劫的，应判处10年以上有期徒刑。按照该条的规定，法院对这两个青年以抢劫罪判处有期徒刑10年。这两个人是真正的犯罪人吗？十年之后，这两个人会变成什么样的人呢？这是我们刑法学人应当认真思考的问题。

还有一个例子发生在北京。"9·11"事件以后，国家针对恐怖犯罪对刑法作了些修改，颁布刑法修正案（三），增加了很多新的罪名，其中有一条是投放虚假危险物质罪。有一个黑龙江青年到北京打工，刚下火车后到前门的饭馆吃饭时，背包被小偷偷走了。他本想找警察报案，但又想警察哪会管这个小事；想回家又身无分文，没钱买车票。于是，他到附近的垃圾筒里找了个破旧的旅行包，用碎报纸等东西将其装满。他把旅行包带到了天安门广场南边的旗杆下面，之后跟武警谎报说，那个旅行包里有炸弹。武警反问："你是怎么知道的？"他回答说："有两个人用把枪抵着我的腰，让我把这个包送到旗杆下面，说里面有炸弹。"武警立刻将旅行包拿到空旷的地方打开，发现里面除了些废报纸等杂物外，并没有炸弹。于是，该青年就被送到了派出所。民警对其讯问时，他说钱被偷了，想回家又没钱，而向警察报案又不会管，所以就想出了这个办法，认为这样做民警肯定会管这件事，会把他押送回黑龙江。法院审理此案后，按照刑法修正案（三），认定他的行为已经构成了投放虚假危险物质罪，判处有期徒刑三年。

这个案子是北京市东城区检察院起诉的，我是该院的咨询员。有一次，他们和我说起这个案子，认为这是一个新的犯罪动态。我就问他们："你们这样起诉合适吗？他只是虚构了这个恐怖信息，并没有传播；只是向武警说了这事，并没有造成社会恐慌，你们怎么能以此事给他定罪呢？""这个青年在监狱蹲满三年出来后，会是个什么样子呢？"他们没有回答我。大家都知道，一个人要是背上了罪犯的名称，会受到歧视，其社会后果可想而知。现在社会上的一些好人或者说没有犯罪的人都在下岗，何况是一个判过刑的人呢。他们出狱之后，没有正常的工作，没有正常的职业，那他就有可能去犯罪了。此外，虽然说监狱能够改造犯人，但监狱是个什么样的地方？是个大染缸。尤其是小青年，跟那些真正的犯罪人交往会渐渐学会犯罪技术，有时候甚至是从原来的犯罪单面手而变成犯罪的多面手。所以说，如果国家把原来不是犯罪人的人，只是按照他的一次行为来定罪，给他贴上犯罪人标签，那就会制造犯罪人。

（3）只论行为、不看人格，会放纵真正的犯罪人。

完全按照行为刑法来定罪还有一个弊端，就是可能会放纵犯罪人。前些年，我到监狱调查过惯犯、累犯。举个例子来说：有外地青年在烟台打工，其工作性质就是老板的打手。有一次，他用菜刀把一个人砍成了重伤，被判了7年刑。此人从小就不断打架斗殴，入狱后还发生过打架斗殴事件，被关过两次禁闭。我见到他时，再过两年就将出狱了。我问他："出狱后还打不打了？"他说："那要看情况。"问："要看什么情况？"答："要是朋友要我打，我还打。"问："若要不是朋友，我叫你打，你还打不打？"答："那要看你给多少钱，如果合适，我就替你打。"问："要是打死人怎么办？"答："一般打不死人的。"问："你要是不注意，把人打死了，怎么办呢？"答："要是打死了，我就跑。"问："警察会抓住你的。"答："一般抓不着。要真是被抓住了，那就算我倒霉。"问："人生在世，你认为最主要的是为了什么？"答："如果是为不认识的人干，是为了钱；要是为朋友干，是为情谊。"这就是他的人生观和价值观。

当我在问他话的时候，监狱的管教科长也在旁边听。问完话后，我问科长："对于这样的人怎么办？他出狱后还会实施暴力，进行犯罪。"他说："那也没有办法。根据现在的制度，只能是再抓、再判、再关。"这就是现在的刑法制度，明明知道犯人出去后还会犯罪，只要是刑期满了，还是照样放人。这不是在放纵犯罪人，又是什么呢？！

总而言之，现行的刑法制度的弊病，一方面在制造犯罪人，另一方面又在放纵犯罪人。这样的制度，怎么能够有效地抑制犯罪呢？犯罪率又怎么能够不增高呢？

3. 行为刑法制度出现了严重危机

行为刑法制度所遇到的问题，不光出现在中国，而是整个世界性的问题。可以说，当代刑法面临着制度性危机，甚至是严重的危机。这种危机，主要表现在以下几个方面：

（1）刑法膨胀，泛罪化趋势严重，犯罪人标签滥贴。

举例说：19世纪，法国刑法典中的罪名只有150种，到了20世纪，刑法规定的犯罪事项有12500项，增长了83倍。日本刑法典中的罪名有 200 多种，但在其他法律条文中还规定了许多罪名，加起来不下 1 万种。

英美刑法也是这样。有人粗略统计了一下，20 世纪 90 年代，英国刑法罪名大约有 7540 多种，仅交通方面的犯罪就有上千种。比如违章停车、超速驾驶等都是犯罪。在美国，在大街上倒提着一只活鸡，那也叫犯罪——虐待动物罪，可以说是罪名泛滥了。美国国会承认，联邦和各州到底有多少刑法条款很难统计。总之，刑法在无限地膨胀。

有人说，刑法膨胀会导致无政府主义。刑法中规定了那么多的罪名，其中有些根本就不适用，造成的结果只会是法律形同摆设，没有人尊重法律。如果人们的行为动不动就是犯罪，就会被贴上犯罪人的标签，人人都可能成为犯罪人时，那就等于没有了犯罪人，那刑法还有什么用处呢？

（2）监狱人满为患，社会难堪重负。

这是个世界性的问题。20 世纪 20 年代到 80 年代，美国的监禁率增长了 6 倍，由原来的 30 万人增长到后来的 200 万人。监禁一个犯人所要的费用是 2 万美元，也就是说国家一年要支出 400 亿美元来维持监狱的正常运行。法国也如此。法国在 1975 年到 1995 年 20 年间监禁率增长了 100%，而同期国家人口的增长是 60%，也就是说犯罪人口增长的比例超过了全国人口增长的比例。俄罗斯在世界上监禁率最高，达十万分之七百五十，据说有 1/4 的成年男子都坐过牢。至于第三世界的监狱，人满为患、发生骚乱的情况，从电视、广播等媒体上大家都有所了解，这是经常发生的现象。

（3）刑罚效能低下，再犯累犯率增加。

监狱管理效能低下，再犯、累犯频频可见，犯罪率居高不下。西方国家的再犯累犯率达 50%—60%，造成司法资源的极大浪费。有份材料显示，美国有个惯窃已被逮捕了 226 次。这个数字还不是最高的记录，最高的达到了 652 次。也就是说，对一个人反复地抓、放、再抓，这是对司法资源多么大的浪费。要知道，一个国家的司法资源也是有限的，应当有效地加以利用。

（4）刑不压罪，犯罪浪潮席卷全球。

第二次世界大战以后，绝大多数国家的犯罪率一直持续地处于高位，犯罪已成为世界的三大公害之一，甚至还发生了用战争来解决犯罪问题的事，这是史无前例的。最典型的是美国"9·11"事件后，美英发动了阿富汗战争，到现在还在打。这场战争的硝烟什么时候能结束，现在谁都无从知晓。

跟世界上其他国家一样，我国现行的刑法制度也处于危机当中。前几天，我在参加关于新刑法实施10周年的研讨会之前，查阅了一些材料，把10年间的犯罪情况作了一个对比，发现犯罪率一直处于上升状态。1979年，我国出台了第一部刑法，到1997年，修订了此刑法，1997年10月份生效，到现在刚好10年。新的刑法与1979年刑法相比有很大的变化，罪名翻了一番多。1979年刑法中的罪名大约有200多个，到现在有436个，并且还在持续增加当中。罪名不断扩张，刑罚也在不断加重。比方说，死刑的罪名，1979年刑法是28个，现在增加到68个，翻了一番还多。另外，刑罚量也趋向加重，比如对暴力犯不能实行假释，想以此来抑制自20世纪80年代以来的犯罪高发态势。

但事实上，这十年的效果并不理想。比如说，从1996年到2004年近十年间，公安刑事立案由160多万件增加到471万件，增加了310多万件，公安立案案件的变化反映出犯罪率在上升。检察院提起的公诉由75万多人上升到89万多人，增加了14万多人。法院一审判有罪的由66万多人上升至76万多人，增加了10万多人。而2006年，法院一审判处有罪的为88万多人，比1996年增加了22万多人。监狱犯人由130多万人增加到150多万人。我们国家共设有监狱700多所，原来设计关押犯人100万人，实际关押的人数大大超过了这个数目，尤其是在"严打"期间更为突出。

总的来说，这十年间犯罪圈在扩大，刑罚在加重，判决有罪的人在增多，而实际的效果并不明显。按照我们国家公开的数字，我国累犯率是4%—5%，我到监狱调查后发现并非如此。有人说，我们国家的重新犯罪率可能达20%—25%，这并非夸张。据北京市2003年底统计，全市在押的犯人有1.5万人，重新犯罪的人有3000多人，占20.1%。全国有些地区的重新犯罪率可能还要高。可见，犯罪圈扩大，刑罚量增加，在实践中并没有起到抑制犯罪的效果。现行的刑法制度已经到了非变革不可的时候了。

（三）调整刑事政策思路——利用有限刑法资源，集中应对真正的犯罪人

世界和我国所面临的刑法危机是客观事实。行为刑法制度已经走到尽头了，应该转变思路，调整刑事政策。怎么办呢？我认为，应当实行非犯罪人化政策，利用有限的司法资源，集中去应对那些真正的犯罪人。而现在，面对犯罪浪潮，世界上有各种各样的刑事政策，比较突出的就是"严打"——它是我国通俗的说法，其实许多国家都在实行"严打"。另外，还有非犯罪化、非刑罚化、非监禁化政策等。

1. 历史事实已经证明，"严打"不能解决犯罪问题

"严打"政策，简单地说，就是犯罪圈不断扩大，刑罚不断加重，期望以此来解决犯罪问题。但是，历史证明这是行不通的。

秦王朝为何二世而亡，其中最重要的原因是秦朝的法律"密如凝脂"，就好像女人脸上涂抹的雪花膏一样；"赭衣塞路"，道路上塞满了犯人。在秦朝，偷一片桑树叶就要被判三年刑；如果要你去服兵役，即使你到了边关但没能如期赶到，也是要杀头的。这还不叫"严打"吗？但是适得其反，秦朝二世而亡。

所以说，光靠"严打"不能从根本上解决问题，它只能"扬汤止沸"，就像锅里水开了，你舀一瓢凉水倒进去，只能是压一下，而并不能解决根本问题。要根本解决问题还得釜底抽薪，把锅子底下的柴抽出来，水才能停止沸腾。总之，"严打"不是解决犯罪居高不下的根本出路。

2. 非犯罪化、非刑罚化也没能从根本上解决问题

第二次世界大战后，西方一些国家曾经实行过非犯罪化、非刑罚化、非监禁化政策。这个政策的出发点是好的，但是它的思路还局限于从行为上去做文章，没有突破行为刑法的框框。只是将一些无被害人的犯罪，如通奸、成人同性恋、吸毒等犯罪行为排除于犯罪之外，其实际效果并不理想。

3. 唯一出路——减缩刑法，实行非犯罪人化政策

刑法制度改革的出路，是把刑事法的视角由犯罪行为转向犯罪人，从行为人的人格上去做文章。也就是说，要通过行为去查明这个人是不是真正的犯罪人，如果这个人是真正的犯罪人，那就应该给他定罪、判刑；如果这个人只是有法定的犯罪行为类型，但是从他的人格来讲，他不是个犯罪人，那就不能给他定罪、判刑，应当对其实行非犯罪人化。对于这种人，国家不是不管，而是对他的违法行为，按照一般违法对待，予以罚款、行政处罚即可。但是，绝不能给他们戴上犯罪人的帽子。为什么呢？因为给他们戴上犯罪人的帽子会适得其反：他们本来不是犯罪人，而戴上帽子后可能会成为一个真正的犯罪人，这不利于抑制犯罪、保障人权。所以我们提

出，刑法要从行为转向研究犯罪人的人格。只有这样，才能够摆脱当前面临的刑法危机，才能有效地利用有限的刑法资源，集中应对那些真正的犯罪人，从而达到抑制、减少犯罪的目的。

这就是我讲的第一个问题，即为什么要把刑法与人格联系起来去研究。这不是谁脑袋一热就要这样做，而是现实迫使我们必须要转换刑法视角，由行为转向行为人，再转向犯罪人格，从而使刑法规制的对象是真正的犯罪人。只有这样，才能摆脱刑法制度面临的危机，才能走出犯罪高压的困境。

二 刑事法人格化的可行性

如果把刑事法跟人格联系起来，实行刑事法人格化，那么有没有可能性呢？这涉及几个问题：第一个，刑事法规制的对象和出发点是什么？第二个，什么是犯罪人？第三个，什么是犯罪人格？如果这几个问题解决了，那刑事法人格化才有可能。

（一）犯罪人是刑事法规制的对象和出发点

任何一种法律都是调整人与人相互关系的规则。刑法同民法、宪法、行政法等其他法律有什么区别呢？最根本的区别在于，刑法所调整的对象和出发点与其他法律不同。我认为，刑法的出发点和它所规制的对象，应该是犯罪人，是透过一个人的行为来进一步认定这个人是不是犯罪人。如果通过行为人的行为最后判定这个人是有犯罪人格的犯罪人，那就属于刑事法规制的范围，否则应当由其他法律去调整，这是刑法跟其他法律不同的主要地方。否则，很难把刑法与其他法律准确地区分开来。

（二）什么是犯罪人

1. 刑事法学界对犯罪人有不同说法

有人认为，凡是触犯刑法的人就是犯罪人。我不同意这种看法。因为它实际上只是把犯罪人作为抽象的法律现象来看待，在司法中会把犯罪人当作法律条文的"活标本"来对待。这是一种脱离犯罪人实际的看法。犯罪人都是有血有肉的活生生的人，都是有人格的人，他们绝不是法律上的一种抽象或是司法当中的一个"活标本"。

19世纪70年代，意大利有一个刑法学者叫菲利，这个人实际上是刑事社会学派的创始人之一。他批评当时的行为刑法制度，认为那种法律制度只讲行为，不讲具体的人，只是把犯罪人作为法律条文的一个"活标本"，法官对犯罪人说，你触犯的是第404条，便依法在你背上贴上这一号码。在你离开法庭进入监狱时，将被换成1525号或其他数字，因为你的人格在代表正义的法律面前完全消失了。这就是我刚才说的，认为犯罪人就是触犯了法律的人，把它作为法律上的抽象看待，而不把犯罪人看作是一个有人格的人。这种脱离犯罪人实际情况的看法，必然造成犯罪人标签的滥贴。那么，什么是犯罪人呢？

2. 犯罪人是具有犯罪人格的、实施了法定犯罪行为类型的人

我认为，具有犯罪人格、实施了法定犯罪行为类型的人，才是犯罪人。犯罪人是法定的犯罪行为类型与犯罪人格的统一体，而不是只有法定的犯罪行为类型的人就是犯罪人。这就涉及什么是人格，什么是犯罪人格的问题了。

人格这个词在法学界用得很乱，有的把人格说成是人，即个体；有的把人格说成是法律资格；有的把人格说成是法律权利；等等。我这里讲的人格，是心理学上的人格，来自拉丁文 persona（面具），是指个体独特的、相对稳定的心理行为模式。

比如，我跟你最主要的区别是什么呢？不是面孔的不同，咱俩的最本质区别是人格的不同。人格的不同，是人与人之间的本质区别。守法公民同犯罪人之间，最本质的区别也在于人格，也就是说犯罪人有犯罪人格。

据统计，在社会中大约有60%的人，无论遇到什么情况都不会去犯罪，而只有25%的人，按照现在的法律规定，会实施犯罪行为，如杀人、抢劫、放火、盗窃等。这25%的人当中还可以再分，有些人实施暴力犯罪，如杀人、抢劫、强奸；还有另外一些人不实施暴力犯罪，而实施非暴力的财产犯罪，如盗窃、诈骗等。为什么在同一个社会当中有60%的人不犯罪，而另外25%的人当中有些人是暴力犯，有些人又是非暴力犯呢？归根结底，主要是因为人格的不同，即犯罪人有犯罪人格，而其他人没有；暴力犯有暴力行为的人格倾向，而非暴力犯有非暴力行为的人格倾向。

（三）犯罪人格是客观的存在

关于罪犯到底存不存在犯罪人格，学者们的看法不一。有些学

者认为，罪犯跟普通公民一样，上至总统下至普通的平民，都会稍有不慎就成为罪犯，彼此间没什么区别。这种说法是脱离实际的。因为我们看到，有些人无论怎样穷困，宁可饿死也不去偷窃。这是为什么呢？是由他们的人格所决定的。

从社会心理学来讲，犯罪人是个社会群体。这个群体跟其他社会群体的区别，最主要的是人格不一样。正是由于这个群体的人格跟其他群体的人格有所不同，它才能成为一个特殊的群体。因此，那种认为罪犯跟普通人一样，没有犯罪人格的看法，是没有科学根据的。

那么，什么是犯罪人格呢？所谓犯罪人格，是指犯罪人内在的、相对稳定的、反社会行为倾向的身心组织。犯罪人格的本质是其反社会性；犯罪人格是犯罪人内在心理（认知、情感、动机等）与外在表象（行为）的统一，是相对稳定的反社会行为倾向的身心结构。

犯罪人格是怎样形成的呢？这个问题在犯罪心理学中正在被研究。基本的看法是，犯罪人格的形成，除了个体的某些遗传基因和生理缺陷的影响外，最主要的是由社会原因造成的。比如，少小的家庭环境，入学后学校的教育环境，进入社会后的社会环境等，决定了个体的人格形成，即最终成为一个怎样的人。也可以说，个体的社会化过程受阻，是形成犯罪人格的最主要原因。从这个意义上来讲，并不存在"天生的犯罪人"。

在犯罪学史上，意大利有一个很有名的学者叫龙勃罗梭，他原来是监狱的医生，对犯人做了大量的生理解剖，最后得出一个结论：有些人犯罪是因为遗传基因所致，这些人是"天生的犯罪人"。他的这个结论，遭到大多数学者的反对。但是，不能因此而完全否定遗传基因的作用，只是不能把它当作犯罪的最根本原因。犯罪的最根本原因应该是社会原因。

不仅从理论上说犯罪人存在着犯罪人格，而且实证检测的结果也证实犯罪人确实存在犯罪人格。比如，西方的犯罪学者经过对犯罪人的人格检测，证实有60%以上的犯罪人存在着显著偏离于正常人的人格，即心理学讲的"人格障碍"，也有人叫"变态人格"；其中有30%—60%的人有反社会型人格障碍，这是人格障碍的一种类型，是罪犯当中最普遍存在的一种人格障碍。

我们北大的几个人，除了我以外，还有一个我的学生，她现在已经是武汉大学的教授、博士生导师了，另一位是北大心理系的教授,我们一起搞了一个课题,就是研究人格刑法。2000年到2003年,我们课题组先后4次到监狱调查,对犯人进行人格测量。测量的结果是这样的:612名被试囚犯中,有53.6%的人有人格障碍,其中存在反社会型人格障碍的有34.3%,也就是说,被试600多人当中,有1/3多的人有反社会型人格障碍;在98名再犯中,有76.8%的人存在人格障碍。这个调查,也基本证实了罪犯中确实存在着不同于正常人的人格,即存在着犯罪人格。

(四)犯罪人格的主要类型

那么,犯罪人格主要有哪些类型呢?通过我们的调查以及对有关犯罪心理学、人格心理学的实证材料分析,归纳起来,犯罪人格大致有以下几类:

1. 反社会型人格障碍,又称悖德型人格障碍

主要表现为品行不端、道德败坏、无社会良知、无情无义、对社会不负责任。暴力犯罪当中有这样的人,非暴力犯罪当中也有。

暴力犯罪当中,比如前些年处理的湖南以张君为首的抢劫杀人的犯罪集团,流窜在南方多个省作案,其主犯张君就属于反社会型人格。张君说:"顺我者昌,逆我者亡,这是我的脾气。"有时候他为了练手感就向别人开枪,把别人杀死。他到每一个地方犯罪时都要找女人,甚至不止一个,他对人讲:"我对她们没有感情,只是利用。"

再如,流窜于浙江、江西、福建等地多次杀人、强奸、抢劫的罪犯董文语,在杀人现场用被害人的鲜血写下"杀人者,恨社会"几个字。他从十几岁起就到处流浪,多次犯罪。后来记者采访他时,他说:"我憎恨这个社会。除了奶奶,从没有人真正关心我,好像我不属于这个社会,从来没有人问过我的感受。"这种人是什么人?这是典型的反社会型人格。

去年在北京,有一个人到王府井大街劫了一辆出租车,然后开着出租车就向人群冲撞,撞死了一些人。问他为什么这样干,他说:"我是一个外地来打工的,我见了城里这些富人就恨,我要发泄。"像这种人也属于反社会型人格。

还有一些财产犯罪案犯也属于悖德型人格。我在监狱调查的时候曾经遇到一个惯窃,这个人已经第三次入狱了。他14岁离家,跟别人一起偷窃,后来自己单独干。他的盗窃技术越来越高超,拿着一根有钩的绳子,往上一扔就钩在阳台上,他顺绳子爬上去,破

窗进屋盗窃。行盗后便住宾馆，去卡拉OK、嫖妓。他第二次判刑出狱后，一上公共汽车就偷。我问他："你这是为什么啊？"他说："没钱回家，不偷我怎么回家。"我又问他："这次出去以后你还偷不偷？"他说："我得把这几年的损失补回来。"我说："如果你出狱以后，给你找个工作，一个月给你七八百块钱，你还偷不偷？"他说："张老师，我跟你说吧，也可能不偷了。"但他又补充一句："除非你砍掉我的双手！"后来我想，他讲的话也是真话，因为他已经到了盗窃以后要住宾馆，去卡拉OK，去嫖妓的程度，七八百块钱满足不了他的需要。我们俩谈完以后，我就问监狱管教科长："他出去以后说不定一上公共汽车就偷，你说怎么办？"他说："那没办法，刑期满了总得放人。"像这种惯窃，实际上也形成了反社会型人格。

2. 偏执型人格障碍

主要表现为偏执、猜疑、不信任他人。

今年上半年，陕西邱兴华杀人案件被炒得很凶。有人把邱兴华称作"杀人恶魔"，他在道观里一夜之间杀了10来个道士和香客。这是因为什么呢？按他的话说，就是因为他怀疑他的妻子跟一个道士有"不正当行为"，所以就杀人。他杀人以后还杀鸡，用鸡血写道："古仙地　不淫乱　违者杀　公元06"。他就是偏执型人格，先是猜疑，然后就实施犯罪。

对邱兴华其人，有学者说他有精神病，要求给他做精神病鉴定。他老婆也认为他有精神病，说他家里有精神病史，但邱兴华本人不承认。也有些学者认为他不是精神病人，如公安大学李玫瑾教授，是研究犯罪心理学的，她认为邱没有精神病，因为他知道自己在干什么，他的行为动机明确，犯罪以后他有防范措施，因此他不是不能辨认、不能控制自己的行为。李教授委托人让邱兴华填了两张表，我想实际上就是人格量表，经过分析后，她认为邱兴华不是精神病人，而是变态人格。邱兴华的这种变态人格，就是偏执型人格障碍。

还有一个年轻的工程师，大学毕业以后到一个工厂工作，干得还不错，在车间里当了工程师。有一次各车间之间组织拔河比赛，他们这个车间得了冠军，大家都很高兴，于是车间主任请他们吃饭，但却忘了叫上他。他知道吃饭这件事后，一夜都没睡好觉，越想越有气，觉得车间主任看不起他。第二天早晨一上班，他就去找车间主任说理。他问车间主任："昨天请吃饭，为什么不叫我？"车间主任就跟他解释，解释不清，两个人就吵，后来他拿起一根电线从后边勒住车间主任的脖子，把车间主任给勒死了。勒死以后，他就跑了，后来被抓住了。问他："你为什么因为这么一点事就要把人勒死呢？"他说，我这个人特别内向，并且还特别顾面子，是因为面子而杀人。像这种人，实际上也是偏执型人格，容易实施暴力犯罪。再如，杀害4个同学的云南大学的马加爵也属于这种人格。

3. 分裂样人格障碍

主要表现为感情冷漠，观念、外貌、行为奇特，人们常说的"冷血杀手"，就是这种人。

例如，前些年河北石家庄发生连环爆炸案，一夜间4座居民楼相继爆炸，伤亡几百人。该案的犯罪分子靳如超，就是一个分裂样人格的人。他认为家庭财产分割不公，于是就实施爆炸犯罪。此人对人没有感情，与老婆离婚，对家人也没有感情。人们很难猜测这种人的内心，他也不暴露，一旦实施犯罪就非常强烈。

再如，轰动全球的美国宾夕法尼亚大学的校园杀手、美籍韩国人赵承熙，连续开枪杀死30多人，也属于这种分裂样人格。这种人很恐怖。

4. 冲动型人格障碍，又称"怪癖型人格障碍"

主要表现为对行为控制力的障碍性失调，一旦产生做某件事情的冲动，便不能控制自己。如盗窃狂、纵火狂、性侵害狂都属于这种人。那些惯窃控制不了偷窃行为，他不偷别人的东西比自己丢了东西还要难受，他们养成了偷窃的癖性，难以控制自己。

还有一个纵火狂，因为13次纵火而被判刑8年，出狱后又连续多次放火。这个人放火有一个特点，他放完火以后就喊"着火了！着火了！快救火！"看到别人出来救火后他也参加救火。抓住他后，问他为何一再纵火，他说，因为看到人们救火的场面，自己感到"特别刺激"。

还有一些性罪犯也属于这种人格。有一个中学民办教师，因为奸淫猥亵多名女学生被判无期徒刑。因为他在服刑期间表现不错，就给他减刑，服刑即将期满，准备释放他。本来释放出狱他应该高兴，但他却给监狱长写信请求继续呆在监狱里。他的理由是，因为出去后，用不了多久他还得进来。他讲这话也是实情——在记者采访他的时候，他手里拿着一个用橡皮泥做的裸体女人模型，一边摆弄一边不断地亲吻。像他这样的人，其人格没有得到根本的矫治，出狱以后肯定还要继续犯罪。

5. 爆发型人格障碍，又称"类癫痫型人格"

这种人常因受到小的刺激，就爆发强烈的愤怒情绪和冲动行为，不计后果，事后又后悔，但又不能有效防止这种行为再次发生。这就属于爆发型人格。比如，有些酒鬼喝醉了就闹事、打人，有些家庭暴力犯就是这种人。酒醒了后，就向老婆道歉，说以后再也不干了等，但还是要喝酒，喝完了后照样闹事、打人。

6. 表演型人格障碍，又称戏剧型人格障碍、"娴熟的表演家"

主要表现为过分情绪化，寻求他人注意。比如有些诈骗案犯，就属于这种人。

7. 自恋型人格障碍

主要表现为自我夸大、老子天下第一，认为自己超越于法规之外。如黑社会老大、个别贪官就属于这种人，一旦官职当到某种程度以后，就什么都不顾了。

归纳起来，犯罪人格主要是以上几种人格障碍类型。这些人格障碍的类型，跟犯罪的关系最为密切。

此外，应当注意的是，有些犯罪人常常同时存在多种人格障碍。如既有反社会型人格，又有分裂样人格，不是单一的而是双重的甚至是多重的人格障碍。

（五）犯罪人格的测量

上面讲了犯罪人有犯罪人格以及犯罪人格的类型，那么，犯罪人格能不能测量呢？最近一个多世纪以来，心理学者发明了多种人格测量方法，主要有这么几种：投射测验（包括墨渍测验、图片测验）、自陈量表、主体测验、行为观察等。

墨渍测验就是把墨水洒到白纸上，再合上白纸，然后把墨渍拿给被试人去看，让他描述看到了什么，测试者据此再去分析被试人是什么人格。这是最早的一种人格测量方法。还有拿一些图片给被试人，让他去拼凑，并说明是什么内容，要反映什么意思。通过被试人自己的描述，来分析是什么人格类型。这是投射测验。

还有一种是主体测验，这里包括语义分析、绘树测验、个位数相加测验、结构访谈等。语义分析就是给被试人一些词语，让他拼凑到一起；绘树测验，就是给被试人笔和纸，让他根据他的想象去画树，画完了后再分析他的人格；还有给被试人一些个位数，让他自己随意地相加，然后让他去说为什么要这样加。还有一种是结构访谈，就是按照事先设计，问被试者一些问题，最后再作分析，看这个人有没有人格障碍，如果有人格障碍，是一种什么类型。

现在用得比较多的是自陈量表，我们去监狱调查时主要是用这个方法。现在应用最多的，是美国明尼苏达大学设计的人格量表，中国心理学会根据中国的情况对这个量表加以修改，我们又根据犯罪的情况做了一些调整。人格量表中有几十个提问，让罪犯根据自己以往的情况，去填"是"（打钩）或"否"（打叉）。填完后，由专业人员分析被试人有无人格障碍；如果有人格障碍，再去分析是什么类型。

根据现代心理学，人格测量已经有了一些手段，要说十分可靠也很难说，但大体上来讲，人格还是可以测量的。比如，我刚才举的邱兴华的例子，公安大学的李教授就是通过两个量表，来判断邱兴华到底是不是个精神病人，是不是有人格障碍。所以说，现在已经有了初步的人格测量手段，但是还需要进一步完善。尤其是，我们进行人格调查时发现，现在的这些量表都不是直接测量犯罪人的，并且手段单一，因此应该设计专门针对犯罪人的测量方法，应该使用多种测量手段来测定犯罪人格。这是需要下大力气才能解决的问题。

以上讲的是第二个问题，是说应当把犯罪人作为刑事法的规制对象，犯罪人是有犯罪人格的，并具有实施法定犯罪行为类型的人；犯罪人格是客观存在的，运用现代科技手段能够对其加以测量。如果这些说法能够成立的话，那么刑事法人格化就是可行的。

三　刑事法人格化的初步构想

所谓刑事法人格化，是指把犯罪人格引入到定罪、量刑、行刑制度之中，甚至要引入到犯罪预防当中，将其同犯罪行为一起，作为确定犯罪人，矫正犯罪人，预防犯罪的重要内容之一。也就是说，要把犯罪人格贯穿到刑事法律制度的始终。

（一）构建二元的定罪机制

所谓二元的定罪机制，就是在现在的行为刑法的行为构成基础上，再加上犯罪人格的测量。我所讲的人格刑法，并不是否定行为刑法，而是在行为刑法的基础上再继续向前推进一步，即把行为人的人格引入到定罪机制中去。在定罪的时候，除了具备现在讲的犯罪构成，比如构成盗窃罪除了要以非法占有为目的、秘密窃取数额较大的公私财物外，还要测量行为人本身到底有没有犯罪人格，只有这两者同时都具备了，才能给行为人定盗窃罪，才能够判刑。

按照二元的定罪机制，今天我在讲座一开始讲的杭州那个"聋哑人"的案子，就不能定罪，因为此人到底是个什么人还未弄清楚，仅凭他的一次偷窃行为，怎么能认定他就是一个犯罪人呢？根据二元的定罪机制，只有法定的犯罪行为类型而不能确定行为人有犯罪人格的，就不能给这个人定罪，也不能判刑，而只能作为一般的违法行为，给予行政的、民事的或者经济的处罚就可以了。

按照二元定罪机制，如果某人只存在危险性人格，比如有分裂型或者是偏执型人格障碍，但他没有实施法定的犯罪行为，那么，对于这种人当然更不能定罪。否则，凡是有人格障碍的人就都成了犯罪人了，这就扩大化了，就会侵犯人权。

在近代刑法史上，曾经有过这么一个阶段，就是我前面讲的，在19世纪末20世纪初近代学派所主张的"行为人刑法"，它以行为人有无人身危险性为标准来定罪，行为人有人身危险性又有法定行为的，那就给这个人定罪、判刑；对于只有人身危险性而没有行为的，也要对其实行保安处分。这就走向了另外一个极端，会造成侵犯人权的后果。这种做法后来被法西斯恶意利用了，也使得行为人刑法的名誉大为受损。

我过去讲座的时候，同学经常问："对只存在危险性人格的人该怎么办？"我说："这种人是病人，对这种人，社会要加强心理卫生教育、咨询、治疗。只能是这样做，而不能把他作为犯罪人来对待。"因为，认定犯罪人首先要看他是否有法定的犯罪行为类型，在此基础上再去鉴定这个人有没有犯罪人格，只有这两者都具备了，这个人才是犯罪人，才应该定罪、判刑。

如果实行二元定罪机制，那么国家应该制定《犯罪人格鉴定标准》。这是一个必须解决的问题。现在我们国家有《轻重伤鉴定标准》，有《精神病鉴定标准》，还应该搞一个《犯罪人格鉴定标准》。有了这个客观的鉴定标准，全国统一执行，才不至于随意化，才不至于侵犯人权或者放纵犯罪人，才能够使刑法制度建立在科学的基础上。

另外，光有这种标准还不行，还要成立一个犯罪人格鉴定委员会。这个委员会应该由心理学者、司法工作者、刑法学者、社会工作者等多方面人士组成。该委员会根据国家制定的《犯罪人格鉴定标准》，鉴定行为人有没有犯罪人格，其鉴定结论应作为一个法定的证据。只有这样，才能落实二元的定罪机制。

如果实行二元的定罪标准，现在的犯罪人圈会大大缩小。就像我开始讲的湖南两个青年，抢了人家一元钱、半包烟，踢了人家一脚，如果这两人经过人格鉴定，没有犯罪人格的话，那他们就只不过是无事生非，寻衅滋事，就不能给他们定罪，就不能说他们是犯罪人，应该将他们排除在犯罪人之外。这样做，能使国家有限的刑法资源，用在对付那些真正的犯罪人身上，就会提高刑罚的效能，会有效地抑制犯罪发生。

（二）犯罪人格是刑罚制度改革的重要依据

我国现在的刑罚理论当中，关于刑罚目的一般主张二元论：一是报应，即善有善报，恶有恶报，因为施行了恶行，所以要施行恶报，要判刑；二是威慑、预防，对一个人判刑是为了威慑其他人，警告他们别走他的路，别重蹈他的覆辙去犯罪。这些观念都应该更新。给犯罪人判刑，既不是报应，也不是威慑其他人，而是为了矫正犯罪人的犯罪人格，使其成为正常人，重新回归社会，这才是刑罚最根本的目的。应该大力提倡、树立这样一种刑罚观。

按照这种刑罚观，我主张取消罚金刑，至少是不能单独适用它。因为判处罚金对人格矫正起的作用不大。再说，罚金跟罚款有什么区别，二者都是强制行为人拿出金钱来。因此，严格地讲二者并没有什么区别。

另外，应当取消死刑。为什么要取消死刑呢？按照我上面讲的，犯罪人都是有犯罪人格的人，而犯罪人格的形成，从根本上说不是天生的而是后天的，是由社会造成的。或者是家庭教育不当，或者是学校教育不当，或者是到了社会上以后受到一些不良的影响等，因此形成了犯罪危险性人格，进而实施了犯罪行为。比如某个人杀了人，他本人当然是有责任的，但他为什么会杀人，为什么会走到这一步，难道社会就没有责任吗？正是由于社会对他的杀人犯罪也有责任，所以说判处他死刑，把犯罪责任的承担完全推到犯罪人身上，是不公平的，这实际上是一种社会责任的转嫁。

西方有一个学者写了一本《死刑文化史》的书，里边写了很多内容，这里我只说一点。他认为，死刑犯是替罪羊。从某种意义上讲，我觉得他讲这话是有道理的。除非你承认有天生的犯罪人，他们天生就是个罪犯，不是个正常人，因此不应当在正常社会中存在。除非你承认这个理论，否则从根本上说，死刑是不公平的，应该取消死刑。

但我绝不是主张明天就取消死刑，因为事情没有这么简单，总得要有一个过程。但是从根本上来讲，死刑应该取消。这是大的方向，也可以说是不可逆转的一个趋势。可能有些国家早一点，有些国家晚一点，因为各个国家的历史传统不同，文化、制度各方面有所不同，有的可能快一些，有的慢一些，但最终都是要取消死刑的，而且非取消不可。

此外，就剩下一个刑种——自由刑。我认为，自由刑应该是唯一的刑种，对犯罪人应当剥夺其自由。我不主张搞什么非刑罚化、非监禁化，对犯罪人应该强制性地矫正其犯罪人格。没有强制这个阶段，没有剥夺自由这个阶段，犯罪人格也矫正不了，因为它的人格已经成型了。这就像病人一样，患了重病，光在家里吃点药还不行，得去住院。经过一段时间住院治疗，大夫认为你的病没问题了，你才能回家。在这点上，可以说犯罪人跟病人一样。所以，自由刑是不能取消的。

那么，剥夺自由时间的长短根据什么来确定？除了犯罪行为造成的社会危害的大小以外，主要应该根据犯罪人格矫正的难易程度来确定。比如说，有的犯罪人格程度比较轻，一两年就可以得到矫正；有的犯罪人格程度比较重，那就需要较长时间矫正。所以，量刑应当根据人格矫正的难易程度加以区分。

我还主张，对某些人格难以矫正的惯犯、累犯，可以实行相对的不定期刑。比如，对某个惯窃可判五到十年徒刑，最低五年即可出狱，最多十年可出狱，五年矫正好了就五年出来，八年矫正好了就八年出来，如果十年都矫正不好的话，也不能无期限地关押，应当设计其他的配套措施。

（三）监狱行刑以矫正罪犯的犯罪人格为核心

监狱是干什么的呢？监狱的主要功能应该是矫正罪犯的犯罪人格，也可以把监狱看成是一种矫正犯人人格的医院或学校。从某种意义上讲，犯罪人就是心理病人，监狱主要是要矫正他们的人格。我们现在的监狱，说是改造第一，劳动第二。我跑了好多监狱，实际上是劳动第一，改造第二，也可能有的连改造第二都排不上。因为现在的监狱，由于国家或地方的资金不足，维持监狱正常运转主要是靠犯人的劳动生产。

当然，我并不反对犯人劳动。我曾经到澳门监狱去看过，看了以后感觉特别不好。它还是那种独居制，尤其是刚入监的犯人，关在一个十来平方米的屋子里，外面是一个铁门，有网隔起来，内有一张桌子、一张床，里边有一个便池、洗手间。看了以后觉得特别不舒服，如果一个人在这里面关上几年，非疯掉不可。我问监狱长："他们不能劳动吗？"他说："安排的劳动人数有限，并且还得犯人自愿。他乐意劳动就劳动，不愿劳动就不劳动。"这种行刑制度是一种折磨，看起来很先进，其实很落后。安排犯人适当进行一些劳动，对他的改造、对矫正他的犯罪人格都是有好处的，但这绝对不是监狱的主要功能。组织犯人劳动、文化学习，训练一些生产技能，都是必要的，但是应该围绕着人格矫正这个中心来进行。

监狱应该在矫正罪犯的人格上下工夫，目前在这方面做得还很不够。有的监狱也有心理工作者，但是没有充分发挥他们的作用，这跟监狱的矫正制度本身有关系，应当改变这种状况。

监狱行刑必须牢固树立犯人也是人，人是可以改造的，人格也是可以矫正的观念。前些天我在报纸上看到一个例子：台湾有一个青年叫吕代豪，他曾是台湾黑社会竹联帮的一个成员，是黑帮杀手。他从小就打架斗殴，后来又杀人、抢劫，无恶不作。前后被判了几次刑，共判了38年，台湾的30所监狱，他蹲过14所。就这样一个罪恶累累的人，后来在美国获得了神学博士学位，现正在北京大学哲学系攻读博士学位。他是怎样转变的呢？他有一个同学，同学的妹妹是个基督徒，当她知道吕代豪的事情后，出于善心，前前后后一共给他写了500封信，努力去感化他。有一天，同监的一个死刑犯人跟吕说："你还年轻，这条路早晚也是走不通的。"第二天这个人被处死了。此事对吕的触动很大，再加上这个女学生的500封信的启示，他觉得这条路不能再走下去了，于是就下决心要改好。他出狱后主动向被害人赔罪，但是人们都不相信，说"吕代豪要能改好，狗都会自己穿衣服"。但是，他在那个女学生后来成为他的妻子的帮助下，做社会慈善工作，终于赢得了人们的信任，被评为台湾杰出青年。这充分证明，人是可以变的，犯罪人格也是可以矫正的，关键是要有科学的方法。现代心理学已经发明了许多人格矫正的手段,应该积极探索把它运用到矫正犯罪人格之中。

(四) 心理预防应当成为犯罪预防的重要内容

据我国部分地区的流行病学调查,我国大约有一两亿人患有各种心理疾病。中小学生中有 21.6%—32%,大学生中有 16%—25.4% 患有焦虑、恐惧、强迫、抑郁等疾病。可能咱们文理学院的同学心理素质好,而有些大学这几年老出事,有些人从楼上往下跳,每年还不止一个两个。现在社会上的心理问题确实非常突出,而且是越来越突出。据辽宁省调查,中小学教师 50% 以上的人有心理疾患。

为什么现在会出现这些问题呢?那是因为社会在变化,社会节奏加快,社会竞争加剧,人们的心理压力增大;再加上我们国家在心理学方面还是比较落后的。比如说,如果我身体有病,那我还敢对别人讲,说我有这病有那病;但是如果我心理有病,如有抑郁症,那就不得了了,可能就不会对别人讲了。其实,从心理学上说,人们心理有疾病就跟身体有疾病一样,是正常的,不必大惊小怪。所以,应该在全民中大力普及心理学知识。前些天,我在宁波买了一本日本人写的有关心理学的普及读物,看了以后觉得挺好,而我国这方面的书很少。我国应该普及心理学知识,全社会都应当更加重视人们的心理健康问题,加强心理辅导、心理咨询、心理治疗等方面的工作。及早发现、及时治疗心理疾病,尤其是对于那些有人格障碍的人,更要加强矫治,这对于预防、减少犯罪有特别重要的作用。

四 结语

以上就是我今天要讲的内容,第一是讲刑法为什么要研究人格;第二是讲把人格引入到刑法当中来有没有可能,其关键就是要解决犯罪人格到底存在不存在,它有什么类型,犯罪人格能不能测量的问题,如果这些问题基本能解决,那么就可以把人格引入到刑法中来;第三是讲怎么引入,怎样把人格贯穿到定罪、量刑、行刑、犯罪预防制度之中。我今天讲的,只是一些初步构想,尚待进一步发展完善。

刑事法人格化符合刑法现代化的发展方向。西南政法大学陈忠林教授写了一本书——《意大利刑法纲要》,讲了意大利刑法研究的现状。其中有一段话是这样的："意大利刑法学者认为，承认犯罪者人格是一个与犯罪行为并存的现实，强调犯罪者人格在刑法中的作用，是现代刑法最具灵性、最有人性的部分。因为，只有从犯罪者人格的角度，才能真正理解刑法中规定犯罪的意义、犯罪的原因、犯罪实质、犯罪的目的，才能真正地在刑法中将人作为刑法的目的，而不是作为实现某种目的（如一般预防或特殊预防）的手段。"这段话，精练、深刻地表达了人格刑法的真谛。

我在北大给研究生讲人格刑法以后，有一个同学找到我，他说："张老师，我听了以后有一个感想，过去总觉得刑法是冷酷无情的、冷冰冰的，听了你的讲解，感到刑法还有柔性的、人性的一面。"这就是人格刑法所要强调的东西，就是要使刑法更加人性化、人道化，这是21世纪刑法现代化的一个根本诉求。

当然，人格刑法的研究还刚刚开始，还有很长的路要走，还有很多问题需要解决。尤其是我刚才强调的，现在还没有《犯罪人格鉴定标准》，而如果没有它，人格刑法就难以实行。但是，真正要制定一个《犯罪人格鉴定标准》，绝不是轻而易举的事情。因为完全按照普通心理学解决不了这个问题，按照现在的犯罪心理学也解决不了，必须把心理学家、社会学家、犯罪学家、刑法学家等统合在一起，经过深入的实证调查、认真的理论研究，才可能制定一个初步的犯罪人格鉴定方案，但要真正地将其落实，还需一段很长的时间。

我这样说，有同学要问："张老师，你讲了半天有什么用啊？"对此，我是这样想的：如果这条路是对的，那我们现在就应当一步一步地向着这个方向前进。比如说，现在讲刑事政策要宽严相济。但是怎么宽，怎么严，宽严的度在什么地方，我看就应该来研究犯罪人和犯罪人格问题。宽与严，不要光从行为上去做文章，还要考虑行为人是个什么人格的人，然后再考虑要不要给他定罪，要不要给他贴上犯罪人的标签。

此外，现在西方国家都在实行人格调查制度，我们不妨先借鉴过来，一步一步向着刑事法人格化的方向走。只有这样，才能够使刑法现代化，才能够摆脱现在的行为刑法的制度性危机，使刑法的效率更加提高，更能有效地抑制犯罪。

这就是我今天要讲的全部内容，可能有不对的地方。在学术面前人人平等，欢迎你们批判、批评、论争，怎样都可以，谁有什么意见都可以发表。

谢谢大家！

互动交流：

学生：张老师您好！我想问的是：人格分析定罪会不会增大法官的自由裁量权，从而导致司法的不公平？谢谢！

张文：这里，我想说两个问题。先回答这个同学提出的问题：会不会扩大法官的司法裁量权？我说恰恰相反，实际上是限制了法官的司法裁量权。

我们现在的行为刑法制度，只是根据行为，不考虑人。不管你是张三还是李四，凡是盗窃，比如说盗窃了2000块钱，只要是达到了责任年龄，不是个精神病人，那就认定为盗窃罪，就要受到制裁。

但是，人格刑法不同。除了看有无盗窃行为外，还要进行客观的人格测量，并且这种测量不是法官一个人说了算的。刚才我说了要成立人格鉴定委员会，人格鉴定委员会也不是完全以法官为主，而是有点类似于英美的陪审团，有心理学家，有法官，有社会工作者，有律师等，由多方面的人士组成。这样来认定，实际上限制了法官的司法裁量权。为什么要限制呢？就是要使得给一个人贴犯罪人的标签更加慎重、更加准确一些。这是回答这个同学刚才提的问题。

还有一个问题，过去我在讲座的时候，同学经常提出来问："现在司法腐败这么厉害，你讲的这些东西还能实行吗？"我说："如果我们现在只考虑司法腐败的话，那我们什么事情也别干了。司法腐败问题属于政治问题，是要解决的。司法腐败的问题不解决，再好的制度，到它的手里，都可能成为一个腐败的工具。但是，要把政治问题与学术研究问题适当区分开来。"

学生：张老师您好！对于普通大众来说，刑法与人格的问题，他们好像根本就没有听说过。我想问的是：如果要推动我国的刑法更加公正严明的话，那么我们普通大众能够做些什么？

张文：对于人格刑法理论，普通大众应该做些什么呢？我想，作为普通的大学学子，有一点要明确：要把罪犯当人看，他们不是牲口，也不是一般动物，他们也是人。因为他们是人，就要受到人的公正对待，就要讲究他的人性，对犯人不能光讲报应，也不能光讲判刑越重就越能解决问题。我看明确这一点就行了。

实践证明，刑罚解决不了犯罪问题。咱们不说别的，就说"严打"所包括的那些犯罪，如杀人、抢劫、强奸、爆炸犯罪一直在上升。这说明什么问题呢？说明光靠严刑解决不了犯罪问题。

人格刑法就是强调要把犯罪人当成人，要从人性的角度上去研究他们，要针对他们的犯罪人格来解决问题。只有这样，才能使刑法发挥它的效用，才能够使我们国家的社会治安真正得到好转。如果知道这个，我想就行了。谢谢您！

学生：张教授您好！我是大一新生。您刚才讲到要把行为犯罪和犯罪人格实行二元定罪机制。假如一个罪犯在行为上犯了罪，但是人格无罪，比如说过失犯罪，表明他没有犯罪的心理动向，但当时他确实犯罪了，又应该怎样给他定罪呢？

张文：刚入大学一个月就能提出这样的问题，我感到很钦佩。果不虚传，你们江浙的这些青年人确实厉害。这个问题我不是没有考虑过，我有过思考。说故意犯有犯罪人格可能比较好理解，而对过失犯又怎么解释呢？我的初步想法是，不能一律说过失犯都没有犯罪人格。比如，某个人一贯吊儿郎当，对工作不负责任，根本不把他的工作当回事，只顾他自个儿，结果因为工作疏忽发生了大的事故，要说他是故意吧不是故意，也不是间接故意，他就是过失。像这种人，能说他没有犯罪人格吗？我怀疑。我认为，这种人很有可能是悖德型人格，即反社会型人格。当然，这要由人格鉴定来确认。因此，说过失犯都没有犯罪人格，下这个结论是有待商榷的。谢谢您！

（根据录音整理，已经本人审阅。整理：朱敏　王芳　周香玲）

杨立新

中国人民大学法学院教授，博士生导师。现任教育部人文社会科学重点研究基地"中国人民大学民商事法律科学研究中心"主任，中央"五五"普法国家中高级干部学法讲师团成员、中国法学会民法学研究会副会长兼学术委员会副主任、中国法学会婚姻法学研究会常务理事，兼任国家法官学院、国家检察官学院、北京大学、西南财经大学等院校教授。历任最高人民法院民事审判庭审判组长，最高人民检察院检察委员会委员、民事行政检察厅厅长。曾多次赴剑桥大学、伦敦大学、早稻田大学、加利福尼亚大学等名校访问讲学。在侵权行为法、人格权法、债法、物权法和亲属法领域有深入研究。

侵权责任法的立法热点

（2007 年 12 月 26 日）

各位老师、各位同学、各位领导，非常荣幸来到绍兴文理学院作讲座。这是我第一次到绍兴来，以前从来没有来过，感谢学院邀请我，让我有幸来到鲁迅的故乡。

我今天的讲座题目是"侵权责任法的立法热点"。这样的一个题目，如果讲得太专业，恐怕我们就要去研究一个一个具体的问题怎么规定，怎么解决。那样可能对法学院的学生比较公平，对其他同学可能就不太公平，因为那些东西其他同学可能不是很懂。我今天就选一个大家都能接受的题目,讲四点:第一,侵权责任法是一个债法,还是一个责任法,或者是一个权利保护法?第二,侵权责任法要保护权利,还是要保护权利和利益?第三,侵权责任法是规定一般化的立法,还是一个类型化的立法?最后一个是关于死亡赔偿金的问题,死亡赔偿金到底赔偿的是人格损失,还是财产损失?

一 侵权责任法是什么样的法

侵权责任法到底是什么样的法?是债法,还是责任法,还是权利保护法?

为什么提出这样一个问题呢?在大陆法系的传统当中,侵权法不是一个责任法,也不是一个权利保护法,而是一个债法。我们可以看一看所有大陆法系国家的民法,侵权法都规定在债法当中。

那么通常怎么规定的呢?在大陆法系民法中,侵权行为是引起债的原因。那么侵权行为的后果,就是在当事人之间产生债的关系。什么叫债?最简单的债就是借钱。向银行借钱以后,你就欠银行的钱,就产生一个债的关系——你一定要向银行还,要是不还,它就会向法院起诉你,法院就会判决你还,不仅要还,而且还要还利息,一定要还。这就是一个债,这是一个最简单的债。

在大陆法系的民法当中,债的发生原因基本上分成四种,哪四种呢?第一,合同之债。买卖就是个合同,买了人家东西,不给钱行吗?那就欠了人家的债。收人家钱,不给人家东西行吗?也不行,那也是一种债。所以合同之债是全部债当中最重要的债,当然,最典型的还是借贷关系。第二,侵权行为之债。比如我实施不法行为,造成了人家的身体伤害,他要去医院住院,要治疗,要休养,这样一来就要花很多钱。那么这些钱谁来赔?要侵权的人来赔。侵权人要赔这些钱,这就是一个债的关系。你不赔,他就可以找你要你赔偿,所以这也是一种债。这就是我们现在要研究的侵权之债。第三,无因管理之债。比方人家家里丢了一头牲畜,你捡到了,你也不知道是谁家的,就养起来了。等到人家来要的时候,你要还给人家。这时候牲畜的所有人产生了一个债务:这几天你给别人养牲畜的费用,所有人要还。这种叫无因管理之债。第四,不当得利之债。没有法律上的根据,你得到了一笔利益,这种利益我占有了,真正的权利人可以向我主张返还,我不当得到的利益,就必须还给人家。这也是一种债。

大陆法系的民法规定债法的时候，一般都要规定四种债，侵权之债仅仅是其中的一种。不论是法国民法还是德国民法、意大利民法、瑞士民法、日本民法，都规定侵权行为产生的后果也是一种债的关系。我们从大陆法系的传统立法上来看，侵权行为产生的后果是一种债的关系，它把侵权行为界定为债法的内容。打伤人就必须赔偿，等于欠了这一笔钱，这笔钱是要还的。从这个意思上来看，侵权法就是债法的内容之一。

我们中国对这个问题是怎么看的呢？改革开放以后，1986年4月12日通过《中华人民共和国民法通则》（以下简称《民法通则》）。《民法通则》一共是156个条文，其中有二十几个条文规定了侵权法。这个侵权法放在什么位置上呢？它没有放在债权里。《民法通则》关于债、债权的规定，放在第五章第二节之中，做了很简单的规定，侵权法没有放在债法当中，而是改变了大陆法的传统侵权法立法方式，放到了民事责任当中。我们的《民法通则》第六章是关于民事责任的规定，它把合同责任、侵权责任等都放在这一部分当中。因此，《民法通则》规定的侵权法，实际上规定的是民事责任法，是一个关于侵权行为的责任法。

那么，这个责任法是从哪个角度规定的呢？它是这样一个意思，说我们每个人在民法社会中都要参加一定的法律关系，都在一定的法律关系中作为一个主体。当你作为民事法律关系的权利主体时，其他人是你的义务主体；当别人是一个权利主体时，我们任何人都是这个人的义务主体。就好比说我们每一位同学手里也有一笔财产，这笔财产可能不多，都是父母给的，但是现在在你手里，你就享有所有权。在这样一个所有权关系里，你就是你自己的所有权的主体，其他任何人都是你这个所有权的义务主体。你是权利主体，他们都是义务主体，包括我们所有人都是你的义务主体，所有的义务主体都对你权利主体的权利负有不可侵害的义务。比如你现在手里有100块钱，我看你这100块钱这么好，可以羡慕，但是不能把你的钱给拿来。我装作没看到，就把它拿过来了，这叫什么？这叫偷。按照民法，这就叫侵占他人财产，是侵权行为。这就等于我是一个义务人违反了不可侵害的义务，侵害他人的权利了，就是侵权行为。任何一个所有权的义务人都负有不可侵义务，违反这个不可侵义务，就要承担侵权责任。

侵权责任法就是用这样一种方法来考虑的，《民法通则》也是用这样的方法来考虑的。一个民事法律关系，义务人不履行他的义务，造成了他人的损害，就变成了责任，就必须承担责任。《民法通则》规定了这个侵权责任，就是现行的侵权法，在制定单独的法律的时候，就叫做侵权责任法。

说到这里，我再介绍一个案件，也是违反义务要承担责任这种情况的。有一种侵权行为类型叫违反安全保障义务的侵权行为。这种侵权行为有一种具体的侵权行为，叫做防范制止侵权行为未尽安全保障义务。这种侵权行为类型最早的案例发生在上海，也是我国判决的第一件这类案件。这个案件1998年发生，向法院起诉是在1999年，判决的时候是2000年。案例的名称叫做"银河宾馆案"。深圳有一个医药公司的经理姓王，1998年某某日到上海出差，就住在这家银河宾馆。到宾馆以后，就被一个人给盯上了，几个小时中，上下楼梯时被这个人跟踪了八次（后来从监控录像里看到的）。下午四点多的时候，这个罪犯敲开王经理的门，进屋里抢钱。王经理要保护自己的财产进行搏斗，罪犯就把王经理给杀了，带着钱逃跑了。

这是个刑事案件。后来王经理的父母向法院起诉民事案件，被告是银河宾馆，理由是银河宾馆没有尽到安全保护义务，致使王经理被杀害。依据是，该宾馆在大堂里贴了一个非常明显的告示，说"本饭店设有24小时保安服务，绝对保证客人的人身财产安全"。王经理的父母就明确提出，既然宾馆向客人做了这样一个非常严肃的承诺，现在没保障安全，就要承担责任。银河宾馆觉得很委屈："人又不是我杀的，凭什么要我来赔偿啊？"法院对此也有不同的认识。

这个案件媒体上引起了热烈讨论。我们注意到国外对此种案件适用违反安全保障义务的侵权法理论，防范制止侵权行为未尽安全保护义务，构成侵权责任。到2000年，法院判决银河宾馆要承担赔偿责任，其依据的并不是违反安全保障义务的侵权行为的理论，而是银河宾馆违反了自己的提供安全服务的承诺，因此要对损害负责。2003年12月26日，最高人民法院在人身损害赔偿司法解释当中对此做了一个非常明确的规定，就是第六条第二款规定的防范制止侵权行为，经营者或者其他社会活动的组织者没有尽到安全保护义务，应当承担赔偿责任，如果是第三人的侵权行为造成的损害，则应当承担补充责任。

这就是说，一个宾馆、一个饭店，当客人进入你的饭店，住到你的饭店里时，你作为饭店这一方，就得对客人的人身安全承担保障义务，即使是没有承诺，但因为饭店自己的职责包含了保护客人安全的义务，因此，必须防范制止侵权行为发生，以免造成客人的损害。没有尽到这种责任，造成损害，就要承担赔偿责任。那这种责任叫什么责任呢？我们把它叫做补充责任。就是说那个侵权人造成的损害，首先应该由侵权人承担责任。当他不能承担责任的时候——就像我说的银河宾馆案件，罪犯已经被执行死刑了，不能承担民事责任了，这个责任就由饭店来补充承担。饭店对客人有一个保证安全的义务，当不履行这个义务的时候，也变成责任，就变成侵权责任了。

所以，我国侵权法在《民法通则》的传统之上，把侵权法规定为一种责任法，就是任何时候一个负有法定民事义务的人，当不履行这个义务，造成他人损害时，产生的这种损害赔偿就是一种责任。《民法通则》采用的是这种立场，侵权责任法现在也采纳这种立场。

李鹏在主持全国人大常委会工作的时候，有一个心愿，就是要完成中国民法典的起草工作。世界各国的民事立法一般需要十年左右的时间完成，但新中国成立已经快60年了，仍然没有完成民法典的立法，应当说是很落后了。当时立法者曾经想把《合同法》、《婚姻法》、《收养法》、《继承法》等放到一起编，觉得应当很容易完成，但后来发现，制定民法典不是这么简单，不是那么一蹴而就的事情。后来决定一步一步地完成。现在已经完成了《物权法》，开始制定《侵权责任法》。接下来，将制定《人格权法》，把《民法通则》改成《民法总则》，再把《婚姻法》、《收养法》改成《亲属法》或者《婚姻家庭法》。按照人大常委会的立法计划，在2010年前后将完成民法典。我认为，"前"，是不可能完成的；"后"，则完全没有问题。我们预测到2015年之前差不多会完成。可以说，我们中国民法典的前景已经看得很清楚了。

侵权责任法叫做责任法，那为什么还要叫做权利保护法呢？这是我自己的一个看法，我觉得侵权法其实就是一个权利保护法。任何一个人作为民事主体，在一个民法的社会中生活，都享有自己的民事权利，侵权责任法就保护这些民事权利。

现在比较流行的一句话叫"民法帝国"。"民法帝国"这个词是非民法专业的人批评搞民法的人的一句话，讽刺搞民法的人在搞"帝国"。后来我说这也没什么，"民法帝国"是什么帝国，就是权利的帝国。我们要建立起民事权利的帝国，那是我们的理想。我们每个人都享有最完善的民事权利，这样，我们每个人就活得更体面。因此，建设一个民法的权利帝国，也没有什么嘛！在民法社会里，我们每一个人都是民事权利主体，享有各种权利。归纳起来就是六种最基本的权利——人格权、身份权、继承权、物权、债权、知识产权。这六种基本类型进一步展开，每个人在这个民法社会里要享有几十种具体的民事权利。这些权利是要靠民法来保障的，民法规定我们每个人享有什么样的权利，同时也规定我们行使这些权利的时候要用什么样的规则。民法保障我们每个人的权利的办法，就是认定所有侵害他人民事权利的行为为侵权行为，侵权人就要受到法律的制裁，要赔人家的钱。从这个意义上说，侵权责任法不是权利保护法吗？就是权利保护法！所以，我认为理想当中民法的结构就包括人法、财产法两部分。人法当中就讲人格权、身份权、继承权，财产法包括物权、债权、知识产权。这两大部分是民法的全部内容，侵权责任法就是在这人法和财产法之下起到权利保护法作用的法律。

可以说，在我的理想中，民法典应该规定总则，然后规定六种基本权利，之后规定侵权法，侵权法就是权利保护法。这个理想已经实现了。大家可以看一看全国人民代表大会2002年审议的《中国民法典草案》，草案的第一编是总则，接下来规定物权、债权、合同，然后人格权、身份权、亲属权，第八编规定的就是侵权责任法，就是在所有的民事权利之后规定了侵权法。侵权责任法的这个位置恰好是我研究了30年民法所追求的一个地位，它的含义就是权利保护法。它告诉我们，实施侵权行为侵害他人的民事权利，就要承担侵权责任，就必须赔钱。这就是侵权责任法的基本性质。

大陆法的侵权法其性质是债法，中国的侵权行为法改变了这种做法，把它作为侵权责任法。它既是一个责任法，也是权利保护法。当一个人的权利受到侵害，怎么寻求保护呢？找侵权法，这就是我的结论。当我们的权利受到侵害以后，我们就找《侵权责任法》来保护自己。

二 侵权责任法保护的是什么

侵权行为法到底保护什么？是保护权利，还是保护权利加上利益？它界定侵权行为的概念时，界定了侵权，好像就一定是保护权利。但是侵权行为法如果仅仅保护民事权利还不够。为什么？因为还有很多利益需要解决。

当民法要保护一种利益的时候，通常把它当做一种权利来保护。比方说《民法通则》规定精神性人格权是什么呢？一个是姓名权，这是一个权利；一个是肖像权，这也是个权利；第三个就是名誉权；第四个就是荣誉权。基本上规定了这四种人格权利。当时立法时好像是看到了这四种是应该保护的，所以把它们作为权利来保护。但是，有两个非常重要的权利没有规定，一个是人身自由权，一个是隐私权。对于人身自由和隐私，《民法通则》没有规定，因为当时立法的时候不认为它们是权利，所以没把它们规定为权利。在实践当中出现这些问题，怎么办？

我在最高法院工作的时候，审理过这样一个案件。安徽有个矿工医院，医院里有一个退役回来的军医张莉莉。这个军医有一个特点，特别爱说话，而且爱说那些政治上特别敏感的话，例如"江青不过是个三流演员"，"林彪也是个奸臣，你看他长得就不像个好东西"。大家知道，说这些话在"文化大革命"当中不是犯错误，而是犯罪。谢富治当公安部部长的时候，有一个"公安六条"，规定恶毒攻击毛主席的是现行反革命，意图攻击林彪副统帅的是反革命犯罪，意图攻击伟大旗手江青的也是反革命犯罪。罪名就是"恶攻罪"，即恶毒攻击罪。张莉莉说的这种话，被反映到领导那里。这个领导好像还不错，让人去看张莉莉是不是有精神病，要是有精神病就让她回家，没有精神病就跟保卫部说要抓人。这等于给了她余地，检查她就说她有精神病。领导说有精神病就让她回家，工资给她照开，不要让她乱讲。"文化大革命"结束后开始拨乱反正，领导一查，说有一个人已经有好几年没上班了，还照发全部工资，而不是发病休工资（当时的病休工资是全额工资的60%），说必须严格执行病休规定，从下个月开始按60%发工资。下个月一发工资，张莉莉拿到工资条一看，立刻就闹了起来，然后上医院闹。医院领导认为她的精神病犯了。张莉莉却非要上班不可，说自己不是精神病。医院领导就把当时检查她是精神病的诊断书贴在黑板报上，派人把她送到精神病医院去强制治疗。强制治疗了32天，精神病医院的结论是，经过32天的观察治疗，没发现有任何精神病症状，就把她放了出来。张莉莉向法院起诉，告医院侵害其人身自由权、名誉权、隐私权。张莉莉有两个儿子，一个是学法律的，一个是学法医的。两人特明白，谁也骗不了他们。

最高法院领导在讨论这个案件时说，《民法通则》并没有规定人身自由是一种权利，只能按照侵害名誉权处理。这样判，真是不伦不类啊！这不是一个非常典型的侵害人身自由权的案件吗？《宪法》都规定了人身自由是受法律保护的，但是《民法通则》没有规定。后来，《消费者权益保护法》和《国家赔偿法》都确认人身自由必须当做权利来保护，认定它是一个权利。

那么，立法者是怎么转变认识的呢？由一个典型案件。北京有两个女青年到当时北京的第一家超市——惠康超级市场去逛，没买东西，出来时，从收银台往外走，保安就拦住了，说："你们拿了我们的东西没有交钱。"她们说没买东西。保安当时就让她们交出东西，并把两个女生弄到一个房间里去，进行搜身，还让脱衣服检查，最后确认两个女青年身上确实没有东西，才把这两个人放走。《中国青年报》就把这件事公布出来，引起全社会的反应，说人身自由怎么这么不受尊重啊！有人说那就是因为《民法通则》没有规定人身自由是一个权利。当时正在起草《消费者权益保护法》，专家特别强调人身自由是不可侵犯的，不仅搜身不行，不让出来也不行。因此，《消费者权益保护法》特别规定侵害消费者人身自由权的，要承担损害赔偿责任。这就确认了人身自由是一个权利。所以，我们可以看到，当立法者把某一种需要保护的利益特别加以保护的时候，通常把它作为一种权利来保护。所以说侵权责任法要保护的应该是全部的民事权利，所有的民事权利都是侵权法要保护的。

那么，民法没有规定作为权利保护的民事利益要不要保护呢？其实也是要保护的。

《民法通则》第5条说，公民的合法民事权益受法律保护，任何人不得侵犯。这里所说的"合法民事权益"就既包括权利，也包括利益。那么这个利益保护到底保护到哪些利益？这些年来我们在司法实践中取得了很多突破，最高法院作出了很多解释。下面就介绍一些情况。

《民法通则》实施以后遇到的第一个问题就是死者的利益要不要保护。民事主体主张权利的时候，只有活着的时候才有权利，从出生的那一天起他开始有人格，到他死亡的那一天人格消灭，在这个期间，是用权利来保护的。那么死亡以后他的利益要不要保护呢？1988年就遇到了第一个这样的案件，叫"荷花女案"，也是挺有意思的一个案子，在中国的民法发展史上占有非常重要的地位。

荷花女是20世纪40年代天津的一个艺人，14岁出道，19岁就死了。她的真名叫吉文贞,在1942年十几岁的时候就出道了,然后迅速红遍天津文艺界,成为明星。那时候谁家唱堂会如果不请荷花女的话,就太没有面子了。荷花女英年早逝,死因留下了一个谜。有一个作家非常看好这个题材,查了大量文献,找荷花女的母亲和哥哥进行了采访,写了一部十几万字的长篇小说,题目就叫《荷花女》,在《今晚报》上连载。开始的时候讲荷花女怎么刻苦练功,怎么成名,都写得很好,荷花女家里人也天天在看。到后来描写就复杂了,说她成名后上这家老板家唱堂会,老板说住这吧,她就住下。然后描写得越来越不好,写到最后的时候,说到了荷花女是怎么死的,作者影射荷花女可能是得了性病治不好才死的。荷花女的母亲和哥哥就非常生气,他们开始找报社交涉,报社不理。找作者交涉,作者也不理,荷花女的母亲和哥哥就向法院起诉,追究报社和作者的侵害名誉权的侵权责任。

这就涉及一个问题,一个人死的时候,民事权利能力就终止了,就不再是一个人了,那么为什么她受到诽谤的时候家人还要向法院起诉呢?法院到底应该保护还是不应该保护?最后最高法院批复:死者的名誉要受到法律保护。

当然,对死者的人格利益进行保护不仅仅是要保护死者的利益,其实也是要保护活着的人的利益:假如每个人死了以后,随便谁都可以去骂他,法律对此置之不理,完全不提供保护,可能我们每个人死的时候都比较担心。现在通过荷花女案件确立了这样一个原则,那每一个人就会想,我死以后还会受到保护,就没有问题了,大家可以安心去死了——这是开玩笑的说法,但确实有这样一个作用。这个批复确立死者的人格利益是要受到法律保护的。但是,人死了就没有行使权利的能力了,他还有权利吗?肯定没有了。死者的名誉、人格其实就是一种利益,这种利益应该受到保护。

从这以后还发生了很多案件,最后经过总结,我写了一篇文章发表在《法学研究》上,就是关于人身权延伸保护的提法。人活着的时候——从生下来到死,这个期间用权利来保护,他在胎儿时期受到损害就向前延伸保护,死了以后就向后延伸保护。前后延伸保护的都是利益,而不是权利。后来,最高法院在2001年1月10日公布的"关于精神损害赔偿的司法解释"采用了我的这个说法,确定人死了之后,其姓名、肖像、名誉、荣誉、隐私以及遗体、遗骨受法律保护。这六种保护的都是利益,不是权利,这些利益是要受保护的。

刚才讲了一个"荷花女案"和一个人身自由权的事例,接下来我讲隐私问题。《民法通则》当中没有规定隐私权,这其实是一个很落后的做法,但这也不能埋怨当时的立法者。因为那个时候,改革开放刚刚开始,我们还有很多问题没有研究清楚,《民法通则》有一些疏漏是完全可以理解的。

既然《民法通则》里没有规定,那么我们对待隐私问题应该有一个什么样的态度呢?最高人民法院《关于贯彻执行〈中华人民共和国民法通则〉若干问题的意见(试行)》当中写了一条:刺探、宣扬他人隐私造成名誉权损害的,按照侵害名誉权来处理。这种保护在立法例上叫做间接保护,而不是直接保护,这种对隐私权的保护是不完善的。

隐私包括私人信息、私人活动和私人空间。私人信息就是一个人不愿意让人家知道的资料,包括女生的年龄。现在大家可能还不在意,但当走上工作岗位时,就不说自己有多大年纪了,那是绝对隐私。其实,一个文明人也不应该问女生的年龄。第二是私人活动。我今天到底干了什么,只要这个活动和社会公共利益没有关系,那就是个人的隐私,不可以侵害。第三是私人空间。私人空间也是隐私,包括现实的空间,比如自己的卧室、住宅;还有那些不愿意让人非法侵入的方面,比方说女士的包,是个人隐私;还有学生的抽屉,也是自己的隐私。日记也是私人空间。这些都是私人空间。

用名誉权保护隐私权,能够保护的其实仅仅是私人活动。因为私人活动可能涉及一些不愿意让人家知道的、有损自己名誉的问题,这是隐私。所以,用名誉权保护隐私只能保护这样一部分内容。但侵入私人空间了,窥视私人生活,把你的收入情况向他人公布等,这些涉及名誉问题吗?不涉及。所以,如果用名誉权来保护隐私的话就不完全。

最高人民法院《关于确定民事侵权精神损害赔偿责任若干问题的解释》改变了这种做法,确定侵害隐私利益,可以请求侵权损害赔偿,但还没有认定隐私是一个权利。在修改《妇女权益保障法》时,明确规定妇女享有隐私权,那就确认隐私权是一个权利了。但《妇女权益保障法》规定的是妇女享有隐私权,男同志没有啊!这是开玩笑,我们认为每个人都有隐私权,都应该受到保护。

可见，对于隐私权的保护，经历了这样的过程：第一步，《民法通则》里没有规定隐私权；第二步，1988年的司法解释规定侵害隐私造成名誉权损害的，以名誉权保护；第三步，2001年司法解释改间接保护方式为直接保护方式，但仍然不认为隐私是一个权利；第四步，《妇女权益保护法》规定妇女享有隐私权。我们看到的这个过程是什么呢？就是对一个利益的保护如何上升为一个权利的过程。

除了死者的人格利益应当保护之外，还应当保护哪些利益呢？在《侵权责任法》的立法过程中，这是一个非常重要并且是很难解决的问题。《侵权责任法》保护的范围到底有多宽？权利保护没有问题，那么利益保护到什么程度？在这一点上，我们要比较一下国外的情况。国外可以参考的大概有三种方法：

第一种方法就是《德国民法典》，它明确规定保护的是权利，而且每一种保护的权利需要列举。《德国民法典》第823条就规定保护民事主体的生命权、健康权、身体权和自由权，如果是需要保护的利益，则须是违反保护的法律或者故意违背善良风俗。这是一种做法。第二种方法是《日本民法典》，其第709条专门规定侵权法保护的是权利。第三种方法是《法国民法典》，其第1382条规定凡是由于过错行为造成了损害，就构成侵权，并没有任何限制，权利、利益都在内。

这三种方法哪种方法好？我觉得，德国的方法是不好的。因为德国的侵权法列举的保护权利一个个都是确定的，利益的保护限制也太多，这是一个很费劲的方法。日本的方法仅仅规定保护的是权利，没有明确把利益包含进去，也有一定的缺点。而《法国民法典》规定保护的是损害，这样可能太宽了。我们的侵权责任法应当走我们《民法通则》自己的路。

《民法通则》是怎么说的呢？第106条第2款规定，故意、过失侵害他人的人身、财产的，应当承担侵权责任。因此，侵权法保护的是人身和财产。这样的说法其实就足够了，它的范围大概介于《法国民法典》和《日本民法典》之间，是一个比较适当的做法。它保护的既包括权利，也包括利益。至于保护什么样的利益，司法机关完全有办法去解决。中国的侵权责任法在保护范围上既包括权利，也包括利益，具体表述在条文上，就是侵害人身、财产就构成侵权。这样就完全可以了。

三 侵权责任法是一般化立法还是类型化立法

这个问题说起来非常抽象，我把它简单解释一下。

所谓的侵权行为法的一般化立法是大陆法系的做法。大陆法系侵权法通常有一个条文，叫做侵权行为法的一般条款。它大体表现为《法国民法典》第1382条，《德国民法典》第823条，《意大利民法典》第2043条，《日本民法典》第709条，我国《民法通则》第106条第2款。一般条款的作用是，把一般侵权行为高度浓缩到这一个条文里，这个条文就变成为抽象的、一般化的立法，它对一般侵权行为不再做具体规定，仅规定构成条件。具备构成条件，就认为它是一般侵权行为，直接适用法律。《民法通则》第106条第2款规定的侵权行为叫做一般侵权行为。它的构成要件是违法行为、损害事实、因果关系和主观过错，有这四个要件就构成侵权行为。法律不对一般侵权行为做具体规定，这就叫大陆法系的一般化立法。

英美法系的侵权行为法是类型化立法。如果你到英国、美国去，跟他们法学院的同学、老师或法官交流时，你问什么叫一般侵权行为，他们不懂，因为他们采取的立法方法是类型化，通过判例总结，把侵权行为分为一个个不同的类型。比如，美国侵权法就把侵权行为分为13种。第一种叫故意侵权，第二种叫过失侵权，第三种叫严格责任等；英国是7种，都是具体规定。

我们可以这样解释：大陆法系的侵权行为法采用一般化的立法方法，所以它的侵权法很简单；英美法系的侵权行为法是类型化立法，内容很复杂。比方说《美国侵权法重述》是一个学理总结，有1000多个条文。

我们制定《侵权责任法》，应该采用一般化立法还是类型化立法呢？比较一下它们的优势。大陆法系一般化立法的最大优势，就是立法简洁。最早的《法国民法典》的侵权行为法一共5个条文，德国侵权法31个条文，中国的侵权法是二十几个条文，都非常简单。但是侵权法就这么简单吗？不是。侵权法在大陆法系是一门很深的学问。法官在办理侵权案件的时候，要有很好的修养，要掌握一般化的方法，知道具体应该怎么用。立法简洁是它的特点，它给法官提供的是一种概括性的裁判条款，不是具体的裁判条款。这就需要法官发挥自己的创造性，才能更好地对侵权案件适用法律。比方说刚才介绍的银河宾馆案件，就完全是法官创造性地适用法律解决的。

英美法系的侵权法类型化立法的缺点是比较复杂，优点是各种侵权行为的具体规则列举详尽，详细具体，可操作性强。

面对这样两种情况，我们到底采取哪一种方法好呢？我们提出了一个方法，即把一般化立法和类型化立法结合起来，既有一般性条款的简洁明快、概括性强，同时又有类型化的可操作性、直观明白，法官操作起来就非常好用。我们建议就采用这样的方法。

在世界各国的侵权法当中，能够把大陆法系一般化立法和英美法系的类型化立法结合起来的唯一的一个成功的例子就是《埃塞俄比亚民法典》。它是1960年起草的一部法律，应该说写得非常漂亮。为什么呢？《埃塞俄比亚民法典》中译本的前言是徐国栋教授写的一个介绍，他说这是两股改革热情碰撞的结果。哪两股改革热情呢？一个是埃塞俄比亚塞拉西皇帝的改革热情。可能有些人知道，埃塞俄比亚是一个非洲国家，经过革命，成为一个独立国家。它有点封建社会的性质，有皇帝。塞拉西皇帝很小的时候就登基了，登基后发生了政变，他流亡到国外，后来重新复辟，又回去当了皇帝，有满腔热情，想要改变这个国家，通过法制来振兴埃塞俄比亚。他要求起草六部法典，其中就包括民法典。民法典需要有人才能写出来。那时候，埃塞俄比亚没有写民法的人才，他就委托法国最著名的比较法学家达维德来写，他以比较法著称，精通全世界的法律。除了皇帝的热情以外，第二股热情就是达维德的热情。法国法学家都有一股热情，想要写一部世界上最好的民法典，但他们没有机会，因为他们又以有一部一百多年的民法典而自豪。突然接受埃塞俄比亚国皇帝的委托，要达维德起草一部民法典，达维德就把对《法国民法典》的全部热情都倾注到这部民法典中了，把全世界各国民法典中的优秀部分都集中起来了。这两股改革热情碰撞就碰撞出了这么一部好的民法典。达维德把全世界民法中最先进的东西都写到这部民法典中了。

也有很多人怀疑，非洲这么一个比较落后的国家能不能很好地执行这部民法典啊？有这么一个故事：人民大学有一个年轻的教授，特别受学生喜欢，他就是姚辉教授。有一次姚教授讲课，差不多也有现在这么多人听，他说，很多人都推崇《埃塞俄比亚民法典》，我也承认它确实写得很好，但我怀疑他们那个落后国家能够把这个民法典执行好吗？一下课，就过来两个黑人同学，走到讲台旁，质问姚老师，提出严正抗议。姚老师问为什么，他们就说："我们两个就是埃塞俄比亚人。姚老师，我们民法典不仅写得好，而且执行得也非常好。请你以后不要这样伤害我们的感情。"姚老师就向他们检讨，说自己没有调查。这段故事被写到《侵权法三人谈》这本书中。我、张新宝教授、姚辉教授，我们三个人用侃的形式侃出了一本书。我们侃了两天，把稿子整理起来，就叫《侵权法三人谈》。我们把这段故事也写到里面去了。

《埃塞俄比亚民法典》确实写得很好，它的侵权行为法写得也非常好，有130多个条文，是目前侵权法写得最多的一部。它的基本做法是，仍然坚持一般条款，也是用概括的方法，规定了第2027条。它的这个侵权行为一般条款不仅包括一般侵权行为，而且概括了全部的侵权行为。可见，它坚持的仍然是大陆法系的一般化立法方法。同时，它又采用了英美法系的类型化方法，把侵权行为分成了三种基本类型。第一种是过错的侵权行为，第二种是无过错的侵权行为，第三种是替代作用的侵权行为，在这三种基本类型下面，再一个一个地规定具体侵权行为，对每一种侵权行为都做了具体规定，规定了70多种具体的侵权行为。

这样，它的侵权行为法把大陆法系一般化立法的优势写进来了，同时把英美法系类型化立法的优势也写进来了。这样的侵权法既有一般化的弹性和概括性，又有类型化的具体化和可操作性。所以，我们认为这样的侵权行为法是当今侵权法发展的一个最新趋势，也是最适合我们中国社会的一个方式。现在，我们学者起草的侵权法建议稿差不多都是采用这种方法。

但是，很遗憾的是，我们现在看到的立法机关起草的《侵权责任法草案》仍然是采用《民法通则》的方法，这种方法应该说比较落后。所以我们想，能不能在这儿说服立法机关采纳我们的这种意见，就是按照埃塞俄比亚的方法来制定侵权责任法。

我们有一个很好的例证，就是欧盟在起草欧盟统一侵权法时，采用的立法方法就是埃塞俄比亚的方法。我经常说，我们可以用一种最笨的推理，现代侵权法产生于欧洲，欧洲的法学家不比我们中国的法学家笨，他们能采纳那样一种方法，肯定说明那种方法是好的。用这种最笨的方法来推理，也应该看出埃塞俄比亚的方法是好的。那我们现在为什么要坚持《民法通则》的做法，而不再向前迈出一步呢？

不过，即使我们的立法仍然采用《民法通则》的方法，也不要紧。因为我们的《民法通则》已经执行了20年，在这20年当中积累了丰富的经验。另外一方面，我们对于侵权行为类型化的研究在理论上可以广泛深入地进行，提供给法院，同样能指导法官办案。

四 死亡赔偿金赔偿的是什么

最后一个问题，我想介绍一个最有争议的话题，就是死亡赔偿金是同命不同价还是同命同价的问题。2003年12月26日最高人民法院公布《人身损害赔偿司法解释》之前，中国不存在这个问题，没有人说同命不同价问题。但是，随着2004年5月1日开始执行的《人身损害赔偿司法解释》，就产生了这样一个问题，那就是死亡赔偿金的计算标准是不平等的。

最典型的一个案例，就是四个人坐一辆汽车出去旅游，一下子翻车了，四个人都死了，其中三个是城里人，赔偿了每人30几万，还有一个是农村人，赔偿了不到10万。这样的结果，能不能让农民兄弟咽下这口气？"为什么都是死，城里人得到的赔偿是30几万，我们是10万？"这个问题是一个非常严峻的问题。这个问题发生以后，在全社会引起了强烈反响，无数人都在反对这个规则，认为它是不正确的。不正确在哪里呢？因为这是对农民的歧视，没有实现人人平等。按照武汉的统计，以当地的赔偿标准，一个人死亡后的死亡赔偿金，城里人是8600元×20年＝172000元，农民是2700元×20年＝54000元。这样算下来就差很多。所以我刚才说的那个案件具体数额的差距真的是很悬殊。

问题出在哪里呢？我把中国的死亡赔偿问题梳理了一下，总结出它大概是分成五步发展的：

第一步，《民法通则》没有规定死亡赔偿金。《民法通则》第119条规定：造成死亡，一是赔偿丧葬费；二是赔偿死者生前扶养人的生活补助费。就赔偿这么两项。1987年1月1日这个规定一开始执行的时候，马上就发生了一个问题，侵权行为造成了人死亡，而这个死者生前没有扶养的人，那赔偿什么？就赔偿丧葬费。在那个时候，丧葬费以普通的火化标准来算，就400块钱，就是说打死一个人赔偿400块钱后就没什么可赔的了。所以，天津法院就提出问题，说这不合理，打伤一个人要赔医药费、误工费，甚至还有很多的生活补助费的赔偿，而打死一个人才赔400块钱，这是没有道理的。有一个典型案件：侵权行为造成一个 10 岁的小孩死亡，赔偿了 400 块钱后就再没什么可赔的了。法官说这不对，人家小孩养一年也得 2000 多块钱，养了 10 年，人家起码损失了两万元。我觉得也不能这么算，要是养条狗、养只猫，一年付出这么多，10 年是得赔两万。人是这种算法吗？我本来能活 70 几年，现在 10 岁就让我"牺牲"了，我少活了多少年啊！这在当时是没有办法的。

第二步，国务院准备起草《道路交通事故处理办法》，公安部在起草时，请最高法院一起参加，帮他们起草。那时候，我在最高法院民庭工作，我们也特别想解决这一问题，就积极主动地去跟公安部商量。我们提出一个特别要求，就是一定要写上死亡赔偿金，人死了，光赔偿丧葬费和死者生前扶养人的生活补助费是不够的。所以，在《道路交通事故处理办法》里就规定了一个死亡补偿费的赔偿。按照当地的平均生活费赔偿 10 年，当时估算，一个人死亡大概就要赔两三万元，这就大大超过第 119 条规定的范围了。但由于《道路交通事故处理办法》是一个行政法规，它到底有没有在全国法院民事审判中适用的效力，最高法院也没表态，但在私下表示，参照适用没什么问题。后来，有一些高级法院就采用自己搞指导性意见的方法，规定死亡补偿费赔偿 10 年。

第三步，《消费者权益保护法》和《国家赔偿法》中明确规定了死亡赔偿金和残疾赔偿金。《消费者权益保护法》的死亡赔偿金没有规定具体的方法，《国家赔偿法》规定了死亡赔偿金的具体的方法，就是按照国家上年度职工平均工资计算，赔偿 20 年。这个时候的死亡赔偿，其性质是精神损害赔偿。

第四步，2001 年最高法院发布《精神损害赔偿司法解释》，明确规定死亡赔偿金和残疾赔偿金属于精神损害赔偿。明确规定精神损害包括以下内容：第一，造成死亡的赔偿死亡赔偿金；第二，造成残疾的赔偿残疾赔偿金；第三，其他损害赔偿精神抚慰金。可见，从死亡补偿费到死亡赔偿金再到《精神损害赔偿司法解释》，所讲的是死亡赔偿金都是精神损害赔偿。精神损害赔偿是人人平等的。所以，一直到 2004 年 4 月 30 日，都没有出现这样的问题。

第五步，2003 年 12 月 26 日，《人身损害赔偿司法解释》把死亡赔偿金确定为死者收入的损失。明确规定："死亡赔偿金按照受诉法院所在地上一年度城镇居民人均可支配收入或者农村居民人均纯收入标准，按 20 年计算。但 60 周岁以上的，年龄每增加 1 岁减少 1 年；75 周岁以上的，按 5 年计算。"这样一下子就出现问题了。一讲收入损失就产生了农民和城里人的区别，所以，就定了一个城里人的标准和一个农民的标准。农民就按照其平均收入来计算，城里人就按照当地的平均工资计算，这样，一下子把差距拉开了，就形成了同命不同价问题。

这个问题的反应是如此强烈！不仅仅是媒体，还有很多人大代表都向最高法院提出这个问题，要求解决。但直到今天，也拿不出一个解决的办法来。为什么拿不出办法来呢？最根本的问题是农民挣的钱就是比城里人少，既然死亡赔偿是收入赔偿，那就应该是这样的。所以，很多人坚持认为这种赔偿方法是不可以改变的。

对于这个问题，我的态度不同。死亡赔偿是收入赔偿吗？不是。死亡赔偿最根本的是赔偿失去的生命，在学说上叫做"余命的赔偿"。中国男人的平均寿命是76岁，女人是79岁，大体上是这样。如果没有侵权行为发生的话，一直可以活这么长，现在提前结束生命，侵害的就是这个生命的权利，赔偿的就应该是生命权的损失，那为什么要不平等？我觉得就应该按照死亡时的年龄来确定，这样才是最公平的。或者，干脆就像飞机失事那样，每人赔偿40万元，大家都是一样的，谁说不公平了吗？没有人说。所以，我觉得死亡赔偿金同命不同价还是有问题的。

上个星期，我和张新宝教授联合作了一个讲座，谈死亡赔偿金问题。张教授研究侵权法也是特别精的，文章写得特别好，书也写得特别好。但我们两人对此的看法完全不一样。他坚定不移地支持最高法院的做法，认为这是无可指责的；我则站在相反的立场上，坚决不同意这种做法，觉得应该改变，认为我们起码要解决城乡差别问题，不能让农民感到不公平。张教授说，指望通过一个法律规则来解决城乡差别问题是不可能的。我说，不管可不可能，我们既然看到城乡差别这样一个巨大的问题存在，如果能够通过一个法律规则把它缩小一步，为什么不去做呢？所以，我们两人的讲座使很多人感到过瘾，他们看到两个专家针锋相对地斗嘴，觉得很有意思。在人民大学，我们两人有一个传统，就是经常一起作讲座。开始的时候，是讲座组织者把研究同一个问题的教授、学者弄到一起，不同的观点可能形成冲突，在讲座上有可能"干"起来了，大家就会感到很有意思，很有收获。开始，我们作的两次讲座都比较文明，说不同意见的时候就你说你的，我说我的，没有发生强烈的冲突。所以，同学们就觉得不过瘾。这次，他们感觉比较过瘾，因为我们两人争得面红耳赤，就差没有骂人了。

他的意见是死亡应该赔偿什么？人死了没什么可赔偿的。人都死了，还赔什么，赔不了了。那赔的是什么呢？就是死了以后，对家庭的贡献没有了，收入没有了。要是你不死的话，每月起码供给家里3000块钱。但是你死了后，你家里每个月就拿不到这些钱了。对死者的近亲属来说，是一个巨大的损失。所以，死亡赔偿金赔偿的就是这个。

我的看法不同。侵权行为造成一个人死亡，首先的损害是"人死"这个事实本身。你的侵权行为造成的死亡，受害人就再也活不了了。本来应该活到70多岁，现在20几岁你就把他给"消灭"了，其余的50多年就活不成了，你不该赔吗？其次才是对死者近亲属的损害，例如丧失亲人的痛苦，这是精神损害；没死之前要抢救，要护理，要花费很多的钱，这是财产上的损失。当然收入也会有一定的损失，但是收入损失其实用了另一种途径在补偿，生前扶养的那个人的生活补助费是要赔偿的，这也就是在赔偿收入损失，这些赔偿近亲属都是要享受的。我认为，近亲属的精神损害是要赔偿的，所造成的财产损失是要赔偿的，死者收入的赔偿可以用对生前扶养的人的赔偿解决。所以，应该赔偿的就是精神损失的赔偿，把这些事实汇集到一起，形成一个赔偿的请求权，就是赔偿没有活这些年的请求。死亡赔偿的本质就在这里，而不是收入的赔偿。

在这一点上，我们形成了强烈冲突，他主张这个规定是正确的，而我说这个规定是不正确的。

起草《侵权责任法》的时候，应该对这个问题有个改变。侵权行为造成他人死亡以后，除了赔偿财产的损失，赔偿死者生前扶养人的生活补助费以外，最主要的应该是死亡赔偿、精神赔偿。按照一个人没有享受的寿命来算，按照寿命的时间来计算。这个办法写在我的《侵权责任法草案》里，这样就不会产生同命不同价的问题。

那么，是不是能够采纳这样一个方法？我想最后肯定还会有很大的争论。但是我想，我的这个建议起码能让占绝大多数的农民支持我。当然，立法不是他们说了算，但他们的命运掌握在我们的手里，我们为什么不替他们多讲一讲他们的道理呢？我相信我的这种主张是符合绝大多数人的利益的。

后来我和张新宝教授在激烈争论的时候，还说到一个问题。我说："当一个法律规则绝大多数人都在反对它的时候……"张新宝教授马上就开始挑我的毛病，说："你说'绝大多数人'，你统计过没有？"我说："没有。"面对批评，我改变说法，说："当一个法律规则很多人在反对它的时候，这个规则很可能是错的。"为了证明我的论点是正确的，我举了三个事例。

第一个事例，《道路交通安全法》第76条在它通过的那一天人们就反对它，实施的时候人们更加反对，很多很多的人都反对它。最后证明它是错的，不仅仅我们专家开研讨会的时候认为里面有错误，现在还有一个最真实、最客观的事实说明它错了——大概今明两天就要讨论通过第76条的修正案。立法机关都认为它错了，要把它改正过来，这说明它是错的。你看，很多很多人反对，说它错了，确实是错了。

第二个事例是"交强险"。《道路交通安全法》第76条规定要有"交强险"，保监会制定了"交强险"的规则，2007年凡是开车的要交"交强险"。这个保险要求每个车主交1000多块钱，但是最高赔率是多少？6万块钱。消费者协会开了个"交强险"的讨论会，说我们这个"交强险"的赔率是57比1，就是交1块钱，赔率是57倍，这个赔率在全世界绝无仅有，是最低的赔率。最高的赔率是多少？25000比1，德国就是这个赔率。据德国人介绍：一个汽车司机向"交强险"投保大概要交100欧元，人身损害最高赔偿是250万欧元。美国好像是3000比1，在统计数据中最低的大概是1500比1，而我们却是57比1。但奇怪的是，2007年"交强险"亏损39亿元，收了这么多钱，赔付了那么点钱，居然亏损了39亿元。更奇怪的逻辑还在后面，尽管赔了39亿元，但是2008年却是保费下调赔率上升。怎么能得出这个结论呢？这是特别奇怪的逻辑。但奇怪的是确确实实得出这样一个结论，保费降低到900元，赔率提高到12万元。张新宝教授有一个提议我特别赞成。张教授在那天讲座的时候说，他准备给国务院写一个报告，建议把中国"交强险"交给德国保险公司来做，那么我们就能得到实惠了。但是不可能。可见，"交强险"受很多很多人反对的时候，也证明它是错的。一方面说赔了39亿元，另一方面还要降低保费，提高赔率，这说明什么？说明它本来也是错的。

第三个事例，也是一个很多很多人反对，事实证明是错的法律规则，那就是医疗事故的赔偿。现在医疗事故的赔偿出现了很多奇怪的现象，就是《医疗事故处理条例》规定的医疗事故赔偿标准很低。比方说，死亡赔偿按照《人身损害赔偿司法解释》要赔30

万元左右，要是按照《医疗事故处理条例》的办法，死亡赔偿大概不会超过10万元。差这么多。为什么同样是死亡，在医疗事故当中就赔这么少呢？这是不公平的。但是接下来又出现了另外一个问题，如果你在医院造成了损害，没有构成医疗事故，如果能够认定医院在造成损害的时候是有过错的，那么就可认定是医疗侵权。医疗侵权就不适用《医疗事故处理条例》，适用《人身损害赔偿司法解释》的标准。这就出现了一个非常奇怪的现象：医疗事故造成严重损害的赔偿很低，医疗侵权造成很轻损害的赔偿很高。怎么解释这个问题呢？有些人解释说：分不同情况采取不同的方法。这种"不同的情况"真是不对，给我们的法官一个错误的认识，就是说按照《医疗事故处理条例》处理，严重损害会减少，但是按照医疗侵权去处理，可以赔偿很多。这个办法也是不对的，也是受到很多很多人反对的。对于这样一个不好的规则，我一直持反对的态度。民法有一个规则，叫做请求权的法律基础，就是说当一个侵权行为造成损害，对这个损害有两个不同的法律规定时，不应该由法院去决定适用哪一个赔偿标准，而是要由当事人自己来选择。法律其实是确认这种规则的。我们可以看《合同法》第 122 条：因当事人一方的违约行为，侵害对方人身、财产权益的，受损害方有权选择依照本法要求其承担违约责任或依照其他法律要求其承担侵权责任。一个违约行为造成了债权人的人身利益和固有利益的损害时，可以按照合同起诉也可以按照侵权起诉，怎么决定？当事人自己决定。当事人如果请求按照合同法赔偿就按照合同法赔偿，请求按侵权赔偿就按侵权赔偿。两个赔偿是一样的吗？财产赔偿方面是一样的，但是精神损害赔偿方面却是不一样的。合同起诉没有精神损害赔偿问题，侵权起诉就有精神赔偿。所以，当一个基于合同造成债权人固有利益损害的时候，最好选择侵权起诉，由当事人自己去衡量选择什么。我们现在的情况是同样是由医院造成的损害，有《医疗事故处理条例》的规定，也有最高人民法院关于人身损害的司法解释，为什么这个时候不让当事人去请求，而是由法院直接指定，医疗事故适用条例，医疗过错适用人身损害赔偿标准呢？我曾经跟上海一个法院的院长商量，选择一个医疗事故的案例，审完了以后，审判长问受害人："现在有两个选择，你可以选择《医疗事故处理条例》，得到 5 万元的赔偿；你也可以选择《人身损害赔偿司法解释》来赔偿，得到 20 万元的赔偿，请问你选择哪一个？"他肯定选择《人身损害赔偿司法解释》。审判长说支持你的请求，按照《人身损害赔偿司法解释》，赔你 20 万元。

因此，当一个法律规则很多、很多人都在反对它的时候，这个规则很可能是错的，以上三个事例已经有验证了。死亡赔偿金同样是这样一个问题。当死亡赔偿金规则从 2001 年精神损害赔偿的立场变成 2003 年人身损害赔偿的立场时，就出现了这个问题。有很多很多人反对它，我们相信这个规则是错的。所以在起草《侵权责任法》的时候，这大概是必须解决的问题之一。我希望最后的结果应该是好的。

《侵权责任法》是权利保护法，当它制定得特别完善的时候，我们每一个人都会得到更好的保护，那个时候就可以说我们中国的法制确确实实是进步了。

好，就讲到这里了。谢谢各位！

互动交流：

学生：杨教授您好！我问一下，《侵权责任法》的意思是不是说，我侵害了别人的权利可以得到 20 块钱，然后我的责任就是付他 10 块钱。那么我是不是可以不断地去侵害任何人的权利，然后负这个责任，我每侵害一次就有 10 块钱的收入，我可以一直去侵害人家，这是不是合法的？我可以说是按照法律来行为的。

杨立新：这个理解好像不对。侵权法是保护权利的法。我作为一个受害人，你作为一个侵权人侵犯了我的权利，我产生了一个权利，是我损失掉了的由你来赔偿。不是说你出了钱以后就可以没这个责任了；对你来说要是一个制裁，就是你根本没有什么收入，而要拿出钱来赔我，这不是对你的一个制裁吗？

当然也可能是这样：我有钱，今天我打你一顿，给你 10 块钱，明天我再打你一顿，我再给你 10 块钱，我有钱我就可以打你。你说的是不是这个意思？这其实是不对的，绝对不对的，那就不是赔 10 块钱，是要赔很多钱的。假如你确实有钱，确实就想这样干，也可以。但是你在第二次打人的时候，性质可能就发生变化了，不是赔钱的问题，而会抓你。你要是把别人打伤了、打死了，刑法不制裁你吗？那你有可能脑袋也没有了，会判你死刑。所以说法律责任有的时候会变。

今天我们来的路上在说一个案件。一个人拿着一张内存有 100 多块钱的卡去取钱，一下子取出了 1000 元，再按还有 1000 元，又按……一下子弄了好几十万。你说这还是一个民事问题吗？好像就不是民事问题了。假如我按了一下出了 1000 元，我吓了一跳，偷偷摸摸把这 1000 块钱拿走了，这可能是不当得利，是个民事问题；但是我一看有钱，就往死里按，按出几十万，好像就不是民事问题了，是一个刑事犯罪的问题。

有一种情况可能出现你说的后果，例如侵害专利权、商标权或者著作权，加害人可能得到收益，但他的赔偿是权利人受到的损失，或者是加害人得到的利益，总而言之，不能让加害人得到便宜。任何人都别指望通过侵权而得到利益。

学生： 杨教授您好！我是法学专业的学生。罗马法有市民法，而我们中国是没有"市民法"这个概念的。我们的民法好像是从日本那边过来的。我想问的是，市民法最初是要保护市民人身关系的一种法律，而到了我们国家，《民法通则》对民法的定义是"调整平等主体之间的财产关系和人身关系的法律规范的总称"。我想问：它把财产关系放在人身关系之前，这样的规定是否合理？对此您是怎么看的？谢谢！

杨立新： 这是专业知识问题。我们的《民法通则》应该说是有很多缺点。我们对它的态度是这样的：《民法通则》在当时是一个非常简单的民法。王泽鉴教授有个评价说：《民法通则》是一个民事权利的宣言。我觉得这个批评是对的，但是很多人认为这不是批评，而是一个表扬。所以有人还说，我们制定民法典也是一个民事权利的宣言。我说这是瞎说。光有权利的口号而没有具体规则的才叫"宣言"，是不是？

不管《民法通则》有什么样的缺点，这二十多年来它确实发挥了巨大的作用。社会发展到今天，《民法通则》没有功劳吗？它确定了一个良好的民法环境，这是非常重要的，特别是我们每一个人都生活得很体面，都可以张口闭口讲权利。要是没有《民法通则》，这是绝对做不到的。这些年，《民法通则》在我们中国的法制建设和社会生活中起到了非常重要的作用。

但是同时我们又不能不说《民法通则》确实存在很多缺点。其中你提到的这一点就是一个缺点，它把"财产"放到了"人身"之前。我们应该看到，传统民法确实是侧重保护财产的。《德国民法典》基本上是讲财产关系，除了亲属法，它的人格权法其实就那么几个条文。所以徐国栋教授说《德国民法典》是一个物文主义的民法典，这个批评一点都不错。我们对于人格权的重视，是这些年来才发展起来的。其实是在第二次世界大战以后，人们发现人格权对我们更重要。所以我们在制定民法的时候首先要考虑人格权，然后再去考虑财产权问题。我们今天写民法就要说：保护人身、财产，人身权益放在首位。

某律师：杨教授，我问您一个问题，就是《医疗事故处理条例》中规定：不是医疗事故的不承担责任。法院在判决医疗事故的时候是根据医疗事故的责任来分担的，比如百分之八十或九十。如果是医疗过错，就由法官自己来确定责任。到底应当怎样计算？确定多少比例？刚才您也讲到医疗过错赔偿有可能高于医疗事故的赔偿。然而实际上，在现实操作中，法官的度比较大，作为老百姓很难把握。根据证据规则，一般是根据医疗事故来起诉，因为这个的举证是医院一方。而医疗事故是放在医疗机构鉴定的，这是一个问题。还有，如何解释行政法规和司法解释的冲突？怎么样来解决这个问题？因为这在实践当中很难解决。我们也感觉到很为难，我是一个律师，怎样为当事人去主张权利？

杨立新：这个问题说起来非常复杂。《医疗事故处理条例》已经把医院所有的问题都概括进去了，它把医疗事故分成四级，最严重的是死亡，第四级是造成一般损害。按照《医疗事故处理条例》的规定，医疗事故几乎概括了所有的在医院造成损害的责任。

但是有一个问题：医疗事故最终还是要鉴定——虽然有时不鉴定法院也有可能判决是医疗事故。而鉴定完全把握在医疗系统的手里。过去是卫生局来主持鉴定，后来要搞中立的色彩，变成了医学会来搞这个鉴定，好像这就比较公平了，其实也不行。我最近写了一篇文章就是说这个问题的，我们现在把医疗事故鉴定当成了一种医学鉴定，就一定要放到医疗卫生系统中由专门人员来解决。

我到德国到欧洲去考察，他们的医生责任、医疗事故仍然是司法鉴定，是由法官来组织的。如果法官认为这个案件是外科事故，那他就组织当地最有名的外科医生来鉴定，向法院负责。但是现在我们的医生是给医学会做鉴定，那么司法的压力就不够。可能出现什么呢？就是医生之间相互包庇的问题。所以我们的医疗事故鉴定很多人都不相信，出现了很多舞弊的情况。是医疗事故却不鉴定为医疗事故，受害者就得不到赔偿，在这种情况下就出现了一个问题，就是对《医疗事故处理条例》的逆反心理。

医疗侵权呢？虽然不是医疗事故，但是如果医院有过错，法官同样可以认定是医疗侵权。所以就出现了医疗事故的责任和医疗侵权的责任，就出了今天这种情况。造成这种赔偿的不均衡恰好也是这样，医疗机构虽然能包庇自己不是医疗事故，那么患者就搞个法医鉴定，鉴定有过错照样可以得到赔偿，而且赔得更狠，就形成现在这种情况。

对于行政法规和司法解释不一致到底怎么办？刚才我提到了《德国民法典》请求权的法律基础问题。我最近有几个讲座，一个是在辽宁省高级法院作的讲座，讲的是"民事裁判方法的改革"，最近还在几个法院作了关于"物权纠纷和民事裁判方法"的讲座。这几个讲座整理起来放在我的网上，大家可以看一看我的这一个想法。我们原来的民事裁判用的是法律关系的方法，但是我想把法律关系和德国的请求权结合起来，搞一个完善的民事裁判方法。这本书我正在写。

我想请求权的法律基础的思路就是我们《合同法》第122条："因当事人一方的违约行为，侵害对方人身、财产权益的，受损害方有权选择依照本法要求其承担违约责任或依照其他法律要求其承担侵权责任。"一个违约行为侵害了权利人的固有利益，他可以按照侵权来起诉，也可以按照违约来起诉，由他自己来选择，是最好的方法，不是法院自己确定。如果用这样的方法，根本就不会产生我们现在这样的情况。行政法规这么规定，不管它，司法解释有不同的规定，最后让当事人自己来选择，那么就完全可以解决他自己的问题。

某听众：我想问一下杨老师，是否存在生育权？假如承认生育权是一项民事权利的话，如果生育权受到侵害，如何处理？怎样来强制执行？谢谢！

杨立新：我认为生育权肯定是一项权利。现在民法中没有规定，但在《婚姻法》中有规定。有一个问题，是男人有生育权，女人也有生育权，当一个男人和一个女人结合到一起的时候就发生了冲突。通常是这样的，最典型的表现就是一方想生而一方却不想生。我是一个女人，现在怀孕了，可我现在还想工作不想生孩子；男方说这是我们家的根，你必须给我生出来。女人却偷偷摸摸去医院打了胎，男方火了，起诉说侵害他的生育权了。通常是这样的。

对于这种情况，我想，每个人的生育权肯定是有的，但是生育权必须共同行使。女方说男方："你也有生育权，那你生一个看看。"女方不配合是生不出来的，男方单独生不出来。所以我觉得生育权很像身份权中的亲权，就是父母对未成年子女的权利，亲权也是两个主体，父母都享有亲权。亲权有一个"共同亲权"规则，就是两个人同时行使亲权。生育权也是要两个人共同行使的，一方行使，一方不行使，最终还是掌控在女方手里。我当老婆的就不给你生，你能把我怎么着？权利还是在女方手里，是不是？人家就是不给你生，你也没有办法。你去告人家侵权，人家是正当行使自己的权利。

我主张两个人还是要协商，比方说协商了想生孩子，那么就赶紧生。但是一旦不给你生，那么很可能你们两个过不下去了，后果也比较惨。所以生育权问题，我觉得不是要强制解决什么侵权问题，而是大家要协商去行使权利。至于能不能用侵权法保护，我觉得还不好说。

某律师：杨教授您好！我想问一个精神损害抚慰金的问题。在现实操作中，有的地方法院是在伤残赔偿金和死亡赔偿金之后支持相应的精神抚慰金，有的法院是在赔偿了伤残赔偿金和死亡赔偿金之后不赔偿精神抚慰金，他们的理由是最高法院司法解释是伤残赔偿金和死亡赔偿金里包含了精神抚慰金。因为这样一个条款，各地法院的理解不一样。所以我想问一下，精神抚慰金在司法实践中该怎么去请求，什么情况下该请求，什么情况下不该？

杨立新：这个问题是非常明确的。看最高人民法院《人身损害赔偿司法解释》第17条和第18条。第17条讲了一个人造成人身损害以后可以诉求的财产损失的项目，在第19条以下是逐个展开的。第18条实际上是在讲除了赔偿第17条的那些损害以外，还可以按照精神损害赔偿司法解释去赔偿精神抚慰金。这两个条款的关系还不清楚吗？非常清楚。如果法院说请求了财产赔偿金以后不准再请求精神抚慰金了，他的理解就是错误的。

最高法院的司法解释有一个缺点，就是人身损害赔偿司法解释和精神损害赔偿司法解释之间有一个衔接问题，没有衔接好，即精神损害赔偿司法解释规定精神损害抚慰金包括死亡赔偿金和残疾赔偿金，而在人身损害赔偿司法解释中将这两项平常规定为财产损害赔偿，因此造成了现在的这种错误理解。但是立法精神是对的。

某律师：杨老师，我有一个问题想问您，是关于民事主体的问题。事件是这样的：有一条河流，有个人为了方便在上面搭了两块预制板（每块大约50厘米宽），就构成了一座桥。年久失修之后，其中的一块断掉了，只剩下了一块预制板。有一天有一个人，大包小包带了很多，想过河，走上了板，对面正好有一个老太太也走过来。双方都刚刚走到中间的时候，老太太一看那人拎了很多东西，要让他一下，想往回走，而预制板又比较窄，老太太就掉到河里淹死了。

我想问的是：这个桥梁，如果我们把它作为一个公共设施的话，我认为政府在这里面应当承担一种公共设施的维修、管理义务。如果刚才的那个人建了桥以后还要承担永远管理、维护的义务，那么我想法律是不是对他太苛刻了？

杨立新：这个事情说起来简单，其实非常复杂。搞法学研究就会把简单的事情搞复杂，真的很复杂。要从根源上说，那么这种情况在德国叫交往安全义务，就是从道路、桥梁上来的。就是说，我只要提供了一条道路、一座桥梁，就要保证安全。就像你刚才说的，我现在搭了一座桥让大家走，本来是给大家提供方便的，但是现在有人掉下去淹死了，还要我赔吗？

原则上是该赔的。为什么呢？就是我要注意大家的安全。假如说设置桥梁的时候，我没有尽到必要的责任，就要赔。所以我现在经常想说这样一句话，就是我们现在这个社会干好事往往出错误、承担责任，为什么呢？就是做了好事而没有顾及很周全的时候，发生问题就会出现责任。

最典型的案例是：北京有两家，每家两口人，两对夫妻一同出去玩，本来开两辆车，其中一家人说："开一辆车就行了，四个人正好，坐我的车吧。"后来发生了车祸，坐车的那一家的俩人都死了。后来死者的家属要求车主赔偿。车主的责任能逃掉吗？不能逃掉。

所以，对于这种情况，我就提出，在给社会做好事的时候，一定要注意风险，要防止风险的出现，这样才能保证自己安全。这里有两个问题，一个是说保证自己安全，还有一个问题就是说当你造成损害的时候，如果要赔偿也不是全部赔偿——如果桥是收费的，那就要全部赔偿。这种情况是公益的情况，应当承担适当的责任，不应该承担全部责任。

我再说一个具体的事例，就是当你在给社会做好事的时候，要有风险意识。前年我到青岛去，青岛海边发生了大浪，当时五四广场边上有一个游人站在那里，大浪一来把他卷了下去。附近公司的一个员工离那里不远，他一下子就跳进去救，结果能救上来吗？不能，而且他自己也死了。另外一个人是美国留学生，他一看很危险，不知道从哪里找到了一根绳子，一头绑在自己的腿上，另一头绑在岸边石柱上，然后也跳下去救。结果也没有救上来，不过他自己抓着绳子爬上来了。两种情况告诉我们，当你在做公益事业的时候，做好事的时候，也要防范自己的风险。要对社会有利，也要对自己有利。关于这件事情，我写了一篇文章，说见义勇为也要注意自己的安全，其实说的就是这样的道理。

（根据录音整理，已经本人审阅。整理：朱敏　胡王达　朱银平　周香玲）

霍存福

著名法律史学家，吉林大学法学院教授、法学博士、博士生导师。现任中国法律史学会执行会长，全国法律硕士专业学位教育指导委员会委员，中国法学会理事。享受国务院特殊津贴。2000年入选教育部跨世纪优秀人才培养计划，2005年被首批收入《当代中国法学名家》（第一卷）。曾任吉林大学法学院院长，《法制与社会发展》杂志社社长、常务副主编，《当代法学》杂志社社长、主编。曾主持《中国法制通史·元》、《中国法律思想通史·清代》的编写工作，主持国家社科基金项目和教育部项目6项。主要研究领域为中国法制史、法律思想史、法律文化。在《法学研究》、《法学家》等学术刊物上发表论文60余篇。其代表著作《权力场——中国人的政治智慧》自1992年至今，已在中国内地和台湾，以及韩国初版和再版共11次，在海峡两岸法学界、史学界、社会学界以及政界广受好评。

"合情合理，即是好法"

——从谢觉哉的"情理法"观说起

（2008年4月10日）

很高兴有这样一个机会能和绍兴文理学院的老师和同学们进行面对面的交流。现在我们直接进入主题，到时候有问题大家还可以提问。

我的讲座题目是"'合情合理，即是好法'——从谢觉哉的

'情理法'观说起"。我先简单解题：为什么要讲情理法，为什么要讲谢觉哉？

关于情理法，在中国的现实当中，有一个问题大家常在问，报端上也一直以标题式的问题显示出来："法大还是权大？"这是中国的现实问题，也是全球性、世界性的问题。

西方怎么解决这个问题呢？他们说找到了一个制度性的东西——三权分立：立法、行政、司法互相监督、互相制约，这是制度性的解决。在中国，我们也一直在设法解决这个问题。过去，我们说：我们的制度是"议行合一"。但是中国的封建专制时代太长，所以解决起来总是受一些旧传统的制约。在小的方面，至少过去理论上说"公检法"三家是互相监督、互相制约的。但是现在从报纸上揭示出来的问题看，很多时候我们没有特别好地解决"权大还是法大"的问题。

因此，就法律问题而言，法律是一种社会现象，也是一种文化现象，但是它还和其他现象联系着。"合法"甚至"法律至上"一句话就解决问题了？那肯定是不行的，还有别的问题。第一个问题就是"法"和"权"的问题。

接下来是"合情、合理"。法律和权力尤其是和政治权力有关系，但是也和情理有关系，这又是一个大问题。就情理和法的问题而言，我觉得是一个纯粹的中国式的问题。我和朋友们也讨论过：西方有没有情理法的问题？有的朋友对我说，西方也应该有情理法的问题，但是西方的法律技术已经把情理和法的矛盾冲突消解了，而中国没有。这倒也可以是一个解释。

就这个问题而言，如果大家关注社会问题比较多，可能就会有好多印象。我过去买过一套书，是北京青年报做的一个栏目，书名是《情理法》，实际上是以生活中的很多案例作为典型案例拿到报纸上去讨论，最后得出个结论。最近闲暇时看电视，云南电视台现在有一个栏目也叫"情理法"，大家如果有兴趣可以关注一下哪段时间播。生活里、报纸上也有一些案例。我现在研究这个问题，很多时候会注意到有些案件说来说去最后还是情理和法的问题，或者是"理"的问题，或者是"情"的问题，与"法"产生了尖锐的矛盾。这个时候怎么办，就给司法者提出了一个问题，也给整个社会的人提出了一个问题。

去年，我在南京的一个法律硕士将要毕业，见面的时候他给我讲了一个故事：当地有一对夫妇要离婚，却因为"子孙罐"吵了起来。"子孙罐"——我不知道浙江有没有这个——是女家作陪嫁带过去的一个具有装饰性质的小东西，即一个小马桶，但是不是真拿来用我不知道。作为一个象征性的东西，离婚的时候女方说我要"子孙罐"；男方说孩子你可以带去，财产可以要，"子孙罐"不能拿。法院大概是做了好多说服工作。最后判决：女方可以拿一些财产，"子孙罐"就留到男家了。

其实对这个事情我们有好多问题可以追问。男方的理由是："'子孙罐'必须留下，因为我将来还要结婚、生孩子，你把它带走让我断子绝孙，我受不了。"这当然是一个说法。但是如果从女方的角度看，女方说若我将来不嫁了，带孩子自然可以；但是我将来还要出嫁，不带走"子孙罐"，将来陪嫁怎么办？风俗上，一生只能有一个"子孙罐"，不能再造一个。所以这个时候问题就来了，各有各的情理，大概这就是纯粹的中国式的问题。后来我跟学生讲，把案件的原始材料拿过来给我看看。他们就这个案件曾开过一个国际学术讨论会，觉得这里面有一个法律和风俗的冲突问题。我说这就是情理法的问题。但是到现在他们还没有把讨论材料给我，所以我也没来得及全面地分析这个案件。

我小时候在家，常听乡民讲一句话："合理的不合法，合法的不合理。"我不知道现在的人讲不讲了，当时听他们讲，觉得挺有意思，也就记得很熟。现在回过头来从学术角度看这个问题，可能就需要讲究了。"合理的不合法，合法的不合理"，讲的是什么问题呢？理和法的冲突问题，就是它们之间可能有或者一定会有不一致的地方，这个时候我们服从理还是服从法呢？

中国作为一个往现代化迈进的国家，要建设法治社会肯定是要服从法的，但是"理"该怎么解决？政府下一道命令说我们抛弃"理"吧，行吗？一个行政命令能解决吗？解决不了。为什么呢？因为"理"是一个传统的积淀，是一个文化的问题，因而就不能用行政取缔的命令去解决。

我们要创设一个新的法律制度太容易了，经过人大常委会酝酿，人民代表大会或者常委会一讨论、一表决就通过了。制度的解决最容易，但是观念文化最不容易，制度一夜之间就可以改变，但是观念文化没有几十年甚至上百年大概是解决不了的。而且最关键的是什么呢？有些文化的问题你想摆脱也摆脱不掉。就拿情理法而言，假设我们规定中国人以后只准说法不要讲情理，不要讲合情合理合法，只讲合法就可以了，这个行政命令肯定是没有效果的。为什么？因为情理是一种文化。

　　这几年我也研究文化学的问题，有时候感觉到很累，因为文化学是我过去没有接触过的。我先学法学，后来再自学历史。有时候我调侃说：研究文化学，有时候越研究越感觉自己没"文化"，这是一个实在的感觉。我训练自己从文化学的视角去看问题，但是有时候觉得不能运用自如，我更熟悉的是法学和历史学的方法，文化学的方法我不会用。但是我特别看重文化现象，所以有时候我就会和搞法理学尤其是搞西方法哲学的一些同行们意见不一致。我说不要把传统文化看得太淡，不要以为把西方那套拿过来天天讲就可以在中国生根开花，太不容易了；要注意嫁接，不嫁接的话，西方的优秀法律文化在中国生不了根。中国自有一套体系，这套体系在过去的中国是非常自足、圆满的，是一个圆圈或者几个圆圈就可以了。但是外边再来一些东西的话，就必须把它翻译成中国的语言，直到进入老百姓的心里，才说明这个文化传播的任务完成了；否则还是两张皮，西方的是西方的，中国的是中国的。有时候我们总觉得外边的东西一到中国就会变味儿，为什么呢？因为我们原来有一个自足的系统，外来的东西是另外一个自足的系统，这两个系统怎么结合是一个大问题，这当然也是中国近代以来一个比较大的问题。

　　第二个问题，为什么要讲谢觉哉？实际上关于情理法的问题我感觉有两个人必须提到：第一个就是作为中西法律文化交汇点的沈家本。他是清末的修律大臣，也是浙江人——湖州归安人。1990年北京大学李贵连教授在杭州组织了一个沈家本诞辰150周年的国际学术讨论会，我也参加了。当时我用了几个月的时间写了一篇论文《沈家本会通中西论》，就是讲沈家本怎么把中国与西方的文化会通起来的。当时我就注意到了沈家本的结论，就是他研究来研究去，感觉无论是中国法律还是西方法律，无论是中国法学还是西方法学，就其根本而言不过"情理"二字，或者都逃不出"情理"二字。他还说不能抛开情理另外立一个法律，西方法律里抛不开，中国法律当然原来就没有抛开。对这个说法，当时我也一怔，好像和我过去看书的印象对上号了。因此当时也用了一些笔墨，就他这一点做了一些阐发。后来，2001年我的一篇文章发表在吉林大学的《法制与社会发展》上，就是《中国传统法文化的文化性状与文化追寻——情理法的发生、发展及其命运》，那篇文章专业性比较强，就是考察这个问题什么时候发生，后来又怎么样，到了沈家本时代又有什么变化，主要是做了一个历史的考察。

那么在沈家本之后的第二个人物大概就要提到谢觉哉。我觉得谢觉哉不光是中西法律、中西法律文化交汇点的一个人物，大概还算得上是古今交汇。因为谢觉哉是清末的最后一科秀才，用现在的话说就是他是有"功名"的人。后来他参加了中国共产党，是革命队伍中岁数相对大的一位，是"延安五老"（徐特立、林伯渠、谢觉哉、吴玉章、董必武）之一。"大革命"时期他在湖南的时候做过一个审判委员会委员，和法律有关。后来在江西中央苏区做过毛泽东的秘书、中央政府秘书长、内务部长，参与过一系列法律法规的起草，所以他一开始就是个专业人士。到了陕甘宁边区，他做过司法部长兼边区高等法院院长，后来做参议会副议长。新中国成立之后，可能学法律的比较熟悉，他是中华人民共和国第二任最高人民法院院长，第一任是董必武。他一直干到因病去世，做了整个一届，有接近五年的时间。

2007年寒假，我用整个假期的时间读了谢觉哉的两部日记、一本文集、一本他的传记，还有他写的随笔性的小册子。我看了这五本书以后，很喜欢这个老人。原来对他并不是特别熟悉，知道他是共产党的高级干部，他过去做过法律工作，我也有印象；但是对于他说了什么、做了什么，我不清楚。整个寒假读他的书，觉得这是一个非常可爱的老头儿，真诚、朴实、执著而且勤于思考，最可贵的是他精于思考，思考的程度很深，因此我喜欢这个人。还有就是他说的问题，是我过去思考过但没想通的。后来写了这样一篇长文，今天就说给大家。

这是两个解题，可能稍微长了一些，下面我们回过头来看看谢觉哉的一些说法。

关于谢觉哉的法律思想，我将来肯定还要写许多文章，因为我觉得在中国共产党内，从法律思想来看，忽略了这个人，中国的这段历史就说不清，包括我们现在的历史可能也说不清。

他最主要的法律观，我觉得就是"情理法"观，即怎么看待情理和法的关系问题。这里，也有两个问题要谈。第一，中国传统法律文化，如果说法哲学的内容，可以举出法家思想为例，而且我一直认为法家的很多思想和西方的思想非常相近，可以把法家的一些思想和亚里士多德的一些思想相提并论。除了法家的法治是在专制制度下实行，而亚里士多德的法治是在民主制度下实行这样一个前提不同，其他我感觉差别不很大。意识上的、原则上的要求不一样，就意味着在中国法家所建构的政治框架下实行法治必须打折扣，这个法治必须屈从于专制皇帝一个人的权威、一个人的喜怒哀乐；民主制下的法治要服从整个民意，这是一个不同。这一点我不展开讲。

第二，中国法律或者法律文化、法治思想要揭示的大概就是情理法的关系。我过去做过一个项目，最后给这个问题的定义就是这样的：情理法的关系问题大概是中国最高层次的法哲学问题。法家法治要服从专制皇帝，绝对服从法律，但是法律是好法还是坏法，是善法还是恶法，法家没有解决。服从法律没问题，但如果是恶法，也要服从吗？这就是西方法哲学所提出的问题，是西方的概念、西方的语言、西方的思路。

我们中国也可能用好法、恶法这个说法，但是没有形成统一的语汇，后来在儒家思想下出现了概括。一个法律怎么样，得看符不符合情理，如果不符合情理，这个法可以不执行，还可以造反，这就是中国的思维。就是说法律怎么样，该不该服从，得用情理来衡量一下，不符合情理的就不是好法。所以，实际上，学法律的同学又会注意到这其实就是西方的自然法思想，实证法永远都是受批判的，谁在批判？自然法。自然法在上面，不符合自然法的法律就不是好法。所以我认为中国情理法中的"情理"起的就是西方自然法的作用。它一直高高在上，看着实证法合不合理，不合理就不执行，而且还可以废除它；实在不行，逼急了还可以造反。

在这个意义上，我认为谢觉哉在工作期间一再谈论情理法，就是把中国传统和当时革命的司法实践结合起来——这不仅是一个中西的问题。谢觉哉接受了西方的思想，在这里我们也没有时间多谈，但他连接古今这一点，我认为是很重要的，而且我觉得他是共产党内部谈论这个问题最多最深刻的一个人，我没看到第二个人有他谈得那么深刻。在当今，尤其是建设社会主义法治国家这样一个目标下，我觉得研究谢觉哉不仅是研究历史，关键是谢觉哉的思想对我们今天有什么样的启发意义，这是最重要的。

一 革命不排斥人情，"情"经洗练即是"理"

（一）革命的同志情不排斥友情，否则违反人情

讲情理法就是你怎么看待生活中、工作中的情理与法律的关系，这涉及法理学的问题，所以我们先看一下谢觉哉对一般的人情

怎么看。

中国革命史上出现过好多次"左倾"的路线和政策。一些人总认为要革命就是讲同志情，革命者不能讲友情、亲情等人情。

从谢觉哉的日记上看，他在20世纪40年代初，最早是30年代末，就谈论过这个问题。1939年2月19日，谢老日记记载，说有人说过"除同志关系外，不许有私人感情"——这是谢老听其他同志讲的。他认为不对，认为在革命中，私人朋友、私人感情应该是次要的，但不是说可以一笔抹杀；如果一笔抹杀了朋友情，是违反人情的，再发展下去就是人间的冷酷。

我们可以把这作为起点来分析。谢觉哉和另外一个同志的诗词唱和，里面就写了好多"展纸托情"、"层层觅理"、"一往情深"、"理情俱到"这样的话。他不避讳这些。

应该关注的是1942年谢觉哉的一组随笔。里面有几句话，我感觉比较重要，和大家说一下。他说："朋友关系不能超过同志关系。但决不是说同志关系之外，不可有朋友关系。人是情感动物，情的纯正而恳挚处，就是理智。理智发展，可以导情感归于正。"他开始定义：情，如果到了比较纯正、诚恳、真挚处，那就是理智了。他开始对情和理下定义。那么理智有什么好处呢？理智发展下去可以把情调节到比较正确的位置，而且情感引申也可以帮助理智。这是谢觉哉对情和理之间关系所作的比较深入的探讨，这个探讨也是后边关于情理法探讨的基础或者前提性认识。

紧接着谢老又谈到："爱人类，爱阶级，爱同志，是情的发展。"这里面又有几个关系：爱亲人、爱朋友可以，范围再扩大就是爱同志、爱阶级、爱人类。这里面最大的当然是人类情了。我们现在说人类作为高级动物，如果不能够爱人，把其他人看作是畜类，那么这个人本身的价值，其本身是不是作为一个人活在世上，就是一个问题了。谢老说"爱同志，是情的发展"，同志情是志同道合；在生活中可以互相帮助，什么话都可以说，什么事都可以帮助，这就是朋友情。他认为朋友交情可以做到"情的专致"。因此他讲同志加上朋友"只有好，不会坏"，"但若把朋友关系淹没在同志的大海中，那将会使人生感到太平板、欠生趣"。后面几个字我觉得比较紧要。如果仅仅是同志感情、同志关系而没有朋友关系的调节，这个人活着就没有意思了。"欠生趣"，活着就没有趣味了；"太平板"，太古板了。

到1945年4月，谢老又有一句话："没有知识、不近人情，二者俱备才成大恶。"这主要是批判"左倾"时期的一些人。因为谢觉哉当时在苏区确实有过这样的经历：今天还是同志，第二天早上一看，没了，让"左倾"路线给枪毙了。他当时觉得非常愤懑，也经常抗争。但后来他也差点被打成右倾了。一个偶然的机会，别人救了他，否则中国革命中后期的谢觉哉在肉体上早就不存在了。

因此，当时谢觉哉写了这样一段日记："犯'左倾'错误的同志应该自怨自艾表示痛悔，因为所造的罪恶太大。大功不赏，大罪不罚。百死不足蔽其辜，只好贷其一死。佛说杀人满藏（四万八千），不仅无罪且可证果。但必须放下屠刀，才能立地成佛。"犯"左倾"错误的同志应该表示痛悔，因为他们所造的恶实在太大了。但是按照佛教的定义，"大功不赏、大罪不罚"，因为按照佛的说法，"杀人满藏（四万八千），不仅无罪且可证果"——这个佛教的定理我还没有看见过——但是这个时候，"必须放下屠刀，才能立地成佛"，应该说这时候谢觉哉讲的是愤激之语，在中国革命初期，"左倾"路线造成的损失真的比较大，从那时候走过来的人确实有刻骨铭心的感受。

革命的同志情不排斥友情，友情是同志情的辅助，违反了这一点就违反了基本的人情。

（二）革命情不排斥亲情，否则违反人情

革命情不排斥亲情，否则违反人情。亲情不用说太多，父母子女情都是亲情。

1942年3月，谢觉哉在随笔中讲述了他在延安的一段经历，这是一位年老的妇女看到谢老，说的一段故事。老妇说：自己的姑娘不听话，本来要念书，她爸不让她念，后来老妇觉得念书也好，大家都念，也就让她一起去了。但是她一念书就变"坏"了，认识几个字就状告父母包办婚姻。这一告很准，到了法庭之后，法庭说既然是包办婚姻，边区是不承认的，婚姻作废。官司打赢了，但是问题又来了，老太太说姑娘"不理"她了，因为她从参加的训练班或者青年突击队那里听的道理比老头、老太太知道的要多得多。所以老太太感觉受不了了，说姑娘现在也不听母亲的话了，而且回家也比较少，整天在外面跑，夜里也不回家。老妇只觉得不对，让谢老看看该怎么办。

谢觉哉认为父母包办子女的婚姻肯定是不对的，但是子女不孝顺父母也不对，革命队伍从来不提倡这个。因此，对婚姻而言，父

母应该尊重子女的意见。但是子女婚姻自由了，在这个自由来的婚姻之后，男的应该孝顺岳父母，女的应该孝敬公婆，这样才对。如果不是这样，问题就走到另外一个极端了。因此谢老主张，讲革命没问题，年轻人革命值得嘉赏，但是不能够走到极端，不孝顺父母也不对。

1943年6月谢老又有一段话，也是反映这样一种思想。他首先向一位同志致哀，"听说你的老太爷死了，想来有点不好过"，先说一些安慰性的话。但是下面这些话我觉得掷地有声，谢老说："不是忠臣孝子，不会做真正的共产党员，所以共产党员总是多情的；但也只有共产党员才会用情，因为他知道拿局部的利益服从全局的利益。"

我觉得这些话非常重要，因为过去在中国总是有一对矛盾：忠孝不能两全。这是过去服务于专制君主所面临的深刻矛盾，要帮助君主打仗，伺候君主，就不能在家孝亲。谢老说忠臣孝子大概只有共产党才能做得起，如果不忠不孝就做不了一个好的共产党员。

就这两点来看，谢老想把亲情和革命情两者协调起来，而且按他的说法，只有共产党员才能真正地运用起来。

局部利益和个体利益怎么看，关于这一点，可能大家看的故事更多。在家里有"温清之道"，要孝敬父母，春温夏清，做好饭，这是小"孝"；另一方面，参加革命，为更多人谋利益，这是大"孝"，是对更多人的孝。在这个意义上，只有共产党才能做得到，别人不行。

（三）革命情并不排斥要求传宗接代之情，否则不合乎人情

革命情并不排斥要求传宗接代之情，否则不合乎人情。谢老在随笔中提到了当时延安墙壁上写的一首打油诗。他说，后勤部招待所的窑洞壁上，有这么几行字："一等革命，打江山；二等革命，为休养；三等革命，没子孙。"这指出了当时虽然都是参加革命的，结果却不一样："一等革命，打江山"，革命到延安，做了大官；"二等革命"，官做得可能不太大，但是在疗养，不用出去打仗，也不用种地，也舒服；"三等革命"出去打仗，没子孙。

这个问题一出来，谢老说这太正常了，估计当时延安内部没有把它当作反标去看的，至少谢老不把它当作反标看待。就这个问题，谢老在日记里详细地写了感受，他认为这几句话应该"是一个粗认几个字的士兵写的。头一句，还是旧社会观念的反映"，意

谓做大官、出人头地，可以不必讨论。但"第二、三句，包含有亟待解决的事实"，倒值得理论一下。

对于第二句"二等革命，为休养"，应该理解。为什么革命？活不下去才革命的嘛。谢老说"几曾见面团团的富翁来干革命"，闹革命就是为了吃饱穿暖。第二条有道理，需要解决。这实际上就是中国人"食色二性"的"食欲"问题在特定情况下的一种特殊解决方法。

第三句，谢老认为更应重视，它关乎"食色二性"的"性欲"的满足及其延伸问题：人不是饱暖就够了的，还有性欲，还要求传宗接代。由于中国革命的长期性，参加革命的人回乡娶亲遥遥无期，而革命队伍中，女子很少，男子占绝对多数。许多男子青春已过，结不了婚，不仅性的要求迫切，且已有传后之感。

谢老认为这两点都正常，如果否定了这两点，那么革命者就是不食人间烟火的怪物了。革命者也是人，也有食、色两个欲望，都需要满足。延安时期的小老头谢觉哉并没有说那个东西是反标，要求擦去，他没有这样讲；也没有开斗争会追问是什么人写的，怎么这样低俗。所以当时这个可爱的小老头说这两个问题应该理解，应该解决。延安时期、"文化大革命"期间和新中国成立之后的一些"左派"在当时就比较"左"，也有一些活动，但是谢老没有"左"。他实实在在地看人，实实在在地看事。人性里有食、色两个方面，性欲是很重要的，性欲再发展大概就是传宗接代，都是属于这个范畴里面的。谢老说这是"人情之常"，如果扼杀了，我们就不是人了，而且也不应该抹杀。

（四）"情"受障蔽则"合情"不合理，"情"经洗练成为"理"，故"合理"定合乎情

"情"受障蔽则"合情"不合理，"情"经洗练成为"理"，故"合理"定合乎情。这是1944年8月谢老日记里的定义，跟刚才所说的差不多。但是已经逻辑化了，而且把两个问题解释得更清楚了。

我过去也力图去想这个问题，因为我给学生讲课时，学生老是问："霍老师，情理和法之间肯定有一致的时候，也有不一致的时候。你又讲有一定的情肯定有一定的理。这样的话，情理之间是什么样的关系呢？"我过去基本上都是这样概括的：有一个情就肯定有一个理，有是情必有是理。一事一情，那么就是一事一理；万事万情，也就有万事万理。我说我只能概括到这一步，别的我就说不上来了。因为关于情感和理智的关系，我也没有想太多。但是看了谢觉哉的这段话后，我一下子就通了。于是我就找原因，为什么通了呢？一想，其实也容易明白：我是上大学之后才读古籍的，因为学法律就要读法律方面的古籍，读有关法律方面的议论。谢觉哉从小读私塾，从儿时就读古书，还做了秀才，对古代的东西当然比我熟悉得多。所以他能概括出来而我不行。

　　谢老的这段话是这样的："合乎情的未必合理，合乎理的定合乎情。不合乎理的情，由于有所蔽。理是经过了洗练的情。似乎有这样的人，故意要不近人情，才是真布尔什维克。把人甚至连自己送掉，革命搞坍，未必尽是教条或宗派作祟。天性欠厚也是一因。"（《谢觉哉日记》上卷，人民出版社1984年版）

　　在谢老的理解中，"合情"与"合理"之间，在逻辑上正推未必成立，反推则成立，其间反映着情理关系的本质。谢老的这段话，我们可以这样理解：之所以"合乎理的定合乎情"，是因为正如谢老所说，"理是经过了洗练的情"，"理"就是"情"的升华和提炼。

　　我认为大概有这样几点需要说明：第一，"理"是经过了更大的集团或者集体所制定和认可的，因而它已经抛弃了"情"的一些特性。"情"有什么特性呢？有单独性、个体性、私人性和圈子性。比如说，友情是什么？特定的两个人或者更多人之间，这时候就有单独的、个体的、私人的成分。朋友之间的"情"大体是对等的，如果一个人高高在上，一个人卑微地为他服务，那是主子和奴才的关系，肯定不是朋友关系。朋友之间肯定是掏心窝的，有什么事就互相倾诉。所以朋友之间倾诉、互助、互谅，这大概就是友情的特点。亲情之间，更熟悉，互相抚养、赡养、关照，遇到问题还会一致对外。这是"情"的第一个特征。

　　第二，"情"有对象固定、不可选择等特征，如亲情中的父母子女、兄弟姊妹情等关系是不能选择的；友情也有个交际圈子问题，如同龄交、忘年交、同好交、近邻交等；同事、同业等情也大抵如此，它也有个圈子性。

　　第三，"情"多感情因素，如热爱、好感、信赖、期待、依赖等。

　　这样一来问题就出现了，"情"有圈子性，有不可选择性，还有情感性特征。如果一味地顾及此"情",就可能违背"理"的要求。"这是我的老爹,犯了罪我不能告他。"这在古代是一个问题,在现代也同样是一个问题。在古代,父亲偷了羊,儿子告发了。有人说"好,就该这样做"。孔子说这不对,老子偷了羊,儿子去告发,如果都这样的话,这个社会怎么维系呢?这样一来整个社会基础就没有了,所以不要告发。因此,后来中国古代法律就有"父子相隐"或者"亲亲相隐",儿子要隐蔽父母的犯罪,这才是正道。

大概就是在这个问题上,"情"和"理"有矛盾了。如果顾了"情"的圈子性、情感性,"理"就行不通了。"理"是什么?犯了罪,应该制裁;不制裁,社会秩序就混乱了。所以"情"的单独性、情感性、圈子性等一些特征和"理"发生矛盾了。

制定出的"理"已经把"情"给压抑了。"理"在什么地方呢?每个人都不要隐蔽父母的犯罪,因为法律有一个原则——有罪必惩。要是放纵了一部分犯罪,就可能是一个诱因,将来会有更多的犯罪出现。现在的"理"是一个更大的集体、更大的集团制定或者认可的一个规则,已经把"情"的单独性、情感性抛弃了。因此"理"反映的是集体性、公共性、共同性。如果这个时候还有"情"的话,应该叫"大情",而不是"小情"了。

"合乎理的定合乎情",指"理"已经抛弃了"情"中具体性、对象性的情感成分,呈现出理性或理智色彩,是一种超越,更宏观、更抽象、更原则,是概略性规则。

父子之间,父亲抚养儿子,"三年不离父母之怀抱",从那时候开始到咿呀学语的整个期间,既有血缘的联系,又有抚养的关系,所以肯定有父子之间的感情。那么,父子之间的感情抽象出一个"理"来是什么呢?就是父慈子孝。父亲要慈祥,儿子要孝顺,这是一种要求;另一种要求是父亲要严,母亲要慈。父慈子孝就是一个"理",父子关系、父子情感就是"情"。这是"小情"、"小理"。

但是一到社会上,"小理"就不再发生作用了。因为你和大众发生关系就不是父子这样一种关系和感情了,于是就需要其他的规则。就这一点,谢老特别赞颂了王国维的说法。由于时间关系,这方面的内容我就尽可能少讲。总的来说,谢老要求人把感性、感情和理智、理性,即把情和理都分开,分开的目的就是为了更好地处理两者的关系。理有作用,情也不要放弃。

二 司法的内容是"说情"、"说理",判决要"合情合理"

(一) 司法的内容是"说情"、"说理",判决要"合情合理"

这是1943年2月8日谢老在日记中谈到的一个问题。谢老说:"告状的状词,判案的判词,都是说明道理的,要使人一看就懂,而且心折。"因此,他特别提了小时候接触的一些书。他说:我们现在的判决书太简单,一般就是根据哪条法判决就完了,根本不说理,当事人能服吗?所以谢老就说一定要说"理",而且讲了自己的感受。说过去有一个同志,丈夫被国民党特务秘密地杀害了,这就要作斗争,要写状子。谢觉哉对她说:"我看过旧时讼师所用的诉讼书,我帮你写一个。"所以他就写了一个,其中有几句关键的话:"生要见人,死要见尸;死则请宣布罪状,生则请明令释放。"这句话在逻辑形式上是一个"二难推理"。国民党政府对这样一个诉状根本就没法答复,因为他们说不清,也不敢说。通过这个问题,谢老希望边区的法官们也要研究"状词",因为它是裁判的基础。

谢老尤其注重"判词"的说理性。他说:"判词要剖析现微,合情合理,使败诉者不能不心服。"因为"上控案子总是原判失当,或者判的虽对而说理不清,遂使两造都受上诉的累"。如何说理?谢老举《乔太守乱点鸳鸯谱》的判词为例,说乔太守判决中有两个关键句:

夺人妇,人亦夺其妇,两家恩怨,总息风波;
独乐乐,不若与人乐,三对夫妻,各偕鱼水。

他说:"上联说'理',下联说'情',不服的也自然服了。现在当然不要这样掉文了,但呆板的引用'第几百几十条'也不是老百姓愿意听的。我意断案应根据条文,做判词则应很通俗地说明道理,状词上提到的应给以回答,没提到的也应替他想到。务要判词出来,人人拍手,同时也就是一种实际的社会教育。"(《谢觉哉日记》上卷,人民出版社1984年版,第396—397页)

如果乔太守当年不这样判的话,两家未必这么服。谢老分析说上联是说"理"的,那么这个"理"是什么呢?大概就是报应之理,这是中国老百姓或者整个意识形态能够接受的。你夺了人家的媳妇，别人就把你的媳妇夺过去，这就打平了。

我一直感觉中国人报应刑心理是最重的，包括我们现在的刑法不能够废除死刑，大概和中国人的报复刑心理重也有关系。前几天我看了一个材料，说有一个地方做调查，看中国人同意废除死刑的有多少。特别少。这就是一个文化的观念。中国人认为杀了人不偿命还了得！什么情况下可以废除死刑呢？大概对非杀人、非严重的伤害罪那些人是可以的，其他的不行，只要杀人就要偿命。

这方面的案例，大家过去也接触过。关于这方面的内容，大家如果有兴趣，可以看我的博士论文《复仇·报复刑·报应说：中国人罪过偿报态度的文化解说》，主要是讲中国古代的报复刑观念，这里就不展开讲了。

谢老说下联写的是"情"。"独乐乐，不若与人乐"，一个人高兴不如大家都高兴，这大概就是中国人的另一个情怀。"满堂饮酒，有一人向隅而泣，则一堂之人，皆不乐矣。"这就是中国人的精神。一个人有好事，还不够；大家都有好事，这才是中国人普遍持有的人情。

我们现在的判决书总是单调地说"根据第几百几十条规定判决如下"，谢老说老百姓肯定不爱看这个，他们爱看的是乔太守的判决。关于这个故事的梗概，我跟大家简单地说一下。

该案案情是：宋代景祐年间，杭州府刘秉义之子刘璞，自幼聘孙寡妇之女珠姨为妻；刘秉义之女慧娘，也已许给裴九老之子裴政。孙寡妇之子孙玉郎（孙润），已聘徐雅之女文哥为妻。待各家儿女长成，正遇刘璞病重，刘秉义听信妻言，对孙家瞒了刘璞病情，要娶珠姨过门冲喜；孙寡妇先已得知刘家之计，遂命其儿子孙玉郎男扮女装代替姐姐过门。花烛之夜，新郎刘璞仍在病中，刘秉义遂命女儿慧娘与"嫂嫂"相伴，不意竟促成慧娘与玉郎的好事。后来刘璞病愈，慧娘、玉郎不忍分离而搂抱啼哭，被刘母识破；此事又被好事者告诉了裴九老，裴九老到刘家嚷骂互殴一回，又写状呈控刘秉义"纵女卖奸，恋着孙润，暗招在家，要图赖亲事"；而刘秉义也入状呈控孙寡妇"欺心"，将其儿子男扮女装"强奸"了他女儿。两个告状者于府前相遇，又起了误会，扭打到官。

从婚约情况看，刘、孙、裴、徐四家 6 子女分别结成 3 对夫妻（古代下聘则为夫妻）。刘家一子一女，孙家一子一女，裴家一子，徐家一女。涉讼者为刘、裴、孙 3 家：裴家告刘家，刘家告孙家；孙家自知闯祸，没敢声张；而徐家尚未露面。其原来的下聘情况及姻缘关系，如下图所示（图中箭头代表男方向女家下聘情况）：

$$\text{刘秉义}\begin{cases}\text{子刘璞} \longrightarrow \text{女孙珠姨} \\ \text{女惠娘} \longleftarrow \text{子裴政}\end{cases}\text{裴九老}$$
$$\text{徐　雅}\{\text{女文哥} \longleftarrow \text{子孙玉郎（孙润）}$$
$$\Big\}\text{孙寡妇}$$

接到报案的乔太守，先审赴官告状且互相扭打的裴九老、刘秉义；弄清大体案情后，又拿问孙寡妇母子三人和刘璞兄妹；进一步讯问，案情大白，遂又传裴政和徐雅父女。乔太守重点与徐雅说明了情况以及他的决定，众人"俱各甘服"，遂援笔作判曰：

弟代姊嫁，姑伴嫂眠。爱女爱子，情在理中；一雌一雄，变出意外。移干柴近烈火，无怪其然；以美玉配明珠，适获其偶。孙氏子因姊而得妇，搂处子不用逾墙；刘氏女因嫂而得夫，怀吉士初非衔玉。相悦为婚，礼以义起；所厚者薄，事可权宜。使徐雅别婿裴九之儿，许裴政改娶孙郎之配。夺人妇，人亦夺其妇，两家恩怨，总息风波；独乐乐，不若与人乐，三对夫妻，各偕鱼水。人虽兑换，十六两原只一斤；亲是交门，五百年决非错配。以爱及爱，伊父母自作冰人；非亲是亲，我官府权为月老。已经明断，各赴良期。

乔太守的判决，保持了刘璞与孙珠姨的婚约关系。有争议的是另一个婚约即慧娘与裴政的婚约，乔太守改变的也正是这个婚约。乔太守判决：第一，承认慧娘与孙玉郎的事实婚姻，这意味着乔太守同时解除了慧娘与裴政、文哥与孙玉郎两个婚约。第二，要求将文哥配给裴政，重新建立一个婚约，但要立即成婚。按这个判决形成的婚约与实际的婚姻关系，如下图所示：

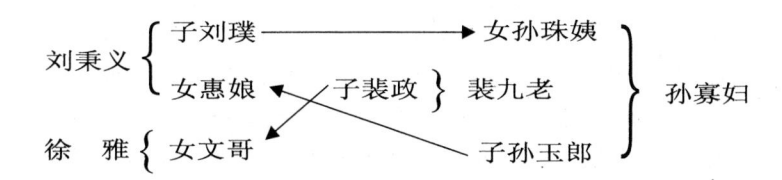

$$\text{刘秉义}\begin{cases}\text{子刘璞} \longrightarrow \text{女孙珠姨} \\ \text{女惠娘} \diagdown \text{子裴政}\end{cases}\text{裴九老}$$
$$\text{徐　雅}\{\text{女文哥} \diagup\diagdown \text{子孙玉郎}$$
$$\Big\}\text{孙寡妇}$$

从故事的描述来看，乔太守也没有特别征求徐雅和徐文哥的意见。一方面是成全了好事，另一方面可能就是一个压制的问题了。这里也有一个"情"和"理"的关系问题。这里大情理就一个——报应之情理。具体的分析今天我就不再说了。

关于这一点，我感觉谢觉哉非常清楚故事当中的奥妙，因此他特别指出两点，一个是讲"情"的，一个是讲"理"的。我们的法官就要学乔太守这样讲情理。

后来谢觉哉提到其他问题的时候也一再讲"准情"、"酌理"。其实，如果从中国古代司法判例和故事来看，大概就是一个"准情"、"酌理"问题。好多案件不见得非得按法律去办，大多数是按照情理去断的。这是中国古代一个特别的司法现象。

有一个叫汪辉祖的，在湖南宁远做过知县，他有一句话，大意是这样的：判案子，按照法律去断，行不行？行。但是一启动法律程序，就得丁是丁，卯是卯。用情理来调解就好办了，"是非不妨假借"，是非问题可以不必分得那么清楚。"法则泾渭不可不分，情则是非不妨稍借"，这是汪辉祖的原话。我的理解就是那句谚语所说的：一纸入公门，九牛拔不出。什么意思呢？一份状纸递到官府，意味着官府一受理，程序就启动了。启动了程序，如果想要再把它拖回来，就不应该了。这时候，就必须按照法律规则去做。这就是"法则泾渭分明"。而不进入这个程序，让家族来调节，这就好办了，各打五十大板。大家低头不见抬头见，该给个面子就给个面子，该让三分就让三分，事情就解决了，也不用打官司了。

因此，在中国古代，不见得事事有法的依据，一方面，这跟法律的立法技术有关系；另一方面，跟中国人长期的"永久地解决争讼"的概念有关。"争讼"打得越多越不好，伤面子。不打最好，因为将来总要见面，总要互相帮助。这大概是中国人的一种比较特殊的法律文化现象。到现在，这种观念还在影响着中国人。

（二）从一个案件的拟判看谢老的司法情理观

1944年10月24日，谢老日记记载了他1937年上半年在延安出任司法部长并代理最高法院院长期间经手办过的"王海生控告蔡奉璋"案件的梗概。为便于分析，下面照录全文：

原告：王海生，雇工，在总工会挑水，总工会帮助控告。

被告：蔡奉璋，地主兼豪绅。

案由：王借蔡三百元（银洋），月息三分，以东关果园作抵，约载三年不还，果园归蔡有。时已过三年，但果园也被东北军伐作薪。王似乎不知约上怎写的，只知果园不止三百元，蔡以贱价压制售去。

当时环境：延城未经过革命，绅士势力大，城关抗日救国会调停，谁都说蔡有理，——"果园是东北军砍的，怪谁？""王要和蔡碰，太不量力。"蔡也对王说："你控我吗？你以红军长在此吗？"延市法庭书记长也左袒蔡（后来才知受了蔡贿），而当时正讲统一战线，不打土豪，头一炮应放得响亮。

处理方法：一、先在群众中讨论，不急处断；二、着重指出借约违法——豪绅抢土地最残酷的法子，应该办罪，不办罪是从宽；三、说明果园不被砍，利归蔡得，民法上有规定，被砍损失归王，不合理。最低只能平均受损失；四、公平估计果园实值，如值六百元，各损失三百元，如值八百元，蔡应补王一百。——实可值千元上下。五、蔡富王贫，王被蔡诈，应使王得到一点赔偿。

此案最后宣判，我已离延，大概是照此判的。但仍押蔡，疑当时运用还有不妥处，致蔡敢不服。

教训：有统一战线，有阶级斗争，有法律知识，有群众路线（包括转移群众情绪在内）。

这个案件的处理，在当时是有压力的。正如谢老所言，"当时正讲统一战线，不打土豪"，但共产党是讲阶级斗争的，立场本应在穷苦人一边，两个价值产生了尖锐矛盾；延安未经过土地革命，地主蔡奉璋比较嚣张，以为红军未必在陕北呆得久长，给王海生施加压力；同时，该案还有特殊情节，果园被第三人——东北军当烧柴砍了一部分，价值有所降低；再者，法庭官员支持蔡奉璋（因受蔡奉璋贿赂）。事情变得比较复杂。

这个案子是后来判的，谢老没有赶上，因为他后来去了甘肃做八路军办事处代表。但他在离开之前写下了一些处理的规矩：

第一，"先在群众中讨论，不急处断"。

第二，着重指出借约违法。这是豪绅抢土地最残酷的法子。共产党闹革命，反对并废除封建剥削的几项内容：一是地租，农民租种地主土地，交的赋税很高，这是封建剥削的方式之一；二是典卖，出典土地、房屋，利息比较高，过期不能交纳本利回赎者，抵押品归债主。这种封建剥削本来是要被废除的。其一，要剥夺地主土地，分给农民；其二，废除封建剥削的典契、租契，这两种是法律形式的封建剥削。但在当时，国共合作，共产党在不进行土地革命的情况下，对两项政策做出了调整，主要是采取"减租减息"的办法。做出这样的调整，是为了团结地主、富农与共产党一同抗日。谢老说，这种"以物出典"的法子是豪绅地主抢夺土地最残酷的方法，是封建剥削。按照共产党的规则，应该处罪，不处罪就是从宽。这点一定得让蔡奉璋知道。

第三，法律与情理的综合，要力争说明一个道理。"果园不被砍，利归蔡得，民法上有规定"，这是引证国民政府法律，边区当时法律尚未有类似规定；"被砍损失归王，不合理"，"最低只能平均受损失"。

第四，适用情理中的公平或平均原则。谢老要求"公平估计果园实值，如值六百元，各损失三百元；如值八百元，蔡应补王一百"。因为果园的实际价值，粗略估计"实可值千元上下"。

第五，酌"情"考虑。"蔡富王贫"，经济状况不同，"应使王得到一点赔偿"。

总之，谢老拟判，情、理、法三者都被纳入了考虑的范围。既使用了共产党的政策和边区法律，也使用了国民政府法律的一些原则。另外，也做到了法律与情理的综合。如果果园被砍损失全部归王，也不合理，这就是"情理"之"理"。这不是法律规定的，法律没有细到这个程度。"最低只能平均受损失"，是综合法与情理的折中办法。

前一阵子，我从法律领域出发，对中国人的公平观做了估价。如果涉及两人或两人以上关系的时候，"公平"总是指"平均"。平均主义在中国人的骨子里应该是比较深厚的。去年，我指导博士论文的时候注意到一个案例：五个人为一个人作保，国家要求主人要是还不起债务跑了，保人要均摊——虽然在法律上，保人的责任不见得是平均责任。在其他方面，包括这个案件上，典主与债主应该平摊损失，这大概是中国人最能接受的公平方式。在相当程度上，传统中国人的公平观就是平均观；不平均了，就认为不公平。

最后，做到了酌"情"考虑。一方面，"蔡富王贫"，一个是绅士，一个是穷雇工，两人经济状况不同，不能让王的损失太大。另一方面，从案情来看，"王被蔡诈"，存在欺诈情节，蔡就得负责。

我认为"情理法"的"情"好多时候指的是案情。理解"情理法"的时候应该要知道这点，要根据案情来确定罪行的大小。谢老就注意到了这点，这些意见反映了谢老对"情理法"的综合性理解。在这个案件中，他确实综合考虑了法律的规定，使最终作出了这样的判决。

三　合情合理，即是好法

谢老认为，司法的内容是"说情"、"说理"，判决要"合情合理"，同时立法也要"合情合理"。立法"合情合理"，即是说法律的内容终究是个情理问题。什么是"法"？把合情合理的东西写到法律中去就是"法"。什么是好法律？合乎情、合乎理的法律就是好法律。

（一）"法律本乎人情"，"好法"即是"合情合理"

谢老在日记中有这样一个概括的提法：合情合理，即是好法。这符合我过去所看材料的一个基本印象。中国人对法律的印象是"设法止奸，本于情理"——设置法律，制止邪僻的行为，根据的就是情理。谢老的"法律本乎人情"正是在这个意义上讲的。我们通过故事来谈一下谢老对这个问题的看法。

1942年，谢老接到一位同志从镇原县寄来的信，信中谈到了两个案件，该同志认为："两个案子的判决，都是在尊重风俗习惯的借口下进行的。我以为十分不妥当。"两案的案情及处理情况是这样的：

第一个案子是，五乡人谯得周，十三年前把寡弟媳卖给姓段的，当时带去一个三岁的女孩，现女孩十六岁了，去年谯得周又把这个女孩卖了（这里女人价很大，好的可以卖上一万元法币），因女孩本人和段家坚决反对（因女孩一直在段家养着），婚约未能成立。今年谯得周又以承嗣的名义，要把女孩接回，女孩不肯。谯起诉，法庭说是尊重习惯，判令女孩限期回谯家，由谯家给段家三石麦、四匹布。女孩和母亲不愿，逃往友区。法庭硬要执行判决，又把她俩追回。

查现行法令，夫妇离异，儿女有选择从父从母的自由，难道进步的边区，反而没有这种人权吗？至于说"继承"，这里并没有女子承祧的习惯。谯得周是个鸦片鬼,想在女孩身上找鸦片,所谓三石麦四匹布,无疑要拿女孩身子去换。

第二个案子是,五乡人张青英和焦生林是邻居,焦住在沟内,张住在沟外,焦家的大车出,必经过张家的路,已经走了多年了。最近张家说方向不利,把路断了。焦家向区上告状,区上以这是习惯,说焦家告得没有理。

谢老在摘录了两信的梗概后,议论道:

风俗习惯,应该迁就些,但究竟应迁就到什么程度?判断案子,应该知道当地民情习俗,法律也有尊重习俗的规定。不过所谓习俗,一是本有道理,合乎当地当时民众的要求;一是民智未启,迷信太深,不能不暂时迁就。虽然如此,仍应该尽可能使民众前进,而不应向落后投降。

来信举的两个例,如果属实,恐怕不是迁就习惯,而有点反乎习惯。嫁女要钱,犹可说;父母养女费了力,嫁作别家人,要点报酬。若叔父卖侄女,卖他从没有养育过的侄女,旁人一定抱不平,因为太不近人情了。

人行路,"人各有半边",你走这边,我走这边。南方村落繁密,住户出入,有的不仅经过他人屋外的路,而且要经过他的屋内。习惯是不许禁止的,因为若禁止,岂不把人家窒死?我想北方也必不异样。就是异样,也应劝导人民"便人便己",不能借口"迁就迷信"、"独尊地权",而置人家利益于不顾。因为不近人情。

谢老分析了这两个案件之后,还作了一段发挥:

> 法律是本乎人情的。合乎人情的习惯,即是法,应尊重;且可采入到正规的法上来。不大合乎人情而以某些原因,未能即除去的习惯,应该用教育和政权的力量,使之渐变;至于一般人已甚不以为然的习惯,那就应用断然手段,把它去掉。

法律是怎么来的?根据人情而制订的。正因为是根据人情而制订,所以人们才喜欢或害怕法律。这话不是谢老说的,最早是由法家提出来的。人们喜好赏赐,所以法律里面就规定赏赐的内容。按照商鞅变法的规定,砍掉敌人一个戴盔甲的脑袋赏赐五户奴隶。百姓害怕刑罚,所以就制定法则,对不告发犯罪的人处以腰斩。所以,法家说,法律的内容是根据人情而定的。人们"好利恶害",喜好利益,厌恶祸害,祸害中最大的就是刑罚。因为人们有好恶,所以法律要根据好恶而定，也就是把人情作为法律的内容。如果法律反乎人情、人性，那就没人遵守了。如果法律规定，人只能在天上走，两脚离地，用脑袋走路，这就不合人情了。脱离了人情，法律就起不了作用。

谢老还特别指出："司法的人，要懂情理。要懂得不近情之理和不合理之情，然后断案就会合法，得到人民的拥护。"法律的内容是根据情理制定的，搞司法的人不懂情理，就不会司法。因为对人情不了解，就没有办法理解法律的内容、规则，尤其是精神。司法者为什么要懂情理？懂得情理是断案合法的前提。后来，谢老还提到"做干部不光要会做，懂得领导的意思，还得懂人情"。不懂人情世故，不会是个好干部。有关这一点，谢老在新中国成立之后还有进一步的申说。

1952年，墨西哥将军艾里伯托·哈拉来到中国。他眼中的新中国法律正是合情合理的。"例如工会法把工人当人看待，使他们得到财富生产者所应有的地位；土地改革的法律把土地交到耕种的人手里，从而解放了千百万在封建奴役制度下遭受苦难的人民；婚姻法将使妇女享受和男子同样的权利，把她们从千百年来耻辱的屈服地位中解放出来。"因此，他认为中国的法律制定得合情合理，而且执行得也不错。谢老非常赞赏这种说法，他一直关注法律的这个方面。

（二）"法根据情理制定而行使"，"国法民情事本常"

从1959年4月至1963年5月的4年时间里，谢老接替董必武担任最高人民法院院长。这期间，他在各种场合反复地谈论情理法问题。

1961年，谢老在法院工作座谈会华北、东北片会上的讲话中，指出法院判决不写道理或写不清道理的问题：

> 法院是评论道理和决定道理的权威地方……但是，不讲道理或不会讲道理的事还是不少：不是判得不对，讲不出道理，多数判得对的案子判决书上也不写或者写不清道理；上诉驳回的案子，也往往是上诉人说了一些道理，而上级法院驳回的判决或裁定常只是照抄原判决书上的一段话后，添上"上诉无理，维持原判"8个大字。为什么无理呢？不说。

他以为，法院要学会"讲道理"，先要"听道理"，次要"想道理"，最后才能"讲道理"。谢老举了今古两个案例作对比。

今例是北京一个区法院判的案子：

某机关一个工作人员家里已有老婆，没有说，又同本机关一个女的恋爱结了婚。后来家里的老婆来了，经调解，女方同意同男的离婚。这事发生在婚姻法刚刚公布之后，男的因为是在没有离婚的情况下又结了婚，属于违法。但后来家里的老婆既然已同意同男的离婚了，本来批评一下男的也就算完了！可是北京西城区法院却认为那个男的重婚不合法，又判决男的与本机关那个女的婚姻关系应该解除。这对男女接到判决不几天，就用绳子捆在一起，一同跳井死了。

谢老以为法院判决有问题。在革命年代，这种事情很多，就不用严格按照刚刚颁布的婚姻法去执行了，该迁就的就迁就。前面的妻子已经同意离婚了，就没有必要再去拆散后来的家庭。

他又举出了古代《乔太守乱点鸳鸯谱》的故事，说："这个法院同志如果知道这故事，必不会这么判。"这是"法根据情理制定而行使"的一个内容。

至于"讲道理"，对判决书而言，就是"判决书要写明道理"。谢老以为，我们的判决书上老是干巴巴的几句什么"罪大恶极"、"民愤极大"之类的话，这实际上和不讲道理没有区别。以我们今天的观点来看，"罪大恶极"的形容性太强，"罪"是一个法律概念，"恶"是一个道德概念，中国人老是把法律评价和道德评价混在一起。这样做事往往会过头，因为这不是用法律的语言来表述问题，而是从道德的视角出发，可能就会模糊我们的视线。在中国，伦理评价越位的现象比较突出。

1962年，谢老在内蒙古政法党员干部会上的讲话中，特别讲解了自己的新词，并据此阐发了他的思想。

《减字木兰花》
学如植树，枝叶扶疏根必固。
十载辛勤，左右逢源万理通。
理存何处，抬头想想俯拾是。
勿助勿忘，国法民情事本常。

"学如植树"，学习就像植树那样，要想枝叶长得茂盛，根必须扎好。"十载辛勤"是说当时那里的政法干部大部分都有10年以上的工作经历了，对工作应该比较熟悉了。"左右逢源万理通"，因为各方面的情况比较熟悉，经验比较丰富，所以应该懂得很多道理了。"理存何处"，理在哪里呢？"抬头想想俯拾是"，只要抬头想想，低头一看都是。这个"理"，其实并不神秘，随处都有，就看我们能不能体味。"勿助勿忘，国法民情事本常"，我们要"勿助勿忘"，既不要像《孟子》里所说的那样揠苗助长，也不要忘记而忽略它。当时搞"大跃进"，谢觉哉希望"大跃进"的风气不要延伸到法院工作中去。亩产上万斤，吹出来的。法院一年判了多少案，如果脱离实际乱吹，也不对。"国法民情事本常"，国法是什么？民情而已，跟我们身边发生的寻常事一模一样。国家法律并不神秘，没有神秘到让人们根据日常生活经验也没法理解的程度。这实际上是对法律最简单、最朴素的理解。

法律是不是一种专业？肯定是。真正要讲究技巧的话，肯定是一个比较高深的专业。但这样高深的专业是不是离我们的生活很远呢？在新中国成立之后的很长一段时间里，法律是切近民情、切近民性的，尽管中间我们犯了很多错误；但越往后发展，就离现代化越近，就更专业、更生疏了，离民情、民性更远了。原来是亲切的——婚姻法亲切，土地法亲切，但是现在亲切吗？至少我没有这样的感觉。所以，谢老的感受也正是当时法律和人民亲切的这样一种时候。

四 新价值的植入之对旧式"情理法"的超越

下面还要强调谢老的一个思想。这就是1962年11月2日，谢老在全国第六次司法工作会议上讲话时说的："合情合理的东西，没有文化的劳动人民常常一听就懂。"这话什么意思？就是说，情理是植根于人民之中的，法律就应该反映这样一种人民所理解所懂得的道理。因此，情理若并不高深，法律当然也是不会高深的。尤其在过去，我们强调"国家是人民的国家，法律也是人民的法律"，不应该有隔膜才是。但是现在，我的感觉是另外一回事。这个感觉是不是准确，将来也可以和大家一块讨论。

对于这方面，我给大家强调我今天要说的第四点——我们不展开，只说一下大概意思——就是谢老的"情理法"是对旧式"情理法"的一种超越。古人讲"情理法"，谢老也讲，那是不是一回事呢？从总的文化精神上看，是；但是有超越。这大概就是林毓生讲的"创造性转化"吧，也是我们对传统的一种态度。情理法问题肯定是中国的一个传统，古人讲，我们现在也摆脱不开，谢老讲得也比较多。这个超越就是新的价值被植入其中，这就完全是新型的人民的"情理法"了。我分几个层次来讲。

（一）社会正义与情理：社会合理性所反映的"情理"

谢老当年主要是从革命的角度去理解的。为什么要革命呢？因为一些人受压迫受剥削，所以要革命；社会不合理，要革命，使之变得合理。从旧的法律来讲，我们是没有情理的，因为革命就是造反了；但是从新情理来讲，是应该的。道理是这样的：世界上的一切，是劳动者创造的，应该归劳动者自己管理。应该把不合理的旧世界打得落花流水，使劳动者变成管理者。这大概就是无产阶级革命要解决的问题。

（二）政治正义与情理：从人民对"安"的需求来理解"情理"

政治正义主要是从安定的角度来讲，一部分人需要"安"，一部分人不安。劳动者"安"了，延安地区的地主、资本家就不安了。那么怎么才可以"安"？这个时候就要求一个统一，尤其在抗日统一战线的前提下。

（三）经济正义与情理：从百姓对负担公平的要求来落实"情理"

老百姓说："交公粮我不怕，交多和少我也不怕，但是就怕不公平。"为什么我交他不交呢？所以谢老说公粮负担"不怨多出，只怨不平"。不平衡了可能就麻烦了。这也是谢老当时讲得比较多的公粮方面怎样负担公平、怎样做工作、怎样减租减息的问题。

（四）法律正义与情理：从百姓对司法的"公平"、"公正"要求来落实"情理"

在这些方面，谢老也有一些特别的说法。从谢老的日记看当时的一些案件也确实是有问题的。比如，有一天谢老和林伯渠在谈办案的事情，省裁判部送来一件案子要谢老批复。案情是：一个姓孙的外号叫"驴驹"的，伙同两个人拦路抢劫，杀了人，抢走了财物。但原判机关只判孙驴驹一年徒刑。谢老批复说："果真杀人，他是首犯，判一年太轻了。"因为在中国传统观念是杀人偿命。这个案子还涉及赔偿损失的问题，但受害人家属嫌赔偿太少，不愿接受，而原判机关便给"充公"了。受害人死了，东西被抢走了，受害人家属要求赔偿但嫌赔偿太少了，省裁判部说"你不要就充公"，这就更是一个问题了。谢老这样批评：你们这样办不公正，应该要合理赔偿。

司法威信要建立，断案要公正，程序要合法，不要在乎改判。但是好多地方害怕改判，这大概是旧司法的一个特征——"官无毁判"。做官的判决了以后，绝对不能推翻之后重新判决，这是中国古代保证司法权威的一个办法。怎么保证整个国家专制皇帝的权威？怎么保证专制皇帝之下所有官员的权威？就是判定了以后不能再改了。当然这和近现代法理是不相符合的，我们现在肯定不认这个账，但是古代却是这样过来的。

当然，与它相适应的还有其他一些办法。前一段时间，我研究了宋以来的一个法律——"告不干己事法"，就是告发了跟你不相干的事情就算你有罪，你不能告，告了挨板子。只有亲属才可以帮忙。如果是朋友之间呢？我要帮朋友打官司，县官一查，说你们是朋友关系，你就不该告，否则可能就把你撵出去或者打板子了。

这样的话，帮助人诉讼就成了问题。按照诉讼法的概念这就是"诉权资格"的问题了。谁有诉权？当事人以及他的近亲属，其他人不行。我琢磨了半天，认为这样的话，诉权的整个群体就小了，享有诉权的当事人和他周围关系的人的范围就小了，而且最大的一个影响是什么呢？大概就是对中国律师的产生甚至于讼师群体的正常化、合法化、良性发展起了摧毁或者压制作用。

中国古代的讼师一直是非法的——偷着干，不能到法庭，写状子也不能够落名字，因为写了名字县官要来追究，可能当场就把你制裁了。所以讼师要换名姓，即使写状子的时候落名字，今天姓张明天姓王，让县官搞不清楚是谁写的。这个非法的职业、地下的活动大概和这个"告不干己事法"是相关的。

中国古代的一些司法传统真的要去掉。比如说"官无毁判"，这从哲学上讲就不成立。人都会犯错误，法官就不犯错误？法官犯了错误以后也要有一个矫正机制，不毁判肯定是不行的。虽然自己的事情自己可以说明白，这是哲学上的道理，因为自己对自己的事情更清楚一些。但是中国人还有另外一个道理——旁观者清。为什么不允许别人去帮助呢？当时怕的是出现讼师这样的人物出来搅和事。但是这样一来,问题又来了。这是顺便提到的一个关于中国司法的问题,这个问题我就不跟大家说太多了。谢谢大家!

互动交流:

学生: 霍教授您好!刚才您提到"只有同志关系没有朋友关系就会'太平板、欠生趣'"。那么我想问的是,同志关系和朋友关系的区别是什么呢?谢谢!

霍存福: 谢觉哉的意见是这样的,当时是革命时期,参加革命的都是同志关系,当然这个"同志关系"在过去是褒义的。当时"左倾"的人认为,在革命队伍当中要绝对革命,朋友之情就不是共产党员所应该具有的。当时很多成分不好的人要和父母断绝关系。谢觉哉说,革命,同志关系必须得有,因为我们在革命中肯定是同志关系;在同志关系的前提下不要反对有朋友关系,就是说在革命队伍当中可以允许不同群体的人继续做朋友,他们之间可以谈理想,谈家事,甚至婚姻、生病……有什么问题都可以和朋友倾诉,这是最好的。

按照谢老的理解,服从于集体主义这样一种总体的最高的关系,这是高层次。但是不要反对小圈子存在。按谢老的话讲,如果消灭了这些小圈子,就欠生趣。如果人和人之间不能说一些悄悄话,先不管革命能不能成功,人活着有什么意思?这是一个大与小的关系,大圈子是同志关系,小圈子应该就是朋友关系。实际上,任何一个政党、任何一个政治势力都不可能消灭小圈子的关系。

毛泽东过去说过"党外有党,党内有派",党里边也少不了派别。在国外可能更多,比如日本政党派别很多。任何一个政治势力都不可能消灭内部的圈子,因为作为同乡、同学,会形成一种走得比较近的关系。这种"近"如果影响大了是什么?按照毛泽东过去的说法,那叫"宗派主义",党内是不允许的,不能拉帮结派。小圈子可以有,但是要服从大圈子,小集体要服从大集体。

谢老说:"封建时代有封建时代的情理。"什么情理呢?天、地、君、亲、师,这是封建时代的情理。那么共产党、无产阶级的情理是什么呢?集体主义。就是情理里面有大情理、小情理。集体主义是同志关系,同志关系、集体主义是大情理,朋友关系是小情理,都应该存在。小不要影响大。

学生: 霍教授您好!我是学经济的,对法律没有很深的了解,我问的问题也比较肤浅，但比较现实。老百姓当中流传着这样一句话："一个党员的身份在犯刑法的时候可以抵一条命。"那么，它是否合情或者合理呢？谢谢！

霍存福：这肯定不符合情理。如果它符合情理的话那也是封建时代的情理。法制史上有一条叫做"官当"，你说的情况大致有点类似"官当"，它的大致意思就是爵位、职位可以抵当刑法。党员的身份可以抵当性命？这肯定不符合情理。它符合封建时代的情理，但决不符合现代民主社会、法治社会的情理，也不允许。这种事情如果出现的话也非常偶然。如果在相对比较开放的城市中，或者被新闻媒体抓住的时候，肯定又会来一个全面大讨论。我觉得这是非常偶然的东西，不见得是事实，可能是误传。如果是事实，肯定不符合情理。

一般来说，情理和法是没有矛盾的。一个法律只要是运作成功的，它一定符合当下的情理。情理和法一般来说是一致的；特别的时候，社会发展中情理和法会出现紧张，产生矛盾，这时候就要修改法律，使之符合情理；或者说让稍微先进一点的法律引导旧情理，因为情理也可能是比较陈旧的。

是不是所有的情理都应该被迁就？不是这个意思，可以让先进的法律引导、改变旧的情理，使之变成一种新的情理。比如说，封建时代买卖婚姻，它是一种情理，但是我们不也把它改过来了吗？变成一种新的情理，使新的情理与新的法律相符合。当然，这个改变也是非常艰难的。就说买卖婚姻吧，我们现在禁绝了吗？没有。我们是反对的。哪个姑娘嫁了不要钱？有，但很少，有些人嫁女儿倒贴也有；但是相对来说，在中国社会，如果哪一个男人不用钱娶一个媳妇回来，中国人就认为这不合情理。经过我们这么多年的革命，这还是一个问题。

学生：霍教授，关于许霆案，一审判无期徒刑，二审判五年。我感觉一审太注重法，二审太注重情，我想问一下您的意见。谢谢！

霍存福：这是一个比较现实的例子。最近，我浏览报纸时，也看到这个案件。我刚刚说了，如果没有媒体的话，他可能就被判无期了，或者再判也轻不到哪儿去，这肯定跟媒体的作用有关系。

你的评价是前一个重法，后一个重情，这也是有一定道理的。但是现在大家一般觉得判五年太轻，因为他恶意取款，数额比较大，还潜逃，从案情的角度看是比较严重的。另外一方面，"情"

呢？银行是干什么的？你的钱袋子那么松，让人有可乘之机，你是干吗的？这也是一个"情"，也包含在案情之中。这个时候，大家对于社会上强势的群体，尤其是国企、强势企业有一种情感在内。有些人觉得，你们看不好钱袋子，让人拿走了，就该拿。这个"情"，可能也有个比较的问题。比如在英国，在"罚不责众"的理念下，机器有故障，大家都去排队取，取完了活该。有时候钱款可能追回，有时候可能追不回。可能我们这个"情"和国外的"情"也差不多。"情"的另一方面，大家觉得他还年轻，小伙子一时糊涂，判了无期徒刑这辈子不就完了吗？能不能轻一点，给一个改过的机会？

所以我感觉这里的"情"可能就是三个方面。第一是案情；第二是他年轻；第三可能就是比较起来的一个情况，网民可能会这样想：国有企业太牛了，你的钱袋子看不好，将来我要看到这样的事，我也去取。判五年是根据哪个"情"来定的呢？是觉得他太年轻，还是觉得国外发生这样的事，可能也不会判这么重？

从这个案件本身来看，如果不和法律绝对地违背的话，判五年，大概也不会有什么示范效应。以后大家碰到这样的事，都去拿，因为也不过判五年而已，我想法官也考虑到了这点。该案后来的判决确实重"情"，如果按照数额，按照案情来看，无期徒刑可能也是在法律的幅度内。大家之所以不赞成，大概主要是考虑到我讲的第二和第三个"情"。

一审依法判处，也不一定没顾"情"，引用法的规定往往是和案情吻合的，注重"法"的同时也注重了案情这方面的"情"。你现在所说的二审判五年，是更注重后两个方面的"情"。所以"情理法"的"情"包含性太大。

我在一篇文章里面说："情"包含了什么呢？故意、过失都包含在里边了，过失要原谅，可以不处罚。后来我在研究的时候又在琢磨，中国人在法律上本来已有故意、过失的概念，为什么还要有一个笼而统之的情理问题作为分析工具来判案呢？有时候我也在想，这大概跟中国社会受儒家思想的影响有一定的关系。中国如果不是受儒家思想的影响，还是按照秦朝方式去统治的话，我们可以想到的结果：一方面是如大家了解当中的，暴君越来越多；第二个方面，可能就是在法律技术方面，可能会比我们过去看到的受儒家思想影响的法律更纯正。但是儒家思想一影响，那套语言系统就上来了，它的主导思想就变化了。

实际上"情理法"的出现或者最终发挥的主导性作用就是在儒家思想指导下进行的。实际上是中国人用情理包容了一个比较大的东西，比如说光"情"就可以分为案件之情、情感、其他的情况等，就用这些东西作为分析工具，来分析案件、立法，在司法方面尤其会强调得更多。

学生：霍教授您好！·您今天谈这个问题，我就想到了北大苏力老师的《法治及其本土资源》。您今天的讲座题目与他的有什么区别和联系？作为法学教授，你们都认识到了立法要合情合理、适合本国国情，但是我觉得现在中国的一些法律不太适合本国国情，比如破产法。针对中国一些立法不太合情合理的现象，请您谈谈您的看法。谢谢！

霍存福：我和苏力教授谈得不多，但是我比较敬重他的为人，敬仰他的学问。我没特别细致地从头到尾看过他的书，他应该是对"本土资源"持肯定的态度，我的意见和他的基本一致。

在中国，对于文化传统，想躲也躲不掉。"传统文化"是静态的，比如四书、五经，你不读它，它就在那放着；但是"文化传统"侧重后两个字了，是流动性的，所以"传统文化"是静态的，"文化传统"是动态的。就以这个情理法而言，既是一个传统文化，更是一个文化传统。这个传统在什么地方呢？过去一直在说、在用，谢觉哉也在说、在用，我们今天也还在说还在用。

我有这样一个看法：中国人所能接受的法律，是用情理这个工具过滤之后的法律。立出一项规定，无论是国家的大法还是银行的规矩，老百姓一看，说这个不合情理。这就是说，他们接受规则的时候不认为是法律我就该接受，符合了经验规则当中的情理，就是可接受的；否则，就是不可接受的。这是中国人的思维方式，这种思维方式本身就是文化。

什么是文化？文化就是思维方式和行为方式的总和。就这方面来看，文化传统包括法律文化传统，想改也改不了。就像我开头所说的，我们可以通过人大常委或全国人民代表大会表决一下，说中国人以后只能用法律不能用情理法，或者不能说情理，这肯定是不行的。为什么呢？民主社会不能用消灭词汇的办法来进行。

文化这个东西想消灭也不行。大家都不要用"情理"了，倡议一下，行不行？不行。我从小听的就是这个——"合法的不合理，合理的不合法"，从小接受的说法就是法和理之间是一种紧张、矛盾的关系，有可能相背离，所以不产生情理法的概念肯定不

81

可能。从语言的角度，父母、周围的人已经这样说了，我不想把它刻在脑子里也不可能。这就是传统的不可消灭性。

从这个角度讲，苏力教授的"本土资源"，我的意见是肯定有，而且有些资源不用还不行，尽管不一定提倡。你可以说西方的正义、公平、自由、平等是优秀的东西，可以讲；但是和中国人的生活、中国人的实际，哪些东西切合得更紧？不是正义。大家都说正义有时候是一张变幻莫测的脸，是一直在变化的。什么东西中国人能感受到呢？能感受到情理，有生活中的一切日常经验就够了，就可以度量很多东西。这个时候，无论你是给情理下一个定义，还是做些归纳、提升，或者和正义、公平嫁接起来，或者做一种什么样的结合，大概都是成功的。

一般地说，伸张正义有的时候可以理解。张三被杀死了，杀人犯被枪决了，这就伸张了正义，可以理解。在其他的一些方面可能就麻烦了，比如说许霆案，我们怎么看待这个正义？判二十年是正义，判五年是正义，还是判无期是正义？这就说不清楚了。这个时候单靠正义这样一个非常模糊的、非常刚性的价值判断可能就不行了。

用情理来分析，倒是一个比较技术的办法。有些东西用一个标准看是比较清楚的，但是有一些则往往是模糊的，反而作技术性的处理好些。最好是有可操作性，当然情理是完全可以操作的。中国古代人在处理问题的时候已经从方方面面想到过。

第二个问题，从分析谢觉哉的角度看，我感觉过去有一段时间法律确实是离人们很近的，现在就觉得离得远，这包括我对所得税法的具体做法的反感。

去年，我到了一个税务局，因为他们说我的收入超过12万了，要我申报。打开条文一看，那么复杂，我根本算不过来。我不知道自己得了多少钱，我的工资卡在夫人那边，我也不看。所以，最后我一转身就回来了。今年又要申报，而且校财务处给了名单，一看有我的名字。我说去报，就又去了。

我去大厅那边要表格，有人陪着。工作人员说："你得有纳税单，工资、奖金等诸项你得有纳税证明，证明要去财务处开。"我说："要是一项一项开出来，那要累死我了。"所以后来我想如果这样的话，我宁可不申报，认罚吧。但是他说："你必须得干这件事情。"纳税我当然愿意接受，因为我挣得比一般人多，年收入到12万了，应该纳税。12万在浙江大概是个小数，但在我们那我就得纳税。

我服从抽象规则，这是我的义务，但是具体要求我把每一笔的纳税单开来。我作为一个教授，没办法找财务处的人去一一开具税单，因为平时我是不去报账的。那样做的话，可能不如我去做研究或者去写一个东西。这就是说，这个规矩对我一点情感都没有。

这是我举的一个例子。我对所得税法十分不亲切。我觉得照做浪费我时间，不值得。

其他的法律，我感觉关键是老百姓对它的态度。森林法公布这么多年，乱砍滥伐的还是很多，那么多的现象出现，说明它还是和老百姓隔生。为什么隔生呢？可能有个立法技术的问题或者是利益问题，就是说怎么协调的问题。说森林不要滥砍伐，树会越长越好，这肯定没问题。但是，老百姓的生计在什么地方？长远利益和近期利益的关系怎么处理？一个法律，不是说立了就是好东西，它还要一步一步地来，让老百姓能够亲近才是好法。所以，如果要对谢老的说法做一个发挥的话，除了"合情合理即是好法"之外，让老百姓能够亲近的法律才是好法。如果他们觉得规则定得不合情理，没办法接近，接近就难受，那干吗去遵守它？这可能就是个问题。

（根据录音整理，已经本人审阅。整理：朱敏　崔堞　黄锟拉　周香玲）

郑成良

著名法学家，上海交通大学教授，法学博士，博士生导师。现任上海交通大学副校长，教育部社会科学委员会委员，教育部法学教学指导委员会委员，中国法学会常务理事，中国法学会法理学研究会副会长，中国法学会法学教育研究会副会长，上海市法学会副会长，上海市高级人民法院、上海市人民检察院特邀咨询员等职。曾任吉林大学法学院院长，吉林省高级人民法院副院长，最高人民法院政治部宣教部部长，中国应用法学研究所所长，国家法官学院院长。主要研究领域为法理学、司法制度与司法改革。出版、发表法学论著七十余篇（部），曾获国家级教学成果奖两项、省部级社科科研成果奖及教学成果奖七项。

法律、正义与权利

（2008年10月10日）

能够来到绍兴文理学院和同学们做一次学术交流，我感到特别荣幸。"荣幸"之前要加个"特别"，有两个原因：第一个原因，"风则江大讲堂"在中国的高等教育界享有盛誉，来之前我就听说过。因为我是负责上海交大文科建设的，我早已听说这个大讲堂很有影响。

第二个原因，绍兴文理学院坐落在绍兴，绍兴在中国文化发展史上是一个起着独特作用的城市。从大禹开始一直到鲁迅，名人辈出。在从上海到绍兴的路上，和王一老师聊天，聊到和绍兴有关的成语，略加计数，就有将近十个。比如说，"卧薪尝胆"和勾践连在一起，"东施效颦"和西施连在一起，"东山再起"说的是谢安在绍兴东山的故事；再比如说，"应接不暇"这个成语，《世说新语》上就有记载，是说绍兴的风光很美，在山阴道上，山川互映，令人应接不暇。至于范蠡大夫给文种写的一封信，劝他说"飞鸟尽，良弓藏。狡兔死，走狗烹"，这也是个成语。大名鼎鼎的王羲之给我们留下的"群贤毕至，少长咸集"，都是我们耳熟能详的成语。这个地方的确是一个人杰地灵的地方，来到这里的文理学院，我确实感到特别荣幸。

今天准备和大家讨论一个问题，就是"法律、正义与权利"。在这个题目下有三个小问题，第一个问题是法律的定位，主要是讨论一下和社会主义法治国家相适应，我们应当树立什么样的法律观。第二个问题是讨论一下法律与正义的关系，法律是实现正义的，但是法律上的正义和我们一般意义上的正义是有区别的，区别在什么地方？第三个问题是讨论一下法律和权利的关系。就这三个问题和大家做一个讨论。

一 法律的定位——关于现代法律观的确立

首先讨论第一个问题——法律的定位。所谓"法律的定位"，指的是在一个社会中，它的公民或者国民全体在心目中把法律置于何种地位，这叫"法律的定位"。所谓法律观，最核心的问题就是法律的定位，把法律放在什么位置，在国民的心目中它处于一个什么样的位置。法律定位是一个非常复杂的问题。

（一）实然之法与应然之法

今天准备从两个角度来讨论，第一个角度就是实然之法与应然之法。所谓"实然之法"指的是法律是什么。我们要给法律定位，树立法律观，首先要回答法律是什么。所谓"应然之法"，它回答的是法律应当是什么，这是一个价值判断。所以从法律观的树立的角度看，这是两个非常重要的维度。

1. 中国固有传统的刑、法、律的视角

从中国古代的传统来看，几千年来一直到改革开放之前，中国人的固有传统习惯于从法律是什么的角度来树立我们的法律观。相对来说，欧洲的传统比较倾向于从法律应当是什么的角度来看待法律。当然，这种划分只是一种粗略的概括，不能当成一种绝对的理解。因为在绝对的意义上，东方人、中国人在古代也曾经从法律应当是什么的角度来理解法律，不过，在大众观念中它不占主导地位，占主导地位的是法律是什么。

法律是什么？在中国古代关于法律的概念中找到几个名词，就是屏幕上显示的"刑、法（灋）、律"三个字，这是中国古代社会对法律的界定。我们现在一般习惯用"法律"这个词来称呼我们所描述的法律。但是在鸦片战争之前，中国古代典籍很少使用"法律"这个词。"法律"这个词，据考证是从日本借鉴过来的。日本明治维新之后，用"法律"这个词来翻译西方相应的概念，后来日本又影响了中国。所以清末民初之后，"法律"作为一个词才大量地出现在我们的日常语言中。在古代很少用"法律"这个词，它用的是"刑、法（灋）、律"。"刑、法（灋）、律"就意味着、代表着或者从某种角度折射出中国固有传统是如何看待法律的。

先说"刑"。三代为刑，就是夏商周时期，在中国古代的话语体系中，主要用"刑"来称谓现在所说的法律。那么"刑"是个什么东西呢？查一下东汉时期的词典《说文解字》，就可以看到解释："刑"这个字是由两个字构成的，从"开"从"刀"，它的本义是用刀砍开的意思，血淋淋的。

我是1978年到吉林大学法律系读法律专业本科的。记得入学之后，我的一个来自农村的同学给我讲过一个故事。他说："当初我接到这个法律系的录取通知书之后，我的一个邻居，一个老农民，语重心长地对我说：'孩子，你怎么学这个东西？学这个东西是缺德的。'"为什么他有这样的意识呢？因为在他观念中，对法律的定位就是"用刀砍开"。所以一提到法律，就是手铐、脚镣、刽子手、刑场、飞驰而过的警车等等，很可怕。

那么这种观念是从哪来的呢？在夏商周三代时期，中国古人对法律的定位主要定位在"刑"，法律就是"刑"。因此在古代的典籍中，夏朝的法、商朝的法、周朝的法都不叫"夏法"、"商法"、"周法"，而是叫"夏刑"、"汤刑"、吕刑。

什么叫"刑"？古人解释，刑者法也。再解释，《国语》上说"大刑用甲兵"，最大的法就是把军队开过去镇压；"其次用斧钺"，砍头的；"中刑用刀锯"，指的是割断人的身体；"其次用钻钺"，在人身上钻眼；"薄刑用鞭扑"，最小的法就是用鞭子抽打。那么，所有这些法，目的是干什么呢？都是"以威民也"，用来威胁管理老百姓。这就是夏商周时期人们对法律的定位，法就是暴力。

再往后，到了春秋时期，"法"这个词就更经常地被使用了，所以叫"春秋为法"。当然"刑"这个词仍然保留了比较高的使用频率，但是更多的是用"法"来称谓现在所说的法律。"法"这个字，如果是法律系的学生，早就知道了，这个字最开始的写法是"灋"，是古体的法。

中国古代人造字都是有一定的规矩、有一定的依据的。古代最开始的这个"灋"是由三个字组成的，三点水就是从"水"，右上方这个字念"廌"（zhì），廌是传说中的一种神兽。在尧舜禹时期，一个有名的大臣皋陶当法官审判案件的时候，有很多案件是非不明，于是上天就派了一个神兽廌来帮助他审判案件。廌头上长着一只角，它有神性，最大的本事就是能分清谁有理谁没理，谁没理它就触一下，叫"触不直而去之"。"去"就是排除或者惩罚的意思。

为什么要造这样一个字呢？我想造这个"灋"的时候正好赶上中华民族处于神明裁判时期，比较迷信。神明裁判是各个民族在法律初期时都会经历的一个阶段，中国还是较早地摆脱了神明裁判时期，摆脱得最晚的是谁呢？是欧洲人。欧洲人在中世纪曾经流行一种"决斗裁判"。欧洲人喜欢决斗，中国人很少发生矛盾就去决斗。那么这个决斗是怎么来的呢？决斗是一种裁判方式。如果这个案件真相不明，那么法官就会组织原告和被告在他面前打一架，谁打赢了谁就有理。因为当时人认为上帝肯定会照顾正义的一方。

神明裁判各个民族都有，不过我们的神明裁判找了一个廌来代表。欧洲摆脱野蛮的时期比较短，一直到15世纪，决斗裁判才被完全废止。

我们造字时正好赶上了神明裁判，就把廌用上去了。"灋"字出现后，给"刑"加上了一点新的含义，因为加上了三点水——平之如水。法律要平等地适用，叫平之如水。加进了一点平等的含义。当然，对这种解释目前学术界有批判，认为东汉人许慎解释"灋"字时说三点水代表着法平之如水，是妄加猜测。现在比较占主流的解释是说被廌触了一下之后，就把有罪的人投到河里顺水漂去。这是比较主流的观点，而且可信性更强。但不管怎么说，流行了几千年，大家都认为法应当平之如水，而且这个观念也在古代流传下来了。

但是法的本义仍然是刑,所以在古代文献中对法的解释多数都是这样的——"法者,刑也,刑罚也"。最典型的一个解释,我们熟悉的大思想家管子对法怎么解释呢?他解释是"杀戮禁诛谓之法"。什么意思?用现代话说,"法"就是杀、关、管,把人杀掉、关到监狱去或者管制起来。所以法的本义仍然是暴力,但是加上了一点普遍适用的意思。

春秋之后到了战国时期,有一个字出现了,成为称谓法律更常用的一个词,就是"律"。所以大家看古代的法律文件,比如清朝的法也不叫"清法",也不叫"清刑",也不叫"清法律",而叫"大清律"。看电视连续剧就会经常看到"大清律"。明朝的法叫"大明律",唐朝的法叫"唐律",秦朝的法叫"秦律"。"律"是怎么来的呢?和商鞅有关系,商鞅入秦变法,改法为律。

律的本义有两个最基本的意思。第一个意思,律在古代叫做"均布",是一种矫正乐器的东西,乐器发音不准用律来矫正,因此律象征着什么呢?律象征着统一,法律就要统一。红灯停绿灯行就是统一,不能有的人红灯行,有的人绿灯行,那就不统一了。法律要讲统一,或者说要讲动词意义上的"律"。

律的第二个意思是缧绁。缧绁在现代汉语里我们还经常用,"身陷缧绁",即是被捆绑起来,所以律的另一个基本含义就是捆绑犯人的绳索。律强调的是统一的规则,同时这个规则是干什么的呢?是捆绑人的,它仍然和暴力有密切的联系。

这是中国古代对法律的定位,从这里我们可以看到,它主要强调暴力,强调统一的约束。

2. 西欧固有传统的 Jus 的视角

再看一下欧洲的固有传统如何来定位法律。据考证,在欧洲的语言中,除了英语之外——英语里的法律叫"law",欧洲大部分民族语言中的"法"字都来源于罗马词"Jus"。

Jus 这个词有三个基本含义。可以用三句拉丁语的古罗马格言为例来说明。

Jus 的第一个基本含义是法律,Jus est ars boni et aequi——Jus 乃善与公平之艺术,这里的 Jus,就是法律。

Jus 的第二个含义是权利,Jus ex injuria non oritur——错误不能产生 Jus,这里的 Jus,就是权利。

Jus 的第三个含义是正义,Jus et fraus niquam cohabitant——Jus 与欺诈绝对不能共容,这里的 Jus,就是正义。

法律是或应当是正义和权利，这种对法律的定位和中国古人对什么是法——法就是暴力，就是用刀砍开——这个思路是不一样的。可以看出，在不同的文化传统中，人们一提到法律，首先想到的东西或者"对法律的直观想象"，是有很大差别的。

3. 实然之法视角对法律的定位

作为一个现代人，尤其是作为一个正在从人治走向法治的国家的公民，我们该如何理解法律、定位法律？我觉得从实然法的角度来理解是一个必要的维度，我们不能放弃，从应然法的角度来理解也是一个必要的维度，都不能放弃。

从实然的角度来理解法，这是我们固有的传统。从这个角度来看法，它不涉及法律应当是什么，只涉及法律是什么。

从这个角度来看法，首先看到法律是暴力。可以这样说，任何社会的法律或多或少都意味着某种暴力。如果没有惩罚作为后盾，法律同道德就没有区别，法律同道德的一个很重要的区别是它有惩罚的机制。法律和暴力确实有联系，但是问题是，如果在你的法律观念中，过分地强调法律就是暴力，这恐怕是成问题的。就像如果你给鲁迅定位，什么是鲁迅呢？你说鲁迅就是一个绍兴人，这恐怕定得不准。鲁迅之所以成为鲁迅，和绍兴有关系，但主要不在于他是绍兴人。法律之所以是法律，和暴力有关系，但它首先不意味着暴力。首先把法律理解成暴力，这种传统到目前为止还没有完全根除。

第二，法律意味着权力，政府或管理者的权力。法律要有机构来指定，制定法律也要有人来执行，因此中国古人说过好多类似的话，"生法者君也，守法者臣也，法于法者民也"。法就是君主制定的；"守法者臣"这个"守"是看守的守，守护的守，"守法者臣也"，就是执行法律的是臣；"法于法者民也"，就是老百姓是被法律管理的。法律和权力有关系，但是问题是，如果你理解法律首先把法律和官员的权力连在一起，说法律是掌权人制定的，谁掌权谁就可以制定法律，这仍然不是一种健全的法律观。

第三，法律是一种普遍的规范。这个没有问题，法律肯定是一种普遍规范。但是还有问题，如果你仅仅把法律理解成普遍规范，或者首先把它理解成普遍规范，那么希特勒制定的法律也是普遍规范。法律有良法和恶法之分，这是很重要的。这是实然之法。

4. 应然之法视角对法律的定位

从应然之法的角度来给法律定位，那么就涉及三个问题，第一点，法律应当是什么。法律应当是一种公共契约。中国古代话语体系中有一个词，叫做"王法"。现在在老百姓的词语中也经常使用，"你这样做没王法了呢！"这个"王法"是什么意思呢？法是王的法，法是政府的法，官员的法，法律就是政府制定来管社会的。这是一种落后的观念。

法律不是王法，在一个理想的社会中法律应当是一种公共契约。换句话说，法律的本质在于它是一种社会公约，因此任何人故意践踏法律——无论他是一个普通公民还是高级官员，践踏法律的人就是违反社会公约，他就是社会公敌，所以即使贵为总统也无权违反社会公约，即使政府也必须受社会公约的约束，这才是应然之法首先要强调的。在现代法律观念中我们必须首先把法律定义为一种公共契约，任何人都有道德的义务来遵守它。

从应然之法的角度来理解法律的第二点，应当把法律理解成一种权利。什么是权利？我们后面还要做稍微详细的讨论，所以先不展开。权利，大家可以把它理解成一种正当的利益、正当的理由。说"我有权利"，就是"我的利益是正当的，我的理由是正当的，你必须尊重"。在某种意义上，权利就是公民手里拿的一张红牌。我们在足球场上经常看到裁判很牛，拿个红牌，谁不听他的话就把谁罚下场。每个公民手里都有一张红牌，这个红牌就是权利。任何人侵害你的权利，包括政府，你都可以把红牌拿出来把他罚下场。所以，法律是权利，是赋予每个公民的权利。为什么在古罗马语境中，权利和法是一个词？是因为他们更加习惯于从应然的角度来理解法律。

第三点，法律就是正义。如果从应然之法的角度来理解法律，我们必须强调法律是正义，非正义的规定没有资格被叫做法律。

所以一个健全的法律观既包括从实然角度来理解法律，也包括从应然角度来理解法律。就我个人的观点看来，我的法律观，我认为法律首先应当是一种社会公约，是一种权利的体现，是一种正义的化身，同时法律又或多或少意味着暴力。法律同公共权力又有密不可分的关系，因为法律还是一种普遍规范。我想这才是一种健全的法律观。我们现在要检讨的是，在我们的国度有好多普通公民和国家官员，他们的法律观往往更强调暴力、权力而没有足够重视法律的社会公约的性质、法律的权利保障的性质、法律的正义化身的性质。

（二）法治之法与人治之法

如果我们要建立一种比较健全的理性的法律观，我们还有第二个维度来思考。第二个维度就是法治之法与人治之法。在法治国家和人治国家中法律的定位是不同的，有本质的区别。

1. 法治的基本含义

什么是"法治"呢？由于在座的好多同学可能不是法律系的学生，所以我简单地解释一下什么叫法治。但对于一个法律系的学生来说，如果不知道什么是法治，那他大概就不是一个好学生。

法治也是对外来概念的一个翻译，不是中国古已有之的东西。在英语中法治被写为"Rule of law"，"法治"就是"法律的统治"。要注意"法治"不是"用法律去统治"，而是法律本身的统治。用法律去统治，任何人都可以做到，秦始皇可以用法律去统治，希特勒可以用法律去统治。法治是法律的统治，法律本身的统治。用中国老百姓最通俗的话说就是，法大还是权大，你的官再大，也必须和老百姓平等地站在法律之下，这就是"法治"——法律高于一切。

什么是法治？不同的人有不同的解释。我认为法治有三点最基本的含义：第一点基本含义是法律至上，法律至高无上，高于一切，任何人、任何机关、任何政党、任何团体都必须和其他人平等地站在法律之下，接受法律的管辖、统治。用美国启蒙思想家潘恩的话说："在民主的国家法律就是国王，在专制的国家国王就是法律。"法律是最高的统治者。我们为什么会服从官员的管理？按照法治的观念，是因为法律授权他们来管理我们。比如一个警察来管理我们，大家都会服从，但是一个小流氓来管理我们，大家会反抗。为什么？因为法律授权了警察来管理。我们服从警察的管理，其实不是服从他的管理，是在服从法律。同时，警察有时候也得服从我们。比如，我们在行使我们的权利的时候，让警察来做某一件事情，他必须服从我们的指示，因为法律授权我们了，大家都在服从法律。

法治的第二个基本含义就是正当程序。是不是有正当的程序，是法治与人治的一个最关键的区别。法治社会要求必须通过公平的程序来追求公平的结果，正当程序是法治非常重要的一个概念。

法治的第三个基本含义是良法之治。并不是任何法律都可以至高无上，只有那些体现了公平正义的法律才应当是至高无上的。如果有一个人篡夺了最高权力,制定了一些邪恶的法律,这些法律本身就没有资格成为法律,因为它不是良法。所以,法治包含着良法之治。在古希腊时期,伟大的哲学家亚里士多德曾经对法治做过最好的解释,他说:"所谓法律就是法律得到普遍的服从,而且这种法律是制定得良好的法律。"法治是有价值倾向的概念,不是什么法都可以来做最高统治者的。

2. 法律工具主义观念

在中国这样的社会要树立法治观念,必须树立法治主义的法律观念,要排除、抛弃人治主义的法律观念。人治主义的法律观念最集中的体现就是法律工具主义的观念。法律工具主义可以说就是人治主义。

什么叫法律工具主义?法律工具主义有两个基本的特点:第一个特点,在法律工具主义者看来,法律就是国家的工具、政府的工具,是国家和政府管理社会的工具。这个观念是成问题的。

在合理的法律观念中应该做一个颠倒,政府才是工具。政府是谁的工具?政府是法律的工具。在法治社会我们为什么需要政府?是因为我们想设立政府,让政府的人员来执行法律,来保护法律,来实施法律。政府存在的理由是,它是实施和保护法律的一种力量,政府才是工具,法律是至高无上的。过去在法律工具主义观念中把主仆关系颠倒了,说法律是政府的工具,是政府手里的"刀把子"。

当然,话说回来,说法律是工具,说法律是"刀把子",我刚才说"这句话是成问题的",但并不意味着它完全错,在某种意义上是对的。在什么意义上是对的呢?就是必须首先承认政府是法律的工具,政府和老百姓都要站在法律之下,平等地接受法律的管辖,这是个前提。在这个前提之下,政府为了管理社会,它又得利用法律,把法律当成工具来管理社会。所以,说法律是政府的工具是有条件的,不是无条件的。它的条件是首先承认,就主要方面来说,政府才是法律的工具。在次要意义上才可以说,法律在某种意义上也是政府的工具。同时,我们也可以说法律也是公民的工具,是我们每个人的工具,我们用法律来保护自己正当的利益,排除他人的侵害,用法律来引导和监督政府,让政府更好地履行法定职责。

过去,我们把前提丢掉了,就强调法律是政府的工具。所以形成这样一个传统——官越大越不受法律约束,而且违法之后,社会也拿他无可奈何。"文化大革命"怎么出现的呢？就是这么造成的。官员当到一定级别之后就可以不把法律放在眼里了，他即使违法，法律也没有任何一个机制去监督他，去起诉他。在这些人的观念中，很重要的一个理论基础就是，法律就是政府的工具，这是一个很危险的观念。

比如，现在还有一个口号，"法律要为党委和政府的中心工作保驾护航"，这个口号也是成问题的。要注意，我不是说这口号完全错误，它是成问题的。成什么问题呢？法律对各个地方党委和政府首先起的作用是什么呢？首先的作用是规范，你违法我要制裁你。法律为社会服务的方式就是保护合法的，取缔违法的，这是法律为社会提供服务的唯一方式。因此，法律和政府工作的关系，第一个关系是规范，让你按合法的方式去工作，违法我就取缔你；第二个含义就是如果你合法了我要保驾护航。其实，这个道理对老百姓也是适用的，法律要为每一个人行使正当权利保驾护航，但前提是你要接受法律的管辖，不能用违法的方式做事情。无论是政府的行为，还是老百姓的行为，不尊重法律者，杀无赦！尊重法律者，法律就是你的保护神，是你的保镖！因此，"法律要为××保驾护航"的口号，如果不加前提地接受它，是危险的。这都是法律工具主义的某种表现。

法律工具主义的第二个观念，就是强调法律仅仅是工具，法律除了工具之外什么都不是。这很危险。法律在某种意义上是工具，是什么工具呢？它是社会用来控制政府的工具，是社会用来保障每一个人正当权利的工具。在这个意义上说它是工具也无可厚非。但问题是，法律不仅仅是工具，还是什么呢？法律还是正义的体现。正义是工具吗？正义是我们的理想。

因此在法治主义的观念中，法律是不可以背叛的。我们现在做某一件事情，即使感觉法律碍手碍脚，也必须要尊重法律，不允许背叛法律。过去由于法律工具主义的观念大行其道，相当多的官员和公民都对法律采取一种机会主义的态度。什么叫机会主义的态度？就是法律对我有利、能够促成我的目的，我就服从它；法律如果对我要达成的目的构成一种限制，我就绕过它，甚至践踏它。这是可怕的。在健全的法律观念中，法律不仅仅是工具，法律代表着我们的价值，代表着社会理想的一种生活状态，代表着基本的道德伦理准则，它是不允许被放弃和背叛的，是不允许被践踏的，要不要执行法律是不允许讨价还价的。如果法律仅仅是工具就可以讨价

93

还价了,"这个工具不太好用,我们能不能把它废掉不执行"——不行!

二 法律与正义——司法公信力与正当程序

下边我们讨论第二个问题——法律与正义。刚才说了,从应然角度来定位法律,我们应当首先把法律定位成一种公共契约,是一种权利,是一种正义。可见,正义和法律关系非常密切,以至于在某些民族中,法律和正义是一个词。目前,中国人中几乎没有什么人反对说法律是公平和正义的体现。要注意,我有个限定是"目前"。在我上大学的时候,如果哪个法学家说法律是公平正义的体现,马上会受到强烈的政治批判,认为这是资产阶级的口号。好在时代在进步,大家都接受了法律是正义公平的体现这个观念。

(一) 司法公正的特殊品质

从法律的角度来看待公平正义,公平正义有一些独特的品质。也就是说,从法律角度所说的公平正义和普通老百姓从日常角度所说的公平正义不完全一致。从法律的角度来说,公平正义就是司法公正。法律制定出来之后,司法机关要公平正义地适用它。法律上的公平正义就是司法公正,但是司法公正同一般的公平正义相比,它有三个特殊的品质。如果我们是法治主义者,就必须理解司法公正有三个独特的品质。

司法公正的第一个品质:司法公正是法律之内的正义,而不是法律之外的正义。所谓"法律之内的正义",指的是按照法律的标准来判断是非的正义。除了法律之内,法律之外还有标准,比如道德、风俗传统、一个群体的价值观,都可以作出是非判断。但法律意义上的公正——司法公正,它是法律之内的,是按法律标准的,不能按其他标准。如果按照其他标准,判断的结果可能和法律意义上的公正有完全相反的结论。

举例来说,忘恩负义的行为,如果按照法律之外的正义来判断,它是非正义的。假如我有一个救命恩人,想当年他冒着生命危险救我一命,没有他我早就死了。现在我经商发了大财,身价上千万,我的救命恩人得了一种病,需要十万块钱的手术费,有了这十万块钱他就能活下去,没有这十万块钱他就要死了。他找到我说:

"郑成良啊，我当年救你一命，你现在能不能借我十万块钱？"我这个人又非常吝啬，但也不完全吝啬，比如说我在赌场上一晚上可能输几十万，但就是不借钱给救命恩人。这种行为在道德上必须强烈地谴责，是非正义的。结果他上法院告我，说："我救过他一命，他却连十万块钱都不借我。"法院会怎么判？法院会判他败诉，因为这是个合同，合同自由、契约自由，你不能强迫别人和你签合同，我的权利法院会保护。尽管法院的判决支持了一种道德上非正义的行为，但是，判决本身在法律的标准上却是符合司法公正的。

法律之内的正义的标准和法律之外的正义的标准是不完全一样的。有的同学可能会想，像这种行为法律上都支持他，有什么好处？好处大大的，大在哪儿？大家可以冷静地观察一下，一个社会，如果它的法律标准同道德标准随时保持一致，道德赞扬的法律就支持，道德反对的法律就惩罚，它最大的害处是什么？这个社会就不再有个人的自由选择了，社会就没有自由了。所以越是古代的社会，它的法律标准和道德标准就越高度一致。

前两年，塔利班政权在统治阿富汗的时候，它的法律规定女孩子的裙边必须把脚面盖住，如果露出脚面的皮肤，容易吸引男人的目光，不利于国民思想道德的纯洁，对这种行为要处以鞭刑。看，它的道德和法律跟得多紧！那么个人就没有自由了。

现代社会是一个什么样的标准呢？法律只在最低限度的公共道德领域和道德保持一致，如道德说了不能杀人，不能放火，不能抢劫，法律在这个领域是要保持一致的。除了最低限度的公共道德，法律的标准和道德的标准就不一定保持一致，因此司法公正有它的特殊之处。

司法公正的第二个品质在于司法公正是一种有限的正义而不是完美的正义。由于我在学校长期工作，在法院也工作了七八年，所以对于司法公正的第二个品质我有切身体会。现在由于媒体的某种不当宣传，把老百姓的胃口吊得很高，以为一旦法制健全了，进了法院，进了司法程序，就肯定能给他一个公正的结果，这是幻想。司法公正是一种有限的正义而不是完美的正义，因此有时候有理的人到法院打官司败诉了。我觉得这个有时候是公正的，让他胜诉才是不公正的。

比如说有理无据的案件：张三欠我一万块钱，说了三个月还，现在三年了也不还。我到法院起诉，法官说拿证据来。我说我没有证据，当时我没有要借条。法官判我败诉。我觉得不公平，因为客观上我是有理的。

所以，司法公正的特点是要求有理有据。有一些案件法院判决下来之后，有一些人很激烈地抗争、上访，其中有一些人就是客观上有理，但是法官无法支持。他们追求的是一种完美的公正，但是任何一个社会都不可能承诺提供一种完美的公正，法院、法官都不是上帝，他们只能根据证据认定事实。

所以作为现代公民必须明确这一点。我们要想让司法来帮助我们，要想法律来帮助我们，我们首先必须帮助自己。新教在欧洲的出现被很多人认为是资本主义产生的一个思想前提，新教的道德观念非常重要的一条就是"人需自助，然后上帝助之"。任何人必须先帮助自己，先要自强，自己帮助自己，然后上帝才会帮助你，你不能完全依赖于上帝。

那么在一个现代法治社会，任何一个公民都必须树立这样一个观念，你不能完全依赖于法律，先要自己帮助自己，然后法律才会帮助你。如果你对自己都不负责任，法律也爱莫能助。你可能有理也得不到一个有利于你的判决，这个时候还被叫做司法公正。

司法公正的第三个品质就是司法公正是以普遍正义为前提的正义，而不是以个案（结果）正义为前提的正义。所谓个案的正义，就是结果的正义。司法公正是一种普遍的正义，以普遍的标准来判断是非，最后推导出一个结果。因此个案结果可能同事实不相符合，但是如果按法律的标准，它有可能是正义的。这是司法公正的另一个特点。

因此我们讨论现代意义上法律之下的正义，必须了解它和一般的正义是不一样的。因此，无论是学法律专业的学生，还是非法律专业的学生，如果你是一个拥护法治的人，就必须理解司法固有的特点。

（二）实体正义与程序正义

在理解法律和正义的关系这个问题上，有一个重要的问题我想在这里提出来和大家一起讨论，这就是实体正义和程序正义问题。司法公正包括两个方面，一个是实体公正，一个是程序公正。

所谓"实体公正"，用最通俗的话说就是"杀人偿命，欠债还钱"。当然这是打个比方，因为按照现在的法律规定，杀人不见得偿命，如果有明显从轻的情节，可能不判他死刑；欠债的也不一定还钱，如果过了诉讼时效，你再到法院去起诉，法院就不支持你的债权了。我打个比方，如果法律规定杀人的应当偿命，欠债的应当还钱，那么什么叫实体公正？就是一个人杀人了，就应当让他偿命，欠债了就应当要他还钱，这叫实体公正。实体公正也是个案的结果，按照实体法的规定做出来。

什么叫"程序公正"？程序公正指的是你在追求这个实体结果的公正的过程中，要遵守一些基本的公正的原则和规则。程序公正有好多要求，其中最重要的要求被叫做自然正义，程序公正的底线叫做自然正义。

自然正义有两点要求。第一个要求，任何人都不能做自己案件的法官，这是最基本的要求。比如，现在我郑成良是法院副院长，我家的彩电被别人偷走了，怀疑是张三偷的，现在我开庭我当法官，来审判张三你偷我彩电的事，这就叫程序不公正。

任何人都不能做自己案件的法官，应当由一个中立的人来居中裁判。当然它是个比喻。它确切的说法是：法官必须在案件当事人中间保持中立，必须是中立的第三方。如果你审判的案件和你有利害关系，你就不配做法官。这是程序正义的第一个要求。

第二个要求就是当事人的证词必须被公平地听取。假设现在我当法官，我的朋友和别人签了一个合同，签完合同之后，对方违约了，给他造成了 100 万元的损失。假如这都是事实，我的朋友给我打电话说："郑院长，现在你是法院的院长。我的朋友欠我 100 万元。"我说："好，开庭。"我只给我朋友一方面的支持，不给对方说话的机会，对方说了话我也不认真听，这就不是程序公正。即使最后判决结果的实体是公正的，这也叫程序不公正。

所以说程序公正的底线是自然正义，自然正义的底线是两个要求。注意，只是底线，除了这个底线之外，还有更多的要求。

那么这里面就有问题，我们在实现司法公正的过程中，如何来处理实体公正和程序公正的关系？如果在一个案件中，我们既能做到实体公正，也能做到程序公正，我们当然要做到两者完美的实现。但是在司法的过程中，常常会遇到一个难题——在程序公正和实体公正之间经常会出现鱼和熊掌不可兼得的矛盾。孟子说："鱼我所欲也，熊掌我所欲也，两者不可得兼，舍鱼而取熊掌也；生我所欲也，义我所欲也，两者不可得兼，舍生而取义也。""舍生取义"这个成语就是这么来的。有个排序，哪个优先？

目前，在中国范围内，有三种观念：第一种观念叫实体公正优先说。如果出现鱼和熊掌不可兼得的情况，优先实现实体公正。杀人的让他偿命，欠债的让他还钱，至于程序公不公正是第二位的，这叫实体公正优先说。实体公正优先说是一个非常可怕的观念，因为它是人治主义的一种表现。但问题是在中国国度里，相当多的人都倾向于实体公正优先。

第二种观念就是程序公正优先。如果真要出现鱼和熊掌不可兼得的矛盾，那就优先保障程序公正，牺牲实体公正，这是法治主义的观念。但是问题是在中国只有少数人有这样的意识，当然这种人一年比一年多，如果以五年为尺度的话，就可以观察出人们的观念变化越来越大，但目前还是少数。

还有第三种观念，叫做并重说。程序公正和实体公正要并重，哪个都不能牺牲。并重说，不对，但也不错。一种观点既不对又不错，是什么东西呢？是废话，废话经常是既不对也不错。它已经不能兼顾了，必须有所取舍的时候，你还说并重，这就没有意义。所以只能是或者实体公正优先或者程序公正优先。

我这么抽象地说，对于法律专业的同学，可能比较容易理解，非法律专业的学生可能理解起来就有点障碍。下面我给大家举一个案例，通过这个案例可以比较简洁地说明实体公正和程序公正之间的关系。这个案例在法律界很有名，就是20世纪90年代中期发生在四川省夹江县的一个有名的打假案。

四川省技术监督局接到举报，一个企业生产假冒伪劣产品，就去打假。到了工厂抓了一个现行。这个企业用什么方式造假呢？非法使用他人商标。假如我生产的酒贴上五粮液的商标投向市场，这不就是假冒伪劣产品了吗？它就是非法使用他人商标。执法人员于是就按照实体法的规定进行了处罚。实体法规定要进行罚款，技术监督局就罚款了。这个处罚不轻不重，既合法又合理。但处罚完之后，这个造假者就把技术监督局告上了法庭。怎么告的？理由是程序违法。什么程序违法呢？越权处罚。这种行为该处罚，但是不该由技术监督局来处罚，按我们国家的规定，商标侵权案件应当由工商局来处罚。实体法上该处罚，程序法上处罚程序搞错了。

当时引起了一场讨论。在这场讨论中，社会上有两大阵营。社会呼声最强的是媒体和当地的一些人大代表，他们强烈要求对造假者给予处罚，要法院维持技术监督局的处罚决定，驳回造假者的诉讼请求。在当时的讨论中，当地的人大对法院进行监督，人大的同志质问法院："判造假者胜诉，你们法院的立场站到哪里去啦？怎么和造假分子搅到一起了？"

这么一质问，我们就会发现当时人大的代表们没有接受法治观念，他们脑袋里是人治观念。虽然他们口头上拥护法治，但其实不是，因为如果他们接受了法治主义，就不应当这么提问题。这么提问题本身就是非法的，为什么？"法院的立场站到哪里去了？"法院审判时应当没有立场，对不对？居中裁判嘛。如果案件还没审，法院院长就把法官们叫来开会，说这个案件我们一定要和原告站在一起，共同对付被告；下一个案件又把法官叫来，说这个案件我们和被告站在一起对付原告。如果法院事先有立场的话，就是司法不公。法院应当没有立场，谁合法就保护谁，谁违法就取缔谁。要求法院有立场，那不就是人治嘛。

另外说"法院怎么和坏人站在一起了"，这也不是法治主义应当提的问题，人治主义才这么提问题。为什么？因为法治意味着法律面前人人平等，如果他们真要接受了法律面前人人平等的观念，就不该这么提问题了。为什么？法律面前人人平等，它没有说好人在法律面前一律平等，坏人在法律面前不平等。它是人人平等，什么意思？就是法律只按行为的合法非法来判断是非，而不是按照谁做的行为来判断是非。好人怎么了？坏人怎么了？法律不问这些问题，只问行为。雷锋是个好人，但假设雷锋经常闯红灯违法，法律给雷锋同志敬个礼说："雷锋同志辛苦了，你是好人，你可以下次再闯。"周扒皮是坏蛋，周扒皮一闯红灯，法律就板起面孔说："你是坏蛋，你怎么能闯红灯呢？罚款！"这叫做法律面前人人平等吗？法律面前人人平等的核心含义就是法律不再按人来划分界限，而按行为合法非法来划分界限。

法律如果按人来划分界限，那不叫法治。叫什么？那叫革命。革命就是按人划线，你是革命者还是反革命。所以说，《毛泽东选集》（第一卷）第一篇文章，开头第一句话就是："谁是我们的敌人，谁是我们的朋友，这是革命的首要问题。"按人来划线那是革命，搞革命就是搞破坏，革命破坏什么东西呢？破坏黑暗的腐朽的旧世界，谁把这个旧世界摧毁得越彻底，谁就越伟大。因为革命是摧毁性的，所以它是按人来划线的，按每个人所属的政治阵营来划线。而法治是搞建设，它只能按行为合法非法来划线。所以谁要这么提问题，那就看得出他没有接受法治的原则，或者只是口头上接受。

同学们可以观察一下周围的人，其实真正接受了法律面前人人平等观念的也并不特别多。别看一些人口头上那样喊，一遇到问题他就会这样来考虑问题,思维方式没转换,对法律的定位没转换。当时中央电视台等好多媒体都报道了这个案件,舆论形成了一个强大的压力,要求法院一定要判造假者败诉。后来法院经受不住压力,就判了造假者败诉。这令法律界人士感到很愤怒,展开过一场讨论。

当时一个核心的理由就是实体公正和程序公正。判造假者败诉,实体是公正的;但判造假者胜诉,程序是公正的。好多人认为实体公正是目的,程序公正是手段。为了实体的公正、结果的公正,暂时牺牲程序公正,这是不对的,很可怕的。为什么?因为通过牺牲程序公正来追求公正的结果,这种方式叫做"丛林正义"。

在丛林中实现正义的方式,最大特点是什么?不问程序只问实体。比如梁山好汉替天行道,是主持公正的。但梁山好汉主持公正和现在的法院主持公正有什么区别?梁山好汉主持公正是只问结果、实体,不问程序,要替天行道。这个人按实体公正的标准该不该杀?他是不是贪官污吏?是。怎么杀,谁来杀?别管了。是不是不义之财,该不该没收?该没收。怎么没收?别管了。只管替天行道。所以《好汉歌》里唱"路见不平一声吼,该出手时就出手",梁山好汉绝不会说"对不起,程序还没到我这里,我先不能出手",在他们的观念中是没有程序的。"丛林正义"的特点就是强调实体优先,为了实现结果的公正,不应当受程序的约束。

但这是很可怕的。我可以通过一个小故事来让大家认识它的可怕性——如果按照实体公正优先的标准来制定法律,来管理社会。

在十五六年前,我曾经看过一个美国的电视剧《黑暗的公正》。严格意义上说,我没全看,只看了片头、剧情简介。说是在美国的一个小镇上,有一个正直的法官,他来主持审判,实现公正。但是后来他发现,在他的法庭上,好多坏蛋做了坏事之后,由于证据不足或者由于原告方的经验不足,导致坏人不能受到惩罚,有时候好人受了委屈,也不能在法庭上伸张正义。怎么办呢?他就想了一个办法:在白天当法官的八小时之内,他主持司法公正,就是按照公正的程序来追求公正的结果,谁主张谁举证。你说原告欠你的钱不还,你拿证据来,拿出证据来我就判他还你钱,拿不出证据来就判你败诉。八小时之内他主持司法公正,程序公正优先。下班之后到了晚上,深更半夜,他主持黑暗的公正,穿上佐罗的衣服,打家劫舍,杀富济贫,不受程序约束了。我认定你是坏蛋,我就像梁山好汉一样,一定要把你宰掉或者让你把那不义之财吐出来。

想一想，如果中华人民共和国的法官们八小时之后都纷纷穿上佐罗的衣服，这个社会是多可怕！我们的警察同志也都成了佐罗了，我们的公民从此以后也讲究实体公正优先，张三欠我钱不还，按实体法该还，欠债还钱，我还走程序干什么呢？我雇个黑社会把钱抢回来不就得了吗？所以实体公正优先是非常可怕的。如果一个社会过分强调实体公正优先，我们就走回了"丛林正义"，那绝不是文明的表现。

所以，中国社会目前对司法公正的理解必须大声强调程序公正的前提性。不允许任何官员、任何公民践踏正义的程序去追求实体正义的结果，而是必须通过这个公正的程序。如果通过公正的程序不能实现公正的结果，那就得牺牲，就得接受这个牺牲——谁让你当时借人钱不要证据，不要借条，你下次注意，这次你交学费了，这就是法治的代价。不能任何事情都追求如果不达到完美的结果我就绝不放弃，那不是一个法治主义的公民。

三　法律与权利——权利的概念与理念

最后一个问题——法律与权利。在中国古代的法律传统中，缺少权利的观念，即使那些被现代人仍然怀念和歌颂着的清官们也同样如此。比如包青天，是我们心目中的一个英雄，但包青天是一个人治主义者——他可不是法治主义者——在包青天的观念中没有法律至上、正当程序的观念。中国古代缺乏对权利的尊重。现代法律观念必须强调对法律的尊重，只有尊重了权利才能尊重法律。如果一个人不尊重他人的正当权利，这个人就不可能尊重法律。

在这里给大家讲一个案例，从这个案例我们可以看到，在一个缺乏尊重权利的传统中，清官在为人民服务的时候，他怎么服务？

> 东湖县有民妇某氏者，事姑素孝，每晨起，诣室治中馈，然后适姑寝问安，侍奉舆榇，进早食，日以为常。一日清晨入姑室，见床下有男子屦，大骇，悄然合户。姑觉之，羞见其妇，自缢死。乡保以妇逼姑死鸣官，妇恐扬姑之恶也，不置辩，意自诬服，已按律定谳矣。已而官迁调去，后任张公至，见此妇神气闲雅，举止大方，窃疑如此之人何至逼死其姑，此中当别有故也。再四研诘，矢口不移。谓之曰："若有冤苦，

当为汝直之,过此不言,行将就法矣。"妇曰:"负此不孝大罪,何颜复立人世,惟求速死而已。"公终疑其负冤,沉思累日。因访得县役某甲之妻以凶悍著,签拘至案下,鞭之五百,血流浃背,系之狱中,使与获罪妇同所。甲妻终夜咒诅,谓:"老娘何罪而鞭我,如此昏聩,乃为官耶!"号哭聒絮更无已时。妇解之曰:"天下何事不冤,盖稍默乎!即如我负此重罪,冤且及于声名,尚隐忍。鞭背小事,何足道耶!"公固使人潜察之,得妇此言,走告公,公大喜,立提二人至,诘以所言,妇不能隐。悉心鞫问,尽得其情。妇之冤乃大白,遂薄犒甲妻慰遣之。

这是一个清代的案例。"东湖县有民妇某氏者,事姑素孝",姑就是老婆婆,民妇对她的婆母非常有孝心。"每晨起,诸室治中馈",每天早晨起来,到厨房准备饮食,这个"中馈"就是餐饮。"然后适姑寝问安",然后到她婆婆的房间里问早安。"侍奉舆栉,进早食,日以为常","舆"就是吃饭的碗碟,"栉"是梳头的东西。就是讲一个儿媳妇非常孝敬她的婆母,她的婆母是一个寡妇。

"一日清晨入姑室",有一天大清早到她婆婆的房间,突然看见床下有"男子履",一个寡居的老婆婆床下突然有一双男人鞋。"大骇",吓了一大跳。"悄然合户",她很懂得尊重她婆婆的隐私,所以悄悄地把门关上了。"姑觉之",老婆婆发现儿媳妇来了。"羞见其妇,自缢死",没脸再见她儿媳妇了,就上吊死了。

"乡保以妇逼姑死鸣官","乡保"就是治保主任,这个治保主任说这个儿媳妇把老婆婆逼死了,报官了。"妇恐扬姑之恶也,不置辩,意自诬服",儿媳妇害怕一旦说出真相,她婆婆这件不好的事情就被暴露了,干脆就不辩护,什么东西都不说,就承认是她把婆婆逼死了。"已按律定谳矣",已经定案了。"已而官迁调去",不久这个主审官员就调走了。

"后任张公至",后来一个县官来了,这是个清官。"见此妇神气闲雅,举止大方",一看这个儿媳妇,气质很高雅,举止也大方。"窃疑如此之人何至逼死其姑",怀疑这样一个妇人怎么能够逼死她老婆婆呢。"此中当别有故也",他怀疑这里边一定有其他缘故。"再四研诘,矢口不移",再三再四地问,这儿媳妇就是死不改口,说就是她把婆婆逼死了。

张公对她说:"若有冤苦,当为汝直之,过此不言,行将就法矣",你要是有冤,现在赶快说,我就为你伸冤,你现在再不说就要执行判决了。儿媳妇说:"负此不孝大罪,何颜复立人世,惟求速死而已。"犯了这不孝之罪,没脸活在世界上了,现在最大的愿望就是赶快死。"公终疑其负冤",这个县官还是怀疑她是冤枉的。

"沉思累日",想了一天,想出一个办法,什么办法呢?"因访得县役某甲之妻以凶悍著","县役"就相当于警察,知道该县役甲某的妻子素以凶悍著称。"签拘至案下",发出传票,把她抓过来归案。"鞭之五百",没来由地打了五百鞭子。"血流浃背,系之狱中,使与获罪妇同所",把这个妇人和冤枉的儿媳妇放在一个看守所里。

"甲妻终夜咒诅",这个凶悍的妇人骂了一夜,骂什么呢?"老娘何罪而鞭我",老娘我犯了什么罪了,打了我这么多鞭子。"如此昏聩,乃为官耶!"你这么昏庸,还能当官吗?"号哭聒絮更无已时",一晚上没消停。这时候这个被冤枉的媳妇开始说话了,"妇解之曰",劝她说:"天下何事不冤,盖稍默乎!"天底下哪有不冤枉的事,赶快闭嘴吧。"即如我负此重罪,冤且及于声名",你看我被认为犯了那么重的罪,而且这个罪还有辱我的名声,我都忍耐不说。像你这个"鞭背小事",被抽了几鞭子,"何足道耶",和我相比算什么呢?

这时候张公已经派人在旁边偷听了,听到之后,把这个被冤枉的媳妇叫过来,再一问,她瞒不住了——你要是没有冤,你怎么这么说呢?真情查清了,"妇之冤乃大白"。但是为实现一个公正已经造了一个冤案了,甲妻无辜挨了顿鞭子还关在牢房里,怎么办呢?"遂薄犒甲妻慰遣之",给她平反,再给她点奖励,然后把她给放了。大家看这个案例,古代社会在实现公平正义的时候没有尊重他人的权利。

按现代人的观念,正当的权利是神圣不可侵犯的。为什么?因为我的权利是法律赋予我的,如果你随便侵犯了,就等于说你不尊重法律。法律说,郑成良,你有这个权有那个权。结果遇到警察了,警察说:"我管你有什么权,我不尊重,我就践踏了。"最后我跟法律说:"那警察欺负我,你说我有权利,但是他不尊重。"法律说:"我可管不了警察。"法律就没有权威了吧?所以说看法律受不受到尊重,法律有没有权威,就看公民个人的正当权利是不是能够受到尊重。所以在一个法治社会，尊重公民的权利是一个主题。

幸运的是我们这一代人都赶上了中国的好时候，我们正在从人治走向法治，赶上了一个权利弘扬的时代。在我上大学的时候，正赶上"文化大革命"刚刚结束，当时平反了大量的冤假错案。好多人被打成反革命，被在监狱里关了十年二十年，最后给他平反的时候，他要向党和政府表示感谢，"感谢给我平反"，根本谈不到赔偿。现在好了，我们有了《国家赔偿法》，如果政府把一个无辜的人送到监狱里，那必须负赔偿责任。

公民的权利是神圣的，它神不神圣和法律神不神圣是一个问题。在现代社会，"尊重法律"与"尊重权利"，是同一个主题的不同说法。

今天的报告就讲到这里，我非常乐意用一点时间和大家做一个互动。

互动交流：

学生：郑老师您好！我曾经看过您的一些著作，您所持的观点是"权利本位说"，而近代民法立法却又朝向社会本位说的方向发展。比如说，所有权神圣不可侵犯已向所有权社会化转变了，您对此有什么建议和看法？社会又在其中处于什么地位呢？谢谢！

郑成良：通过这个同学提的问题，我可以做两个判断：第一，他肯定是法律专业的同学，第二，他肯定是一个非常愿意钻研的同学，要不然他不会提出这么有质量的问题。他的问题是，如何看待权利本位和社会本位说。因为在我们国家，我是倡导"权利本位"观念比较早的学者之一，所以他给我提出这样一个问题。

我个人认为，权利本位永远不会过时。所谓权利本位，它强调立法者在立法的时候，必须以对公民权利予以保护为出发点，去施加义务约束。比如每个人身上都有好多义务：不得杀人的义务，不得抢劫的义务……这个义务怎么来的？是为了保护权利而生的，所以权利是义务的理由。为什么设立这些义务？判断义务合不合理，主要是以权利为依据，这就是权利本位最基本的含义。

所有的义务约束都必须有正当的理由。在过去，义务约束可以没有正当理由。比如说我在下乡的时候——当时知识青年上山下乡，当时我们公社，就是现在的乡，经常会出现这样一幕：带着红布箍的执法队员，把一些老太太撵得鸡飞狗跳地到处乱跑。为什么？老太太在卖鸡蛋，当时叫"割资本主义尾巴"，到市场上卖东西是走资本主义道路。老太太到市场上卖鸡蛋都不被允许，等于说在这个地方，在这个范围内，这个老太太就有一种义务——不得到市场上卖鸡蛋的义务。这个义务哪来的？没有什么根据，不是为保护权利的。

在一个合理的社会，谁给你施加义务，尤其是官方立法者施加义务，他必须要论证这个义务为什么是合理的。论证的时候他只有一个理由，就是我这个义务有利于保护我自己和所有人的平等权利，那这义务就是合理的。这就是权利本位最基本的含义，它强调对个人权利的尊重。

这个同学说，"社会本位"怎么看？"社会本位"首先是出现在德国《民法典》，在19世纪末20世纪初的时候，德国《民法典》体现了一种社会本位的倾向。它最集中的表现就是在立法上做了一个规定：所有权的行使不能违背社会公共利益——在20世纪之前，所有权可以任意行使。我举个例子，比如在18、19世纪的时候，如果我把我的财产卖掉，无论卖得贵还是卖得便宜，都不违法，我的财产我可以随意使用。但到了德国《民法典》出现之后，强调社会本位，即使是你的财产，如果你卖得太便宜，也可能进监狱。有这么严重？有！

在20世纪90年代，美国就出现一个案例，美国十大银行家之一的密尔肯就因为把他的财产卖得太便宜了，进了监狱。他的财产是什么财产呢？是他的债券。他是银行家，他低价出售他的证券，价定得特别低。但由于他定得很低，导致很多人从银行、证券机构拿钱、提款去买他的证券，这么一买，就导致了美国许多中小银行的破产。即使是你的财产，你有权利，但你在行使的时候，如果侵犯了公共利益，也要承担法律责任，这叫"社会本位"。

我觉得权利本位是对的，社会本位也对，只是两者回答不同的问题。一个是回答如何对待个人权利的问题。对待个人权利，我想，现代文明以后——一直到以后，我们必须给予足够的尊重，必须足够尊重个人权利。但个人权利又不是不受任何限制的，所以社会本位是规定了权利本位的一个上限。我们在承认权利本位的同时，不能走极端，社会本位是防止权利本位走向极端的一个举措，而不是否定权利本位的举措。这是我的理解。

学生：郑教授您好！我想问您一个问题，就是有时候相同的权利对不同的主体是有不同的规定的。比如说法律对于弱势群体会给予特定的保护，像孕妇是可以监外执行的。我想问一下郑教授，您认为法律有哪些方式可以实现实质上的正义，但是事实上却又都是平衡对待的呢？谢谢！

郑成良： 这个问题问得很好，但是太大，我无法回答。她问我法律有哪些方式来实现实体正义，我不知从何说起。能采取的方式太多了，但是，最基本的方式，首先在最基本的权利义务分配上，要实现人人平等，叫无差别平等，换句话说，叫法律平均主义。在法律领域，平均主义在很多时候是公正的前提。比如说，公民权的分配就必须采取平均主义，不能有任何差别。只要你是中华人民共和国公民，你的基本权利和基本义务必须一致，这叫平均主义。在平均主义的前提下，对某些特殊的权利，可以进行差别对待。比如刚才说的孕妇，比如说老人，比如说儿童，有时候给他们一些特殊的权利，可以不平均。但是要以平均主义为前提，法律讲公平、正义首先讲平均主义。平均主义在法律里是好东西，不能反对。最基本的权利义务必须平均分配。在平均分配的前提下，对一些弱势群体赋予一些特殊的权利，我想这大概就能实现一个社会基本的公正。

学生： 郑教授您好！我们刚才听你的讲座，法律是一种权利，要实现的是正义。但现实生活中还是存在一些没有被设定为利益的权利，没有被法律所保护的权利，比如像网络游戏装备这种虚拟财产，法律要如何保护这些没有被定义的权利？法律又要通过怎样的方式把这些利益上升为权利？

郑成良： 这个问题也问得很好。通过这三个问题，我发现绍兴文理学院的同学有良好的学术修养，能问出非常好的问题。

一个社会，权利永远是动态的。公民到底有哪些权利？很难给大家开出一个清单，我们现在法典上经常看到有这个权、那个权，但要注意，法典上列举的明示的权利，只是我们享有权利的一小部分。我们享有大量的在法律上无以命名的权利，有很多。如果把我们享有的权利比作一个冰山的话，那法律上明文规定的权利，只是露出海面的一角。冰山的大头在下面，我们享有的最大部分权利是法律没有明文规定的。因此在法治社会奉行一个原则，就是对于公民来说，法不禁止即自由，只要法律没有禁止，就是你的权利。比如说我有没有留胡须的权利？我太太有没有抹口红的权利？法律并没有明文授权，但只要它不禁止，就是我们的权利，这个权利是很大的。

刚才这个同学提出，有些权利法律没有明文规定，我觉得这是常态。任何社会，要指望通过立法者立法把我们享有的权利一项项都列出来，那永远都做不到，因为社会生活太复杂了。刚才这个同学说，有一些权利很重要，但是并没有得到大家的接纳，比如网络上虚拟财产的权利。我觉得这主要通过社会法治的进步来实现，很重要的一方面是通过法院的判决，一个个地使某些重要的权利明确化。

那些海面下的冰山那部分——没有明文规定的权利，往往是大家都认为天经地义的。比如说我留胡须的权利，女士抹口红的权利，这没有争议。但有时候一旦出现了争议，比如说虚拟财产，一旦出现争议，它就会进入司法领域。进入司法领域，作出判决之后，它就越明确化了。那些引发争议的权利，会通过司法的方式，有时候通过立法的方式，把它明确下来，大概是这样一个过程。谢谢！

学生：郑教授您好！宪法规定，我们的司法是神圣的、独立的，但是现实生活中，还是会受到很多方面的影响。您是否认为目前我国的司法是独立的，或者说多大程度上是独立的？

郑成良：应当说我们国家的司法正在走向独立。同改革开放之前相比，它已经独立得多了，但同我们理想的目标相比，还有距离。司法独立最基本的要求就是法院在审案子的时候，只服从法律。1954年，我们国家的宪法就做了这样的规定——法院审案件只服从法律，已经开了一个很好的头。但后来修改宪法的时候，我们有个退步，这条规定没有再写。问题的关键是什么呢？是司法到底能不能、应不应当独立。我觉得目前是没有疑问的，没有任何一个人站起来反对司法独立，只是在不同的条件下，让它独立到多大程度。这是司法改革的策略问题。我相信随着我们社会的进步，我们的司法会越来越独立，越来越公正。

学生：郑教授您好！我想问一下，作为一个非法律专业的学生，我们生活和工作中，应该去了解哪些资料或者书或者视频，应该去看哪些东西，会对我们了解法律、对我们的生活和学习有所帮助？谢谢！

郑成良：由于我是学法律出身的，所以我从来没有设身处地地从一个非法律专业人员的角度来想过如何看一些书。但是凭我的直觉和经验，我觉得，如果你想具备一些足以应付生活中急需的法律常识的话，还是很有必要的。怎么看呢？我觉得最简单的方式，就是看一些法学的教科书。

现在法律系的学生有十四门核心主干课，这些是法律系学生必须学的，这十四门课——如果你十四本教科书都读下来之后——你大概就能够具备比较健全的法律常识了。但这十四本书对于有的同学来说，可能觉得太多，那么最重要的，应当看看民法的教科书，民法、刑法然后诉讼法教科书，再看看法理学。我觉得大概也够了。

学生： 郑教授您好！我想问的问题是：前段时间周正龙案已经开庭公布了，他被判了两年和两千块钱的罚款。我想听一下您的意见，您认为周正龙假老虎案是政府应负主要责任，还是周正龙个人应该负主要责任？为什么？谢谢！

郑成良： 对不起，我知道周正龙这个人，但我从来没有看过报道，所以不知道。这个同学问这个案件是个人责任大还是政府责任大？由于不了解具体案情，我无法作出判断。但是，我想，作为一个公民必须诚实，这是一个道德的底线，在法律上有时候你不诚实也要构成违法的。在我们国家，对个人的诚信，应当说法律要求是最低的。在好多国家，有一种罪名叫做"背信罪"，我们国家没有。像周正龙这事，违反了最低限度的一个道德底线，就是诚实信用。

学生： 郑教授您好！我想问，刚才您提到水浒英雄中的实体正义，但是以《水浒传》中的人物为例的实体正义是受到人民群众的拥护的。在现实生活中，为了打击黑恶势力，程序公正有时无法起到真正的作用，无奈当中我们也会实行一些实体正义，您对这种现象是什么看法？

郑成良： 这位同学问的，我复述一遍，不知道我的理解是不是正确。你的问题就是梁山好汉、水浒英雄们经常用"丛林正义"的方式来追求实体正义，现在我们社会上有时按照程序正义，无法得到实体正义，我们是不是也可以采取一些梁山好汉类似的方式来做一些事情，是不是这个意思？

一般是不可以的，但是如果这个事情很极端，可能有特例。我不知道大家有没看过我感到很震撼的一部电影《第一滴血》。好多年前，那个人受到了不公正的对待。如果事情极端到不但你无法容忍，所有正直善良的公民都无法容忍，那也可以，但是这里还有一个前提。关于这个问题，有兴趣可以和学法学的同学讨论一下。

在西方的法学里，有一种理论叫做"善良违法理论"——我为了追求一个公正的结果，明知是违法的，但我要做，这其实是"丛林正义"。"善良违法理论"规定什么呢？就是你违法之后，必须主动接受法律的惩罚，不能逃避。

我给大家举个例子：美国在20世纪60年代以前，是一个非常不平等的社会——种族隔离、黑人白人不平等。当时有好多人认为这种种族隔离的法律是违法的，是不正义的。他们要打破这个法律，就故意违反，比如说我是黑人，却专门到白人的那个座位上去坐，或者是白人——白人也不允许到黑人的地方去坐——专门坐到只能让黑人坐的地方。我故意让警察把我抓起来，故意违法，好多人一起违法，一起进监狱，从而引起社会关注，来促进法律完善。这叫善良违法。善良违法追求正义的结果，但它有个条件，违法之后主动接受法律制裁，不能逃避。违法之后跑了，那不是一个法治主义者。

（根据录音整理，已经本人审阅。整理：黄锟拉　张新新　毛娟芬）

崔建远

著名民法学家,清华大学法学院教授,博士生导师。现任清华大学民法研究中心主任,中国法学会民法学研究会副会长,中国土地学会土地法研究会副会长,中国国际经济贸易仲裁委员会仲裁员,最高人民检察院民事行政检察法律顾问,北京市法学会民商法学研究会副会长,北京市检察院咨询监督员等职。1999年被中国法学会授予"全国十大杰出中青年法学家"称号,首批收入《当代中国法学名家》。曾获司法部法学教材与法学科研成果奖一等奖,中国法学会优秀科研成果一等奖,教育部高等学校优秀青年教师奖,霍英东教育基金会优秀青年教师奖,宝钢教育基金会优秀教师奖,清华大学青年教师教学优秀奖,清华大学教书育人奖,清华大学良师益友称号。

民事纠纷的解决与和谐社会构建

(2006年12月17日)

老师们、同学们、女士们、先生们,大家晚上好!非常高兴,也非常荣幸,应邀到这里与各位一起探讨民事纠纷的解决问题,从中寻觅出一条构建和谐社会的路径。由于我是法律人中的民法工作者,抽象的理论不是我的特长,所以让我在演讲中联系到"构建和谐社会",确实感到有难度,如果有谈得不当之处,请各位批评指正。同时我要特别感谢主持人,也是我的校友——王一先生热情洋溢的介绍。下面我们就转入正题。

和谐社会有几个层次的含义。最外观的当然就是要有秩序。这个社会应当井然有序，但是井然有序的社会有种种表现，比如中央集权型的计划体制、完全自由竞争的市场经济体制；再就是我们今天正在倡导并积极从事的"和而不同"的和谐社会。这些社会都是有秩序的，但是含义却不同。

在中央集权型的计划体制下，每个人，不论是自然人还是法人，个人的意志、个人的利益都没有得到应有的张扬。我们的先辈，我们这代人，包括在座的年轻学子，恐怕都不愿意再回到那样一个有秩序的社会。所以，和谐社会不能单从有秩序来看，有秩序并不完全是我们的理想社会。

我们要建设的和谐社会，应该还要进一步增加内涵，这就是和谐社会第二层次的含义：和谐社会应当充分照顾到了每个个体的意志、利益，同时，这些意志汇成一个社会的共同意志，这些个人利益又形成一个整体的社会利益，既保证了在社会里生活着的每个人的利益都得到关注，也使社会整体得到健康的发展。

在这个意义上，我特别欣赏"君子和而不同，小人同而不和"这句话。我们如果像小人一样同而不和，那就是忽视了个人的个性、个人的利益。我认为，应当使个人利益和社会利益处于和谐状态，才能实现我们应有的目标。

在和谐社会里，法律起着重要的作用，它是社会秩序的基础部分。而法律秩序中有宪政的秩序，有宏观调控的经济法律秩序，也有民商法律秩序，在这些秩序中，民商的秩序应该是最基层的。

我的一个校友，中国社会科学院法学研究所的邱本博士说："民商法是我们每一个人生活的百科全书。"这句话要说周严肯定不够，但是越不周严的短语往往最深刻，最能抓住事物的本质。它表明了民商法在社会生活当中，每时每刻都在我们身边，都与我们的每一件事、每一句话有着千丝万缕的联系。清华大学法学院的卫星博士说："民商法能做到一个人从生到死的人文关怀。"然而，邱本博士对这句话不以为然，他对我说："崔老师，你们现在民法是帝国主义。"我就问他为什么这样说。他说："你的学生卫星博士就说只有民法才能做到从生到死的关怀，那我们经济法干什么去了？没有经济法给你创造一个宏观调控的秩序，你们民商法能有作为吗？"我说："对，但他说的这句话也不见得就是排斥其他法律部门的存在和价值。"

总而言之，这两位的概括虽然角度不同，侧重点不同，可是都点明了民商法所维护的秩序在我们这个社会里所处的重要地位。这个秩序关注到每个人的利益，注重公平分配，分配的结果符合这个社会的利益，在人和自然的关系上应当是最恰当的天人合一，而不是绝对的人类中心主义，把自然界看成完全臣服于我们的外在之物，我们任意踩踏它们，实践证明，这条路是走不通的。

所以，和谐社会应当体现利益分配的公平正义，人和自然的和谐。做到了这一点，我们每个人都会心情舒畅，就会发自内心地愿意遵守这个秩序并在这个社会中生活。这样，法律和道德就统一起来了，我们的行为就会发自内心，自觉自主地作为与不作为。我觉得只有到这一步，可能才真正实现了我们现在倡导的和谐社会。要真正达到这个目标，我们需要做很多工作，其中就涉及我专业领域的问题——解决民事纠纷。通过这些纠纷的解决，使人们心悦诚服，使人们的利益都得到恰当的分配，使人和自然的关系达到和谐。

下面我就通过一些案例来和大家讨论。通过对它们的解决，达到和谐社会的理想目标。

第一类案例：家庭和睦案

这与和谐社会有什么关系呢？汉字中的"国家"，老祖宗思想中"国"和"家"的关系，都表明一个国家的井然有序与家庭的和谐稳固密不可分。如果一位男士将其财产都赠送给"二奶"，这个家庭是不会和谐的。所以，对这类纠纷的解决与和谐社会建设有着非常重要的关系。

我选了两个类似的案例来说明，这两个案例的结论是截然相反的。一个案例是发生在四川，一位姓黄的先生立了一份遗嘱，说在他死后他的财产都给他的"二奶"，其中包括一部分抚恤金，一部分公积金，一部分购房款。

按照我国继承法的规定，一个人死亡后，他的遗产若留给其他人，那么留给谁呢？按什么样的规则来分配呢？首先看他有没有遗赠抚养协议，也就是这个人和另外的成年男女签订的合同，在他活着的时候由某人来管理他的衣食住行、生老病死，在他死后他的财产就归那个人，这就叫做遗赠抚养协议。

如果没有遗赠抚养协议，则要看是否有遗嘱。遗嘱是一个人在生前表达其财产在其死后归谁的文书。如果他表达的遗产继承人属于继承法规定的范围，比如说父母、配偶、子女、丧偶却供养公婆的儿媳、丧偶却供养岳父母的女婿，那么他们是第一顺序继承人；如果没有第一继承人，那就要看祖父母、外祖父母、姐妹、兄弟。如果遗嘱中财产分配给的是刚才说的这些人，在法律上就将其称为遗嘱继承。

如果遗嘱中指定的财产继承人是这些人以外的人，例如四川这个案子中的"二奶"，那么她就不叫做遗嘱继承人，而叫做遗赠。由于"二奶"不在法律规定的遗嘱继承人范围内，所以这就适用遗赠的法律制度。

而遗赠首先就涉及遗嘱有没有法律效力。在法律上看遗嘱有没有效力，有以下几个原则来共同作用：

其一，意思自治，或者叫私法自治。每个个体发表的意见在法律上叫意思表示，只要不违反社会公共利益，不违反社会公德，不违反社会的强制性规定。强制性规定即个人不能用自己的意思去改变法律，必须按照法律行事。个人发表的意思表示必须不违反以上几点。

其二，不违反社会公共利益、社会公德。在境外或者国内有相当一部分学者将其称为公序良俗原则，或者叫公共秩序和善良风俗原则，而在中国的法律中则叫做社会公共利益、社会公德原则。

其三，是否具有处分权。人们处理的财产必须是有权利处理的财产，法律上的表示是处分权。民法上的处分是指一个人将其财产在事实上的消费、抛弃、卖给他人、赠与他人、与他人交换，这才是民法上所说的处分权，必须是个人有权利处分的财产。

掌握了以上三个原则，就要考虑黄先生立的这份遗嘱是否符合这些原则。第一是意思自治原则，我们必须按照立遗嘱人自己表达的意思办事，从这个角度讲，这个案子基本上或者说相当一部分符合此原则。因为立遗嘱人是发自内心地做了这么一个决定，要将其财产留给"二奶"，而非被别人欺骗或强迫，完全是在正常精神状态下发自内心的意思表示，在这个意义上，此遗嘱符合法律规定。既然符合法律规定，那么法律一般都应当按照他的表示来给予保护，这在民法上叫做按照意思表示的内容赋予法律的效果。

而光看意思自治原则是不行的，还必须看其他两个原则。我们会发现，黄先生把一部分抚恤金赠送给了"二奶"。什么叫抚恤金呢？比如说某甲骑摩托车违章行驶被对面飞驰而来的汽车撞死，这个司机要向死者支付若干金钱，其中一部分金钱是给死者亲属的，比如其父母、配偶，这就叫做抚恤金。从这个解释上，我们可以看出，抚恤金是给受害人直系亲属而非其本人的，这样看来，黄先生把抚恤金赠送给"二奶"是在处分他人所有的财产，在法律上是不被允许的。我国《合同法》第51条有专门规定：公民不得出卖他人的财产。比如说某人把他人的笔记本电脑拿到跳蚤市场上卖，这就是《合同法》上所说的出卖他人的财产，当然原话是叫做无权处分。这必须由真正的权利人来评判，出卖人出卖的东西其所有权人是否承认，承认则有效，不承认则合同无法律效力，就归于无效。

我们再看黄先生财产的另两个组成部分，一个是公积金，一个是房款的一部分。在我国，一个家庭，一对夫妻，实行的是夫妻共有财产制、家庭共有财产制。就是说夫妻在婚姻关系存续期间获得的财产，都属于夫妻共有，这个家庭存续期间的财产属于家庭所有人所有，属于大家所有。黄先生把房款的一部分处分掉，把公积金的一部分处分掉，就等于他既把自己所有的这部分财产赠与了"二奶"，也把妻子所有的那部分财产赠与了"二奶"。

法律上有规定，妻子的财产非经本人同意，他人是不能卖给别人的。当然，如果我拿自己家的电饭锅到跳蚤市场上去卖，卖给了黄先生，当他拿着电饭锅刚要走，我的太太追来了，她说此电饭锅还有自己一份，她不同意。这样做行吗？不行。因为每个家庭这么多的财产，经常会有一些东西要卖出，如果购买人为了保证自己所买的东西不被卖出人的配偶拿回去，购买的时候还问一句：崔先生，你卖这个电饭锅你太太同意了没有？这样一听，男子汉大丈夫，卖个电饭锅都要经妻子同意，那多没面子啊，一怒之下可能这个交易就做不成了。所以，法律上就把价值不是很高的财产在出卖的时候、赠与的时候、交换的时候，都推定为配偶已经授权，这在法律上就叫家事代理。所以人们到农贸市场、跳蚤市场上买东西的时候心里就不用再担心，不用再问卖东西的男士或女士结婚没有，其配偶同意与否，人们大可以放心地买东西，没问题的。

如果是房子、地，那就不行了，这是很重要的东西，包括车等价值高的东西，买受人必须让出卖人出示配偶的授权。如果他仅仅说把房子、车子卖给你，但不出示配偶的授权书，我们是不能轻易相信那个人的。当然，按照现行法律规定，国有土地使用权不能卖给个人。宪法规定只有法人才能是国有土地使用权的使用权人。所以如果有人以自然人的名义卖国有土地，那你就不能买。而自然人卖房子卖车是完全可以的，但你得多一个心眼，问问他结婚没有，配偶授权没有，必须让他拿出书面授权书，否则我们不能买。如果你已经将钱付给出卖人，但他的妻子又说不同意，那么至少他妻子的那部分财产你是买不到的。到时候他们两人都人间蒸发了，买房人就连自己的钱也要不回来了。所以，我们学了法律，在日常生活中是有用的。

同理，黄先生将妻子的那部分财产都要赠与"二奶"，是不行的，同样要贯彻《合同法》第51条的规定：妻子不同意，那么他的赠与行为就是无效的。所以黄先生赠与的这两部分财产都要排除，只能用自己有权处理的财产，民法上叫有处分权。

黄先生作为家庭的一员，他有自己的那一部分房款。比如卖了8万元，除去各种费用，总是要剩下一部分的，那么剩下部分一分为二，他自己还会有一部分，他将自己那部分赠与"二奶"行不行呢？这个时候用刚才说的那些理由都解决不了了，必须考虑另外一个因素——社会公共利益和社会公德。

黄先生这样做是否符合社会公共利益、社会公德？这就发生了严重的分歧。如果黄先生把他的财产给"二奶"，不是以非法同居、共同生活为目的，而是看到这个"二奶"经济上有困难，生活上需要帮助，而赠与她财产，那么就不能说他的行为无效，法律不应该再干预；如果他的目的是为了维护这种非法的男女关系，那他的行为就符合了《民法通则》第58条、《合同法》第52条关于公民所订立的合同损害社会公共利益应为无效的规定。

所以，这个案子的关键是在最后一部分财产上，就是看黄先生的心态。在法律上讲心态不行，要讲目的。他的目的是什么？是为了维护非法的男女关系，还是为了帮助"二奶"？如果是后者，有效；如果是前者，无效。这就需要证据，法律讲的是证据上的实事求是，没有证据的支持，即使是法官、仲裁员，虽然知道事实是什么，但由于没有证据，也没有办法支持。美国的辛普森案件就是一个典型，其实法官心里都知道辛普森杀了人，但因为证据违法，不能判其负刑事责任。

在本案中，则需要"二奶"来举证：黄先生给你这些财产，他当时是怎么表述的？如果"二奶"举证不出来，而他们之间又有这种非法关系，则直接推定为黄先生的这种赠与行为违反了社会公共利益。从法院的判定来看，该法院认为：如果这些财产认定为"二奶"所有，则是违反了社会公共利益、社会公德的，并且援引了《民法通则》第7条关于社会公德的原则。

但是，与上面这个案件相类似的另一个案件，结果却恰恰相反。该案件中的这位女士被她的上司疯狂追求，最后在权威的高压下屈从。最后，这位上司却将这位女士和他们的孩子弃之不管。

这个上司违反了几个原则。其一就是保护未成年人原则。在我国甚至世界各国的法律上都有相关规定，将未成年人的保护放在一个非常高的位置，甚至高于对交易行为中不知情的第三人的保护。如果我们到交易市场上去买羊，而卖羊的那个人是个小孩子，但你并没看出来，完全不知道他是一个未满十八岁的孩子。当他父母来的时候，说买受人不能牵走这只羊，因为他们不知情，并且出示了身份证，确实证据表明卖羊的孩子未满十八岁，那么买羊的人就买不到羊。如果卖羊的人已满十八岁，那结果就相反了。这就体现了对未成年人的保护高于对不知情的第三人的保护。第二个"二奶"案中，未成年人的保护应该放在非常高的位置上，所以上司必须对此事负责任。

其二，该案中的"二奶"和第一个案子中的"二奶"不一样，她完全陷于经济上的困境。由于上司的关系，她完全失去了工作的机会，如果这时候这个上司给她一笔钱，那是解决她经济上的困难，而不属于违反社会公德。

都是"二奶"案，结果却如此悬殊，原因就在于法律有多个价值目标，有若干项法律原则，必须把这些法律目标、法律原则一一排队，一一考虑，才能够把这些案件处理好。第一，把不能触犯他人财产，不能违反社会公德放在前一个位置，而把黄先生自己的意思放在次一点的位置，所以法院认定该赠与、该遗嘱是不发生法律效力的。第二，法院把未成年人的利益放在很高的位置，把对因这样的关系遭受损害的女性的权利补救放在一个适当的位置，所以就产生了一个有效的处理结果。

由此看出，法律的应用不是一个简单的过程，它要考虑好几个价值，好几项原则，要权衡利弊，最后才得出一个结果。

我是北京市人民检察院的监督咨询员。检察院本来是刑事工作，为什么找民法的工作人员呢？因为检察院有一个民事行政的抗诉部门，他们要负责处理民商方面的案件，就聘请了一些民法、商法的老师来做他们的顾问，有疑难案件就来找他们商量。

有一天，北京市检察院有十个抗诉的案件，但法院都没有理睬，这就等于是检察院失败了，他们心里不服气，说"到底是我们真的错了呢，还是法院不讲道理呢？"就来找我们讨论。

其中有一个案件是这样的：有一对老夫妇为了解决大儿子的结婚问题，就发动全家人，动员全家的力量，来盖一幢三间的房子，给大儿子娶媳妇。这对老夫妇很有战略头脑，唯恐老了以后无处栖身，就跟大儿子订了个合同，说东边的一间房子由老夫妇居住，一直住到他们不愿意再住或者死亡为止。其后这对老夫妇又给二儿子盖房子结婚，二儿子结婚后他们又签订了一个相同内容的合同。他们就是为了以防万一，其实当时并不需要住。这样的合同在法律上是一个债权债务合同，大儿子、儿媳妇的债务就是让老夫妇住他们东边的房子，直到他们不愿意或死亡为止，二儿子、儿媳妇也有同样的义务。这对老年夫妇的权利就是要求他们的儿子、媳妇允许他们用这个房子。

这样的关系，在他们的儿子、媳妇即使有点不孝顺但还不至于丧尽天良的时候是有用的。比如说，大儿子说不让爸妈住了，这样的话，只要他的父母起诉到法院，法院肯定会判决儿子、媳妇必须允许老人在这里居住；如果儿子、媳妇天良丧尽，把房子出卖给别人，后来把房屋所有权交给买受人，房屋所有权人的名字改为买受人的名字，而买受人就会拿着房产证要求两老搬出此房屋，这时两个老人只有搬走。而两个老人只能起诉他们的儿子、媳妇给其赡养费，如果儿子、媳妇将卖房子所得之钱私藏起来，那么两位老人将一无所有。

所以，这样的合同如果碰上不孝子孙，实际上是无用的。碰到这样的问题该如何解决呢？最近，我国审议《中华人民共和国物权法》，在这部法律里，它就将这种老人住东屋的权利命名为居住权，居住权这个概念是江平老师第一次提出的。

江老师当时说他家有一个四川的保姆，人很好，她离家多年，在家里没有任何财产，以后从他家回到她的故乡，等于是无家可归，应该为她的以后着想，就想把自己的房子给她。但这样的话可能儿女会有意见，不太合适，他也不想让儿女伤心。所以江老师决定将他家的一个房间给这个保姆住，直到她不想在此生活或者死亡为止。江老师提出的居住权这个方案，绝大多数人都表示同意，包括我在内。

最高法院的李凡法官说这个主意不错，在判离婚案的时候，如果配偶中的一方没有房子，他们会判配偶中有房屋的一方应允许原配偶一方在其房屋内居住，这也称为居住权，这就能解决问题。像

117

我刚才所说的北京的这个案件，如果法律真的规定了居住权，那么这个案件中的老夫妇就拥有一个物权，这个物权在民法体系里属于用益物权，儿子、媳妇对房屋的权利是所有权，老人对东边房屋的权利就属于用益物权。当所有权和用益物权发生冲突的时候，所有权要让步于用益物权，这在法律上叫做用益物权的效力抑制着所有权的效力。在用益物权存续期间，所有权人不能对抗用益物权人。用到刚才那个案例，就清楚了，儿子、媳妇虽然把房子卖给了他人，过户给了他人，买受人要求两老人离开房屋，这时两个老人就可以依用益物权对抗买受人的所有权，那么买受人只有受此用益物权的限制。

第二类案例：未成年人保护案

前面是关于家庭方面的两个大的案例，下面我从保护未成年人的角度讲几个案例。

一位十五六岁的学生，拿着舅舅给他的钱去买彩票，结果中了一辆夏利车。本来这是好事，但问题出来了：他舅舅说钱是他的，买的彩票也应该归他，比如说别人从奶牛身上挤到牛奶，那么牛奶就应该归奶牛的主人。

法律上规定，如果在某物之上产生了利益，只要没有相反的规定，那么该利益就归所有权人。例如人们对于身上的衣服、钢笔属于拥有者，这就是所有权，所有权人有处分权。后来那个孩子的母亲来了，说自己是孩子的监护人，所以车应该归自己。而那个孩子也有想法，认为应该归自己。这在法律上就产生了分歧，这个问题实际上很难办。

法律上有以下几个办法：

方案一：法律为了解决在交往的时候、做生意的时候人们考虑得不周全，就规定必须年满18周岁，并且是一个智力发育正常的人，必须是这样的人才有权利与别人交往、做生意。在特殊情况下，比如说参加工作早，这时就可以降低到16周岁。如果是通过劳动来满足生活的大部分需要，也可以降低到16周岁。否则都得由监护人来做决定。这在民法上叫做民事行为能力制度。订立一个合同要想其有效，立一个遗嘱要想其有效，办一个收养关系要想其有效，都得符合行为能力制度。如果年龄达不到要求，或者智力发育不正常，都必须由其监护人、父母、配偶、成年子女等来为其做决定。这就是为了保护一个人在考虑不周的时候有可能遭受损失，为保护其利益而制定的制度。

这个制度用在彩票案上是可以的，孩子15岁，法律上不允许其做决定，则需要他的母亲来做决定，他的母亲说了算。在本案中有什么样的坏处呢？——当然多数情况下不会，但也不排除极端，就是母亲要求她来占有夏利车，而这个孩子不同意，那么母子之间发生分歧，他母亲可能会作出一个决定：我不承认你买彩票这个行为，法律上就得支持他母亲的这个决定。因为《民法通则》确实有规定"父母说了算"，他们的名字叫"法定代理人"，也称"监护人"。但这样，购买彩票的合同就被废除了，而那辆夏利车就归发售彩票的部门所有，这不就使他们遭受损失了吗？所以，这套方案不见得是理想的。

方案二：《民法通则》对此并无规定，但最高人民法院关于《民法通则》的司法解释第200条中规定，关于"无民事行为能力人、限制民事行为能力人"，通俗一点说就是"小孩、精神病人、痴呆病人"，"接受奖励、赠与、报酬，不用他们的父母、他们的法定代理人表态，即当然有效"，所以无论是幼儿园的小朋友，还是小学生抑或是初中生甚至是高中生，如果参加运动会得了一万元奖金，或者是参加奥林匹克竞赛得了一万元奖金，这些钱就是归他们自己所有的，因为法律规定如此。"接受奖励、赠与、报酬"就是民法上所称的"纯获利益合同"，这种合同当然有效，不用法定代表人、监护人予以肯定。

如果遵循这样的方案，本案中学生得到夏利车无须征得他母亲的同意，即使他只是一个学生也能得到这辆车。但这套方案面临着一个障碍。法律上所称的"纯获利益"是指这个"孩子、精神病人、痴呆病人"完全享受权利，不承担任何义务。而本案的情况并非如此。他购买彩票是付过钱的，这样他就承担了义务，所以与法律的规定不符。因此这不是"纯获利益"的行为，所以也就不能用上述的方案即他可以无须征得他母亲的同意就获得夏利车。虽然这套方案有利于这个学生，但因有了这个障碍，也是不行的，在打官司的时候法官也可能会判决不适用上述司法解释，无效。

方案三：每一个未成年人、精神病人、痴呆病人在生活中已经通过压岁钱等方式拥有了自己的财产的，可以将自己的财产用于投资，如购买股票、基金、彩票或者存入银行，不需要征得父母或者监护人的同意。但很遗憾，在我们的法律、司法解释中找不到这样的规定。在立《合同法》的时候，本来提出了这个方案，希望在

《合同法》第47条写入这个方案，但最终还是没写。所以打官司的时候没有确切的法条，这个方案就行不通了。

但如果一个法官的法律修养很深厚，那他也可以按照法律意识来判案，在中国这样的法官恐怕是凤毛麟角。因为，如果卖彩票的一方不服一审判决，提起上诉，上级法院可能会说"这一审法院是怎么判的案，法律根据都没有"，这样这个案子就很可能被驳回，这就等于一审法院判了个错案。一个错案定下来，奖金没有了，晋升困难了，谁愿意做这样的事情？所以我们可以体谅他们，不能强人所难。

这样，这个案子在中国目前就只有一条路了，即第一个方案，按照《合同法》第47条的规定，只要他未年满18周岁，就由他的法定监护人来决定。但这样也面临一个风险，万一父母脑子不正常，不承认购买彩票合同有效，那他就遭受损失了，所以但愿他父母的脑子是正常的。

这个是关于未成年人保护方面的案子，表明我们在与人做生意或者打交道的时候，要搞清楚对方是不是未成年人，是不是精神病人，是不是痴呆病人，如果是的话，那你最好退避三舍。因为你与他们进行的交易或者签订的合同很有可能被他们的法定代理人或者监护人否决，这就意味着你做了无用功，更糟糕的是如果你付过钱了，可能连钱也拿不回来。所以我们最好避开这样一个风险，这是我主要想传达的信息。

比如，一个15岁的未成年人砸了我们的玻璃。《民法通则》第133条规定了这种情况的法律后果，即由他的法定代理人或者监护人赔偿损失。也就是说，由他的父母赔偿我们的损失；如果该人是一个精神病人且已经结婚，则由他的配偶赔偿我们的损失。这样的规定对受害人一方的保护是有利的，但对他们家庭内部的分配来说存在问题。

假如，那个家庭不是独生子女而是有两个子女，这个砸玻璃的孩子造成的后果是从他们父母的财产中拿出一部分钱赔偿给受害一方。我们将问题极端化，假定他父母在进行赔偿后马上就去世了，这就使得继承出现了问题，这样另一个孩子继承的遗产就少了。如果砸玻璃的损失不是由父母进行赔偿，而是由那个孩子用自己分得的财产进行赔偿的话，那另一个孩子分得的财产就多了，因为可继承的财产增加了。当然我这里说的是砸破了玻璃，如果那个孩子是放火将一栋价值一亿的大楼给烧掉了，那就不是几块钱或几十块钱的问题了，就是将他父母所有的财产用来赔偿损失可能都不够，这就等于剥夺了另一个孩子的继承权。

《民法通则》第133条的规定也是有问题的，尽管它加了"但书"说明，如果这个未成年人、精神病人、智障病人自己有财产，就先用其个人财产进行赔偿。但砸块玻璃他可能还有能力赔偿，但烧了大楼等等，还是要他的父母进行赔偿的。这就涉及《民法通则》第133条需要进一步完善的问题。

完善的其中一条途径就是改变现行法中的法律制度。把"做生意要求年满18周岁"和砸玻璃的年龄要求分开，砸玻璃年龄小也可以自己负责了。比如说年满10周岁砸玻璃的这一行为要由他自己负责，而买卖一辆汽车就要求年满18周岁。遗憾的是我国现行法律没有将此分开，用法律术语来说就是"行为能力"和"责任能力"合而为一。如果"责任能力"是一回事，而"行为能力"又是另一回事，就能比较好地解决这一问题，亦即将多子女之间的利益平衡问题协调得比较理想。

由于《民法通则》和《合同法》第47条规定，不允许未成年人、精神病人、智障病人进行订立买车等合同的行为，而是由他们的父母或者配偶代他们行使权利，这存在一个问题：他们的父母或者配偶能尽心照顾他们吗？

前一段时间，中央电视台法制节目播出了一个案件，我觉得很有意思。一个民营企业家家财万贯，但由于事故成了植物人。他的妻子在对他的财产进行整理的时候，发现她丈夫的财产的一部分已经被她的公婆及小叔子转移走了。并且她进一步发现法院已有一个判决，判决她丈夫的监护人不是她而是她的公婆。所以，这位女士就想讨个说法，反对她公婆及小叔子的行为。她能否反对成功就属于民法上的问题了。《民法通则》规定未成年人的父母是当然的法定代理人、监护人，即他的事情要由他的父母决定；精神病人（法律只规定了精神病人，但司法解释中将智障病人、植物人也纳入了此列）已婚的，其监护人为其配偶。

很明显，在此案中，该民营企业家的配偶精神正常且双方婚姻关系继续维持，他的监护人理应首先是他的配偶，其次才是父母，至于小叔子，还远着呢。如果按照法律的思维，就应遵循《民法通则》关于谁是第一顺位的候选人的规定，所以该女士有权请求法院撤销其公婆作为原告成为她丈夫的法定监护人、代理人的判决。我觉得法院接到她这一请求的起诉书后，应予以支持撤销其公婆作为监护人的判决，恢复其监护人的身份。只有她才能决定她丈夫的财产应如何处理，所以，她的公婆、小叔子事先对她丈夫的财产所进行的处分均是无效的，她可以将其收回。

当然，也有不同的意见。这样做只是扣紧了法律条文，但没有照顾到该案的全部事实情况。在她丈夫成为植物人之前，双方闹过很长时间的离婚纠纷。这个事实问题我们固然要考虑，但也要有证据证明妻子在丈夫成为植物人以后，主观上有不利于她丈夫的恶意和行为。若有，我们可以以此说明她不具备当监护人的资格而将其否定，由她的公婆作为法定监护人。若没有证据证明，仅仅以她之前的行为而做出一个涉及将来的决定，显然不符合法律的规定。所以我觉得她的公婆和小叔子对此负有举证责任，如果举不出这个儿媳、这个嫂子在她丈夫成为植物人后有侵害其丈夫财产的行为，就不能剥夺她作为监护人的资格。

第三类案例：雇用保姆案

我们生活在一个家庭里，有时候由于亲属工作繁忙或者身体不适等原因，没有精力和能力来照顾其他亲属。要解决这一问题，有很多方法，其中一条就是请保姆代为照顾。

前不久北京市中院请了王利明教授、杨立新教授、姚辉教授来讨论他们正在处理的一个案件。有三位女士想为她们的母亲请一个保姆，于是就到某某家政服务公司，表示她们想为母亲请一个保姆，家政服务公司就推荐了一个，双方签订了合同。这个保姆就到她们家做家政服务。据该保姆在法庭答辩中的说法，她来自农村，对城里的灶具的使用方法一无所知，所以她希望雇用她的一位女士当晚能够一起住在她母亲家里，跟她说一下如何点火、熄火，如何使用灶具烧饭烧水。但这个要求被那个女士拒绝了。当然这只是那个保姆的一面之词，没有其他的证据。

诚然，这位来自农村的保姆确实对如何使用该灶具一无所知，结果引起了大火。她不懂怎样报警，而她照顾的又是一位卧病在床的老人，所以她只好自己拿个毛巾扑火。好歹，总算把明火给压下去了，但其实这个时候这个毛巾已经着火了，只是没表现出来。恰好此时，病人以为火已经扑灭了，就喊她说我要干什么干什么。于是保姆赶紧往里屋跑去，随手将毛巾扔在了沙发上，因此引起了大火，导致病人死亡，保姆自己也被烧成了重伤，家里的其他财产也被烧为灰烬。

所以，老人的三个子女作为原告将此案起诉到了法院。第一被告自然是该保姆，家政服务公司被列为第二被告。这个案子涉及了两个法律关系。

老太太一方作为雇主，与保姆有一雇佣合同关系。但对于该合同的性质有三种不同的意见，有的说是劳动合同，有的说是承揽合同，也有的说是雇佣合同。我们之所以要确定该合同的性质，是因为不同性质的合同适用的法律条文不同，导致的法律后果也不相同。

比如，如果说这个合同是劳动合同，结果就麻烦了。《劳动法》规定，职工在生产劳动过程中出了事故，雇主要对其进行赔偿，具体到此案中即老太太一方要赔偿保姆在大火中被烧成重伤的损失。所以这个不是劳动合同。对于劳动合同的定义，《劳动法》有专门规定，即国家承认的用人单位，如东方股份有限公司雇你为他们公司的电脑操作员，这是一个劳动合同。而一个家庭雇用一个普通老百姓为保姆，这当然不是一个劳动合同。因此完全不用担心保姆会反过来告老太太一家，让她们赔偿她的损失。

也有的说将该合同定性为承揽合同，承揽合同要求承揽人负全部责任，那保姆的责任就更重了。当然这也不是一个承揽合同，承揽合同要求有一个结果，例如我们写的论文到打字室打印，这是一个承揽合同，它要求打印出论文这一结果。如果因为病毒论文没有了，打印室的工作人员不能因为确实曾认真打印论文且为此付出过一定代价而免责。只有劳动合同或雇佣合同才能因此免责。保姆在家里干活哪要结果，她做的菜好吃你得吃，不好吃你也得吃，所以这不能是一个承揽合同。

因此，这实际上是一个雇佣合同。一家雇用一个人来干活，然后根据商定的方案给付报酬。雇佣合同适用《民法通则》上的过错责任原则，因此不必担心保姆会反过来告你要你承担损失。退一步而言，就算雇主一方有过错，也还有过错相抵原则。当然这个案子的关键不在这儿——这个保姆是从农村来的，就算败诉也根本无力赔偿损失。

第二个法律关系是家政服务公司和被烧死的老太太家所形成的法律关系。但家政服务公司辩称自己不负任何法律责任，因为在这个雇佣关系中他们之间是居间关系，也就是经济学中所称的"经纪人"，通俗来说就像是我们以前所说的"媒婆"。在居间合同中，居间人有一个义务，就是必须把具体的事实情况如实地告诉另一

123

方。具体到本案中,就是指家政服务公司要把该保姆即家政服务员的真实情况如实告诉老太太一方,比如她会做什么不会做什么。但在此案中,家政服务公司称他们公司对家政服务员都进行过培训,比如怎样烧菜做饭,怎样使用灶具,但是该灶具只是一个模具,而非真正可以点火的灶具,只是一个木头做的、看着像灶具的东西,根本不能操作。家政服务公司没有将这一情况如实告诉雇主。如果他们告诉雇主这一情况,说她是农村来的,什么都不懂,那人家就会手把手地教她,就不会放心地扬长而去。事实是家政服务公司告诉雇主"我们的家政服务员都是经过培训的,什么都会",所以才导致了最后悲剧的发生。因此,家政服务公司没有尽到法律上的告知义务,就要承担法律责任。

现在我们国家要制定《民法典》,中国社会科学院梁慧星教授负责的一个组在起草《民法典》的时候列了一个人事保证制度,其大概意思是,比如我大学毕业后去找工作,但因就业困难,用人单位很挑剔,对此,需要其他人对我进行担保,保证我的为人、技术都是一流的。这样,那个为我担保的其他人就成了用人单位的保证人。我们平常所说的保证人一般都是指为银行贷款进行担保,当贷款人不还或者无力还银行贷款时,保证人要代其偿付贷款。我们方才说的保证人不是这样的,他不涉及还钱的问题,而是指为一个人有什么样的品质、什么样的技能进行担保,这就是人事保证。我个人的看法,在保姆的案子中,家政服务公司也有这样的一个义务,担保自己推荐的保姆有好的人品或者技能。但家政服务公司没有很好地履行该项义务。

在这个案子中,家政服务公司主张不负责任。此案的第一审和第二审也是如此判决的。在刚才所说的几位教授中,除了其中一位赞成家政服务公司是不用负责任的外,其他几位都不约而同地赞成家政服务公司应该负责任。理由就是家政服务公司违反了告知义务和人事保证义务。虽说人事保证在中国尚未有任何法律加以规定,但至少我们可以扣住告知义务,认定家政服务公司要承担责任。如果我们起诉的案由是依合同关系主张家政服务公司违反了居间合同,那么就要引用《合同法》第60条第2款;如果起诉的案由不是合同关系而是侵权关系,这方面的专家杨立新教授建议引用最高人民法院颁布的"关于人身伤害"的司法解释的第7条第2款。

听了上述意见后,北京市中级人民法院的院长、副院长觉得很有道理,他们也主张家政服务公司应该承担责任。

所以这个案子也说明了这样一个法律理念,即有些案子可以这样判也可以那样判。就像上述的保姆案,法院判家政服务公司不承担责任是行得通的,不能说判错了;同样,判家政服务公司承担责任也是说得通的,同样没错。这取决于法官的立场。

一次我在石家庄参加了一个案子的仲裁。在仲裁厅进行仲裁合议的时候,我说这就要看仲裁员们的立场了。首席仲裁员听了后愣住了,"奇怪,仲裁居然会有立场"。可能他有个概念觉得只有阶级斗争才会有立场问题。我只不过是一个形象的说法,其实在民法、商法中就有一个立场问题,审判员"偏向"于原告还是被告,结果就是不同的。当然这里的"偏向"不能是心血来潮的结果,不能是徇情枉法的表现,而一定要是站在公平正义立场上的"偏向"。

在该案中,老太太家可以说没有什么是应该指责的,但却造成了老太太死亡、财产毁灭的后果,在这样的情况下,如果判决还处处不利于该方,请问于心何忍?所以,民、商问题中有一个立场、良心的问题。

法学院的学习、知识更新很快。比如我当时学习的时候,还不叫法学院,而是叫法律系。当四年毕业后,回头一看,发现所学的东西百分之五六十都是错的,这当然不能得出结论说这几年都白学了。在法学院学习,第一是训练思维的方式、方法,第二是让人树立公平正义的理念。有这两点,就可以以不变应万变,在走向工作岗位后不仅可以处理法律方面的问题,其他问题也可以处理得很好。为什么美国总统大都是法学院的毕业生?道理也在这儿。

第四类案例:纯经济损失赔偿案和模特组装案
首先我们说纯经济损失赔偿案。

一个人开车发生了车祸,导致了交通瘫痪。后面的车中,可能有司机急着要拉病人到医院去看病,因为没法通行而贻误时机,导致了病人病情加重,这就造成了两个后果,一是医药费的增加,另一个是病人自身的痛苦加重。这就涉及增加的医药费能否让肇事司机进行赔偿的问题。

或者,在后面的汽车中刚好有一位是赶着去谈判签约的商人,而且交易的金额很大,签约的时间又是限定的。结果因为交通瘫痪没能及时赶到,交易另一方一气之下扬长而去,导致了交易的失败,造成了巨大损失。这就涉及该损失能否让肇事司机进行赔偿的问题。

再或者，另一个司机因为太着急，违反交通规则把车开进了绿化带，而且绕过去跑了。交警又没法抓到那辆违反交通规则的车子，这个绿地的损失能否让肇事司机赔偿呢？

这在法律上就涉及用怎样的规则确定肇事者一方应否对这些损失进行赔偿。

解决这一问题有两条路径：第一条路径是按照合同法处理。但是这中间根本就不存在合同关系，双方之间都是没签合同的，所以这条路径是行不通的。

第二条路径是按侵权行为关系处理。汽车的所有权及在交通干线上行驶的权利受法律保护，你开车撞了另一辆车子，则侵犯了别人的汽车所有权；若造成司机受伤，则还侵害了司机的健康权、人身权。按照《民法通则》第106条第2款的规定，对此应进行赔偿，这是没问题的。在我国法律对于侵权责任的确定，就目前而言，规定了四个要件，即有侵权行为存在，且该行为违反了法律的规定，有损害后果，且损害后果与行为之间有因果关系。对被撞的司机的赔偿无可厚非，因为上述情况满足构成侵权行为的四个要件。

现在的问题是对间接造成的病人因病情加重而增加的医药费是否应进行赔偿，对因没赶上签订合同时间而造成的损失是否应进行赔偿。这就涉及这些后果与交通肇事这一行为之间有没有因果关系的问题。答案当然是肯定的，因为两车相撞然后造成了交通瘫痪，撞车是原因，交通瘫痪是结果；因为交通瘫痪造成车辆无法前行，交通瘫痪是原因，车辆无法前行是结果；车辆无法前行导致病情加重、合同没签成，车无法前行是原因，病情加重、合同没签成是结果。所以，撞车与损失之间肯定存在因果关系。但对于是否要赔偿，法律的规定没有这么简单。

在法律上，这个世界几乎有百分之九十多的事情是按照因果关系运转的，如果都要进行赔偿，那就没完没了了。比如，我在绍兴的时候感冒了，因果关系是因为绍兴文理学院请我来绍兴才感冒的，绍兴文理学院请我来是原因，我感冒了是结果，所以绍兴文理学院要赔偿我的损失。这显然是行不通的。

所以，在这么多因果关系中，法律要想办法掐断其中的一些。比如，法国采取直接因果关系原则。具体而言，就是交通肇事是原因，道路堵塞是结果，而因此造成的其他情况则不属于法律意义上的因果关系。而英国、美国则采取行为人在进行一行为时主观上有没有预见到或者应不应该预见到该后果为标准，即法律上所称的"预见性"。在上述案件中，对于那些后果，显然是不可能预见到的。所以，法律就根据该原则将这些因果关系掐断了，因此也就不需赔偿。

纯经济利益损失的案件如果用侵权行为规责原则解决的话，十有八九是得不到赔偿的。但这也有一个不合理的地方，不管怎样，病人或者商人确实是因为撞车这个原因而导致病情加重或者协议没有签成，而法律却一点也不保护他们的利益，这会造成他们心理上的恐慌，以至于他们不敢出门，因为不知道会发生什么事情。所以法律也应当考虑对他们进行适当的保护，不能总是什么都不管。

加拿大发生的一个案件中，法院判决对这一问题进行赔偿。该案件是说一个施工队在挖土方时，不小心挖到了电缆，该电缆是一个叫"阳光酒店"的酒店专用的，结果造成了该酒店供电系统的瘫痪，使之蒙受了巨大的经济损失。在该案中，施工队和另一家建筑公司签有施工合同，也就是说两者之间有权利义务关系。但在施工过程到不小心挖到电缆，对于该电缆是该"阳光酒店"专用这一情况恐怕是很难预见到的，即这一过程中不存在预见性的问题。施工过程中挖土方是原因，挖到电缆是结果；电缆被挖断是原因，没有电是结果；断电是原因，使酒店蒙受巨大经济损失是结果。从因果关系的联系上而言，两者之间的因果联系显然是很远的，从这个角度而言建筑公司不应对"阳光酒店"的损失进行赔偿。但法官觉得如果不进行赔偿，实在也说不过去——就是因为你的过错造成电缆被挖断，也因此使得对方蒙受巨大的经济损失，怎么可以不赔偿呢？所以法官最后判决是要赔偿的。我个人觉得该判决很好。

但很遗憾，这只是一审判决，二审判决虽然在结果上支持了一审判决，但在判决理由上却是对一审判决的否定。一审法院是按照纯经济损失来判决的，因果关系是很远，但是不让赔就违反公平正义原则，所以让赔。二审法院不认同这种理由，而用其他理由来说明这个问题，等于还是没有承认纯经济损失的计算。

现在国家在立物权法的同时，也在立《侵权责任法》，在中国，"纯经济损失"到底应该怎么办？赔还是不赔，是一个抉择。我个人赞成要适当地赔偿。可以通过两条途径进行赔偿：（1）通过《合同法》。《合同法》第113条第一款规定，只要能够预见到后果，就要赔。这样，如果你在预见性的问题上做点文章，有的案子就能解决。（2）如果按照《侵权责任法》，就要按照其相关规定，因为我不是专门研究侵权责任法的，所以就留给各位思考，来解决这个问题。

关于模特组装案，我听王利明教授在清华大学演讲的时候讲到这个案例，我感觉比较适合这个场合。一位模特的双腿非常秀美，有一家公司想用她来推销自己的产品，但是很遗憾，这位模特的面容不是很出众，于是就把另一位面容出众的女士的面容，通过电脑合成的方式嫁接过来，这样双腿优秀了，面容也优秀了，回头率就高了。这个公司认为身段还不是很好，就把另一位身段优秀的女士嫁接过来。这样通过结合三个人的身体某一部分的优点，合成了一个人的形象，做招贴广告，效果非常理想，财源滚滚。

有一次，那个模特看到了这个广告，她端详那两条腿是她的，因为她腿上的瑕疵和自己那张照片上一模一样，这样就比较难以反驳了。如果那腿非常完美，没有一点瑕疵，那就不好办了。但是如果腿感觉相像，瑕疵又一模一样，就存在问题了。通过这个举证成功，法官认定说那个公司的广告就是用了人家的两条腿。

问题在于，怎样来保护"用了两条腿"的事实呢？翻看中国《民法通则》，哪条规定是保护两条腿的呢？它都规定保护肖像权。而肖像权是以面部特征为主体，虽然不局限在面部，也涉及其他的部位，但其主干部分是以面部为主的。王利明调侃了一句："面部再延长也不可能延长到腿呀！"

这样，法官感到很棘手，在中国判这个案件确实很费思量。而英法法系的法律比较活，他们的法官新创了一个形象权。肖像权是以面部为特征，但是形象权就包括身体全部了，包括人的站姿、坐姿等等。另外就是人格权的商品化。按照我国的民法教科书，人格权是精神的归宿。不能算出姓名、人格值多少钱，但现在英美尤其是美国，在大踏步地向前进，人格权中，肖像权、姓名权、形象权完全可以商品化，就是它能够带来多少利益，通过折合，间接地定人格权的价值，来确定财产价值。如果利用了别人的形象，以营利为目的，那就可以告他侵权。

但是这个案子发生在中国。有些学者按照《侵权行为法》就认为应该按一般人格权侵权处理。最高人民法院中的司法解释中规定了一个一般人格权的定义，还有名誉权、生命权、健康权、肖像权、姓名权等概念。

那一般人格权和其他权利有什么关系呢？前段时间，中国台湾非常著名的法学家王泽鉴先生在北京作演讲的时候，也邀请了我去讨论这个问题。他的意思是在现实中，如果侵害了人的姓名权、生命权，就按照这样的法条直接来判案；如果侵害的事物在姓名权、肖像权等法条里找不到，就可以按一般人格权定案，就可以说是侵害了一般人格权。一般人格权就像法律规定里的兜底条款，立法时，担心没想全的，就用"其他法律规定的形式"来表达，一般人格权就相当于这条。我听后感觉非常有收获，今天就转述给你们。谢谢！

互动交流：

学生：您刚才说到明年三月份《中华人民共和国物权法》即将出台，而您参与了这个草案的立案过程。任何一个事物肯定有其两面性，作为一部新出台的法律，我很想请教您一个问题：关于中国物权登记制度，有哪些缺陷？针对这些缺陷，您有哪些完善的方案？谢谢您！

崔建远：财产可以分为两类，一类是动产，原则上不要求登记；另一类是不动产，如房子、土地，及土地上的其他附着物。我买了或受让来房子或土地，又怎么让人知道是由我买了或受让了？一个办法就是登记。如果要买房子、受让一份土地，即建设用地使用权，你不需要在房子里面等人，也不需要在土地上等人，只要去房屋档案、地基簿里查就行，一查就清楚到底属于谁了。这个就叫做不动产物权的登记。这个登记能起什么作用呢？就是告诉想了解信息的人，不动产归谁所有，谁在不动产上享有了所有权、抵押权、建设用地使用权等权利。这样了解之后，你就知道了是否能够买，根据登记的情况就可以作出决定了，就会减少不必要的损失。这叫做不动产登记制度的公示原则。

进一步说，如果相信了登记制度，法律就保护你。比如一个男士卖了一套房子，共有栏里没有其他名字，另一个人买了，甚至过户了。之后男士的太太来了，说："房子是夫妻共有的，他没和我商量就卖给你了。法律不是说了，买房子要出示房屋的授权书，我没有授权给他，他一方行为就不行了吧。"如日本、法国就是这样。但也有法律规定，只要查了登记簿，只有一个人，就可以推定所有权是一个人，那么太太说了也没用，只能回家找丈夫算账，奈何不了买房子的人。如德国、中国台湾就是这样，这样物权的公示具有公信的效力。由此可见，不动产的登记非常重要，我国就是采用这种模式，根据登记进行的买卖行为就可以得到法律的保护。

但是现行的法律在这方面的规定有所缺陷，比如现行法规定，买卖房屋也好，受让国有土地使用权也好，在房屋上设定抵押也好，必须要让登记的材料符合合同所反映的内容，合同包括国有土地受让权合同、房屋买卖合同、房地产抵押合同，这些合同内容应该怎样反映呢？就要开发商到有关部门进行登记，现行法就是采用登记备案制度。这个制度有什么作用呢？在我看来，没什么作用。如果开发商把房屋卖给我，在房管部门也做了房屋登记，之后照样把房子抵押给中国银行，他还不了中国银行的钱，中国银行就会拍卖，从拍卖款里扣下自己的费用。我能不能说，这是我买的房子，我已经把所有钱付给开发商了，就不能拍卖了？答案是不能。这样我不就是吃亏了吗？我已经交足了全部房款，结果得不到房子；跟开发商说，你违约了，要赔偿我的损失，开发商说，我破产了。那我就鸡飞蛋打了。

这就是登记制度的第一个缺陷，就是对交足了买房款的买房人特别不利。物权法草案到今天为止，规定怎样保护买房人的利益，就增加了一个登记制度——预告登记。现行法叫登记备案，物权法草案把这个词改为预告登记。别看只是字调整了一下，但是它们的法律效力非常不同。如果物权法草案变成了物权法，我按照规定登记备案了，在房管所登记好了哪套房子由我买下了，如果开发商再把那套房子抵押在中国银行，或者把房子卖给并且过户给第三方，我有权说你抵押的那套房子或者过户的房子没有法律效力。房子还是我的，我不用担心我交了房款而开发商又把房子卖给了别人。这是增设预告登记的优点。

同学们说物权法草案登记本身有问题的话怎么办，其本身在预告登记阶段确实存在缺点。预告登记的效力有几方面不足：

其一，比如说2006年1月1日登记备案房子卖给我，等到房子真正盖好，是2007年12月1日，然后交给我。这时候开发商不但把房子交给我，而且也登记在我的名义上，过户给我。那么究竟我对房子的所有权是2007年12月1日拥有，还是往前追溯到2006年1月1日就有了呢？我们物权法草案对这个没有表态。应该说是预告登记的那个日子，这样才对交房款的买房人有保护，比较周到。现在有了预告登记，比现行法好了许多，但是仍然不够。

其二，物权法草案涉及了相当多的条文，规定了不动产登记。

首先，登记的效力是有的，以登记簿上记载的日子为准。但是假如登记机关的工作人员撒谎，明明是 2006 年 1 月 1 日登记的，在打官司的时候偏向一方，硬说是 2007 年 1 月 1 日登记的，差一年，正好在这一年里开发商把房子卖给了别人，那登记买房人就吃亏了。按照最高法院 2003 年对商品房买卖的解释，如果已经卖给我，再把房子卖给别人，导致我拿不到房子，开发商要给我双倍的赔偿。如果登记机关的工作人员把我的登记时间往后顺延，这个赔偿能不能得到就不好说了，还得进一步分析。其次，把登记的时间卡在 2007 年 1 月 1 日，如果 2006 年 12 月 1 日你开着推土机撞我的房子，用现在的法律我就没有方法对抗你。我拿着买卖合同说这个房子我买了，你不能用推土机撞了，但我的债权在这个地方对抗不了你。我们国家法律没有规定债权作为侵权法则的标的物。只有最高法院的司法解释，在银行、街道上写个通知说这个账还没还，你不能动。但是有一种情况，我对人有债权，银行没有听我的，把他的钱偷偷地转移了，那么我作为债权人可以告银行侵害了我的债权，银行要跟债务人一起向我承担责任。只有这么一个地方，债权可以作为侵权法则的标的物，其他地方都不承认，假如我们有占有制度倒还可以。假设登记机关的人搞鬼，把登记时间靠后，对我来对抗侵权人来说也是不利的。其实登记了就应该记载，按照记载的申请时间来决定那不是更好吗，而且更准确。

其三，原来登记的种类有很多，第一次登记叫初次登记，所有的土地登记叫总登记，一个区块的所有房屋登记也叫总登记，还有变更登记、移转登记等各种各样的种类。物权法草案在登记的种类上比较吝啬，相当多的种类有所欠缺，现在列举的几种还不够用，尤其是境外的立法、具体实物的运作……适当的登记种类统统给规定好，那不是更好？为什么这么节俭呢？这有必要吗？哪怕是列举式的一个种类一个种类地列举起来也可以。

其四，物权法草案登记，赋予了登记形式不同的效力。房屋的买卖，建设用地的出让和买卖、抵押，权利质权这几个方面，登记都是物权变动的要件。

具体些，比如我买房子，什么时候得到房子所有权，是以登记为准的。登记在我名下，我才有房子所有权；假如没有登记，我已经把房子钥匙拿到手了，已经装修完毕，已经住了两年了，我仍然没有所有权。这里采取的是，登记是物权变动的生效要件。而农村的土地承包经营权不是这样的，登记是确认土地承包经营权的证据。在农村盖房子，叫宅地使用权，宅地使用权的登记是你卖房子的宅地使用权的要件，只要不卖，不登记也没关系。在地役权这样一个物权里，登记是对抗第三人的要件。地役权设定合同一生效，你享有了益权，如果你登记了这个益权，就能够对抗别人。

举个例子，江平教授在讨论草案的时候举例，我的墙要粉刷，粉刷的时候把砖、沙子放在邻居的地上，跟邻居订一个合同，我用你的地放粉刷材料，给你2000块钱。这样合同生效，我就有地权了，但是没登记——一般也不去登记，刷刷墙去登记多麻烦。假如这时邻居跟另一家有合同，另一家取得了地役权了，并且登记了，另一家来了，说"这个地面是我的地役权客体，他们没有经过我的同意就让你放砖和水泥"，这时我只有乖乖地退了，因为我没有登记，对抗不了地役权人。他的效力比我强，我只有收手。

还有汽车、航空航天器、船舶这三类，表面上是动产，在处理的时候基本上遵循的是不动产的原则，这些也要登记，这三个登记是对抗要件。比如你买一艘船，你们的合同一生效，这艘船的所有权就属于你，登记了就能够对抗别人。比如你登记了，卖船人又把船押在中国银行，你可以说不行，他抵押船没用，因为已经归你了，没有经过你的同意不能抵押；没登记的话他押在银行你也没办法。

经过我刚才的介绍，可见物权法草案上的登记制度极为不同，让一个人掌握起来确实困难，尤其是第三人问题。谁是第三人说起来真是公说公有理，婆说婆有理。这一点在法国、日本都有深刻的教训，中国的物权法草案里的登记制度，在全世界所有国家和地区中是最复杂的。当然我们中国人比较聪明，聪明也不见得可以应付这么复杂的制度设计。我感到这也是它的一个缺点。德国的民法制度很晦涩，但是登记法制度很好掌握，它直接就说你登记了你就是物权人，没登记你就没取得，像小葱拌豆腐一样清白，非常分明。我们现在用的既有德国的，也有法国的，也有我们中国自己土生土长的，弄起来很难把握好。

还有一些缺点，我们现在规定，新建的房子如果有所有合法的手续，你不登记也有所有权。但是你不能卖，不能赠，不能和别人换。若想卖、赠、换，就必须登记。还有就是按照行政命令，法院判决说，这个房子归崔建远了。只要行政命令、法院判决生效，房子就归指定的所有人所有，不变更登记，也归他人所有。现在问题就是，这种法院的判决归他人所有，能不能对抗第三人。从现在看，比较模糊。按照物权法文字的表达，可能解释说：法院的判决还是不能对抗第三人，只有登记了才能对抗第三人。这样来说，我们对法院判决的权威性是不是关注得还不太够。德国认为，不管是否登记，法院的判决都可以对抗第三人。中国是坚持自己的规定还是学习德国的，还有待于解决。

学生：崔教授您好！您刚才讲到交通肇事的案子。我认为，国家有保障交通顺畅的责任，因为无论交通肇事也好，恐怖袭击也好，最终导致的结果是交通不顺畅。所以我认为，能否考虑一下，由此所引发的给其他人带来的损失的责任由国家来承担？谢谢！

崔建远：一种制度的设计要考虑很多方面的利益和价值冲突，总是希望在这些利益冲突中协调得比较理想，从这个角度讲，让国家承担责任不是很妥。这要考虑国家的权威性，国家整天作被告、整天赔钱也不行，这是第一个考虑。

第二个考虑是国家的负担。我们任何人出了事故，哪怕是故意撞车都要由国家负担，国家的承受能力怎么行？国家现在虽然富裕了，比我在你们这个年龄的时候不知要强多少倍，但是跟美国等发达国家比起来，我们还是弱得多呀，不然也不会像今天这样处处受气了。

第三个是法律要考虑一个人的自由和对受害人的保护，还有，人要对自己的过失行为负责。如果交通一瘫痪就让国家负责，会助长人们漫不经心的态度，甚至故意实施交通肇事等违法行为。

我们从另外的角度考虑有没有比这个更好的方法。传统的侵权行为法说由肇事的人负责，这里有个问题，就是肇事者的能力。如果负很大的责任，那责任是太重了，他恐怕没有能力承担，如果能力不够，意味着受害的一方的损害得不到填补。所以完全由肇事的人承担责任也是不合适的。

现在世界范围内人们越来越重视保险。通过保险来解决问题，让所有的车主、车的使用人员来投保，每笔投保交的钱是一个小数目，但是总起来这个数字就大了。一旦发生交通事故，由保险基金里拿出钱，等于是众人解囊解救一个受困难的人。所以保险这条路跟前面两条路比，可能稍好一点。

近来人们越来越倾向于社会保障。虽然车主都能拿出钱来投保，但是车主还是有限的。在中国虽然车是多了，但是假如我们所有的人都来拿一份，可能直接从工资里拿，他心里很疼，但是在分配的时候，假如要给100，你给他98，他就不会心疼了。再通过国家拿一部分、单位拿出一部分,这样形成社会保障基金。具体怎么操作,还可以商量。

这样以肇事的一方为责任主体,符合传统行为责任法的基本规则,符合理性的规则。让过失人负责,再配上保险,再配合上社会保障制度,这样一个三位一体,比单单把国家抓出来作为责任主体要稍微好一点。所以有些法律方案也是有方案一、方案二、方案三的,不存在对错问题,关键是哪一个更可取。我个人的立场,不倾向于让国家承担交通瘫痪的责任的方案。

我们的物权法草案,包括第六次审议稿仍然规定野生动物归国家所有,我们听收音机、放电视的波段归国家所有。像魏耀荣老先生说波段是个数字,数字归国家所有,有意思吗?国家从行政许可的角度来控制使用是好的。假如野生动物归国家所有,东北虎今天在黑龙江大兴安岭,明天跑到俄罗斯远东地区了,我们去向俄罗斯要这个东北虎,两家说不好就打起来了。所以这些国家是管不好的。

在民商法的理念里,政治国家是一回事,市民社会是另一回事,这两个尽可能要分开。从这个角度,把国家排斥到外面会比较好。

学生:崔老师,我想问一个问题,法律对人的行为是有导向作用的。现在有一种现象,有些司机交通肇事之后不是把伤者送到医院,或者用其他方式进行救助,而是用车子再次碾压将他杀死。我们知道,假如把一个人撞死的话只要赔个二三十万就可以了,如果把人撞伤的话,医疗费用可能是个无底洞。在这一方面,法律是否存在不合理的地方,导致这种现象的发生?您对这个现象有什么看法?谢谢。

崔建远:首先声明,我不是这个领域的专家,我尽自己最大的努力来说这个问题吧。我们办过《民法沙龙》,现在第三卷就要发行了。我们也讨论过这个问题,最初梁慧星教授撰文批评汽车撞了白撞。根据梁慧星教授的意见,要按照交通过失的原则,看司机有没有过失,有过错就都要对交通肇事承担相应的责任。《民法沙龙》的成员王成博士,他现在是北京市海淀区人民法院副院长,也是北京大学法学院的副教授,他不同意梁慧星教授的意见,他用经济分析的方法来统计,认为这样效果不好,行人、自行车会毫无约束地、杂乱无章地、不遵守交通秩序地通行,导致经济效益低下,事故反而增加。这是导致这位同学提的问题产生的原因之一。

第二个，是核心问题，确实，对于一个伤者，你不知道他的治疗要持续多少年，可能到死，这个负担特别重。这个问题能不能倒过来解决，死了赔得多，比如撞死一个人200万，撞伤了到他死也不能超过50万？我感到这样处理也不行。这个赔偿在民法上是以损害结果来计算的，一个人死了，死本身要多少钱，由此给他的近亲属带来的精神损伤，以此来计算需要多少钱，也是有大致的公式的。你违反规则，拍脑袋说一个比较多的数，比撞伤治疗多的钱，没有根据，法的随意性太大。如果法的随意性大，却还要讲法制权威，人们就不相信了，法的神话就彻底破灭了。所以我们还是要按规则，损失多少就赔多少，这样，撞伤了，医疗的费用多，你就得认这个现实。通过这个方法来解决，容易导致一看还没有死，再开一个来回把他轧死的问题，恐怕还不行。

第三个要考虑的问题就是保险，如果出了交通事故由保险公司来理赔，司机只要不是故意的，换句话说只要不构成刑事责任，那么没问题，经济方面都由保险公司来管。这样不就免去了被撞者没有死、担心自己不堪重负的问题吗？所以把保险利用起来，甚至于强制保险在第三者身上，这样解决问题的效果就会更好。

第四个就有点虚了，需要道德情操理念、人生观等方面的教育进行配合。我个人倾向于交通肇事采取过失推定方法。就是由司机自己推定有没有过失，司机很难举证自己没有过失，所以必须要负责。并且要密切结合过失相抵，就是说受害人若有过失的，也要承担相应的责任。再发挥保险机制的作用，让交通肇事都由保险的途径来解决。如此一来，恐怕这样的事情，不说杜绝，但是发生的几率将会大大降低，那样可能更好。

（根据录音整理，已经本人审阅。整理：梁如洁　杨鹏辉　卢贝贝　李晓倩）

尹伯成

复旦大学经济学院资深教授，博士生导师。现任中华外国经济学说研究会副会长，复旦大学房地产研究中心主任，复旦大学理论经济学博士后流动站专家委员，上海市信息协会房地产专业委员会主任，上海市保险发展规划项目研究室研究员。曾任复旦大学经济系主任。长期从事西方经济学和经济学说史的教学和研究，对证券投资、房地产经济、社会保险也有一定研究，出版教材和专著有：《西方经济学简明教程》、《现代西方经济学习题指南》、《西方经济学说史》、《房地产投资学》、《中国社会保险制度改革》、《关于发展市场经济的思考》等十余部；发表学术论文200余篇。

房地产业健康发展与和谐社会的构建

（2006年11月14日）

今天我们来讨论一个大家共同关心的问题——房地产业的发展与和谐社会的构建。

一　房地产业发展取得的成绩与出现的问题

（一）六方面成绩

（1）大大改善了城镇居民的住房条件。这使我国城镇人均居住面积由原来的不足十平方米，到现在一下子达到了二十多平米；好多人家里都换了房子，住进了新房子。

（2）大大改观了城镇面貌。只要看看绍兴，这些年绍兴的面貌真是大变特变。"文化大革命"以前我就来过，"文化大革命"以后我也来过，还有现在。可以说是一年一个样，三年大变样。许多破烂不堪的房子现在都不见了，真是旧貌换新颜。

（3）房地产业在国民经济中的支柱地位确立，拉动了我们国家 GDP 的增长，有力地增加了地方财政的收入。现在房地产业在财政中占有非常重要的地位。

（4）大大推动了建筑、家电、装潢，甚至钢铁、水泥等上游、下游产业的发展，也推动了金融、保险等发展，大大增加了就业机会。

（5）大大提升了城镇土地的价值。现在城市里的地很值钱，过去是不值钱的。盘活了城市土地资产的存量，使房地产业真正走上了市场化发展道路，彻底结束了这个行业计划经济的时代。

（6）房地产业积累了一定的经验，培养了一支队伍。现在房子越造越好。

这些都说明这个产业在成长。当然，在前进中也出现了一些问题。

（二）产生的问题

（1）供应结构不合理。这是指现在的房子越造越大，越造越高档，而老百姓需要的，供应很少。房子好多都是 120 平方米、140 平方米，小户型的、老百姓买得起的房子太少了。我们国家规定要大力发展经济适用房，但是综观全国，这些房子不到开发量的 6%，而大房型超过 50% 以上。这就是供应结构不合理。

（2）需求结构不合理，投资比重太大。一个是消费的需求，一个是投资的需求；二者的比例要适当，但现在投资买房比例太高；或是买来收房租的，或是买来等涨价再卖出去的，赚差价。上海一度中高档的房子投资比例高达 30%—40%，就是说 100 套房子里有 30—40 套房子是用来投资的。国际上的说法，投资比例最高的也不能超过 20%。需求结构不合理，抑制了需求中的消费需求。

（3）房价上升太快。上海的房子涨价涨昏了头，年年涨。2000 年上海住房均价大约 4800 多元，2003 年到了 5800 多元，2004 年 7 月份跳到 7500 多元，9 月份一下子上升到 8100 多元。2004 年第四季度到 2005 年一季度末，房子均价整整涨了 30%，那还了得！这时期有很长一段时间上海房子均价超过了10000元。这个均价包括市中心和市郊边缘，边缘的面积很大，有好几个区县，包括崇明在内。这远远超过了老百姓的经济承受能力。

房价的高低跟当地城镇居民的收入比，叫房价收入比。国际上有个通用的标准，在发达国家，一套房子一般是居民年可支配收入三年到六年的总和。我们看看上海的房价，在中环域地段，一套房子算它是120平方米——实际上好多还不止120平方米——价格算它是10000元/平方米，那么这套房要120万元。上海居民的年收入，算它人均2万元，那么三口之家年收入是6万元，120万元就是6万的20倍，而外国房子是收入的3—6倍。中国的房价跟收入相比太高了。有些房地产业的"臭嘴"说我们的房价不高，跟香港、东京比还不算高。可是要想想人家是什么收入，我们是什么收入。

（4）市场秩序混乱。前几年上海的房地产业秩序乱得不得了：中介商、代理商跟房地产商互相勾结。一个楼盘要上市了，开发商给一些民工每人每天200元钱，叫他们去排队，造成供不应求的场面，哄抬房价；还弄了好多假身份证搞假成交，还有做银行假按揭的，种种花样都有。

房价为什么会这样持续猛涨？

（1）地方政府推动。中央政府不希望房价涨得这么快。涨是希望它涨的，但是应该慢一点，跟物价涨得差不多。但是一些地方政府希望越快越好，因为房价一涨，地价就涨，地方政府手里的钱就多了。所以没有一个地方政府会说自己这里的房价太高了，而只会说自己地区的房价并不高。

（2）投资渠道太少。前几年人们买股票要亏，风险大；钱放银行，利率又这么低，放1万元钱在银行，从购买力说也许一年后变成9500元了，因为通货膨胀率超过了银行名义利率。而房子是实实在在的资产，在通货膨胀中只会涨价，因此，人们有钱以后都把购买房地产作为自己最好的投资方式。

（3）金融体系的支持。银行认为房地产贷款是最优质的资产。贷款给一些国有企业和中小企业，常常坏掉了，但是贷给房地产业不会坏，因此金融企业千方百计给贷款。还有外资的进入，拿美金来换人民币买资产。过几年一方面资产涨价了，另一方面人民币升值了，把资产卖掉变成人民币，再用人民币可以换更多的美元，两头都得利。所以外资积极进入，特别是一些大的城市里，像上海、北京、深圳、广州等。

各种各样的因素凑在一起，使房地产价格上涨。当然，也有消费需求强刚性的原因——中国的人多。1万个人中只要有一个富人，12亿人中就有多少富人呢？另外，中国的农村要城市化，若干年以后城市化程度要提高到70%。中国城市化的过程就是房地产业发展的过程。大学生毕业后要留在城市里工作，需要房子，小青年长大了结婚也需要房子，因为现在小青年都不大跟父母住在一起。中国人多，消费的力量本来就是很旺盛的。

刚刚我们说到消费结构不合理，供应结构不合理，房价上升快，市场需求大。这样一个市场和中央提出来的构建和谐社会的要求是不符合的。

二 房地产业发展要符合构建和谐社会的要求

1. 要以科学发展观为指导

要实事求是，中国最大的国情是人多地少，特别是东南沿海一些平原地区。中国的面积很大，但是喜马拉雅山附近地方能种地吗？虽然青海、上海名称里都有个"海"字，但是情景完全不同。我国只有很少的好地方，每个人都要住这么大的房子，怎么行呢？每个家庭要住120平方米、160平方米的房子，这跟中国的国情是不相符的。新加坡现在的人均收入超过25000美元，但90平方米的住宅占90%。日本的家庭我去看过，也看过一些教授家里的房子，很少有我家的大。他们不是买不起房子。所以中央现在提出要以科学发展观为指导，以建90平方米以下房子为主是对的，这是符合中国国情的方针。

2. 要符合和谐社会的要求

胡锦涛总书记说，和谐社会有六个要求：

（1）要有民主法治。我们房地产的拆迁是否符合民主和法治？前几年对上海农民的征地有的是5万元钱一亩，但地卖出去的时候是500万元一亩，这是民主和法治吗？被征地农民的利益没有保障，要地没有地，要钱没有钱。

（2）要符合公平正义。我们这些年的房地产业发展制造了大量富翁。前几年搞房地产业，没有一个开发商是亏的，都赚了很多钱。中国的前一百个首富，有多少是来自房地产业的？还有炒房的投机商、中介商，造就了好多富人，同时也制造了好多穷人。没有买过房的中低收入人群永远失去了购房的机会，失去了改善生活条件的机会，这是公平和正义吗？

（3）要诚信友爱。前些日子房地产市场上搞虚假的东西太多。特别是卖期房，图纸上说的好得不得了，但是跟给你的东西大不一样，没有诚信友爱。

（4）要充满活力。房价这么高，如上海，我最近看到报纸上讲，北京、上海已经被摘掉了竞争力的金牌，因为房价太高，租不起也买不起——这样大大提高了城市的商务成本，降低了城市的活力。

（5）要安定有序。老百姓没有房子住，不能安居，怎么能乐业呢？对这个问题我是有看法的。

（6）人与自然要和谐相处。人与地要和谐，可是这几年的房地产市场哪里能做到这样？不仅大量侵占耕地，而且好山好水好风光的地方都造了房子，或者造大宾馆，或者造别墅，破坏了自然，破坏了法治，破坏了环境。这不是人和自然和谐相处。

房地产业发展中的这些问题都是对和谐社会要求的违背，因此，中央就下决心要对房地产行业进行调控。

三　政府对楼市的宏观调控

1. 税收

政府开始是通过税收鼓励房地产业发展的。1998年东南亚金融危机后，为了拉动经济发展，上海规定，你买了房子，本来要交的所得税可以免去。最近几年，我们通过税收来调控房地产业。一个是所得税，房子是你用100万元买的，卖了200万元，赚的100万元要收20%的所得税；还有一个是营业税规定，买房不到五年就卖的，房价的5%收营业税。

现在国家的税收还不是很厉害。我在报纸上看到，有人主张要开征空置税，就是说你房子买了以后没人住，要收空置税。开发商造好房子，给他半年销售时间，半年卖不掉就要收税。这样，房子必然要快快销售。现在同时有十几套房子的人很多，据说北京差不多有一半人有两套房子，上海有三分之一的人有两套房子。你的房子如果是闲置着的，就应交税。还有一种叫不动产税或物业税。有人主张家里只有一套房子的不收物业税，两套房子就要收税，房子越多收的税也越多，这样，炒房子就会有风险。房子是给人住的，钱多的人买了房子空着，这对社会是浪费。现在很多空房还没有收税，我建议要搞起来。

2. 金融

应做些限制，一个人只能买一套。过去有人一下子贷款买了72套房。现在国家规定，第一套房子，买了自己住的，允许贷款，利率优惠，可贷房价的70%—80%，第二套只能少贷点，第三套就不给贷了。这样才会把金融的口子关住。

3. 土地

这方面国家也作了一些规定。过去是谁出价高就卖给谁，现在国家对造什么房子、卖什么价格、什么户型都作了规定，谁符合规定就把地给谁。国家的政策是很好的，国务院的政策真的是很好，问题是地方政府肯不肯做。

4. 整顿市场秩序

上海这方面已经做了，华东、长三角地区都也都开始做。现在秩序好多了，特别是去年以来比前几年好多了。

5. 限制外资购房

现在规定外国人到中国居住不满一年，不可以买房子；外国的公司来买房子，一定要实实在在有个注册的公司。不像过去一样，只要有钞票进来就可以买。要限制，打击外来投资的势力。

宏观调控政策出来以后，我非常赞成。现在有很多房地产业的代言人，反对国家的宏观调控政策，说这样搞不是市场经济，是回到计划经济的老路了。对这个问题，我写文章驳斥过，市场经济就是要国家的宏观调控，一个是无形之手——市场，一个是有形之手——调控。最发达的市场经济国家——美国国家的调控很厉害。美国的联邦储备委员会天天在观察经济是不是太波动、通货膨胀是不是在上升，假如上升太快，马上提高贴现率；假如经济不景气，失业率高，马上降息。这难道不是宏观调控吗？每个国家都是用税收、金融这些政策来调节经济的。所以，要把市场经济和宏观调控联系起来，特别是我们国家的市场经济体系还没有真正完善起来，更加要宏观调控。

另外一种看法是宏观调控是不是阻碍了市场发展。房地产是国民经济支柱产业，你一调控，房地产经济下去了，我们的经济怎么办？房地产下不下去，不是宏观调控决定的，不是宏观调控把它打下去的。就像一个人得了癌症要化疗，化疗以后头发脱落了，你说这是化疗出的问题还是癌细胞出的问题？假如你癌细胞没有扩散，没有癌症，为何要去化疗呢？我们现在房地产市场的泡沫太多，国家的宏观调控是在给它治病，目的是使这个市场能够健康，使这个行业能够理性发展。

国际上是有这方面经验教训的。过去日本就是让泡沫经济增长，资本泡沫曾大到什么程度呢？1985年到1990年东京商业地产的价格涨了3.7倍，其他的地价涨了2.5倍，一个东京的地价可以把整个美国买下来。日本政府意识到泡沫的严重，开始实行紧缩的政策。1989年开始，日本银行五次调高利率，两年里把官方的贴现率从2.5%调高到6%，又实行了贷款的总量控制，这样，日本经济又进入一个十多年的萧条期。

这个教训太惨痛了！包括香港在内。我的一位学生20世纪90年代在新界买了一套房子，360多万港币，后来跌到最低价格时为230多万。他说："尹老师，我这辈子就卖给这套房子了。"

中国政府不会允许经济有这样的波动。所以要在问题没有严重到那种地步的时候，及时实行宏观调控，把泡沫逐步挤压。

有人说，现在房价涨了，说明是有需求的，有需求为何叫泡沫呢？这纯属胡说八道。如果有需求，要看是什么需求。投机需求也是需求，炒房的需求不是真正的需求，不是实实在在的需求。我们需要的是老百姓真正要居住的购买需求。

2000年，上海的股票市场最高达到2300点，而且成交量大得不得了。你说这是不是需求啊？庄家炒，这也是需求啊！但这个需求怎么样呢？后来，从2300点开始一路狂跌，一直跌到今年年初，没法回头。今年总算开始慢慢地回升。这对普通的股民来说也只是赚了指数不赚钱，大部分的股票目前还都没有回到买时的价格。什么道理啊？因为我们现在的指数是靠发行大盘新股拉起来的。所以大部分的股民亏了就是亏了，没有办法。你说这是不是需求呢？也是需求啊！所以认为有需求就不是泡沫是不对的。

我们现在房市上的需求有很多不合理的地方。比如，不顾自己的支付能力，虚开收入证明，以远远大于自己收入50%的金额来贷款，一个月收入明明只有3000元，硬说有6000元，要贷3000元。这个需求是不真实的。有人说，酒店里一顿饭价格那么高，你怎么不说它的价格脱离了老百姓的实际收入？一顿饭，有时是普通老百姓一个月的收入了，甚至可能是两个月的收入。这样比喻是不对的。到酒店里去，你用自己的钱吃饭，那没有关系，但你贷款买房花的是银行的钱。现在我们买房子用的主要是银行的钱。香港老板在上海佘山附近买一套一亿多元的紫园，这没有问题，不是虚假需求，是真实需求，因为他有购买力。但很多人是不顾自己的支付能力勉强购买，结果买了之后每个月要还房子按揭，做了房子的奴隶，叫房奴。做了房奴就抑制了其他的消费，吃饭、穿衣、给亲戚朋友打电话就都没钱了。这样不是把其他消费都挤掉了吗？

有人还说，中国人多，房子永远供不应求，土地永远稀缺，因此房子总贵。我说这话既对也不对。说它对，因为中国人确实多，房子确实是永远不够的。但是要记住，经济学上讲的需求是有支付能力的需求，不是欲望，欲望是没有底的。你问我有什么欲望，我说我最好有一架私人飞机，有游艇，有两辆汽车，在乡下风景好的地方有一套别墅，市里也有一套公寓。但人家如问，你口袋里的钱怎么样呢？我说没有。没有，那你不是白讲嘛！这叫欲望而不是需求。

需求是指有支付能力的需求，是相对于价格而言的。经济学上对这点讲得很清楚。所以我用了一句经济学上的名言：只有卖不掉的价格，没有卖不掉的商品。一座房子能否卖掉，要看价格怎么样。所以需求不能光看人头，还要看纸头。纸头就是花纸头——钱，购买力。马克思主义哲学上有一句名言：世界是物质的，物质是运动的，运动是在时间和空间中进行的。从空间上讲，房地产是不动产。不动产是不会动的，它不像瑞士表可以到中国来卖，中国的鞋可以到欧洲去卖。上海造的房子，绍兴造的房子，只能在上海、在绍兴卖。这叫不动产，它是长在地上的。所以任何地方的房地产都要靠当地老百姓的收入来支撑，靠当地的老百姓来消化，即使我买了房子是用来投资的——比如说我从上海到绍兴来买房子，不住，或出租或出售，投资，属于外地来的购买力。但归根结底还是要看当地人的收入。

"时间"是什么意思呢？时间就是我们买房子的购买力可以采用按揭贷款。比如小青年结婚时没有那么多钱，父母支持20万元钱或者10万元钱作为首期付款，然后向银行借70%或80%，将来工作以后可以一年一年地还。这样，好像时间限制被突破了，但是有一个问题：你可以透支一点未来，但不能过分透支。为什么不能过分透支呢？过分透支问题很危险：第一，将来有没有那么高的收入；第二，将来有没有稳定的工作。透支未来要合理透支，不能过分透支，过分透支就是泡沫。

所以我认为，房价要跟当时当地经济增长的速度、当时当地老百姓可支配收入增长的速度大体相适应，不能太脱离，这样才是合理的。假如我们过分透支未来，好比一个人，本来十年以后每顿吃三碗饭，现在还是小孩子就吃每顿三碗饭，结果胀透了，肚子会痛。怎么办？泻掉一点，治一治，那才会好。我们现在的问题就是这样，过分地透支未来。

四 房市走势预期

国家宏观调控后，房价的走势会怎样？

我估计明年上海的房价要调整（主要指商品房价要调整）。沿着今年调整的走势，这种调整可能有四个特点：

1. 周期性调整

就是短期内要跌，但从长期看，上海的房价还是要涨，长期就是从五年十年的角度来看。为什么？首先，上海的城市地位在提升，将会是四个中心——金融中心、贸易中心、运输中心、经济中心，而且上海在长三角的龙头地位逐渐巩固。上海的发展又带动了长三角十几个城市的经济发展。今后上海和长三角各个城市之间要建城际高速铁路，还要建轻轨，这样就使得配套设施越来越好。另外，中国的城市化不可逆转。现代化的过程是一个城市化的过程，农村的人口逐步向城市转移，人转移就要有房子。

其次，中国的经济在发展，经济发展了，老百姓要改善住房条件，就是说，住房弹性需求是很大的。什么是需求弹性？就是收入涨百分之几，房子的购买需求就涨百分之几，二者之间的比例。这个弹性是很大的。所以住房需求还很旺盛。在这样的情况下，上海的房价在长期来看还是要涨的。不仅上海，我估计长三角的几个城市都差不多。但是短期内涨不了，因为前一段时期涨得太高了。本来将来吃的饭，现在一下子吃进去了，肚子胀痛，现在正好要吐掉一点。所以短期内要调整。

2. 结构性调整

什么是结构性调整？就是现在国家要更新造房观念。90平方米以下的房子要造70%，90平方米以上的房子要造30%。这样一来使得90平方米以下的中小型房子大量增加，这些房价有可能会向下调整。但是大房型尤其别墅就成为稀缺性资源，价格就不容易掉下去，可能要上涨，物以稀为贵。

3. 区域性调整

什么是区域性调整？拿上海来说（其他城市也一样），越是靠近市中心的房子越值钱，越是会涨，价掉不了；越是离市中心远的越要跌。崇明等地方离市中心很远，前段时间都是靠炒上去的，这个要调整。英国伦敦市中心的房价比远郊的房价要高30倍。上海市中心的房价还没有比远郊的房价高30倍。这说明区域性的调整还要进一步。

4. 动态性调整

什么是动态性调整？就是说房价的变动是动态的，不是死的。前段时间有的地方房价炒得过高，也跌得厉害；但是有的地方没有怎么涨，它的价格比较实在，掉不了。有些地段本来不好、现在变好了，价格要涨。就是经济学上的级差地租。

在当前的形势下，房地产业要为构建和谐社会而努力，国家要宏观调控。同学们要注意，构建和谐社会，科学发展观，以人为本，这不仅是十六届五中全会、六中全会的基调，而且是十七大的基调。新一任的政府强调的是"和谐"。什么是和谐？就是大家都能过日子，不要有的人富得流油，有的人没办法生活，这是不行的。大家都能过日子，我可以吃得好一点，穿得好一点，住得好一点，但你也不能没有房子住。房子和吃的饭一样，是人每天不能少的必需品，这个和录像机、好的手表不一样。手表，我有钱，我可以用几万元一只的，没有钱就用几十元一只的。手表可以高档一点，可以低档一点，甚至没有，没有也照样可以过日子。但住房不能没有。住房，我可以住别墅，你可以住小一点、差一点的，但不能露宿街头，就像不能不吃饭不穿衣服。

所以，现在政府正在准备出台这样的政策：两条腿走路。其中一条腿就是市场化的道路，仍旧造商品房，不过商品房更多要造90平方米以下的，大部分老百姓买得起的中低档房，这是多数；少数造大房，卖两万元一平方米也没有关系。

上海最贵的房子十一万元一个平方米，叫汤臣一品。它的房价比土地价格高21倍，热昏了！卖了几年，听说卖了一套还是两套。当时出来这个价格，我就说按照这个价格是卖不掉的，因为什么事情都要实事求是。

"解放思想，实事求是"是小平同志的重要教导。无论做什么事情，比如将来出去找工作，要求不要太高，太高了把人家吓跑了。你说每个月工资至少要五千元以上，那人家跟你说拜拜。就像以后你们找对象，要求太高了，是不行的。

房子也是一样，新房子一定要快卖。卖得快了，资金就周转过来了。所以我讲，卖房子要低开高走。开头时价格低一点，吸引购买者来买。很快卖完第二期的时候价格稍微高一点，人家说上一期买得合算，它稍微往上走一点，大家还是来买。低开高走是个好策略。绝对不能高开低走，前面买的人，觉得怎么那么贵，要退房，那就糟糕了。

五 供求双方对策

（一）开发商方面：适度降价是最明智的选择

开发商是房子的供给方，适当定价是明智的选择。房子卖不掉要适度降价。开盘价要合理，市场要能接受。

现在有许多开发商搞许多花样：承诺你买了我的房子，我保证房价不降，如果降价你可以退房子给我。这个千万不能相信，你今天买房子，他这么跟你承诺，一旦买了房子订了合同，他如果真的降价，你再去退，他是不让退的。主动权在他手里了，因为你钱已经付了。所以这不能相信。有些开发商不降价，他们采取送汽车的方法，这也不行。你送了我汽车，但是你送得起，我用不起——油那么贵，我停车的地方也没有，这不实惠。我觉得搞这些花样都没用。还有许多开发商说提高品质。对啊，品质，性价比，品质决定房价。这没有错，问题是提高什么品质？他说我这里面有会馆、网球场、游泳池……这些对普通的老百姓都不实惠。为什么？我去游泳还要花钱，也没有那么多的时间去打网球。

我认为，最好是合理定价。老百姓从口袋里掏钱出来买房子，总要衡量自己能不能付得起。如果东西卖不掉，卖得不畅，就是因为价格不合理；价格合理了，肯定有人买。价格调整到老百姓能接受的时候，那么供求自然而然会平衡。

（二）消费者方面：买房要注意几个方面

我这里不讲投机，因为宏观调控下投机的人慢慢少了。主要讲自己消费、买了自己住的情况。住有几种：（1）青年结婚要买房子；（2）大学生留下来工作的要买房子；（3）有些农民进城有钱了也要买房子；（4）原来住60平方米，现在要住100平方米，改善住宿，叫做改善性需求等等。这些都是消费需求，是自己住的。

那么，消费者要注意哪些方面呢？

（1）地段。房子是天天住的，住着是要上班，要工作的。即使像我这样退休了，经常还要去单位。即使不去了，地段还是非常重要的。为什么？好的地段，小孩子读书方便，看病、买东西方便。所以地段很重要。

（2）品质。品质包括配套设施，购物、看病、小孩读书方便不方便，房子的房型怎么样。有些房子外面很好看，但是里面不实惠。公用部位太大。有些房子设计不合理，100个平方米，厅很大，用去了30个平方米，房间只有一点点。是照着南方的广州、香港那些地方的要求造的，他们那里天气热，没什么衣服要放。我们这边天气冷，要有个橱，而他们不用，只要有张床就行。那里的房间小，厅大；我们不行。房子要实惠。这都是品质。

交通条件也是品质的一种。许多开发商都喜欢炒，炒什么？地铁。松江的房子涨得快！我说这是什么道理啊！他们说因为几年后马上就要造地铁了。我说就是有地铁了，你的房子离地铁还有多少路呢？而且那么远的地铁，如果每天到市中心来上班，交通费和路上时间会受得了吗？这是个问题。

（3）价格。我觉得价格，首先要物有所值，即性价比好，比如这套房子和这个价格是不是相符，配不配；其次就是个人的购买力、经济实力、心理承受能力受不受得了，这就是价格。价格不是越低越好，比如这个房子本来值每平方米两千元，卖了三千元，那就贵了，本来值八千元卖了六千元，那就便宜了。

（4）品牌。买房子要买好品牌的开发商开发的，因为他注意牌子，注意形象，注意声誉，那就造假少，今后纠纷少。所以要注意品牌。

（5）法规。比如房子的产权问题，公用部位问题，是不是都很清楚？所以买房子也是门学问。当然我自己没有买房子的经验，因为我现在住的房子还是我儿子买的，但我无数次在电视上、报纸上看到这些东西。我觉得买房子是门学问，什么时候买，买什么地方的房子，都要讲究，要货比三家，反复考虑。买一套房子要花掉你一辈子的收入，一辈子的积蓄，可不是件容易的事。毕竟你每个月只有那么一点收入，低的只有几百元，高的只有几千元，几万元一个月的收入毕竟是少数呀，你要熬到几万一个月的收入时，说不定你的年纪已经很大了，对不对？

当然，做生意的可能不受这个限制，可做生意也有风险。所以我主张：开发商合理定价，购买的人心理承受能力增强一点，这样市场就可以很好地运转起来了，那么房地产业就可以平稳、健康、持续地发展，符合了构建和谐社会的要求。构建和谐社会是主基调，不仅是房地产业，也是各行各业、全国人民，甚至全世界的主基调——我们现在提出要构建和谐世界。我觉得主基调是很对的。我相信今后相当长的时间内也是这个基调。房地产业一定要走这条路：科学发展观，构建和谐社会。在座的同学们，包括今天的不少年轻人，毕业之后都会面临房子问题，要成家就会碰到问题，所以今天跑到这里来听这个讲座，否则靠我这个名，是不可能会有那么多的同学来的吧？

互动交流：

学生：尹教授您好！现在政府正在努力处理一些违章建筑和住房，而这些住房正是一些买不起房子的人的家园，我想请问一下，房地产如何解决大量融入城镇的农村人口以及买不起房子的人和贫困人口的住房问题呢？

尹伯成：这个问题就像我刚刚讲的，中央政府基本上从两条路走：第一，大力发展商品房，商品房多数要搞小套型的，即使是小套型的，房价也不能太高，要稳定，过高的地方要降下来；第二，要大力搞保障性住房，包括廉租房，就是政府掏钱造一大批的房子，用很便宜的租金出租，比如说一个月几十元钱，但是面积不能太大。我们去香港看过，叫公寓，三四十平方米，挤是比较挤一点，差一点，但是这样房租比较便宜。政府通过贴租金的办法给买不起房子、中低收入的人，包括将来进入城镇的农民来解决住房问题，而不能像现在这个样子。现在这个问题不好解决，确实是一个困难。比方说我们小区里打扫卫生的那对夫妻，住在地下室，没有烧饭和卫生设备，又没有电灯、自来水等，那不是人住的地方。这种状况一定要改变。

问题是现在地方政府能不能按照中央的要求来做。因为搞大量的廉租房，政府要有财政力量，也会导致商品房市场价格上不去。地方政府一般都不希望商品房的价格下去。

所以现在中央向各个地方派了督导组，检查各项政策的落实情况。这个问题能不能解决，中低收入人群的主要问题能不能解决，实际上涉及一个社会能不能稳定的问题。房子是个必需品，假如很多人住没地方住，吃没东西吃，那这个社会还能稳定吗？古时的管仲说："仓廪实而知礼节，衣食足而知荣辱。"人没有衣服穿没有房子住，还讲什么礼义廉耻！偷抢马上都出现了，光靠警察是解决不了问题的，一定要构建和谐社会。

学生： 尹老师您好！我现在注意到农村的居民建房，要么不建，一建就是三四层，用一层住二层，而三四两层空着。对于这种情况，您是怎么看的？它与中央提出的构建和谐社会是不是协调的？谢谢！

尹伯成： 从道理上讲，农村建房也要合理规划，严格调控。现在问题是农村这一块比较薄弱。我认为现在农村造房都是根据每户人家一块地而造的，根据自己的能力造的。造得很高，好几层，实际上不需要那么多房，是极大的浪费。为什么？因为若干年以后，说不定有一天状况有所改变，要变成集中型——建设新农村嘛，要相对集中——一家一户分散在许多地方是浪费土地，这与中国的国情不合。

某老师： 尹教授您好！刚才提到一个廉租房的问题，绍兴是这样子的：我们大学毕业以后参加工作，假如在绍兴工作的话，户口在工作单位了，但是没有住房，租房子住的话，以后结婚生小孩了，小孩的户口是不放的，也就是说是没有户口的，这样引起了小孩上学受教育要多交钱等一系列的问题。这样子好像是政府逼着你去买房，不买房那么以后很多问题解决不了。关于这个问题，尹教授您是怎样看的？

尹伯成： 针对这个问题，其实我在媒体上也发表过意见。我认为廉租房对一个住廉租房的人来说不能是永久性的，只能是临时性的，比方说我刚刚工作没有钱；而且对于廉租房，我们国家有严格规定的，你想要住廉租房可能还没有这个资格。我还是主张多造经济适用房，而且这房不能造得太偏远，要能够与工作的地方近一点。

为什么对许多中国人来说住廉租房只能作为一种临时措施呢？因为我们中国人从春秋战国以来一直有个传统观念叫"有恒产者有恒心"，是孟子讲的，"恒"就是永久的意思，就是说有永久性的住房，人们才有恒心，思想才能稳定下来，才能安居乐业，不去做坏事。中国人有个观点：一定要有一个自己的产权房，从而来表明自己在那个地方生根立足了，才能安居乐业。如果房子是廉租房，或是市场上租来的房子，那么他们都抱着临时的观念，不能安居乐业，这是个传统。

所以，有许多经济学家说，买不起房就应该租房。但我说，第一，房价那么高，房租不会便宜，租不起怎么办？第二，这与中国人的传统不合，中国的传统观念就是要有一套自己的房子，哪怕这个房子差一点、小一点，也总是自己的家。所以我赞成要学习国外造经济适用房。廉租房只能是临时性的。比方说你新到这里工作，实在是没办法，那就帮你解决一下，过了一段时间你还是要想办法买个房子。

但现在有人说，我一辈子也买不起房子怎么办？房价那么高，我一辈子工作的收入也买不起房子怎么办呢？这就要房价适度调整，另外，你的收入要上去。一方面，收入上去，夫妻两个的收入加起来，另外，房价适度地下来了，这使得供给的价格和需求的价格逐步接近了，泡沫就变小了，慢慢地通过这个办法使得泡沫被挤压掉。

学生：尹老师您好！现在开发商在规划房子的时候往往没有考虑到周边居民的情况，比如有一些关于日照面积的规定。由于开发商不合理的规划，导致他们开发的高楼遮住了周边居民的住房。我国政府有规定说根据被减少的日照面积可以处罚金罚款，但是有些开发商只是缴纳罚款了事，没有解决实际问题。这是否会影响到房地产业的健康发展和政府对民众的影响？谢谢！

尹伯成：我们国家是有这个法规规定的。比如我这个房子造出来，它对周边的通风、阳光会有什么影响，这是国家规划部门及地方规划部门的事。现在的问题是，第一，开发商不照着做，违反了这个规划，宁愿缴纳罚款；第二，对他的违法作为，执法部门没有严格执法。这是两个问题。照我看，精确地讲，从成本收益的角度来看，开发商缴纳罚款合算，他房子造得高，得到的收益远远超过罚款的成本，那当然愿意被罚款。如果罚款罚到你害怕，你把房子造高了，我罚到你毫无利润，让你亏本，那你还要不要这样做呢？但是我们现在的执法部门不肯这样做。其实还是个老问题，规划部门和执法部门都是地方政府部门，一些地方政府的官员，甚至一些地方部门与开发商本来就有利益关系，所以下不了这个手，这就使得许多房子造了之后，周边的房子就完了。

学生：尹教授您好！我想问的是，我们现在的房价已经比较高了，由于前几年增长比较快，远远超过了我们收入的增长，可以说现在一般的家庭还是买不起房子，也就是说它这个泡沫是不是已经很大？会不会破灭呢？政府已经采取了很多措施：国六条、国八条，但从现在的情况来看，效果并不是很明显。比如上海，抓了一个主要的领导，才得到了比较好的回转，但我觉得其他地方还不是很好。根据房地产的发展规划的话，四五年一个轮回，而这两年刚好处于低谷期，那再过三四年房地产又会处于快速增长期吗？现在的房价已经很高了，如果再进入增长期，那我们的房价上涨一定会超过我们收入的增长速度。这里的许多矛盾您是怎么看待的？对以后的走向您有什么见解？谢谢！

尹伯成： 我们刚刚讲了房价的周期性调整，就是在短期内可能会出现一点下调，但长期看来还是要涨。我是说上海，可能长三角这几个城市都是这样。我说的会涨是一定要跟老百姓的收入相适应的涨。现在的房价我觉得泡沫已经相当大。我不知道现在绍兴家庭可支配的年收入是多少，听说绍兴房子的均价已经达到了每平方米5000元，我吓了一跳，每平方米5000元还买不到比较好的房子，那简直是太高了。

这是什么原因？其中一个原因是中国的富人有钱后缺乏投资渠道，还有一个原因是农村的一些有钱人想住到城市里来。这就使得房价跌不下去，还要涨。这个就是泡沫了，因为它与普通老百姓的收入不相适应。我觉得，如果房价这样无限制地涨，肯定要破灭的。

现在国家之所以不敢采取收物业税、空置税一类政策，就是怕房价直线下来。假如这些税收政策一出台，房价肯定要像瀑布一样下来，肯定的。为什么？因为有第二套房子的人肯定要出售，承受不了——房子的租金还不够缴税的话，还要它干什么？所以现在国家采取的办法是想使房价稳定并略有下降，另一方面经济收入略上升一点。现在提出对收入分配要调节，怎么调节？就是要大力提高低收入，扩大中收入，调节过高的收入，打击非法收入。

总的来说，就是中间阶层的收入要提高，低收入人群的收入也要提高，他们家庭的购房能力就会提高，跟稳在那里的房价逐步接近，一个不动，一个慢慢上去。政府的意图是想通过这样的方法来挤压泡沫，这是国家及中央的想法。但要通过地方政府来执行。比方说开征物业税，对自住的一套房不收税，对第二套开始收，这套房子按照市场价比如说值300万，国家收1%的税，收我3万元，那我就受不了，怎么办？就要把第二套房子卖出。大家都想卖，房价就下去了。这是一点。再一点，如果你手里有几套房子，也没有租出去，就要收空置税。开发商手里有大量的房子，卖了一年还没有卖掉——像上海汤臣一品，造了几年了还没卖掉，国家将来收你的空置税，你房价开11万元一平方米，好啊，就照你11万元一平方米来收你的空置税，那你的价格不是要下来吗？

所以，将来房价究竟怎样，不仅在于市场，还在于国家如何调控。

学生：我想请教这样一个问题：刚才您说解决大多数像我们这些刚毕业或者即将毕业的大学生的住房问题时，您建议建经济适用房。我想请问一下，有没有这样一个规定，比如说一个单位多久建一次经济适用房，或者说这个单位向市政府申请土地的时候，市政府会不会批准这个单位去建经济适用房？您觉得这是一个理念，一个建议或者说是将来会有一种规定？

尹伯成：经济适用房不是单位造的，而是国家、地方政府统一造的。比如说上海，前几年上海市政府提出要建两个1000万平方米的经济适用房，但是现在又停在那里了。两个1000万平方米的经济适用房，批了好多好多的地，也有开发商来投标，经济适用房也有10%左右的利润，但是它不是暴利，价格就相对低一点。另外它的容积率高一点，绿化相对少一点，套型也小一点，不是120平方米而是70—80平方米。经济适用房搞起来是有条件、有规定的，什么样的人才有资格购买经济适用房都有规定，所以经济适用房不是单位建的，单位建的话就是集资建房。

我认为经济适用房是一条道路，国家应当批相当多的土地出来，价格不要定得太高——土地成本一高，房价就高了，这就使得经济适用房能够成规模地建起来。经济适用房不是棚户区，不是蹩脚的房子，比过去计划经济时代建的房子肯定要好得多。大家可以从电视上看到上海的配套房是很不错的，但它的价格比市场上要便宜很多，让收入比较低的人能够逐步解决住房问题。当然，如果刚毕业的大学生收入不高，应该也可以买经济适用房的。

（根据录音整理，已经本人审阅。整理：杨鹏辉　梁如洁　王勇龙　张少武）

奥尔罕·帕慕克

当代欧洲最核心的三位文学家之一，享誉国际的土耳其文坛巨擘。1952年出生于伊斯坦堡，是迄今为止最年轻的诺贝尔文学奖获得者，也是首位获此殊荣的土耳其人。现为美国哥伦比亚大学比较文学系客座教授。1974开始文学创作，出版小说无数；其作品被翻译成50多种语言在全世界广为阅读，并赢得诸多国际文学奖项。作品《寂静的房子》获1991年欧洲"发现奖"；成名作《白色城堡》获1990年美国"外国小说独立奖"；《黑书》获法兰西文化奖；《雪》、《新人生》、《塞夫得特和他的儿子们》等作品也在当时引起轰动，一度造成"洛阳纸贵"；《伊斯坦布尔——一座城市的记忆》获德国书业和平奖，并成为2005年诺贝尔文学奖提名作品；其名著《我的名字叫红》继2003年获欧洲三大文学奖——柏林文学奖、法国文艺奖、意大利卡佛文学奖之后，成为2006年诺贝尔文学奖获奖作品。

我们究竟是谁

——在卡尔斯与法兰克福

（2008年5月28日）

很高兴来到这里。三十五年前我在土耳其用土耳其语开始写作的时候，有人告诉我到这儿来是一件很令人高兴的事，所以我今天很高兴能来到绍兴文理学院。我知道这是一所大学，这座城市有着悠久的文化历史。其实我今天已经参观了绍兴的一些名胜古迹。我

153

参观了鲁迅故里之后印象非常深刻，鲁迅故里不仅展示了鲁迅的一些文学作品，在鲁迅故里我也看到了绍兴文化以及当时的生活方式等。

我在土耳其曾经读到过鲁迅的作品，那时鲁迅的作品被翻译成土耳其语。不管你住在哪里，如果你从事写作的话，所运用的一些手段和方式其实都是一样的。可能有时候我们会发现有的作者有他独特的艺术方式或者说是写作特点，其实作者在写这些作品的时候，他自己是没有意识到的。当我们在阅读小说的时候或者说我们在写小说的时候，主要是运用了我们的想象力。

一 为了小说创作而造访卡尔斯和法兰克福

这也是我今天要讲的主要话题。我的小说当中已经有 7 部被译成了中文，我很高兴。今天我将主要讲其中的一部，这部小说叫《雪》，是几年前出版的。

我的小说《雪》的主人公卡在法兰克福度过了他人生最后十五年的时光。卡是土耳其人，因而与卡夫卡并无关系，他们之间的联系只是文学上的（稍后我会详述文学之间的关系）。卡的真名是 Kerim Alakuçoğlu，但他不喜欢这个名字，而喜欢这个名字的缩写。20 世纪 80 年代，作为一个政治避难者，他第一次去了法兰克福。他并不对政治特别感兴趣——他甚至根本不喜欢政治；他是生活在法兰克福的一个诗人，他的一生是诗歌的一生。他看待土耳其政治的方式就仿佛别人看待一件意外的事故——不在意料之中，却已经被卷入了进去。

由于不想在描写卡在法兰克福的生活时犯下太多的错误，2000 年我造访了法兰克福。当地的土耳其人非常热情慷慨，他们带我参观了我的主人公度过他生命最后时光期间所生活过的地方。为了更好地想象卡每日清晨如何从他的家走到他度过大量时光的市立图书馆，我们穿过车站前的广场，顺着大街，路过性用品商店、土耳其杂货店和肉店及土耳其烤肉店。你们可能知道在土耳其有 250 万土族人。我们还去了卡购买大衣的百货商场，那件大衣他穿了那么多年，给了他许多安慰。有两天的时间，我们徘徊在法兰克福的土耳其人安家落户的贫穷的地方，参观了清真寺、饭店、社区协会，还有咖啡馆。

《雪》是我的第七部小说，但我仍然记得自己当初所做的这些如此不必要的冗长的笔记，就仿佛自己是一个初学者。我为每一处细节而痛苦，并且自问这样的问题：80年代电车真的会穿过这个角落吗？这就是我写小说的方式，在写小说之前，我必须对这个地方进行一番研究。事实上，每写一部小说之前，我都会进行这样的研究，我会去造访那些地方，阅读大量的书籍。尽管实际上最后90%的这些研究结果并不会进入我的小说，我仍然会进行这样的研究。

在卡尔斯我也做了同样的事情。卡尔斯是土耳其东北部的一座小城，我许多小说里的故事都发生在那里。由于对卡尔斯知之甚少，在把它作为我的小说背景之前，我去了那里许多次。当我一条街道又一条街道、一个商店又一个商店地探查这个城市时，我碰到了许多人，也交了很多朋友。在这个土耳其最边远、最被遗忘的城市，我与那些失了业的人们聊天，他们终日在咖啡馆度过，甚至没有再找到工作的希望；我跟大学预科的学生、穿便衣和制服的警察聊天，我走到哪里，他们就跟我到哪里；以及报纸出版人，他们的报纸发行量从未超过250份。

二 想象赋予我们以解放的力量

我今天在这里说这些的目的并不是为了讲述我是如何创作了《雪》的。借用这个故事，我想谈一下我认为小说艺术中最为核心的问题——我对这个问题的理解正日益清晰，那就是回想在我们每个人头脑中间的"他人"、"陌生人"或"敌人"问题，或者说，如何改造这个存在的问题。当然，毋庸置疑，我的问题并非所有小说家的问题：通过想象人物处在我们通过经验所熟知、在乎，并能认出的环境中，小说当然能够提高人类的理解力。

当我们在小说中遇到能使我们想到自己的人物，我们对那个人物的第一个愿望便是希望他能够向我们解释我们是谁。所以我们讲述那些仿佛是我们自己的母亲、父亲、房子以及街道的故事，将这些故事放置在我们亲眼见过的城市，放在我们最熟悉的国家。小说艺术奇妙、神奇的规则能够使每个人在作者创作出来的家族、家庭和城市中感到他们看到了他们自己的家族、家庭以及城市。比如，人们常说《安娜·卡列尼娜》是一部自传性非常强的小说。但当我第一次拿起那本书——那时我是个17岁的男孩，我并没有把它读作托尔斯泰对自己的家族和婚姻的描写，因为当时我对它还了解甚少，相反，我把它读作一个我自己很容易认同的、具有普遍性的家庭问题。这是一个很重要的方面，是我想要讲清楚的。因为小说的神奇机制使得我们能够把我们自己的故事当作所有人的故事向他们展现。

那么，是的，小说可以被定义为这样一种形式，它使得技巧高明的写作者能够将自己的故事转化为别人的故事，但这只是这种带给读者那么多狂喜、给了作者那么多灵感的伟大而迷人的艺术的一个方面。是这个问题的另一方面吸引我来到法兰克福和卡尔斯的街道，那就是把别人的故事当作自己的故事来进行书写。这是我想要强调的另一点。

正是通过这样的研究，小说家可以开始试验那条将自己与"他人"分别开来的界限，并且在这么做的同时改变自己身份认同的边界。他人变成了"我们"，而我们则变成了"他人"。一部小说当然能够同时实现这两个业绩。甚至在它把我们自己的生命当作别人的生命来描写时，它也为我们提供了把其他人的生命当作我们自己的生命来书写的机会。

希望进入别人生命的小说家不见得都要亲临他们的街道、他们的城市，就像我为写作《雪》而做的那样。希望将自己置于他人的环境并认同他们的痛苦和麻烦的小说家，首先，也是最重要的，就是要依赖他们自己的想象。请让我用一个例子来说明这一点，这与我先前提到的文学的关系问题有关：倘若一天清晨醒来，我发现自己变成了一只巨大的蟑螂，会怎么样呢？在每一部伟大的小说后面都有这样一个作家，他最大的喜悦来自进入别人的样式并赋予它生命——他最强烈也是最具有创造力的冲动就是试验他身份认同的限度。如果一天清晨醒来，我发现自己变形为一只蟑螂，我需要做的就不仅仅是对昆虫进行研究；如果我要猜想房间内的每个人都感到恶心，猜想他们甚至恐惧地望着我飞檐走壁，想象甚至我自己的母亲和父亲都向我砸苹果，我就仍然需要寻找成为卡夫卡的方式——我刚才所说的我在写小说当中的一种方式。但在我试图把自己想象为别人之前，我或许需要做些调查。我所需要思考的问题是：那个我们强迫自己想象的"他人"究竟是谁？

这个与我们毫不相像的生物使我们想起自己最原始的憎恶、恐惧以及焦虑。我们非常清楚，正是这些情感点燃我们的想象，赋予我们写作的力量。因此，关注自己艺术规律的小说家将会看到，试图认同"他人"只会给他带来益处。他也会明白，思考这个每个人都在其中看到自己对立面的他者将能够把自己从自我的限制中解放出来。小说的历史就是人类解放的历史。让自己穿上别人的鞋子，通过想象放下我们自己的身份，我们便能将自己释放。

所以在那伟大的小说中，笛福不仅创造了鲁滨逊·克鲁索，还创造了他的奴隶星期五。同样有力的是，《堂吉诃德》中不仅有生活在书本世界的骑士，还有他的仆人桑丘·潘萨。我非常喜欢《安娜·卡列尼娜》，这是托尔斯泰最为出色的小说，我把它看作一个已婚的幸福男人对一个破坏了自己不幸的婚姻和他自己的女人的想象。这就是我给出的一些例子——作家在写作的过程中是如何把自己想象成他人，如何穿着他人的鞋子来创造人物的。托尔斯泰的启示来自另外一位男性小说家，尽管他自己从未结婚，却找到了进入不快乐的爱玛·包法利的头脑的方式。所有寓言小说中最伟大的一部是《莫比·迪克》，麦尔维尔在其中探索了他那个时代美国的恐惧——特别是对异质文化的恐惧，他所使用的中介是白鲸。

三 小说家的想象赋予日常生活以特殊性、魔力和精神

与许多人的认为不同，小说家的政治观点与他所从属的社会、政党以及团体并无关系，与他对任何政治事业的奉献也不相关。小说家的政治观点来自他的想象，来自他将自己想象为他人的能力。这种力量不仅使得他能够去探索从未被言说的人类现实——这使他成为那些不能为自己说话的人的代言人，他们的愤怒从未被倾听，他们的话语曾被压抑。小说家可以——比如我，没有真正的原因而产生对政治的年轻气盛的兴趣，如果是这样，最后他的动机就无关紧要。今天，我们并未将最伟大的政治小说——陀思妥耶夫斯基的《群魔》，按照作者最初的愿望——对俄国的西化主义者和虚无主义者的论辩——来进行阅读。相反，我们将它读作对当时俄国现实

的反映,认为它向我们揭示了那紧锁在斯拉夫人灵魂之内的伟大的秘密。这样的秘密只有小说才能探索。

很明显,我们不能指望只通过阅读报纸、杂志或观看电视来掌握如此深刻的事情。要理解其他国家和民族独特的历史,分享那些令我们不安的独特的生命——我们为他们的深度而恐怖,被他们的简单而震动,我们只能通过对伟大的小说进行细致、耐心的阅读才能获取这样的真理。让我再加上一点,当陀思妥耶夫斯基的"群魔"开始对读者的耳朵低语,向他们讲述根植于历史之中的秘密——一个因骄傲和失败而生的羞耻和愤怒的秘密之时,这些秘密同时也会照亮读者历史中的阴影。那低语者就是绝望的作者,他对西方有多么热爱就有多么轻视,他不能将自己看成西方人,却又为西方的文明而眩目,他感到自己被夹在这两个世界之间。

我们都了解阅读小说的乐趣,我们都了解走在通向他人世界的道路上的兴奋,全心全意地沉浸在那个世界,希望改变它,专注于人物的文化,还有他与构成他的世界之物之间的关系——在作者的文字中,在他所做的决定中以及随着故事的展开他所注意到的事情中。我们知道,我们所阅读的既是作者想象的产品,同时也是他带领我们进入的实际世界。小说既不是全然虚构,也不是全然真实的。阅读小说既是与作者的想象相遇,也是与我们通常仅以烦躁的好奇划过其表象的真实世界的相遇。我现在就是在阐述这么一个观点——人们在读小说的时候,一方面在小说的内容当中去寻找这个世界是不是真实的世界,另一方面又在思考这个真实世界是不是真正像小说反映的那样。当我们安静地在角落里,静卧于床,平躺在沙发上,手拿一本小说进行阅读之时,我们的想象就在小说的世界和我们仍然生活的现实世界之间穿梭往来。我们手中的小说可能会将我们带到我们从未造访过、从未看过也从不知晓的世界里去。或者,它会把我们带到人物内心隐秘的深处,这些人物看起来与我们所熟知的人是如此相像。

我正在提醒大家注意这每一种可能性,因为有一种我时时享受的美景同时拥抱这两个极端。有时候我试图设想,一个又一个,一群读者隐藏在角落里,拿着小说蜷缩在扶椅上,我试图想象他们日常生活的地图。然后,在我的眼前,数以千计、数以万计的读者就会成形,出现在城市街道的远处和近处。阅读时,他们梦想着作者的梦想,想象着作者描写的人物,观看他们生活的世界。那么现在这些读者就像作者一样，也在试图想象他人，他们也开始将自己放入彼此的境地。正是在这样的时候，我们体会到屈辱、怜悯、忍耐、同情，还有爱，激动在我们心中。因为伟大的文学并不对我们的判断力说话，而是对我们把自己放入他人之境地的能力说话。这就是我对如何写小说的理解。

　　我在写小说的时候，希望我的读者在读我的小说的时候，在小说中找到的人物就是你所感觉到的人物。我不希望你在评判我的小说人物时说这是一个好的人物或者说这是一个坏的人物。对于我来说，小说并不是一个需要你对一个人作出判断的地方，而是需要你找到自己的影子的地方。比如我们在阅读《安娜·卡列尼娜》的时候，我们感觉到我们就像安娜·卡列尼娜那样。当我们合上小说的时候，我们在现实生活当中生活着，也会感觉到安娜·卡列尼娜那样的人物是生活在我们的现实当中的。当我们阅读这些小说、理解这些人物的时候，其实我们也同样感受到了生活中出现的这些事情。

　　当我想象这些读者运用他们的想象把自己置于其他人的境地，当我想象他们的世界，一条街接着一条街，一个街区接着一个街区，遍布整个城市，这时我意识到，我是在思考一个社会、一群人、一个国家——我把它们想象出来。在现代社会、部落和国家，人们通过阅读小说进行他们最深刻的思考；借着阅读小说，他们得以探讨自己究竟是谁。所以，就算我们拿起一本小说只是为了消遣、放松以及逃离日常生活的枯燥，我们也会开始不自觉地回想起我们所属的集体、国家和社会。这也是为什么小说不仅言说一个民族的自豪和喜悦，还言说它的愤怒、脆弱以及耻辱。

　　在我所成长的家庭，每个人都阅读小说。我父亲有一个很大的图书馆，在我还是孩童时，他会与我讨论我刚才讲到的那些伟大的小说家——卡夫卡、陀思妥耶夫斯基，还有托尔斯泰——就像其他的父亲与自己的孩子讨论著名的将军或是圣徒一样。很小的时候，所有的小说家——这些伟大的小说家在我的脑海里都与西方的概念紧密相连。但这并不仅仅是因为我的家庭——它热切地信奉西化运动，因而无辜地相信自己的家族和国家比实际的情形更加西化，也是因为小说是来自西方最伟大的艺术成就之一。

　　在我看来，小说就像管弦乐和后文艺复兴的绘画，是西方文明的基石之一。让我们同时记得，伟大的俄国小说和拉丁美洲的小说都发源于欧洲文化。因此，阅读小说就是去理解这样一个事实,即欧洲或西方的疆界、历史和民族特征都处在不断的变化之中。我父亲的图书馆中那些法国、俄国和德国小说中所描写的古老欧洲,就像我少年时代的战后的欧洲一样,是一个不断发生变化的地方。

我最热切渴慕加入的世界当然是想象的世界。在 7 岁到 22 岁之间,我梦想成为一个画家,所以我会走到伊斯坦布尔的大街上去描画城市的风景。在《伊斯坦布尔》中,我讲到了这一点:22 岁的时候我放弃了绘画,开始进行小说创作。我现在认为,当时我试图从绘画中得到的东西,与我现在希望在写作中所得到的东西是一样的:吸引我来到绘画和文学的是离开这个无聊、沉闷以及希望它破碎的世界的承诺,去奔向一个更加深沉、丰富以及多样的世界的承诺。要进入这另外一种神奇的领域,无论我是以线条和色彩——像我小时候做的那样,还是以文字来表达自己,我每天都花大量的时间独处,想象它每一处细微的差异。33 年来,我独坐在自己的角落,一直在建造一个令人安慰的世界。这个世界的材料当然是由与我们所熟知的世界同样的材料所构造,与我在伊斯坦布尔、卡尔斯和法兰克福的街道和城内所看到的材料也一样。然而是想象——小说家的想象——赋予了被捆绑的日常生活以特殊性、魔力,还有精神。

我将以谈论这种精神——这个小说家一生都致力于揭示的本质来结束今天的演讲。如果我们能够把这奇怪的和令人困惑的任务协调好,生命只会更加幸福。很大程度上,我们的幸福和不幸并不来自生活本身,而是来自我们所赋予它的意义——我一生都在试图探索那个意义。或者,换言之,在我的生命中,我一直都穿梭在今天混乱、麻烦和快速运转的世界的嘈杂和喧闹中,被生活的漩涡时而扔到这里,时而甩向那里,试图寻找开端、中途和结尾。在我看来,这是只有在小说中才能找到的东西。自从我的小说《雪》出版后(我很高兴《雪》也已经在中国出版),每当走在法兰克福的街道,我都能感觉到卡的幽灵,我与他是如此相似,我感到自己仿佛真的在以我试图想象的方式看待这个城市,仿佛我已经以某种方式打动了它的心。

法国诗人马拉美所言极是,"世界上一切的存在都是为了被写进书中"。毫无疑问,小说的装备使它最能吸收世界上的一切。想象——将意义揭示给他人的能力——是人性最大的力量,许多世纪以来,其最真的表达是在小说里。

谢谢！

互动交流：

某听众：今天很高兴能有机会听到您的讲座。您在刚才的讲座中讲到，在小说的创作过程中，要尽量把自己想象成小说人物中的他人。但在创作小说的时候要创造不同的人物，那么您是怎样把自己看作不同的人物来进行创作的？

帕慕克：这是一个很好的问题。我刚才已经讲过了，小说是我们用来把自己想象成他人的一个空间，问题就是我们怎么来做这件事情。首先你要对你要写的小说的主题进行研究或者调查，然后再加以你自己的想象力。如果你能够了解小说的艺术或者一个国家和地方的历史的话，也能够帮助你创作小说。这可以用驾车来进行比喻，我们都知道怎么开车，当你不会开车的时候，你肯定会有一些焦虑；当你学会了开车的技巧以后，你就不会有这些焦虑了。阅读、看电影、了解人家的一些经历，对创作小说都是有帮助的。培养创造力或者丰富想象力，就像一个人学开车一样，是需要锻炼的。当你学习或者研究熟练以后，你就把这些规则全部都忘了。而在刚刚学习开车的时候，你不知道怎么开。一个小说家在创作小说中的人物时，当他了解这个人物的时候，他写起来是非常流畅、非常自如的。

学生：您好！我想问您的是，您刚才说，我们在阅读小说的时候要把自己置于小说的人物中，就像是我们自己在经历这个事情的发生、发展、痛苦与快乐一样。您的小说《我的名字叫红》是一个谋杀悬疑故事，但写作手法上却采用了多种视角，里面的每一个事物，包括人、狗、树，还有一个金币，包括作者——您自己帕慕克先生在内都有一个叙述。作为读者，我发现，在阅读过程中，如果想要找一个角色进入的话，好像不是很容易。是不是作者就是想通过这种写作手法让我们在阅读的时候反思、思考我们自己究竟是谁呢？

帕慕克：这个问题也提得很好。写小说其实是通过各种不同的人物的声音来表现一种同样的或者整个的观点。虽然我们在阅读小说的时候要把自己想象成小说当中的人物，但当我们最终读完这本小说的时候，不是说把自己真正当作小说中的人物，而是要去更好地理解小说中的人物。我们在读小说的时候其实自觉不自觉地都是在阅读小说人物有意识的或者是内心深处的东西。我们阅读小说当然要通过文字，通过文字的阅读我们理解了小说人物的内心世界。谢谢。

学生：教授，我想问两个问题。第一个问题是您刚才提到小说家的政治观点主要源于作者本人的想象，但是读者在读小说的时候总会倾向于认为这些政治观点是作者本人真实的观点。那么您在创作的时候能完全将政治和真实的事情割裂开来吗？

我的第二个问题是，当您在写小说的时候，您去小说主人公生活过的地方考察。但是您考察到的——比如房子、街道或者物品，它们毕竟是没有生命的。那您又是如何搭起小说与现实之间的桥梁去想象主人公的生活状况的呢？

帕慕克：小说中的一些政治观点不应该出自作者本身的政治观，而是作者的一些想象。我通过运用我的想象，把这些事物写进我的小说里。创作这些小说，作者也是通过他的想象来了解这些地方的。

学生：您刚才提到很多有关你父亲的东西，那么您有没有把您的父亲写进您的小说呢？

帕慕克：我的父亲是一个非常善解人意的人，我也把他写进了我的小说。其实我父亲本人也写过很多小说，但是这些小说在他生前都没有出版。他把他写的小说全都放到一只箱子里去了，后来就把这个箱子交给了我。

记者：您喜欢鲁迅吗？您读过鲁迅的什么作品？请谈谈鲁迅在您心目中的形象。

帕慕克：我只读过鲁迅的短篇小说，没有读过他的长篇小说。我读过的鲁迅的作品是《呐喊》。我喜欢鲁迅先生的《狂人日记》。同时，我喜欢《呐喊》中采用比喻的方式来描写当时人们所遭受的痛苦、愤怒等。

记者：听说您明天将前往杭州，除了北京、上海这两座大城市外，您为什么会选择绍兴、杭州作为您此次中国行的目的地？

帕慕克：也许我就是希望来看看中国的传统文化，包括它的书法等艺术以及建筑等，它们在这样一座古老的城市是怎样被保护下来的。有人知道我喜欢书画，所以就建议我到中国来的时候要到中国的东南部。因为在这个地方，中国传统的书画是被保护得最好的。你应该为能够在这座有着悠久历史文化的城市生活而感到自豪和光荣。

记者：我们知道您是喜欢写日记的。在您的旅行过程中，您经常会拿出笔记本记下一些东西。那么您在今天来到绍兴之后，会把绍兴的什么写进您的日记里呢？

帕慕克：我确实是写日记的，也会将这次来中国访问的故事写进我的日记里。我到中国以后，也看到了中国的一些问题，其实这些问题在土耳其也是同样存在的。我喜欢中国的绘画，也读过一些有关中国绘画的书籍。我今天来到绍兴，惊讶地发现中国的书法在绍兴得到了很好的保护。我还发现中国人是如何在现代社会里保护传统文化的，这对我们土耳其保护自己的传统文化也是很有意义的。我在写日记的时候，当然也会把这些经历写进去，当然，我也会把今天晚上在座学生的聪明智慧写进我的日记。

（根据录音整理，已经本人同意。整理：朱敏）

莫 言

原名管谟业。中国当代最重要的作家之一,在国际国内享有很高声誉。1987年小说《红高粱》获第四届全国中篇小说奖,他根据此小说改编并参加编剧的电影《红高粱》获第38届柏林电影节金熊奖;1988年小说《白狗秋千架》获台湾联合文学奖,根据此小说改编的电影《暖》获第16届东京电影节金麒麟奖;1997年以长篇小说《丰乳肥臀》获"大家文学奖",2001年获第二届冯牧文学奖;长篇小说《酒国》(法文版)获法国"Laure Bataillin"儒尔·巴泰庸外国文学奖;长篇小说《檀香刑》先后获台湾联合报2001年十大好书奖、2002年首届"鼎钧文学奖";2004年3月获法兰西文化艺术骑士勋章,4月获"华语文学传媒大奖2003年度杰出成就奖",12月获第三十届意大利NONINO国际文学奖;2005年12月被香港公开大学授予荣誉文学博士;2006年获"第17届福冈亚洲文化奖"。他的很多重要作品被译成各种文字出版。

我为什么写作

(2008年6月13日)

一 引言

各位老师、各位同学,晚上好!非常高兴能来到绍兴文理学院跟大家见面,也非常感谢刚才主持人技巧高明的开场白。我既不是山也不是水,而是中国作家里面最丑陋的作家之一。当然,借用前外交部部长李肇星的一句话，他是这样说的——当有的记者说他长得很丑的时候，李部长说："你这话我妈妈是不同意的。"当年很多人说我丑，我回家也跟我母亲说，我母亲说："我看着不丑。"这大大地增加了我的自信心。

来绍兴，这是第二次。12年前就来过，每次来绍兴都有一种朝拜圣地的感觉，因为绍兴有伟大的鲁迅。他的铜像不仅仅在绍兴矗立，上海、北京都有，但绍兴是他的故土。绍兴除了鲁迅这个伟大的文学家之外，还有王羲之这样的书圣，蔡元培先生这样伟大的教育家，徐锡麟、秋瑾这样的革命家。总而言之，绍兴确实可以算得上是人杰地灵。我相信绍兴文理学院里也藏龙卧虎，假以时日也很可能出现像鲁迅这样伟大的人物，像王羲之这样了不起的艺术家——当然，我们不希望再出现像徐锡麟和秋瑾这样的人，没有用武之地。我们已经进入了伟大的社会主义时代，不需要造反了。

2005年，我在北京鲁迅博物馆作过一次演讲。我说在鲁迅博物馆讲小说就像在孔夫子门前读《三字经》一样，就像在关云长的马前耍大刀一样，确实是不知道天高地厚，是自取其辱。跑到鲁迅的故居绍兴来再谈小说创作，同样是自取其辱。但我这人有一大特点就是厚颜无耻，所以还是放下胆来讲。今晚我讲到这里的时候，就感觉背后有一双眼睛，那么犀利地盯着我，这就是鲁迅先生的目光。我们中国人在他老人家的目光注视下已经几十年了，大家也都习惯了，就让他看吧，我还是要说。

我知道上个月月底的时候，土耳其作家帕慕克也站在这个地方演讲过。5月27日晚上我在北京，请他吃饭，包括他女朋友吉兰·德赛。他当时很兴奋地告诉我："我明天要去绍兴，去绍兴文理学院讲课。"我就问他："你讲的题目是什么？"他说是："我们究竟是谁。"我说："你这个题目不是在很多地方讲过吗？"他说："一个作家难道需要像大学老师一样每天换一个题目吗？可以拿着一个题目讲遍全世界。"本来我是不想来的，因为我想我所讲的东西在很多场合已经讲过了，但是既然帕慕克都这样，那我也可以。

帕慕克关于"我为谁写作"的演讲稿我在好几个刊物上读到过，也知道他大概说了些什么。他最后得出一个结论性的说法，就是他最终还是为他心目中的理想的读者来写作。很多作家说"我要为农民写作"，"我要为工人写作"，或者说要为什么什么人来写作，这些口号看起来很正确——当然我们也不怀疑这些作家写作目的的真诚，但实际上很多说法是经不起推敲的。比如说多年前我也曾说过我要为农民写作，但是后来我也做过一个调查，这个口号实际上是作家的一厢情愿。

我的故乡是山东高密，按说高密人写的小说高密人应该有很高的阅读热情，但事实上高密的农民读过我小说的人非常少，包括我们村子里那些人也都没读过。我每次回乡他们都问我："你在哪个报社做记者？"我说："我在《解放军报》。"他们认为记者就是最厉害的人，是权力无边的人。后来我离开部队的时候，为什么选择了去《检察日报》做记者，也是受家乡父老乡亲这种潜意识的影响——我回去可以堂而皇之地告诉他们我是《检察日报》记者。他们说："哎呀，这个孩子终于出息了。"更老的会问我："你现在是什么级别了？"我说跟我们县长差不多大了。"这官做得不小了。"所以说一个作家，在我的故乡农民心目当中是没有什么地位的。我们不要沾沾自喜，不要以为作家有多么了不起，多么庄严，多么神圣。

所以我说，"为农民说话，为农民写作"这些口号看起来很激昂，但是很虚。农民并不是我们的读者。那么也可以换个说法，我为农民写作是要为农民呼吁，要为农民低下的社会地位和农民所遭受的不公正的待遇而呼吁，希望能够通过我们的小说或其他样式的文学作品来改变农民的命运，我觉得这实际上也是一句空话。没有任何一项政策是因为哪一个作家的小说而产生的，所以作家要用自己的小说来解决社会问题的想法，是非常天真和比较幼稚的。

帕慕克讲得比较实在，也比较坦率。他早期的时候也说要为土耳其这个民族来写作，为土耳其这个国家来写作，为土耳其广大的下层老百姓来写作，后来他发现他这种想法是很天真的，他最后总结出：为理想的读者而写作。什么人读他的书就是他服务的对象。

我今天演讲的题目叫"我为什么写作"，实际上和帕慕克的"我为谁写作"很大程度上是重合的。当然"我为什么写作"比"我为谁写作"所包含的面要稍微宽泛一点。以我个人的经验看，一个作家从他写作的开始，一直到他写作的终止，在这个漫长的写作过程当中，他的写作目的并不是一成不变的，并不是说一开始确定了，然后一直没有变化，它是随着作家本身创作经验的丰富、社会的变迁、作家个人各方面的一些变化而变化的。刚开始的时候你拿起笔来写小说或者诗歌，一直到你写不动了为止，期间可能要经过很多次的变化和发展。

当然也有像鲁迅先生这样伟大的作家，他们一开始就确定了非常高尚的目标。我今天去看鲁迅先生故居的时候，发现有一张图片，讲的是他在日本学医的时候看了一个电影，这个电影反映的是日俄战争期间，日本人抓了些中国人——怀疑是替俄国人做奸细的中国人，然后就当众处决他们。周围围着很多看热闹的中国人，也就是鲁迅所批判的"看客"。这让鲁迅先生受到了巨大的刺激，他想："我学医，可以把有病的机体治疗好了，但治疗好了有什么用呢？还是要像猪狗一样被杀掉，即便杀不掉也会变成麻木的看客。"他感到与其救治人的肉体，不如救治人的灵魂，所以发誓要弃医从文。

我想，像鲁迅这种非常严肃的目的，决定了他一生的创作，他后来的作品都是围绕这个目的来进行的。我想这种目的也是一种时代的产物。我们今天之所以产生不了像鲁迅先生这样高尚的、庄严的写作目的，也并不完全是因为我们的觉悟不高，这也是社会客观条件所造成的。鲁迅所处的那个时代，文学跟革命是密切联系在一起的。鲁迅那个时代的许多作家，除了文学家的身份之外，也是革命家、思想家。文学充当了社会变革的工具，起到一种社会革命的先锋作用。所以鲁迅他们的这种小说带有巨大的革命性意义；还有启蒙意义，他要发现民族性格里深藏的弊病，要发现中国人灵魂深处所存在的严重问题，希望用他的作品来刺激这些麻木的灵魂，唤起国人的觉悟，最终达到社会变革这么一个目的。这样非常明确非常高大的目的，今天的作家非常钦佩，但要我们做到，又确实是很难的。

现在很多人——从一般的读者到批评家——提到当代文学，多数还是持一种非常不满的态度。很多批评家认为当代作家没有什么出息，尤其是跟鲁迅这一批现代作家相比较，我们这一批作家是没有学问、没有远见、没有思想性、没有才华，当然也没有志向的，是鼠目寸光、比较短见、比较功利的，也不像鲁迅他们那一代作家有那么好的修养。

不仅仅中国的很多批评家这样认为，海外的一些汉学家也在这样批评中国作家。最近在中国非常有名了的德国汉学家顾彬先生，跟我是很熟的朋友，他就认为中国当代作家跟鲁迅等那一批现代作家无法相比，尤其是缺外语，他认为不懂外语是不可能成为一个好的作家的。

我不完全赞成他这种观点，因为我可以找出很多不懂外文但是能够写出很多了不起的小说的作家的例子。沈从文是一种外文都不懂的，就懂中国文，但现代文学里鲁迅之后，大概就要数到沈从文。顾彬尽管言辞比较激烈，他有他的道理，但并不全面。我想这也是我们这批作家还能够厚着脸皮写下去的一个理由，尽管我们不懂外文，但是沈从文也不懂外文，沈从文是我们的"挡箭牌"啊，所以我们照样还可以写，而且还可能写出很好的作品。

总而言之，鲁迅那个时代跟当下这个时代确实是不一样的。鲁迅之所以能够产生，或者说鲁迅那个时代的、现在看来非常杰出的那批作家，除了他们个人的天才条件之外，也是跟当时的社会环境密切相连的。正如恩格斯讲的一样：社会需要伟大人物的时候，它自然会产生伟大人物。社会的需要可能比一百所大学培养的人才更重要，大学未必能培养出来，但是一旦有了社会需要，自然会产生人物。所以像鲁迅、沈从文这一批作家是那个时代的产物，并不是每一个时代都能产生鲁迅。

另外，我们今天是不是还需要鲁迅这样的作家？这个问题文学院的同学可以作为一个论文的题目来展开、研究、讨论。我们必须承认，这个时代不可能产生鲁迅了，这是对的。这并不是我们这一批作家完全白痴无能，时代允许我们像鲁迅那样写作吗？

二　为一天三顿吃饺子的幸福生活而写作

我最初的文学动机跟鲁迅确实是有天壤之别的。鲁迅先生以国家为基准，以民族为基准，要把当时的中国的"铁屋子"凿开几个洞，放进几线光明来促进社会变革。而我觉得我们现在没有这个必要，现在不是"铁屋子"，解放区的天是晴朗的天，阳光灿烂非常明媚，没地方可凿，只能在农村凿地球。

那时我是农民，每年都在地上凿很多的洞。我很早就辍学，没有读过几本书。我的读书经验也在一些散文里零星提到过。因为当时的书很少，每个村庄里大概也就那么几部书，比如说老张家有一本残缺不全的《三国演义》，李大叔家可能有两册《西游记》，还有谁谁家还有几本什么书。当时这些书读完以后，我感到我已经把世界上所有的书都读完了。当兵以后，我才知道自己目光短浅，是井底的青蛙，看到的天空太小了。

我的一个邻居——山东大学的一个学生，学中文的，后来被划成右派——每天跟我在一起劳动。劳动的间隙里，他右派本性难改，就经常讲述他在济南上大学的时候所知道的作家故事。其中讲到一个作家——一个很有名的写红色经典的作家，说他的生活非常腐败，一天三顿都吃饺子，早晨、中午、晚上都吃饺子。在六七十年代的农村，每年只有到了春节大年夜里，才能吃一顿饺子，饺子分两种颜色，一种是白色的白面，一种是黑色的粗面。我想："一个人竟然富裕到可以一天三顿吃饺子，这不是比毛主席的生活还要好吗？"我们经常产生一种幻想，饥肠辘辘时就想："毛主席吃什么？"有人说肯定是每天早晨吃两根油条，有人说肯定是大白菜炖肥肉。我们都不敢想象毛主席一天三顿吃饺子，这个邻居居然说一个作家一天三顿吃饺子，我说："如果我当了作家，是不是也可以一天三顿吃饺子？"他说："那当然，只要你能够写出一本书来，出版以后稿费就很多，一天三顿吃饺子就没有问题。"

那个时候，我就开始产生一种文学的梦想。所以说我为什么写作呢？最主要是最早的时候我就想为过上一天三顿吃饺子的幸福生活而写作。这跟鲁迅为了救治中国人麻木的灵魂相比，差别是多么大。鲁迅也不可能产生我这种低俗的想法，也跟他的出身有关，我今天参观的时候，发现鲁迅家是一个大户人家，爷爷是进士，家里有那么多房子，曾经过过非常富贵的生活，他知道富人家生活的内容，不会像我们这样低俗。

三 为写出跟别人不一样的小说而写作

慢慢地，我这种想法发生了变化。随着祖国的改革开放，社会慢慢进步，农村也进行了改革。饥肠辘辘、半年糠菜半年粮的状况得到了根本改变，从解决了温饱问题到每年都可以吃白面，一天三顿吃饺子慢慢地也变得不是一件特别奢侈的事情。这时候，我的文学创作观念自然发生了变化。

1982年我被提拔为军官，每月有好几十块钱工资。1984年我考到了解放军艺术学院文学系。那个时期的写作目的，已经不那么低俗了。

现在回过头来看，1984年、1985年、1986年那几年中国文学以及各项艺术应该说处于一个黄金时期，那个时候思想非常解放，不仅仅文学界，现在乐坛、美坛上非常有名的一些人物也都是那个时候露出头角的，包括一些导演。20世纪80年代中期应该说是一个非常好的时期。那个时候，我想我也不仅仅满足于为发表一两篇小说而写作。

"军艺"的环境彻底改变了我当初的那种文学观念。1984年、1985年的时候有很多非常红非常流行的小说。我不满足这些小说,觉得它们并不像大家说的那么好,起码不是我最喜欢的小说。那么什么是我最喜欢的小说?我心里也没有一个准确的想法,但总感觉我应该写一些跟当时很走红很受欢迎的小说不一样的作品。这就是当时我梦寐以求的事情。

后来果然做了一个很好的梦,梦到在秋天的原野上,有一大片萝卜地——我们老家有一种很大的红萝卜,萝卜皮就像我们这个大讲堂后面的标语一样鲜红。太阳刚刚升起——太阳也是鲜红的,太阳下走来一个身穿红衣的丰满的少女,手里拿着一个渔叉,来到这片萝卜地里,用渔叉叉起了萝卜,然后就迎着太阳走了。

梦醒以后就跟我同寝室的同学们讲:"我做了一个梦,一个非常美的梦。"有的同学说"你很弗洛伊德嘛"。我说我是不是可以把它写成小说。一个同学说你能写成当然很好。我的同学给了我很大的鼓励。我就在这个梦境的基础上,结合个人的一段经历,写了一篇小说叫《透明的红萝卜》,这就是我的成名作。今天在座的有我一个老同学,当我讲到这里,他一定会回忆起我们当时在一个寝室里学习的景象,以及我的小说发表前后他作出的一些贡献——他们当时为了抬举我,开讨论会一块儿为我的小说说好话。

《透明的红萝卜》这部小说的发表,对我来讲确实是一个转折,因为在这之前我写的很多小说实际上都是很"革命"的,是一种主题先行的小说。当时我认为小说能够配合我们的政策,能够配合我们某项运动是一件非常光荣、了不起的事情。解放军刊物编辑悄悄地跟我说:"我们马上要发一批配合整党运动的小说,假如你的小说能变成整党的读物的话,你一下子就可以成名了。"我也真的向这方面来努力,无非就是编一个"文化大革命"期间,怎样跟"四人帮"作斗争,怎样坚持毛主席的革命路线的小说。这些小说可以发表,在当时也有可能得到这样那样的奖项。但写完了《透明的红萝卜》,回头再来看这些小说,就感到这些小说根本性的缺陷就是虚假。80年代之前,"文化大革命"前后,我们尽管高举革命现实主义的旗帜,实际上,我认为这个现实主义完全是一种虚构的、空虚的现实主义,不是一种真正的现实主义。当时明明大多数老百姓饥肠辘辘,但是我们自认为生活得很好;当时中国人的生活水平在全世界明明是很低的,但是我们还认为全世界有三分之二的人生活在比我们要艰苦得多的水深火热的生活中,我们要去解放他们，拯救他们，把他们从水深火热中拯救出来。这样就确定了我们这种现实主义本质上是虚假的，前提就是虚假的，所以这种小说肯定也是假的。

在《透明的红萝卜》的创作过程中，我认识到现实主义其实是非常宽泛的，并不是说像镜子一样地反映生活，并不是说我原封不动地把生活中发生的事件搬到作品中就是现实主义。现实主义实际上也允许大胆的虚构，也允许大胆的夸张，也允许搞魔幻。

80年代的时候正好是我们这一批人恶补西方文学的时代。在"文化大革命"前后，或者说在70年代、60年代、50年代这30年之间，中国人的阅读面是非常狭窄的。除了读中国自己的作家写的红色经典之外，还可以读到苏联的小说，当然也可以读到东欧、越南的一些小说，总而言之是社会主义阵营的，当然还可以读一些经典的，像托尔斯泰的小说、法国的批判现实主义小说。但是在这几十年当中，西方的现代派的作品，像法国的新小说、美国的意识流，尤其是到了60年代，拉丁美洲的爆炸文学、魔幻现实主义，我们基本上是不知道的。

80年代初期思想解放，30年来积累下来的西方作品一夜之间好像全部都到中国来了。那个时候，我们真的有点像饥饿的牛突然进了菜园子一样，大白菜也好，萝卜也好，不知道该吃哪一口，感到每一本书似乎都是非常好的。这样一种疯狂的阅读也就是一种恶补，它产生了一个非常积极的作用是让我们认识到小说的写法、技巧是无穷无尽的。小说的写法非常多，许多我们过去认为不可以写到小说中的素材，实际上都是上好的小说材料。

过去我觉得我最愁的是找不到可以写的故事，挖空心思地编造，去报纸里面找，去中央的文件里找，但是找来找去都不对。写完《透明的红萝卜》以后，我才知道我过去的生活经验里实际上有许许多多的小说素材。像村庄的左邻右舍，像我自己在某个地方的一段劳动经历，甚至河流里的几条鱼，我放牧过的几头牛羊，都可以堂而皇之地写到小说里去。而且在我几十年的农村生活中，自己家的爷爷奶奶、邻居家的大爷大娘讲述的各种各样的故事，都可以变成创作的宝贵资源。一些妖魔鬼怪的故事，一会儿黄鼠狼变成了女人，一会儿狐狸变成了英俊小生，一会儿一棵大树突然变得灵验，一会儿哪个地方出了一个吊死鬼。突然有一天讲到历史传奇，在某个桥头发生过一场战斗，战斗过程中有一支枪因为打得太多，枪膛发热，后来一看，枪筒长出两公分。这些东西都非常夸张、非常传奇，这时候全部都到我眼前来了。

我在解放军艺术学院两年的时间里，一边要听课——因为我们是军队，一边要跑操，还要参加各种各样的党团活动，即便在那么忙的情况下，还是写了七八十万字的小说。就是因为像《透明的红萝卜》这种小说一下子开了记忆的闸门，发现了一个宝库。过去是到处找小说素材，现在是感到小说就像狗一样跟在自己屁股后边追着我。经常在我写一篇小说的时候，另外一篇小说突然又冒出来了，那时就感到许许多多的小说在排着队等着我去写。

当然这个过程也没有持续多长时间。写了两三年以后，突然有一段时间，感到没有东西写了，另外也感到这些东西写得有点厌烦了。这时候我又在寻求一种新的变化，因为我想《透明的红萝卜》还是一篇儿童小说。尽管当时我是三十多岁的人，但是还是以一种儿童的视角、儿童的感觉来写的，这部小说还带着很多童话色彩。小说里一个小孩子可以听到头发落地的声音，可以在三九寒天只穿一条短裤，光着背而且身上毫无寒冷的感受，可以用手抓着烧红的铁钻子非常坦然地走很远……这些东西都极端夸张。

四　为证实自己而写作

写完《透明的红萝卜》和后来的一系列作品之后，进入到1985年年底的时候，因为一个契机，我写过一部小说《红高粱》。

解放军艺术学院是属于总政治部管理的学校，解放军总政文化部开了一个军事文学创作研讨会。在会上军队的很多老一代作家忧心忡忡，拿苏联军事文学跟中国的军事文学相比较，说苏联的卫国战争只打了四年，但是有关卫国战争的小说层出不穷，而且好作品很多，写卫国战争的作家据说已经出了五代，一代又一代的作家都在写卫国战争；而我们中国共产党领导的革命战争长达28年——还不加上对越南的自卫还击战，为什么就产生不了像苏联那么多那么好的军事小说呢？最后的结论就是因为"文化大革命"把一批老作家给耽搁了。他们忧心忡忡的一个原因是这一批有过战争经验的老作家，有非常丰富的生活经验，有很多素材，但是因为"文化大革命"的耽搁，他们想写却心有余而力不足；而我们这一批年轻作家，有才华有经历也有技巧，但就是没有战争经验。因此他们认为中国的军事文学前途非常令人忧虑，非常不光明。

当时我是跳出来发话的一个，初生牛犊不怕虎。我说苏联的五代写卫国战争的作家有很多并没参加过卫国战争。我们尽管没有像你们老一辈作家一样参加过抗日战争、解放战争，但是从你们的作品里也知道了很多战争的经验，从身边的老人嘴里也听到了很多关于战争的传说，完全可以用这种资料来弥补我们战争经验的不足，完全可以用想象力来弥补没有亲身实践的不足。举个例子，譬如说尽管我没有杀过人，没有像你们一样在战争场上跟敌人搏斗拼刺刀、亲手杀死过敌人，但是我小时候曾经在家里杀过好几只鸡，完全可以把杀鸡的经验移植到杀人上来。

对于我那种说法，当时很多老同志不以为然，还有一个人悄悄地问"这个人叫什么名字"。我回去以后憋了一股劲——我一定要写出一部跟战争有关的小说来，这就是《红高粱》。

刚才我说过，我可以用我个人的经验来弥补没有战争经验的不足。《红高粱》小说里曾经有过这样的场面描写，描写游击队战士用大刀把敌人的头颅砍掉，敌人被砍掉头颅之后，脖子上的皮肤一下子就褪下去了。后来有一年我在西安临潼疗养院碰到一个老红军，他好像很热爱文学，还看过这部小说。他问我："你的《红高粱》里写到鬼子被砍掉了头颅，脖子上的皮褪下去，你是怎么知道的呢？"我说："我杀鸡的时候看到的就是这样。"他说这跟杀人是一样嘛。我说："我也不知道是一样还是不一样，您既然说一样，那肯定是一样的。即便不一样也不要紧，因为我的读者里像您这样的老革命，像您这样有过杀人经验的人非常少。只要我写得逼真就好，写得每一个细节都非常生动，就像我亲眼所见一样。"我这个细节描写所产生的说服力足够让读者信服，让读者认为我是一个参加过很长期间的革命战争、立过很多战功的老军人。所以有人当时认为我已经六十多岁了，见面以后发现我才三十来岁，感到很吃惊。

也就是说，《红高粱》这部作品写作的目的是要证实自己，没有战争经验的人也完全可以写战争。这里还有一个歪理，很多事情未必要亲身体验。我们过去老是强调一个作家要体验生活，老是强调生活对艺术、小说的决定性作用，我觉得有点过头了。当然，从根本上来讲，没有生活确实也没有文学。一个作家生活经验的丰厚与否，决定了他创作的成就大小。但是我觉得这话如果过分强调的话，会走向反面。从某种意义上来讲，没有战争经验的人写出来的战争也许更有个性，因为这是属于他自己的，是他的个人经验，建立在他个人经验的基础上的一种延伸想象。就像没有谈过恋爱的人，写起爱情来也许会写得更加美好，是同一个道理。因为情场老手一般写不了爱情，他已经没有这种真正的感情了，已经知道所谓的男女恋爱本身是怎么回事，本质是什么。只有一直没有谈过恋爱的人才会把爱情想象得无限美好。

《红高粱》获得声誉之后，关于这部小说的解读也越来越多。本来我写的时候也没有想到，既然别人说了我也就顺水推舟。后来关于《红高粱》的写作目的就变得非常的复杂——不仅仅要证明自己能写战争小说，而是要为祖先树碑立传，要创造一种新的叙事视角，要打通历史跟现在之间的界限……这是我写的时候根本没有想到的，写的时候怎么样痛快，怎么样顺畅，就怎么样写。

《红高粱》一开始写"我爷爷"、"我奶奶"，后来一些评论家说这是莫言的发明创造。我当时实际上是逼出来的，我想如果用第一人称来写祖先的故事显得很不自然，肯定没法写，我不可能变成"我爷爷"、"我奶奶"；如果用第三人称来写祖先的故事显得很陈旧、很笨拙；用"我爷爷"、"我奶奶"这种写法，我觉得非常自由。想抒发我个人感受的时候，我就跳出来。我要写"我爷爷"、"我奶奶"的这一时刻，我仿佛变成了"我爷爷"、"我奶奶"他们本人，能够进入他们的内心世界。而且可以把我当下的生活跟我所描写的历史生活结合在一起，完全没有了历史跟现实之间的障碍，非常自由地出入于历史和现实之中。就像我们现在经常看的东北二人转，一方面在舞台上表演，一方面跟舞台下的观众打情骂俏，很自由。《红高粱》的叙事视角跟东北二人转叙事的角度实际上是一样的。跳进跳出，台上台下，历史现实，都融汇在一起。

五　为农民和技巧试验而写作

到 1987 年的时候，我的创作目的又发生了一个变化，这个时候我真的是要为农民说话，为农民写作。

1987 年，山东南部的一个县发生了"蒜苔事件"，震动了全国。那个地方生产大蒜，农民收获了大量的蒜苔，但是由于官僚主义、官员腐败，政府部门办事不力，包括地方的封闭，不让外地客商进入，导致农民辛辛苦苦所种的几千万斤蒜苔全部腐烂变质。愤怒的农民就把他们的蒜苔推着、拉着运往县城，包围了县政府，用腐烂的蒜苔堵塞了道路，要求见县长。县长不敢见农民，跑到一个地方去躲起来，农民就冲进县政府，火烧了县政府办公大楼，砸了县长办公室的电话机,结果就变成了一个非常大的事件,因为新中国成立以后还没有农民敢这样大胆地造反。

当时我正在故乡休假,从《大众日报》上读到了这条新闻。这个时候我就感觉到我心里这种农民的本性被唤醒了。尽管当时我已在北京工作,又是解放军的一个军官,已经脱离了农村,不吃庄户饭,但是我觉得我本质上、骨子里还是一个农民。这个事件也就发生在我的家乡,是村庄里的事情。在这个"蒜苔事件"中,后来很多领头闹事的农民被抓了起来,并被判了刑——当然有些官员也被撤职了。这个时候我就觉得我应该为农民说话。我就要以"蒜苔事件"作为素材写一部为农民鸣不平的小说,为农民呼吁。

由于当时心情非常激动,可以说是心潮澎湃,所以写这个小说用的时间非常短,用了一个月零三天。事后有很多读者,包括发生"蒜苔事件"的县里的一些读者也给我写信,说:"你是不是秘密地到我们县里来采访过?你写的那个'四叔'就是我爸。"当时高密县有一个副县长和我是朋友,正好在这个县里面代职,他回来悄悄地向我传达了当地某些官员对我的看法:"莫言什么时候敢到我们县来,把他的腿给打断。"他叫我千万别去。我说我干吗要去,根本不去,我又没写他们县,写的是一个天堂县——虚构的一个县名。

为什么这个小说会写得那么快,而且当地的农民觉得写的就是他们的心理?其实可以看到天下农民的遭遇和命运都是差不多的。我实际上是以我生活了20多年的村庄作为原型来写的:我家的房子,我家房子后面的一片槐树林,槐树林后面的一条河流,河流上的小石桥,村头小庙,村南的一片一眼望不到边的黄麻地……完全是以我这个村庄作为描写环境,而且小说里的主要人物写的都是我的亲属。小说的主人公实际上就是我的一个四叔,他当然不是去卖蒜苔,而是去卖甜菜。他拉了一车甜菜,非常幸福地想卖了甜菜换了钱给儿子娶媳妇,却被公社书记的一辆车给撞死了。把人撞死了,把拉车的牛也撞死了,那是一头怀孕的母牛。车也轧得粉碎。最后这一辆车、一头怀孕的母牛加上我四叔一条人命,赔偿了3300块钱。

在我对四叔的不幸去世感到痛心疾首的时候,我发现四叔的一个儿子竟然在公社大院里看电视。因为他们把死者的尸首放到公社大院里,说你们不给我们解决问题,我们就不火化、不下葬。在这么一个非常时刻,电视机里正在放电视剧《霍元甲》,四叔的这个儿子竟然把父亲的尸首扔到一边,跑到里边津津有味地看《霍元甲》。这让我心里感到很凉。我想争什么啊,无非是从3300争到13000,争到了13000,没准四叔的几个儿子还要打架。3300还好分,13000没准就眼红了。而且也没有办法,因为这个公社书记还是我的一个瓜蔓子亲戚,这个亲戚找到了我的父亲,最后就不了了之了。

但我总感觉心里面压着很大的一股气,所以在写的时候就把生活当中自己积累了很久很久、很沉痛的一些感情写到小说里去。这篇小说按说是一部主题先行的小说,而且是一篇完全以生活中发生的真实事件为原型的小说。它之所以没有变成一部简单的说教作品,我想在于我写的是自己非常熟悉的地方,塑造人物的时候写了自己的亲人。也就是说这部小说之所以还能够勉强站得住,最重要的就在于它塑造出了几个有性格的、能够站得住的人物,并没有被事件本身所限制。如果我仅仅是根据事件来写,而忘了小说的根本任务是塑造人物,那么这部小说也是写得不成功的。

我想这也是一种歪打正着。就是说这个阶段我是要为农民说话,这个阶段大概持续了两三年。写了好几部小说,就是为农民鸣不平的,反映当时农村的农民生活的种种不公平境遇,譬如各种各样的"苛捐杂税",农民的卖粮难、卖棉花难这一类题材的小说。

写完《天堂蒜薹之歌》之后,我发现这确实也不是一个路子,小说归根结底还是不应该这样写。想用小说来解决某一社会问题的想法,像我刚才说的那样,是非常天真幼稚的。这个时候我就特别迷恋小说的技巧,我认为一个小说家应该在小说文体上作出贡献,也应该对小说的文学语言、结构、叙事学进行大大的探索。像马原这些作家,在这方面积累了很多成功的经验。

写完《天堂蒜薹之歌》之后,我就进入到一个技巧试验的时期。这个时候大概是1988年,我又写了一部很多同学都不知道的小说《十三步》,以一个中学为背景,写了中学里的一些老师和学生。主要还是对小说进行了许许多多叙事角度的试验。这部小说里我把汉语里所有的人称都试验了一遍——我、你、他、我们、你们、他们,各种叙事角度不断变换。我个人认为这是一部真正的试验小说。同时我也发现,当我把所有的汉语人称都试验过一遍之后,这个小说的结构自然就产生了。

当然这带来了一个巨大的问题,就是小说阅读起来非常困难。有一年我到法国去,碰到了一个法国的读者,他说:"我读这个小说的法文译本时，用五种颜色的笔作了记号，但还是没有读明白，能不能给我解释一下是怎么回事，说的是什么？"我说："我去年为了出文集，把《十三步》读了一遍，用六种颜色的笔作了记号，也没读明白，都忘了自己怎么写的了。"

这种写作是以技巧作为写作的主要目的。我为什么要写这个小说？因为我要进行技巧试验。不过这好像也不是一条正确的道路。因为读者归根结底是要读故事的，所以还是要依靠小说的人物、人物的命运来感染读者，唤起读者感情方面的共鸣——也许有极少数的作家、极少数的文学读者要读那个技巧。那么这样的小说无疑是自绝生路——谁来买你这个小说，谁来看你这个小说？而且这样的技巧试验很快就会黔驴技穷，再怎么变，你一个人能变出什么花样来？

这个时候我就认识到这种写法也是不对的。接下来我又写了一篇小说，结合了前边《天堂蒜苔之歌》和《十三步》的两种目的：一方面，我要对社会上存在的黑暗现象、腐败现象猛烈抨击，大胆地讽刺、挖苦，甚至进行一种恶作剧般的嘲弄；另外一方面，我要大胆地进行小说的技巧试验，主要在小说里玩技巧、玩结构，要进行各种各样文体的戏仿和试验。这就是我在1989年开始写的《酒国》。据说到现在很多人还是难以接受，因为里面描写了极端事件。

小说一开始实际上是以侦探小说的方式来写的，写一个检察院的特级侦查员接受了一个秘密任务，到一个煤矿去调查干部们吃婴儿的事件。据群众举报说，有一个煤矿的矿长、党委书记都非常腐败，发明了一种非常骇人听闻的菜肴叫做"红烧婴儿"。检察院就委派这个特级侦查员去秘密侦查。侦查员在去这个煤矿执行任务当中，不知不觉地参加了这个吃人的宴席，而且中了美人计，最后的结果是他从一个追捕者变成了一个被别人追捕的人。刚开始时，他天天调查别人，追着别人跑，后来就是别人追着他跑。这是小说的一条线，这条线是作家的叙事，是我在写这个小说。

另外一条线就是这个写小说的作家跟一个业余的文学青年不断地通信。这个文学青年把他写的小说一篇又一篇地寄给这个作家，而且附上了很多有趣的、荒诞的信。这个作家跟业余文学青年不断地通信，而且把这个也写到《酒国》里来。最后就是业余作者写的小说跟作家本人描写的侦查员侦破"红烧婴儿"案件这两个故事合二为一。结果作家莫言本人也被作者邀请到这个叫酒国的地方去,一到那个地方,当场就被人灌醉,然后迷迷糊糊地再也没有醒过来。

这个"红烧婴儿"的细节,很多不怀好意的西方书评者就把它当作一个真实的事件,实际上这是一个象征。在小说里面我也说明白了,当这个侦查员发现他们把"红烧婴儿"这道菜端上来的时候,非常愤怒,开枪把桌上这道菜打得粉碎。这时他发现这完全是厨师用非常高超的烹调技术做的一道菜,婴儿的头是用南瓜雕刻的,两只胳膊是两节肥藕,眼睛是葡萄,耳朵是木耳,实际上完全是像人形的一道菜。

写《酒国》前我看到过一篇文章,一个人回到南方以后写回忆录,回忆在东北的经历。他的职位是宣传部副部长,实际上就是一个陪酒员。他家庭出身不好,是"文化大革命"前的大学毕业生,学的是中文系,"文化大革命"期间就被分配到一个矿山小学教书。当时大学生是多么珍贵,大学生教小学显然是大材小用。由于他在大学里被划成"右派",连老婆也讨不着,后来想自杀——吃药太痛苦,其他方式也太难看、太不方便,索性搞一点酒、一点肉,醉死了还是蛮幸福的。结果他喝了五斤酒竟然还非常清醒,一点事都没有,两个月的工资都买了酒。

这个消息慢慢传了出去,被当地矿山党委发现,就把这人调到党委宣传部,专门陪酒。上面机关来了人,就叫他陪酒。他是学中文的,背过那么多唐诗宋词,编两句打油诗、敬酒词,非常方便,非常轻松,所以创作了大量的酒桌上随机应变的段子,酒量也是那么的海量,一下子就变成当地的一个名人。很多漂亮姑娘都要嫁给他,他也被提拔成宣传部副部长。这样一个人物也就变成了《酒国》里面的一个主要人物。

《酒国》这样一部小说,实际上就两个目的:一个是用小说来批判、揭露社会中黑暗的、不公正的现象,另外就是要继续进行小说的技巧试验。我刚才讲了侦破小说是主线,配以一个作者跟一个业余作者的通信,业余作者写的小说和作家写的小说最后变成一个部分。而且这个业余作者的每封信件都在模仿当时流行的作家,第一篇小说模仿了鲁迅的《药》的文体,第二封信模仿了王朔那种瞎调侃的文体,第三篇小说可能又模仿了张爱玲的文体。我想《酒国》应该是一个蛮复杂的试验性的文本。

这部小说写完以后,我找了很多刊物,但没有人敢发表。余华是我的好朋友,是我同班同学,而且是一个宿舍的。他那时候还没有调到北京来，在浙江嘉兴编《烟雨楼》，我就复印了厚厚的一份让余华背到浙江省一家大刊物。一个老编辑看了，说："这样的小说我们怎么可能发表呢？"过了几年，社会进一步发展，进一步开放，《酒国》这样的小说也就发表了。

六　为讲故事而写作

写完《酒国》之后，我后来又写了大量的中短篇小说。写中短篇小说的目的是为了讲故事。1990年的时候我曾经去马来西亚访问，碰到了台湾非常有名的作家张大春、朱天心。我们坐在一块儿开会，尽管当时两岸关系还很紧张，内地和台湾还未统一，但我们这些作家已经统一在一块儿，讲故事，讲各种各样的政治笑话，讲各种各样的段子。讲政治笑话，台湾作家比内地作家讲得好，但讲荒诞的妖魔鬼怪故事我比他们讲得好。

后来张大春就说你能不能把你讲的这些故事，5000字一篇给我写20篇，然后我在台湾找地方给你发表，付你美金的稿费。我就用一个暑假，每天写一篇，写了十几篇，这些小说就是完全地讲故事，完整地讲故事，没玩任何技巧。我觉得这也是一次很大的锻炼。

我觉得写这些小说目的就是为了讲故事给别人听。从"三言两拍"到蒲松龄，摆出一个说书人的架势说书给别人听。这个时期短篇小说的创作试验也让我感觉到一个作家如果以说书人自居，应该是很舒服的一种感受。如果一个作家在写作的时候想象到周围围绕着一大批听众，就好像用口来讲述给别人听，不过我是把嘴巴讲述的东西用笔记录下来而已。这应该是很新的一种创作理念。因为到了90年代，我们学习西方学得差不多了，玩弄各种各样的创作技巧也玩得花样百出了，我觉得应该恢复到这种讲故事小说的最基本的目的上来。

七　为改变革命历史小说的写法而写作

1995年的时候我写了一部长篇《丰乳肥臀》。在十年前提这个题目我自己都会脸红，现在社会发展了，当着很多同学的面，我都敢坦然地讲这个题目。我看大家也没有感觉有什么大不了的事情。但当时可不得了，小说一发表，正是因为这个题目，我受了很多批评。许多人都写信到军队里告状，还有人给公安部写信告状，认为这是一个刑事案件，一个作家竟然用这样的书名来出了一本书。当然书里面的内容更让他们感到不满，虽然《丰乳肥臀》这部书是我创作当中非常重要的一部作品，也就是说本来在80年代中期的时候我是想沿着"红高粱家族"这个方向，为故乡的历史、为家族来树碑立传，写这种历史传奇故事的，但后来被我刚才讲到的很多作品打断了。

一直到了1995年，这一年我母亲去世，我很长时间都没有写作，一直在翻来覆去地思考像我母亲这一代的中国女性所遭受的巨大苦难。她们在20世纪20年代出生，尽管这个时候已经是中华民国，国家早就明令禁止不准再缠足，但她们还是主动地、偷偷地、违法地把自己的天足缠成残废，而且是比赛，谁缠得越小越光荣。然后就是在这种封建家庭里忍受了战争、饥饿、病痛和不断的生育。新中国成立以后，遭受了60年代的大饥饿、沉重的体力劳动，然后是不断的社会动乱，"大跃进"、"文化大革命"，真是没过几天安稳日子。先是20年代、30年代的国共战争，然后是抗日战争，日本鬼子来了，山东又是国共战争的主要战场，然后又是什么还乡团、土地改革，是搞得极"左"的地方。1947年的时候，很多村庄里都没有多少人了。我爷爷告诉我1947年的时候我们村庄的很多人讲话就像欧洲人一样——当然这不是他的原话——悄悄地，不像中国人那样大声喧哗，人被吓得说话的声音都很小。

我就想象像我母亲这样一代人，她们为什么能够活下来？到底是什么样的力量支撑着她们活下来的？真是可以令人长久地反思。去年我在韩国演讲的时候，以这个为主题讲了一段我母亲的经历。"文化大革命"期间，因为我父亲是村里的干部，受到了一些迫害，他就很紧张，经常要死要活的。我母亲就经常劝我父亲，"人还是要挺下来的，没有翻不过的山头，也没有蹚不过的河流"。后来我家里越来越贫困，母亲各种各样的病也不断发作，一会儿胃病，一会儿头疼，我当时就突然产生了一种预感：母亲很可能要自杀。我每次从地里劳动回来的时候，一进院子就大声喊叫："娘！娘！娘！"当母亲一回答的时候，我心里"啪"一块石头落地了。有一天我连续喊叫，家里没人答应，我立刻跑到家里的各个房间找，包括牛栏里、厕所里。找来找去都没有，这个时候我就觉得坏了坏了，我母亲肯定出事了。正当我在院子里要放声大哭的时候，母亲从外面回来了，她说："你干什么呢？"我也不好把我这种想法直接告诉她，但是后来她猜到了我的意思，母亲就说："你放心吧，阎王爷不叫我我是不会去的；如果我去了，你们还怎么活？无论多么苦，人还得活下来。"

我觉得这个想法非常朴素，没有任何豪言壮语，却让我一辈子难以忘记。我觉得这就是一个母亲对她儿子很庄严的承诺。她活着没有任何乐趣，半年糠菜半年粮，天天那么繁重的体力劳动，还要忍受着胃溃疡、头痛等各种各样疾病的折磨，家里出身也不好，像我这种孩子也没有出息，老闯祸，真是前途一片黑暗。这时我母亲说，她永远不会自杀，阎王爷不叫她，她不会主动去的。这一点让我一辈子都难以忘却。

母亲1995年去世，我想我一定要写一篇献给母亲的小说。刚开始时的想法也比较简单，就觉得应该写写母亲这一生的遭遇；但一旦动笔以后就越写越大，把半真半假的高密东北乡作为一个背景写进去了，写了高密东北乡一百年来的历史。写它从一百年前的一片荒原草地，怎么样慢慢有人居住，最后发展成一个很发达的中小城市；描写了这么一个家族，这个家族是一个铁匠世家，母亲一辈子在不断地生育，最后生了八个女儿、一个儿子。

她为什么要生这么多女儿呢？大家肯定都明白，中国人重男轻女。一个女人在一个家庭里如果不能生养，那么这个女人要受到所有人的歧视，她是不完整的。一个女人如果能生孩子，但是只能生女儿不能生儿子，依然是没有地位的，要受到人的嘲笑，受到家里公公婆婆的白眼，受到丈夫的殴打。我小说里描写的这个母亲实际上是当时中国千百万母亲的一个缩影。

当然很多读者，包括很多批评家也都感到难以接受。因为我打破了我们头脑中伟大母亲的形象——我写这位母亲生了九个孩子，但是来自七个男人。因为这个铁匠世家的儿子是个非常懦弱的男人，他没有生育能力，但不断打老婆。那么这个女的为了生存，只好去找别的男人来生育。小说里有了这么一个情节以后，就跟我们所认为的传统的伟大母亲形象截然相反。也有很多人认为我塑造的不是一个母亲，而是一个很脏的荡妇，但我觉得我这一笔恰好是对中国封建制度最沉痛的一种控诉，因为是中国的封建制度把一个想活下去的女人逼到了这种程度。

这个母亲忍辱负重。她的这些女儿有的嫁给了国民党，有的嫁给了共产党，有的嫁给了伪军。她的女儿女婿之间经常要刀枪相见，但她们生了孩子全都送到母亲这儿来，母亲今天接受了一个嫁

181

给国民党的女儿送来的儿子,明天嫁给共产党游击队的女儿也把孩子送来了,一会儿嫁给汪伪军的女儿也送回一个孩子来。她养着国民党的后代、共产党的后代、伪军的后代,她都一视同仁。她认为这些孩子都是好孩子,不管他的父亲、他的母亲是站在哪个阶级的立场上,对一个生命来讲,对一个母亲来讲,都是一样的。

当然,在小说里我比较得意的是塑造了最后这个男孩。这个男孩是母亲跟一个瑞典传教士结合所生的。有的人也讽刺我,"莫言竟然在《丰乳肥臀》里写了一个瑞典的传教士,是不是想得诺贝尔奖"。我觉得很委屈,1900年在高密传教的确实是一个瑞典传教士,我也没有办法。我当时应该想一下,把他改成挪威的或者改成丹麦的什么的就好了。

这个母亲最后跟一个传教士结婚生了这个孩子。从生理学上来讲,是一个混血儿,长得身高体大,满头金发,蓝色的眼珠,白色的皮肤,非常英俊漂亮。但是由于是在那么一个家庭环境里,在那么一个社会环境里成长起来的,这个儿子就是一个病态的、永远长不大的老婴儿,一辈子离不开母亲的乳房,吃奶吃到了十几岁。上小学以后,课间操的时候,母亲还要到操场边上给他喂奶,以至于被所有的学生当作笑话来看。校长都亲自跟他母亲交涉,说:"你能不能不给你儿子喂奶?"她说:"我的儿子吃别的食物过敏,吃别的东西都呕吐,只有吃母亲的乳汁才能活下来。"

当然这是象征性的一个细节,尽管我的家乡确实有一些男孩吃奶吃到七八岁,但我一直写到十来岁左右,是有点夸张。我想很多中国人看起来是长大了,实际上精神是没有断奶的。他这种"恋乳症"实际上也是一种象征,我们每个人有时候都在眷恋一些自己不需要的东西,或者对某种东西过分爱好的时候,就会走向病态和反面。

这部小说一直写到90年代中期,后半部分有很多黑色幽默和讽刺的东西。这个小说为什么叫《丰乳肥臀》?因为小说的内容必须由这个题目来配它。在这个小说题目里,我认为前边两个字是歌颂的,后边两个字是讽刺的,正好跟这个小说的整体风格是一致的。这部作品在90年代的时候,我想说它好的几乎没有,大家都在骂它。我想,里面一个重要的问题,让很多老一辈作家和批评家难以接受的是,这个小说模糊了一种阶级观点。我写这个小说的时候确实有非常明确的目的。为什么要写呢?就是要改变一下过去我们那种历史小说和革命历史小说的写法。

我们过去的革命历史小说,不能说它不好,但它带有一个特征,就是阶级立场是非常鲜明的。现在回头看一下过去那些红色经典,看一下那个时期的一些电影,好人就是好人,坏人就是坏人,绝对是泾渭分明的。好人绝对没有任何缺点,有的话顶多是急躁、冒进,绝对不会是道德方面的缺点,只是性格方面的缺点。而一旦写到坏人呢,肯定是从骨子里坏,不但相貌丑陋,而且道德败坏,可以说是头顶上长疮,脚底下流脓,坏透气了。事实上,生活中、历史中是不是真的是这样?我觉得恰好相反。

我在农村那么多年,村子里有些人是当过八路的,有的是当过国民党的。有两个当过八路的恰好都是满脸麻子,两个当过国民党兵的是五官端正、浓眉大眼,跟小说里、电影里的恰好相反。也就是说坏人并不是像我们过去作品描写的那样。而且一个人在那个时候到底是参加八路、当解放军还是参加国民党的军队,有时候不是以个人意志为转移的。很多家里贫穷得无立锥之地的孩子是被国民党抓了壮丁或是替别人去的。家里没钱,但是有钱人家该出壮丁了,不想去,就给穷人家点钱,穷孩子替人家去当兵。这些贫苦出身的人,到了国民党部队里面去,也是没有办法,后来也算是历史反革命。而一些家里非常有钱的人,由于接受了新思想的熏陶,反而去参加了共产党的军队。这种例子也是很多的。

如果我们用这种阶级分析的观点来看历史,就会把历史简单化。写历史教科书可以,当然我们可以以毛主席的《中国社会各阶级的分析》作为一个指导纲领来写,但如果用这个来指导我们写小说、进行文学创作的话,我觉得写出来的小说就会千篇一律。所以我觉得还是应该用感情的方式来写小说,把历史感情化、个性化。有这样的指导思想,《丰乳肥臀》里描写的好人与坏人、八路军的游击队长与国民党甚至是伪军的一些人物,和过去的革命历史小说是很不一样的。

比较传统的老一代读者、批评家感到难以接受,说:"你这不是在为国民党树碑立传吗?你怎么把国民党写得比共产党还要美好呢?"当时国民党还挺坏的,现在国民党和共产党握手言和了。历史在发展,国民党的主席跟共产党的总书记在人民大会堂踩着红地毯握手言和了。陈水扁的民进党在台湾执政的时候,我们就盼着国民党上台。当年我们是坚决消灭国民党、打倒国民党的,要把国民党一个不剩地杀干净才痛快。仅仅过了这么几十年,共产党和国民党又成了亲密的朋友。我想,用阶级的观点来写小说,这个小说肯定是短命的。简单地说，把我们认为的好人和坏人都当作人来描写，这个小说，第一，才真正符合生活，第二，才符合文学的原则，第三，才有可能比较长久的生命力。

八 沿着鲁迅开辟的道路向前探索

到了21世纪，写了一部重要的小说，就是《檀香刑》。《檀香刑》就是一部说书的小说。这个时候我就是把90年代写短篇的那种感受发扬了。我想应该用这样的方式和这样的感觉来写，以说书人的身份写这么一部小说。写这个小说的时候还借助了一些民间的戏曲，因为我的故乡有一种小戏叫"茂腔"，当然在小说里我把它改造成了"猫腔"。这部小说应该说是一个小说化的戏曲，或是戏曲化的小说。里边的很多人物实际上都是很脸谱化的，有花脸、花旦、老生、小丑，是一个戏曲的结构，很多语言都是押韵的，都是戏文。这样的小说，因为是戏剧化的语言，就不可能像鲁迅小说那么考究语言。它里面有很多语病，因为一个说书人的语言有很多夸张和重复，这都是允许存在的。这是这部小说的一个写作目的。

为什么写《檀香刑》呢？想恢复作家的说书人的身份，另外一个还是要向鲁迅学习。我在童年时期读鲁迅的《药》、《阿Q正传》，知道鲁迅对这种看客非常痛恨。鲁迅最大的一个发现就是发现了这种看客心理。但是我觉得鲁迅还没有描写刽子手的心理。

我觉得中国漫长的历史实际上也是一台大戏，在这个舞台上有不断被杀的和杀人的。更多的人，没有被杀或杀人，而是围着看热闹。所以当时中国的任何一场死刑都是老百姓的一场狂欢的喜剧，围观这个杀人场面的都是些善良的老百姓，尽管他们在看的时候也会感到惊心动魄，但是有这样的场面他们还是要来看。

即便到了现在，这种心理还是存在的。"文化大革命"期间经常举行公审大会、万人大会，我也去参加过。我们都围绕着看，官方的目的是要杀一儆百，警戒老百姓不要犯罪，但老百姓却将它当戏剧看。鲁迅的小说里有很多这样的描写，但我觉得如果仅仅写了看客和受刑者，这场戏是不完整的，三缺一，所以我在《檀香刑》这部小说里就塑造了一个刽子手的形象。

我觉得刽子手跟罪犯是合演的关系。他俩是在表演，而观众是看客。罪犯表现得越勇敢，越视死如归，越慷慨激昂，喝一大碗酒，然后高呼"二十年后又是一条好汉"，观众才会叫好，才感到满足。这个时候罪犯到底犯了什么罪行并不重要，杀人犯还是抢劫犯都不重要。无论他犯下多么十恶不赦的罪行，只要他在临死这一刻表现得像个男人，视死如归，那么观众就认为这是一条了不起的汉子，就为他鼓掌，为他喝彩。即便是一个被冤死的人，但是在受刑这一刻，他瘫了，吓得双腿罗圈了，变得神志不清楚了，那么所有的看客都不满足，所有的人都会鄙视他。这个时候刽子手也感觉没有意思，碰到一个窝囊废。刽子手碰到"好汉"也感到非常精彩，就是说想棋逢对手，碰到一个不怕死的汉子，"哥们儿你手下的活儿利索一点"，这是我们过去经常会看到的一些场面。《聊斋志异》里描写人要被杀头的时候对那刽子手说："你活儿利索点。"刽子手说："没问题，当年你请我喝过一次酒，我欠你个情来着，我今天特意把这刀磨得特别快。"一刀砍下去，这个人头在空中飞行的时候还高喊："好快刀。"也就是说到了后来一切都变得病态化了。

我们分析了罪犯的心理、看客的心理，那么这个杀人者——刽子手，到底是一种什么样的心理？这样的人在社会上地位是很低的。当时北京菜市口附近据说有一家肉铺，后来很多人都不去那儿买肉，因为它离刑场太近。刽子手这个行当是非常低贱的。90年代的时候我们翻译过一本法国小说——《刽子手合理杀人家族》，那个家族的后代很多都愿意承认自己的出身，他们是怎么活下来的？是用怎样的方式来安慰自己把这个活干下来的？对于这个，我在《檀香刑》中作了很多分析。他认为："不是我在杀人，而是皇上在杀人，是国家在杀人，是法律在杀人，我不过是一个执行者，我是在替皇上完成一件工作。"后来，他又说："我是一个手艺人，我是在完成一件手艺。"

封建社会里，一个人犯了最严重的罪行、最十恶不赦的罪行，就要用最漫长的方法来折磨。把你死亡的过程拖延得越长，他们才感觉惩罚的力度越够。一刀杀了、一枪崩了，那是便宜你了，只有让你慢慢地死，让你不得好死，才会产生巨大的震撼力，才会让老百姓感到更加恐惧。但是结果，老百姓却把它当作了最精彩的大戏。

小说《檀香刑》里就写到把一个人连续五天钉到一个木桩上，如果刽子手在五天之内就让他死了，就要砍刽子手的头；刽子手让他活的时间越长，那么得到的奖赏就越多。刽子手一边给他使着酷刑，一边给他灌着参汤以延续他的生命，让老百姓看到他是在忍受怎样的刑法。"你不是要反皇上吗？你不是要反叛朝廷吗？下场就是这样的。"封建社会下这种刑罚的心理就是这样的，就是让这人不得好死。刽子手就是要把活做好，凌迟不是要割五百刀吗？刽子手割了三千刀这个人还没有死。很多野史里有很多关于凌迟、腰斩等残酷刑法的描写。

当然，我的《檀香刑》写完之后确实有很多人提出了强烈抗议，说看了这个小说后吓得多少天没睡着觉。这样说的多半是男人，而有一些女读者反而给我来信说写得太过瘾了。所以，有时候我觉得女性的神经比男性的神经还要坚强，并不是只有女人才害怕。总而言之，我想我是沿着鲁迅开辟的一条道路往前作了一些探索。

当然，我在写作过程中也想到了我们现在发生的事情。尽管这故事写的清末民初的事情，但是我想到了"文化大革命"期间的张志新，也想到了苏州的林昭。张志新在监狱里受尽了折磨——可能很多年轻的同学不太知道张志新，可以上网查一查——她是在"文化大革命"最轰轰烈烈的时候公开质疑"文化大革命"的一个革命烈士。她对林彪、毛主席的很多做法都不以为然，认为它们是错误的。毫无疑问，这在当时是非常大的反革命了，而且她至死也不改变自己的观点，然后就受尽了各种各样的折磨。最后，在枪杀的时候，怕她喊出什么不得体的话来，就把她的喉管切断。这就是发生在我们无产阶级专政的社会主义国家的一件真实的事情。当然粉碎"四人帮"之后，张志新得到了平反，被追认为革命烈士。

在离我故乡不远的一个地方，有一位当时在东北工作的山东人，是公安系统的，老了以后回家养老，恰好就是张志新案件的一个参与者，就是说张志新被执行死刑的时候他正好是执法人员之一。后来我认识了他，就问他："到底是什么人把张志新的喉管给切断的？"他支吾其词。现在张志新平反了，我就问他："把张志新喉管切断了的人心里是怎么想的？他会不会忏悔呢？会不会感到他的一生当中犯了一件沉重的罪行呢？"他说："不会的，这一切都是以革命的名义进行的，切断张志新的喉管是为了防止她说出反革命言论。即便你不切，我不切，总有一个人要来切的。"

所以刽子手的心理就是这样的：你不杀，我不杀，总有人来杀。可能我杀得比你杀得还要好，那还不如我来杀。所以这样的人是不允许自己忏悔的。而且我想，即便他要忏悔，别人会允许他来忏悔吗？我们会允许切断了张志新喉管的公安人员来忏悔吗？允许他发表忏悔文章吗？允许他披露历史的真相吗？

北大才女林昭，最后是被枪毙了，她在被枪毙的时候，有人发明了一个橡皮球，塞在她的口腔里。在你说话的时候，这种橡皮球会膨胀，你越想喊出什么话来，它就越膨胀，直到最后把你整个口腔给撑起来。我想这不是科学家发明的，这就是我们天才的狱卒们发明的。

所以，在我们的生活当中——我不说我们的时代，我们说在过去那种封建制度下，有很多天才的狱卒和天才的奴才，只要主人给他一个眼色、一个暗示，他就会做得非常好，就会发挥他的聪明才智，把主子给他的命令贯彻到无以复加的一种程度。你要说折磨一个什么样的罪犯，或者折磨他们认为的一个罪人，那些天才的狱卒们和天才的奴才们，就会发挥他们的聪明才智，想出很多酷刑来。

回忆一下历史，如果做一下这方面的调查，就会感觉触目惊心，令人发指。所以，我想，发明了橡皮球的那个狱卒或者其他人，如果还健在的话，他能够忏悔吗？能够认为他这个发明是多么惨无人道吗？会不会去申请专利呢？都很难说。

这两个发生在当代的革命女烈士的痛苦遭遇，刺激了我创作《檀香刑》这部小说的灵感，也让我思考了鲁迅先生所揭示的看客文化、看客心理在当代中国继续发展的一些可能性。尽管刚开始创作这部小说的时候，目的比较简单，就像恢复一个说书人的身份一样；但是，在写的时候还是加进了更多复杂的目的。

《檀香刑》这部小说得到了一些好评，当然批评的声音也一直非常强烈。我想这也是非常正常的。我也为自己辩护过，认为对这些残酷场面的描写当然值得商榷，但是让我删除我也不舍得。我觉得如果没有这些残酷场面，这部小说也不成立。因为这部小说的第一主人公是一个刽子手，如果不这样写，这个人物就丰满不了，就立不起来。尽管这样写可能会吓跑一些读者，但我觉得为了塑造这个人物，为了文学，这是值得的。

假如将来再处理这样的题材，是不是还要这样淋漓尽致？我也要认真想一想。因为在《红高粱》里，我也曾经写过一个日本强盗剥中国人的人皮这样一些描写。那时候这样的批评也存在，当时叫自然主义的描写。后来到了《檀香刑》，这种批评就更加猛烈。我写的时候也没有意识到这个问题有多么严重，后来反映的人多了，也促使我对这个问题进行了很多反思，希望我将来写的时候找一下有什么别的方式可以替换，又能塑造生动的人物，又能避免这种过分激烈的场面描写。

写完《檀香刑》，我又写了《四十一炮》、《生死疲劳》这些小说。写《四十一炮》的时候，我是想对我的儿童视角写作作一个总结。因为我写的很多小说，尤其是中短篇小说里，有大量的儿童视角。《四十一炮》就是我用儿童视角写的一个长篇小说。

写《生死疲劳》就是想进一步从我们的民族传统和民族文化里发掘和寻找小说的资源。我使用了章回体来写这个小说，当然这是雕虫小技，谁都会用章回体。当然，对我来讲这也是一个符号，我希望用这种章回体来唤起我们对中国历史上的长篇章回体小说的一种回忆或者一种致敬。当然，也有一些评论家认为这种章回体太简单了。这部小说如果不用章回体它依然是成立的，用了章回体也不能说是一种了不起的发明创造——这肯定不是发明创造，这就是我对中国古典小说的致敬。

九　把自己的灵魂亮出来

从70年代末的改革开放到现在，三十年时间里，中国的各方面都发生了巨大变化，中国的小说创作也经过了一个曲折漫长的过程。在这个过程中，有很多成功的经验，也有很多失败的教训，对我个人来讲也是这样，也就是我个人为什么写作也在发生着不断的变化。假如同学们要问我，如果现在你要写一部新的小说，那你是为什么而写作呢？或者今后是什么样的目的使你继续写下去呢？我用简单的几句话来总结一下。我觉得从某个方面来讲，我的写作过程可以归结成这么几句话：我在前面的一些阶段是把好人当坏人写，把坏人当好人写。我在刚才讲到《丰乳肥臀》的时候已经比较充分地阐述了这个意思。

"把好人当坏人写"实际上就是说把好人和坏人都当作人来写。好人实际上也有很多不好的地方，在某一时刻也会出现很多道德上的问题，出现很多阴暗的心理。坏人也并不是说完全丧失了人性，即便是一个十恶不赦的强盗，他在某一时刻也会流露出慈悲的心肠来。"把好人当坏人写"、"把坏人当好人写"是我过去三十年来创作所遵循的一个基本想法。

那么，接下来我想是该清算自己了，我想下一步是要把自己当罪犯来写，这也是在向鲁迅先生学习。当然，现在中国的很多批评家和大学教授们都在批评中国作家们缺少一种自省意识，缺少一种自我忏悔、自我剖析的意识。就是说，我们可以批评别人，可以拿着放大镜来找别人的弱点和缺点，可以站在一个道德高地上来不断地向别人发问，逼着别人忏悔，但是，为什么我们从来不向自己发问？我们有没有勇气来对自己的灵魂进行深刻的、毫不留情的解剖？

当年，鲁迅先生给我们树立了一个光辉的例子，他就毫不留情地解剖过自己。当代作家有没有可能像鲁迅他们这一代作家一样，勇敢地面对自己灵魂深处最黑暗、最丑陋的地方，毫不留情地解剖和批判？我觉得经过努力能够做到这点，不管做得彻底不彻底，有这个想法总比没这个想法好。所以，简单地说，看起来我现在人五人六的，通俗地说是人模狗样，站在这里瞎说八道，但事实上，如果毫不留情地回顾自己走过的人生道路，就会发现我确实犯过很多错误，而且有的是不可原谅的错误，也干过许多道德上有问题的一些事情。在今后的创作中，我当然不能像卢梭一样写一部《忏悔录》，但是把这作为一种精神、一种境界，敢于时刻把自己的灵魂亮出来，我觉得这会使我今后的创作别开生面，也许会写出跟我过去的作品不一样的作品来。所以，下一步就是把自己当罪人来写。

我讲到这里，现在跟大家交流，谢谢。

互动交流：

学生：莫言先生您好！写作需要灵感，灵感往往来自不一般的体验。比如，您刚才说要想写杀人的话，您去看了杀鸡；还有你母亲的苦难、伟大的母爱，让你写了一部关于母亲的小说。假设生活中没有这种特殊的体验，也就是说，生活中往往会有一段时间是特别平淡的，那么是否也就没有了灵感呢？这个时候小说应该怎么写？您在这方面有没有深刻的体验可以跟我们分享一下？谢谢！

莫言：我想每一个人实际上都在生活，看起来是很平淡的生活，但是你认真地想一下平淡之中肯定也有很多不平凡的细节。在座的学生每一个人从有记忆力一直活到二十多岁，这么漫长的时间里，肯定有许许多多让你感动、让你痛苦、让你难以忘怀的事情，这些都可能变成一部小说的出发点。假使我真的想不出有什么让我感动、让我痛苦、让我愤怒、让我惊惧的事情来，那怎么办呢？那就读别人的书吧，从别人的小说里面能不能读到类似的情节？或者读历史资料、看漫画、看电影，就是说从别的地方来寻找一下有没有外界的事物能激发、刺激你的灵感。

我的灵感的产生是多种多样的。譬如我刚才讲的《天堂蒜苔之歌》这本书的创作灵感，实际上就是一个外部发生的事件触发的。当然写的时候可以调动自己过去的记忆。

总而言之，它实际上有一个技巧的问题。一旦你找到这种技巧，你会发现你的平淡当中实际上也包含着很多宝贝东西。这种技巧要慢慢地摸索，我一下子也告诉不了你。有时候写小说像学什么技巧一样，好像蒙着一层纸，但是一旦捅破这层纸，就很明确了。实在不行的话就先读史料，读各种各样的材料，然后有一天会突然明白的。谢谢。

学生：莫言先生您好！通过您精彩的演讲，我回顾了中国近百年的历史，特别是近五十年的历史。您用您独特的视角创作的一些作品得到了很多好评，就像帕慕克所说，您是在中国当代他比较推崇的一名作家。但是，中国作家还有一个没有完成的梦，那就是诺贝尔文学奖。对于这个问题，您觉得中国作家怎么样才能得到诺贝尔文学奖？

莫言：得奖实际上只是一个符号。我在帕慕克得奖之前就认识他了，我感觉他得奖没得奖实际上是一样的。但在一般人心目中，他得奖之后，他的身份就立刻变得不一样了，他头上戴上了一个光环，但人还是这个人，性格还是这个性格。

我发现他很好玩，很不遵守纪律，起码不像我这样完全服从主人的安排。他在北京的时候，中国社会科学院要在23号上午开他的作品研讨会。如果是一个中国作家的话，看到这么多人跑来捧场，说写了你的研究文章，你肯定会非常高兴地、毕恭毕敬地坐在那里聆听。但是帕慕克不是这样的，帕慕克先发了言，讲了二十分钟，然后就抽身而去，说："我不习惯当面听别人说我的好话和坏话。"这是让主办方根本就没有想到的。因为前几年也在这个会场里搞过日本诺贝尔文学奖获得者大江健三郎的讨论，大江先生就非常认真地拿了笔，不断听，不断记，而且对大家能够浪费时间专门研究他、写那么长时间的文章表示非常感谢。帕慕克抽身而去，不管那一套。很多人的性格是很不一样的，我倒很欣赏帕慕克，他还是挺好玩的。

后来，有一天晚上我和他一起吃饭，也去了好几个记者，我就跟他说："我们不谈文学，就谈吃饭。"但是，谈着谈着还是涉及文学问题。

其实诺贝尔文学奖获得者也没那么了不起，没有让大家感觉到他像神一样，他就是得了奖而已。因此，我觉得我们中国的作家、中国的读者不要把这个太当作一回事。一个好作家即便不得奖，他依然是个好作家；一个没有写出好作品的作家，即便得了奖，他的作品也不会变好。对于我来讲，我还是要千方百计地把我的小说写好；对于你们来讲，你们要好好监督我下一部作品写得好不好。别的我们不去管它。

学生：很高兴听到您的讲座。刚才听了您的讲座，我想，一个写作者或者一个作家写东西肯定是言如心声，做到文如其人。刚刚我听到您讲"文化大革命"时期的时候，您会想着那个时代是怎么一种情况，然后想着要在刊物上发表点东西。现在我心里就产生了这样一种疑问，就是在那样的大背景下，想去适应那样的背景而写东西，会不会跟写作的最终真谛相矛盾呢？您是怎样处理好这两者的关系的？谢谢！

莫言：她讲到了"文化大革命"期间的社会环境。讲到"文化大革命"期间，确实有很多话题，我们的"文化大革命"研究远远没有达到应该达到的高度。我觉得"文化大革命"表面上的现象确实用几句话就可以概括，但是给我刺激最大的是"文化大革命"期间我们整个社会所包含的两套话语体系。一套是我们在社会上公开的时候讲的一套话，就是那种豪言壮语，革命的话、比赛的话、吹捧的话。另外一套话就是人真正的话语，在家庭里悄悄地讲的。这两种话语代表了两种道德观念。

我小时候印象特别深的就是，我的亲人们在公开场合讲的和他们回家时候讲的是完全不一样的。到底哪种对？凭着一种朴素的感情，我知道在家里讲的是对的。但是迫于那种环境，每个人都要自保，所以只能适应社会环境，讲一些言不由衷的虚话和假话。

我觉得这也不是"文化大革命"期间所独有的现象，这是我们几十年来一直延续下来的，五六十年代就开始了，比如50年代"大跃进"时期的"放卫星"、假话连篇等。一直延续到现在，我觉得这两套话语体系还是存在的。许多人在公开场合讲的并不是真心话，和在家里讲的话不一样，担心有时候会给自己带来不好的影响。什么时候在家里面讲的和在社会公共场合讲的是一样的，那社会就真正进入了一种文明、进步的状态。大家觉得西方跟中国是不是不一样呢？我觉得西方实际上也是这样的，有许多话也是不能拿出来公开讲的。

作为一个作家，如何看待存在于人类社会上的两套话语体系？我觉得作家还是有一种自由的，可以把平常只能在家里讲的话写出来，写到小说里去。这也是作家职业最令人迷恋的一个方面。

学生：莫言老师，上次帕慕克教授跟我们讲"想象能赋予人类解放的力量"，我想问您：想象是否能给中国作家带来创新的力量？谢谢！

莫言：我在5月27号跟他吃饭的时候，也专门跟他谈过想象的问题。一个作家创作的依据是什么，或者说最重要是什么？到底是经验还是想象？我觉得这两者实际上都非常重要。一个没有经验的人肯定是写不好小说的，一个人的人生经验越曲折、越复杂、越丰富，他创作的素材就越多，头脑里就积累下很多栩栩如生的人物形象，有很多的生活常识和经验。

但仅有这一点而没有想象力的话，依然不能完成一部伟大的好的文学作品。当时，帕慕克讲："一个作家有一种本事，就是能够把自己的故事变成他人的故事，反过来也可以把他人的故事变成自己的故事。"我就问他："你把他人的故事变成自己的故事，或者说把自己的故事变成他人的故事，中间依靠什么来转化？怎样把他人的故事变成自己的故事，是一个什么样的转化机制？是不是想象力在里边发挥了作用？"他说："同意，是想象力在里面发挥作用。"也就是说，把他人的故事变成自己的故事，还要建立在自我的经验的基础之上。我也问他："到底是个人经验更重要还是想象力更重要？"当然这是因人而异的，经验型的作家可能写得更加现实一点，想象力丰富的作家可能写得虚一点，更加天马行空一点。

我拿他的小说举过一些例子，我说："尽管我不了解你个人的经验是怎么样的，但是我从你的小说里可以看出你哪个细节是想象的，哪个细节是真实的。"他有一部长篇小说《雪》，里面有一个细节描写，就是说一帮人在剧场里聚会，舞台上面有演出，突然发生了动乱，有人开枪把剧场中间的铁皮烟筒打破了。这个铁皮烟筒是连接着火炉的，火炉里还有煤块在燃烧。那么这个时候他的描写是：浓烟就像开水壶里的蒸汽从壶嘴里冒出来一样，从这个枪眼里冒出来了。我说："帕慕克，这个细节是你想象的，你没有亲眼见到过子弹击穿铁皮烟筒的场面。"他说："确实是这样的，但是我看过壶子里烧开水、水开了之后蒸汽从壶嘴里冒出来的景象。"

另外一个细节，《雪》里面描写：在聚光灯的照耀下，许许多多的雪花有的是往下落，而有的是非常凶猛地从下面往上飘。我说："这个情节是真实的，你看到过的。"他说："确实是这样的。"根据我们的经验，一个没有见过下雪的人，或者没有认真观察过暴风雪的人，他的想象肯定是雪花从天而降，飘然而下；那么，只有确实认真观察过的人，而且恰好经历过那么一个情景，才会知道下雪的时候，有的雪花是往下落，而有的雪花是往上冲的。

所以，这个看起来不真实的细节，恰好是观察得来的，是真实存在的，是看到的。而前边的让大家一想就很真实的事件，恰好是作家个人经验基础上的一种延伸想象。我想就是这么一种关系，一个作家的经验和想象是不能偏废的，要懂得怎样灵活运用。谢谢！

学生：莫言老师你好！高考之前，我写作是为了高考能拿到一个好分数；现在我会写一些日志，记录心情和思想。有时候会想知道，我们作为大学生，应该为什么而写作？另外，您作为一名著名作家，以写小说为主，会过渡成为一个思想家吗？您是怎么思想的？我们参考一下。谢谢！

莫言：谢谢这位同学，他讲到高考前上高三的时候，他是为高考的一个好分数而写作，这毫无疑问是非常正确的。我想那个时候一篇作文可以决定一个人的命运。我去中学里作报告，第一句话会说："高考制度非常坏。"学生会狂鼓掌，但是我紧接着会说："没有高考制度会更坏。"学生就："啊！"我们必须承认这是非常现实的，没有高考制度确实会更坏，工农子弟更没有出头之日。不管怎么说，高考还是一个相对公正的机制。所以在这个时候，写作是为了得到一个好分数，这是非常正确的一个目的。

你现在写作，第一是为了记录心情，第二是为了记录思想。我觉得这也很好。现在有了博客，很多人都在博客上写作。我偶尔会看一下别人的博客，发现其实每个人的技巧都很成熟，写得都很生动活泼，语言也机智幽默。也就是说我们真正进入了一个群众性写作的时期。过去马克思说到了共产主义时代每个人都可以自由地选择自己的职业，但是我觉得进入网络时代，像是进入半共产主义时代了，每个人都可以成为作家。网络也是一种发表，博客也是一种发表，而且这样的写作过程对你也是一个很好的锻炼。20年以后你再回头看看你今天写的作品，会产生很多感想。这个我觉得也非常好。

作为作家里的思想家——鲁迅，他当然是无可比拟的，也正是因为这样，才确立了他在当代社会里不可动摇的崇高地位。当代作家与现代作家相比，并不是每一个人都像鲁迅一样有那么深刻的思想。像沈从文，如果说他的文学成就可以和鲁迅相比拟的话，那么他的思想成就、在思想方面的贡献就比鲁迅要差得远。张爱玲到底有多少思想，这也很难说了。现代作家里鲁迅是最出类拔萃的。

我觉得，当代作家里有思想的作家还是蛮多的。像史铁生，我觉得他思考问题还是比较深的，当然他有他一些独特的问题，因为他的身体条件使他更多地进入一种思辨状态，他的人生遇到巨大的困难，在生与死面前的思考确实要比很多身体健康的作家深得多，在思想上也有许许多多新的发现。当然，有很多作家也在思想，但是我总认为，一个有思想才能的作家未必能写出最好的小说来。反过来，一个写出来很好的小说的人也未必是一个深刻的思想者。因为文学创作中存在一种现象，就是很多时候，形象大于思想。

现在来讲一下曹雪芹的《红楼梦》。它真的有后来进行《红楼梦》研究的人所研究的那么复杂吗？曹雪芹写《红楼梦》的目的真的是要为封建社会唱挽歌吗？他真的在追求男女平等、妇女解放吗？他真的是把贾宝玉当作一个具有资本主义民主思想的新人吗？毛主席说这是一部政治小说。我觉得后来的很多研究都远远超出了曹雪芹原来写作的本意。这就是形象大于思想。

而一部成功的小说，它的一个重要特征就是形象大于思想。它的多义性、多解性会随着时间的改变而不断地成长。有的小说写出来是死的，不变化了的；但有的小说会随着时间的变化不断地在变化、在成长，是活的。因此，作家多一点思想当然不是坏事，但是没有这方面的才能、不具备这方面的素质，也无所谓，也可以写下去。

学生：莫言先生您好！我听说过在您身上有"两座灼热的高炉"，一座是马尔克斯的《百年孤独》，一座是福克纳的《喧哗与骚动》，这些都是西方名著。我要提的问题是，您在读这些西方名著的过程中，有没有感觉到它们的语言在翻译中有流失呢？

莫言：马尔克斯的《百年孤独》和福克纳的《喧哗与骚动》确实是我非常喜欢的两本书。但是我也非常坦率地告诉你，《百年孤独》这本书我是在去年6月份才读完的。因为去年6月份我接到日本的邀请，日本要开国际笔会，马尔克斯有可能参加，我说我也参加。既然大家都说我受马尔克斯这么多的影响，但我居然没有读完《百年孤独》，就对不起这位老先生了，所以去年6月份我用了两周的时间从头到尾、一行不漏、认真地把《百年孤独》读了一遍。读完以后我就得出这样一个结论：无论多么大的作家，无论多么有名的作品，都是有瑕疵的。我发现《百年孤独》从第十六章到第二十章有很多是废话，这部小说压缩到第十八章是最好的。后面的两章，整个的人物和小说的内容没有关系，我觉得他是硬把它撑长的。

福克纳的《喧哗与骚动》我至今也没有读完，就读了前面五六页。因为我读到了小说里描写到：那个傻瓜，那个白痴能够闻到雪的味道。一下子就让我感到心里非常敞亮，让我明白了小说怎么可以这样写。我们说能闻到花的味道、树的味道，但是从来没有听说过雪还有味道。既然雪可以有味道，那么别的也可以有味道。所以我想，尽管我没有读完这部小说，但是它也给了我很大的启发。这是两本了不起的作品。

翻译问题实际上我是没有发言权的，因为我不懂外语。只有懂外语的人才可以讲得比较好，但是我相信任何一次翻译其实都包含着翻译家非常艰苦的创造性的劳动。首先要寻找一种非常对应的语言。像我的小说的日文译者就找得比较好。我的小说《檀香刑》的翻译者是日本佛教大学的吉田富夫教授。他们都认为我的小说非常难翻译，因为里面有大量的方言土语，有大量的押韵，怎么翻译成日文？后来这个翻译者告诉我，他的故乡也有一种地方小戏，他就把我小说里描写的"猫腔"这种地方小戏移植到他家乡的那种地方小戏上去，用这样的方式来做了一种转化。我去日本做这本书的宣传的时候，很多读者告诉我，看了这本小说很强烈的一个感受就是"声音"，说"声音大于文字，总感觉到有一种戏曲的腔调、旋律不断在耳边缭绕"。我就知道他的翻译是很成功的，他找到了一种非常好的对应关系。有的翻译就非常不成功，仅仅把这个故事翻译过去。《檀香刑》这部小说如果不能把它的语言的味道移植过去的话，仅仅一个故事是没有什么精彩的。所以，我觉得翻译有很多境界，好的翻译不仅能把小说的故事翻译过去，而且也能把语言的风采和风格找到一种很好的对应移植，这是最好的。

一流的翻译可以把一部二流的小说翻译成一部一流的小说。比如我有一部小说在中国只能算是一部二流的小说，但是碰到一个非常高明的翻译，这个人的德文非常好，把它翻译成一部德文小说，结果就把我这部二流的中文小说翻译成了一部一流的德文小说。当然也存在完全相反的现象，本来是一部一流的中文小说，碰到一个蹩脚的翻译家，结果被翻译成了一部二流的外文小说，有的甚至成了三流的，仅仅是个故事梗概。这是很糟糕的。

当然还有一个是语言问题,就是翻译过来的中文到底算什么语言。记得有一年上海复旦大学陈思和教授在大连跟我们专门讨论过这个问题。我的意见是:这也是中国文学语言的一个重要部分。所以,有时候我们比较习惯地讲"我受了马尔克斯的语言的影响","我受到了福克纳的语言的影响",这实际上是不对的,严格地讲我们是受了翻译家的中文的影响。

尽管好多翻译家在翻译马尔克斯的语言时,是用中文里把西班牙文里可以对应的东西转移过来了——我们看到的翻译成中文的马尔克斯的《百年孤独》也体现出了马尔克斯独特的风格,但它毕竟是中文。所以,"我读了马尔克斯的《百年孤独》受了他语言的影响",这句话是经不起推敲的,只能说是受了中国翻译家的语言的影响。

学生: 莫老师您好!您刚才讲到您写《红高粱》的时候,不知道人被杀了头之后是什么现象,所以您把鸡被砍了头之后皮往下褪的现象移植到人身上,结果歪打正着正好是对上了,那么万一要是不是这样的呢?有时候丰富的想象力确实能够弥补写作中的一些不足,但是有些客观现实和事实是不容歪曲,不能全凭主观意识来创作的,因为这样可能会对读者产生一个错误的导向作用。比如刚才那个情节,事实也许并不是您写的那个样子,但是我读了您的书,以为就是这样子的,然后我把这个事情告诉了张三,张三又传给了李四,最后大家都认为它是对的,结果它却是错的。所以,作为一个作家,您在写作的时候有没有思考过这样一个问题:我写出来的东西要对读者负责任?谢谢!

莫言: 我刚才实际上也讲过,毕竟有过亲身的战场经验的人还是少数,即便是错了,多数人也不知道。当然你讲的这个问题也挺重要。如果里面描写了一个错误的药方:用二两雄黄加二两醋搅在一块喝了来治感冒,感冒立刻就好了。读者用这个杜撰的方法来治感冒,确实是不对的。如果你在小说里描写一个菜谱:用柴油炒猪肉,味道特别好。一个读者回家让他妈妈用柴油炒了二两猪肉给他吃,结果吃得上吐下泻,这肯定也不好。

这样的例子当然不能瞎写,其他的我觉得都无所谓。因为小说就是小说,它是文学艺术作品。小说不是菜谱,也不是医学教科书,所以一般也没有读者是那样认真的。很多魔幻现实主义的小说、黑色幽默的小说、严重地歪曲社会现实的小说、极度夸大现实生活中某个细节的小说,比比皆是。所以我想,不可能出现你说的这样的问题，不用担忧，假如你写的话，可以尽管放心地写。就像卡夫卡写一个人早上变成了一只甲虫，如果有人因此担心自己变成甲虫的话，那是很愚蠢的，但对作家来讲没关系。

（根据录音整理，已经本人审阅。整理：朱敏　朱银平　黄锟拉　郑艳）

莫砺锋

南京大学中文系教授,博士生导师。现任南京大学中国诗学研究中心主任,兼任教育部社会科学委员会委员、教育部高校文化素质教育指导委员会委员、教育部中文学科教学指导委员会委员、复旦大学中国古代文学研究中心学术委员、武汉大学中国传统文化研究中心学术委员、中国韵文学会理事、中国宋代文学研究会副会长、中国杜甫研究会副会长、中国陆游研究会会长等。主要研究领域:唐宋诗歌、中国文学史、唐宋文学的文化背景。出版个人学术专著《江西诗派研究》等五部,合著三部;发表学术论文百余篇。国内首位文学博士获得者,曾获国家教委授予的"作出突出贡献的中国博士学位获得者"称号和江苏省教育厅授予的"优秀研究生导师"称号,入选"江苏省333工程"第二层次培养对象。

唐宋诗词的现代意义

(2007年12月18日)

各位同学,各位来宾,晚上好!我已经记不清是第五次还是第六次到绍兴,也是第三次到贵校,却是第一次跟同学们见面,所以今天很高兴有这个机会能跟大家谈一谈。

刚才贵校宣传部的老师介绍了我一大堆头衔,其实我觉得我最值得介绍的是老知青。我们年轻的时候跟同学们现在不一样,我们那时候下放当知青。我在农村待了整十年,都在长江下游地区,所以对于长江下游地区的水稻栽培是非常熟悉的。但是现在不讲水稻栽培，就讲唐宋诗词。接下来就转入今天的话题。

今天我讲的题目是"唐宋诗词的现代意义"。我想在座的比较多的是中文学科的同学，大家比较习惯接受的一个名词是"唐诗宋词"，而不是"唐宋诗词"。那么把"唐诗宋词"变为"唐宋诗词"，把这四个字的次序稍微改变了一下，有什么意思呢？

我的看法是这样的——我们习惯上说"唐诗宋词"，基本上是接受了王国维"凡一代有一代之文学"的观念，就是一个朝代有一种特别发达、繁荣的文体。那么唐代是五七言诗歌，宋代是词。

这样的说法当然有一定的道理。但是具体到唐宋时代的诗跟词来说，首先我们不能否认宋诗，唐诗固然好，但是宋诗也非常好，这不是数量的问题。因为我们现存的唐诗全部加起来是5.6万多首，现存的宋诗一共是24.7万首，就是说现存宋诗的数量是唐诗的5倍。所以主要不是数量这个原因，而是由于假如我们只说唐诗，不说宋诗的话，那么我们就失去了苏东坡的诗，同样失去了一位与绍兴有直接关系的陆游的诗。北宋的苏轼、南宋的陆游，这两位诗人的五七言诗歌的水平，在我看来绝对不亚于唐诗。所以我们讲五七言诗的话一定要把宋诗也包括在内，我们要阅读唐诗的话，同时也要阅读宋诗。

说到词，情况也是一样的。当然词的高峰期是在宋代，但是唐代，尤其是中晚唐和五代的词也已经相当繁盛。在唐代已经出现了温庭筠，出现了韦庄，到了五代又出现了李后主那样的词人。如果只讲宋词，显然就把这些优秀词人排除在外了。

假如我们来考察一下诗跟词的整个发展过程的话，那么应该把唐宋作为一个完整的文学史阶段，就是五七言诗从唐代开始，唐代达到兴盛了，但是它没有完成它的发展轨迹，到宋代还有很多发展。词当然更是这样，唐代开始产生，到宋代达到巅峰。因此，要么不讲古典诗词，要讲诗词一定要把唐宋放在一起。

这就解释了题目的前四个字，为什么我把"唐诗宋词"改成"唐宋诗词"。后面四个字没有什么深意，所谓现代意义，就是现代的人谈论一下唐宋诗词的意义。意大利美学家克罗齐有一句名言："一切历史都是当代史。"就是所有的历史，不管是上古史也好，古代史也好，它都是当代历史。为什么说是当代历史呢？它的意思就是说，只要你在谈论一段历史，当你在思考这个历史，当我们在言说这一段历史，那么它就进入了我们当代人的视野，就必然受到当代人的观念、价值判断标准的影响。因此它是有当代意义的，也就是当代历史。

古代的文学作品当然更加是这样了。整个唐宋时代好的诗词作品可以说一直活在中国人民心中，一直存活到现在，还是很鲜活的。因此它必然是有当代意义的。我们今天在"风则江大讲堂"谈诗词，谈论的必然是它的当代意义。

那么今天谈什么呢？用短短两个小时来谈唐宋诗词，刚才我说了，唐宋的诗词有那么多的数量，所以显然只能是浮光掠影地谈一谈。我想按照贵校讲堂的惯例，留一点时间给同学们提问。同学们对哪些方面比较感兴趣——当然是唐宋诗词范围内，希望跟我交流一下的，待会儿可以提问题。

作为开场白，我先说一说我对这个问题的个人的一些看法。文学作品，尤其是中国古代的文学作品，它最有价值的是什么，是哪一个部分？

在20世纪，曾经有人问现代诗人艾青（大家也许读过他的新诗）："什么叫诗？"艾青说："诗，就是文学中的文学。"文学中最有文学特征、最有审美意义价值的，他认为是诗。应该说，艾青这句话放在现当代文学的范畴里不一定为大家所认同。但是我想，假如把这句话放在中国古典文学中，那么应该说是说得很准确的。体现中国古典文学最高境界的是诗，当然这包括《诗经》为代表的四言诗，也包括《楚辞》，包括元代的曲。但是最好的，在量与质这两方面都登峰造极的，恐怕还是要推唐宋时代的诗词，它是中国古典文学中最为光辉灿烂的一个部分，是瑰宝。

20世纪80年代，当时中国的大学生有所谓的"四大导师"，其中有一名叫李泽厚，是一个美学家，现在定居美国了。李泽厚主要是研究思想、哲学的，他有一个判断，他说："中国的传统文化中很多内容都博大精深、光辉灿烂，但很多东西经过长时间的淘汰以后，光辉会逐渐黯淡，有些价值也许会过时；但是只有唐诗宋词魅力永恒。只要中国人还说汉语，只要中国人还用方块字在进行写作，那么唐诗宋词的魅力是永恒的。"

我觉得这句话说得非常好，尽管他不是一个研究中国古典文学的专家——他是研究哲学史、思想史的——但这句话高屋建瓴，说得很好。对我们这些以唐宋文学为研究对象的人来说，我当然更同意这种说法了。这也许是由于自己在里面钻得比较久了，有一些偏爱。但是我想，这句话说得还是比较客观的。

大家不信的话到市场上去调查一下，我们现在每年全国的出版物中，假如把现代新诗的印数加起来，跟《唐诗选》、《宋词选》的印数加起来比一下，哪边多？还是后者多。像《唐诗三百首》每年全国都有不止一个出版社在重印，不停地重片，有各种版本。我家里收集的《唐诗三百首》就有十多种版本。我并没有有意地去收集，无意之中就有了十多种。每年都有新的版本，不停地在出版，这就说明它有销量，有读者。

唐宋时期的作品距离我们年代最远的已经1400年，距离最近的也已有800年。为什么这些作品经过那么长的时间以后，我们还要读它，直到今天它还是活的文学？"五四"以后的很多白话诗，我们现在已经不读了。我想现在很少有人读郭沫若的诗，哪怕他的《女神》，现在有几个人能背的？不多。但是唐宋诗词有很多人能背诵，这就在于它确实达到了登峰造极的艺术水准，非常好，是瑰宝。所以我们今天还要读唐宋诗词，说它还有价值，还有意义，我想这是不会有疑问的。

一　读唐宋诗词要注意什么

假如今天在座的并不是中文系的学生，大家并不是专业地来学古典文学，只是作为一个普通读者的话，那么我们在读唐宋诗词的时候或者在理解它的时候，应该注意些什么？

首先，我想同学们肯定没有时间来读很多很多的作品，刚才说了《全唐诗》，加上《全唐诗补编》，我们现在一共拥有的唐诗是5.6万多首。我想大家不会有时间来读完，太多了。我读过一遍，也只读过一遍，没有读第二遍。因为通读一遍费时很多，而且说实话，全部读完也会觉得乏味。因为《全唐诗》里并非每一首都是好作品，也有一些比较枯燥乏味的，甚至比较拙劣的，写得比较差的也有不少。我读的时候感觉，《全唐诗》里最差的诗差到什么水平呢？差到比我本人写的还要差，那么差的诗，我们在《全唐诗》里肯定能找到的。《全宋诗》我没有读完，有24.7万首，我到现在还没有读完，我想争取在有生之年把它读完。

但是同学们犯不上去受这个苦，那么多，又不一定很好。你们肯定是读选本，唐诗挑一两种选本，宋诗挑一两种选本来读一读。那么，这时候就产生一个问题：我们读什么书？读什么选本？

就唐诗而言，我可以向同学们推荐——当然是体现我们现代人意识的选本：第一种是中国社会科学院文学研究所选编的《唐诗选》；还有一种是已故的上海师范大学马茂元教授选的，也叫《唐诗选》。这两种选本应该说都体现了一些当代人的意识，是当代人所重视的那些东西，至于当代人所不重视的，一般都不选。

虽然我也向大家介绍这两种书，但是要讲家喻户晓的程度，就是说哪一种唐诗选本最家喻户晓、最受读者欢迎？恐怕不是这两种，还是要推《唐诗三百首》。现在关于唐诗的最好的选本、最受读者欢迎的选本，依然是《唐诗三百首》。《唐诗三百首》这个选本选得好，尽管它是清代乾隆年间——乾隆二十九年，公元1764年的选本，到现在已经两个半世纪，但它依然是全球华人范围内最受欢迎的一个读本。

我一向——至少在南京大学时，向我的学生推荐读唐诗，就先读这一本，读完《唐诗三百首》以后再转移到其他书去。同学们年轻，记忆力好的同学最好把它全部背出来。一共就310首诗，把它从头到尾背一遍，那是很好的。

那么，是不是熟读《唐诗三百首》就解决问题了呢？也还没有。今后大家会读比较多的书，读书是要注意版本的。虽然同样是《唐诗三百首》，要读哪一个版本，它印得好不好，有没有错，要注意挑选。

同样是《唐诗三百首》，会有问题吗？有。我就碰到过有问题的《唐诗三百首》。

先举一个例子。大概在八九年以前，那个时候我还在南京大学给本科生上课。现在不了，因为南京大学是以研究生教学为主的，现在我精力全都转移到研究生教学上来了，本科生的课就不上了。那个时候还在上。有一次，我给本科生班上课，讲文学史，讲到唐代那一段，就提到了《唐诗三百首》。我大概随意说了一句："《唐诗三百首》是一个很好的选本。"好在什么地方呢？初、盛、中、晚唐都兼顾了；各种诗派——边塞诗派、山水田园诗派也都兼顾了；各种诗体比较平衡，五言古诗、七言古诗、律诗、绝句都比较平衡；突出大家，杜甫第一位，入选其诗40首，最多；接下来是李白和王维，29首，等等，都比较好。这些都是它的优点。但是《唐诗三百首》也有缺点，一个最明显的缺点就是它漏掉了一个重要诗人——李贺。《唐诗三百首》中李贺的诗一首都没有，完全漏掉了这个人，我觉得这是不公正的，或者说这是不准确的。

因为在我想来，无论我们以哪一种标准来衡量唐诗，来选唐诗，既然选了300多首，第一，李贺一定要入选，不能把这个人完全忽视了；第二，在我想来，李贺的诗在《唐诗三百首》中光选一两首还太少，要选四至五首，才比较符合他真实的水准。他在唐诗史上的地位有那么高，应该选四至五首，但是现在一首都没有。这是一个很大的遗憾。

我刚讲完，就有同学站起来跟我讨论——南京大学本科的同学最喜欢跟老师讨论，研究生倒不怎么喜欢发言，本科同学特别喜欢发言——马上有一个女同学站起来说："莫老师，你说得不对。"我说："什么地方说得不对呢？"她说："《唐诗三百首》里已经选了李贺的诗了。"

我当时大吃一惊。说实话，假如今天在绍兴文理学院这个讲堂上，我如果说了一句话后有同学站起来说："你说得不对。"那我肯定就检讨："我可能说错了。"因为我现在年将六十，快近花甲之年，已经糊里糊涂老年昏聩了，什么东西都记不清楚，昨天看的书今天就忘掉了。但是八九年以前，我的头脑还没有昏聩，我的头发还没有白。现在一照镜子就想起李白的"朝如青丝暮成雪"，我已经两鬓苍苍，但那时候还没有两鬓苍苍。所以那时我就觉得奇怪：《唐诗三百首》里已经选了李贺的诗吗？刚才我说我家里起码有十来个版本的《唐诗三百首》，我都翻过无数遍了，怎么不记得有李贺的诗？但是那个同学说"有"。

我就反问她："有吗？"那个同学拉开抽屉，从书包里"呼"地抽出一本书来——她正带着一本《唐诗三百首》，很熟练地翻到那一页，举起来给我看，说："老师，你看。"我走过去拿过来一看，果然是李贺的诗，一数，差不多四到五首。什么《梦天谣》、《金铜仙人辞汉歌》、《苏小小墓》，都是我比较喜欢的李贺的诗。再一看封面，就是《唐诗三百首》，清代蘅塘退士编——编选《唐诗三百首》的人号蘅塘退士，真名叫孙洙，是江苏无锡人。翻开来看有没有经过现代人的改编，一看，既没有前言，也没有后记，扉页和封面上都没有任何说明，就是一本原汁原味的《唐诗三百首》。

我简直要晕过去了，我想我这么早就进入老年糊涂了？我看来看去看不出什么问题来，就是李贺，《唐诗三百首》也没有问题。我就对同学们说："大家停一下，等我再翻翻这本书。"我就赶紧翻，翻到最后，恍然大悟，发现问题了，就把书还给那位同学，说："这不算的，因为这是伪造的《唐诗三百首》。"同学说："怎么会是伪造的呢？我又不是地摊上买的，我是新华书店买的。"她翻开给我看，确实是正式出版社——我不说这家出版社的名字，是华北某省一家人民出版社出版的。

我有什么理由说这本《唐诗三百首》是伪造的呢？它选了李贺的诗，我还拿不准，也许是我记错了。但是我发现了另外一个人，它比我以前读过的《唐诗三百首》又增加了另外一个诗人，选了他的两首诗，都是七言绝句。说实话，这个诗人的诗本来不应该选到《唐诗三百首》里去。

他被选了两首诗，都是咏菊花的诗，其中有一句去年由于张艺谋的一部电影"满城尽带黄金甲"——而非常走红。当然这两首菊花诗写得还不错，一首是："待到秋来九月八，我花开后百花杀。冲天香阵透长安，满城尽带黄金甲。"还有一首意思跟它差不多："飒飒西风满院栽，蕊寒香冷蝶难来。他年我若为青帝，报与桃花一处开。"这两首诗都选进去了。大家都知道作者是谁，是晚唐农民起义领袖黄巢。黄巢科举考试考不上，经常落榜，他就很愤怒，于是写了这样两首发牢骚的诗。"他年我若为青帝"——以后我来掌握命运的话，就要怎么样怎么样。

我为什么断定它是伪造的《唐诗三百首》呢？原因就在于《唐诗三百首》是清代乾隆年间选的诗。清代乾隆年间是一个什么时代？正是文字狱最严酷的时代。乾隆时候，满清统治者为了镇压汉族人民的反抗意识、民族意识，就制造了一系列的文字狱——所谓的文字狱就是写文章、写诗、编书等见诸文字的东西，一不小心，稍犯忌讳，那么马上就会遭受大灾，不光是杀头，而且是满门抄斩，死了都要把棺材挖出来戮尸。乾隆年间的诗人，夏天午睡，一不小心，书合上了，就随口吟了两句诗："清风不识字，何故乱翻书"，就被人告发杀头了。怎么可能想象乾隆年间有一个孙洙——是我江苏无锡的老乡——居然敢把黄巢的两首诗选进《唐诗三百首》；选进去后，这本书当时还没有被查禁，居然还风行海内，这是不可想象的，是绝对不可能发生的。所以我就断定这本《唐诗三百首》是伪造的。

后来我搞清楚了是怎么一回事。就是那个华北某省的人民出版社的编辑先生，他要重印《唐诗三百首》——很多出版社都重印，因为好卖，又不要自付版税。孙洙是250年前的人，老早死了，版权只有50年，你尽管印，印了就卖——他编印之时，一看，怎么没有选李贺的诗？他就补了几首进去——这一点我很同意，我也想补李贺的诗。这位老兄又特别喜欢黄巢，一看，怎么没有黄巢的诗？又补了两首进去。补当然可以，但是要说明一下，在前面加一个出版说明，说"这本书是经过我们改编的《唐诗三百首》"，否则就是误导读者。当然，补了黄巢，这本选本就不好了，因为不管怎么说，黄巢都够不上选进《唐诗三百首》里去，他不是唐朝的代表诗人。

所以我们读《唐诗三百首》，即使像这样家喻户晓的选本，我们依然要注意看看它是什么版本。一般来说，同学们假如自己想买一些古典文学读本，我劝告大家首选中华书局，第二是上海古籍出版社，主要是这两家，因为他们编印的质量比较好。其他的出版社你先慢一点考虑。

无独有偶，我也发现了海外印刷的问题。即使拿到一本《唐诗三百首》，它没有经过这样的胡编乱造，没有补过黄巢的诗，是不是拿起来就可以读了呢？也不一定。还要注意里面有没有问题，文本是不是准确。

1986年，我在美国哈佛大学访问，看到东亚系的课程表上有一门课，是一个洋教授讲唐诗，不是美籍华人，是盎格鲁-撒克逊人。用英语讲唐诗，我觉得很新奇，要去旁听一下。进去一看，是一个很年轻的副教授，在给他的研究生讲《唐诗三百首》。他讲里面的一首诗——我不知道在座的同学熟悉不熟悉这首诗，是晚唐诗人韦庄的一首诗，在《唐诗三百首》里它的标题叫做《金陵图》。金陵是南京的古称，图就是图画。当然这个标题是有问题的，在韦庄的诗集里，这首诗不叫《金陵图》，叫《台城》。到过南京的同学知道南京有一个地方叫台城，就是玄武湖边上的古城墙——六朝的城墙、明朝的城墙都在那里。

《台城》这首诗很短，四句话，七言绝句。我先念一下："江雨霏霏江草齐，六朝如梦鸟空啼。无情最是台城柳，依旧烟笼十里堤。"这样一首诗，很简单，大家一听就懂。我就在那里听这位盎格鲁-撒克逊教授用英语讲唐诗。说实话，我的英语听力不是很好，尽管我本科是在外语系读的，但是没读完就改行了，考研究生考到中文系去了。我的英语听力没有完全过关，但还是能听一点。

同学们上英语听力课的时候肯定会有这样一种经验——你听一段材料，假如里面的某个单词反复出现，在一段话里这个单词出现率很高，那你肯定抓住了，你就听懂了；这个词只出现一次，一闪而过就没有了，你可能就放过去了，就没有抓住。那么，我听了就抓住了一个词,这位洋教授老是讲一个词——crow,不停讲 crow、crow。crow 是什么东西呢?乌鸦。

我听了以后就开始纳闷,这首诗里又没有乌鸦,只有第二句"六朝如梦鸟空啼"里有个"鸟"字,鸟难道就一定是乌鸦吗?他为什么老讲乌鸦呢?后来我想通了,原来他把第二句里的"鸟"字看成"乌"字了,这两个字很像。但实际上不是他看错了,事后他给我看了他的根据——一本台湾出版的《唐诗三百首》。台湾出版的出版物是用繁体字印的,这个"鸟"字中间少了一横,就变成了"乌鸦"的"乌"字。他读的是这个版本,所以他念的是"六朝如梦乌空啼",结果老说"乌鸦"。

应该承认美国的教授很能侃,这么一首诗,28 个字,让我讲的话,十分钟就讲完了。他居然讲了一小时,不停地讲,说乌鸦如何如何,说这首诗好就好在一个"乌鸦"的"乌"字上,说这是这首诗的诗眼——一首诗里最好的一个字。为什么"乌"字是诗眼呢?他就向美国的同学介绍说:"乌鸦这种鸟在中国人心目中是一种不吉祥的鸟。乌鸦是黑的,汉语里有'乌黑'这个词,就像乌鸦一样黑,它不美丽;第二,乌鸦的叫声是嘶哑的,它不像黄鹂叫得那么好听,它的叫声很粗哑,不好听。所以中国人都认为看到乌鸦、听到乌鸦叫是不吉利的,大家都不喜欢它。所以,乌鸦这种意象一旦出现在诗歌中,就象征着阴暗、衰败、凄凉。"他说,"你们想,繁华的南京城——曾经是古代那么多朝代的首都,到了晚唐,等到韦庄走到城下的时候,居然发现春天城头上面有乌鸦在叫,可想而知南京城已经衰败到什么程度了!所以这首诗成功地应用了乌鸦这个意象渲染了这种气氛。"讲得真精彩,真生动。

讲完以后下课了。他看见我坐在边上,就说:"莫教授,你觉得我讲得怎么样?"看他还蛮得意的。我就说:"你讲得是很好,但是据我所知,这首诗里没有乌鸦,没有 crow,只有 bird——鸟。"他说:"怎么可能呢?"他赶紧抽一本书出来,就是刚才说的台湾出版的《唐诗三百首》,果然是印错了。我就告诉他:"这个地方是印错了,应该是个'鸟'字。"他不相信:"怎么会呢?这个出版物印刷得还是比较好的。"当然,美国的出版物是校对得比较好的,台湾的是粗制滥造,校对不精,所以有错字。

我就告诉他理由:"这首诗是一首七言绝句,是有平仄格律的。它的平平仄仄,每一个字都是有规定的。"大家读过《红楼梦》,《红楼梦》里香菱向林黛玉请教写诗,林黛玉向她传授经验时说过一句话，"一三五不论，二四六分明"。这句话用来讲平仄是一种粗略的说法。实际上，在七言绝句、七言律诗中，第五个字是要论的。第五个字不论的话就成了拗句，声调就不和谐，读起来就不铿锵。这句是韦庄这首诗的第二句——"六朝如梦鸟空啼"，它的平仄格律应该是：平平仄仄仄平平。也就是说这句诗的第五个字应该是一个仄声字，不能用平声字。鸟是仄声字，乌是平声字。

假如用了平声字会怎样呢？用了平声字的话，这句话就变成了：平平仄仄平平平，最后三个字都是平声——唐朝人称之为"三平调"，就是三个平声结尾的一种腔调，而这种调子在七言绝句和七言律诗中是不允许的，它只能出现在七言古风中。尤其到了晚唐，诗歌的平仄格律已经严格化了，大家都遵守；尤其是不是别人，是韦庄在写诗，韦庄写诗是非常注重格律的。因为他不光是诗人，他也是词人，填词对于平仄的要求当然更加严格。所以晚唐的韦庄写七言绝句不可能出现三平调。所以我跟那个美国的教授说，那里不可能是"乌鸦"的"乌"字，只可能是"鸟"字。

当然这位先生听了以后将信将疑，我们也没有再讨论下去，因为下课的时间短。当时我为了维护中美人民的友谊，就没有说另外一点意见，其实我更想告诉他的一点看法是：在韦庄的这首诗里，好就好在一个"鸟"字，而不是一个"乌"字。假如用了乌字，这首诗的水平就下降了，就没有原来那样好。

明末清初有一个大思想家王夫之，他写过一本书《姜斋诗话》，里面提出一个重要的诗歌美学原理："以乐景写哀，以哀景写乐，一倍增其哀乐。"就是用一种明快的、欢快的背景来反衬一种悲伤的情绪；或者反过来，用一种灰暗的、凄凉的背景来反衬一种欢乐的情绪，它的艺术效果更好。王夫之举了《诗经》里的例子："昔我往矣，杨柳依依；今我来思，雨雪霏霏。"这个出征的将士离开家人时，正是杨柳依依、春光明媚的时候；他现在回来了，跟家人团聚了，反而是雨雪霏霏的时候。两个背景跟情绪正好是相反的，反衬手法反而凸显了这样一种情绪。

韦庄这首诗正是这样构思的。韦庄本来就是说人事变迁非常快，经过时间的淘汰，南京这座城市已经从六朝时候的国都下降为一个地方性城市，六代豪华已经没有了，已经像梦一样地过去了。但是大自然不变，到了春天，尽管是一座古城，但它春色依旧。前面写的是"江雨霏霏江草齐"，后面是"无情最是台城柳，依旧烟笼十里堤"。依然是春雨霏霏，依然是垂柳依依。所以他正是要说鸟语花香依旧，但是城市变了，人事变了。假如换上一个"鸟"字，这首诗就不好了，这个句子就不美了。

我举这个例子是为了说明什么呢？就是想告诉大家，即使买到的《唐诗三百首》不是那本胡编乱造、加进了黄巢诗的《唐诗三百首》，也还是要注意它的文本是不是准确。我们要买好的书，好书的文本准确可靠，我们读的时候不受误导。否则，大家第一次拿到这本书，第一次接触这个作品，一下子给了一个错误的文本，当然受它误导，又不知道，就跟着它走了。

这是我想讲的第一点——我们读书读什么？读好的选本，在好的选本中选择版本。唐诗我推荐《唐诗三百首》，宋诗推荐什么呢？推荐两本，一本是钱锺书的《宋词选注》；另外一本是南京大学已故的程千帆教授选的《宋诗精选》。那么词推荐什么？一本是《唐宋词举要》，另外一本是《宋词选》，上海古籍出版社出版的，胡云翼选的。

我个人觉得这些选本是比较好的，同学们刚接触的时候应该读这些选本。当然，假如你是中文系的同学，假如你有志于专攻古代文学，仅仅读这些是不够的，还应该读更多。《李白诗选》、《杜甫诗选》等都要读，要扩大阅读面。但是一开始读这几种就可以了。

二　为什么要读唐宋诗词

这个问题本来应该一开始就讲，但是我把它倒过来了。我们为什么要读唐宋诗词？当然，有的同学说我喜欢。喜欢读当然是最好的阅读心态。说实话，如果你不喜欢，被老师、家长逼着去读，这样的读，一是没有意思，还有就是没有效果。最好确实是自己喜欢，但是喜欢不喜欢是可以培养的。一开始你可能并不太喜欢，可能很难欣赏它，但是你读过一些以后，慢慢地，你就会知道它的味道了，然后，你就能开始读了。

我想，对于今天的年轻人来说，尤其是对大学生来说，唐宋诗词是一定要读的，至少要读一些必要的篇章。因为这确实是老祖宗给我们留下来的非常宝贵的文学遗产，而且是文化遗产。这个遗产我们每个人都有权继承、接受。你不接受，不继承，不是放弃了这份权利吗？

唐宋诗词，尽管它产生的年代距离我们已经那么久了，但是由于它们非常生动而准确地反映了当时人们对于生活的看法和感受，非常生动准确地表现了他们的喜怒哀乐——应该说，尽管时代和社会生活变迁，但是人类的基本情感，喜怒哀乐、基本价值判断（对于善恶、是非的判断）是不会变的，所以其中的很多东西我们是可以继承的。

诗人、词人为什么要写诗、写词？为了抒情，为了抒发内心的情感。在生活的某种环境中，在人生的某个阶段中，他心有所感就写了，他写得好就成为名篇了。而这种情感、感受，古今的人并没有太大区别。诗词作品，从作者这方面来说是宣泄，从读者这方面来说是共鸣。这样，两者之间就有一种情感交流，你就得到了美学上的熏陶，同时也得到了人格上的熏陶。

说实话，很多唐宋时代的诗词名篇把某种感情、某种人生特殊经历中的感受写得那么好，以至于后代的人无法再写同样的作品了。鲁迅先生在一封信中曾经说过："我以为一切好诗，到唐已被作完。此后倘非能翻出如来掌心之齐天大圣，大可不必动手。"后来人如果没有孙猴子翻出如来佛祖手掌心的本领的话，大可不必再写诗。当然，我不是说大家不要写诗了，白话诗还是可以写的，因为唐人没有写过白话诗，所以可以写。如果你写诗词的话，唐宋人写过的主题你就不要写了。确实，很难超过它，很难接近它，你写的东西已经被它覆盖了，被它笼罩了。

女作家冰心也说过类似的话——每当我在生活中有所感受，想要写一首诗、一首词的时候，同样的感情已经被古人写过了。她的原话是这样的："恨不使古人未说我先说。"就是说，这首诗古人没有写就好了，我就可以来写。彼此的感受是一样的。

在座的肯定有家不在绍兴的同学，还有一些同学是从外省考来的，你们到这里来读书，远离了家乡，远离了父母。当你们遇到中秋等节日的时候，假期很短，不能回家，这时肯定有一种强烈的思乡之情。你想用一首诗或词来表达一种身在异乡想念家乡、想念亲人的感情时，那么我劝你先去读王维的诗："独在异乡为异客，每逢佳节倍思亲。遥知兄弟登高处，遍插茱萸少一人。"你不用写了，他已经写了。他帮你把那种情感表达得那么深刻，那么优美，你读就行了。

我本人有一次深刻的感受，也是在1986年，我得到哈佛燕京学社的资助去哈佛大学访问一年。机票都已经买好给我寄来了。实际上，那时候对方的条件很优厚。哈佛大学已经帮我租好了一套公寓，他们知道我有一个才三岁的女儿，还帮我准备了一张小床。结果单位里的领导不批准,不让我的妻子带着我的小孩一起去。我就一个人去了,八月份到美国,过了不久中秋就来临了。胡适说美国的月亮比中国圆,大家都骂他。杜甫说"月是故乡明",这句话也不对,应该说,美国的月亮同中国的一样圆。中秋那天,我走出寓所,一轮明月在夜空升起,升起在哈佛纪念二战烈士的教堂的尖塔顶上。那时候我有一种强烈的感受,因为我的家人都在南京,在中国,我一个人在异乡,碰到中秋佳节,而洋人对中秋没有什么感觉,所以我有一种强烈的想念家人的感受。我知道家人在地球的反面,他们这时候正是艳阳高照的白天,我还是要对着明月祝福他们。那个时候很想写一首诗或者词来表达这种感情,但是转念一想:"用得着我来写吗?苏东坡早就帮我写过了。"苏东坡说:"人有悲欢离合,月有阴晴圆缺。此事古难全。"他又说:"但愿人长久,千里共婵娟。"我心中所有的感受,他都帮我写过了,而且写得那么优美。

当然,我不是说大家完全不要写。作为中文系的同学,假如你们想写一些诗词格律,写写绝句,填填词,还是必要的,这是一种很好的抒情娱志的手段。但是我一直觉得我们写不出那样好的作品来。唐宋时代的作品实在写得太好了。所以,即使从这重意义上,我们也应该读读唐宋诗词。

苏东坡说过"腹有诗书气自华"。一个人如果读过背过一些诗词,他的整个气质、整个素养就都不一样了。我想确实是这样,简单地说,假如你读过一些诗词以后,你的语言会相应地变得很优美。在座的都是年轻人,我不是鼓励大家早恋,但年轻人迟早会谈恋爱,迟早会有一个异性朋友。有异性朋友,就应该写情书。假如你读过一些唐宋诗词,你写的情书肯定比较好。说实话,作为年轻人,如果你想写一封信给你的异性朋友,表达你心中的感情,难道你能写"我爱你,就像老鼠爱大米"?那肯定是不行的,太粗俗,太直白,你至少要像李商隐那样,"身无彩凤双飞翼,心有灵犀一点通"。

所以读一些唐宋诗词对你写情书是大有好处的。万一你第一次恋爱不是马上就成功,中间有波折或者失恋了,你的异性朋友暂时不理你了。这时你很伤心,该怎么办呢?你想写一封信去劝慰她或者把她拉回来,我教你一个秘诀,你可以用晏几道的词,因为晏几道是北宋词人中写失恋写得最好的。你可以在你的信中引用晏几道的词:"梦后楼台高锁,酒醒帘幕低垂。去年春恨却来时。落花人独立，微雨燕双飞。"你把这样的文字写进信里面，这封信寄到你的异性朋友手中，结果会怎么样？她马上就会回到你的身边来。也许有的同学问："她不回来怎么办？"她要是不回来，你来找我，我负责。当然，我在南京，你在绍兴，我来时路上很顺利，还走了四个小时，这么远，你犯不着到南京去找我。我现在就把答案告诉你，假如你的异性朋友读了这样的信，她还不回来，那说明什么？我想有两点：第一，你这个朋友素质很差，她不懂得欣赏这样优美的诗句；第二，你这个朋友缺乏爱心。你还跟她谈什么呢？和她拜拜算了。这也是一块试金石。

这话也许是开玩笑的。我的意思是，作为年轻人，尤其是大学生，即使不是作为专业学习，作为一种文化素养，也应该读一些唐宋诗词，读一些名篇，体会一下古人所抒发的人生感受。更何况，唐宋诗词中有很多是可以提高我们的人生境界的，其中表达了古人对人生、对生活的某种看法和追求，对某种道德标准的坚持。这种东西对我们的人生、思想起一定的熏陶作用，这样的作品我们读起来会非常感动。

我本人读诗词时就有过这样的实例。我跟大家不一样，我在大家这个年龄的时候，正在种水稻，种棉花。本来在中学时候我是喜欢理科的。1966年我高中毕业，碰上了"文化大革命"，那年废除了高考。1968年我下乡插队，一插插到1978年。作为77级的学生考进大学，这时距离我高中毕业已经整整12年，这12年中，我在农村读了一些诗词作品，觉得受益匪浅。我从这些诗中得到安慰，同诗人产生了共鸣，增强了我在艰难困苦的环境中生存下去的勇气和信念。

我说两点，第一是杜甫。大概是1973年，我下乡当农民的第六年，我那时插队在长江下游，靠近长江入海口，那个地方的地理特点是这样的：周围都是大平原，根本看不见山。长江江面非常宽，足足有十公里，是看不见对面江岸的，像大海一样。到了秋冬季节，这种地方的风就刮得特别大。

那一年深秋，就在我们开始割水稻的时候，发生了一件事情：我正在地里割稻，太阳好好的，突然晴天霹雳，刮大风了。有社员来向我们知识青年报告说："不好，你们住的茅屋刮坏掉了。"我们赶快奔回去看——杜甫写过《茅屋为秋风所破歌》，我回去一看，我比杜甫还要不幸，杜甫是"卷我屋上三重茅"，茅屋顶掉了一部分，上面还有一部分，后来漏雨了，漏在杜甫床上，床都潮了，没地方睡觉。我是怎么样呢？我的茅屋顶上刮得一根稻草也没有，全部掀掉了。

怎么办呢？这时候，生产队长跑来一看："不得了！"他走进屋来一看，又说："不要紧，不要紧。"为什么说"不要紧"呢？原来屋顶上的梁还在，梁上面的椽子也还在。生产队长说："我们有的是稻草，我们农民都会修茅屋。过两天就给你们修。这两天，趁着天晴，我们要抓紧时间收水稻，你们先坚持一下。"我当然也同意了，这水稻是我自己流汗种出来的，当然要趁着天晴把它割回去。

当天晚上我就坚持了。要说这点我比杜甫幸运，当天没有下雨，天很晴朗。我晚上坚持睡在一根稻草也没有的茅屋里，抬头一看满天星斗。古人说的"夜观天文"就是那个样子吧。夜观天文虽然有点浪漫，但是很艰苦，很冷。那时候已经是霜降了，非常冷。冷的证据就是第二天我醒来，眉毛上都有霜花了。

那天晚上因为太冷了，我裹着被子翻来覆去睡不着。我仿佛听到，从我的茅屋黑暗的屋角有一个苍老而温和的声音传过来，他说："安得广厦千万间，大庇天下寒士俱欢颜，风雨不动安如山。呜呼！何时眼前突兀见此屋，吾庐独破受冻死亦足！"我听到了杜甫的声音，深受感动，尽管这已经是一千多年以前的事情了，但是诗人关爱天下苍生的那种心情透过时空，传到这里来了。人间有真情，人间有相互的爱。

这里稍微说一说我为什么对这个情景记得特别清楚，正是由于我当时刚好读到了郭沫若的一本书《李白与杜甫》。"文化大革命"从1966年到1976年整整十年，十年期间，中国大陆的全部出版社只出版了两本与古代文学有关的书，一本是郭沫若的《李白与杜甫》，一本是章士钊的《柳文旨要》，是写关于柳宗元古文的一本书，因为章士钊是毛泽东的朋友，所以就出版了。我们当时作为知青，最苦恼的就是没有书看。所以我一直在说，如果现在大家说我学问不好，你们要宽恕我，我整整十年没有书读。如果那十年我有书读，那么我的学问肯定会好一点。

那时我突然听说县城新华书店来了一本新书叫《李白与杜甫》，大感兴趣，赶快托人去买了一本。一看是大名鼎鼎的郭沫若写的，再一看呢，就很生气。原来郭沫若的这本书，书名虽然叫《李白与杜甫》，结果他一碗水没有端平，这本书的基本判断是：凡是李白的都是好的，凡是杜甫的都是不好的。这跟我的感觉不一样,当然我也喜欢李白,但是更可亲的还是杜甫,为什么要这么贬低杜甫呢?当时我一点都不理解。后来知道原来是有背景的,但是我们当时在乡下,根本就不知道。

我举一个小例子。郭沫若在这本书里贬低杜甫,贬低《茅屋为秋风所破歌》,说这首诗不好,不是站在人民立场上的关心人民的诗。他说:"首先,杜甫过的还是地主阶级的生活,你看,'八月秋高风怒号,卷我屋上三重茅。'注意,这不是一般的茅屋,这个屋子上的茅有三重。三重就是很厚,这么厚的茅屋,住在里面冬暖夏凉,比瓦屋还要讲究。"这就奇怪了,杜甫诗里明明写了"卷我屋上三重茅",后来秋雨绵绵,都漏了,床头都湿了,没地方睡觉,巴不得天亮,怎么会是冬暖夏凉啊?这根本不可能,简直是瞎说一通。所以当我自己的茅屋被吹破以后,我就特别反感这本书。我觉得这首诗使我很受感动,你怎么说他是站在地主阶级的立场上?

郭沫若还说:"杜甫的茅草被吹到江对面去了,'南村群童公然抱茅入竹',他狠狠地骂这些小孩为盗贼。那么我们要问,这些捡了几根稻草就跑走的儿童难道不是贫下中农的子弟吗?杜甫还这样咒骂他们。"都说到哪里去了,这实际上是杜甫一种诙谐的口吻,怎么能说到什么阶级立场?

这本书里,更荒唐的是说到喝酒问题。古代的大诗人都是喜欢喝酒的。在我所接触的古代大诗人之中,除了苏东坡以外,酒量都很大。这是诗人通常的情态,诗也许能催生酒兴。郭沫若说:"李白喜欢喝酒,好!这说明他和劳动人民打成一片。"这就奇怪了,劳动人民当然也要喝一点酒,但为什么喜欢喝酒就说和劳动人民打成一片?郭沫若说:"你们看,凡是唐代以后,凡是写小酒店,外面挂一个酒幌子——酒幌子就是一面旗、一块布,上面写着'太白遗风'。劳动人民下了工,走到酒铺一看是'太白遗风',就走进去喝上一碗,说明老百姓认同李太白,所以说他和老百姓打成一片。"我认为这个解释有些牵强,那么反过来说,杜甫怎么办呢?杜甫也喝酒,是不是也和劳动人民打成一片呢?因为杜甫喝酒没有那么大的酒名,后代从来没有哪个酒家打出招牌来说"子美遗风"。郭沫若说:"杜甫终生嗜酒如命,这体现了一种剥削阶级腐朽的生活形态。"这就奇怪了,为什么李白喝酒就是和劳动人民打成一片,杜甫喝一点酒就是腐朽的剥削阶级的生活形态呢?

照我想,情况应该倒过来才对,我们可以检查一下李白跟杜甫

莫砺锋:唐宋诗词的现代意义

213

喝的是什么酒。李白诗中写到过他的酒,"金樽清酒斗十千",李白喝的是美酒,他喝的一斗酒值十千,就是一万个铜钱。那么杜甫喝的酒是什么价钱呢?杜甫长安十年很困顿,偶尔得到一点钱,他就请朋友到小酒店去喝上一杯。他有一首诗写给他的朋友毕曜:"你赶快来,我们一起到小酒店里去喝一斗酒,我正好得到了一点钱。"他的原句是这样说的:"速宜相就饮一斗,恰有三百青铜钱。"就是说你应该很快过来,我们一起去喝一斗酒,我正好搞到了三百个铜钱。杜甫是三百个铜钱买一斗酒;刚才我们说了,李白喝的酒是一万钱一斗,一万除以三百,等于33.333……为什么李白喝这么贵的酒,用我们今天的话说可能是茅台酒,杜甫喝的不过是二锅头罢了,为什么说喝二锅头的是剥削阶级腐朽的生活形态,喝茅台的反而是和劳动人民打成一片?这说不通。

　　为什么说这一点呢?因为这牵涉到我们对唐宋诗词的看法。现在时代变了,我们也不读郭沫若的那本书了,也不会再有那种情况。但是大家不要忘记,自从五四以来,更严重的是从1949年以后,古典作品研究和阅读都受到不正常的政治形势的干扰,因为当时的政治形势是:一切都是政治斗争第一,一切都讲阶级斗争观念。这样一来,对于古代作品就不会有一个客观公正的评价。

　　对于黄巢,我们再说一个情况。唐代最伟大的诗人是谁?你给我两票我才能投,两票一起投,一票投给李白,一票投给杜甫;只给我一票,简直是为难我,我不知道是不是该撕成两半分给他们。反正他们两个肯定是第一层次,接下来才轮到王维、韩愈、白居易、李商隐他们四个。

　　但是曾经有一个时期,我们的标准不是这个样子的。20世纪50年代,北京有一个研究唐诗的老先生、老前辈,名叫林庚,林庚先生也是一个新诗人,他去年才去世,九十多岁。林庚先生研究唐诗,最主张盛唐诗。他有一个观点:唐诗的价值主要在盛唐诗。盛唐气象、盛唐之音是最有价值的,最能体现大唐帝国那种昂扬的气概,他认为最好。那么盛唐气象最典型的代表诗人当然是李白了。所以林庚就非常重视李白,他在北大就经常讲李白,讲盛唐诗人。

　　但是50年代的形势跟现在是不一样的,现在学生在学校的主要任务是接受老师的教导,当然你们可以和老师商讨,但主要还是老师向你们传授知识和方法。而50年代的大学生有一个重要的任务就是批判他们的老师。因为老师是"资产阶级的知识分子",学生是革命学生,所以二者的政治身份不一样,学生都要批判老师的资产阶级思想、学术观点。北大学生当然最革命了,所以他们批判林庚先生专门讲盛唐之音和李白等,批得林庚先生灰头土脸的,再也不敢说盛唐现象,再也不敢弘扬李白了。

有一天,当林庚先生走进教室讲唐诗,他拿起一支粉笔在黑板上写下要讲的标题:"唐代最伟大的诗人——"请问后面是谁?是李白吗?不是。是写了"三吏"、"三别"的杜甫吗?也不是。那么是写了《秦中吟》、《新乐府》的白居易吗?也不是。那奇怪了,是谁呢?大家拭目以待。原来破折号后面出现的是黄巢。刚才我们已经介绍过黄巢了,今天我们第二次提到这位唐代诗人了。唐代最伟大的诗人是黄巢——这是北大的朋友告诉我的。我们现在可能觉得有些荒唐,唐代最伟大的诗人怎么会是黄巢呢?黄巢的诗在全唐诗里总共才四首,除了我刚才念的两首以外,还有两首,他怎么能称得上是唐代最伟大的诗人呢?

当然林庚先生也没有做出解释。我想,他可能是出于这种心态:你们不是批判我吗?不是不许我讲盛唐之音吗?不是不许我宣扬李白吗?非要我用这种阶级斗争的观点来讲唐诗吗?用阶级斗争观点来分析的话,黄巢是农民起义领袖,当然最好,所以最伟大的诗人就是黄巢。

也就是由于这个原因,在五六十年代,李后主的词不受重视。50年代,学术界曾经有过一次关于李后主词的大讨论,用当时的标准来检验李后主的词。当时有一个标准就是:古典文学有没有价值、我们应不应该继承,首先要看它有没有人民性。什么叫人民性?谁也说不清楚。那么一检查,发现李后主的词实在是找不出有什么人民性,因为李后主这个人长于深宫,后来作为亡国之君被北宋的军队从南京城抓到河南开封去了,过了两年半被宋太宗毒死了,七月初七那天是他的生日,给他服了药,使他全身蜷缩起来,痉挛而死了。他就是这样一个悲剧人物,他早年写的是风花雪月,后期被俘虏后写他对过去的追忆、眼前的痛苦,整日以泪洗面。他的词里有什么人民性呢?李后主被宋军俘虏,离开南京城,他后来在词中回忆过这段很痛苦的经历。但是他这种长于深宫的人是不会想到南京城的人民的,他的词里说:"最是仓皇辞庙日,教坊犹奏离别歌,垂泪对宫娥。"就是说他被抓走的时候,乐队还在奏离别的曲子,他流着眼泪对着宫女。他被抓走的时候,根本没有对南京的父老乡亲说:"我对不起你们,你们要受苦了。"他一句话也没有说，没想到过人民，当然没有人民性。

所以五六十年代的学者，即使是最偏爱李后主的人也没有理由，不能理直气壮地为他辩护，因为他确实没有人民性。但是恰恰是这个没有人民性的李后主的词，打动了千百年来无数的读者，甚至打动了像我这样插队的知识青年。我在乡下插队的时候就被他的词打动过。春天的晚上，我睡在茅屋里，听着外面春雨潇潇，我就想到李后主的词了："帘外雨潺潺，春意阑珊。罗衾不耐五更寒。梦里不知身是客，一晌贪欢。"我读的时候当然知道他是一个亡国君主，他追念的是过去那种荣华富贵的生活，现在他是作为一个阶下囚来抒发他内心的一种悲愁，跟我——一个响应毛主席的号召，到农村去干革命，住在茅屋里面修理地球的知识青年不一样。但说实话，我真的是被他打动了，完全不顾他是什么身份。我只觉得他抒发的是普通人的一种感情、一种心情，跟我们是一样的，心是相通的。

所以唐宋时代的诗词曾经有一个阶段受到过误导，曾经有很长一段时间受到过错误的评价。现在时间过去了，我们可以摆脱掉这些东西，直接面对作品，然后来看它的价值，通过这些文本来跟古代的诗人、词人进行直接的心灵的碰撞，这是最好的一种阅读心态。

三 如何理解唐宋诗词

刚才说唐宋诗词的价值，说来说去，说的好像都是中国人。确实，一定是要懂汉字的人才能真正领会。但是中国优秀的传统文化实际上是属于全人类的。我们将来总有一天会把优秀的传统文化介绍给世界人民，让他们都来享受我们的精神遗产。中国会有这样一天的，但是目前还没有。因此，现在对于年轻一代来说，我们寄希望于将来的学者、将来的研究者，等到我们国家充分富强以后，等到我们的文化成为强势文化的时候，我们确实应该把它推广出去，这实在是太好了，它绝对不会输给莎士比亚、弥尔顿等人的作品。可以说，我们比他们的更好。但是现在还没有。

下面我举一个例子，来说明怎么理解唐宋诗词的问题。我不知道绍兴文理学院的同学们怎么样，南京大学的同学有这样的特点，特别是文学院的同学，他们有比较强烈的喜欢接受西方文艺理论的倾向。即使在汉学研究方面，在古典文学作品阅读方面，一看见外国人写的书，有什么新的观点，就去追捧。我们的媒体也是这样，今年上半年哈佛大学的斯蒂芬·欧文来北大开会，说了一句"唐朝最好的诗人是王维"，结果新闻界的人又忙得不得了，"不是李白、杜甫最好，是王维最好！"南京还有个记者打电话来问我："你是什么看法？"我说一个盎格鲁-撒克逊的读者说谁最好有什么了不起，我们觉得是李白、杜甫最好。

  为什么我们的作品还没有受到他们准确的理解和掌握？就在于我们的文化现在是被忽视的。人家会忽略你，根本不重视你。我曾经跟一个美国的朋友交谈过。我说："中国的大学生，假如是学文科的，尤其是文学院的，那么，第一，他肯定知道莎士比亚是谁；第二，他多半读过一部分莎士比亚的作品。"我就知道南大有同学读完过《莎士比亚全集》。我还说："我们的文化也是源远流长的，比你们的历史更悠久，但是你们好像不太读我们的作品，对我们不了解，《红楼梦》都不知道，李白、杜甫也不认识。"

  那个朋友为了表示美国人民对中国人民的友谊，想了半天后说："也不尽然。有些中国古典作品我们也知道，也喜欢。"我说："你不要说东亚系的学生，要说一般的人。"他想了半天，想出来一首诗，说："有一首唐诗在美国家喻户晓。"我一听，民族自豪感就升起来了，赶快向他打听是一首什么唐诗。他就告诉我："是李白的《长干行》。"

  在座的同学有读过李白的《长干行》吗？《唐诗三百首》里有。我一听说是《长干行》就更加自豪了，因为那写的是我们南京的事情，长干是南京的地名，现在还存在。南京城南有一条街叫做长干里——南朝就有，唐代也有，现在还在。李白的《长干行》写的是唐代在长干里的一对小儿女恋爱结婚的故事。这首诗在美国非常流行。我当时一听就明白了，肯定不是说美国人民辛辛苦苦学了汉语来看这首诗，他们读的肯定是英语的翻译本。这首诗流行到什么程度呢？它的英文翻译本已经被选入了好几种《美国现代诗选》中，他们认为这是美国的诗了，不知道它是中国的古诗了。

  所以我很感兴趣，于是找了一本来看看英文本的翻译是什么样的。一看，大失所望。这首诗的前面四句话是："妾发初覆额，折花门前剧。郎骑竹马来，绕床弄青梅。"下面两句："同居长干里，两小无嫌猜。"两个人很小，没有猜疑。为什么没有猜疑呢？古代人男女授受不亲，但是他们是小孩子，小到还不认识"sex"这个单词的时候，两个小孩拉拉手都没有什么关系。

这几句诗中出现了两个现在还存在的成语："青梅竹马"、"两小无猜"。这当然是非常优美、非常精练的诗，一个文本中能产生成语，就非常精练了，要创造一个成语是难上加难。不相信，你创造一个成语给我看看。李白这首诗，六句话里就出现了两个成语，了不起！

美国读者是怎么理解的？"while my hear was still cut straight across my forehead"，这句话的理解是大错特错了。他们以为唐朝的小女孩是什么发型呢？咔嗒一剪刀，把前面的刘海修得平平的。他们不知道中国古代的女孩子，甚至男人都是不剪头发的，中国古人认为"身体发肤，受之父母，勿敢毁伤，孝之始也"。头发是不能剪的，除非出家，割断红尘，六亲不认了。怎么能想象盛唐时候住在南京城里的小女孩"cut straight"，这是绝对不可能的。这是第一条错误理解。

"郎骑竹马来，绕床弄青梅"，他们又搞不清楚"竹马"是什么东西，翻译成"banboo stilts"（高跷）。美国广大读者接受的是"男朋友踩着高跷而来"，这个翻译的人严重地低估了中国古代儿童高度的抽象能力。中国古代的"竹马"是什么呢？就是一根竹子往胯下面一插就成"竹马"了，现在农村里的孩子们还这样玩，哪里是要踩高跷呢？

我读了以后发现译文有严重的错误，都是不对的。但是尽管不对，这首诗还是被大家所喜爱了，这首诗本身的美征服了他们。所以我们说中国的古典诗词像这首诗一样已经被翻译得走样了，还被他们认为很美，可见其本身的价值是非常高、非常好的。

当然唐宋诗词距离我们已经有很长的时代了，我虽然主张、呼吁大家要读，但是我也承认我们现在阅读起来是有障碍的，会有理解上的困难。文本怎么理解，怎么欣赏？它到底是怎么样的，能不能准确地理解它？有的时候会发生障碍，有的表面看上去好像很简单，甚至大家都习以为常的一些作品、文本，我们也未必能够很准确地理解它。比如王维的那两句诗，"大漠孤烟直，长河落日圆"，对"大漠孤烟直"的理解是众说纷纭的。

说到这两句诗，大家可能会想到《红楼梦》。香菱跟林黛玉学诗时，林黛玉要香菱先读王维的一百首五言律诗。香菱读了以后向林黛玉汇报她的阅读心得时，就说到这首诗了。她说："'大漠孤烟直，长河落日圆。'想来烟如何直？日自然是圆的。这'直'字似无理,'圆'字似太俗。合上书一想,倒像是见了这景的。"当她跟着薛姨妈进京来的时候,把船停泊在很荒凉的河岸边上,河边上只有两三家人家。到了傍晚,一轮红日从河面上沉下去,两三人家那里飘起了袅袅炊烟。写景是写得好的,就是闭目一想,景就在眼前,仿佛看见过的,这景就是写得好的。这里就出来了一种理解——在香菱看来,"大漠孤烟直"的"烟"是"炊烟"。问题是王维出使经过的塞上是内蒙的腾格尔沙漠,在那里会飘起袅袅炊烟吗?金庸《雪山飞狐》中有时会写到隐居在大漠中的人,实际上是没有的,是虚构出来的,所以不大可能会看到炊烟。

那么我把这种理解排除掉了,在我看到过的唐诗注本当中,有一种注解是这样的,一般人都不这样看。那么它是什么?说是沙漠中旋风卷起来的沙柱,不是真正的"孤烟"。这种解释对不对呢?也不对。沙漠当中是有这种天气现象,那么这种天气现象必然发生在中午时分,一定是太阳直射把地面烤得很热,空气上升才可能有,而这个时候已经是"长河落日圆"了。到了傍晚,沙漠里气温急剧下降,不可能发生这种现象,所以也不对。尽管这在古人的注本里说到了,但也是不合道理的。

那么第三种解释是什么呢?第三种解释认为这是烽火台上燃起的烽烟,古人也叫狼烟。因为古代没有电话、电报,古代要传递军事情报,要传递很快的消息,怎么办呢?就是用烽火台,这是古人的一个天才的发明,秦汉时候就有了。相隔几十里建一个烽火台,从前线一直建到长安城。前线一旦有什么情况,白天就把烟升起来,晚上点火,光速最快,远远一看就知道了。

那么为什么是"孤烟直"呢?后人有很多注本说是狼烟,但是没有说为什么是孤烟。假如我们知道唐代的一些历史知识、典章制度的话,就能理解得比较正确,或者比较深入了。原来唐代对烽火台的烽烟有明确规定,首先它有三种形式:第一种是一道烟一把火,第二种是二道烟二把火,第三种是三道烟三把火。这分别表示不同的意义:两道烟两把火说明已经看到敌人了;敌人很近了就点三道烟三把火;太平无事就举一道烟,点一把火。每天到了清晨或傍晚,假如太平无事,就要举一道烟向后方表示边疆太平无事。这在唐代的历史、典章制度里有明确的记载,写得清清楚楚。

为什么叫狼烟?古书记得很清楚,是用晒干的狼粪混着柴草、牛羊粪一起烧的,颗粒特别大、特别浓,升得高,不容易吹散。这在古书中记得很清楚，所以叫狼烟。我们知道了这些以后，就能理解这首诗了。

王维的《使至塞上》写的是什么呢？他到前线去慰问军队，当时前线姓崔的将领驻扎在那里，正好打了一次胜仗，边疆上巩固了。王维奉命出使到那里，他走到那里时正好太阳下山了——"长河落日圆"，远远地一道烽烟升起，表明前线平安无事。所以这一句诗不但是写景，不但是对当时景象的一种真实写照，同时也暗含着对大唐帝国国力强盛而边疆无战事的一种情绪。假如我们了解了这一点，那么我们对这首诗的理解就能比较准确或者说比较深入了。当然不一定是最后的答案，但是比较好。

为什么要谈这一点呢？我就是想说，同学们一开始读唐宋诗词的时候，要读好的选本和好的注本。刚才说的很好的选本，都有很好的注本，注得比较好，比较深刻，那么大家读的时候可以获得研究者的一些帮助。研究者不一定比大家聪明，但问题是他们花了很多时间钻在里头，考证研究，总归有一些东西比我们想得更多一些，他们掌握的材料也更丰富一些，所以我们可以接受他们的帮助。这样来阅读，可能效果更好一些。

好了，谢谢大家！同学们有什么问题可以提出来和我讨论。

互动交流：

学生：莫教授您好！我不是中文系的，但是我很喜欢文学。我很喜欢读诗，但是有些诗还是读不懂。比如李商隐的《锦瑟》，读起来语言很美，但是关于他具体表达的意思，有很多种说法，比如悼亡什么的，所以读不懂。对这首诗不知应如何进行把握呢？

莫砺锋：这个同学问的是李商隐的《锦瑟》："锦瑟无端五十弦，一弦一柱思华年。"这首诗是最难解释清楚的，这位同学一问就把我将住了。

我知道浙江省温州师范学院有一个教授黄世中，他统计过关于《锦瑟》诗的解释，一共有70多种，有70多种主题。在比较流行的观点中，一种是悼亡，想念他的妻子；一种是想念某个人，不是妻子（照苏雪林教授的观点，李商隐是个恋爱专家，他一生恋爱过的对象可能达到两位数）；还有一种比较流行的说法——也是钱锺书比较赞成的说法——就是他自序他的诗集，也就是说他认为他的诗是朦胧诗，用这首诗来说明诗集的特点是这样的。主要是这么几种，当然还有很多其他的说法。

刚才这位同学说读不懂怎么办？我也读不懂。但是这不影响我们欣赏它，不影响我们喜爱它。实际上我们读不懂的李商隐的诗不仅仅是这首《锦瑟》诗，他的很多《无题》诗我们也是读不懂的。我们读了《无题》诗以后，觉得他在诉说某种相思或者失意失恋的感受，心情比较压抑、低沉，或者用现在年轻人当中比较流行的说法就是比较郁闷。这种心情我们能体会到。但是说他到底写的是什么？假如是相思，那么相思的对象是谁呢？假如是郁闷，那么郁闷的原因又是什么呢？我们已经没办法知道了。

作家王蒙曾经写过好几篇关于李商隐的文章。他有一个说法很好，他说："李商隐的诗是一些关于爱情的诗。若你一定要知道他写的是什么，那么有一种可能，就是某天我们考古发现了一本李商隐的日记，日记中写了'某年、某月、某日，做《无题》一首，为某某女郎而作也'。"如果没有这种考古发现，那么我们永远都不知道。为什么永远都不知道呢？因为李商隐不愿意告诉我们，他写《无题》诗是有意识地把它写得朦胧的，不是他不会写明白，而是他故意写得不明白，写得迷离恍惚，写得似梦似幻。正是这种情境更能表达他那种比较凄惨、无所适从的感情。

我想爱情这个主题本来就是说不清楚的，爱这种感情本身就不容易说清楚。80年代曾经流行过一首歌《糊涂的爱》，就是说爱是糊里糊涂的，说也说不清楚。如果说得很清楚，那么往往就不是爱情，而是婚姻了。婚姻很清楚，结婚财产怎么样，家里有几套房子……这是很清楚的。但是我怎么爱你，这是说不清楚的。所以表达爱情时往往用比喻、曲折的手段来表达。李商隐又生活在唐代，生活在封建统治时代，生活在封建礼教思想中，那个时代不但对社会上的青年男女有压力，而且在青年男女本人的心里形成了一道心灵的枷锁，他们本人也觉得有压力，觉得非婚姻的恋爱是不能表达的，自由恋爱是不能说出来的，要偷偷摸摸、私下里，不像现在的青年男女可以大大方方地谈恋爱。我觉得现在谈恋爱又走向了另外一个极端——快餐式的。但在李商隐那个时候是另外一个极端——感情是很隐晦的、个人化、私人化的，是不能公开告诉大家的，所以李商隐的这一类诗都写得迷离恍惚。

当然我们也不排除他的《无题》，特别是他的《锦瑟》诗渗透着他的身世之感。李商隐这个人很不幸，幼年丧父，后来仕途上又不顺利，终生夹在"牛李党争"之间，两边不讨好，两边都把他看作异己，遭受打击，他的爱妻又早死。所以他一生不幸，这样一个古代的伤心人，又不想把他的情绪表达出来，结果就写成了这样一种风格的诗，就是《锦瑟》诗以及《无题》诗。还有一些标题虽然不是《无题》，但实际上也是无题诗。《锦瑟》实际上也是无题诗，它采用开头两个字做标题，实际上不是真正的标题。

因此这一类诗对后代的读者来说，千百年来读者是喜欢的，大家都读不懂，但是大家都喜欢。本来就有这样一类诗，就是朦胧诗。这是古代的朦胧诗，它美就美在朦胧。它的感情，它的意境，整个都是朦胧的。迷离恍惚的，雾中看花，但是这也有它的美。比如"山色空蒙雨亦奇"，杭州晴天是美景，而苏东坡说下雨也很好，雨幕把山遮得朦朦胧胧的，也很美。他的诗就是这样一种境界。

我刚才提到的苏雪林教授写过一本《玉溪诗谜》（李商隐号玉溪生），就是说李商隐的爱情诗都是谜语，这本书又叫《李义山恋爱事迹考》。2001年我去台湾的时候，仔细读过这本书。"李商隐是恋爱专家"，但是我不相信。虽然她考证了，挖空心思地找证据，但是都不能成立，都是猜的。实际上我们是猜不出来的，本人不愿意告诉我们，我们又何必去猜呢！隔了那么长年代了，朦胧就当朦胧诗来读。"沧海月明珠有泪，蓝田日暖玉生烟"，它说的是什么？就不要管它说的是什么了，觉得它美，觉得汉字这么一组合表现了一种迷离恍惚的境界，这就够了。他的诗就是这样子。这个问题我就回答到这里。

学生：莫教授您好！今天听了您的讲座，感觉有很多收获。我想提一个今天讲座的题外话。您曾经于2001年在《文学遗产》上发了《〈唐诗三百首〉中有宋诗吗》这样一篇文章。2007年我又看到一篇和您这篇文章进行商榷的文章，是汕头大学李定广老师写的《〈唐诗三百首〉中有宋诗吗》，和您进行商榷的。他是从清代人考辨的版本的确凿性，还有书法行迹的联系等多个方面提出一些质疑。那么，您感觉《唐诗三百首》中是不是确有宋诗存在呢？

莫砺锋：《唐诗三百首》肯定是一个很好的选本。我当时写了一篇文章《〈唐诗三百首〉中有宋诗吗》。这问题我们不妨这样考虑：

文学史上的唐宋分界线应该是公元960年，960年前是五代，960年以后是宋代。因为五代很短，就把它归到唐代文学了，《唐诗三百首》也收了五代的诗。所以这是一个分界点，就是唐宋一刀切下去切在了960年。文学史的分期是学界讨论最多、争论最多的一个问题，有很多人提意见，说你们编的文学史不应该这样分。像贵校就在用袁行霈主编的《中国文学史》——我也参与了，这套文学史还是按照朝代来编的。

有些人说，你们为什么一定要按照封建王朝的发展分？难道这是文学史发展的天然阶段吗？认为按照朝代分不科学。那么请问：不按照朝代分，按照什么分呢？曾经有人提出按照世纪来分，18世纪文学、19世纪文学等。问题是按照世纪分更加不合理了，因为所谓的世纪是距离耶稣基督诞生整100年，当然这还是有问题的。欧洲的宗教学专家研究出来有四年的误差，耶稣不是生在零年的，而是生在负四年，所以这本身也是有问题的。为什么耶稣诞生1800年是一个阶段，耶稣诞生1900年又是一个阶段？尤其是中国，我们长期以来并没有受到基督教的影响。

所以不管怎么分都是有问题的，而按照朝代来分还是有某种合理性。因为中国古代凡是两个时代交替往往有一个大动乱，如农民起义，或外族入侵，大乱然后大治，建立一个新的朝代。大动乱的时候不要说文学，连文化都灭绝了，很大程度上受到损坏，所以天然地造成一个空白，然后开始下面一个新的阶段。所以按照朝代来分大致还是合理的。

所以唐诗和宋诗往往分在公元960年。不过一刀切下去，随便切在哪里总会把某些诗人切成两段，因为这个诗人正好生活在这个前后。总有一个诗人一直从960年以前生活到960年以后，所以一刀是没法切的，也不可能这一刀切下去避开了所有的诗人，切得弯弯曲曲的。

我们近代文学的分期一般是1840年，认为1840年以前是古代文学，1840年以后是近代文学。为什么分到1840年呢？当然是因为鸦片战争。龚自珍的作品是近代文学的开端，但实际上龚自珍死在1841年，就是说1840年以后他只活了一年。那怎么属于下面一个阶段了？他完全是上面一个阶段的人。但是没有办法，就这样切了，就是不合理也这样切了。这是一种模糊的说法。

那么现在回到刚才那个同学提到的问题，就是我那篇小文章提到的问题，《〈唐诗三百首〉中有宋诗吗》。如果要回答这个问题，胡适有一句治学的金玉良言，"大胆地怀疑，小心地求证"。因这两句话，50年代他被批得狗血喷头，但是应该说治学就应该是这样子的。不管是文科还是理科，没有大胆怀疑就没有新的思想，没有小心求证新的思想就不能成立，它必然是两步。

那么我们来大胆地怀疑一下《唐诗三百首》中会不会有宋诗。第一个怀疑是《唐诗三百首》里有没有哪个诗人是跨公元960年的？就是先在五代生活，一直活到北宋。如果有这样一个诗人，那么他的作品既可能是五代诗，是唐诗，也可能是宋诗。

带着这样一种疑问，我们来查《唐诗三百首》，马上就发现了一个诗人。确实有一个诗人张泌生活在960年前后，张泌在960年以后起码又生活了四十年。他入选《唐诗三百首》的诗是《寄人》："别梦依依到谢家，小廊回合曲阑斜。多情只有春庭月，犹为离人照落花。"

那么这首诗就产生问题了，它是唐诗呢还是宋诗？假如它是在后面的阶段写的，它就是宋诗。假如我们要简单解决这个问题，查一下北大编的《全宋诗》，这首诗就在《全宋诗》第十四册里面。如果简单地做个结论，那么这首诗是宋诗。但是再仔细考察一下，原来这首诗是他年轻时在南唐做小官的时候写的。他在做内府令史的官时，爱上了邻居家的洗衣姑娘，"别梦依依到谢家，小廊回合曲阑斜。多情只有春庭月，犹为离人照落花"。情诗一般都是年轻时候写的，我这样两鬓苍苍的人是不会写的，所以他后来不可能写情诗。所以这首诗是他早年写的，从文本上看也是在五代的时候写的，也就是它还是唐诗。所以排除掉对张泌的怀疑。

第二个怀疑对象是我这篇文章中提到的张旭。张旭当然不存在年代问题，他是唐代早期的人，是一个书法家。但是他的那首诗，根据我的考证，不是他写的，是北宋的一个书法家蔡襄写的。今年的商榷文章我也看到了，因为安徽《学术界》会把每期的学术杂志寄给我，是汕头大学李定广教授写的。我看了以后，觉得他还是没有驳倒我，就不准备答复了。我这样怀疑的最关键的一个证据是发现了蔡襄的书法真迹，经过专家考证过，是蔡襄写的，标题就是《十二日晚》。李定广教授一定要说这个标题是他写书法的时间。问题是古代书法家从来没有这样的做法，我们找不到任何作品这样写，一般都是哪年春，连署明几月几日的都没有，更不可能有"晚"字。所以这是最大的一个漏洞。其他的我就不细讲了。

这一点还不能作为一个可以被普遍接受的定论，只是我认为《唐诗三百首》中有一首张旭的《桃花溪》很可疑。朱熹说：从不疑处有疑。就是读书要读出疑问来，当然这是写论文的阶段，一般的读者不需要这样做。大家还是放心地读《唐诗三百首》里面大部分的诗或者全部的诗吧，它们还是唐诗，而且还是好的唐诗。不要因为我的那篇考证文章而不读《唐诗三百首》，否则就太煞风景了。

（根据录音整理，已经本人审阅。整理：朱敏　袁丁　胡王达）

刘跃进

教授，文学博士，博士生导师。现任中国社会科学院文学研究所、中国民族文学研究所联合党委委员，文学研究所副所长，《文学遗产》副主编，兼任山东曲阜师范大学"泰山学者"特聘教授、中华文学史料学学会常务副会长。主要研究方向：汉魏六朝文学、中国古典文献学。出版专著《门阀士族与永明文学》、《中古文学文献学》、《玉台新咏研究》、《古典文学文献学丛稿》、《秦汉文学编年史》、《秦汉文学论丛》、《走向通融——世纪之交的中国古典文学研究》、《雄风振彩——汉代文学通览》、《赋到沧桑——中国古典诗歌引论》、《〈金瓶梅〉中的商人形象》以及与曹道衡先生合著《先秦两汉文学史料学》、《南北朝文学编年史》等著作数十部，在国内外刊物发表《论竟陵八友》等多篇学术论文。承担中国社会科学院1992年度重点项目、1994年度青年项目、1998年度基础研究项目等多项科研项目，2001年、2007年两度获国家社会科学基金。兼任《文学遗产》、《文史》、《文献》、《古籍整理与研究学刊》、《重庆社会科学》、《古典文学知识》、《古典文献研究》等刊编委等职位。

西方文明与当代中国文学研究

（2008年9月18日）

刚才主持人介绍的这些情况真是把我想要说的、最想说的用三句话概括出来了，我觉得今天晚上我再说下去有点乏味了，但我还是要说。我为什么要选择这个题目呢？本来我选的不是这个题目。两年前我去韩国汉城大学——现在叫首尔大学，参加一个中韩双方的比较高层次的学术研讨会，那时用过这个题目。

到21世纪，所有的东方国家——中国、韩国、日本，现在都面临着一个共同的话题：东方文化、东亚文化问题。我们中韩两国政府之间——今年可能包括日本——中日韩三国，讨论的一个话题就是今天学术研究如何回到我们自己的民族传统上来。在充分接受、吸收西方文明的基础上，如何回到中国的本位上来，成了现在东方学者关注的一个重大话题。我本人对这个话题的理解也经历了一段很长的时间。

一 推动学术质变的关键因素是观念的更新

1982年我分到清华大学以后，跟我同寝室的是清华大学机械系的一个毕业生，他也分到了党委宣传部。他做党委宣传部的校报工作，我在党委宣传部的文史教研组工作。他为什么到了党委宣传部？因为1981年他在《光明日报》上发表了一篇文章《我们需要"双筒猎枪"》。什么意思？工科学生需要文科知识，需要文史知识。就因他这篇文章，我事后开玩笑说，他这一枪最确切的目标是把我打到了清华。当时是大学毕业后分配过去的。我们南开大学中文系一共有26个同学分配到北京工作。我最不愿意去的就是清华，因为清华在我心目中只是一所工科大学，一点人文色彩都没有。我这个人想把做学问当成自己一生追求的目标，结果一出门就栽到了冰窟窿里，因为清华是个工科大学，这谁都知道。我不愿意去，所以就跟这同学说："你看看，你这双筒猎枪把我打来了。"所以到清华报到的第一天，我就发誓要离开清华。

报到的当天，我就跟我们教研组的负责人张正权同志申请报考研究生。半年前，我第一次报考研究生时落选，所以到清华后的第一件事就是报考研究生。张老师很不高兴，但又觉得我很诚恳，几乎是被迫同意我去报考。结果很不妙，由于人事处的原因——学校人事处规定必须工作两年才有资格深造。我没办法，就沉下来了。那段时间真的特别苦闷，因为在清华我真是"独学而无友，孤陋而寡闻"，在整个工科大学的环境里几乎就我一个是学文学的。

我们的教研组里好几位是当年"梁效"成员。对于"梁效"，可能你们都不知道了，是"文化大革命"期间最有名的一个大批判写作班子，当时还有上海的写作班、北京的另几个写作班也很有名。清华、北大组成"梁效"写作班，写了大批量的文章，我们教研组有好几个这样的人。我总觉得他们是政客，自己不应当走他们那样的路，因为我是要做学问的。但是当时没有别的办法，只能留下来，只能和这些政治人物在一起。那段时间很苦闷，几乎天天一个人在校园里徘徊。

一天傍晚，我在清华一个很不起眼的地方看见了王国维的纪念碑——海宁王静安先生的纪念碑。当时我们对王国维还是有所了解的，只是很有限。因为那个时候的王国维还不像现在这么热。那个时候——1982年，王国维才刚刚热起来。但是一看正面写着"海宁王静安先生纪念碑"，背面是陈寅恪撰写的碑文，碑额是马衡篆写的，包括刻碑的人在内，都是当时第一流的人物。我突然想到这是王国维曾经工作过的地方，就感觉有点底气了。

那段时间我就开始关注王国维，关注陈寅恪，关注梁启超，关注所谓清华研究院的那批人。慢慢地，慢慢地，我从他们身上感觉到一些东西，就思考为什么这些人会成为一代宗师。有一段时间我对王国维特别着迷。我记得我第一篇变成铅字的文章就是《王国维纪念碑前断想》，那是1982年11月，在当时的《北京青年报》上发表，我非常激动——我的文字第一次变成了铅字。

紧接着我写了第二篇文章。当时出了一本书叫《王国维评传》，作者是萧艾，湘潭大学的一个老先生。我就写了一篇书评寄给几家杂志社，很可能因为"刘跃进"这个时代色彩太鲜明的名字，遭遇了好几次退稿。1982年时，人家算来算去，刘跃进也不过24岁而已，太嫩，因此文章也发不出来。后来我发现这里面有窍门，就有点数典忘祖，把自己的姓去掉了，就叫"跃进"。很见效！我那篇《王国维评传》的书评投到上海《书林》杂志社，很快就发表了。发表以后，《王国维评传》的作者萧艾老先生通过编辑部给我写了一封信，说："跃进先生史席阁下……"凡是碰到说我的时候，就另起一行、顶头来写。

这是什么待遇，你们知道吗？在中国古代这是最高待遇了，一般只有皇帝和那些重臣才能享受这种待遇。当时在清华，我不是说独学无友吗？没事就泡到图书馆里。在清华大学图书馆，我看到了一本书——严嵩的《直庐稿》。严嵩大家应该有所了解，是明代中后期一个著名的大宦官，口碑极不好。清华馆藏的《直庐稿》装帧极其豪华，可见是在他生前炙手可热的时候编的一本书。这书每逢提到他就换行顶头写。纸张之好、刻印之精，是我从来没见过的。当时我就想：这样的人才能享受这样的待遇。这个萧艾老先生也这样对待我，所以给了我极大的自信心！

那一阵子我就研究王国维，研究陈寅恪，慢慢地从他们身上发现了一个奥秘。王国维1927年自杀之后，他的学生姚名达写了一篇回忆他的文章，回忆王静安是如何指导他做研究的。当时姚名达想做《史记》研究，就问老师怎么办。老师反问他："你说该怎么办？"因为年轻气盛，他就把自己的想法和盘托出，夸夸其谈。没想到，王国维不冷不热地说了一段话："大抵学问常不悬目的，而自生目的。有大志者，未必成功；而慢慢努力者，反有意外之创获。"说的是做学问不要带有功利目的，自然会有所成。

这段话在当时对我是一个不小的打击，为什么呢？因为我不喜欢清华这种浓烈的工科色彩，整个学校，从领导到学生，多看不起文科。在我看来，清华不是我做学问的地方。我当时真的是年轻气盛，想得很高远：将来要如何如何地做。看了这句话后，"哎呀，完了，我将来可能做不成大学问了。因为他说了——有大志者，未必成功；而慢慢努力者，反有意外之创获"。

后来我慢慢地了解到这句话的真正涵义，也明白这是王国维一生治学的生动写照。他是浙江海宁人，年轻的时候写词写得是那么的好，精品都保存在《人间词》中，像他的《蝶恋花》，"潮落潮生，几换人间世"，就是描写钱塘潮的。他在给《人间词》作序时非常自负，说："南宋以来除了一二大家外，《人间词》可称独步。"当然，这篇序是用笔名来发表的。

但是不久，他就不再热心于词的创作了，而是醉心于古代文学的研究，研究宋元戏剧，研究《红楼梦》，撰写《人间词话》，等等。然而不久，他又洗手不干了，说文学这东西"可爱而不可信"——虽然很可爱，但是不可信。毕竟，文学不能当饭吃。后来，他研究尼采，研究叔本华，甚至研究过《资本论》。久而久之，他又发现哲学这东西"可信而不可爱"。尼采、叔本华确实是很棒的哲学家，但是他们的哲学思想带有浓厚的悲观色彩。王国维在1904年写的《红楼梦评论》就明显受到他们的影响。该文开头就这样写道：《红楼梦》是人间第一大悲剧著作。他说人生就像摆钟，总是在希望与失望之间摇摆，好不容易达到了新的目标，又有了新的失望、新的追求，所以人生是苦命的，人生就是一个悲剧。王国维发现，哲学的终极目标就是探讨人生问题，因此，研究哲学以后，他发现还是不行，哲学这东西真是"可信而不可爱"。最后他转向史学，研究甲骨文、研究汉简、研究满蒙历史。

他不论研究什么，只要目光所到，可以说是目光如炬，几乎是这个领域的一个开山鼻祖。这可真是了不起。从传统学问来说，他的学问在当时绝对不是最好的，不是第一流的。比如，乡贤沈曾植的学问，王国维就很佩服。当年大学问家真的很多，王国维排不上，但是历史记住的是王国维，而那些当时最有名、最有学问的学者远没有像王国维那样受到追捧。

20世纪的前二十多年，王国维很红，成为当时大家热议的学者。就在他死后不久，他的文章全集也陆续出版，应当说学术待遇很高。然而这时候有一个人曾经表示过不屑，那就是黄侃，他是所谓章黄学派的传人，继承了乾嘉学风。在最近出版的《黄侃日记》里他有好几处对王国维颇有微词。言下之意，归纳起来就是一句话：王国维的学术根底不足。什么叫学术根底不足呢？就是对汉唐的旧注和旧疏不熟。乾嘉以来的那些第一流的学者，他们所有的学问往往集中体现在对于汉人的旧注和唐人的旧疏的辨析中，贵在发现。王国维基本不在这方面做学问，他更加注重新的材料，新的视野，贵在发明。对此，黄侃当然不满意。但今天的读者，更多地还是记住了王国维。

郭沫若对王国维的评价也很矛盾。王国维是带着大辫子投进昆明湖的，难免跟封建挂钩。所以郭沫若不敢积极评价他，只称他是一个"伟大的半成品"。郭沫若曾经写过一篇很著名的文章，叫《鲁迅与王国维》，说鲁迅是一个"伟大的完成品"，而王国维是一个"伟大的半成品"。尽管评价有所保留，但是无疑，郭沫若已经把王国维视为一流学者了。

王国维成功的经验在哪里？仔细地读一读他的全部文章，最根本的问题就一个：学术观念问题。他用了一个最新的学术观念。当时最新的学术观念是什么东西？核心就是进化论思潮和马列主义。我1984年到杭州跟姜亮夫先生读书，姜先生知道我是清华的，对我格外关照——因为姜先生是清华研究院的，是王国维的学生。姜先生说："我跟你们说，王国维尽管是带着大辫子走的，但是王国维读《资本论》，读尼采，读叔本华。他不仅读，而且把这些思想贯穿到他治学的途径当中。"这说明了什么问题呢？就是一个时代或者一个人学术的进步，不在于他学问的多少，而在于他观念的更新程度。

经过这么多年的学术思索，我逐渐明白了这里的道理。老实说，一个人不吃不喝，穷其毕生精力，书也是读不完的。不仅你读不完，你的儿子、孙子，子子孙孙也读不完。有的人一辈子在读书，却只能是两脚书橱。有的人却能从有限的阅读经历中获得启迪，写出传世之作。奥妙在哪里？尤其是在当今，计算机这么普及，电子文献给我们提供了丰富的阅读文本，谁还在卖弄学问？所以，现在比的不是阅读量，而是比智慧。智慧是哪里来的？这就涉及西方文明对中国的影响。

另外一个人也值得我们关注，那就是陈寅恪。我刚踏上社会，就在清华工作，所以对于清华前辈特别感兴趣。陈寅恪三十几岁就做了清华大学的教授，吴宓推荐他出任清华教授时，并没有什么学历。但梁启超看了他的东西，说："我梁某人尽管著作等身，但是比不过陈寅恪。"这在清华《国学论丛》里都有记载。历史证明，就学术而言，陈寅恪确实也引领了一个时代的潮流。他一生也就七八本书，学术论文集中在《金铭馆丛稿》（初编、二编）和《寒柳堂集》这三本不厚的集子里，专著也就《隋唐制度渊源论稿》等。尽管如此，近半个世纪以来，从事中古文史研究的学者，大都跳不出他的如来佛手心。当然，他的结论可能有很多你不赞成，但是，他的思想方法，他的学问路数，你不能不佩服。这就是学问的魅力。为什么会这样？那么多有学问的人，可以写一大堆著作，但影响力很快就过去。有些人就写了那么一点点东西，却影响一百年甚至还要长。

我们在回顾过去一百年学术发展史的时候，发现了一个基本事实：在中国 20 世纪初期，凡是成为第一流学者的，几乎都有留洋的背景。正是从这个意义上说，在 20 世纪初期，当中国学术开始发轫的时候，西方文明给了中国一个最大的冲击，积极的、消极的，无论怎样评价，这是一个基本的事实。

前段时间我读梁章钜的《浪迹丛谈》很有感触。这是一部笔记，其中有一则题目叫"夷人论日月"——夷人就是蛮夷、少数民族，这里的夷人指英国人。他是用一种沙文主义的心态讲到一则见闻，觉得很好玩，就记录下来。他说英国人论星期、论月份、论年跟中国人不一样——英文跟中文当然不一样。他觉得很新鲜，一月不叫"一月"，二月不叫"二月"，那么夷人叫什么呢？他用汉字记录了一长串发音。一开始我完全读不懂，不知何意。过了几天，我忽然大悟，原来他是汉字记录英文 January、February、

March 等时间名词的发音。梁章钜是闽南人，大概他是用带着闽南味的普通话记录英文十二个月份和一些数字的发音。当时，梁章钜觉得真好玩，他记录下来，显然带有一种鄙夷的心态。

梁章钜死于道光二十九年。就在十年前，即道光二十年，公元1840年，中国历史发生了什么样的变化？洋枪大炮打开了中国的大门。梁章钜辞世不过半个世纪，西方文化几乎把整个中国弄得个翻天覆地，我们的观念整个都翻了过来。近代以来，特别是在"五四"运动前后，不过十几年的时间，统治了中国数千年的所谓的文言文一朝崩溃，在一夜之间几乎全都是白话文的天下了。

我们设想一下，这是什么样的一种力量啊？在强大武力和强势文化的冲击下，20世纪初期的知识分子真的感到困惑，甚至一下子找不到北。就连最伟大的鲁迅先生，对于中国传统的东西也都感到失望至极。他在给青年学生开书目的时候说："不读中国书。"其实鲁迅对中国的学问了解得多么精深，可以看看鲁迅的古籍整理专辑四大本，那是怎样的功力。我们一辈子专门搞古籍整理研究，也不一定能赶上鲁迅。但是鲁迅说了，最好不看中国书。

20世纪初期的知识分子信奉的一个最大的观念就是进化论。鲁迅在文章里不也说吗？说"我一向是相信进化论的，一代胜过一代"。因此20世纪初期的那一代知识分子，包括王国维、胡适、梁启超以及鲁迅、章太炎这一代人，都是相信进化论的。进化论成了20世纪的一个核心思潮。在进化论的思潮之下，倡导的是"科学"和"民主"。所谓"民主"就是以人为核心，人的价值高于一切；所谓"科学"就是不相信权威，不再相信皇权，一切都要重新构建。

所以说，20世纪初期的前50年，西方文明影响中国的主要是进化论思潮，而且是要西化，包括鲁迅在内，都强调这一点；胡适就更不用说了，倡导全盘西化。这是西方文明对中国的第一次强烈的冲击，可以说第一次改变了中国的面貌。那个时候当然带有强烈的政治背景，特别是中国这样一个积弱积贫的历史背景。

到了20世纪50年代以后，中国又一次发生了根本性的变化，马克思主义占据了统治地位，或者说中国的意识形态主要是马克思主义的意识形态。但是不管怎么说，马克思主义依然是西方文明的一个重要组成部分。尽管我们说马克思主义是我们的指导思想，但它依然属于西方文明。只不过马克思主义是在进化论的基础上又有了唯物史观，也就是我们一直坚持的这些思想。

今天回过头来看唯物史观，是相当了不起的。它强调经济基础，经济基础决定上层建筑，经济决定一切。只不过后来我们把这个经济基础变成了政治标准，政治是第一了，后来越来越僵化。五六十年代以来，中国的整个文化界、学术界越来越僵化，一直延续到70年代。所以，回顾过去一百年的发展历程，承认也好，不承认也好，中国文化实际上是在西方文明的直接冲击下形成的。

今年是改革开放三十周年，我们各个行业都在回顾、纪念这三十年来的成就。如果仔细地梳理一下，就学术界而言，这三十年，我们其实在做一件事，就是如何吸取过去的经验教训，努力走出一条我们自己的路。在政治上就是开创的马克思主义中国化的道路，在学术上就是寻求学术研究中国化的途径。

二 改革开放三十年间的三次重要变化

改革开放三十年，我们也经历了三个重要的变化阶段：

第一阶段：从1978年年底的十一届三中全会到1989年。在座的很多同学可能还感受不深。从1977年恢复高考到现在，这三十年我是跟着学术界往前走的，体会太深了。头十年，我们在告别过去，否定过去，乃至最后倡导全盘西化，把所谓的"海洋文明"当成最先进的文明，认为作为中国本土文化的所谓"黄土文化"是已经没有发展前途了。有一段时间，特别是1984年到1988年，我们所有学者、高校学生，几乎人人都会卖弄一些新概念、新词汇，什么"新三论"、"老三论"等各种各样的新名词。那段时间我刚好在杭州大学古籍研究所读书，感到真背时，感到不识时务。所谓背时，就是古籍这套东西，谁还在看呢？这是第一个阶段——全盘西化的年代。

1989年以后，形势逐渐发生重大变化。这个变化就是从90年代初期之后，我们的学术界呈现出回归传统的趋势。我们在总结历史经验教训的时候，发现我们的前辈学者之所以能够取得成功，是因为他们的学识很渊博。所以从90年代开始，整个教育界形成一种所谓的"通才教育"。什么叫"通才教育"？似乎人人都懂，就是打通学科界限呗。当时一些著名的高校纷纷采取措施，譬如有些高校把全国优秀的考生甚至各省文科状元汇聚在一起，办了一个实验班，俗话叫"大师班。"领导人这样推想：20世纪初期一批学术大师，都学贯中西，文史兼通。这大约是大师的共性。他们就把文科状元集中到一个班里，用英文授课讲中国文化，认为这是学贯中西的一个最基本的出发点。实际上，我对这种教学有一点保留意见。因为培养一个学生不是说叫他什么都知道一点就好了。历史系给他讲点历史概论，文学系给他讲点文学概论，哲学系给他讲点哲学概论，然后凑到一起就是通才了？哪里是这么简单的？本来我这次讲座的题目叫"通才教育不是拼盘教育"，这话很难听。我是用做菜来比喻。我们知道，拼盘是好看，刀工很细致，但是绝对不是最好的菜肴。最好的菜应当是色、香、味俱全。但是如何做到这一点，很多大厨也是只可意会而不可言传的。而我们现在所谓的"通才教育"恰恰就是拼盘教育。现在所谓的一路走下来的大师——现在大师也多，最近这十年好像出现了不少大师——有一个共同特点，就是从先秦到明清，到当代，一路的打下来，打一枪换一个地方，用《地道战》这部电影里的话来形容，即"不许放空枪"。他每个地方都打一枪，写当代文学领域的文章，写现代文学领域的文章，关于唐诗、宋词、戏剧、小说、《诗经》、《楚辞》都写文章，他认为这就是通才了。其实大家——至少我和一些老师都有个体会：你叫我写当代文学的文章，没问题，我可以写；你叫我写关于《楚辞》的，没问题，也可以写。至于写得怎样，就不管了。我们都有这样的体会，现在的论文几乎就是学术八股，研究作家、研究作品，就像概论似的，分成几类，然后作一概括，归纳几个特点，再上溯渊源，下论影响。这样的文章，谁不会做啊。但是谁都知道，这是自欺欺人的把戏。从网上可以看到好多这样的文章。其实这些骗人的东西是没有多少用处的，唯一的用处是骗个学位、职称什么的。你写一篇和写一百篇没有任何区别。这就是所谓拼盘教育拼出来的结果。

实际上，从20世纪80年代后期开始，一些有识之士就已经意识到这个问题，就开始思考如何成为通才。很多前辈学者不约而同地想到了传统文献学问题，因为这是中国的文化传统。我自己是学文献学的，在80年代前期我不敢谈这些话，80年代中后期也不敢谈，因为我们那时很背时。但是经过十几年来的探索，大家觉得走来走去最后还是绕不过文献学。不仅古代文学，就连现代文学、当代文学也日益关注文献学问题。1997年，《中华读书报》有一篇头版头条文章，叫《1997：文学史料年》。什么意思呢？那一年，从事古代、现代、当代文学的学者，连续召开了好几次文学史料学的会议。

我有一句常说的话：一个学者，你绕开文献的时候，学术界一定绕开你。这几乎是一个不争的事实。除非那些真正的天才，也许他根本不看文献，完全是以他的灵魂，以他天才的哲学家的高度来思考，那可以。但是作为一个学者，谁绕开文献，学术界就一定绕开他。

这就是我所说的 90 年代，进入到了第二个时期。

世纪之交，中国文学研究汲取百年精华，在外来文明与传统文明的交融中悄然开始了第三次意义深远的历史转型。它要解决的根本问题就是中国文学研究如何选择适合中国国情的发展道路，也就是如何在马克思主义指导下走向文学研究中国化的建设进程。

最近三十年来，我们的文化逐渐回归，最终回到了传统文献学上。在全国著名的大学中文系，一般都会开设专门的文献学课程，可能要讲一个学期。如果你们有兴趣，我建议你们可以稍微涉猎一点，无论是什么专业，都离不开它。建议大家看一看。文献学所涉及的学科，比如文字学、音韵学、训诂学、目录学、版本学、校勘学，还有历史地理、历代职官，在过去都是一种很专门的学问，我们这些人不可能精通，也不可能把它了解得很精细。但是，知道总比不知道要好。

三　一个时代有一个时代的学术

我曾经很信奉一句话，就是搞传统文化的人是"一代不如一代"，这是九斤老太的话。我刚进杭州大学跟随姜亮夫先生攻读研究生的时候，姜老已经 80 岁了，眼睛高度近视。他常常感慨地说："我的学问真的不能跟王静安先生比。王先生的学问多么渊博，读过《资本论》，又对中国的一切都通晓。我不行。"说这话的时候，姜老已经撰写了 30 多部著作。这在当时，可是非常了不起的啊。不像现在——现在，一个人出版 50 部著作都不新鲜，因为只需拼凑，出书很容易；只要给钱，出版社就给出。出书并不是你的学术多么伟大的一个标志了——在姜亮夫先生那个年代，出书是多么的不易，他却写了三十几部书。晚年的时候，他下决心把自己的学术探索归束在下列四类，即：敦煌学、古史学、语言文字学和史地学。这四个领域已经让人不可企及了。所以，我就跟姜先生说："我们怎么努力也赶不上您啊！"

我读博士的时候，我的博士生导师是曹道衡，他是游国恩的助手。他说:"你看看,游国恩先生的学问多好啊!"他举了个例子:当年,我们文学所在编文学史的时候,就是中国社会科学院文学研究所三卷本的文学史,主持这件事的是余冠英,是曹老师的老师。余冠英去拜访游国恩先生,请他做《诗经》部分的审稿工作。游国恩当场就跟余先生谈论起古书中的哪部书在哪个问题上说得比较好,哪个说得不好,如数家珍。那一晚,大概说了几十部古代关于《诗经》研究的著作。余先生跟曹先生说起过这事。曹先生说:"我们这些人经过了'文化大革命',把最好的年华浪费了,没有办法来读书。"

可曹先生的学问多棒啊。他是苏州人,从曾祖是清末礼学大史曹元弼。他自己又是无锡国学师专的高材生,自幼受到良好的国学训练。他有一篇文章叫《读贾岱宗〈大狗赋〉兼论伪〈古文尚书〉流行北朝的时间》,到今天为止,我可以说我们没有这个学问,写不了。这篇文章很妙,妙在哪儿呢?他读北朝的文献,突然发现一篇《大狗赋》,严可均将作者归入曹魏时期。但《大狗赋》里暗用了一个伪《古文尚书》中的典故。他就觉得很奇怪:伪《古文尚书》是东晋时期才出现的,曹魏时期的作者怎么会用到伪《古文尚书》中的材料呢?所以他就怀疑这个作者有问题,恐怕这个魏不是曹魏,而是指北魏。他从对作者的考证转而又研究起伪《古文尚书》是什么时候流传到了北方。这样的文章,我做不了。尽管现在有所谓的电子文献可以检索,比如伪《古文尚书》中的句子,但如果是暗用其中的典故而不直接用它的句子,我们就读不出来了。而曹先生对《左传》、《尚书》都非常熟悉,因为他从小就读这个。他一辈子很少写过先秦的文章,到了晚年才应约写了几篇。他的主要研究领域是魏晋南北朝的,但是功底在先秦。我就说:"曹老师,看看您的家学根底,而我们小时候又读了什么?"

确实,我们什么也没读。我1965年上小学,1976年高中毕业,正好是十年"文化大革命"时期。我们那个时候真是快乐,一天就上两节课,书都不读,三天两头学工、学农。当时就是胡闹,学了些什么?真是天知地知,你知我知。说句老实话,我们这代人,别的不敢说,别看有些人很牛气,自诩怎么了不起,其实他无法摆脱这个特定时代的束缚,先天不足,真不该讳言。我们这代人唯一的好处,就是由于恢复高考,给了我们一个机会,上了大学,保证了我们的学术链条没有断,在学术老人还没完全离开的时候我们跟了进去。就像我们跟姜老求学的时候,他都八十多岁了。恢复高考和研究生制度的初期,很多高校是这样。虽然学术链条没有断,但是我们的基础实在太差。所以我就跟姜老、曹道衡先生说:"我们不行,这辈子做学问几乎是没希望了。"原来浅陋无知的时候,还胸怀大志,可以狂想;当了解了学术深度的时候,才发现自己多么浅薄。这是我的真心话,一代不如一代。尽管我已经50岁了,可还有一种小学生的心态。

近些年,我招收了一批又一批的学生,他们看了我写的几本书,说:"刘老师,我们也比不过你。过去的教育制度使得我们整天背诵,整天考试,根本没有时间读古代文学,读文史书。我们没希望了。"听了这话,我突然觉得"一代不如一代"这句话有问题了,这种逻辑是错的。这种逻辑源于进化论的观点"一代要比一代强"。

其实很简单,我现在明白过来了,自然科学可以说是进化的,生物界也可以说是进化的,但是学术界绝对不能用进化论,特别是文史学界。为什么?因为文史学界有一个基本的道理:一代有一代的文学艺术。这个马克思早就说过。古希腊、古罗马文明是不能够重复的,特别是古希腊的神话传说。马克思说:那是人类童年的东西,不可能再现。就像我们一个成人,你再装小孩,别人就会嘲笑你,感觉到别扭。我们经常看到这样的人,挺大的人了,还要做出童真状,令人一看就想吐。这样的人还真不少,明明很老了,还要装小孩。同样,我们的文学艺术也是如此。你不可能回到那个年代,一个时代有一个时代的文学艺术,也自有一个时代的学术。

后来,我常常反思这个问题。我们上一代的学者由于自幼受到良好的教育,学贯中西。如果我们走他们的路,当然是一点出路都没有,无论怎么做都做不过他们。说白了,也只是拾人牙慧而已,怎么能够有出息?所以,最近一段时间,我改变了自己的看法。我觉得我们虽然不能像有的人那样非常狂妄,但也没有必要妄自菲薄,我们自有我们的优势。

四 文学文献学的复苏

改革开放三十年给我们提供了最好的历史机遇。中外文化交流前所未有,又有大量的出土文献,更重要的是,现在有过去想都不敢想的电子文献。

比如中外交流,过去无知的时候,认为搞中国传统文化,中国人当然是最好的,但实际上并非如此。20世纪初期的第一代宗师几乎都是留洋的。这就说明了一个问题,不一定中国人做的就是最好的。我个人有过这样的教训。

我的博士论文出版之后,我曾送给日本著名学者兴膳宏先生。第二天,他很客气地对我说:"你的书写得不错。但是我有一个建议,你可以看看我们日本人的研究成果,我们也有很多人在做六朝文学研究。"说实在话,当时,我正跟一个日本学者在打笔墨官司,模仿陈寅恪先生的《四声三问》写了一篇文章《八病三问》。陈寅恪先生是我崇拜的学者,他在这篇文章中说,汉语中的平上去入,是翻译佛经时受到启发而发明的。中国古代诗歌,特别是近体诗,很注意平仄规则,有所谓"八病"之说。一个日本学者认为"八病"之说成于南朝沈约,而我认为"八病"是唐人提出的。当时,收罗了丰富的文献,自我感觉良好。但是没得意多久,我就发现自己错了。我到美国去访问的时候,看到1996年德国出版的一套书,即敦煌吐鲁番出土的梵文文献,10大册。这本书,我也读不懂。它全部是梵文。它出土的地方就是现在的新疆,记载时间是公元2世纪到8世纪,时间和地点都很明确。日本京都大学的平田昌司,美国宾夕法尼亚大学的梅维恒,还有欧洲几所大学的教授,都对这批资料进行了详细的研究。他们懂梵文,懂英文,懂日文,懂法文,以不同的语言发表了文章。我的英文本来就不好,磕磕绊绊地总算读懂了它们的意思。发现我的观点全错了。那里头明明白白地写着公元4、5世纪的各种"声"、"病"理论。

回国以后,我在第一时间写了一篇文章《别求新声于异邦》。这是鲁迅《摩罗诗力说》中的核心词。我的文章是介绍西方对于"四声八病"理论的最新研究进展以及这批资料,同时也更正了自己的错误。由此我就想,学术这东西,如果你认为它是学术而不是混饭吃的话,就必须承认它属于全世界。现在,中国的传统文化早已不仅仅属于中国,已变成全人类共有的文化财产,大家都在研究。我们跟洋人站在同一个起跑线上。我们会说中国话,这是我们的优势,理解我们的祖先比较容易,但是与此同时,由于我们离得太近了,有时反而看不清楚。"不识庐山真面目,只缘身在此山中",就是这个道理。

这件事情对我很有刺激。我自以为是竭泽而渔,把材料全部弄到了,没有遗漏,可后来才发现国外的那些资料自己并不知道。到现在,我想,即便把国外的资料都给你,你能看得了吗?看不了。

你的语言知识及知识背景限制了你。你还能怎么办？我们就会母语中文，还会一点磕磕绊绊的英文。你们现在好多了，不像我们那个时候。我们只懂中文，只懂文学，文学方面又只懂词藻那些美的东西，除此以外一无所知。这就是我们的现实。我们从大学开始才进入到中国传统文化领域。人家也一样，也是从大学以后接触中国文献，他们在学语言的同时也在读我们的文献。因此，是在一个完全平等的条件下参与学术研究的，我们没有任何优越感。过去，我们自以为的优势很可能是不足的地方，包括我们的学术训练。我们现在赶上了一个好时代，一个开放的时代，能看到足够多的东西。特别是现在，我们发现世界各地收藏的汉籍都纷纷披露出来了，韩国的，日本的，越南的，欧洲的，美国的，我们都能看到。所以，学术观念和学术资料都空前丰富。这是我们的优势。我们的祖先、我们的前辈，至少是50年代培养起来的前辈，当时都没有这个条件。当然，王国维先生和姜亮夫先生那一代有这个便利条件，所以能做得很好。

　　第二个优势就是出土文献。这一点也真是让人惊讶。我们赶上了一个发现的时代。最近三十年，全中国都在大搞基本建设工程，挖地三尺，到处都有出土发现，甚至到了你想要什么就有什么的地步。我记得在1996年，郭店楚简第一次出版的时候，我的师弟江林昌正好在中国社会科学院历史所跟李学勤先生读博士后。他对那些新资料非常熟。那天我们在一起吃午饭，他跟我说："跃进兄，最近发现了一个重大的东西，就是郭店楚简，书店已经开始卖这个书了。你应该关注一下。"我放下饭碗，就跑到文物书店，花了360块钱买了这本书，如饥似渴地读完了。然后，大概用了一天时间写了一篇文章，后来以《振奋人心的考古发现》发表在当年的《文史知识》第八期上。这些资料，前辈学者无缘看到。譬如钱穆曾经专门写了一本书《老子辨》，他根据当时所有的资料，认为《老子》是西汉初年的东西。可是郭店楚简摆在那里，它的年代是公元前350年前后，里头有一部《老子》，跟我们今天的《老子》除了字句略有差异之外，主要内容是一样的。也就是说，在那个年代，它就已经出现了。还有《周易》以及《礼记》的一些篇章，如《缁衣》，都已经出现了。这件事情带给我们的震撼真是太强烈了。

　　还有一件事情使我们的观念也发生了很大的改变。我们都读唐诗，有一首关于贾谊的很有名的诗——李商隐的《贾生》："宣室求贤访逐臣，贾生才调更无伦。可怜夜半虚前席，不问苍生问鬼神。"这首诗是什么意思呢？以往的理解，贾谊才华横溢，却被放逐，汉文帝把他从长沙召回来，半夜长谈，可是汉文帝关注的是鬼神，而不是民生大计。李商隐写这首诗是为贾谊抱不平的。贾谊这个人怀才不遇，活了33岁就死了。我们的文学史基本上都是这么写的。

  1973年在长沙马王堆发现的一批出土文献完全否定了这种传统的观念。在这批出土文献中，有一大堆奇奇怪怪的书，比如《相马经》、《长沙驻军图》等，好多涉及政治、军事方面的书。这批竹简下葬的年代正好是汉文帝十二年，这一年，贾谊死在了长安。三年前，贾谊从长沙回来，这个墓地的主人又跟贾谊是同事。也就是说，墓葬中的这批书贾谊当年都是读过的。这是一些什么样的书呢？我刚才说了，都是一些军事、政治、经济方面的重要著作，贾谊应当熟读过这些书。这就促使我重新思考。贾谊18岁在河南发迹，22岁就进入中央最高决策阶层，这种超规格的待遇，自然引起了当年一些老臣的嫉恨，像周勃，是跟着刘邦打天下的，当时还活着。这些人纷纷说，贾谊太狂妄，尽说些不切实际的东西。

  今天我们还能看到保存下来的贾谊的58篇文章，收在《新书》中。这部《新书》真怪。怪在哪儿呢？它里面谈了很多治国方略，主要集中在制度建设方面，很多不见于先秦典籍。不知道这位年轻的才子是怎么想出来的，有金融方面的、政治方面的、军事方面的，其中很多在当时看似预言的东西，后来几乎都被验证。比如为了加强中央集权，年纪轻轻的贾谊就提出削藩，地方势力太大，得赶紧压缩他们的空间。当时，地方的权力过大，诸侯国甚至可以自己任命官员，自己铸造货币。贾谊提出，中央应该收回这些权力，关注人、财、物。但是汉文帝也不敢贸然行事。结果，汉景帝时就爆发了吴楚七国之乱。

  汉文帝非常欣赏贾谊，却不敢重用他，因为旁边有好多老臣，特别是贾谊提出的有些观点太超前了。正好在这时，汉文帝把贾谊派到了长沙，做长沙王太傅。如果脱离了当时的背景去看，做长沙王太傅对他来说是被贬官。长沙王掌管的是今天江南这一带大片地区的。但在西汉前期，江南一带是蛮夷之地，还没有开发。但是与长沙直接接壤的是什么地方呢？是今天的两广。

  为了稳定周边关系，刘邦一登基就考虑首先稳定南方。他派了当时的一个客卿陆贾南下，到了今天的广州，封赵佗为南越王。南越国界跟长沙正好接壤。1997年，在广州发现了南越王墓，出土了好多珍贵的东西。这个墓的出土文献之多真是举世震惊。由此可见，当时的南越国是多么发达。以长沙为界，长沙以南基本上都是为南越王所控制的。因此，长沙其实就是当时的一个前沿阵地。

汉文帝把年轻气盛的贾谊派到那里，多多少少带有锻炼他、重用他的意思。其实，中国历史上大都是这样，重要的谋臣、官吏，如果被派到边疆，其实是一种重用，所以称之为"封疆大吏"。

今天通过阅读这些文献，我们可以推想到贾谊当时的精神状态。那一年，贾谊26岁，年轻气盛地到了"边疆"。事实上，汉文帝一天也没有忘记他，就在贾谊南下的第三个年头，又把他召回来，为自己最喜爱的儿子作太傅。从资料上看，这个儿子可能就是将来的接班人。可惜，这个儿子有一天骑马摔死了。贾谊作为太傅，感到自己没有尽到责任，很难受，所以天天哭泣，一年以后也死了。

今天，我们看贾谊的58篇文章，好多观点对我们今天也是很有用的。比如，他谈法和礼的问题。他说，为什么要强调"礼"，"礼"不是虚的；为什么要强调"法"，"法"也是很实在的。但"法"是惩治人于犯罪之后，而"礼"则是教导人于犯罪之前，两者都很重要。他的原话我背不下来，但基本意思是这样。这话很有道理。所以，这些出土文献使我们开始重新认识贾谊这个历史人物。我为此曾经写了三篇文章，都围绕着贾谊而展开。

除了出土文献，电子文献就更不用说了。现在，一个笔记本电脑，就把一部《四库全书》、《四部丛刊》、二十四史、十三经之类的基本典籍随身携带，多幸福啊。记得1982年我刚毕业的时候，《四部丛刊》刚刚在重新影印。学古文献专业的对这部书可以说是崇拜至极，它是用最好的本子影印的。可是，那时候买这部书要多少钱呢？一套五千块钱。我每月的工资是56块钱，怎么买得起五千块钱一套的书呢？据说当年陈寅恪买一套《四部丛刊》并不费事，而我们十年不吃不喝才能买下这套书，真是望书兴叹啊。那个时候，我对书简直着了迷，恨不得把天底下的书全吞到肚子里。可惜没钱，没条件，没办法。而现在，一部《四部丛刊》不仅初编、二编、三编，还有什么《丛书集成》、《二十四史》、《十三经》等，全部汇总了。

由于电子文献的出现，我们的学术研究方式、传播方式都已经开始发生变化。电子文献真正进入我们的生活不过才二十年，这二十年我们已经感觉到它的冲击力了。我甚至突发奇想,用不了多长时间,我们的阅读方式都会发生变化。据说现在有一种阅读纸,不知道你们谁见过? 我听说这个阅读纸看起来跟我们的书是一模一样的。现在,我们的电子阅读存在的一个最大问题就是对眼睛的刺激。而电子纸解决了这个问题。这样,我们阅读电子书就不存在问题了。

我想:如果这个问题解决了,无限网络解决了,我们将来的阅读会变得多么简单。拿一个阅读器装在身上,就是一个图书馆。我们可以随时更换,随时下载。将来写书的时候可以直接给出版社,给杂志社,不必通过纸质文本了。

这是怎样的一个境界啊。想一想,中国的文化从甲骨文到钟鼎文,再到碑刻,到简帛文字,一直到纸张的发现,经历了好几千年。纸张的问世也有两千年了。而电子文献到今天不过二十多年,就已经大大地改变了我们的文化生活。所以我相信,我们将来的学术可能会发生重大的变化。这都是现代文明给我们带来的变化。因此,我们确确实实赶上了一个好时代,我们这一代人应当而且可以做我们这个时代的学问。一方面要充分吸收西方文明的传统,吸收前辈的传统,同时寻求我们自己的发展道路。

最近一些年,学术界在发生着一些重大的变化,特别是最近的十年。我们不仅仅追求单一的知识层面的通才,我们开始追求整个精神层面宏通的境界。什么叫精神层面? 我们想一想,20 世纪初期的那些学者,他们的"通"不仅仅表现为他们知识的渊博,更主要的表现为他们视野的宏通。最近的学术界开始出现一些新的迹象。比如教育界,现在所讲的"通才教育"也不再是过去简单的"拼盘教育",开始讲究对各种知识融会贯通的教育。学术界也不再像过去——这是文学的课题,这是哲学的课题,这是史学的课题,都开始打通。比如说现在最热的综合研究,譬如文学的时间研究、文学的空间研究,都是很好的发展方向。

五 综合研究,回归传统,尽早步入文学研究中国化的历史进程

(一) 文学研究的时空视角

说到文学的时间的研究、文学的空间的研究,什么叫时间? 就是文学的历代编年;什么叫空间? 就是文学的地理研究。比如说江南文化,具体到吴越文化,具体到吴文化、越文化,现在都开始

成为学术界的热点。

（二）文学反映不同阶层的生活

再比如说对不同阶层的研究，我们过去不承认社会是有阶层的。最近三十年我们承认这个事实了，社会是有阶层的，有所谓的上层、中层、下层。其实这是一个基本的事实。而我们的文学史，包括我们的历史，所反映的更多的是精英阶层的文化、精英阶层的思想，而忽略了下层的东西。1994年在江苏东海发现了一篇《神乌赋》。这篇《神乌赋》有600多字，故事情节也很简单：母鸟在与盗鸟战斗时受伤，临终对公鸟讲了一番道理，有趣的是，所讲的多是儒家话语。复旦大学著名教授裘锡圭先生曾经就这个问题写过一篇文章，由这篇赋联想到敦煌残卷《燕子赋》等，提出在中国文化中还有下层的文化，是我们过去所忽略的。由裘锡圭先生的启发，我想到了另外一个问题。比如曹植，我们都太熟悉了。他的很多诗，比如《赠白马王彪》、《白马篇》、《洛神赋》等，都为我们所关注。但是曹植作品里还有三篇作品特别怪——《鹞雀赋》、《令禽恶鸟论》、《髑髅说》。《鹞雀赋》也是用两个鸟来对话，说的是人话，是儒家经典，是由鸟来说的。《令禽恶鸟论》说，人把鸟分成所谓的好鸟、坏鸟。其实我们今天也还分，说乌鸦不是好鸟，喜鹊是好鸟。其实这个观念很早就出现了。它说这些都是不对的，鸟是不分这些的。还有就是《髑髅说》，描写骷髅在那里对话。

这些作品从内容上讲确实没有多少意思，因此，文学史上大都避而不谈。但我们在读文学史的时候，汉乐府诗中也有一些诗我们经常提到。比如《战城南》，喜欢古诗的人都很熟悉，写一个受伤的士兵在临死之前对前来要吃他的乌鸦说了一番大道理，就是"战城南、死城北"那首诗。还有一首诗叫《枯鱼过河泣》，说有一条鱼过河，水很浅，结果被晒干。临死之前，它也发表一些议论，告诉同类，说你们今后出门一定要小心谨慎，这个世间太险恶了，千万别轻易出门。

对这些作品我们过去不大多想，我们说它们是民间文学。可是民间文学为什么要用禽鸟类的东西，为什么要用鸟语、鱼语来说话？我后来发现很多汉代的画像也经常有这样一些画面。我联想到了曹植的这三篇赋。钟嵘《诗品》认为曹植是最好的诗人，把他比作"人伦之有周孔"，"音乐之有琴笙"，就像是人间的周公和孔子一样。钟嵘用"骨气奇高，辞采华茂，情兼雅怨，体被文质"

刘跃进：西方文明与当代中国文学研究

243

来概括曹植的创作特色。什么叫"情兼雅怨"？"雅"当然是指《赠白马王彪》等这些东西，那么"怨"是指什么东西呢？按照现在的说法，"怨"当然是指怨气，但是在东汉末期，这个"怨"不仅仅是怨气。比如《文心雕龙》把这个时代叫做"风衰俗怨"。其实这个"怨"是指带有下层文化的色彩。在曹植的创作中"情兼雅怨，体被文质"是相对的，"雅"和"文"相对，"质"和"怨"相对。这代表着精英文化和下层文化的两种色彩。在曹植的身上，就鲜明地体现着这两种色调。

如果你们去过安徽亳州曹操的老家，就会知道，曹家很有钱，但却没有社会地位，因为他是宦官养子的后代——也就是他的爷爷是宦官曹腾，他的爸爸是曹腾的养子。所以在很多豪门望族眼里，曹操就像我们今天所说的暴发户的后代，因此曹操做事，多不符合常规。比如娶老婆，他从来不考虑门当户对的问题。《三国志》中记载，曹操"三世立贱"——立王后，地位卑微。曹操没有门当户对的观念，只要漂亮，只要忠于他就行。曹植、曹丕的生母是卞太后，史书记载她是歌妓，一个卖唱的。所以在曹植的身上，既有贵族子孙、纨绔子弟的特色，同时还有下层文人的色彩。《三国志》记载，曹植约见当时很有名的小说家时焚香沐浴，敷上香粉。两个人彻夜长谈，诵小说七千言。他们怎么谈的，都谈了些什么，我们自然无从知晓，但所论小说，应当都是那些不登大雅之堂的东西吧。

我们都喜欢"三曹"的文章，像曹操的《让县自明本志令》，曹植的《洛神赋》，多好！过去我们都说建安文学为什么好呢？第一，表现了知识分子建功立业的精神；第二，表现了悲悯人生的情怀。其实我们想一想，自从有了知识分子这一行当以来，谁不想建功立业？如果说悲悯人生的情怀，中国历史上战乱的时候多，谁没有悲悯人生的情怀？但为什么偏偏建安文学这么吸引人？其实，在我看来，建安文学作品真正做到了老百姓喜闻乐见，用老百姓的语言表达了老百姓最关心的问题。整个东汉后期的文学，客观地说应当就是下层文化广为流行的时代。我们的文学史应当关注这种下层文化的复杂现象。

最近几年，当代文学有一个底层写作的问题。所谓底层写作，就是描写最下层人的不幸遭遇。其实，《我叫刘跃进》也就是这个题材，是不是？写下层人、小人物的悲惨命运。现代文学史上的"左联"文学，之所以能够吸引人，就是因为它反映了下层人民的苦难，而不再是小资情调。文学史本来是由掌握一定话语权的人来写的，他们所关注的，当然是他所熟悉的生活。所以文学史到底在多大程度上反映了一个时代的历史？从上述事例来看，我确实表示怀疑。文学史的多样性、多层次性，到今天也并没有充分表现出来。

（三）文化研究的倾向

另外一个我们今天关注的热点，就是文人学者的物质生存环境问题。我们过去对于这个问题基本是不理不问。比如杜甫，长安困顿十年。"致君尧舜上，再使风俗淳"，志向高远。后来，沦落下层，"朝叩富儿门，暮随肥马尘。残杯与冷炙，到处潜悲辛"，沦落到这个地步。给他一个正八品以下的小官，他也去做了，给人看仓库也去做了。最后流落西南的时候，写的诗多么悲惨，"囊中恐羞涩，留得一钱看"。杜甫从长安出发，沿着渭水往天水走。这条路，我曾乘火车走过，就在秦岭之间，沿着很浑的渭水。我当时就想，当年杜甫怎么走的呢？是靠什么来支撑他的呢？这些具体的生活场景，我们过去研究文学史的人从来都不关心。我们只关心他写的诗，有多少悲悯人生的内容，有多少爱国的情怀。至于他挣多少钱，穿什么样的衣服，坐什么样的车，我们不管。汉代有一本书叫《白虎通》，是班固编的。书中记载了很多规章制度，文人官吏生前住什么房子，穿什么衣服，出门坐什么车，用什么餐具，都规定得明明白白。不仅如此，死后有什么坟，立什么碑，甚至种什么树，都有规定。今天又何尝不是如此？中国人的做官意识根深蒂固，从古到今，从来就没有改变过。

而在古代中国，并没有专业作家。如果硬要说有，那也可能只有陶渊明了。但是陶渊明也是在42岁时才归隐的。他29岁到42岁之间都在官场混，三进三出。在官场混就要遵守官场的规矩。官场的规矩太多了，有的人表面上官位极高，但是没有权力；有的人表面上官位极低，但是权力极大。所以当一个学者、一个文人物质生活很卑微的时候，他不可能对这个社会产生好感。当一个知识分子得到了全社会关注的时候，他的感觉是不一样的。

这点道理其实马克思、恩格斯早就说了。恩格斯在马克思的墓前说过一段经典的话，我们那时候都学的。他说："正像达尔文发现有机界的发展规律一样，马克思发现了人类历史的发展规律，即历来为繁茂芜杂的意识形态所掩盖着的一个简单事实：人们首先必须吃、喝、住、穿，然后才能从事政治、科学、艺术、宗教等等；所以，直接的物质的生活资料的生产，因而一个民族或一个时代的一定的经济发展阶段，便构成为基础，人们的国家制度、法的观点、艺术以至宗教观念，就是从这个基础上发展起来的，因而，也必须由这个基础来解释，而不是像过去那样做得相反。"人首先要吃饭，要生活，然后再考虑精神层面。可是我们现在的学术研究，中文系的学生只关心美丽的辞藻，历史系的学生只关心历史事件，哲学系的学生只关心思想。一个活生生的历史被腰斩得不成样子了。

我们现在都在反思这些问题，说明我们都已经意识到问题的存在，都在努力地推动学术研究的变化。往哪里变？回到王国维的那个时代是不可能的，回到我们老师那一代也不可能。我们必须走一条自己的路。首先要回归传统，同时又要超越传统。如何超越？就要真正走上通达之路。王充的《论衡》，把鸿儒放在最高的境界。"建安七子"之一的徐干提出陋儒、鄙儒、通儒，说陋儒、鄙儒就知道多读书，而通儒则不仅仅是多读书，还有一种更宽的视野。那就是，不仅仅回归传统、超越传统，还应当在充分吸收外来文明的基础上，寻找到适合自己国情的一套学术体系和学术话语，寻找到适合自己的通途大道。

我今天要讲的主要内容就是这些。可能讲得比较宽泛，我是把好多要讲的东西揉到一起了，有的地方就一笔带过。讲得不对的地方请你们多多批评。谢谢大家！

互动交流：

某老师：刘教授您好！我是文理学院的老师，我提两个问题。第一个问题，网络文学对当代中国文学的影响，其地位是怎么样的？第二个问题，互联网经济知识时代，当代中国文学面临着怎样的机遇和挑战？

刘跃进：这个问题其实我刚才已涉及了一点。我想，网络文学就像任何一个新生事物一样，一定有一个从不被认可到认可再到给它一个地位的过程。它不仅仅是一个认可与不被认可的问题，我认为它是一个趋势——大概是不可阻挡的。

怎么评价网络文学的问题？将来网络文学的发展会是什么样子？这个真是不好说。想一想五十年我们中国当代文学到底出了多少能够彪炳史册的著作，当时为什么没有出现这么多的作品呢？这个问题很复杂，它不仅仅是网络本身能够解决的，可能需要网络之外的东西，而这个东西是不可预知的，环境的变化不可预知。所以这个问题我们只能密切关注，但是不可阻挡。这是我的一个基本观点。

某老师： 刘教授您好！我斗胆问您一个问题。您反复提到20世纪初的学者都是有留洋经历的，他们的学术思想都会受到一个思想就是进化论的影响。我想问，进化论是怎样影响这些人的思想，进而怎样影响我们中国文化，对我们中国进行冲击的？谢谢。

刘跃进： 这其实是一个很大很大的问题。达尔文的《物种起源》写于1859年。大概四十年后，严复就将进化论的思想介绍到中国。他所翻译的《天演论》用"物竞天择，适者生存"这八个字概括了进化论思想，成为当时最流行的话。我记得王国维有一段话，说当时的学术文化界最时髦的、播于众口的话语就是这八个字。

当时的知识界在反思中国为什么在近代落后的时候，都归罪于我们的制度。认为西方文明为什么会进步，就是他们的技术文明比较发达。在这种情况下，等于是要用西方的东西来取代中国，而中国的文化必将被取代，因为落后的东西必将被取代。那时最响亮的口号就是"全盘西化"。这些大家都很熟悉。在文学研究界出现了白话文运动，开始重视平民文学、民间文学。这都跟这股思潮有关系。当然在历史学界、科学界就更不用说了。

我今天下午去鲁迅故居看的时候，看到这么一段话，"我过去一直是信奉进化论的"。这不仅仅是鲁迅——他这话是有代表性的——几乎是所有中国人的态度。不相信的只有几个人，对这几个人，现在怎么来评价他们，还是一个问题。比如林琴南、辜鸿铭好像有一点逆历史潮流而动的倾向。但是这些人被鲁迅等人抨击得够厉害的。鲁迅抨击学衡派：衡来衡去，把自己都衡没了。其实这些人也都有很好的留洋背景，包括吴宓。

我们今天在反思，20世纪文化讨论的时候，发现过去我们只关注一个层面，就是进化论层面，而忽略了另外一个问题，像林琴南、辜鸿铭、吴宓这一批人，包括学衡派，从今天来看，他们也有其历史作用。但是这个问题比较复杂，不能脱离当时的历史背景。

学生： 刘教授您好！我是从一般的高中进来的，我们学校里流行着偶像文学，或者说是泡沫文学、玄幻文学等这样的小说，男生和女生都比较崇拜。我想了解一下您对这种现象的看法。

刘跃进：这很正常，我也经历过崇拜名人的岁月。我在上大二、大三的时候，也崇拜人。特别是在我大学毕业那一年——1982年，我用了一年的时间去尽量接近我崇拜的人。比如那个时候我崇拜学者，就尽量地接近那些学者。崇拜了一年，后来我就不崇拜了。因为，第一，自己长大了，第二，跟他们接近了以后觉得还不如不接近，留在幻想里更好，有些人接近了也就这么回事，甚至比我想象的更差，所以就不会崇拜了。这是正常的。

我刚到清华工作那会儿，跟我同寝室的，就是发表《我们需要"双筒猎枪"》的那个同事，他刚处一个女朋友，也是清华的一个学生，正在读大二。他跟我说："她太崇拜歌星了，凡是那些媒体上的人物，她都崇拜。我怎么能够改变她的观念？"他自己的年龄比较大了，已经不崇拜了。我说："没办法改变，她慢慢地就会不崇拜了，年龄大了就不会崇拜了。"是不是这样？好像是的，慢慢地就会好的。

学生：刘老师您好！我是经管系的，我们经济学、管理学的教材内容一味地来自西方，比如说亚当·斯密的"看不见的手"。而我们的文化源远流长，典籍浩如烟海。您是这方面的专家，能说说经济学或管理学的专著吗？或者涉及这方面的书籍。

刘跃进：这个问题确实超出了我的研究范围。但是我可以给你介绍。前两天，我遇到一个搞经济学的——我读博士时的一个同学，原来是美国所的所长，后来到了经济所。他写了一篇文章，是谈贾谊的一个什么命题。我不懂。我也关注贾谊，我们在谈论贾谊的时候，我谈论我的，他谈论他的。突然发现我们有一个共通点，他谈论贾谊时提出了一个经济命题。这个命题我现在忘了，他专门从经济学的角度写了一篇文章，他发现贾谊很了不起。

还有一个就是管子。现在我们有专门研究管子的专家。有一个研究管子的专家，他本人是做官的，是一个市的规划委主任。他看了《管子》之后，发现我们现在好多管理观念在《管子》里都有了——当然不是说我们老祖宗什么都明白，但是我觉得可能有共同性。

中国的复杂性就在于很多现成的理论无法解释，或者无法完全解释中国的现象，包括文学现象。比如说我们的文学史——回到我的本题来说，我们过去只用西洋的理论。文学史关照的对象是什么？无外乎戏曲、小说、诗歌、散文这四大类，问题是，这四大类无法涵盖中国的文学史。中国的文学史太丰富了，用这四类根本无法涵盖。可是我们过去出版了一千多部文学史，大部分是用这四类的分类法来涵盖文学。你说怎么办？

同样，我想经济也是如此。中国这么复杂，很多预言几乎都没有应验，这本身就说明简单的理论无法涵盖。我最近看到《南方周末》上有一篇文章，是张五常对三十年经济理论的一个分析，当然他是抱着一种非常乐观的态度的。他认为中国的经济政策无法用现成的理论来解释。我建议你们去看看，《南方周末》上个礼拜的，我读了以后挺受启发。

吴敬琏跟他正好相反，他不完全赞同张五常的观点。这两个人，特别是吴敬琏，我很佩服。当年吴敬琏是中国社会科学院的，给我们讲当前经济形势的时候，讲得我热血沸腾，讲得太好了。一个人能把枯燥的知识讲到人人能听得热血沸腾，真是把知识讲活了。经济的东西我不懂，只能说到这里。

（根据录音整理，已经本人审阅。整理：朱敏　胡王达　周香玲）

陈 洪

南开大学教授，博士生导师。现任南开大学常务副校长、文学院院长，加拿大里贾纳大学、华东师范大学兼职教授，复旦大学古代文学思想史研究基地学术委员，中国人民大学国学院学术委员，教育部中文教学指导委员会主任，中国古代文论学会副会长，中国明代文学学会副会长，天津市文学学会会长，《文学遗产》、《中国古代小说研究》、《天津社会科学》等期刊编委。主要研究方向：中国古代小说理论、明清小说、文学与宗教等。出版《金圣叹传论》、《中国小说理论史》、《佛教与中国古典文学》等著作多部，屡获天津市优秀成果奖；整理校注《何氏语林》，主编《中国古代文学发展史》、《中国小说通史》等，发表《元杂剧与佛教》、《〈天雨花〉性别意识论析》、《论〈三国演义〉的诸葛范型及其文化意蕴》、《对复兴儒学的困惑与思考》等学术论文数十篇。主持国家级精品课《大学语文》。先后承担并完成国家及省、部社科项目多项。获全国高校教学名师奖、教育部"宝钢奖"和天津市授衔专家等荣誉称号。

说说"红学"的一笔糊涂账

(2008年10月18日)

站在这个讲台上，非常紧张。一是刚才主持人诸多的过誉之词使得我不知道她介绍的是谁，又是在周末，大家被她把期望值调高了，我生怕大家会失望，所以很紧张。二是今天上午和贵校的王校长——我们是同行的朋友，在聊天的时候他告诉我，非常机缘巧合，"风则江大讲堂"在三年前的10月18号开讲，第一讲是他讲的，三年过来，第九十九讲是我讲的。这么一个重要而有标志性的日子，这么一次演讲，就增加了我的紧张度。

当然这里面还有一个最根本的原因——我选的题目很大程度上带有一种冒险的性质。大家都知道，"红学"最好不要轻易涉足，"红学"是一个比较可怕的地方。据说当年钱锺书先生——公认的学贯中西的大家，他自己说有两个领域不愿涉足——当然他是谦虚了——一个是"佛学"，佛学浩如烟海；一个就是"红学"。他没有说为什么，我想跟"红学"的复杂是有关系的。"红学"里派系林立，是非之多在学术圈子里是有名的。还有一点，就是现在我要讲的，"红学"是一笔糊涂账，这本身更要冒一点儿险，不免要得罪一些人，希望在座的各位对我保持高度的同情，把今天我可能得罪人的事儿守口如瓶，我这里拜托了！

说说"红学"的一笔糊涂账，我做的PPT的下角有一个老先生抬头看着"月如钩"的天空。为什么我找了这么一幅画呢？这是丰子恺的画，选它有深意存焉。是什么深意呢？我现在不说，给大家留个悬念。

一　从刘心武说起

我们从刘心武说起。为什么要从刘心武说起？实际上，从刘心武说起，很大程度上就等于从《百家讲坛》说起。如果说要在近五年或者近十年中国人的文化生活中选出三件或者五件热点事件，我想《百家讲坛》肯定名列榜中。

前不久出了一件事情，也属于文化新闻，由"文化"变成了"武化"，这和《百家讲坛》是直接有关的，各位一定都知道。是什么事情？就是《百家讲坛》的"学术明星"阎崇年先生在签名售书的时候，被一个冒充"粉丝"的人打了一耳光，造成了很大的社会影响。当然，我们说"红学"，扯不到他那儿去，为什么要说这个事情呢？就说明《百家讲坛》在中国人现在的文化生活里实在占有了一个相当重要的地位，也有相当重要的影响。听说于丹也曾经到贵校来演讲，也曾经站在这里，我想这也是同一个系列的问题。

当年《百家讲坛》初办的时候，都是请谁去讲的呢？请杨振宁、叶嘉莹等去讲。后来办不下去了，收视率在中央电视台连续几次降到倒数三名以内，被亮黄牌，栏目面临被取消。但是后来《百家讲坛》一下子翻身蹿红了，从谁那儿开始？从刘心武。从刘心武的"红楼梦评论"，一下子《百家讲坛》就火了，终于成了中国当下一个非常值得关注的文化现象。这个文化现象不是我们今天说的重点，但是是一个背景。这个背景我先提出来，大家有点儿印象。随着我演讲的问题的展开，大家可以进行一种思考。

　　刘心武讲《红楼梦》大红大紫，这个说法已经是三四年前的事情了。现在选这么一个题目——"从刘心武说起"，是不是有点明日黄花、过时了呢？三年前我给天津市高校的一个网上人文讲堂讲过这个题目。当时我做过一个统计，觉得有很多人在关心刘心武。那么，事情又过了将近两年，是不是大学生已经不知道刘心武这件事情了呢？所以来之前我就上百度网检索了一下，出乎我的意料：检索"刘心武"这一条，0.001秒——这是惯例了——79.3万个网页有"刘心武"这个名字；"刘心武 红楼梦"六个字，36.1万个网页，也就是说这个热度还是相当可以的。

　　当年，刘心武在《百家讲坛》推出了"说红楼"，之后《百家讲坛》立刻成为一个收视率非常高的栏目，但是很快也在红学界引起了争论。当时很多红学家在各种刊物上发表文章来批评刘心武；可是网友们，其中很多是大学生朋友，力挺刘心武，当时辩论得很厉害。中央电视台也曾由于压力过大，一度把刘心武的节目给停了。停了若干期之后，一看，支持的声浪一浪高过一浪，于是又重新开始。这也是很曲折的一个过程。

　　"拥刘者左袒"，呵呵。当时有什么理由让网友支持刘心武呢？三个理由：第一点，趣味性。刘心武讲得很好听。原来的学者讲《红楼梦》——别说讲《红楼梦》了，讲任何一个学术题目都很容易把大家讲得昏昏欲睡。刘心武一下子让栏目火了，既然市场评价很好，我们有什么理由反对他呢？第二点，"草根性"。拥刘者说你们不要把学术变成小圈子的事情，难道只有你有话语权吗？为什么刘心武他就没有话语权呢？刘心武自己也讲："你们为什么不让我讲话？"这也是很有说服力的。第三点，创新性。"红学"搞了那么多年了，说来说去就那么几句话，而他的观点却前无古人。

　　这是事情的来龙去脉。那么留下的问题是什么？这就是我们今天要讲的。留下的问题是：刘心武对于《红楼梦》的解读完全不同于五十年以来所有红学家进行的研究。怎么看待这个问题？再深一步，提到"草根性"问题。过去认为很神圣的学术殿堂，究竟是照过去一样阳春白雪地办下去，还是在大众媒体日益发达的今天应该有一种新的路数呢？再往下说一层，就和大家有关系了，这个话题对于青年学子来说，是不是涉及如何看待知识、看待学术的问题？这个问题很小，但可以扯得很大，这就是为什么今天我冒险选了一个"糊涂账"的话题。

二 刘心武发明了什么

由于时间长了，在座的多数朋友可能不太记得刘心武发明了什么东西，我们先介绍刘心武有什么创新。介绍刘心武之前，我先介绍一下我参与的一项调查，关于《红楼梦》的调查。两年前，我们在北方一些高校的大学生中进行过一项调查。这个调查分了好多个子课题，主要就是调查大家对于传统民族文化的了解情况。其中关于《红楼梦》的课题，总的标题就是："你对《红楼》知多少？"

有四个数据我觉得很有意思。第一个，知道《红楼梦》而且喜欢《红楼梦》所讲说的故事的人，在被调查者中占49.1%，青年人对《红楼梦》还是有一些兴趣的。第二个数据，坐下来通读过《红楼梦》原书的人占5.7%，很多人可能翻过，但不一定读得很全，从电视剧、电影里知道的更多一些。第三个数据，知道刘心武点评、研究《红楼梦》而且很火这件事情的，占46.9%。第四个数据，知道刘心武的具体观点同时对这件事有自己的看法的，占3.2%。也就是说，《红楼梦》作为一个话题，还是一个有意思的话题，但是大家学业有专攻，不一定有很多时间了解得很具体。

所以在讲刘心武的观点之前，我把我所认识的《红楼梦》的价值问题先给大家非常简单地说一下。《红楼梦》这本书对于今天一般的读者来说，它有什么价值？首先，《红楼梦》在中国传统民族文化、中国古代文学当中都是一本集大成的书。这个"集大成"是三个意义上的"集大成"。

第一个意义，它出现在整个中国古典文化发展到了乾嘉时代这个阶段。中国传统文化到了这个时代，本身就是一个集大成的阶段。从文学方面而论，无论是诗词曲还是散文、小说，到这个时候，前面都经过一个很长的发展阶段，这个时候的作家有可能吸收和借鉴前面两千多年人们智慧的结晶。而创作《红楼梦》，曹雪芹就恰逢其时。在这个意义上说，《红楼梦》里所包括的既是中国古典文学优秀传统的很多方面，也是传统文化的一个集大成。所以，读这本书，可以感受到中华民族传统文化的很多东西。这就是曹雪芹——他是一个博学的富有天才的人——在这个时代合乎时代脉搏地做了这件事情。

第二个意义，从中国古代小说来说，《红楼梦》肯定是顶峰之作。在《红楼梦》之前，无论是《三国演义》还是《水浒传》，都脱不了当初由话本转来的痕迹。到了《红楼梦》，它把小说艺术的方方面面都发展到了最高峰。

第三个意义，从社会科学的角度看，《红楼梦》带有百科全书的性质。当然这个"百科全书"不能说是无所不包，但是它把封建时代的很多东西用具体生动的形象表现出来了，包含着那个时代的很多文化知识，也包含着很多智慧，所以这部书在今天还是非常有价值的一本读物，对于提高大家的修养也是很重要的一本读物。

可是《红楼梦》又有一个特点，就是任何一部文学作品都可以作多种解读，作品越丰富、越伟大，解读的可能性就越多。《红楼梦》就是这种情况，所以解读起来可能性非常多。为什么成为专门的"红学"？就是由《红楼梦》的这个特殊性质决定的。

（一）创立"秦学"

前面说的是背景。现在我们就说说刘心武具体发明了什么。我讲的是"'红学'的一笔糊涂账"，假如刘心武在下面坐着，他肯定会不高兴，他会说他的研究不是"红学"。他给他的研究起了一个名字，叫做"秦学"。为什么叫"秦学"？就是他从秦可卿这个人物入手，作出一个完全不同于前人的解读。

（二）"秦学"的故事

那么，"秦学"是什么？刘心武从《红楼梦》的字缝里看进去，看到有许多隐而未彰的东西。作者藏在字缝里，藏在纸的背面，没有说出来，但是留下蛛丝马迹被他看到了。他就像老吏断案一样，把各种蛛丝马迹收集起来，经过剖析，组织成一个完整的故事。他认为这是《红楼梦》的真故事。

这故事是什么呢？大家看过《雍正王朝》吧？《雍正王朝》这个故事的大部分时段，有一个人一直在左右着事情的进展，就是废太子胤礽。这是康熙朝很有意思的一个事情，但也是中国封建王朝的一种普遍问题。什么问题呢？就是储君问题。康熙在位的时间太长了，61年，那么，他的接班人处在一个接班的、候补的位置要几十年。这个位置太难坐了。所以胤礽做太子，两度被废，废掉了又扶起来，又被废掉了。也就是说，康熙朝中后期政治斗争的核心就围绕着胤礽。

那么，胤礽跟《红楼梦》有什么关系呢？刘心武看到了，说《红楼梦》实际写的就是胤礽被废这场政治斗争。大家说："没看到呀，林妹妹和宝哥哥好像没什么搞政治的味道。"这是因为我们的眼不够亮。刘心武先生说了这件事情的关键在于秦可卿。他认为秦可卿就是胤礽的女儿，胤礽在第二次被废的时候，就像赵氏托孤一样，让人把还在襁褓之中的秦可卿偷运出王府，送到了贾府。而贾府的人想到这个太子上次被废又复起了，这次被废说不定还会复起，就在这里押上一宝，就像现在股市跌到最低的时候我们赶快入市，思维方式是一样的。这不是我讲的，当然也不是刘心武讲的，但是他的意思就是这样，说这是政治下注的好时机，所以贾府就收下了这个孤儿。

收下这个孤儿之后，没想到这次太子一废废到底了，所以秦可卿在贾府是一个非常特殊的身份。一方面，成为宁府的孙媳妇儿，另一方面，她的身世一直是个谜，大家都搞不清楚。小说说她是从育婴堂里抱出来的孤儿。刘心武说哪有这种事情？一个来历不明的人在这么一个公侯之家会这么得宠、成为嫡孙的媳妇，于情理上不合。所以她一定另有来历，这个来历就是赵氏孤儿式的托孤。

贾府里接受托孤的人表现出了非常男子汉的气派，第一是担当，即使后来胤礽一蹶不振，他们仍然待她非常好，有一种报恩的心理，担着血海一样的干系保护她，同时又对她非常好。以后可能日久生情，又有了其他方面的感情上的纠葛，那就是另外的事情了。

后来小说里荣府的元春入宫做了妃子。按照刘心武的分析，说这个人不好，她为了邀宠，为了讨雍正皇帝的好，把她们家的大秘密出卖了，说"家里藏了一个钦犯，就是你二哥的孩子在我们家"。雍正半信半疑就开始调查，贾府就有人得到了这个信息，告诉了秦可卿，说"你现在很危险，你自己了断吧"，所以秦可卿就自杀了，这个事情就成了永久的谜案。

就这一个看起来卿卿我我花前月下的《红楼梦》里，隐藏着一个这么腥风血雨的隐秘的宫廷斗争的内幕。这是我们这些迟钝的人没发现的，现在刘心武先生发现了，所以他很自负。第一，是一个创新；第二，形成一个体系。从《红楼梦》创作的经过、作者的身世到最后文本的解读，整个一套全新的看法，而且他认为他是自圆其说的。这就是刘心武先生当时在《百家讲坛》演讲的主要内容。他讲了有不到三十讲，肯定比我说的丰富得多，如果我都复述的话，那大家直接去听他的就可以了。核心就是这么一个东西。现在的问题是他怎么论证的——他的论证也很丰富，有很多证据。我只能举例来说。

（三）论证：月亮的故事

我举个例子，一个例子就是"月亮的故事"，所以我一开始讲"糊涂账"时，那张 PPT 图片里有一个人在望月，静夜思，看着月亮有无限的遐想。刘心武证明《红楼梦》就是影射着胤礽太子被废的政治事件，一个根本性的论据就是说《红楼梦》里很多地方写到了月亮。写到月亮能说明什么呢？他说因为在传统文化里君主的象征是太阳，太子、储君的象征就是月亮。写了这么多月亮，可见写的是和太子有关。

当然，后来就有学者质疑了，说你得拿出证据来，你有什么证据说古人都是用月亮比喻太子呢？比如写月亮最多的就是李白了，"床前明月光"，总不能说他想起太子了吧。想起太子的恩泽？不太可能。东坡的《水调歌头》好像和太子也没有关系。"你说有关系没关系，你举出例子来，只要举得稍微多一点，我们就相信你！"刘心武好像也举不出来，有点想当然。

但是他也有些具体的证据，他的一本书《红楼望月》就是从"月亮"意象解读《红楼梦》的。其中有一条证据，是他翻了很多书，翻出的这么一条证据。这证据是说废太子很有文采，有一次康熙皇帝南巡，太子接驾——当时还不是废太子，是太子——并拟了一副对联，康熙皇帝御笔书写赐给了太子。这个对联是"楼中饮兴因明月，江上诗情为晚霞"。

为什么这个就和《红楼梦》有关呢？他认为《红楼梦》里有一副对联，里边也写到了月亮和霞，可见是隐指上述太子的对联。《红楼梦》里的对联在哪里？林黛玉在初入贾府的时候，处处小心，打量环境，看到大堂上挂着一副对联是"座上珠玑昭日月，堂前黼黻焕烟霞"。他说林黛玉进贾府印象最深的这幅联，上联就有一个"月"字，下联有个"霞"字，巧了，太子当年作的这个联也是上联有个"月"、下联有个"霞"，可见曹雪芹是为了怀念太子而写了这个联。这个逻辑绕了很多圈，实际上其中有几个问题：

第一个问题，先说"楼中饮兴因明月"，这个联确实有，也确实是康熙写给太子的，没错。但是这个联并不是太子所作，是两句唐诗。康熙把两句唐诗写完赐给了太子，并不是太子自己作过这么一个对联。第二个问题，即使是太子自己作的，里面说了明月，也不能证明明月本身象征太子，这中间好像没有逻辑联系。

第三个问题是最根本的——难道因为《红楼梦》的对联里有了个"月"和"霞"，那么所有"月"和"霞"的联都和它有关系吗？古人作诗、作对子有很多类书，有点像我们今天的指导手册之类，日对月、雨对风、大陆对长空……这种东西很多，"月"和"霞"相对也是此类一个很普通的小技巧而已。在历史上想找出月和霞相对的对子，大概可以找出很多来，不能因为《红楼梦》里有一副对联，前面有"月"字、后面有"霞"字，就说是怀念太子，这种逻辑好像太牵强了。这是一个例子。

他很多例子都是这样。你要说他没有证据，他也有证据：确实有过一副对联和太子有关系，这对联里有个"月"字、有个"霞"字，《红楼梦》里恰好也有一副对联里有个"月"字、有个"霞"字；接下去是推论了——可见这副对联就是影射那副对联，可见用了这副对联就是怀念和那副对联有关的太子，可见月亮就和太子有关。这是多重的逻辑，可是每一重逻辑都顶多是或然，没有一个是充分的理由。多重或然之后几率还有多少，不用我来说。

（四）论证：药方的故事

再举一个例子，也是很关键的：怎么能够证明秦可卿是因为宫廷里的事情被逼自杀的呢？刘心武从《红楼梦》的字缝里也读出了一个理由来，什么理由？《红楼梦》里写秦可卿病重了，后来给她请了一个太医开了一个药方子。这个药方吃下去之后，没说怎么样，下一回里秦可卿就死了。他说这个药方是关键。

是什么药方呢？这药方很简单，五味中药，各位如果对中医药有研究的话，就会看出来这个药方是最普通的药方——人参、白术、云苓、熟地、当归。我本人对中医药略知一二，中医里最一般的补药叫"四君子汤"，"四君子汤"就是人参、白术、茯苓、甘草。"云苓"就是云南出的茯苓，这是四个最常用的补药。再加上四味，其中包括熟地、当归，叫"八珍汤"，再加上两味叫"十全大补汤"、"十全大补丸",这是中药里最一般的。不要一看这药方子就觉得曹雪芹在中医药方面如何,我觉得他可能不如我,但是我俩没切磋过。

这个药方子很一般,就是"减味八珍汤"。因为秦可卿身体比较弱,曹雪芹要写个方子,就写了个最一般的方子,很一般的事情。但是我们大家都偏于愚钝,没有看出这里边潜藏的东西来,刘心武在他的演讲里说这个药方子不能这么读,读成五味中药就错了,应该从中间切一刀,是前面五个字和后面五个字,前面是"人参白术云",后边是"苓熟地当归"。怎么解释呢?前面是"人云",就是有人来说的意思。后面是"苓归",就是命令你回姥姥家去吧。回哪儿?就是自杀!"人云苓归"(人云令归)——有人带来了信息,信息里怎么说的?命令你了断!秦可卿的组织纪律很强,一看,就了结了自己宝贵的生命。

我不是专门挑出他这一类的例子,这基本上代表了他的思路和风格。我也不加什么进一步的分析,我相信以文理学院学生的素质、智商,这一看就很清楚。

三 事出有因

但是,我现在却要为他辩护,为什么他会有这样的一种说法?为什么会有这样一种看法?这都不是偶然的事情,事出有因。

(一)《红楼梦》自身的丰富与复杂

《红楼梦》自身的丰富与复杂造成了解读无穷的可能性,套一句时髦的话:说不尽的《红楼梦》。

先看一个权威的论断。和绍兴有最密切关系的鲁迅先生说,《红楼梦》这本书"单是命意"——"命意"就是主题思想——"单是命意,就因读者的眼光而有种种",不同的人会有很大的差别。"经学家看见易",研究经学的人觉得《红楼梦》太深刻了,讲的就是《周易》的道理,我们看不出来,经学家能看出来;"道学家看见淫",板着面孔的老先生说,不得了,《红楼梦》这书教人学坏,诲淫诲盗;"才子看见缠绵",太令人感动了,林花谢了春红,太匆匆;"革命家看见排满",革命家一看,《红楼梦》倒过来说是"梦红楼",红者朱也,"朱"就是朱王朝,就是明朝,所以梦红楼就是梦想到朱王朝去,所以"革命家看到排满";"流言家看见宫闱秘事",好像鲁迅先生很有先见之明,早就知道有人会看到宫廷里发生的隐秘事件。

年长一点的朋友会知道,"文化大革命"中古代的读物99%都被禁掉了,只有两本没有遭禁,一本是《红楼梦》,另一本是《三国演义》,那是因为当时的最高领袖喜欢这两本书。军以上的干部都会发一本《三国演义》,通过《三国演义》可以增进对军事学的理解。省部级以上的干部都发《红楼梦》,因为《红楼梦》是阶级斗争的教科书。当时读《红楼梦》要从第五回读起,因为它是阶级斗争的一部总纲。现在大家都在笑,但是在当时是通行的说法。

《红楼梦》这本书可以从很多角度、因人而异地作出很多解读。这个道理也不只体现在《红楼梦》里,凡是伟大的文学作品,长篇,容量大,解读的可能就多。中国古代最有名的文学批评家刘勰说过这样一句话——这话实际上和鲁迅先生的话同理,不过他说的是更普遍的道理。他指着屈原的作品来说,说屈原的辞赋"故才高者菀其鸿裁,中巧者猎其艳词,吟讽者衔其山川,童蒙者拾其香草"。

一部作品很伟大,如同一座伟大的建筑,每个人看到的情况不一样,因为接受者水平的不同,接受的东西也会不同。这个道理也适用于理解《红楼梦》。

(二)秦可卿太可疑了

事出有因,我再说得更具体一点,为什么刘心武这么讲?大家可以听出我刚才的语气,我不太认同他的"秦学"观点,但是我很理解他,因为秦可卿太可疑了。她叫秦可卿,实际上也可以叫"秦可疑",太可疑了。她怎么可疑呢?

第一,出身与地位不甚合。马克思也讲过,婚姻往往是社会政治关系的一种延伸、一种需要。过去讲门当户对,在这个公侯之家里,唯一一个出身小户之家的,只有秦可卿。秦可卿的父亲是一个乡村的秀才,秦可卿本人还不是他的亲女儿,她是育婴堂的一个孤儿。身世不明的人怎么会在贾府有这样的地位?而且她得到了特别的疼爱,从上到下,包括像王熙凤这种人——凤辣子这么不容人的人,和秦可卿关系最好,这是第一点可疑的。

第二,"戏份"与定位不甚合。"戏份"是演艺界的一个行话,比如一个明星要拍一部电影,他(她)在里边能够出镜多少次,他(她)的对话台词的长短。给大腕儿戏份少了,他(她)不干的。戏份要和身份、身价相当。秦可卿在《红楼梦》里戏份很少，没出过几次面，而且早早地就消失掉了，可是她在《红楼梦》里定位很高，十二正钗之一。《红楼梦》的女性，有十二金钗，有正册、副册、又副册。既然她不是一个很重要的人，为什么要搁到十二金钗的正册里？既然搁到正册，为什么不给她设计戏份多一点？确实有点可疑。

第三，她的行为在太虚梦境里太暧昧。整个贾府里有很多问题，尤其是道德方面的问题，说是"淫自宁始"，淫乱是从宁府里开始的。我们看到直接描写的头一个就是秦可卿。贾宝玉到宁府里面去，倦怠了要找个地方休息，到哪里去？秦可卿说带到我那儿去吧！到了秦可卿的住地，先到了客房的正厅，贾宝玉一进去，看到一副对联，很有名的对联，"世事洞明皆学问，人情练达即文章"。这个对联我们觉得很一般，也没什么，但是贾宝玉一看就很厌烦，说这个地方是断断不能呆了。

贾宝玉讨厌这些事情，秦可卿说换个地方吧！就到了她自己的卧室。秦可卿的卧室里摆设的东西都有象征的味道，有赵飞燕用过的，有杨贵妃用过的，而且都不是好用处。如杨贵妃和安禄山做"游戏"的时候，安禄山打伤杨贵妃乳房的木瓜摆在那里，这些地方肯定是"春秋笔法"，不是随便一写的。指向哪里呢？应该指向秦可卿这个人在作风上是有点问题的。

然后就有人讲了，哪有把叔叔领到侄媳妇卧室、睡在侄媳妇床上的道理？秦可卿说，他才多大的岁数，哪有那么多讲究，没关系，就在这里睡下好了。

贾宝玉睡下之后就进入了梦境，就是太虚幻境。在太虚幻境里，贾宝玉有了他平生第一次的性行为，这性行为是跟谁呢？是梦见的一个人，这个人叫兼美，长得既像林黛玉又像薛宝钗。发生了这种事情之后，他从梦中惊醒，就叫了"兼美"这个名字。秦可卿非常惊讶，说这是我的乳名他怎么会知道。那么，这段模糊的描写究竟是一场梦，还是类似于春梦的一种遭遇？作者用了一个很含蓄的笔法。

总而言之，《红楼梦》最大的特点就是整部书里几乎没有淫笔，它是写情不写性，这是它和《金瓶梅》最大的一个区别。可是唯独这个地方，它是比较实在地写了。而且写了贾宝玉醒过来之后，袭人帮着穿衣服，袭人的手伸到他的裤子里有一种异常的感觉。这种写法在贾宝玉身上只有这一次，而这一次恰好发生在他睡到了秦可卿的卧房里，睡到了秦可卿的床上，然后做了一场梦，梦里见到了一个人，这个人的名字和秦可卿一样。作者为什么会写这么一笔？这个事情实在只能用"暧昧"两个字来形容。

第四，死得太突然，丧事太风光。尽管前面说了她的身体不太好，但是拿现在老百姓的一个俗语来说，就是她"嘎嘣就死了"，没有先兆。写王熙凤正在睡梦之中，忽然听到外面云板响，外边有紧急事件，醒了之后，听说是蓉奶奶过去了。当时王熙凤心中纳罕、纳闷、奇怪、惊讶。尽管王熙凤知道秦可卿身体不太好，但怎么会突然就死了？这个地方作者也是故意地用了这么一笔，让人觉得死得有点奇怪。

丧事办得特别风光，整个《红楼梦》里写的大场面就是两个：第一个是元妃省亲，按照评论家的说法，这是影射当年康熙皇帝南巡——《康熙微服私访记》里有提及，但实际上康熙南巡的排场是比较大的，曹家在扬州接驾，这是影射那个大场面。第二个就是秦可卿出殡。秦可卿是什么人？是贾府里的晚辈又晚辈——孙媳妇，她的先生贾蓉没有任何功名，她自己又出身低微，这个丧事至于办那么大的动静吗？连王爷都出来？摆这么大的排场？而且写她的公公整个人因为秦可卿之死痛苦得已经不成人样了，走路都要拄拐杖了。儿媳妇死了，公公伤心成这个样子，这个写法也比较少。

更可疑的是，秦可卿死了之后，她婆婆在整个丧事中不露面，很可疑。所以才提供了王熙凤协理宁国府的机会，王熙凤大展宏图，集中精力协理宁国府，展现她的才干、能力。机会是谁提供的？是尤氏——秦可卿的婆婆。儿媳妇的丧事本应该由她来主导，但她却身体不适，一次也不出面，确实太可疑了。这可疑不是事件可疑，是作者用的笔法可疑。

第五，畸笏叟葫芦里不知什么药。畸笏叟是谁？我为什么说红楼梦像个迷宫，一般人都不愿意涉足，其中有一个原因，就是我们今天看到的哪一个本子《红楼梦》真正是曹雪芹写的，说不清。红学家为这个事情吵得面红耳赤、大伤情感。我们通常看的是一百二十回的《红楼梦》，但是跟电视连续剧《红楼梦》的结局完全不一样，为什么？电视剧是照八十回来编剧本的，这八十回就是所谓的抄本，抄本里都附有评点。这个评点总的署名叫脂砚斋，但是在脂砚斋评点的《红楼梦》里，评语署名最多的其实是两个人，一个是脂砚斋，一个是畸笏叟。

这两个人以及他们作的评语是什么性质的，这是"红学"中一个最根本的争议焦点所在。我们今天不能细讲,我后面还会说一说。我们承认它确实是乾隆到嘉靖期间曹雪芹身边的人作的评语,但这两个人是什么人,是"红学"到现在一个绝对说不清的话题。比如脂砚斋,有人说他是曹雪芹的堂兄弟,有人说他是曹雪芹叔父辈的某个人,有人说她就是史湘云——说曹雪芹最后真正娶的是小说里史湘云的原型,史湘云就是曹雪芹的太太,这个太太在曹雪芹去世之后继承他的遗志写了评语。这中间差得太多了,但谁也说服不了谁。

另一个评点者就是畸笏叟了。畸笏叟的评语在整个脂批里最大的特点是倚老卖老的口气特别厉害。其中关于秦可卿,他有条批语非常可疑。可以说,刘心武发明"秦学",主要的起因就是由于畸笏叟的这条批语。畸笏叟说,"秦可卿淫丧天香楼,这个事情本来是写了整整一回的,我念及她在临死的时候托梦给王熙凤,她对王熙凤说的这番话还是正大之词,所以我命令曹雪芹把他写的'秦可卿淫丧天香楼'这一节删去。"口气很大,是他命令曹雪芹删的。可是曹雪芹删得不够干净,就留下那么些疑点。

究竟有没有这样一个人?这个人是不是真的起了这么大作用?他和曹雪芹到底是什么关系?秦可卿这个事情是不是就如他评语里说的,由于他命令曹雪芹删去了很大一部分文字,所以留下了很多疑点?现在都是大问号。所以,围绕着秦可卿,确确实实太可疑了,有了这么多疑点,使得刘心武有了一个发挥的可能性。但是,这些疑点究竟能帮刘心武多大忙?可疑归可疑,所有研究《红楼梦》的人都知道这个疑点,为什么别人没有得出这样一种结论来,没有创立"秦学"?这里面可能有一个根本性的差别。

四 立论奇,必有邻

我们有必要回顾一下"红学"的小史。《红楼梦》研究历史,实际上从《红楼梦》手抄本刚刚问世的时候就有人讨论了。到晚清的时候流行一句话,叫"开谈不言《红楼梦》,纵读诗书也枉然"。《红楼梦》很时尚,就像现在大家不说"百家讲坛",不说于丹,你不太知道,就好像你没有文化修养一样。当时就是这么一种感觉,所以很多人都来讨论《红楼梦》。在诸多讨论《红楼梦》的人当中,也有些人形成了系统,写了书。特别是在民国初年的十几年中,有一系列的著作跟刘心武的思路非常相近。所以我说是

"立论奇，必有邻"。

一是清代的《郎潜纪闻》。它有一个观点，说《红楼梦》写的是明珠家事。明珠是康熙朝的权相。说贾宝玉是谁呢？就是纳兰性德，纳兰性德是贾宝玉的原型。十二钗是谁呢？各位就想象不出来了，你们想一定是纳兰性德身边的女朋友。非也，按照《郎潜纪闻》的说法，十二钗是纳兰性德身边的十二个文人，包括著名词作家朱彝尊他们，到了曹雪芹的笔下，把他们变性了，变成了十二金钗。

二是《醒吾丛谈》。它说，说写的是明珠家事这是不对的，应该是理亲王家事。理亲王家里有很多女孩子，也有很多妃子争风吃醋，把这些事情记下了就是一部《红楼梦》。

三是王梦阮。他说《红楼梦》写的是顺治和董小宛的故事，贾宝玉就是顺治帝，林黛玉就是董小宛。董小宛是晚明秦淮河上四大名妓之一，后来跟着冒辟疆从良了，从良之后，冒辟疆写了一个笔记叫《影梅庵杂记》，"影梅庵"是怀念董小宛的。王梦阮的逻辑和刘心武有一拼。他说冒辟疆写的"影梅庵"，"梅"字的右边是个"每"，而林黛玉的父亲叫林如海，母亲叫贾敏，名字里都有一个"每"，可见这个"每"就影射了"影梅庵"，所以说《红楼梦》里写的就是董小宛。这个逻辑很奇怪，但是想象力是蛮可以的。

过去传说顺治帝为什么出家？就因为太后害死了董小宛，顺治帝一怒，要美人不要江山，跑到五台山去出家了。后来，20世纪30年代著名的清史专家孟森先生有一个专门的考证文章说，先不说顺治帝出家不出家，但是顺治帝绝对和董小宛没有关系。何以证明呢？董小宛比顺治帝大26岁，过去是个妓女，又曾经嫁给冒辟疆做妾，顺治帝作为入关的异族君主，会把一个大自己26岁的人抢来做自己的宠妃？这不太可能。

这类想法的通例要从《红楼梦》里找出原型来，这原型最好是个历史名人，最好中间这个逻辑是别人看不到、想不到的。这几乎形成了一个绵延不断的传统。

四是蔡元培。和刘心武观点更加类似的还有一位鼎鼎大名的人物，这个人物不久前曾出现在"风则江大讲堂"，不是这个人来了，而是研究他的人到过我们学校。我们说的这个人是蔡元培。在20世纪20年代，蔡元培是研究《红楼梦》的一个大家，胡适研究《红楼梦》时的主要对手就是蔡元培。蔡元培当时是北大校长，胡适是他聘回来的一个年轻教授。胡适写评论《红楼梦》的文章，说蔡元培是"笨伯猜笨谜"。"伯"是尊称，但是这个"笨"字不太好，等于说是傻大爷的意思，说一个傻大爷猜一个傻谜语。

笨谜是什么？就是蔡元培说，整个《红楼梦》写的是一个解不开的反满的情结。具体怎么体现呢？贾宝玉就是废太子胤礽。林黛玉是谁？他综合了前面《郎潜纪闻》的观点，认为林黛玉是朱彝尊。他也是从字缝里看出字来，和清代的政治斗争挂上钩，认为它是对贾府的揭露和批判。说"只有石狮子干净"，实际是说清朝已经腐朽透顶了。为什么叫贾府？"贾"就是"伪"，"伪朝"，不具有正统的地位。这是蔡元培的研究，所以胡适说他是"笨伯猜笨谜"。不过那时候学校的上下级关系可能很不错，教授这样说校长，校长也没有怎么"报复"他。

五是霍国玲。大家会说，这都是20世纪20年代的事情，和21世纪有什么关系？我再给大家介绍，在20世纪90年代中后期，北京也曾经出现过一个可以说是《红楼梦》研究者的人，她的研究也火过一阵。这个研究者让林黛玉的形象有了一个很大的变化，这个研究者叫霍国玲。我对她研究《红楼梦》的热情真的很佩服，她和她的弟弟退休以后，一心一意，把全部精力都用在研究《红楼梦》上，也是从字缝里看出来一个了不起的被湮灭的史实。什么事情呢？就是林黛玉实际上就是"侠女刺雍正"的那个侠女。说林黛玉本来和贾宝玉的原型——曹雪芹青梅竹马、感情甚笃，但是她被雍正横刀夺爱抢到宫里去了，她为了报仇含垢忍辱，最后找机会把雍正给刺死了。

大家会说这是天方夜谭吧？但是在那三两年当中，这在北京也曾很火，就是没上电视台，要是上电视台绝对不次于刘心武。当时她在北大演讲的时候，我北大的朋友告诉我——北大那个讲堂和我们这里不一样，它有窗台，窗台上全是人，全挤着来听。

从《红楼梦》里读出来这么了不起的一部新的清史。所以我说"立论奇，必有邻"。

五　文化传统与刘心武的"继承创新"

为什么会出现这样一种情况？这些人应该说都是很聪明的人，又都对《红楼梦》非常喜欢，但是为什么他们的解读会和我们通常的第一阅读感受相差这么远？这就是我今天所要讲的。我如果光给大家介绍一些好玩的事情，那和我们讲堂的定位就不相符了。要从学理上来说一说何以如此。这和我们的文化传统有关系。

（一）"诗无达诂"的阐释传统

我为什么要用这句话引出来呢？这反映了一种解读文学作品的方法和态度。我们拿到一部文学作品、一部小说，它的基本品性应该是两点：第一点，它应该是虚构的，当然这不是绝对的，还有另类的写法，像实录体小说；第二点，它应该是审美的，是从艺术角度来记述虚构的事件。但是我们民族有一种传统，就是在阅读这些虚构的、本来应该成为审美对象的作品的时候，我们往往愿意看它是不是底下隐藏着什么和政治、社会有关的目的。这种思维方法的影响应该说是很大的，尤其是对于像刘心武先生和我们这一代人。当我们像你们这么大的时候，二十多岁，整个舆论都是这种舆论。看一部作品，先看它的动机是什么，它是为什么而写的，它后面藏着什么。

这有点思维定势，而这种定势我们可以往源头找，找得更远。中国古代的文学批评里有一词，叫"诗无达诂"，它是一种阐释的理论，这个理论我认为是很深刻、很超前的。就是说一首诗并没有唯一的一个权威性解释，它往往可以因接受者不同而作出不同的解读，而这些解读都有存在的理由。这个阐释的传统应该是很好的，但是它有另一面。

当初提出"诗无达诂"，这个"诗"不是泛指诗歌，而是专指《诗经》。《诗经》当初产生的时候实际上就是民歌，后来有人把它们收集在一起。有人说是孔子收集的，但是现在的多数学者都不相信。反正和孔子有关，孔子可能整理过。民歌被整理起来，孔子拿它作教材，究竟想让它起什么作用，孔子也没有系统地讲。孔子说《诗》可以"兴、观、群、怨"——让人丰富内心世界，"多识于鸟兽草木之名"，涉及很多动植物，可以当一种知识读本来读，可以增长很多知识。但是到了汉代，《诗经》被官方奉为经典之后，需要有权威性的解释。汉代的经学家们解释《诗经》的时候，换了一个角度，多半都把它比附到政治斗争当中。说某一首诗就是批评某一个君主的，是因为当时发生了某一个事件，所以就有了这首诗。大半都是这么来解读的。

这有没有合理的地方？肯定有。但是作为一种方法，实际上是很危险的。因为《诗经》多数是民歌，很多是情歌，情歌跟政治有什么关系？比如"关关雎鸠"，是很一般的情歌，到了经学家那里却解释成周朝贤明的王后教导后宫的妃嫔们应该如何修身养性。实际上这之间根本就没有关系。这种例子可以举出很多。"诗无达诂"这样一个命题，造成了多种解读的可能性和一种支撑，在特定的解读过程中，又形成了一种比附于政治的思维定势。

（二）小说写作的"实录"观

另外一种民族文学批评传统就是愿意把小说看成实录。明代、清代的小说在前面的序言里很多都讲：不要小看我这本书，我这本书都是真事，完全实录，所以它有价值。包括《红楼梦》，一开始作者自己交代"字字看来皆是血，十年辛苦不寻常"，说就是我耳目所及、亲眼所见的一些人，我把他们实在地写下了。这种实录观让人们愿意从虚构的世界里找背后那个真实的世界。

这也是一种传统的思维方式。所以就造成了我们在阅读当中的两种态度：一种是审美的常态，它是面对一个艺术的对象，给我们构造的是一个独立的艺术的世界。依此，我们看进去，看到的首先就是宝黛的爱情，然后是黛玉和宝钗两个性格完全不同的女孩子各自的命运，然后就是他们生活的大环境——这个大环境所代表的贵族钟鸣鼎食的富贵和不可避免的破落，"悲凉之雾，遍被华林"。这应该是我们阅读的第一感受——多数的、有着合理知识结构的人们共同的第一阅读感受，这种感受应该是一切批评建立的基础。这才是一种正常的审美的心理和心态。

有些人偏不满足于此，一定要挖出背后的东西来，要从字缝里看出东西。我认为这有"窥视"的心态，要看看人家有什么隐私，所以我说是一种另类的阅读心态。

（三）后现代的话语权理论

在我们的文化传统里，这种另类的阅读心态是可以找到根的。这种文化心态、这种阅读方式在特定的环境和背景下会膨胀。什么样的特定环境和背景呢？就是当下一种特别的文化潮流，就是通常讲的后现代话语权的问题。后现代的话语权和这个问题有什么关系呢？这就是为什么一开始我说"拥刘者左袒"，我列出了三条：趣味性、创新性和草根性。

话语权的话题就是这样的。对任何一个事物的解读，我们传统的传播方式、文化存在的方式是强调权威的，但是权威就造成了话语霸权，而现在应该解构掉这些话语霸权，大家都有平等的解说、解释、演绎文本的权利。这就出现了一种新的解释批评的理论，就是强调一个文学的创作过程，不是说我写成了这本书就完了，而是要在你解释的过程中，经过读者的一种阅读接受，甚至经过读者一种带有创造性的重新写作才能算是完成。所以一部作品既有可读性，又有可写性，不是只读文本。既然有了可写性，每一个读者作为票友和专家，享有同等的权利，都可以把自己的理解讲出来。

这样一种思潮和我们前面讲的传统在某种意义上一拍即合，就是对于文学文本，不满足于文学的审美的阅读，要挖出底下的东西来，我们有这个权利，也有权利把自己挖出来的东西公诸于众，当成一种学说。正是因为既有这样一种传统，又有现在的这么一种风潮，所以才有了这样一种解读。实际上，这与"大话西游"之类的所谓的"大话"都有相通的地方，在学理上、思潮上都有相通的地方。

这里面就有两个不太好区分的界限。一个就是个人阅读理解的权利正当与否，如何区分？特别是你利用一种公共的平台进行言说，影响了他人的这种权利的时候。当你影响他人的时候，这些听众并不享有和你共同的权利。实际上，在这里，这个界限应说是理论性很强的一个话题，甚至是涉及文学批评根本性的一个话题。颠覆话语霸权是不是这么有道理？是不是颠覆了话语霸权之后我们每个人、全世界几十亿人就可以对文本有几十亿同等的、平等的解说？这里面的界限究竟在哪里？这个界限不太好划分。

第二个不太好划分的地方就涉及《红楼梦》文本本身。文本的本身从逻辑上来说，确实存在着一些问题。把这些问题揭示出来，进行分析，这应该是没有问题的。分析应该是有新意的，这也是没有问题的。但是怎么样的分析才是属于学术性的？怎么样的分析是离开了学术的轨道？这可能也不是几句话就能够说清楚的。

六　"学"、"学术"、"规则"

这里就涉及一个话题，就是"学"、"学术"和"规则"的话题。

（一）学术、评论、读后感

我们阅读一部作品，可能对它有进行阐释、分析的内在心理要求。我认为，当你把这种要求写出来的时候，至少应该先分清楚这三种不同的类别。

第一种是学术研究。学术研究最重要的应该是完全地从材料出发。胡适讲"有一分材料说一分话"，这个材料还必须是符合学术规范的。比如，不能是孤证。就好像自然科学里提出一个定理，要把它作为一个规律，要想大家来认可它，必须要在实验室里，同等条件下能够复现——你给出条件，我再做一遍，还是原来的样子，它就站住脚跟了。同样道理，人文社会科学，你要说明这个事情，作为学术研究，你至少要有两个以上的证据，孤证是不行的。

比如我今天上午参加的一个小的学术座谈会，一个浙江的老先生讨论佛教问题，其中就涉及佛教最早是什么时间从印度传到中国的。现在通行的说法是在两汉，但是两汉什么时候，具体说法就不太一样了，有的说是汉明帝的时候，有的说再稍微早一点，但大体就在东西汉的百年之间，可以说95%的学者都是这么看的——当然不是说人多就是真理。老先生在他论文里说在先秦就有了，证据是什么呢？他写了一条证据，说《史记》里有一句话"禁不得祠"。他说这个"不得"就是最早的关于"浮屠"的说法，浮屠就是"佛"，"佛"有一种最早的另译的梵文，就译成"不得"，所以"禁不得祠"就是禁止祭祀佛。实际上这也不是他发明的，几十年前就有这个说法。吃饭的时候，我就向这个老先生讨教："您举出这个例子，是不是还有别的证据？"老先生就有一点烦，"有这么有力的证据，为什么还需要别的证据呢"。我当时就哑口无言——因为不存在对话的基础了。

实际上这里就涉及上述那个根本的问题：你认为这个"不得"就是指佛，那一定还要有别的支撑。这么重大的事情没有第二条证据、第三条证据，单这一条孤证，是不行的。

学术有一系列的规则，这是一种。要有材料，材料要可靠，还要有多重证据，或者是文献的、或者是地下文物的，它们相互之间还应有一种统一的逻辑结构。

第二种是评论。评论是在一个大家都能够认可的理论框架下，对作品作出一个阐释，作出一种评价。这种阐释、评价和学术研究不一样，它不强调你的发明，不强调原始资料。它是一种态度，但是这个态度要有一个理论框架作支撑和背景。

第三种是读后感。这没有关系，你自己读了，有自己的感想，随便讲，理论深一点更好，浅一点也没有关系，只要报社编辑愿意给你发，就发出来了。大家看了，有人会心一笑，有人觉得没有意思，都没有关系，交流嘛。尤其是现在有了博客，发多少读后感都可以。

但是，读后感不同于评论，读后感、评论不同于学术，这一点是很重要的。

（二）另类读后感——当作家的"习惯"

我丝毫没有贬低刘心武的意思，我觉得他写的这些东西真的很巧，发现了《红楼梦》里很多疑点。我说秦可卿可以叫"秦可疑"，他对这一点分析得很深刻，想象很丰富。但是我觉得，总体来说它属于一种另类的读后感，它不太遵从大家公认的学术规则，包括逻辑推理，包括材料运用的合理性，这些规则基本都没有体现。作为一种读物是很好的，读着也很开心，好像在《红楼梦》之外又衍生出一部小说，这个小说富有趣味性。但是要说它是一种"学"——有理论内在系统，是一种学问、一种学术，可能这中间还隔着一层。

这和作家的想象力是有关系的，刘心武先生确实想象力比较丰富。王蒙也谈《红楼梦》，没有人对王蒙谈《红楼梦》有这样的批评，因为王蒙说是自己的感想就是自己的感想，绝对不另外构成体系。王蒙去南开进行演讲的时候我主持，我为了活跃气氛就问他："您也写了不少《红楼梦》的文章，您和刘心武先生在作家里都是很有影响的，您怎么看他的秦学？"王蒙是多么聪明的人，他立刻就把话题岔开了，关于这个他一言不发。

七　说说"红学"自身的问题

《红楼梦》本身有很多疑点，"红学"本身也确实有很多有争议性的问题，甚至在一些基本点上，"红学"应不应该是这个样子的，可能都有可质疑的地方。但是我要说的是，红学家们的分歧和我们所讲的刘心武先生关于《红楼梦》的言说有着一种本质的区别。

简单说一说"红学"的问题。第一个，什么叫"红学"？这话

269

好像太 ABC 了,"红学"就是研究《红楼梦》的学问。事实上也不是那么简单。比如,你作为一个"红迷"对《红楼梦》很熟,写了一篇分析林黛玉性格的文章,投给《红楼梦学刊》,肯定不给你发。为什么?他们可能说,这不是"红学"。

第二个,何谓"红外线"?有人把对于《红楼梦》文本的艺术性分析都称为"红外线",是"红学"的边缘性的东西。那么"红内线"是什么呢?主要就是刚才所说的曹雪芹的家世问题、曹家这些人谁和谁是什么关系、祖上是在河北还是在辽宁等问题。

第三个,就是脂砚斋的大疑案。关于"红学",一个集中性的问题就是围绕脂砚斋的大疑案。脂砚斋刚才我简单介绍了。《红楼梦》版本、手抄本现在有不下 20 种,20 种的先后关系问题,哪一个早一年,哪一个晚一年,是谁抄谁的,这些问题很多。我们现在读的《红楼梦》的本子,被认为权威的都是从署着所谓脂砚斋名字的手抄本来的。但脂砚斋是谁?有可能是他太太,有可能是他堂兄弟,有可能是他叔父,说到是谁,都能够找出理由来,但是谁也不能说服对方。

结果 1992 年的时候,有一位研究家欧阳建提出了一个石破天惊的观点,后来他的观点发展成厚厚的一本书。他认为脂砚斋根本就是假的,是后人造的假。此说一出,整个"红学"界哗然。哗然到最严重的时候,几个老权威到了欧阳先生工作的江苏省社科院,排炮齐发。最后欧阳先生在江苏安生不了,就挪到了福建,后来又到了山西。欧阳先生跟我是好朋友,我说得一点都不夸张。为什么会这样呢?因为你要是把脂砚斋给否了,就相当于把他们这些研究《红楼梦》的人几十年研究的东西全否了。他们整个的研究都建立在脂砚斋的批语的基础上,但是脂砚斋本身是大疑点。"红学"里有很多问题,这些问题甚至从根本上就都不是能说得很清楚的。

第四个,"红学"还有一个根本性的问题,就是怎样看待后四十回。和曹雪芹有没有关系?有没有价值?20 世纪 80 年代拍的电视剧《红楼梦》最后的结局实际上在《红楼梦》书里都是没有的。"红学"有一个分叉叫"探佚学",说《红楼梦》有哪些故事后来给丢掉了,就把它再挖出来,有这么一种做法。把这个写到电视剧里,就是 80 年代的那部电视剧。

有人认为"红学"这么下去没有出路——这是四川一个学者写的《红学末路》里的说法。我的结论就是,这些争论,甚至

"红学"本身的学术品位,我们都会有不同的看法。"红学"集中在讨论作品文本以外的问题,究竟是对还是不对?"红学"所争论的这些问题,是真问题还是伪问题?这些争论都可以来怀疑和讨论,但是这些讨论、他们写文章的基本方法、研究问题的基本路数,还是在学术这个范围之内的,它遵从基本的规则。比如你要有材料说话,你这个材料够不够、对材料解读准不准,这是一个问题;另外你的材料是不是靠一种合乎逻辑的论说来组织。所以我说"红学"本身确实有很多糊涂账,问题多多。可是,在"红学"的内部,它还是一个学术性的平台,是一种学术性的研究。

我今天讲了这么一通,回过头去想一想,我想说一说我自己的观点:今天的演讲由刘心武而切入,说明对《红楼梦》的解读这么五花八门是有缘由的,因为既有一种传统,又有一种现代的思潮在推波助澜。最后我想说明一下我正面的观点是什么呢?我想跟大家说这么两点:

第一点,"红学"应该因《红楼梦》而存在。这好像不是废话吗?实际上就是,要回到文学本身。如果《红楼梦》不是这样一部伟大的小说,我们管曹雪芹跟曹操有什么关系干什么?那些问题的研究,中心应该在这里。把核心的东西划为"红外线",把边缘的东西搁到"红学"的核心位置,这个倾向,我认为不太好。

第二点,《红楼梦》是大众的,这部小说是大众的;但是"红学"是小众的。这就和我们讲的话题有关了。刘心武这个问题的出现,我认为就是在小众和大众之间的界限没划好。原因有两条:

第一条,《红楼梦》在"文化大革命"中,甚至再往前说,20世纪50年代,就成为一种大众的文化消费对象。"文化大革命"中万马齐喑,真正意义上的学术研究几乎是没有的,但是评论《红楼梦》的东西太多了。尤其是我们最高领袖用政治眼光、阶级斗争来看《红楼梦》,大家都觉得可以从里边发掘出东西来,所以谁都来研究。

当年湖北有一个农场工人,发明了一种"八卦红楼",就是把《红楼梦》拆成一个一个小的单位,然后按照八卦的方位——乾坤艮离震,重新组合,组合成好多小八卦图,然后合起来就是"八卦红楼"。这也一度大出风头,后来因为这事,他被调到了社会科学院。但是两个月之后,他自己就走了。

我没有要讥笑他的意思。但学术是一种专门的东西,不是说它有多高尚,别人不能染指,不是的。它需要积累,有一定的规则。

为什么你要读本科，要读研究生，再去读博士，它其实就是一个训练的过程，让你明白如何来进行研究，不是说跨一步就全进入这个平台了。所以学术是小众的，这个之所以被模糊了，是因为前面这个从20世纪50年代一直到"文化大革命"当中的原因——跟这个有关系。

第二条，大众传媒的发展。这个力量太大。搞大讲堂是不错的，最早搞大讲堂的是凤凰卫视，最早是凤凰卫视的"世纪大讲堂"，我是它早期的演讲者之一。它现在出了一个精选本，大家可以去看，《国学》第一辑里就收了我当时讲的内容。那还是在2000年、2001年前后。现在"凤凰"的大讲堂，我觉得它的品位基本还是可以的。但是有的讲堂，它变成了一种"文化快餐"，模糊了学术和非学术的关系。你做大讲堂，讲什么都没有关系，但是你不是学术的就不要当做学术来讲，容易产生一种误导。

从这意义上说，《红楼梦》，文学作品是大众的，是属于大家的，谁都有阅读的权利，谁都有解说的权利。任何一种读后感，不管多么另类，写到你自己的博客里去，没有问题。但是不能借助于一种带有相当官方色彩的媒体，把它传达给没有专门知识的听众，这里面有一种误导。学术在很大程度上就是小众的，你可以把它通俗化了再来介绍，但是它不是简单的事情。

不单《红楼梦》如此，一切学术都有这个问题。为什么一开始我提到阎崇年先生被打的事情，就是因为他讲的一些观点，实际上应该是学术界讨论、争论的问题，他比较草率地拿到大众传媒上往外推，引起一种误解。而他这个对话的对象没有学术素养，于是"文化"变成了"武化"。这虽然很遗憾，但也是一件具有某种必然性的事情。

互动交流：

学生：我想问一下陈教授，秦可卿生病的时候，既然贾府的人都知道秦可卿是个——就算是一个公主吧，为什么还要请太医？这不相当于把秦可卿推向火坑吗？

陈洪：这个事情我想从两层意思上来说。第一层，我们相信作者当时确实是费了很多心思来写秦可卿这个形象的，而且经过了反复的修改，并且最后由于他没有拿定主意，成了露出了很多破绽和疑点的一个形象。也就是说，我们不能先预设我们所面对的这个文本就应该是一个天衣无缝的文本。任何一个文本都是被书写的文本，假设你是作者的话，你也会有些地方写得很圆，有些地方写得就不是那么圆。

我举一个小例子，比如我们读《水浒传》，你怎么看宋江这个人？宋江——"孝义黑三郎"，他讲他自己最根本的人生准则是讲孝道，可是倒过来，他做的那些事情在当时来说都很危险，而这些危险的事情会累及他的家人，所以很早就被他父亲告忤逆，声明脱离父子关系。这么矛盾，怎么解释呢？只能解释说，作者在写作的过程中并没有把这个形象处理得很好，没有把复杂的写成圆融的，而搞得性格本身有分裂。

同理，秦可卿这个形象作者也并没有处理得非常圆满，他留下了一些破绽。

第二层，太医并不是只能给王室或者王府看病的，而是一个身份。看《大宅门》里，有这个身份的人，他同时也可以为别人服务。这一点不能说明太多的问题。另外，秦可卿是公主，这只是刘心武的一家言，不能作为讨论的前提。好，谢谢！

学生： 还有一个问题，就是秦可卿的葬礼上尤氏没有出来，我认为是因为焦大说的一句话。焦大说：公公爬媳妇，婶婶和小叔子关系不明。可卿活着的时候，她算是一个公主，尤氏也不敢怎么样，但是可卿死了之后，尤氏应该就可以发泄一下吧？谢谢！

陈洪： 我听出来了，你可能是看过刘心武的观点，你觉得他的观点还是有点意思的。我想说的是，刘心武先生说他认为尤氏没出来，是可以解释的。我也不是说就不能解释，但是我认为这个地方是有疑点的。特意写尤氏不出来，当然是为了给王熙凤腾出一个空间。但是发生了这么大一件事情，尤氏不出面——她是婆婆，公公又表现得过于热心，这两个碰到一起，和旧时代通常的人情世故相距比较远，容易让人起疑窦，容易让人怀疑什么。但这绝扯不到"公主"的身份上。

学生： 陈老师您好！我想问一下，您今天说到阎崇年被打，可能有部分原因是他向一些没有专门知识的公众传播那些不太成熟的或不太被公认的论点。但是《百家讲坛》把他们这些论点通过媒体的方式向大家传播，这样会不会有点不太负责任？

陈洪： 当然，今天我也想在这里批评《百家讲坛》。三年前，他们希望我去讲《西游记》，当时他们说四大名著里《红楼梦》有人讲了，《三国》也有人讲了，希望我去讲《西游记》。我当时就说得比较不太客气，我说："我感觉现在有几位在讲的，定位上有点问题，所以我不愿意参加。"后来在南开他们就请了讲《史记》的孙老师去。一个月之前，他们又找我，希望我去讲武侠文学，我说："以前我说过我的意思——我没有贬低你们的意思——还是一个定位问题。"

这个定位的问题在哪里呢？他们让阎崇年讲清史，实际上在《百家讲坛》出现的这些学者里，阎崇年是比较严肃的一位，也是学问比较有根底的一位。但是他的问题在哪里呢？他在讲的时候把他的一些个人色彩很强的观点讲了出来。比如清代最敏感的话题就是民族关系问题，站在今天也许用不着去翻当年"扬州十日，嘉定三屠"这个老账。但是如果你把这个问题提出来，你就不能不承认，它是代表着一种比较低的文化、带有野蛮色彩的一个民族进入了一个比较富庶的农耕为主的民族的生存空间——咱们即使不是用"侵略"这个词，它也是一个异族进入了另外一个民族的地方，当遇到这些和平民众的抵抗的时候，他们的手段是血腥的。我想这是一个事实。你不能在我们强调民族和谐的今天，回过头去说：当时实现了一种国家的统一，取代了一个腐败的明王朝，所以是进步的。一切都站在强势的一边，把血淋淋的事实都否认掉。这恐怕不是一个很公允的观点。

把你个人的观点写到文章里，并不要紧，但是你在大众媒体上传播，而这个大众媒体——中国的老百姓是很相信权威的，它毕竟是中央电视台，你传播出去之后，有不同观点的人和你不在一个对话的平面上，他们有话没地方讲。如果是学者，没有关系，他可以写文章；作为一般的老百姓，书读得也不太多——实际打人的人就是一个做生意的人，性格上有点问题，他觉得这话没地方说，就憋出了这么一个行为来。

我觉得我们整个传播方式本身是有些问题的，但打人是绝对不对的。但是为什么会如此？我想跟这是有一定关系的。什么性质的媒体传播途径就传播哪一种类型的东西，我想大致有个分别会比较好。

学生：陈教授您好！最近我们在做一个研究，就是"李纨跟妙玉的比较研究"，我想请问您觉得这两个人有什么可比性吗？谢谢！

陈洪：有什么可比性？你是有备而来，已经做了一番研究，我没有做研究，咱俩不在一个平台上，但是我也可以说一下。这两个人都比较奇特，很有意思。我刚才讲秦可卿的时候，讲了一句话，说秦可卿有一个疑点，就是她的戏份和定位不甚合，这两人也有这个问题。妙玉也很可疑，像林黛玉、薛宝钗这种形象，可以有各种不同的分析，不会认为她可疑，而妙玉不同。

妙玉的来历也比较奇特，地位也比较奇特，在贾府里她究竟算是个什么身份呢？也比较奇怪。另外，她和贾宝玉之间的情感，也近于暧昧。所以妙玉这个形象也是属于比较另类的，好像是把林黛玉的毛病放大十倍以后就变成了一个妙玉。林黛玉有很多可爱的地方，我们不说，她也有些毛病，比如比较刻薄，比较小性子，孤高，把它放大了以后就变成了妙玉。林黛玉还是叫人喜欢的，妙玉就不太叫人喜欢了。她和李纨有什么可比性呢？好像是两个极端，妙玉目无"下尘"到什么地步！李纨是很随和的，这个相反也可以产生一种比较。

另外还有一点可以比较，就是她们俩都生活在一个常人的性情世界之外。妙玉有她的身份，李纨有她不幸的婚姻，但是写出来是完全不同的两个形象，一个是很厚道的寡嫂，但是有的时候绵里藏针；一个是看起来孤高、目无"下尘"的尼姑，她也没有情感的世界，但是我们有时候会发现她内心的一种脆弱。她们都有一种内在的矛盾，也许这里可以比较一下。供你参考。

学生：陈教授您好！我想请问一个问题，就是为什么曹雪芹要把王熙凤写得那么男性化，而把贾宝玉写得那么女性化呢？

陈洪：这个话题也非常有意思。先说贾宝玉女性化的问题，关于贾宝玉的性别问题，实际上在《红楼梦》解读里也是一个很大的话题。他的性别当然是男性，但是他行为里的女性化倾向是非常明显的。这个也可以有多种分析，刚才我讲了，文学的文本分析的角度可以有很多。

我现在可以试着给你提供有一个比较独特的角度，就是我们可以理解成——曹雪芹这个人很天才，他可能是无意当中写出了这么一个形象。这个形象除了在思想上表达了对于一种传统的正统的价值观的疏离之外，实际上，《红楼梦》作为一种文学思潮、文化思潮，和当时的"性灵"是有很大关系的。当时有"性灵"一派，"性灵"一派是什么意思呢？就是讲你做事也罢，做人也罢，最重要的就是把你的真心表露出来。而真心是什么？就是没有被社会的价值观、功名富贵所污染的纯真的心，这叫"性灵"一派。实际上，在思想观念上，应该说《红楼梦》里这种色彩是很明显的。

当时表现"性灵"一派的这些人，在性别取向上都有一点自己独特的地方，比如袁枚——当时的袁才子，很有名的诗坛领袖，关于他的性别取向，就有很多不同的说法。

我前不久看到一篇文章，作者是一个从日本回来、在日本拿到医学博士学位的人。他分析了现代性学的一些观点，很有意思。他说过去我们讲性别，主要是从生理外观来讨论，这个小孩一生下来——这个是弄璋（男孩），那个是弄瓦（女孩）。实际上一个人的性别表现在很多方面，尤其是进入分子生物学的层面之后，你的DNA结构里决定性别取向的因素往往和外在的性别是不完全一致的，所以就有相当一部分人的性别是非典型性性别，表现出一定程度的双性化。尤其是情感丰富、从事艺术活动、在艺术活动里表现出某种天才的人，常常有这种非典型性的现象。

这不是我的发明，我是介绍这么一篇文章。那么倒过来回答你这个问题，就是《红楼梦》实际上是作者凭借一种天才的感受，写出了这么一个复杂的形象，而这个形象在一定程度上表现出一种非典型性的性别——就是贾宝玉确确实实是个男孩子，没有问题，但是他有某种双性化的倾向，包括性取向上，包括行为方式上，这是贾宝玉。

再说王熙凤。王熙凤是另外一件事情，没有写王熙凤在性别取向上有什么男性化，一点都没有，主要是写她的干练。20世纪70年代末，有一个文学评论家写了厚厚一本书《论凤姐》，专门讨论王熙凤。王熙凤这个形象是作者态度最矛盾的一个形象。他并不是把王熙凤写得很坏，而写她的干练，写她处理问题的明快，写她聪明，这都是正面的地方。这是《红楼梦》的特点，他不是喜欢的就捧上九天，厌恶的就贬下九地。

他写出了一个复杂的人。他写了王熙凤权力错位当中的悲剧。什么叫权力错位？我写过一篇小文章，就是《王熙凤不知道》。王熙凤看起来是贾府里最有实权的人，谁都怕她，大事小情都要请示她，任何一笔开销都是她一支笔签字生效；说惩罚谁就惩罚谁，说打谁就打谁，包括长一辈的，赵姨娘就不要说了，是个姨娘，甚至她的亲婆婆——邢夫人都忌惮她三分，所以她为所欲为。一开始是在贾府里，后来手又伸出去，参与社会上很多事情。包括干预人家的婚姻，逼死了一对情侣，等等。但是她忘了一件事情，她的权力是谁给的？她的权力是借来的，她本身并没有一个扎扎实实的权力。所以到后来，当这个借给她权力的基础不再借给她权力的时候，她就一步一步地走了下坡路。

曹雪芹写了这么一个人——很能干的人自己定位错误，又卷入了一个正在没落的家庭里的一系列矛盾中，最后害了这个家，也害了她自己。他写了这么一个悲剧，但是，强调了她的才干，而不是写她性变态。刚才你所讲的性取向的一种特异，我觉得作品里没有。谢谢！

学生：陈教授，我们都知道宝黛情深，为什么到后来林黛玉死的时候，贾宝玉和薛宝钗要圆房，最后还有一个孩子呢？这是为什么，又意味着什么？

陈洪：这个话题有一个大前提，大前提就是后四十回是不是曹雪芹的本意？这是一个大前提。现在所有反对后四十回的人主要理由就在这里，说曹雪芹本来要写"色即是空，空即是色"，写最后"白茫茫大地真干净"。但是结果最后还让薛宝钗给他延续了一线血脉，最后还兰桂齐芳，家道复兴。这是高鹗续笔的拙劣之处，思想庸俗的表现。赞成后四十回的人就来反驳，这是一个争论。

所以大前提是这个故事是谁写的。我们可以评论这个写法好与不好，但是不能说它说明了整部《红楼梦》如何如何。这是理解问题的一个角度问题。

学生：陈老师您好！我想问一下，如果从"可疑的妙玉"这个人来研究的话，从哪里作为切口能让人耳目一新，而不至于牵强附会、成为一笔糊涂账呢？

陈洪：那么我就成了你的论文指导教师了。既然站到这里了，你又成为最后一个提问者，我怎么也要想办法来帮你一下。怎么能让人耳目一新呢？研究妙玉这个形象，我想有这么几个话题可以讨论。

第一个话题——要说没有人研究过我也不敢保证，因为我没有专门到网上去查一查——我所能想到的第一个话题就是，妙玉最后的结局是不是曹雪芹一开始设计《红楼梦》的时候所希望看到的结局？妙玉这种结局的描写风格和前八十回的写作风格是不是相合？

第二个话题，是不是还有一种宗教的角度？从宗教的角度可以讨论家庙，家庙在当时是什么样的一种制度，妙玉——刚才我讲她的处境很独特，这样一种独特的处境，是不是和当时这样一种家庙制度有关系？是一个另类还是一个通例？这需要一些史学方面的功夫，需要一些材料来证明。

277

作为一种形象分析，恐怕还是要在一种比较当中，可以讨论这几个最主要的人物之外的几个形象，作一下比较，比如说把黛玉抛开，把宝钗抛开，把探春抛开……实际上，有几个人作者对她们内心的评价是很高的，是很欣赏的，但是落墨都不多，比如邢岫烟，像这样类似的几个人，着墨都不多，但是作者把她们看得很高。这样的形象之间作一个比较，好像没有人比较过。都是落墨不多的几个女子形象，但是还能够各有各的特点，这在艺术表现上有什么可以注意的地方？这也只能供你参考，因为你这个是突然袭击。

（根据录音整理，已经本人审阅。整理：黄锟拉　张新新　王旭飞　毛娟芬）

李宇明

中国社会科学院研究生院语言应用系教授，博士生导师。现任国家语言文字工作委员会副主任、教育部语言文字信息管理司司长、中国语言学会常务理事；曾任华中师范大学文学院院长、副校长，教育部语言文字应用研究所所长，《语言文字应用》主编，中国社会科学院研究生院语言应用系主任。主要研究方向：现代汉语、语言学理论、儿童语言学、语言规划等。出版《儿童语言的发展》、《汉语量范畴研究》、《语法研究录》、《中国语言规划论》等专著10余部，发表《非谓形容词的词类地位》、《儿童习得语言的偏向性策略》、《语言功能规划刍议》等论文290余篇。曾获"湖北省有突出贡献的中青年专家"、国家跨世纪人才等荣誉和全国"五一"劳动奖章、全国高等学校人文社会科学研究优秀成果二等奖等奖项，享受政府特殊津贴。

语言强国

（2008年4月2日）

"凤则江大讲堂"闻名遐迩，有很多名流雅士在这里讲过他们的学术见解。相比之下，这些年来我很少有时间能坐下来认真地读书和研究，刚才主持人讲我过去的那些成绩时，我有点像是听别人的故事。我总感觉人年轻的时候能做很多事情；随着年龄的增长，可能经历多了一些，条件优越了一些，但是学术创造力、锐气却在不断下降。我想在座的老师可能也有这样的体会。我之所以乐意来作报告，是因为我们国家的希望在年轻人，我们寄希望于年轻学子。

今天的讲座内容是"语言强国"。这场讲座，本来是去年就为咱们这个讲堂准备的，但是非常不巧，海报都贴出去了，后来还是由于紧急的事情赶回了北京。然而"人而无信，不知其可也。大车无輗，小车无軏，其何以行之哉？"这件事就像债务背在身上一样，我总是想着来"还债"。去年12月想来还债，日程都安排好了，但还是未能成行。这一次，我终能如愿以偿，不然债会生息，越压越重的。

一 强国与语言强势

理论上，所有的语言应该是一律平等的，正像我们认为所有的人都是平等的，所有的民族都是平等的，所有的国家无论大小都是平等的一样。这种平等的理念是现代民主社会的一种理念。因此在理论上，我们认为不管使用一种语言的人口有多少，语言应该是一律平等的。但是在现实世界中，语言有强有弱。语言的强弱跟什么东西相关，是非常值得思考的一个问题。我自己认为，语言的强弱跟语言本身有关联，但这不是根本的原因，主要是跟语言所属社团的强弱盛衰有关系。

我们来回忆一下历史上语言地位的变迁。在历史上，拉丁语曾经是欧洲古代的超级语言。以至于到今天，拉丁语还有很大的市场。比如说在宗教、医学、植物学里（如植物分类），还在用拉丁语。原因就在于古罗马帝国的强盛，造就了拉丁语在欧洲古代的"超级语言"地位。

后来有一个国家在欧洲崛起，那就是法兰西，使法语在17世纪成为欧洲外交用语。在第一次世界大战结束的时候，当时主要的文件还是用法语来签署。英语国家那时曾经提出：能不能也有一个英文文本？这一要求得到了满足，但是当时并没有多大的效力。

现在英语是世界上的"超级语言"，没有任何一种语言可以和它相比——关键不在于使用人口的多少，而在于它在国际生活里的地位，在于全世界有多少人把它作为第二语言来学习。英语的兴起很显然和古老的大英帝国有关，更与新兴的美利坚合众国有关。第一次世界大战结束的时候，法语开始受到英语的挑战。到第二次世界大战结束时，美国成为军事强国和技术盟主，英语超越法语成为世界外交、贸易、科技、教育的第一大语言，整个文本用的都是英文文本。当然，那时候的英文在教育、商贸等很多领域里还没有今天的显赫地位。

20世纪50年代，随着美国经济全球化的不断加强，英语渗透到了社会的各个领域。特别是到了今天，网络已经成为我们最重要的一种生活方式和生存方式，虚拟世界里几乎是英语的一统天下。时至今日，英语几乎成了"世界通语"。

现在，英语已经不能说是某一民族的语言，事实上它已经成了全世界的通用语。任何一个人，如果英语水平比较低，就很难找到一份像样的工作。最近有人调查语言水平和工资的关系，发现母语水平好、外语水平也好的人同母语水平一般、外语水平也一般的人相比较，工资相差10倍。目前很多单位用人在语言标准上要求是非常高的，因为语言水平其实就是获取信息、加工信息、表达信息的能力。

语言强弱不仅是国家强弱盛衰的象征，而且语言也会促进国家的发展和强大。因为语言是文化的基础、民族的象征，是"软国力"的核心。现在整个世界经济正在走向一体化，经济一体化使全人类多种多样的文化面临着威胁。人类现在在思考：经济一体化的情况下，文化多样性能不能维持下来？如果文化不能保持多样性，那么将会给人类带来一场极为严重的灾难，而人类今天也正在遭受着这样一场灾难。

我们的文化在趋同，文化的趋同首先表现在语言和方言的消亡和趋同上。全世界大概有五千到六千种语言，有人估计大约每三天就有一种语言消失。人类的文化从来没有受到像今天这样的挑战。我们在历史上常看到一个民族被另外一个民族统治，甚至许多国家的灭亡；但是一个国家也可以复兴，只要它的文化能够保存下来。如果一个民族消亡了，这个民族的文化也灭亡了，那这个民族就将万劫不复。

在中国历史上，汉民族曾不断地经受其他民族的统治，甚至外国的侵略。但是汉文化非常有力量，能够将汉民族顽强地延续下来，发展起来，并将周边民族凝聚起来，把夷文化融合进来，从而形成了今天的中华民族和中华文化。现在越来越多的人认识到文化的重要性，把文化看成"软实力"，这种"软实力"的基础应该是语言。因为语言是人类最重要的交际工具，人类大约有80%的信息由语言文字来负载和传递，特别是语言信息技术和语言产业成为当今经济快速增长的社会"新宠儿"。比如北大方正、联想集团、四通集团，甚至微软公司等等，从某种意义上都可以看成是语言产业。最近兴起的一些互联网门户网站，比如新浪、搜狐，还有国外的 Google 等，特别是 Google 到中国来，连中文名字都没想好就占领了很大的市场。那么这些公司用什么来检索信息？用的是语言信息技术。

这样说来，语言不仅是国家的"软国力"，而且也成为"硬国力"的一个重要方面，成为当今新经济发展最重要的一个增长点。正是看到了语言的这种力量和作用，世界上许多大国都在有计划地实施语言战略，并且努力扩大语言的国际影响。比如美国、英国，它们通过贸易、媒体、教育、文化等途径向世界倾销英语。英语的传播不完全是自然的，英美是不遗余力的。英国人曾经说：英语资源对英国人来说比它的北海石油还要重要。

不仅是美国和英国在努力向全人类传播英语，其他国家也想尽了办法。比如说法国——老牌的殖民国家，它专门成立机构来协调它的传统势力范围——由 34 个国家和 3 个地区构成的法语区。充满斗牛士精神的西班牙提出"西班牙语世界"的概念，通过"西班牙语世界"向世界进行语言传播。日本、韩国也在建立基金会，努力推进本国语的国际传播。一切国力强盛的国家都知道向外传播语言多么重要。

中国是学习英语的大国，全世界把英语作为外语学习的人数，都没有中国学习英语的人多。我们甚至从孩子上幼儿园开始就把他们带去学英语，一直到研究生毕业还在学英语，考试也要考英语。家庭、国家对教育的投入有很大一部分用于英语的学习和教育上。想通过英语四、六级考试，把你用的书籍——现在不用磁带了，还有 mp3、mp4、笔记本电脑、光盘这些学英语的各种各样的器具都算起来，我想你肯定花了很多钱。比如说你要记住 6000 个单词考试才能差不多的话，那么这 6000 个单词花费可大了。一个单词差不多要花四五块钱，这还要是很聪明的人，很多人花这个钱还不够，何况现在物价也涨了。学会一个"good"花了 4 块钱，学一个"How are you"花 12 块钱，要学会打招呼"How do you do"就要 16 块钱。这些钱，一部分留在了中国，其他就到美国人、英国人的口袋里去了。

语言涉及很多产业，很多国家都看中了语言市场。我们国家正在充满信心地全面建设小康社会,正在"和平发展"为经济强国。从国民生产总值来看,我们现在在全世界排名第三位左右,是世界最大的经济体之一。第一是美国,第二是日本,第三就排到中国了,中国已经超过德国走在前面了。这个时候我们就应当审时度势,制定科学的语言战略,使语言在国家和平发展的过程中发挥力量。

二　汉语的优势

刚才讲了拉丁语、法语、英语和其他语言的一些情况,现在看看汉语的情况。汉语的优势是:

第一,汉语有人口优势。海内外以汉语为母语的人超过10个亿,汉语是世界上使用人口最多的语言之一。

第二,汉语有文化优势。我们有浩如烟海的文献。不仅有保存在书面语里的文化,我们还有大量的口头文化、非物质文化。很多民族、很多国家很难有汉语这样的文化优势。

第三,汉语有潜在的经济价值。中国是经济发展前景非常好的国家,学汉语本身有经济价值。学好汉语在中国就能找到一份好工作,特别是外国人,有很多人愿意学汉语。现在全世界有几个很时髦的流行语,一个流行语是"你学汉语了没有?"你要是到西方去,不管你走到哪里,一些社会名流,包括大学校长都有可能要跟你说几句汉语。我到阿姆斯特丹大学访问,校长先生跟我一直谈关于汉语的事情,而且说自己还要学汉语。我开玩笑地问他,对汉语这样感兴趣,是不是要去北京看奥运会?他笑着说,现在全世界最时髦的就是会说两句汉语。

现在很多国家已经看到了学习汉语会给他们带来很大的商机,是一个机会。很多国家已经把汉语作为主要外语纳入国民教育体系。现在世界上学汉语的人越来越多,孔子学院办了两百多所。汉语空前受到世界的欢迎,不只是因为汉语有文化优势和人口优势,还有潜在的经济优势。

第四,汉语有网络发展的优势。如果有人问20世纪人类最伟大的发明创造是什么,可能每个人的回答都不一样。20世纪是一个非常了不起的时代,不管是物理学的进展,还是天文学、材料学、计算机科学的进展,都非常了不起,都会永载人类的史册。但是我认为20世纪人类最伟大的创造应该是互联网,它真正把人类的智慧凝聚在了一起。现代社会网络的力量非常大，不管有什么事情，到网上去都可以得到帮助。比如你不理解一个词，到网上去就能够找到它是什么意思。

汉语在网络里发展的优势是非常明显的。我这里有个比较早的统计数据，是2002年一个外国人关于网络语言分布和发展的数据。他认为中文是网络上数据量发展最快的语言。咱们看PPT，竖栏language这一栏排第一名的当然是英语，后面是它所拥有的网民和各种数量。第二名是德语，第三名是日语，日本人网民比较多。这是2002年网络上的情况，汉语在这时的地位还是比较低的。但是从第二张表格中看上网人数，上网最多的前20个国家，第一个当然是美国，中国已经排在第二了，增长率很快，虽然比例不是很高。

当时，有一个概念叫"网络渗透率"。所谓"网络渗透率"就是一个国家网民的百分比。2002年的时候，网络渗透率高的国家中第一是瑞士，已经有74.3%的人能够上网了。第二是美国，已经有66.8%的网民。当时中国人只有7.3%的人能够上网，渗透率是很低的。渗透率低意味着成长率高。就是说像瑞士这些国家，经济再发展，上网人数已经不可能再有多大发展了，因为已经很多了，除去老年人和孩子，几乎是人人上网，所以它的网络增长就很慢。

而中国的网络增长很有潜力。他估计中国网络成长率是317.8%，认为到2004年、2005年中国上网人口可以达到世界第一。虽然他的预测把时间提前了点，但是现在中国的网民在全世界基本上已经达到第一的水平了。即使中国的网民达到了世界第一，渗透率仍然很低，网民只占全国人口的19%。这也符合我们的事实，我们大概有五分之一的人能上网。不过汉语的网络增长能力还是非常强的。

现在大致是这样，英语在网络上的数据占整个网络数据的48%，全世界其他语言的数据加到一块大概是50%多一点。那么这是一个什么概念呢？这意味着"只会英语，你会丢掉一半的网络"。因此，现在美国、英国、澳大利亚、新西兰都陆续重视起外语学习，因为网络是知识的重要来源。如果美国人还像过去一样不学外语，将失去网络的一半信息。我们想想，一个个人失去一半网络不要紧，但是一个国家失去一半，那它就只能掌握一半的资源。

中文在网络上应该是有发展优势的。中文应该是未来网络内容与人口成长最主要的来源。因为我们有十三亿多人，这些人上起网来是不得了的。英语不再独大，多学习一种语言就可以有效扩展知识来源。当然我们也希望更多的中国人上网，多增加汉语网上的资源。哪怕是在上面聊聊天也是好的，也是增加中文的资源。你要学习另外一种语言，就会考虑有多少人在使用它，有多少人在学习它。如果这种语言在全世界使用得多，学习它的人多，那你肯定也选择它作为第一外语。

三　汉语的不利之处

刚才我们讲了汉语的四大优势，现在再看看汉语要想成为世界上比较强大的语言，还有哪些不利的地方。

（一）汉语的一致性差

第一点不利的地方是虽然使用汉语的人口很多，但是方言分歧严重，普通话远远没有普及。20世纪末，国家调查统计的数据是，国人只有53.06%人会讲普通话。我们用了百年时间，才使一半人会讲全国通用的普通话。

语言统一跟什么有关系呢？跟工业化关系最密切。为什么要实现语言统一？为什么一个国家、一个民族要推广国家的共同语、民族的共同语？关键问题是要实现工业化，构造一个统一的市场。能够讲普通话的人只有53.06%，说明中国还是一个半农业化、半工业化的国家，我们的统一市场还没有形成。哪个地方普通话推广的水平比较低，哪个地方的经济发展就相对差一些。

最近这些年，南方方言区学习普通话的热情很高，像温州、义乌、珠江三角洲，这些地方过去都是不会讲普通话的，他们讲话别人也听不懂。但是他们要走向全国、走向世界，就必须在语言上采取措施。现在珠江三角洲普通话很流行，温州、义乌小商品城讲普通话也没有问题。所以有时候语言推广不是人为的想推广就推广，它是跟经济、跟需要联系在一起的。语言传播是有规律的。

第二个问题是汉字有两种字体，简化字和繁体字。内地用简化字，台湾、香港，还有海外一些华人社区用繁体字，这也影响了汉语的传播。有些外国人要跟中国做生意，或做跟中国有关的工作，要学汉语，就问我：学汉语究竟是学简化字还是繁体字，是学普通话还是学广东话？我就告诉他：从语言上来说，学普通话比学广东话要好多了,因为普通话使用面广。从文字上来看,你的目的是交际的话就学简化字,如果想看古代文献就学繁体字。外国朋友说:这个建议不错,但是我要是学了普通话,到附近的唐人街里说话就不通行。海外的唐人街过去是不流行普通话的,文字上,唐人街现在基本上还是繁体字。汉字的简繁问题的确是一个大问题,需要中华民族用智慧来解决。

(二)轻汉语重外语的政策规定损伤母语声望

在现行的许许多多政策里,我们的母语是没有声望的。在升学、晋职、晋级、就业等领域都存在着轻汉语、重外语——主要是英语——的政策规定或心理倾向,而且这个倾向非常明显,损伤了母语的声望。说母语、用母语是我们的天赋人权,一个人的思维能够达到的最高水平是用母语思维达到的水平。以德语为母语的爱因斯坦如果不让他用德语思考,他不可能那么早就提出相对论,甚至根本提不出相对论。因此一个创新型国家、一个创新的民族,它最大的力量就是母语的力量。

从1999年开始,联合国教科文组织在全世界掀起世界母语日的活动,就在于在全世界提倡母语。但是在我国一些人的心目中,母语的地位很低。在网络上可以看到很多文章,包括大作家王蒙先生也写了很多文章。这类文章的标题发人深省,比如"母语,我为你哭泣"、"谁来救救我们的母语"。

(三)汉语汉字的规范标准不健全

信息时代最重要的就是在网络上能够用语言文字来相互沟通。但是信息领域汉语的规范标准不够用,不一致。比如输入法,如果你到了中国香港和台湾地区,那里的计算机根本不会用,因为没有你熟悉的输入法。机器内码也不一致,导致电子邮件出现乱码。

汉语汉字的规范标准不健全影响了我国信息化的发展,而且我们对现代汉语、现代汉字的研究不够深入。有十几亿人在使用的普通话和现代汉字,却没有专门的普通话研究室,也没有专门的现代汉语研究室。在世界信息化的领域里,汉语的地位是很弱小的。

(四)汉语的母语声望有待提高

第四个不利的地方就是汉语的母语声望有待提高。目前我们在世界上传播汉语,世界上很多人也很愿意学汉语,但是他们看中国人自己对汉语不热心,难免发问:你们老让我们学,你们自己怎么不好好学?

(五)信息领域中拥有自主知识产权的成果不多

在中文信息处理领域,中国在核心技术方面拥有自主知识产权的成果还不多。说起这种情况令人忧心。

比如,现在我们几乎每个人都使用手机,手机键盘数码输入法应该说是比英文输入法还要快的一种输入法。但键盘先天是为西方人设计的,汉语汉字输入先天需要编码。在西方,他们很早就使用键盘打字。中国人五六十年代用的打字机,专业打字员才能够使用,很大的字盘。有了计算机以后,中国人才开始真正使用键盘。和西方比,中国在语言文字的处理方面整整失去了一个键盘时代,而通用键盘又先天不是为汉语设计的。后来又有了小的、嵌入式的电器,比如手机,用通用键盘已经显得太大了,所以就用数字1、2、3、4、5、6、7、8、9、0,然后加上一些符号。在这种输入法里,汉字的输入,不管是输入速度还是准确率,第一次超过了英文。比如说你要打一个Z,在手机上要按四键才能出现,但你如果用汉语拼音输入汉字,就非常快。

手机的使用,中国比美国等国家普遍得多。我们有些学生每天都要发一百多条短信,手机作为网络终端,还能在网上获取各种各样的信息。手机已经成了我们生活里的重要组成部分,离开手机一天,心里就会不踏实,不知道会丧失多少信息;手机没电了,就会很着急。我们已经离不开手机了。但是要知道这个输入法本来应该是中国人发明的。我们现在每买一部手机,光输入法,我们就要因知识产权白送给外国人好多钱。很多专家都在呼吁解决手机输入法的问题。在很多信息领域里,很多知识产权都被外国公司控制着,包括各种各样的打印机、各种各样的新玩意儿。更何况这里面还有信息安全问题。

网络上对公众开放的数据库还很少,网络的利用率很低,实用价值也很低。很多人上网最重要的目的大概都是收收电子邮件、看看新闻、聊聊天、玩玩游戏,网络的真正价值还没有发挥出来。

(六)汉语在国际语言生活中仍是弱势语言

汉语的另外一个不利之处就是在国际语言生活中,它还算是一种弱势语言。用英语作为国家工作语言的国家和地区很多,如英国、美国、加拿大、澳大利亚、新西兰、印度、新加坡等。但是把汉语作为国家工作语言的不多，汉语能够在国家生活里发生作用的，除了中国之外则很少，即使在新加坡、马来西亚，汉语也不能说是强势语言。虽然联合国把汉语列为工作语言之一，但是地区性或国际性的组织、会议，真正使用汉语的并不多。

汉语在地区或国际上重要的交际领域，比如外交、贸易、科技、教育等领域，使用还是十分有限的。包括进入到中国市场的产品，医药说明书、电器说明书等有很多都不用汉语，这起码可以理解为对中国人消费知情权的一种歧视，不符合人本主义精神。特别是药品，中文说明书半文半白，老百姓看起来就困难，何况还用的是外文。这对中国公民是非常不公平的。

四　汉语走强的战略与举措

刚才我们分析了汉语的优势和劣势，下面再看看怎样才能使汉语强大起来。

（一）强身固本

我们的国家在强大，也希望汉语能够强大，希望汉语能为国家的强大作贡献。我们明显感到汉语的现状、国人的语言心理和一些涉及语言的政策等，与我国所处的历史方位不相称，与国家的和平发展战略不适应。汉语要发展起来，首先要强身固本，提高普通话和规范汉字的社会声望，特别是要提升语言的国家意识。

爱我们的国家，首先要爱我们的语言。通过爱语言来实现对国家的热爱。一个国家有"三大实体"——国土、国民、政权；"四大象征"——国旗、国徽、国歌和国语。但是我们对于国语的地位看得很轻，对母语的热爱程度有待提高。

当前要特别注意处理好外语与母语的关系。国家改革开放，走向世界，急需加强外语教育，但绝不允许外语吞噬母语的领土。回忆一百多年来，我们国家在语言教育上主要做了两件大事：一件是外语教育，一件是推广国语。过去的人基本上都是"单言单语"人，单言单语就是说只会讲一种方言，一种语言。通过学习外语，就可以说两种语言。通过推广普通话，除了可以说方言，还可以说全国通用的语言。所以就某种意义而言，我们的语言教育就是让单言单语人变成"多言多语"人，我们理想的语言生活应该是多言多语生活。现代人和过去的人不同，有文化的人与没有文化的人的差别，就在于是单言单语人还是多言多语人。

当然在我们国家还要处理好汉语同少数民族语言的关系，处理好普通话和方言的关系，使我们的语言生活更加和谐。

特别要重视语言文字规范化的建设。成熟的、优秀的、有影响的语言，必须在语言结构、文字系统和语言文字的社会应用等方面，建立起一系列科学、管用的规范标准，以便于语言的教学与使用，便于语言文字的信息处理，也有利于语言国际声望的提高。

我国的语言规范化程度还亟待提高，特别是在每个人的规范意识方面。要大力推广普通话，争取在2050年之前使普通话在全国范围内得到普及。

要充分发挥汉语拼音的作用。汉语拼音不仅是汉字的得力助手，更是我们今天在信息检索、中外交流和人与机器交流中不可缺少的东西。我一想起汉语拼音的事，就觉得中国人还是非常有远见的。汉语拼音是50年前——1958年发布的。当年汉语拼音在字母选择上可能会选择日文字母，可能会选择斯拉夫字母，因为当年中国的文字改革受日本影响很深，政治气候也不允许我们拿西方的字母来作为汉语拼音。但是非常有意思，在汉语拼音字母的选择上，我们丢掉了国粹，也丢掉了我们的苏联朋友，而选用拉丁字母做汉语拼音方案。正因如此，今天我们在信息时代才不至于被动。

有了汉语拼音，我们才能够使人和机器很好地对话。据调查，大部分人汉字输入都不是用笔画的方式，而是用汉语拼音。用汉语拼音也有利于同世界交流，比如出国办护照、办签证等。如果不是用拉丁字母做汉语拼音方案的话，我们真不知道今天该怎么去同计算机交流，去同世界交流。

俄语在走下坡路，在网络里也没有多少地位，一个原因是苏联的权威不再，另一个原因是斯拉夫字母跟机器交换有困难。去年我访问蒙古国，他们当年文字改革时用的是斯拉夫字母，今天他们又在讨论对文字实行新一次改革。斯拉夫字母没法和计算机直接交换，也不好印刷。法语、德语的地位也在下降，除了它们本身的语言地位之外，跟它们的文字也有关系。它们的文字上面要加很多符号，印刷不方便，而且键盘输入也有不方便之处。

近来台湾也很着急，因为它用的还是当年的注音字母，也用了所谓的"通用拼音"。这"通用拼音"不合国际标准，因为汉语罗马化的国际标准是汉语拼音。"通用拼音"不通用，一出笼就在台湾引起了激烈争论。比如在台北市、在桃源机场,在蓝营掌权的很多地方,基本上使用汉语拼音;而在有些地方,用的是"通用拼音"。近七八年来,台湾岛上出现了一系列语言文字的话题,概括起来主要是:关于适应现代化的问题;关于"去中国化"的问题。语言问题把美丽的台湾岛闹得乌烟瘴气。大家有兴趣可以观察观察。

再把话说回来。到了今天,使用汉语拼音是信息时代的中国人必备的一种素养。但是汉语拼音的标准有很多人没有掌握。比如说我们中国有两位优秀的乒乓球运动员,一位叫马琳,一位叫马龙,这两人的技术水平都是世界级的,有时候打球打到最后,成了他们两人在争夺冠亚军。他们两位穿的运动衣上面写的汉语拼音都是名在前面,姓在后面,名在前面都用了缩写,所以两人都成了 L. MA。穿蓝运动衣的 L. MA 跟穿红运动衣的 L. MA 打乒乓,外国人看糊涂了,他们看中国人都长得差不多,弄不明白是哪个"马"打哪个"马",哪个"马"赢了,哪个"马"输了。

中国人历来是"行不改姓、坐不改名",用汉语拼音书写中国人的名字,我们还是希望前面是姓,后面是名。最近,国家体育总局也是这样规范运动员名字写法的。我们各位在写自己名字的时候也不要倒过来写,因为外国人已经知道中国人的姓名结构是姓在前,名在后。但是如果一会儿名在前,一会儿姓在前,反而会把外国人弄糊涂了。

在汉语拼音发布 50 周年的时候,我们应为前人的远见卓识而自豪,应该非常感激前辈们做出的英明决断,用拉丁字母设计汉语拼音方案,使我们能够用汉语拼音与计算机、与外国朋友交换信息,而且也保住了汉字。如果没有汉语拼音的话,我们的汉字也必须改革,不改革就无法适应信息化时代,这一点还没见人做专题讨论。

(二)争取虚拟空间的地位

要使汉语走强的话,还必须争取汉语在虚拟空间的地位,这是非常重要的。加快中国语言文字信息处理的研究,是我国信息化的基础工作,是必决之役、必胜之战。离开语言文字的信息处理,真正的信息化是不可能实现的,因为人类信息交际的主要渠道是语言文字。

现在输录速度最快的是键盘,但是键盘最大的弊端是束缚了人类的双手。为什么发明双肩包？就是为了解放双手。而计算机键盘最大的问题是束缚了我们的双手。最自然的形式应该是用语音和计算机对话。

用语音和计算机对话分为两种：一种是人说话计算机能听懂，这叫语音识别；另外一种是计算机"说话"，叫语音合成。在语音识别方面，中国已经失去了半壁江山，汉语的语音识别主要技术掌握在IBM和摩托罗拉等外国公司手里；汉语的语音合成倒被我们抢回了80%的市场。中国科大讯飞公司的语音合成技术应该是很优秀的，它开发了"读网"——网络自动读出你需要的网络内容，它开发的普通话自动测试项目已经进入实用阶段。它还在开发模拟电视主持人的音色等项目。用语音同计算机对话是未来的发展方向，语音识别和语音合成技术，是需要倾力攻关的项目。

汉语信息处理的主动权，目前可以说基本上还是掌握在外国公司手里。在清代，中国人提出"以夷制夷"的方略，现在外国人学会了这一手，使用"以华制华"的方略。外国公司里的工作人员基本上都是中国人，都是我们大学里培养出来的佼佼者。从微软到IBM，到摩托罗拉等公司，在北京、上海等地网罗人才，我们集国家之力都很难跟一个公司抗衡。信息化这一块事业，大学需要好好思考，这是大学的责任和任务。

中国语言文字信息处理也是涉及国家安全的事情，不只是经济安全，还有文化安全、国防安全等方方面面的安全。在网络上，有很多危害国家利益的东西都堵截不住。现在网络检索和网络过滤用的基本上都是"关键词"技术，而语言学早就有关于语义场、词汇场的理论，这些理论如果用到计算机信息处理领域里，整个网络检索质量会提高很多。但是非常遗憾，搞语言学的人不懂计算机，搞计算机的人不懂语言学，这两家不能很好结合，严重影响了中国信息化的发展。

我国的语言文字信息处理，现在基本上还是字处理，其发展方向是语言处理。现在遇到的第一个关口就是：解决什么是一个词的问题。自动分词是很困难的一件事情，特别是专有名词。专有名词在辞书里多数找不到，比如说很多地名、机构名、新成立的公司名、新出的书的名字，在辞书里是没有的，是"未登录词"，计算机没有这方面的知识。据我了解，世界上的拼音文字绝大部分都是区分专有名词和普通名词的。像英语，用大写的方式来表示专有名词，要么第一个字母大写，要么所有的字母都大写，这给计算机处理提供了方便。而汉语在这一关上就被卡住了，不知道什么时候我们在书面语里把专有名词的标记符号去掉了，只有书名号还保存着，这给计算机的词语处理带来了现在还没能很好解决的困难。

汉语的语法缺乏明确的形式标志。"我吃饭了"，"饭我吃了"，"饭吃了，我，刚才"，都是可以的。那么如果是西方语言，特别是俄语、法语、拉丁语这些形态比较发达的语言，它会用主格、宾格、所有格等标记来区分不同的语法语义关系，但汉语没有普适的标记来区分这些关系。或许是中国人太聪明了，靠先天的语言理解能力就可以理解。但是计算机的智力不够，它理解不了，没办法对付中国人聪明的脑袋，于是就出现了问题——"南京市长（cháng）江大桥"和"南京市长（zhǎng）江大桥"，计算机就区分不了。这牵涉到在哪个地方切开，也牵涉到语音变化，还牵涉到各式各样的百科知识，处理起来比较困难。

我们必须争取用5年至10年的时间，使我国的语言信息处理跨上新台阶。否则网络是没有多少安全的，特别是将来如果打起信息战，我们将很被动。将来的战争不仅是陆海空的战争，一定会加上天战和信息战。科索沃战争、两次海湾战争已经明显地告诉我们，没有天战和信息战，任何一个军队都不可能打赢未来的战争。那么，要是真打信息战，我们怎么办？我们是和平主义者，不愿意发生战争。但是很多东西都不是以人的意志为转移的。语言文字信息化的发展必须在国家层面得到足够的重视。

当然，我国的网络数据库建设也不够，没有足够的面向公众的数据库。当前我们在信息化里用得最多的是电子政务、电子商务、电子教务（如远程教育等）和电子娱乐。在这几个方面，用得比较成功的是电子娱乐，整个网络里，大概有百分之七八十都是游戏的市场。另外，现在电子教务也逐渐发展起来，我们有很多网络教育的主页，远程教育获得了大发展。在建立学习型社会中，电子教务是主力军，还会大发展。电子商务遇到的最大困难是诚信认证问题。我要在网上买东西，但不知道商品是真是假；他要给你送商品，也不知道你口袋里是否真的有钱。而且中国现金是最基本的贸易交付方式，现金交易方式极大地阻碍了电子商务的发展。如果这两个问题解决了，很多东西就可以通过网络来实现交易，这样就能节省很多成本。电子政务在西方一些国家开展得不错，听说有些国家的国会投票就已经尝试用网络投票了。而网络的这些发展都离不开语言文字信息处理技术和网络数据库。

虚拟空间遵循"拥有者占有"的公理，因此，建立一个领先的功能强大的数据库，就等于拥有了一个领域、一个学科。网络世界的分割现在刚刚开始，又是一个"跑马圈地"的好时代。因此，作为学科发展的领头人，作为大学的领导者，应当充分考虑到网络的重要性。

占领更多网络世界的领地要依赖于各种各样的数据库。我们要注意开发以汉语为中心的多语种数据库，特别要重视在网络上制定"游戏规则"。世贸组织的游戏规则是当年富人俱乐部制定的，我们现在进世贸组织在规则上就吃了不小的亏。现在我们已经拥有世界上最多的网民数量，因此，希望我们的年轻人也重视在网络上制定"游戏规则"，用我们的"网络游戏规则"渗透给世界上使用网络的人，这样我们在网络领地里就站在了制高点上。

中国文化是人类的宝贵财富。建立数字化的图书馆等中华文化的数据库，使中国文化能够以数字化的媒体方式永世长存，是当代网民的一种使命。多数电子图书现在不能够进行数字化处理，用的多是照相方式一页一页照下来，没办法进行信息加工。这无非是书本换了换形式、搬了搬家，这样的东西有用处但站在历史长河里看没有特别大的用处。它必须是数字化的。数字化就是要给每一个记录中华文化的文字和符号一个编码——我称之为"中华大字符集"，大概需要60万个文字和符号，才能把中华文化的东西全部搜集、整理、记载下来。这些字符不仅包括现代汉字、古代汉字，还包括少数民族文字，包括已经死掉的西夏文、东巴文、契丹大小字等，包括古代的音乐符号、数学符号，还有民间的、道家的各种各样的符号。现在，"中华大字符"建设已经列为国家文化建设的项目，已经在开始搜集整理各种方言字、古代用字、各种符号，然后做成一个大的字符集，最后还要申请国际编码。这样在全世界任何一台计算机上都不可能出现乱码，都可以看到中国的传统文化。中华大字符集，便于中外研究者运用数据库开掘中国文化的宝藏，因此数据库不仅仅是呈现被动数据，更重要的是我们可以从里面挖掘知识，叫做"内容挖掘"，计算机时代已经进入到一个"内容挖掘"的时代——计算机有智慧的一个时代。将来研究学问就不是抄卡片、背古书的学问，而是通过计算机检索来帮助做数据工作，通过计算机的内容挖掘技术帮助学者处理材料。

（三）推进汉语的国际传播

我们要尽力向世界传播汉语。我们传播汉语的目的是为了维护世界文化的多样性，让人类共享中华文明，是中国人民在新时代对世界作的新贡献。中国绝对不是强迫别的民族去接受中国的价值观和意识形态，但学习语言事实上就是在学习一种文化，随着中国语言的输出，中国文化也会走出去，让世界上的人更多地了解中国文化。

我在很多场合都说，如果我们的商家能够在我们中国的产品上——特别是出口的产品上印上几个汉字，不管外国人看得懂看不懂，你只要印出去，就加强了对中国文化的宣传。我们交一个外国朋友，教他学几句汉语，他们对中国就多几分理解，中国就多一分安全。因为目前世界的冲突往往是在误会中产生的，是在不理解中产生的；如果你能够交几个外国朋友，教他学几句汉语，将来他们国家在制定不利于中国方案的时候，他就会站出来说说话。你多了几个朋友，就等于中国多了几个朋友。语言的传播绝对不仅仅是语言的问题，还是国家安全的问题。

下面说说华语问题。不能强求海外华人的普通话要说得像大陆这样好。华侨是非常了不起的，世界上哪里有海水，哪里就有华人。我们大约有五千万的华人，他们早就把汉语带出去了，但是他们的汉语说得不一定地道，因为没有在本土。但海外华侨说的华语是汉语走向世界的先遣队。我们应该有一个"大华语"的概念。要重视华文华语教育，重视同海外华语的联盟，重视同海外华人一起传播汉语。因此，我们需要加强海内外华人社区的语言协调。顺便说一句，我们也愿意同台湾地区进行语言协调。台湾人也认识认识简化字，内地的学生也能够认识认识繁体字，然后我们共同来教西方人学习汉语汉字。

要争取汉语作为各种国际会议（特别是在中国召开的国际会议和以华人为主体的国际会议）的会议语言的地位。这对我们的学者和即将成长起来的学者特别重要。我们要争取这种权利，任何一种国际会议，只要是我们国人参加的，我们就希望会议语言里有汉语。国际会议中汉语语言的地位，我们不去争取没有人会恩赐给我们。20世纪末，我和一些高校的教授们去日本开会，会议讨论现代教育的问题，其中也有关于如何对下一代进行二战历史教育，争取人类的永久和平的问题。会议语言有英语、法语、日语，就是没有汉语。我国学者在会议上比例不小，并提出了汉语作为会议语言的要求，会议主持者不予理睬，中国学者当众退场表示抗议，后来会议增加了汉语翻译。此事我至今印象深刻，我第一次感受到语言同国家的尊严连在一起。

"人尊自尊者"，我们不能自己瞧不起自己。现在常见的情况是，在中国召开的国际学术会议，也不大用汉语作为会议语言。大家在网上搜一下就知道，有一年在上海开了一个世界华人物理学会议，会议的目的是向中国教师传播现代物理学的新进展，但是会议主办者竟然不接受汉语发言。只有诺贝尔奖获得者丁肇中先生坚持用汉语发言，这气魄令人感动。杨振宁先生在获得诺贝尔奖的颁奖会上，用汉语发表演说，因为他是中国人，也长了中国人的志气。我们很多歌唱家也非常了不起，在自己的着装上或是在很多场合里，用中国的东西，说中国话。很有志气！

我们盼望各种国际组织都可以用汉语作为工作语言。我国驻联合国教科文组织的外交官们，如果开重要的会议没有汉语文本，就会要求得到汉语文本。常常是会议方赶紧去加印。这不仅维护了汉语的权利，而且还常常能在外交方面争取时间，很机智很得体。

我们不能主动放弃语言权。我们许多厂家对世贸组织的规则了解得不够，世贸组织的好多东西没有翻译成中文，所订的合同，用中文没有法律效力。这些年来中国的工厂吃了不少西方所谓"反倾销"的苦头，除了政治、经济等原因之外，其中也与缺乏中文文本有一定关系。我们是世界贸易大国，有机会一定要争取汉语文本成为世贸组织的有效文本。失去了语言的权利，就会失去很多其他权利。

要争取汉语在国际上的主要外语地位，支持汉语进入各国国民教育体系。外国人把汉语作为外语进入他们的国民教育体系，我们应非常欢迎，并提供实实在在的支持。一种语言的强大，主要是看有多少外国人把它当做第二语言来学习。

汉语国际传播应该有我的 PPT 标识的这样的示意图：这是汉语的中心——中国；然后第一圈是海外华人社区，我们要联合起来；然后是传统的汉字文化圈，日本、韩国、越南等一些地区；最后，一个大圈，叫辐射圈，那是一点汉语汉字的传统都没有的地方。

汉语传播的主要途径，当前可以暂时定位为文化、贸易、教育以及在中国举行的大型国际活动（如 2008 年奥运会、2010 年世博会）等。目前，在其他方面，比如科技方面，汉语作为世界的科技语言，还不太现实。但是在文化方面，是可行的——我们打文化牌，参观、旅游等；我们打贸易牌，你要到中国来投资，要有中国的市场，要把商品卖到中国，那对不起，请阁下来学学汉语，写写汉字，咱们用汉文签签合同。这样，可能我们的大学生毕业以后很多都可以到外国公司去用汉语赚钱。

教育是传播汉语的一条主要途径。现在很多人希望到中国拿学位，不只是学习语言。我们希望他们的毕业论文——包括硕士论文、博士论文，都要用汉语来写，最少也得有汉语的提要，逐渐地要求他们用汉语进行答辩，跟他们提要求。当然研究的学问不一样，可以有不同的要求。比如说他要学习中文、中国历史、中医中药，那就得全部使用汉语文本。研究的是中国问题，就要给个汉语提要，哪怕找人帮助翻译，或者起码要用汉语答辩；学习的自然科学知识，起码要用口语表达出要说的东西。通过这些教育方面的要求，我们也可以逐渐让外国人了解，拿中国的学位是要学习中国语言的，正如拿美国的学位得学习英语一样。

汉语国际教育是汉语国际传播的主要途径和基础工程，我们应该把汉语国际教育放到国家和平发展的高度来规划。

五　结语

信息化的飞跃发展在世界范围内形成了数字鸿沟，数字鸿沟带来了语言之间更大的不公平，并且威胁着许多语言的生存。汉语如果不能够平稳地跨过这一数字鸿沟，中国人将来可能会被信息边缘化。

现在，什么都在讲公平——教育公平、机会公平，但是大家要看到，最大的不公平就是信息享用的不公平。虽然我们同在一个屋檐下，但我们各自的信息量是非常不一样的。能够使用网络和不能使用网络，信息的差别也很大。穷国和富国的差别，发达地区和不发达地区的差别，一个重要的表现就是看数字鸿沟的大小。因此我们必须跟世界保持同等的水平，不能让数字鸿沟隔断了中国人前进的道路。

我国的信息化水平虽然正在快步追赶世界先进水平，这为汉语在信息化时代的生存与发展提供了良好的基础，但是还有很大的差距。汉语能不能在信息化时代很好地生存和发展，就看中国对汉语信息化处理的程度如何。如果汉语信息化程度能够与时俱进，汉语能够适应信息化网络的沃土，那它一定会走强，否则就会衰落。

现在很多人提倡不要用汉语写论文，要直接用英语写，这当然对中国人走向世界有好处。但是回忆回忆我们的历史，清朝的时候，汉语没有多少科技词汇，没有表达现代科学技术的能力。清朝末年我们才建立了第一个名词术语的编译馆。从那个时候到现在，我们走过了百年路程，汉语在各科技领域都有了一套词汇系统，终于能够表达科学技术了，数学、物理、化学也可以用汉语表达了。但是今天有了新危险：汉语表达科学的能力在衰退。因为很多科学知识没有翻译成汉语，没有翻译就没有汉语的科学术语体系，任何东西只有翻译成汉语才可能使汉语有能力表达这些东西。

一方面我们要国际化，另一方面我们还希望本土化。我们要通过提高汉语的威望、推广普通话、完善汉语汉字的规范标准、推行和完善汉语拼音方案等措施，使汉语固本强体。要通过语言信息处理和网络数据库的快速建设，争取虚拟空间的汉语地位。特别是要通过汉语国际教育等一系列汉语国际传播的措施，使汉语在国际语言生活中发挥更大的作用。

最近，国家语委提出口号——"珍爱中华语言资源、构建和谐语言生活"。过去我们总是把语言当做问题来解决，到了新的时代我们还要把语言当做资源，看做权利。我们要在世界上争取中华民族的话语权利，努力开发中国语言资源宝库，使我们中国的语言生活能够和谐，使中华人民共和国公民的语言权利能够得到保障，使我们不至于被世界所形成的数字鸿沟隔离到信息贫穷国家一边。

我今天演讲的题目是"语言强国"，这题目有两个方面的含义：一是伴随着国家的强大，汉语也要走强，中国不仅要成为经济强国、文化强国、教育科技强国，而且也要成为语言的强国；二是要通过语言为国家的富强作贡献，特别是通过语言信息化为国家的富强作贡献，这样理解，题目中的"强"就是个使动词了。

我的观点可能不是很成熟，希望大家批评指正，谢谢诸位！

互动交流：

学生：李教授您好！今年"两会"期间，有些政协委员又提出恢复繁体字，有三十多个政协委员联合签名支持，但方案最终被否决。他们建议小学生学习但不作为主要课程，考试要求也不那么严格。这在网上也引起了广泛的讨论。对于这件事情，李教授有什么样的看法？恢复繁体字到底是进步还是倒退？

第二个问题，最近几年中国高校普遍掀起了学外语热，比如日语和韩语，那么这种现象和中国在国外广泛推广汉语、建设孔子学院是不是有矛盾？

能不能提个建议？李教授，我曾经关注过对您的介绍，校园很多地方有您讲座的海报。我觉得为了方便您的工作，您应该注意自己的口音——我不知道李教授是哪里人。现在我插入一个小插曲，在我高考之前，我的语文老师也去进修，走了一个多月。我到现在还记着他对我们说过的话，他说："你们的时间很宝贵，我很抱歉耽误你们的课程去进修，但是在知识的海洋面前，无论是讲台上站着的还是座位上坐着的，都是孩子。我们在汉语面前都是小学生，都需要成长和进步。"我觉得李教授的口音应该和我们一样需要进步，也包括我，我的普通话也不好。谢谢！

李宇明：两个问题、一个建议。你这个建议非常好。语言需要从小学习，一般来说语言习得的关键期是七岁之前，七岁以后，只有一小部分人能够在语音上有重大改变。语言习得的临界期是十二岁到十四岁，过了十四岁只有个别天才才能把语音掌握到母语的水平。我出生在中国较为落后的地方，从小听到的就是我们县城里那个有线广播播音员的广播，他说的普通话水平跟我现在也差不多，于是我就学成了这样，后来语音水平就"板结"了，虽然天天都在努力，向你的那位老师说的"做汉语的小学生"，但是家乡话的尾巴总是藏不住，时不时地露出来。

所以我希望在座的朋友能够珍惜年轻时光。学外语也是如此，不是你想学好就能够学好的，特别是男士，语言具有极大的顽固性。女性的语言基本上趋向于标准，男性的语言往往比较保守，所以在很多语言职业里，一般选用女性，比如教师、接线员、秘书等。男士们学习语言需要付出更多努力，像这位同学一样——我觉得他的普通话学得挺好。

但是你没有听出我是哪个地方的人，非常遗憾。我的声调特征非常明显，我语音上的最大问题是上声发高平调，阴平发曲折调，阳平不是升调而往往是一个降调。如果你有一些方言知识，马上就知道我老家是什么地方。我曾经研究过儿童语言的发展。语调和声调是在学说话之前就已经习得的。所以普通话、外语都需要从小学习，儿童是语言学习的天才，到了成人，语言学习方面就成了蠢材。这是从学理上讲的。当然，我没有丝毫原谅我自己的意思，但是当年我学习普通话的条件确实不是很好，遗憾至今。

关于你谈的第一个问题，不是三十多个政协委员，而是二十多个，以一些著名歌唱家为主，具体的联署人名单我没看过。他们建议在小学加入学习繁体字的内容。而且这个提案没有被否决——政府没有权利否决，不论是用政协的提案还是人大建议，都是代表人民向政府提出来的，应当受到充分的尊重。政府部门的领导回应这个问题，只是表明政府对这件事情的看法，不是否决。

简化字与繁体字，都是中华民族的文化瑰宝，它们今天都还在发挥着重要的文化作用，并且可能在一个较长的时期并存并用。但是我相信中华民族不会允许简繁现象在共时交际层面永恒并存。中华民族凭着自己的智慧，一定还会有一次文字统一。当然怎么统一，怎么选择，我觉得目前条件不成熟。最主要的条件不成熟在于台湾还没有回到祖国的怀抱，繁体字和简化字当前还不只是学术问题和应用问题，还是意识形态问题。我们当然可以冷静地分析分析简化字，看看有没有毛病，有多大毛病，有毛病该怎么改，但是有些人不会很冷静地把它当做一个学术问题来讨论，所以我说时机还没成熟。两岸能够坐下来谈的时候，我想简化汉字问题一定是会被谈到的。

作为主管语言文字方面的工作者，我认为有两点很重要：第一，海峡两岸要注意沟通。不懂繁体字的人要认识认识繁体字，叫你写很困难，但认并不难。在学校里讲文言文的时候，可以考虑讲讲繁体字的知识，教教学生繁体字。另一方面，不懂简化字的人要学学简化字。我注意到，台湾的大学校园里在举行简体字比赛；"台"在台湾也多写成简体字。台湾年龄大的人多数都会写不少的简体字，因为简体字当年是国民政府先提倡的，那个时代的人受过简体字教育。第二，要给后代留一个机会，让我们的后代有机会再做一次祖国的文字统一事业。我们现在不要急于在所有的华人社区里定简繁于一统，也不要急于改变现状，不要人为制造"文化休克"。有点耐心，给点时间，相信我们中华民族会解决好汉字简繁的问题。这是对第一个问题的回答。

第二个问题。学外语与汉语向外传播是相辅相成的。一方面我们一定要学好外语，如果外语学不好，我们就无法在世界上获取应该有的资源。外语也是中华人民共和国公民的宝贵财富，我们不应该把外语只看做是外国人的，多掌握一门外语就多一种世界观，多一种方法论，多一种获取世界资源的途径，多一种与外国人交往的渠道。

但是在学习外语的同时，千万不要忘了我们还有母语，我们也应该把母语学好，很好地把母语传承、发展下去。我想，不要把母语和外语看做是"跷跷板"，一边高了另一边一定会降下去，在欧洲，母语、外语水平都好的大有人在。母语的地位并不必然是外语地位的高低造成的，母语的水平并不必然是因为学没学外语造成的。当前的国情是，外语学习水平也不是很好，需要加强；母语水平也在滑坡，也需要加强。现在是母语学习、外语学习双加强的问题。

我们这个时代注定得为语言付出代价，毫无取巧之路。什么时候语言信息处理技术得到极大发展，自动翻译进入实用阶段，我们学习外语的代价才会减轻。出国的时候怀里揣个自动翻译机，你说的是汉语，放出来的是外语；机器听到的是外语，说出来的是汉语。这可不是天方夜谭，不是痴人说梦，几十年内就可以成为现实。语言学与计算机科学好好结合，就会把人类的很多梦想变为现实。

某老师：李教授您好！我是这所学校经济管理类专业的一名教师。我提三个问题：第一个问题，今晚主要是讲我们的汉语如何能够成为强势语言。按照唯物辩证法的观点来看，语言走向强势应该由它的内在特征来决定。李教授讲了汉语的很多优势——人口优势、潜在的经济价值……我看基本上都在外部特征上。当然也提到了一些内在特征，比如汉语的专有名词没有大小写、单复数等。我想问一下，汉语要成为一种强势语言，它内在的特征上有哪些缺点或者优点？

第二个问题就是李教授刚才讲到了但是没有展开的，文化不能多样性将给人类带来很大的灾难。那么很多弱势语言，比如说三天一种语言消失，那这些弱势语言的消失到底会带来什么样的灾难？

最后提一个比较有趣的问题，刚才李教授说，说德语的爱因斯坦是在年轻时发现相对论的，那么一个否定命题就是，不说德语，爱因斯坦就不能在年轻时发现相对论，那么如何来证明这个命题？谢谢！

李宇明：最后一个问题是爱因斯坦自己说的。他说，如果他不用母语来思维的话，不可能有这种创造。我想我能断定世界上有好几个国家和地区是很难出大科学家的，那里可以出工程师、翻译家，可以出很多精英类的人才，但是要出大科学家比较困难。这些地方母语的地位不如外语的地位，把外语作为主要教学语言和工作语言，母语只是本土文化层面的交际用语。要知道，一个人最高的思维水平是他用母语思维所能达到的水平，人们很难达到用另一种语言进行自由思维的程度，更别说创造性思维了。这就是母语与创新型国家的关系，也是我们要维护公民母语权利的原因之一。

下面回答你提出的第一个问题。语言发展到今天，绝大部分已经没有什么优劣之分了——也就是说它在内部结构上，特别是深层次的语法方面，基本上都是现代人类比较成熟的语言了。正如现在的人类，在智力等方面也没有本质差异，关键只是所受教育的条件。人种优劣论、民族优劣论，第二次世界大战以来已经没有多少市场了。所以，很多语言的消亡和它的内部结构没有必然联系。拉丁语很优美，法语被认为是世界上非常优美的语言，马克思、恩格斯赞扬过德语，普希金赞扬俄语，但是这些语言现在都不敌英语。而英语被萧伯纳等很多人说成是"浑浊的语言"，当时都想着改革英语呢。

英语内部也不一致。英语有很多不同的变体，它在朝着减少形态变化的方向发展，或者说在向着汉语的方向发展。英语的性、数、格范畴在明显简化，性范畴只存在于人称系统里，一般名词里很少，仅是残留；格范畴也明显退化，主格和宾格主要存在于人称代词系统。过去西方的一些学者认为，形态变化丰富的屈折语是语言最先进的形态，像汉语这样的孤立语是比较落后的形态，进而荒谬地推论中国人是比较落后的，西方人是比较先进的。后来，苏联的汉学家替汉语说话，说汉语里面也有屈折形式，比如形容词重叠、动词重叠，只是不很发达而已。也有很多学者，发现英语这么强大的语言在朝着汉语的方向发展，总不能说英语在朝着落后的方向发展吧？现在的共识是，现代语言在结构上已经基本上没有优劣之分了。

语言的差异在词汇方面是有较明显表现的。有些语言词汇丰富，有些语言词汇不怎么丰富。但是要看到，丰富词汇不需要很长时间，不会触动语言的本质，就像一座房子盖起来以后，装修和家具布置就不是太大问题一样，这样那样的家具拉进来就是了。一旦一个语言强盛起来，词语层的发展变化就非常快。比如英语，外来词占领了英语这所大厦的很大空间，首先是借入法语词，现在汉语词也进去了不少，比如功夫、馒头，甚至"好好学习、天天向上"也逐渐进入到英语里去了，叫做"Good good study, up day and day"。

汉语是不是在语言上还需要完善？实际上汉语在不停地完善，汉语的新词语每年大概以几千条的速度在发展，在向方言、外语和古代汉语借词，在通过网络等途径大量新造词语。有些人对汉语不满意，这不满意实际是关于文字方面的，是认为汉字系统影响了汉语走向世界，汉字不如拼音文字优越。就学术而言，文字和语言是两个不同的体系，虽然二者具有十分密切的关系。从语言规划学的角度看，文字是可以改革的，语言是无法改革的，不可能把"我吃饭"变成"饭吃我"。文字可以改革，你可以用汉字，也可以用拼音文字，也可以用别的东西。

历史上已经有好多国家的文字改革成功了，比如说越南，它过去是用字喃，现在用的是法文字母。土耳其过去用伊斯兰文字，后来"脱亚入欧"，承认自己是个欧洲国家，于是也进行了文字改革，也成功了。日本、韩国过去都是用汉文，后来他们有了自己的日文和谚文，虽然日文和谚文还离不开汉字，是一种杂糅的文字系统。但是很多语言想进行革命，都失败了，没有见到语言革命的成功例子。

就中国的情况来说，汉字要变成拼音文字，麻烦还比较大。我们已经试验了一百多年，发现汉字拼音化是一件比较困难的事情，汉字能否拼音化，让子孙后代去决定。现在我们是用汉语拼音做汉字的助手，在汉字不能发挥作用或不便发挥的地方，使用汉语拼音。汉字和汉语拼音像是汉语的双翼，带动汉语翱翔四海。

语言消失给人类带来的灾难已经很清楚，那就是这种语言负载的文化也会随着消失。目前我们所说的"科学"，实际上是在西方文化的基础上形成的，很多东方人的创造没有进入到科学体系里面去。中医中药被有些西方多数人认为是巫术，现在医学体系中没有中医中药的地位。澳大利亚毛利人关于海洋的知识比我们现在教科书上关于海洋的知识丰富得多。中国鄂伦春人关于森林的知识，关于动物在自然条件下的生存和怎样去诱捕这些动物的知识，以及关于方位的知识等等，也有许多是我们今天的科学书里所没有的。这就是说人类的知识进入到科学里去的只是一部分。一个民族语言的消亡就是这种文化的消亡。

有些语言或方言没有消亡，但是词汇系统明显变化。汉语有很多方言仍然在为各方言区的人民很好服务，但是50岁左右的人的方言词语损失量已经是40%—50%，传统词语有很多已经遗失了；30岁左右的人虽然还在说着方言，但是传统方言词汇的损失量已经在60%以上。这其实就是很多资源的丢失。语言消亡将使人类失去很多历史记忆，失去很多知识。文化也是需要杂交的，需要有杂交优势。汉民族的文化之所以这么生机勃勃，就是因为历史上汉族从各少数民族的文化里吸取了很多东西，包括南方的民族和北方的民族，而这些文化的基因就储存在各个不同的文化里面。

如果人类很多文化完全消失，只有英语文化的话，那人类的文化就会变得完全没有生命力。英语之所以发展这么快，一个很重要的原因就是它胸怀开阔，能够把很多文化吸收到进去。现在世界上英语出现了四大变体：英国英语是最传统的，有着英国绅士味道的英语；第二变体是美国英语，就是那种"暴发户"的英语；第三个变体是澳大利亚和新西兰的英语；第四个就是盛行在南亚次大陆印度、巴基斯坦、孟加拉国这一带的英语。

现在人们在讨论一个词叫做Qinglish，就是华人学习英语的变体，也就是我们过去说的Chinese English。我已经见到两篇学术论文在讨论华人学习英语的变体问题。Qinglish一个最重要的特点，就是浊音和清音往往不分。"书本"book［buːk］，我们中国人发音成［puːk］。然后就是送气与否，我们经常把很多失去爆破的音当做送气音读出来，比如sky、speech，我们经常把k、p读成送气音，像读汉语拼音一样。在语法上Qinglish也很有特点，比如说"你走路注意点"，我们经常有一种特殊的说法"小心脑袋"，外国人还以为要把脑袋拿过来，要买路钱呢。

汉语要想走向世界，也需要包容。首先要把各种方言包容起来，把各种华语包容起来，把世界各民族的东西包容起来。一种文化要想发展，必须有很多异质文化的激素去促进它，而很多文化消失了，文化基因库就受到损失了。保护文化首先是要保护语言，首先要把中国的语言、方言保护起来。语言和方言的变化，一些语言和方言的消失也许是不可避免的，但是首先应该把它们保存起来。这是我们这一代学人的社会责任和历史责任。

（根据录音整理，已经本人审阅。整理：朱敏　胡王达　赵凤燕）

崔希亮

北京语言大学教授，文学博士，博士生导师。现任北京语言大学校长、世界汉语教学学会副会长、北京市语言学会会长、中国语言学会常务理事；曾任北京语言大学副校长、语言文学系副主任、对外汉语研究中心副主任、汉语水平考试中心主任、校长助理等职。主要研究方向：现代汉语语法、汉语熟语、对外汉语教学。出版《汉语熟语与中国人文世界》、《语言理解与认知》、《汉语作为第二语言的习得与认知研究》等专著，主编《汉语教学：海内外的互动与互补》、《汉语言文字学论丛》（五卷本）等著作，发表《并列式双音词的结构模式》、《语言交际能力与话语的会话含义》、《现代汉语称谓系统与对外汉语教学》等论文数十篇，曾主持教育部人文社会科学重点研究基地重大项目"日韩学生汉语学习和认知的专题研究"、国家社科基金项目"欧美学生汉语语法习得与认知"等。获北京市高等学校优秀青年骨干教师等称号，入选教育部跨世纪优秀人才。

话语的潜台词与交际策略

（2008 年 4 月 28 日）

尊敬的各位老师、各位同学，大家晚上好！今天我非常荣幸能再次来到绍兴文理学院跟各位老师和同学交流学习心得。王建华校长是我二十多年的朋友，我非常高兴来到这里。在这里讲今天这个题目，我有点如履薄冰的感觉。因为虽然我本人20年前研究过这个题目，但是最近这几年一直在做对外汉语教学和认知语言学的工作，所以讲"话语的潜台词与交际策略"这样一个题目，完全是一个过去的题目，我有点班门弄斧的感觉。但这是命题作文，只好恭敬不如从命。这个题目很有意思，但要是真的把这个题目作为学术性很强的一个题目来做，还是很不容易的。

一 什么是潜台词

我今天在这里要谈的是两个问题：一个是话语的潜台词，一个是交际策略。这让我想起一本书——认知语言学有两个名人，一个是莱可夫，还有一个是他的合作者约翰逊，他俩合写了一本书叫《我们赖以生存的隐喻》。我们生活中还有一个东西是离不开的，那就是潜台词。

什么叫潜台词？潜台词又叫言外之意，又叫会话含义。潜台词是话语规约意义之外的意义之一，规约意义英文是 conventional Meaning。什么叫规约意义？用大白话来讲就是字面意义。潜台词就是字面意义之外的意义，也就是规约意义之外的意义。规约意义之外的意义还有很多，比如预设的意义、蕴含的意义、推断意义、会话含义。会话含义也就是语用学里讲的 conversational implicature，也属于规约意义之外的意义。

我们这里讲的潜台词，包括所有字面意义之外的意义。其实我们说的任何一句话都有可能包含字面意义之外的意义。比如我讲"今天我非常荣幸再次来到绍兴文理学院"，这句话有没有言外之意呢？有。因为我告诉大家我不是第一次来了，但是我并没有直接说我不是第一次来。

会话含义是话语的交际意义，是在说话人和听话人之间交际过程中产生的意义。用公式来说，说话人想要把会话含义 Q 传达给听话人，但是说话人说的是 P，不说 Q，而说话人意在通过说 P 这样的句子来传达 Q 这个意思。所以 Q 就叫做 P 的会话含义，或者叫言外之意，或者用戏剧的术语来说就叫潜台词。这样说事实上不是一个严格意义上的学术界定，只是让我们知道我们要讨论的是什么问题。

其实我们更关心的是语言跟我们的大脑是什么关系，或者跟心智是什么关系。这是认知语言学的问题。因为在认知语言学里，说话人和听话人是要用语言来表达客观世界或者说客观世界的一些事

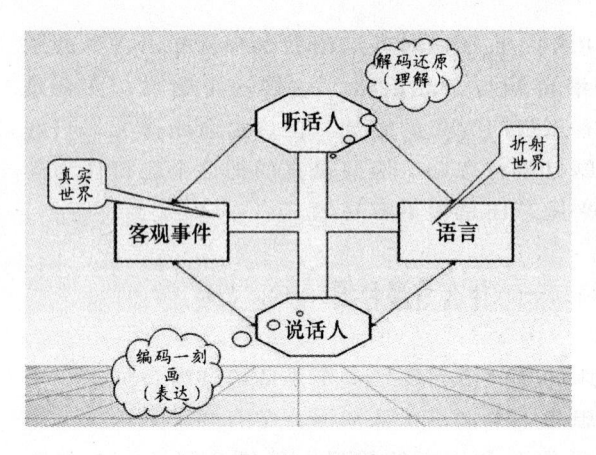

真实世界和折射世界

件的。他要把这个事件表达出来就要通过语言的形式。

比如今天山东发生了火车相撞的事故，那么山东发生火车相撞事件，这是客观的；而说话人要把这个信息传达给大家，把一个事件描述给大家听，"山东发生了火车相撞的事故"，我这句话有没有言外之意呢？听不出来，没什么言外之意，我就是作为一个记者，把它作为一个客观报道，我告诉大家发生了这样一件事情。

但是如果我是CNN的记者，那么我就可能会说："今天中国发生了一起可能是恐怖袭击的火车相撞事件。"这句话有没有言外之意呢？有。他告诉你在中国不安全，有恐怖分子存在。然后他在报道的时候又可以含沙射影地说，在中国要举办2008年奥运会之际发生这个事件，很令人费解。你可以自己想这里面有什么言外之意。所以，我们说"做人不能太CNN"，这也是有言外之意的。CNN所报道的所谓"客观的新闻"，其实是不客观的。

下面我们来看几个话语交际的例子。这两个例子采自北京语言大学校园，是我自己亲耳听到的。

阿里：（上午10点，上课前在从教室回宿舍的路上遇到了正要去上课的老师）马老师！马老师！我病啦。（潜台词：我不能上您的课了。）

老师：（怀疑地）阿里！你又病了？（潜台词：这不是第一次了。）

阿里：对。天气不好。（不好意思地笑笑。）

老师：（关切地）是感冒吗？

阿里：对对对。（急着离开，但是又不好意思马上就走。）

老师：那就好好休息吧！（潜台词：就谈到这里吧。）

阿里：老师对不起……（潜台词模糊：对不起，我又缺课了/对不起，我还没说完。）

老师：（回头）嗯？还有事吗？（潜台词：我马上要去上课去了，有事请快说。）

阿里：啊？没有没有！老师再见！

这是我亲耳听到的一件事情。后来这个马老师又跟我讲了另外一件事情——阿里来上课了。

老师：（关切地）阿里，好点儿了吗？

阿里：（忘了生病的事，茫然地）什么？

老师：（放慢语速）你身体好点儿了吗？

阿里：谢谢，我很好，你怎么样？（把老师的关切当成了礼节性问候。）

老师：（奇怪地）我当然很好！

阿里：（突然记起来了，顾左右而言他）今天天气不错。（潜台词：不谈这个话题了。）

老师：（不满）是啊！所以你上课来啦！（潜台词：讽刺。）

阿里：老师，今天讲新课吗？（想改变话题。）

老师：讲。（不愿意多谈了。）

阿里：老师，您理发了？（没话找话。）

老师：是的。（潜台词：想结束谈话。）

阿里：老师看起来又年轻又漂亮。（恭维。）

老师：（笑）你真调皮。

这是我们在对外汉语教学中的交际实例。这个交际当中充满了潜台词，也充满了交际策略。这里面也有策略，就是老师跟学生本来是短兵相接，学生想很快离开，老师也想很快离开。但是由于他们交际策略上发生了一些误会，潜台词的理解有问题，所以黏在一起走不开了。

我有一个更有趣的例子。有一次我到老师家里去看望师母。本来我想待20分钟就走，因为我还有事，去了之后就跟她说："我今天有事，可能不会待太久。"我说："您最近身体好点了没有？"因为她生病了。结果师母对我讲："我最近好多了，因为我请了一个中医，同时也练气功……"她给我讲了一个小时。我的师母把我礼节性的问候当成了实际的交际，这完全是语用学上的原则用错了，所以我走不了了。我想这样的例子我们在生活中都

307

体验过。

二 潜台词与声学语言学暗示

下面我分几部分来讲潜台词,它跟声学语言学有关系,跟句法有关系,跟修辞有关系,跟语用学有关系。比方说,重音、停顿、语调、语气、音高、音质都可以表达潜台词。

(一) 重音

我们举个例子,比如用重音来举例。"她不是我老婆"这句话,可以把重音放在"她"上,这里潜台词是什么呢?"她不是我老婆,那个才是我老婆";把重音放在"不"上,可以理解为"她只是我的一个普通朋友";把重音放在"我"上,可以理解为"她不是我老婆,她是张三的老婆";把重音放在"老婆"上,可以理解为"她不是我老婆,她是我老师"。重音的位置不同,话语的潜台词就不同。我想这个不需要多说就可以明白。

(二) 停顿

用停顿表达潜台词也一样。我再举个例子:"你真是个大好人!"这句话如果是一个字一个字停顿地说,会是什么意思?讽刺,对不对?"你,真,是,个,大,好,人!"可能要表达相反的意思。

(三) 语调和语气

汉语里有语气词,这个语气词非常有意思。汉语里的语气词在英语里是没有的。大家学英语,想一想,英语里是没有语气词的,有哪句话有语气词呢?汉语里的语气词,比方说"我们的部长挺有文化的嘛!"这个"嘛"表达什么意思呢?言外之意就是"我们的部长通常是没有文化的"。"你还是挺聪明的嘞!"意思是"我以前怎么不知道"。再比如,我这里有好东西,来了几个朋友,他们都要把我的东西拿走,我很不情愿他们拿走,就说:"拿走就拿走呗!"再比方说,你本来不希望走,就会说:"那我走啦!"潜台词是一种威胁。汉语里还有很多语气词,比如"噢"、"吧"、"啊"、"哪"、"呢"……留学生学汉语最怕这些语气词,他们不会用,很难用。

（四）音高

我们用正常的音高和高八度的音高说同样一句话，潜台词显然是不一样的。比如"你再说一遍"，上课的时候老师经常跟学生说"你再说一遍"，没有任何命令或责备的意思；但是如果我用高八度说"你再说一遍"，那么这就是威胁，"如果你再说一遍，那我就揍你"。

（五）音质

音质也一样。比如我们用真嗓子说话和假嗓子说话，意思就不一样。我用平常的音质说："这件事你不要告诉他。"这是很正常的。但是如果我很小声地悄悄地说："这件事你不要告诉他。"那么就制造了一种神秘感，而这种神秘感本身是有言外之意的，言外之意就是"我这么神秘地跟你说，你一定要当真"。模仿老人说话也是一样的，我是一个年轻人，突然模仿老人说："你要当心哦。"就是说我在跟你开玩笑，不是当真的。

三 表达潜台词的篇章手段

表达潜台词还有其他手段，如篇章手段——省略、句式、关联、重复。

（一）省略

"这孩子，将来……哈哈哈……"这个话虽然不说，但是潜台词全都在里面了，这不需要解释。前面也可以省略，"……真不是个东西！"谁"真不是个东西"呢？不说，说话人和听话人都是知道的。

下面还有一个例子，完全是由潜台词理解错位而造成的交际错位。张三说："那个人真是……"张三想说那个人真小气。但是李四没有听完，说："你怎么……"张三又误解了，说："我不是背后说他坏话，上次请客还是我掏的钱……"李四说："我是说你是怎么认识他的？"这个交际实际上有好几个潜台词理解的错位，是由省略造成的。

（二）句式

"你要钱还是要命？"潜台词是你把钱给我，不然我就要了你的命。但是不能这样简单地理解这话，要看在什么样的语境下讲。如果是你的妈妈跟你讲："你要钱还是要命？"我想她的意思不是"你把钱给我，不然我就要了你的命"，意思是"你的命比钱重要，别玩命赚钱，保命要紧"。意思不一样了，所以潜台词还取决于不同的交际环境。

"臣屡战屡败"和"臣屡败屡战"的潜台词是不一样的。如果你说"臣屡战屡败"，那么你就可能被杀掉了；你说"臣屡败屡战"，那么就马上提升一级。

"带钱了吗"和"钱带了吗"这两个是不同的句式。如果说"带钱了吗"，你就不知道什么意思。我经常碰到这样的事情，有人说："唉，老崔，你有空吗？"我不知道该怎么回答，不知道他要干嘛，要占用我多少时间。他说："有空的话，陪我去长城。"我没有那么长的空余时间。如果他说"有空就占你十分钟"，那是可以的。我就首先要问他："你要干嘛？"同样，"呀，带钱了吗？"我也不知道他要干什么，有可能是说"这个东西很漂亮，你要是带钱了就买回去"；也有可能是他要买，而没有带钱，问我借；还有可能是说"你没有带钱，我借给你"。所以不明白他是什么意思，这潜台词有多种可能。如果说"钱带了吗"，就没有那么多潜台词，因为钱是说话人和听话人都共同知道的。不同的句式可以表达不同的潜台词。

（三）关联

关联也是有潜台词的。如"连女孩子都不叫苦"。再比方说"今天大家都来听课了，连张三都来听课了"，这句话的潜台词是"张三从来都不来听课，今天他来了，是很不同寻常的一件事情"。

下面三个句子会让人感到很奇怪——"连冬天都不穿裙子"、"连男人都不打扮"、"连夏天都不下雪"，它们的潜台词分别是"冬天应该穿裙子"、"男人应该打扮"、"夏天应该下雪"。这三个句子之所以听起来让人不太能接受，是因为它们有奇怪的潜台词，跟我们所谓的通用知识（common sense 或者 common knowledge）是相违背的。

四 利用语义策略表达潜台词

我们还可以利用一些语义策略来表达潜台词。比如欲擒故纵、转移话题、暗度陈仓、答非所问、废话连篇、故意曲解、明知故问的策略等。

（一）欲擒故纵
关于交际策略，可以举些例子：

"我今天讲的，也只限于这个范围，到此为止，大家不要当新闻去传播。一来，因为男女之间的事情，传出去对女方总是有影响的。二来，本人已经作了交代，我们还是本着治病救人的原则，宽大为怀吧！"（谌容《一束夜来香》）

这个说话人是什么意思？说话人说不让大家传播，实际上自己是在传播，而且希望大家去传播。欲擒故纵，想让大家去传播，用了这样一种形式。

《围城》里有一段话：

范小姐对学校派别毫无兴趣，只觉得对孙小姐还有攻击的义务，说："学校里闹党派，真没意思（铺垫。这是真诚的吗？不是）。孙小姐人是顶好的（前奏），就是太邋遢，满房间里都是她的东西（主要信息）——呃，赵先生，对不起，我忘掉她是你的侄女儿。"羞缩无以自容地笑。（钱锺书《围城》）

范小姐说"孙小姐人是顶好的"，这不是她的本意，她的本意主要是想表达"就是太邋遢，满房间里都是她的东西"。后来她又转移了话题："呃，赵先生，对不起，我忘掉她是你的侄女儿。"这句话还是有潜台词的。其实她忘了吗？她没有忘，是故意说给赵先生听的。这里用了一种特别的策略。

（二）转移话题
陈佩斯和朱时茂的小品里有一段话：

朱时茂：陈佩斯的话听起来挺有道理的——
陈佩斯：谢谢，谢谢。
朱时茂：不过仔细一琢磨都是歪理。

陈佩斯：您渴不渴？

这是转移话题，也是一种交际策略。陈佩斯说："您渴不渴？"有潜台词，意思是说"我不想谈这个话题了，我们谈点别的吧"。

（三）暗度陈仓

关于暗度陈仓的策略，也有一些例子：

A："你和你太太的共同语言是什么？"
B："你去刷碗！"

关于这个，没有结婚的人听不懂，结了婚就知道。吃完饭以后，丈夫和妻子谁都不愿意刷碗。因为刷碗不是一个创造性劳动，跟做饭不一样，做饭是有创造性在里面的，所以吃了饭谁都不愿意去刷碗。一个人问："你和你太太的共同语言是什么？"本来他想问："喜欢音乐呢，还是喜欢美术，还是喜欢旅游，还是喜欢足球，还是喜欢看BBC的节目？"但是回答是"你去刷碗！"这叫偷换话题、暗度陈仓，回答的不是问的那个话题。

比方说我正在看书，一个人进来说："你在看什么？"我说："我在看书。"我回答他的问题了吗？没有。"是啊，那你在看什么书？""我在看中文书。"我回答他的问题了没有？还是没有。"我知道你在看中文书，你是在看谁的书？"我又回答："这是我的书，我昨天买的。"这就是语用学里不合作的策略。语用学里有一个CP（Cooperative Principle），就是合作原则。刚才实际上是一个不合作的例子。

下面这个例子也是一样的：

A："说说你和你母亲的关系吧。"
B："呃……我是她儿子。"

这话实际上也是没有回答他，也是一种转移话题的策略。下面也是一样的：

法官：你为什么翻墙进入别人家？
小偷：大门和旁门都关死了。法官先生，您说说，不翻墙我从哪儿进去呀?

这也是一种暗度陈仓、转移话题。实际上在我们的日常生活里，这种情景经常发生。

(四) 答非所问

  顾客：这肉多少钱一斤？
  售货员：你眼睛呢？

这显然是一种很不友好的不合作的态度。
  举我本人的一个例子，很有意思。1979年我在北京上大学。我去买裤子，但是不知道我的尺码，就问售货员："您看我1米70的个子，我要穿多大尺码的裤子？"一个中年妇女说："你没穿过裤子啊？"我听了之后吓跑了，不敢买了。
  这让我又想起一件事情。今年5月4日北京大学110年校庆，我写了一篇文章《褪尽残红青杏小》，回忆了当年在乡下拿到大学入学通知书的时候，很多邻居都来看，看北京大学的信封和行李签。其中有一个人说："北京大学，不错，就是离家太远了，要是上吉林大学就好了。"因为我是吉林人。另外一个说："好歹也是个大学啊，去吧去吧。"我的邻居没有上过学，根本不知道北京大学是怎么回事。他的言外之意是什么？他的言外之意是说"北京大学不是一所好大学"。他有这样的言外之意。他的言外之意是怎么产生的？产生于他没有相应的客观知识。
  还有一个例子，这个例子是我"偷"来的，我看书看来的，原本是英文的：

  游客：对不起，您知道王府饭店怎么走吗？
  路人：当然了，我知道。（然后就径自走开了）

这就是答非所问。

(五) 废话连篇
  《篱笆、女人和狗》：

> 星星还是那颗星星，
> 月亮还是那个月亮，
> 山也还是那座山，
> 梁也还是那道梁，
> 碾子是碾子缸是缸，
> 爹是爹来娘是娘。

不是废话吗？但是这个"废话"有言外之意，"看起来什么东西都没有变，而实际上什么都不一样了"。所以，所谓"废话连篇"也不是真正的废话。在我们的生活里这样的废话其实是很多的。

（六）刻意模糊

还有就是"刻意模糊"，不把事情直截了当地说出来。这是老舍《茶馆》里的话：

> 宋恩子：我出个很不高明的主意：干脆来个包月，每月一号，按阳历算，你把那点……
> 吴祥子：那点意思。
> 宋恩子：对，那点意思送到，你省事，我们也省事！
> 王利发：那点意思得多少呢？
> 吴祥子：多年的交情，你看着办！你聪明，还能把那点意思闹成不好意思吗？

"那点意思"、"不好意思"说的人都没有说，可是听的人都知道"那点意思"是什么——钱。实际上"意思"是一个很不明确的意思。什么叫"意思"？"不好意思"是一个意思，"什么意思"是一个意思，"没意思"、"有意思"又是一个意思。都是模糊表达，这也是刻意表达潜台词的一种策略。

（七）借景生情

一只猴子死了，见到阎王，要求下辈子变成个人。阎王说："你既要做人，就得把身上的毛都拔掉。"说完，就叫小鬼们来拔毛。谁知刚拔一根，这猴就大声叫痛。阎王笑道："你一毛不拔，怎么做得人？"这句话显然是一语双关，也表达了一个潜台词。我们都知道"一毛不拔"是什么意思——吝啬不肯出钱,现在用北京话说是"不肯出血",同一个意思。"一毛不拔"这样的表达方式已经完全熟语化了,它已经变成了一个熟语,大家都知道"一毛不拔"是什么意思。

这话也有毛病,不是所有人都知道是什么意思,外国人就不知道。外国人碰到这样的熟语时是非常困惑的。我们跟他们说"一毛不拔",他们不明白这是什么意思。我们跟留学生打交道就一定要用特别简单的话跟他们交流,如果用了我们大家都知道的熟语,他们就会不知所云。

其实教留学生是很有意思的,有意思的地方就在于你不知道他会说出什么话、提出什么问题来。你们要提什么问题我大概能猜出来,但是他们要提什么问题我不知道。比方说,有同学问我:"老师,什么叫'Y头'?"我就听不懂,说:"什么'Y头'?"原来是X、Y的Y,他读成了"Y头",不知道原来是"丫头"。韩国人问:"老师,你们为什么写'中国人民很行'、'中国农业很行'、'中国建设很行'?"我说:"在什么地方?"他说,就是外边那个。原来他把"银行"看成了"很行"。他问的这个问题我是想不到的。

(八) 故意曲解

还有就是故意曲解说话人的意思。比如电视剧《红楼梦》里有这么一段:

> 宝玉:"何苦来,大正月里,死了活了的。"
> 黛玉:"我偏说死!我这会儿就死!你怕死,你长命百岁的活着!"
> 宝玉冷笑:"要总是这样闹,倒不如死了干净。"
> 黛玉站住,紧紧接上:"正是了,要是这样闹,不如死了干净!"
> 宝玉赶紧解释:"我是说我自己死了干净,别听错了话赖人。"

这里面充满了潜台词,其实不用我解释,大家都知道潜台词在什么地方。

315

（九）明知故问

中国人善于明知故问，这是外国人很不理解的。比方说，看见对方在看书，还问："你干嘛呢？"明明看书呢，还用问吗？记得我读博士的时候，教我英语的是个退休的美国哈佛大学的哲学教授，他问了我一个问题："你们为什么说那么多 nonsense（废话）？比方说，我家里来了一个客人，看见我在吃饭，他就说：'吃饭呢？'我说：'吃饭呢。'他说：'没出去啊？'我说：'没出去。'这不是废话吗？"

可是我们经常说这种废话，这叫"明知故问"，它的言外之意就是没话找话，跟你找个话题，或者说只是想跟你客气客气。如果有人问你"吃了吗"、"干嘛去"，你就把它当成"Good morning"、"Good afternoon"，不要真的去回答他。就像我们中国人说"你真漂亮"，她说"哪里哪里"，你不要真的以为她要问你哪里漂亮，不要认真地来解释。这就是一种文化。

五　借用修辞手段表达潜台词

我们看看用修辞手段——双关、委婉、暗示等表达的潜台词。王建华校长在修辞和语用学方面的造诣是比较深的，所以，他在很多著作和文章里也谈到这些问题，但是他还没有从潜台词角度来谈这个问题。现在我们来看看：

（一）双关

——"何珏，烈性酒这么喝要伤人的。"
——"老院长，我有海量。"（电视剧《你为谁辩护》）

"海量"是有双重意思的，是双关语。

再看一下美乳霜的广告："没什么大不了的，做女人挺好。"其实这里面的潜台词不用我解释，大家都知道。我们看这句话好像没什么大不了的，但是它要表达潜台词，而且这个潜台词它又不好说。有很多广告词不能说得太白，所以只能用委婉的方式来表达。

其实，不光是汉语，英语中也有这样的例子。比如"He is not a grave man until he is a grave man."这句话是说，他不是一个很英勇的人，除非他死了。"They pray for you today and prey on you tomorrow."这句话是说，今天他能为你祈祷，明天他就能把你抓起来。这句话也是双关，"pray"、"prey"发音是一样的，但不是同一个词。

"Time flies like an arrow, fruit flies like a banana."这句话也很有意思，"Time flies like an arrow"就是中国人说的"光阴似箭"，没有太多的潜台词；"fruit flies like a banana"，"fruit fly"是果蝇，"butterfly"是蝴蝶，"fly"是苍蝇，它是指"果蝇喜欢香蕉"。这第一个"like"和第二个"like"不一样，所以说英语里也有这样的潜台词。

下面这个例子也是一样的，"A bicycle can't stand on its own because it is two-tyred."自行车自己站不住，因为它只有两个轮子（two-tyred）或者是它太累了（too tired）。你可以这样解释，自行车只有两个轱辘，也可以解释为它太累了，所以它站不住。

（二）委婉

比如韩霭丽小说《田园》里："现在老头、老太太再也不避讳我们了，三天两头，真真假假，不知是妈妈歇斯底里发作，还是爸爸人老心不死，依然是'寡人有疾'。""寡人有疾"也是熟语化了的，它的下一句是什么？——寡人好色。"寡人有疾"的意思是没说出来的那句话——寡人好色。这句话是用委婉的方式来表达的。

其实，委婉的方式在英语里同样存在。今年八月份，北京残奥会将举行——我们叫"残疾人奥运会"，实际上应该叫"特奥会"。那么关于残疾人，我们也有很多委婉的表示法，比如英语里有这些表示方法："physically handicapped（身体残疾者）"、"physically disabled（身体不便者）"、"physically deficient（身体缺陷者）"。

说一个人很瘦，你可以说她"skinny"，这是"瘦骨嶙峋"的意思，是一个贬义词。但是我们通常不会用这个贬义词来说别人，而说她"slim"或"slender"，这都是"身材苗条"的意思，是褒义词。

还有就是现在的CNN撒谎，他们自己不会说"lies"，而会说"战略性误传"（strategic misrepresentations），这也是一种委婉的表达方式。

(三) 暗示

比方说，我看到一个餐馆里写了一个广而告之，叫"少喝酒，多吃菜，见到小姐不要爱"。其实这里的"小姐"有两重意思。在北京，如果你见到路上有一个人，你问："小姐，王府井在哪里？"她可能会白你一眼，因为现在"小姐"已经不是尊称了，它已经产生了社会性的变化。本来小姐是名门闺秀、大户人家的千金，大门不出、二门不迈，那才叫小姐。可是后来，新中国成立以后，我们说"资产阶级臭小姐"、"地主家的臭小姐"，加了一个"臭"，加了个定语，"小姐"已经成了一个贬义词。改革开放以后，我们才又把它变成一个尊称。

不知大家注意到没有，其实我们现在的汉语缺乏尊称。在很多情况下，我们不知道怎样用尊称。有一年我在深圳，向一个男的买票，说："先生，我要买一张票。"他很不高兴："你才是'先生'，我不是'先生'。"另有一个中年妇女在卖包，我说："师傅，我想看一下那个包。"她又不高兴了："你要叫小姐，我不是师傅。"所以说用尊称很难。

还有一年我在山东，发现在山东不能叫"大哥"，只能叫"二哥"。如果在路上你叫"二哥"，没问题，要是叫"大哥"，他就不高兴了，因为武大郎是大哥。这都可能产生潜台词，你叫"大哥"，他会说："你骂谁呢？"到时候跟你急了，不高兴了。现在在山东还有一个尊称叫"老师"，但这里的"老师"跟我们说的"老师"不一样，他们叫"老师"（山东口音），这个"老师"（山东口音）其实就是来自"老师"。它是一个尊称，就像我们见到别人也叫"张老师"、"李老师"。比如叫"李谷一老师"、"宋祖英老师"，其实李谷一和宋祖英都不是教书的老师，她们都是唱歌的，怎么会是老师呢？

这里面有称谓问题，也会导致很多问题。我举一个例子，假设我的孩子叫王强，平时我都叫他小强。可是有一天我生气了，我说："王强，你今天为什么不去上学？"这个称谓的变化有潜台词，意思就是，我现在是很严肃很认真地在跟你说这句话，不要嬉皮笑脸的；我今天不是作为你爸爸，而是作为你的长辈，要跟你说这句话。

(四) 比喻

《围城》里有一段："有人叫她'熟食铺子'（charcuterie），因为只有熟食店会把那许多颜色暖热的肉公开陈列；又有人叫她'真理'，因为据说'真理是赤裸裸的'。鲍小姐并未一丝不挂，所以他们修正为'局部的真理'。"这里说的是鲍小姐，鲍小姐只穿了很少的衣服在船上晒太阳。钱锺书很会挖苦人，很幽默，很会运用潜台词。他这里的言外之意是很清楚的，是在讽刺挖苦鲍小姐。

"她是一只母老虎"，潜台词是说她很厉害，不好打交道。

英语也是一样的，说"He is a real daisy"。"daisy"是什么？雏菊花。如果说一个男人是一朵真正的雏菊花，是什么意思？我想这句话不是好话。还有"He is a real sissy"，就是说，他真正是一个女里女气的人。"She is a rose of loveliness"，她是一朵爱的玫瑰。我们中国人不这样说。实际上就是说她很可爱，这里面的潜台词就是她像玫瑰一样可爱。

（五）夸张

比方说，"连三岁的小孩子都知道做人不能CNN"，三岁孩子知道吗？不知道。所以这是夸张。英语也有这样的夸张，比如"A man with a mouth like a mastiff（沙皮狗）"，一个人长着一张沙皮狗一样的嘴，那嘴肯定是又大又长了很多褶，这样的描述显然也是夸张的。

下面的例子也是一样的，比如"In the middle of the picnic it started to rain cats and dogs, and everybody got soaked"，"cats and dogs"在英语里是"下猫下狗"的意思。中国人说"倾盆大雨"、"瓢泼大雨"，当然我们不会说"倾缸大雨"，因为谁也不会端起缸来泼。但是英语说"下猫下狗"，这也是夸张，不可能下猫下狗。

（六）借代

"他是一个诸葛亮"，"她是一个林妹妹"，都是借代，也有言外之意。如果你说一个男人像林妹妹，什么意思？就跟"He is a real sissy"或者"He is a real daisy"是一样的。

（七）反讽

反讽也是一样的。"We are lucky, what you said makes me feel real good"，其实这句话的意思是，你说这句话让我很不舒服。但是它说的是"what you said makes me feel real good"（你说这句话让我觉得很舒服），其实是很不舒服。

下面这句话也是一样的，这个更有意思，"The weatherman said it would be worm. He must take his readings in a bathroom"，这话的意思是，天气预报员说今天天气将会很暖和，他可能在浴室里读这个消息。这句话也是反讽，通过反讽说天气预报报得不准。英语里有一句谚语，说一个人说话没有准头，就说他说话像 weatherman 一样。

六　解读潜台词

下面我要说的是解读潜台词。这些潜台词是从网上找来的，是大学男女分手时用的一些词。比方说：

我们相互并不真的了解！——你就不了解我为什么要和你拜拜。

我配不上你！——我又不是恐龙，能配上你吗？

你会过得比我更好！——我不求更好，只求最好。

我并不后悔我们的过去！——但是我一定会后悔我们的将来（如果有的话）。

我们要听得懂这样的潜台词。其实，这些潜台词只流行于某一个特定的群体。比如上班族的潜台词：

普通员工——不是太聪明；格外出色——目前还没犯错误；善于社交——能喝；观察能力强——经常打小报告；思维敏捷——能迅速找到借口；判断能力强——手气不错；善于释放压力——上班打瞌睡……

潜台词如果使用得多了，就会出现熟语化的倾向。比如说，"白骨精"的潜台词是白领、骨干、精英；无知少女——无党派、知识分子、少数民族、女性；偶像——令人作呕的对象；办签证——去大使馆（这个大家可能不知道，这是流行在北京语言大学校园里的一句熟语。本来这句话叫去大使馆，就是上厕所。后来觉得"大使馆"还是有一个字不好听，要避讳，所以，也不说大使馆了，改叫办签证）；特困生——上课经常睡觉；好马快刀——溜须拍马的"马"，两面三刀的"刀"，就是说人缺这两样东西，不然肯定当大官，这就是熟语化。

广告中有很多潜台词。比如，"今年过节不收礼呀，收礼只收脑白金"，潜台词就是还是要收礼。"汇仁肾宝：她好我也好"，这个潜台词太明显了，不是一个很好的广告。"钙中钙：现在的钙中钙啊，它含金量高，一片顶过去五片，实惠！"这个广告的言外之意就是，过去钙中钙有问题，五片才顶现在的一片。

七 听懂潜台词,妙用潜台词

我们要听懂潜台词，妙用潜台词。我给大家读一些广告中的潜台词，比如说征婚广告，现在的征婚广告中都是靓男美女。

身高 1 米 8——站在凳子上；
工作在外企——外地人办的企业；
工资 6000 元——年薪；
有一处不动产——爷爷卧床两年不起了；
清华毕业——郊区"清华厨师培训学校"毕业；
母亲在外经商多年——母亲在门口摆地摊多年；
父亲在领导岗位上——村民小组长；
仪表出众——又白又胖；
热爱艺术——仅限于人体艺术；
肤白靓丽——半斤粉底霜，二两口红全面包装成白乌鸦；
五官端正——鼻子眼睛长对了地方，但搭配一塌糊涂；
活泼开朗——长舌妇，唠叨得烦人……

所以，如果有人把广告里的潜台词写出来，你会觉得很有意思。你现在再看征婚广告，如果说这个人"喜爱运动"，你可能就会有另外的理解。

潜台词里也有很多价值取向问题。比如说武汉挂出来一个广告，是房地产的，说是"献给大武汉 299 位城市英雄"。很多人就在报纸上评论，说有钱的人就是英雄吗？因为它是 299 套豪宅，献给 299 位城市英雄。看这个潜台词——"献给"，那应该是不要钱的，对不对？哪里有这样的好事，谁买了谁才是"城市英雄"。这里面的潜台词有价值取向。

"皇家行宫，梦中怡园"——怡园别墅；外销规格，内销价格——上海明泉苑（在潜台词里，外销应该是做工比较好的，内销一般是比较便宜的）；一个浪漫、温馨、幽静的爱巢——深圳梅花新村（要有具体的语境才能明白：梅花新村住了很多香港在深圳包二奶的人，潜台词是这里可以筑一个爱巢）；清幽如画的人间仙境，显赫富豪的梦想宅第——湖景山庄。这里有很多潜台词，就是富豪、富贵这样一些价值取向。

这种价值取向不健康，但是躲不开，走到任何地方都会看到。乡村的墙上写的好多东西都是有潜台词的，但是不同的人可能会有不同的看法。比如说计划生育的一个标语，叫"还是生一个好"。我在有孩子之前看这句话时，老是有另外的联想——还是得生一个。36岁之前我一直没孩子，当时我就想着生孩子太麻烦，可是每次我看到这句话，就觉得它在劝我还是生一个好。所以说不同文化背景的人看到同一句话产生的对潜台词的理解可能完全不同。我有了孩子之后再看这句话，就知道了它是说"还是生一个好"。

看看商品社会里的广告策略。麦氏咖啡：好东西要与好朋友分享（这里面有很深的含义：咖啡要请别人喝，还有一个意思就是要送礼）；人头马XO：人头马一开，好事自然来；山叶钢琴：学琴的孩子不会变坏（潜台词就是不学琴你就有可能变坏）；铁达时手表：不在乎天长地久，只在乎曾经拥有；新飞电冰箱：新飞广告做得好，不如新飞冰箱好（这是比较好的潜台词）；小浪底香烟：成功男人的品位（这是比较令人讨厌的广告策略）。

我们要读懂潜台词，听懂潜台词，让自己在交际中游刃有余——我也来一句广告。

我们正好用了一个小时的时间，接下来的半个小时，我准备接受大家的考试，有任何问题都可以提。我先讲到这里，有不对的地方欢迎大家批评指正。

互动交流：

学生：崔教授您好！刚才听了您的讲座，觉得汉语言文化真是博大精深。所以我想问一下，为什么大学里我们要学两年的英语而只学一学期的语文？

崔希亮：这是一个非常好的问题。但是我想反问一些问题：我们为什么要穿西装？为什么要戴领带？为什么要吃麦当劳？如果想知道的话，我给大家推荐一本书。画家陈丹青大家都知道吧，他辞去了清华的教授一职。别人问他："你为什么要画油画？"他就反问了别人许多个"为什么"。这许多个"为什么"告诉大家，我们现在处在一个国际化、全球化的时代，没有办法关起门来穿长袍马褂，必须打开门改革开放。

但是我们中国人做事总是会过犹不及。我并不认为我们现在花两年时间学英语是一个好现象、一个正常现象。因为很多人都不会用或者用不好我们的母语——汉语，还要花那么多时间去学英语，也并不见得学得很好。这的确是一件得不偿失的事情。据统计，中国现在有4亿人在学英语。我认为这是一件发疯的事情，不需要那么多人学英语。

你的问题的潜台词是不需要那么多人学英语，应该好好学习我们的中国文化。这点我很同意。

学生：崔教授您好！我是人文学院的学生。刚才有位同学说您平时不是很幽默，我觉得不是这样的。因为我觉得一个把语言研究得炉火纯青的人，他的话应该是妙语生花的，而不是生活中缺少这种润滑剂。

另外，您刚才提到一个尊称问题。我在接触一些韩国人的时候也发现他们经常会用一些敬语。生活中我也会碰到一些问题，比如说在绍兴我碰到一些比我年长的人，对于女性我会叫她阿姨；可是对于男性，我就不知道应该叫什么，叫"大叔"、"伯伯"，感觉都不大合适，再年长一点的，叫他"爷爷"好像又不好。您是研究对外汉语这方面的，我想问您，在汉语尊称这方面您有什么好的建议？

还有一个问题，我正准备考北京语言大学的研究生，待会儿您会有空吗？

崔希亮：厉害，厉害！绍兴文理学院的学生不仅会提问题，还会看相，而且会活学活用。"待会儿你会有空吗？"这就是很好地利用了潜台词。

尊称这个问题是个好问题，我还真的研究过。我是在教留学生时发现了这个问题，很多留学生不会用尊称。现在不光留学生不会用，我们自己也不会用。这就说明我们汉语的称谓系统出现了问题。那么为什么会出现这样的问题呢？原因很多，我在这里就不分析了。

如果你要我给大家一个建议，说我们是不是建立一个称谓系统？其实是可以这样做的，但是语言这个东西是约定俗成的。实际上，在什么场合用什么样的称谓，完全靠说话人和听话人之间的关系并且对这个关系的判断。比方说有一次坐汽车，有一个小朋友叫我"爷爷"。其实我很不高兴，因为我想我还没有那么老吧。但是那个孩子的妈妈说让他叫"爷爷"，其实她也是好意，是为了表示对我的尊敬，但是我听了之后并不开心。这就说明这个称谓使用得并不得体。

有没有这样的一个称谓系统？其实在汉语里原来是有的。我们现在"礼"、"乐"没有了，规则没有了。那么怎么用这些称谓系统就成了大家的问题。关于汉语的称谓系统，我写过两篇文章。我刚刚举了在山东不能用"大哥"的例子，但是到天津不能叫"小姐"，你要是叫人家"大姐"人家就很高兴。

我在教留学生的时候，发现他们也不会用我们的称谓。所以日本学生都说："老师今天好吗？"他用"你"是很困难的。越南学生、泰国学生都有这样的问题。因为越南语里第二人称单数有六个：一个是平辈之间的"你"；一个是对晚辈说的；一个是对长辈说的，对长辈说要分男女，对男性长辈说和对女性长辈说是不一样的，就像日语一样……日语里还有一个傲称，现代汉语里也有傲称，是什么呢？老子。"老子不信这邪"，其实"老子"就是"我"。还有《水浒传》里的洒家，也是傲称。还有一种谑语，就是开玩笑的称呼。

第二个问题，你要考北语，这非常好。我欢迎所有的人考北语。你问我有没有时间，那就得看你需要 5 分钟还是 10 分钟了。

学生：崔老师您好！我们有的时候可以理解潜台词，但是有时候潜台词是不友善、具有攻击性的。我们怎样来看待这种现象？

崔希亮：两种办法。一种是"投之以桃，报之以李"、"以眼还眼，以牙还牙"，当然我采取了第二种策略——逃之夭夭。

学生：崔教授您好！我是对外汉语专业的学生。前两天上课的时候，老师也说到关于称呼、尊称方面的问题。我有一个问题，现在可能有很多姓"吴"的人，他们的父母在起名字的时候会碰到很多问题。就像《水浒传》里的吴用，乍一听，我们可能会觉得这个人没有用。现在大家在起名字的时候可能会考虑到声音的平仄、音韵的和谐，另外还要考虑会不会谐音，也就是从潜台词的角度带来一些影响。我想问的是，您会不会担心潜台词在丰富我们交际手段的同时，也会扼杀我们语言本身应有的色彩而给它带来不好的影响？

崔希亮：这个问题也很好，是很专业的一个问题。潜台词和任何其他事物一样，不只有有利的一面，也有有弊的一面。中国人早就说过，"有一利，必有一弊"。如果大家都用潜台词来说话，我想肯定云山雾罩，谁都听不懂。潜台词毕竟只是交际中的一种策略，不能不分场合地在任何时候都用潜台词。

名字也一样，名字就是一种符号，是给人家称呼的。如果一个名字听起来不好听或者会产生一些问题的话，最好换一个。

学生：崔老师您好！我问一个小问题。刚才您说如果用一种很平常的语气说"你真是个大好人"，那我就会觉得他是在表扬我；如果用一种停顿的语气说"你、真是个、大好人"，我就会觉得他是在批评我，让人听着很不舒服。我就是想问：这里是不是有一种深层次原因导致这样的一种情况？

崔希亮：小问题不好回答，越大的问题越好回答，因为可以大而化之，而小问题就要具体回答了。其实你问的这个问题就涉及我们说话的时候利用了很多声学、韵律等特征，这些特征都是有意思的。我们说话的时候用什么样的语音、语调和口气，都有特殊的意思在里面，听话的人只要是在这个语言环境里长大的，都能听得出来。如果一句话是有问题的，有没有人听不出来呢？有。你要问的问题是，这样一字一顿地说，听着很不舒服，所以你觉得它不是好话。可能有这个道理，但是是不是这个道理，我不知道，因为没研究过。

学生：崔教授您好！刚才您提到外国人说我们经常说一些废话，看见人家吃饭就会问"在吃饭啊"，看见人家出门就会问"你出去啊"之类的话。但是在生活中这种寒暄语有时候也是不可缺少的，我们看到熟人打招呼，人家会觉得这人挺热情、挺好讲话的。像我们理工科的学生听完这场讲座后，想的比较多的可能是怎么去利用这些废话。那么这个度是怎么把握的？

崔希亮：不光中国人说废话，外国人也说废话，只不过说的是不同的废话。比方说英国人见面的时候说："Nice day, isn't it?"这不也是废话吗？你也看见了，我也看见了，你非得说出来这是个好天气。外国人之所以会问我们这样的问题，是因为他们少见多怪，不知道中国人就是这样打招呼的。所以你要告诉他，我们打招呼就是用一些没有信息量的或者零信息的话来说，是不需要回答的。"你吃饭了吗？"你没吃，也可以说"吃了"。外国人还会说中国人不诚实，你明明没吃，还说吃了。我们就说他们是少见多怪，因为我们说"你吃了吗"，意思就是"Hello"、"Good morning"，没有别的意思。

我们中国人生活的就是这样一个社会，我们不必在意，但是在跟外国人说话的时候，尽量不要用潜台词。其实在北语的校园里，已经听不到"哪儿去啊"、"吃了吗"这样的话，因为我们学校现在有一万两千多名留学生，中国学生只有四千多人，所以他们是强势文化,我们是弱势文化,我们就受到他们强势文化的影响,见面时大家说"你好"、"早晨好"、"好久不见"。我们不必在意外国人怎么说,外国人还会说很多无知的话,比方说我到国外去,经常会有人问我:"你们中国人有电视机看吗?""你们有楼房吗?"他们没来过,不知道。所以碰到这种情况,就四个字——少见多怪,或者六个字——少所见,多所怪。

学生:崔教授,听了您的讲座,我想问:在对外汉语教学中,您是怎么让外国留学生明白您讲的潜台词的意思的?您怎么教他们应用潜台词?还有一个问题:在对外交流中,怎么把握运用潜台词这个度?

崔希亮:我用佛教里的心法相传——当头棒喝。没办法,就只能告诉他。你说一句话,他不明白,你就给他解释这句话是什么意思;他还不明白,你再给他解释……没有其他办法。

关于把握度的问题,你们如果到北语去,会发现北语的老师:第一,说话很慢;第二,用词很少;第三,绝不用潜台词。所以北语的老师在北语教学20年以后,语言功能严重退化。包括我在内,我现在说话你们都听得清,因为我们经常跟外国人说话,要用最简单的词汇、最简单的句式,而且不要有言外之意。偶然说出了一些言外之意,怎么办呢?给他解释。所以在对外汉语教学里,我们不太提倡使用过于复杂的句子。

学生:崔教授您好!我想问三个问题。第一个问题:您考上大学的时候,有一个人见识比较窄,说"北京大学好歹也是一所大学",这是非常经典的一个笑话,我想问一下这是不是真的发生在您身上?第二,您开始时说讲两个话题,第一是话语的潜台词,第二是交际策略,听了讲座后我感觉这两个话题合二为一了。在日常生活中,这两个话题也是经常融合在一起的吗?第三个问题:您刚才说到北语有四千多个中国学生,却有一万多个外国留学生,为什么会形成这样的局面?

崔希亮:第一个问题是关于"北京大学好歹也是一所大学"。这个故事最早是由我说出来的,我发现其他几个我的故事现在也已经在流传。另外一个故事也是由我最早说出来的——北大荒。我穿着印有"北大"字样的背心回老家,有一个人围着我转了三圈。我说:"你看什么呢?"他说:"你那个字呢?"我说:"哪个字?"他说:"荒。"这个故事也已经流传开了。我写文章发表过,所以有人看到过。

为什么北语是中国学校却有那么多外国人？因为北语就是这样一所学校。它最早是由周恩来总理提议建的，就是要招留学生，培养知华人士、对华友好的使者，所以最早时只有外国学生，没有中国学生。这几年才开始建了一些中国语言文学、外国语言文学、信息科学等学科，这些学科都是后来建的。它就是这样一个传统。

今天讲座的主要内容是两个：一个是潜台词，一个是交际策略。我讲的时候把两个内容合在一起了，我是有意这样做的。因为说清楚什么是潜台词很容易，再分析就没意思了；关键问题是我们要在话语交际中学会听懂潜台词，善于使用潜台词，而且要用潜台词的策略来达到交际目的。当然我还有另外一个想法：今天这么多人听我的讲座，我不能讲专业性很强的话题，包括我选的例子都是大家听得懂、看得懂的。我就是这样考虑的，没有什么别的用意。

（根据录音整理，已经本人审阅。整理：朱敏　黄锟拉　胡王达）

毛 丹

浙江大学政治学教授,哲学博士,博士生导师。现任浙江大学传媒与国际文化学院副院长,浙江省哲学社会科学重点研究基地——浙江大学"地方政府与社会治理研究中心"主任,教育部哲学社会科学创新基地——浙江大学"基督教与跨文化研究中心"副主任。主要研究领域为:政治学、社会学、农村社会学等。

好的文科该教什么

(2006年9月19日)

绍兴是个好地方,学文科的同学应该都知道,这里有许多人们向往的名胜,包括爱情名园——沈园;现在绍兴新的著名景点——廊桥在绍兴文理学院的门口,可能也说明文理学院是绍兴的浪漫之地。到这样一个地方来作这样一个题目的演讲,说实话,我有点忐忑不安。

因为,首先,作为一个社会学、政治学学者,可能本人更愿意讲一些专业的问题,比如谈谈教授眼中的农民、农村、农业,或者说说在中国如何做社会学的研究……但这些问题可能不太适合在这个讲坛上演讲,或者也可以说我自己不太擅长做这方面的演讲,所以选择了现在这个题目;其次,"好的文科应该教什么",去年我很"不幸"被"拖"到人文大讲堂作过这个题目的演讲,这个思考又被《南方周末》发表过,生平第一次讲同样的题目,我有点不好意思。

之后和你们大讲堂的主办方通过话,觉得有必要再讲讲这个题目,主要是基于两个问题的存在,使我探讨这个话题显得还有意义:第一个问题是,现代社会最讲究、最看重的可能就是两样东西——科技和经济。讲科技,没问题,对国计民生、小家庭、就业都是很实用的;讲经济、讲金钱,没有错,最大限度地赚钱,最精确地用好钱,都没有错;但是我们时常会感觉到,并不是每样东西光靠讲科技、经济就能解决的。这让我感觉还需要研究点文化,看看哪些文化是值得我们去维护的。第二个问题是,文科文化如此重要,但我们在生活中时常感觉到,现实中的文科是有一些问题的。因此,我就感觉对于这个题目,还有必要再探讨探讨。

对于第一个问题,大家只要仔细想一下,马上就会感觉到,到现在为止,没有人能否定社会需要科学技术、需要赚钱、需要用好钱。但是不是事事都要讲这些呢,或者直截了当地说这些就没有问题呢?我觉得未必。比如我刚才讲到,绍兴是爱情之都,大家都正值青春年少,马上就会恋上谁或被谁恋上,每个来绍兴读书的人都不会忘记陆游在沈园写下怎样的千古名篇,包括他们后来很缠绵的感情。关于这些,文学家可以讲上半天,但是生物学家却会直截了当地说:甲碰到乙,多巴胺分泌很多,恰好乙的多巴胺也急剧增加,于是两个人就恋上了。根据生物学家的研究,两个人终成眷属时还很浪漫,之后过了两三年,慢慢看着不顺眼,说不定到分家的程度时,让生物家拿个仪器测试一下,甲的多巴胺可能就趋于零,乙说不定还残留一点,所以她不想离婚。从自然科学知识的角度讲,这是完全正确的。在生活中,如果都这样讲爱情,好是很好,到科技发展到一定时候,每个人身上带一个像简易验钞机一样的机器,也不需要红娘了,就拿着仪器照,指数差不多时,两个人就爱一回。但是我觉得这是特别没文化的事情。

讲金钱,多赚钱,把金钱用好,这是经济学家教给我们的"原则"。举个例子,大家都有请客吃饭的时候,中国人很豪爽,没钱也说我请客;不像美国人说我请客,但大家AA制。这个时候要是讲科学技术,要把钱用好,那很简单,不仅要AA制,而且真正科学、严谨的应该是:鱼是谁点的?青菜是谁点的?这叫初步讲科学。然后问:你吃了几片鱼,我吃了几根青菜?按照这样精确地算,也只是近似科学,只能大概统计清楚。可是想一想,这样没文化的饭,何必在一起吃呢?

其实,我们的社会生活中,有些地方是不适合讲科学、经济的。经济很重要，钱很重要，但是我们聚到社会中，不是事事都要讲这些的。这就需要研究些文化，研究怎样交往最好，什么样的方式会让彼此都感觉好。

我举这些例子，就想说明一个问题：我们固然身处一个需要经济、金钱的时代，但是并不意味着不需要讲究文化，不需要通过研究文科来推进好的文化的传播。这是第一个问题。

关于第二个问题，我们这个社会也许需要有许多好的文化让我们彼此更融洽地相处，也许我们需要一个好的文科让我们清楚哪些东西值得传播，哪些东西需要警惕。

一　文科生病了

我在高校任教20年，从我学文科开始到现在，应该说文科一直在走下坡路，以致圈内和圈外的人，都对文科有很多质疑，存在很大的疑问，包括文科是什么，应该教些什么，学习文科的人能够从文科中学些什么。这些都变成了需要讨论的问题。

圈外人对文科大概有四个印象：

一是文科是文、史、哲老三样，加上一大堆社会科学诸如政治学、社会学、教育学、经济学、法学、语言学、传播学等等。浙江大学现在新组建了一个传媒与国际文化学院。好多人认为传媒与国际文化学院是文科里一个很奇怪的分类，很难想象文科怎么会生出这么个东西；他们没有想到的是：一种奇怪的分类意味着一种突破常规，可能是面临新问题而产生的。对文科中出现新分类表示奇怪，是因为人们脑子里还顽固地认为文科就是那些很老的东西，是"吃饱了没事干"的人做的事情，只是把常人眼里的东西说成文绉绉的东西而已。

二是文科是一大堆要背、要记的文史知识、概念、理论。有些内容必须要用一些奇形怪状的花招才能记住。记得我读中学的时候，也老是记不住五代十国，我父亲是历史学教师，经常教我们一些花招。比如记"五代"，要记住"良糖浸好酒"，好的糖浸泡上好的酒，这样"梁唐晋汉周"就记住了。像这样记的方式很多，但是你也不可能所有的都用这样的方式去记，所以文科变成了死记硬背的东西，非常令人讨厌。

三是文科总是闲来生出很多愁，或者培育神经质、常有理，或者弄辞章、玩文字。大家觉得学文科的人是一批神经质的人。整天都是闲来生出很多愁，培养的是一批无事生非、无事生忧、爱发牢骚的人，或者是整天找人家辩论的人，我称之为"好辩难，常有理"，或者是整天没事写写文章、弄弄辞章、写写书法、玩玩文字的人。

比如说善愁。古代有些人喜欢适逢烟雨——明明春天像个花枝招展的小姑娘跑来，大家蛮可以简简单单做个"春光灿烂猪八戒"，快快乐乐迎上去拥抱春天——可冯氏（冯延巳）却是轻声一叹："莫道闲情抛掷久，每到春来，愁怅还依旧。日日花前常病酒，不辞镜里朱颜瘦。湖畔青芜堤上柳，为问新愁，何事年年有？独立小桥风满袖，平林新月人归后。"每年春天来了他都很难过，这是一种什么情感？这种文字我觉得非常美，很沉重、很入骨。有些多愁善感的人就是这样，春天来了他会想到夏天马上来了，夏天来了秋天又马上来了，秋天来了冬天又来了，生命就这样年复一年地过去，因此而多愁善感。这样感受世界，假如你身边每个人都是这样的，你会是什么感受？

有些学文科的人很善辩，可以把白的说成黑的，把没有的说成有，把错的说成对的。举个古代的例子——宋玉，他在古代早就开了善辩的先河。《昭明文选》中选了他的两篇赋：《登徒子好色赋》、《对楚王问》。前一篇的意思是人家说他好色，不让他进王宫，免得出问题。宋玉就说天下的美女出在楚国，楚国的美女出在他们家乡，家乡的美女出在他邻居那里，邻居那位姑娘是那样的漂亮，"增之一分则太长，减之一分则太短，著粉则太白，施朱则太赤"。这样的美女隔墙看他三年，他都不理她。他说告他状的登徒子的太太"蓬头挛耳，龃唇历齿，旁行踽偻，又疥且痔。登徒子悦之，使有五子"，意思是说登徒子的老婆蓬着头发，两个招风耳朵，龅牙、裂唇，走路摇摇摆摆，身上还长了疥疮、痔疮，这样难看的女子，登徒子还跟她生了五个孩子，这样的人都喜欢，你说谁好色？登徒子很难辩得过宋玉啊。

另外一篇赋也非常有名——《对楚王问》。楚王问宋玉，你的行为好不好，为什么我们很多国民在旁边说你坏话？宋玉的回答非常巧妙，他引用了"阳春白雪"的例子，说他是阳春白雪，人家是下里巴人，下里巴人看见阳春白雪通常是要怀恨的。说了一大串话，也说得非常有道理。

这样的辩论从古到今非常多，包括到这里给大家讲课的很多教授也很会辩论。这样的辩论别人很难驳，但是这样"得理"让人感觉很厌烦。所以有些文人把善辩、多愁善感加在一起，可以想象这是一个怎样气质的人，他教出来的文科学生又是怎样的气质。

四是文科没用。凡此种种加起来，文史哲要死记硬背，会多愁善感，胡乱辩论。这样，文科就给大家一个很不好的印象：文科没用；真要学文科的话，不过是有一条基本规则——好记性。

我不知道在座文理学院的学生，当年报考文科是怎样的一番情致。我知道一个中学时期的好学生自己报名去学文科，很多老师是要翻白眼的。我中学报考文科的时候，我的班主任想了半天也无法理解，跟我聊了很长时间："你这是哪根筋搭错了？"我女儿今年在杭州外国语学院报考浙大的小语种班，小语种班是偏文科的。这个考试要经过两次选拔，被录取的人将不必参加高考，下半年直接读浙大的外国语学院。女儿征求我的意见，我还是让她去读了，但是下决心之前我问了很多人，因为我自己很犹豫。可见这种情况是跟现实大背景有关系的。

如果文科真的就是这个德性，或者再怎么弄就是这个样子，这样的文科的确很让人难堪。在文科圈内，很多人对文科的感觉也不太好；很多在外面很有声望、很有成就的大学者，不愿意让自己的孩子接着学文科，而且这些孩子也表示不要跟着爸妈学文科了。孩子这样看问题，我觉得其中一个重要的原因就是在现代工业社会里，人们一般用科学技术特别是经济收入去衡量一个人社会地位的高低。而文科的学者往往是比不过人家的。浙江大学一位理工科出身的副校长自己都承认，他说浙江大学现在文科中做得最好的教授跟工科中做得最好的教授在收入方面的差距过大，大得没法比较。这样一来，文科教师对文科的感觉也变得不好了。他们当初选择文科的时候有一些理想，几十年来也架不住生活一点一点地打磨了锐气，所以他们的挫折感也是很强的。虽然我们这个社会很需要文化，不要做只有知识没有文化的人，但是无论是从圈内还是从圈外看文科，大家都会觉得文科真的有些病了，不是简单地生病，而是生了重病。一个好的文科，我想，应该不是这样的。

二　好的文科该教什么

如果文科不生病，它应该是怎样的？或者从管理学的角度看，一个好的文科的目标应该是什么？什么样的东西是值得我们向往的，值得我们追求的？我想从这个角度，去表述好的文科本来应该是怎样的，或者谈一谈我心目中好的文科本来应该教什么，一个喜欢文科的人可以从文科里面学一点什么。这个问题可以从六个方面来谈。

（一）文科教育有好坏之分

应该承认，文科在有些情况下确实没用。什么情况下？在无需待人接物的情况下，文科是一点用也没有的。假如一个人老是发呆，什么事都不干，这时候文科就是没用的。因为你在这个时候无需跟人打交道，不用跟人打交道就不用烦心；也不用为生存，与东西、与物打交道，这样也不繁忙。在这种情况下，整个待人接物过程都是多余的，至于文科，肯定更是多余的。

你们不要认为我这样说是在讽刺文科，其实我人生中两段最惬意的时候就是我独自发呆的时候。一次是 2003 年，我和另一个教授到台湾东海大学作了一个星期的访问，作了三场演讲，一个星期里有三四天是空的。东海大学的朋友特意带我们去爬山，看台湾的农民怎么做稀奇古怪的嫁接技术。上到半山腰以上，人就很少了，一些高山族原住民在那里开酒店、茶馆。很大的一个地方，就我们几个人在那里。从半山上看下去是白云，我就呆在那儿了，有几分钟我脑子里什么东西都没有想，就呆在那里。周围的教授最后终于忍不住问我在干什么，我说我什么也没想呀。那种脑子里什么也没有的感觉，真是极其舒服。

这样的情景去年也有过一次。在临安租住农民的房子，在深山里，也是什么人都没有，人们都搬到镇上去了。我爬到半山腰，很惬意地坐在那里。我这时才发现，到了这种绿水清山、人烟稀少的地方，面对大自然发呆是一件非常惬意的事情，就像我刚才讲的，无需跟人、跟物打交道，不繁忙、不烦心。如果一个人可以老是发呆，那多好啊！但是事实上不可能，我经常说我活了四十多年，这样的感觉、体验，只有这么两次。

但是每个人不管情愿与否，都要处在社会当中，处在一些特定的社会关系中，用不同的形式、方法，直接、间接地跟人打交道。我很沮丧地说是不得不处事、处人；而且更重要的是，在一个社会中，如何处事、处人，如何待人接物较好，需要大家有一个大体一致的看法。有了这种大体一致的看法，我们相处、来往才有一个起码的彼此可以预期的东西，否则大多数事情就没法去做。

我举个例子，比如大家打扑克，刚刚第一圈约定 A 比 K 大；

但是打到第二圈的时候，有人一定要说 A 是最小的，理论上这样也可以，A 是 1 嘛；到了第三圈，又有人要换规则。如果老是这样变换规矩，这个扑克还打不打得下去？最后估计不是打扑克，而是打架了。如果你说你不打扑克，那总得买菜做饭喽，你去菜市场买菜，每次都不能确定你的钱交给对方以后，对方会不会赖掉而要你再付一次，怎么办？菜就没办法买了。卖菜的也不知道你挑了菜以后会不会马上就逃，是不是每次要追着你跑。如果这样，我想这个菜市场早就乱套了。

我再举个例子，大家都要乘公交车，杭州乘公交车现在比较文明，前门上车，后门、中门下车。上车的人自己塞钱，大家都有规矩。假如现在变了，司机可以看心情高兴，想什么时候开门就什么时候开；开到一个站时突然要求从中门上车，两头下车；一会儿又变成后门上车，中门、前门下车，我想这个公交车就没法开下去了。

这些例子说明了一个道理，就是我们讲的文化，是平时社会中大家可以分享的、相对固定的待人接物的办法。每个社会中这些办法不一样，有些办法是习惯成自然的办法；有些办法可能比较好，但是有些并不好。我理解的好的文科就是要从根本上去探讨、研究什么才是好的待人接物的规则与办法。光凭习惯有时候会有问题，文科实际上是研究这些东西，也就是说去传播好的东西、好的办法的。

已经过世的文学家巴金先生晚年曾经问，文学艺术研究的目的是什么，难道只是在纸上表现自己吗？他自己反省了一辈子，得出了一条结论——一般人也承认的——文学的目的是要使人变得更好。我夸张一点讲，这应该是好的文科应该有的目的。这样说，并不意味着我们对"什么是好，什么是不好"这个问题没有分歧了，我们有很多分歧，但是我认为好的文科还要强调符合这个指向，尽量使人变得好一点，否则这是一个坏的文科。

有一位旅美的文学教授曾经讲过一句话："你想从文科中求得什么？如果你想体验黑暗，体验残酷，那直接看生活就可以了。你当文学是干什么的？是要我们向往美好，是治疗我们的伤痕的。"这是她理解的文学，我觉得整个文科都应该符合这个要求，让我们能直面黑暗，但是更让我们向往美好，让我们变得更好一点。

所以我想，一个好的文科应该是——让人变得更好一点。从这个意义上讲，好的文科很重要。

2005年8月20日，中央电视台4台播了一个谈话节目，题目是《基因与人性》，请了两位嘉宾，一位是原香港科技大学副校长、生物学家孔宪铎，另一位是北师大的生物学教授。两位谈了基因问题，一致认为：基因实际上奠定了很多人的行为、倾向。他们说悲观的人认为生死有命，在基因层面上大体上是可以成立的。比如有人扬言他就是要抽烟，活到老抽到老，理由是一个人生不生病70%取决于基因，20%取决于环境，10%才是个人卫生。如果他认为10%的影响很少，抽烟就没关系了。两位教授的话其实也有一定的道理，基因决定了人的很多行为。比如一个人的酒量好不好，取决于他的消化酶多不多，消化酶的多少取决于基因，所以不要认为人家不喝酒就不是好汉。

　　讲完这个道理后，北大生命科学系的一个本科生站起来提出了问题，说假如像两位教授这么说的话，会不会产生一种很不好的"基因宿命论"的社会影响？比如家族中有自杀先例的人，那后人会不会觉得他迟早会这样，早点死了算了。

　　北师大的生物学教授安慰她说，人除了由基因决定外，还会受其他因素的影响。比如童年经历怎么样，受的教育怎么样，环境怎么样，这些因素都会影响到人的行为。比如你生长在一个很好的环境里，有个很好的人非常爱你，这样你就不用忧郁了，也不见得要从楼上跳下去了，所以并不完全由基因决定。可是你们想象不到香港科技大学的孔教授有一个更好的回答，他说："科学家要讲真话，完全会出现这样的情况，祖上那个人自杀的话，你完全有可能去跳楼。"

　　孔教授说，基因决定人的行为，就像一个樱桃，它的核不好吃又不好看，这核好比人的动物性的一面，只不过是在核外面包了樱桃肉，它才很好看了。人其实也一样，动物性的一面是很丑的，或者说很不好看，是被基因所决定的；但是人是被文化这一类东西所包裹着的，受文化的影响，这部分内容就很好看。所以孔教授说我们现在讲"基因决定行为"是讲人不穿衣服是什么样子的，但是人实际上是会穿衣服的，所以还是很好看的。

　　我觉得：好的文科教育就起到了把人包好的作用，就会起到孔校长讲的"樱桃外面的肉"、"人光身子外面穿衣服"那样的作用。社会生活中，有人认为我们要讲究自然，我就始终不明白，在社会生活中怎么讲究自然？这是完全不对的。孔校长讲的是正确的，文化就是通过后天的规矩，通过社会的办法，来矫正我们那些自然本性中不怎么好看的、比较危险的行为。

我想，一个好的文科，应该起到这样一个作用；也就是说，好的文科教育要促成、保护好我们称之为"文化"的樱桃肉这样一个作用，能够让一个人在社会上既让自己满意，也让他人满意，让一个学习者能够在学习文科中了解"既让社会满意也让自己满意"，并且在这二者之间努力达到一个平衡。作为一个文科的教授，我期望文科是这样一个东西。

我归结一下，好的文科应该教别人认识到：文科是要区分好坏的，不要以为文科怎么都可以，不要认为胡乱学一下就行。

（二）好的文科不该教人疏离社会

好的文科，在我看来，就是要教人分析社会的环境条件，更好地把握自己，学会在社会生活中生存的本领。在我的理解中，一个好的文科同样应该承担就职训练，让人们学习知识、技能、理论，培养社会竞争力和应对社会生存环境的能力。我归结一下，就是一个好的文科应该教人们正常地融入社会，而不是病态地疏离，甚至逃离、逃避正常的社会。所以我说，好的文科教育应该教人不要光读死书，还要学习捕捉社会的需要，甚至是捕捉市场的需要。好的文科的作用并不只是使人多愁善感，现在文科免不了叫人多愁善感。大家都说市场经济社会对文科不利、不公平，其实，我觉得一个以市场为主干、为基础的社会，给了文科很多公平的机会。

教文科、学文科的，未必都不能很好地融入社会，这在社会生活中有很多例子，我以前归结过。这些年杭州的房地产很热，最赚钱的行业就是房地产业。可能你们想象不到，杭州房地产老板中，占有大半边天的，是老杭大历史系出身的，是你们最看不起的、整天跟一堆纸打交道，或者是看古人的书、想古人的事的人。文史出身，并没有妨碍他们去洞察市场动向，反而方便了他们和海外先发展国家、地区、城市的交流，在这个过程中，早一步搞清楚中国实际上必须经历房地产的兴衰期，就可以先入行赚钱了。可见，其实是很公平的。

我还举了个例子，讲到近几年老是在外面露脸的阿里巴巴的老总马云。马云，杭师院英语系出身，我甚至讽刺过他是一个典型的外行吃内行、没有一点优势的人。搞 IT 行业的人应该很懂技术，而他是学英语的，学生干部出身；没技术，没长相，也没武艺，一天到晚在杭州论剑。但是他有什么？他确实有胆量，有创新意识，有点韧劲，还有点情商，而这些恰好是文科教育、兴趣教给他，或者说是激励他的。马云私下里曾经说，他40岁以后要回校做教师；其实我觉得，在一个讲究知识专业化的时代，他早就不可能是一个合格的教师了，回到我们中间肯定是最差的教师。但是这个想法本身还是说明了一个问题——我们的"丑八怪"马云同志到这个年纪还保持着某种浪漫，这种劲头会支持他在IT业走得比别人更远一点。

所以我觉得，现在有不少文科教师自己先疏离社会，然后再沉浸在疏离社会的受虐感中，这倒是很糟糕的。当然，好的文科会教大家捕捉市场，捕捉社会需要，加强就职训练。好的文科承担着这样一个功能，并不是说它教大家什么钱都赚，那是一个坏的文科教育，或者是坏的文科学习者才会有的行径。

这类例子很多，也都很触目惊心，都是坏的文科教育培养出来的。比如，以前我看到一些学文科的人，挖空心思办网络上的"代骂公司"，价格都标得很清楚，骂成什么样子收多少钱，比较文雅的骂收多少钱。你们有没有看到2005年8月份有个"中国代骂旗舰网"？它号称可以提供职业骂手，通过各种手段与下流语言对他人进行攻击，男女骂手兼备，骂的手段多样；当然，如果愿意，网络公司还可以提供技术，可以拨打骚扰电话而不被抓住，骂一次50元；另外还搭配得很细致，很会捕捉市场需要，备有骂人宝典685段、谚语900句等等。

做这种生意的人很直接，很有市场感，他知道凡有市场的东西地方就有价格，有价格的地方就有钱赚。但是对于一个文科教育者来说，明知下流还做的行为，我说这是"不仁"；多半也知道会受到公安或者是市场其他管理部门的取缔，却还为之，那是"不智"；若是在一个重视市场信誉、重视就职资质记录的社会，还这么做，那就叫"自寻死路"。我想，一个好的文科不应该把人教成这样，市场机会不是这样捕捉的。

文科培养出来的各种怪事还有很多，有的比这个更离奇。比如，音乐本来是人最奇妙的、最好的一种创造。一般而言，大家看到学美声的学生都很崇敬，大家觉得那很有技术含量。但是却有些美声系的学生在网上提供哭丧代理。我看到过美声系学生提供哭丧代理的广告，自称本人是某著名音乐学院美声系本科毕业生，可以为各位提供专业的陪哭服务，还有各种介绍，像征婚介绍一样；还列了价格，比如放声高哭的，每小时100元，哭得四邻不安的，每小时200元，绕梁三日的，每小时300元，哭得倾盆大雨一样的，每小时400元，山崩地裂的，每小时500元；联系人王某某……这些都写得很清楚。

我觉得这种文科教育确实到了非常需要反省的地步。虽然孔夫子也曾做过吹鼓手，但不是这个王某某的意思。当然，从好的角度来说，他的确有喝"头口水"创业的勇气，也有市场观，很会钻，但唯独没有文科教给他的分寸感。所以，我想，好的文科教育不应该把一个美声系学生教成一个"哭丧大师"，不应该把一个IT人员教成"代骂网络旗舰"的舰主。我们处在一个需要分辨的时代。好的文科应该教人不要疏离社会，但不是什么钱都赚。

刚才说这个社会学技术的人多，满门心思要赚钱、赚大钱的人也多。但是说到赚钱，也不是我们这个社会、现在才有，司马迁就曾感叹过"天下熙熙，皆为利来；天下攘攘，皆为利往"。可是有时候，尤其是一个努力学习文科的人，也要想想，世界上的事是不是都值得这么看待，值得这么做？

（三）好的文科该教人智慧

我以前给学生转述一个寓言故事。上帝最初给动物分配寿命时，由于人比较懒，爱睡懒觉，去迟了。上帝把寿命分给马、狗、猴、人四种动物，等人赶到时，上帝手里只剩下25年寿命，就都给了人。但人很贪心，听说只能活25年，大为不满，要求上帝多给一点。上帝说，你自己去跟其他动物商量吧。人先遇到了马，求马行行好，把寿命分给自己一点。马很好心，给了人25年寿命。可人有了50年寿命还不满足，又找到了狗，随后又找到猴，狗和猴分别给了人25年寿命，人终于有了百年寿命。从此以后，人的第一个25年，过着人的生活；第二个25年，像马一样干活；第三个25年，像狗一样乱叫，因为人过了50岁以后喜欢指指戳戳骂人家，一有不满就咆哮；第四个25年呢？像猴子一样被人取笑，因为老了以后，又丑，又不知自己轻重。人的寿命就变成这样了。

虽然讲的是寓言故事，但你们想想，很多人不就是这样过完了一辈子吗？我现在就开始警惕，像马一样干活过完了半百，千万不要像狗一样乱叫。我想这种生活大家都想避免，要避免这样，我认为需要智慧。知识、文化、智慧并不是同一个东西。要想避免过这样一种生活，需要智慧，要弄明白什么当为，什么不必为。而好的文科应当培养人的智慧，不要光教知识技能，也要教智慧；好的文科应该教人不要光死读书、死挣钱，还要学习有所为、有所不为。换句话说，善用文科的智慧，才有可能好好地取舍、决定自己的生活目标、准则，不做技术白痴，也有可能由此抵制身边的各种流俗、恶俗，至少不被它所欺；同时也有可能排遣自己的问题，知道什么事情可以理解，什么事不值得去凑热闹，什么事可以凑热闹但不必顶真，甚至还可以一边自我嘲笑，一边高高兴兴做别的事情，或者宽容别人做莫名其妙的事情。

比如我们这些快到了狗叫年龄的人，特别不喜欢"超女"、"我型我秀"等节目，但是我知道你们很多人喜欢，我女儿就特别喜欢。一到星期六，我就感觉特遭殃，为什么呢？她把电视开得很响，然后看东方台的"我型我秀"。我最烦的人她最喜欢。开始时我跟她寻开心说："以后你找人，千万不要找这么一个怪物回来，丈人老头不认的。"她也寻开心说："你属于那种不太悖时的爸爸，但也悖时了，你们老一辈是什么什么，我们是什么什么。"我突然发现这也是对的，因为我们作为还是有点修养的教授、一个文科老师，完全应该明白做人的一个基本道理——你可以不喜欢人家，但你没权力要求人家按照你喜欢的样子生活。他又没碍着你什么，是吧？他在电视上扮猿人，你不看就是了，也没什么。好的文科应该教给人这些东西——你可以顶真，但是也可以不顶真，可以好好地排遣排遣自己的问题，对有些东西可以不去理解。

去年，有很多人在"超女"最热闹的时候来采访我，其实我不喜欢，但是我从来没有在公开场合批评过什么。原因是什么？后来问起来，我说，其实对此我是可以理解的，虽然这是我女儿这一辈人的问题，但我还是尽量去理解。我对记者说，从一个文科教师的角度说，我完全可以理解。

首先，我们的社会是一个异质社会。就是说人跟人不一样，不是同质社会。异质社会中的社会成员，平时大量的生活是功能互补的，就是说你有的东西我没有，我有的东西你没有，但实际上，彼此不是朋友。在这种情况下，有时候大家喜欢有种东西把大家结合起来，享受一下一伙人在一起活动的感觉。我们就是处在这样一种社会状态，"超女"就是这样，一帮根本搭不着边的人因为"我们喜欢谁"，然后就拉帮结伙，搞得很热闹，给了大家一个热闹的机会。

另外，这类活动目前的活动内容、方式，具备大众娱乐的很多元素，有时无意中挑逗了很多根大众的神经。比方说：提供了大家感受社会、参与社会的机会；提供了渲染朋友之间的友情又不断PK、几乎残忍的现场感，但大家都很喜欢看，就像看罗马剧里人跟人斗一样；同时还提供了一些小丫头、"怪物"一夜成名的想象机会。

我讲了很多很多，说到底就一点——我觉得我可以理解，我不会因为我不喜欢而大骂，对女儿的反嘲我也可以欣然接受。我突然发现我快到狗叫的年龄了，要谨慎，别乱叫。我希望我的学生将来都有这样的气质。

以前有一首歌《梦醒时分》，里面有句歌词我觉得写得很不错："有些事情你现在不必问，有些人你永远不必等。"其实一个好的文科教育就是要教人做事时要有所不为，在待人接物、处友会朋上也要有所取舍。我想这应该作为一个目标来努力。

（四）好的文科该培养美感、诗意

这是因为，一个好的文科在我的心目中，应该教人接触高级文化，养成一种雅致的情调，争取过一种有诗意和美感的生活。我把它概括为：好的文科应该教给人第四种认识，就是不要光读专业书，还要学习一切有利于改良社会情趣和个人情趣的东西。

我曾经读过英国作家鲍斯威尔写的《约翰逊传》，讲述独立完成一大本英文字典的约翰逊，他很了不起。现在我们觉得编一本字典是最差的人干的，但是要想想，第一个人编字典可没那么容易。这位了不起的文化人的拉丁文是英国最棒的，他自称他的拉丁文是小时候被老师亨特先生揍出来的，用棍棒打出来的。所以他对采取体罚教育学生非常赞成。如果这样正确的话，那么我们每天在肩上扛两根棍子，就像警察一样打学生，把大家打成一位大师好了。虽然我们嘲笑他，但他的讲法还是有一定道理的。他说我宁愿自己的学生害怕教鞭，逼他们读书，也不愿整天啰啰唆唆告诉他们要这样做那样做，将来才能有出息。

我认为体罚本身肯定不符合现代教育之道，"不服我就揍你"，这实质上很野蛮，但是约翰逊先生反对一味鼓动孩子们出人头地、同胞竞争，以致出现难以想象的明争暗斗、敌视他人、不懂回报。我觉得这也是教育的大问题，就是说在文科的教育过程中，对于竞争之心如果不教会其适度调控，我想一定会出现令人难以忍受、难以想象的明争暗斗。

西汉刘向的《新序·杂事》记载过一个故事：楚国有个人很

妒忌梁国的人种瓜种得好——因为两个人都在边界旁种瓜,边界那边的梁人种瓜种得很好,卖得很好,他这边也种瓜,却老是种不过人家——就有了妒忌之心。那怎么办呢?又不好冲过去把人家的瓜拔掉,他就每天晚上偷偷地溜过去,搔梁人的瓜的"痒痒",让瓜"死焦"长不大。虽然刘向最后还是写了梁人发现以后,以德报怨,感动了楚人,比如教他怎么把瓜种好,于是楚人不再过去了,但是楚人的这种心思、勾当,应该说又阴险又典型。

想一想,在现代社会,大家本来就要经常碰到各种各样的竞争机会,如果人人都像这个楚人一样心眼阴损,每个人都对他人防不胜防,这个社会麻烦就大了。当然,制止这种现象有两种办法,一种办法就像先秦时候荀子讲的:定规矩,定文化的规矩,哪一些人该做什么,该按照什么行动,该得到什么报酬,都要有个度量分界,用这个分界来制止人与人之间无度的竞争。所以荀子说过一句名言"礼者养也",礼就是养生的,不只是大家讲的"吃人的礼教",礼是有这样的功能的,就是让大家各按度量分界来度量行为、取得报酬,免得互相之间无度竞争,争到最后群体涣散,没有群体还有个人吗?还有我们作为人生存的条件吗?没有!所以,"礼者养也",从这个意义上讲,制止无度竞争,可以通过一些文化的规则来制止。

但是我觉得文科教育可以提供一个更现代的办法。一个好的文科教育,应该鼓励孩子们培养兴趣、培养美感、培养诗意,应该培养他们怀着追求兴趣、美感、诗意的满足这样一种态度去学习,而不是一天到晚只惦记着出人头地。从这个角度看,我也不知道很多中小学的教育究竟是在教孩子还是在害孩子,也许不再拿棍棒去殴打孩子的肉体,可是坏人的心眼也是一种罪恶。

我认为一个好的文科教育应该努力培养孩子们的诗意和美感。有时候,我觉得一个人有美感和诗意,会把生活中很多事情变得比较惬意,甚至会化苦为美。大家都有体会,就是有时候学习忙,或者年纪大了,晚上经常会失眠。睡不着是一件让人感到很烦的事情,辗转反侧,又不是思春——思春的话,《诗经》里还有"悠哉悠哉,辗转反侧"的句子,还有点念头——可因为忙、因为年纪大而睡不着是多么烦的事情啊!我有时候就寻他们开心,说:"你们啊,没什么文化!像温庭筠,睡不着就写词,那就有味道了。比如他的《更漏子》:'梧桐树,三更雨,不道离情正苦。一叶叶,一声声,空阶滴到明。'要是配上曲子唱出来,我想一定很凄婉,他一个晚上就写完了,这样成就了一首千古名篇。"我觉得很多失眠的家伙多半是心情不怎么好、不大有文化的人。如果能像温庭筠那样,肯定没问题,可以化苦为美。

我其实是想表明,美感和诗意都是涉及主观感受的东西,要理性地解释清楚,或让这些解释得到大家普遍的认同,是有相当困难的。这也意味着美感和诗意作为一种令人愉悦的东西,大多数人对它仅有一种朴素的直感,仍然有待于好的文科给予一个学习、培养的机会。我希望好的文科能带着大家去努力寻找这些好的东西,你们也可以要求你们的文科老师多一点这方面的指导。

(五) 好的文科该教人清醒而有爱心

前面讲到,好的文科的功能和目标,应该是研究和传播社会中一些好的待人处事的规则和办法。解决这个问题当然很难,因为社会是由一个个活生生的人组成的,每个人身上都有社会性和反社会性。一方面,我们有事会寻求与他人合作;但另一方面,我们又经常会有一种跟别人比高低、甚至不合作的激情与欲望。

英国政治学家霍布斯曾写过一个名篇《利维坦》,他就是想证明人身上有一种很顽固的跟人家闹别扭、对他人有敌意的天性。他说这种状态是"all against all",就是一切人对一切人的战争,这种战争不是说真的去打仗,而是说人心中含有对他人的敌意。有些人不承认,说自己好得很,看到什么人都欢迎,但这在霍布斯那里是证明不了的。霍布斯会说:"你那么好,为什么回家要把门锁上?还用把小锁把抽屉锁上?那就是不信任别人。"也许你会说:"我抽屉里有情书,不想让爸爸妈妈看到,或者有其他的小物件不想让别人发现。"其实要弄开那把小锁很容易,你无非是用那一把小锁表达你对家人或其他人的不信任。

在一些哲学家看来,人身上有一种抑制不住的欲望和激情,这种激情可以分为两种类型。一种类型,他们称之为"男子汉的激情",就是人跟人在一起的时候,我要比你优秀,你考90分,我要考98分;你是班级第一,我要考年级第一。这是我们所提倡的竞争,这很帅、很酷,叫做"男子汉的激情"。还有一种,他们称之为"娘娘腔的激情",就是要把比我优秀的人拉下来,我不行,那我想办法把你搞得跟我一样也不行。实际上,社会中很多人都是这样:这家伙比我好,我赶不过他,怎么办呢?想个法子说他贪财、贪色,到纪委告状或写什么东西,就是要把他拖下来。其实,把人家搞下来，你也没赚什么，唯独满足了一个东西，就是把一个优秀者搞得跟你一样平庸或者比你还不如。后面的这种激情差不多是一种病态的平等之心。

现代的文科、现代的政治、现代的社会，在处理这两种激情的时候，有正常的一面，也有病态的一面。比较正常的一面是大家都承认这两种激情在我们身上难以消灭，很正常，所以一个社会经常把自由和平等一起当做待人处事的基本价值尺度。难点就在于怎样减少自由和平等两种价值之间的冲突。人不能拥有太多自由，光有自由，有人很穷，有人很富，怎么办？讲点平等，但是一味讲平等，没有人去竞争，社会又不行了。所以我们就提出了"效率优先，兼顾公平"之类的口号。我们承认这两种东西都存在，并努力寻找一种平衡，这是比较正常的一面。

所谓不够正常的一面就是，现代社会、现代政治、现代文科总体上不太讲究发挥社会成员的社会性、社会心和他爱心的一面。其实，要是把人的这些方面发挥出来，说得极端一点，可能各种社会规则、政治策略都会变得多余。比方说，孔子就提出了"己所不欲，勿施于人"，你自己都觉得不舒服的事情，就不要再去强加给别人。《新约》中也有四个字："爱人如己"，一旦做到了这四个字，那么政治、国家、强制都可以不需要了。如果人人都奉行这些规则，那么其他规则便是多余的了。但往往是越是简单的规则却越是做不到，所以像"爱人如己"、"勿施于人"等这些规则都很难做到。

但是我想强调两点：（1）不能完全做到，不等于它不重要；（2）我们讲自由、平等、竞争，却很少讲爱心，以至于不知道在告诉受教育者学会清醒地认识人的短处、复杂性的同时，还要鼓励大家有爱心。

我们只看到社会的一面——共利，你的利益在某种程度上也是我的利益的保障，这个观点是对的；但是一个好的文科应该注意到：社会除了以共同利益为基础外，还有一个东西——共识，即文化的共享性。

共利和共识的区别，让我举个例子来说明，那就是两个人为什么会成为朋友。如果按自由、平等的规则来解释，是因为他俩有共同的价值观或共同的利益，但实际上还有另外一些维持友谊的东西。比如托马斯·曼写的一篇小说很有意思，其中一段话写得很好："为什么人会交上朋友？是因为个体产生个别，个别产生不同，不同会导致比较，而比较会导致不安，不安会导致惊讶，而惊讶会导致欣赏,因为有了欣赏,这些人就有了交往和交朋友的前提和基础。"也正是有了不同和欣赏,我们最后才成了朋友。

社会过多强调共同利益、共同价值,这严格来讲是不好的。光讲以利来结合的文科是不好的文科,我觉得一个好的文科应该教人清醒地认识自己的短处,清醒地认识自己身上阴暗的东西,但仍然要鼓励大家有爱心,而且这种爱心基本上是不基于自恋的。好的文科应该教人将有爱心落实为做一个有良知的人,做一个既讲平等、自由又讲爱心的人。

现在这个问题其实比较严重。18世纪以来,有些人强调知识分子应该共同关心社会事务,要爱人,但是现在好多文科对这些问题显得比较冷漠,有时甚至表现出一种无良的景象。比如管理学,我觉得在管理学中就有不少人有"傍大款"的倾向。有一次我从萧山机场坐大巴到杭州,车上正好在放管理学的光盘,主讲是一位号称一年作几十场讲座的大师,主要是告诉大家什么叫团队,其实主要是信任、协作等。他举了很多例子,但有些说的根本不是管理学的,其实他是想把管理学沦为老板欺负弱者的招数,他想教老板如何把员工当成弱者,然后想办法去对付他们,用心理学调节冲突的技巧来解决企业中的利益冲突。

我觉得一个好的文科应该教人对这些东西保持警惕。至少要让人明白:一个"傍大款"的政府绝不是一个好的政府,一个只讲富人经济学的经济学家绝不是一个好的经济学家,一个专门帮助老板蒙员工的管理学者也绝不是一个好的知识分子。所以我觉得一个好的文科既要清醒又要有爱心。

(六) 好的文科该教人使用美好的文字

现在我给大家讲一个小故事。一位领导外出参观,又很虚荣地想表现自己很有欣赏力,就到处发表评论。看见一个房子,她就说"真好看",进了园子,她又说"真好看"。一路下来,看到每样东西,她都说"真好看"。这样的表达是贫乏的。不同的表达所产生的效果是截然不同的,比如你想夸一个妇女,说她是"徐娘半老,风韵犹存",你以为是在夸她,但其实是在贬她——虽然"风韵犹存",但毕竟已经是半老了,风韵也只是"犹"存。

我觉得生活中我们应该多说说好听的话,多写写优美的文字。一个好的文科应该教人用美文去表达,教人去寻求美好。

以上六个方面是我觉得一个好的文科在最低限度上应该教的东

西，也是希望在文科中学到东西的人最低限度上应该花心思追求的东西。这些东西加起来一定能够帮助那些受文科教育、熏陶的人有一种从容的心态，过一种平和的生活。好的文科应该把人教成这样一种平和的人。

生活中有各种不可避免的烦恼，如果一个人能够接受一种好的文科教育，就可以得到释放。一个好的文科教出来的人不会像一个老商人那样烦钱多，不会像一个大官僚没官做时感到失落，也不会像一个技术白痴那样离开实验室后没事做。现实生活中有很多这样的例子，这其实是一种病态。

昨天杭州市委叫我们老师写命题作文"让我们生活得更好"，我觉得所谓的"我们"是一个群体，这些群体是要以共识、共利为基础的，每一个人都要注意这些东西。但这并不意味着教授就比别人更懂得"我们"。举个例子，我们学校的社区建新房子时都造顶楼，阁楼是分给顶层的用户使用的，但有些楼上面有公共的露台，通向顶楼的通道和露台是大家共有的，但有些老师就把这些当成了自己的，在上面搭棚子、圈栏杆等，把这些公共场地当成了自己的自留台，而且这些自留台的款式、质地、大小各不相同。这意味着我们的大学教育的确有问题，它把大学教师教成了这个样子，教师再去教学生，教出来的学生就更成问题了。所以我想讲讲一个好的文科应该教些什么，学生从好的文科中应该学到什么。到今天为止，至少它本身是个问题。我很希望一个好的文科能够帮助我们发挥情商、智商，把平庸琐碎的日常生活过得不那么平庸。

我们小时候在选择数理化或是文科的时候，老师、家长都说"学好数理化，走遍天下都不怕"，这是他们的豪言壮语。其实，只学数理化，躲在家里都害怕。而我这个演讲无非想表明：学好文科，怎么生活都不怕！谢谢大家！

互动交流：

学生：毛教授您好！首先非常欢迎您今天来到绍兴文理学院，给我们带来一场非常精彩的演讲。我的问题是：您刚才在演讲中说到，好的文科应该尽量使人好一点，那么这里的"好一点"应该如何理解、定义？第二个问题是："好的文科"的对立面是"坏的文科"，在如今"病态文科"的教育体制下，最终会出现怎样的一种社会现象？

毛丹：这个定义其实在我的演讲内容中就有所体现了，但是确切定义我还没有下过。我觉得下一个关于好坏的定义，在伦理学中是非常难的。目前我们既不会从神学的意义上定义什么是好，也不会从绝对定义上定义什么是好，可能社会比较倾向于从社会效益的意义上，也就是对大多数人好的意义上来定义。至于具体的定义，容我想一想，我们再交流。

你讲的第二个问题很严峻。一个缺失好的文科教育的社会是很病态的，它培养的高级人才也很病态，它所遗弃的那些人也会很病态。当一个现代社会中文科的探讨不再是文化惯例，而是听任个体心理上的偏好、听任社会里的群体按其惯例做事的时候，我想这是非常危险的。我其实并不是特别乐观。这种教育体制在发展过程中可能会有奇迹，但在5—10年的时间里还会继续往下走。至于我个人，第一，我会先生存；第二，我要努力把握好我对美好生活的向往，这是一个很不容易的选择。谢谢！

学生：毛老师您好！您跟俞可平教授都是学习政治学的，俞可平教授讲的是构建和谐社会，您讲的是如何把文科搞好。我们的文科教育确实存在着问题，但我们的理科教育也有问题，我们的工科教育更有问题，这些都是学科分裂造成的。我的问题是：当今文科应该教什么？应该学什么？我们每一个人应该思考什么？应该研究什么？以后应该干什么？我觉得文科存在问题，其中最根本的原因是我们的教育体制，我觉得文理是不应该分开的，因为各门功课是互相联系、互相尊重、互相帮助的。比如数学家必须是个有音乐素养的人，物理学家必须要有点美术观念，但为什么学文科的同学数理化成绩不是很好呢？因为中学教育把文科与理科分开了，这是个最大的错误。我觉得凡事应该求和不求同，这样，任何人的生活都是美好的。

毛丹：我为什么会说大学的文科教育的前途在这段时间不会很乐观呢？你讲的是一个大的原因。我觉得要改观的话，需要解决两个问题，就是将来中国的经济社会不要把大学当成训练专业人才就业求职的场地，而要把大学教育当做培养国民素质的基地。比如在中国香港和很多发达国家，它所需要的人才的岗位与人才的本科专业并不完全符合，因为它找的只是人才的素质，而不仅仅是人才的专业，因为职业能力是他到岗后训练出来的。因此我觉得大学的教育不应是现在这样的，其实只是一部分人把大学当做谋得较高职位的门槛，但也连累了我们整个的教育。

《金枝》中还讲到了这样一个故事：有一个国家的国王很神圣，他抚摸一下臣民，臣民就会用红丝带绑住自己的胳膊，这是因为他被国王摸过了，他要保存一辈子。但任何臣民都不能去碰国王。有一次国王生口疮，嘴角有一个很大的脓包，虽然御医知道只有弄破那个脓包，国王的病才会好，但他却不能碰国王。于是他找了一个很会讲笑话的人讲笑话给国王听，国王听后哈哈大笑，那个脓包被笑破了，国王的病也就好了。我们现在需要的就是这样的通人，既有文化，又有知识——我在这里讲的是特定意义上的文化，有它特定的因素。谢谢！

　　（根据录音整理，已经本人审阅。整理：梁如洁　杨鹏辉　王勇龙　戚莹莹）

其实文理科的早分只是把大学当成了一个培养专门人才的训练场地,我觉得这种体制的转变将会是一个很漫长的过程,要想在5—10年的时间里解决这个问题是很难的。

学生:感谢毛老师!教育是要培养一些有文化的人,但您说那些懂得生活、懂得享受的人是有文化的人,而那些只对科学知识孜孜不倦,甚至达到狂热程度的人是没有文化的人,那么,这个社会是不是只要培养一些懂得享受的人,而不必培养有狂热的追求精神的人?我觉得"闻道有先后,术业有专攻",每个人所钻研的领域不同,他处事的方式也就不同,他只是在"专"的基础上离开了一定的文化,但这不能说他们没有文化吧?

毛丹:听到你的批评,我觉得很有趣。在此我想申辩一下,我这里讲的文化,主要偏重于社会自然形成的或因习惯的传承,从而具有可分享性的一些规则,有用但不一定有道理。而我们讲的知识这一类型的东西,比较注重现代性,有用,但不一定是可被分享的。

我的意思是文化强调规则、分享。比如我们现在留的发型,是要符合两个标准的,一是我们很长时间都是这样的,二是我们大致上可以认可的。像现在小伙子以怪为美,剃个阴阳头,但如果这个发型过了一百年以后变成某个民族的象征,那也叫文化。文化需要很长的传承时间,直到变成习惯;还有就是它的可分享性。文化所强调的东西跟知识是有交叉的,但知识更注重符合逻辑的表达,具有验证的一致性。

为什么有些情况下我们说一个人或一件事是有文化没知识的呢?有些同学可能看过《金枝》,看完这本书的好处是你再也不会忌讳那些民间的禁忌,因为各个民族对同一个事物的看法完全不同。如俄国某个山村的求雨习俗很怪,派三个男人爬树,爬上树后,一个人开始敲铁桶,这是模拟打雷;另外两个人用两个燃烧的火把拼命地敲,火星四溅,这是模拟闪电,有雷有闪电后就有雨了;于是第三个人就拿个器皿开始求雨。有时还真求到了雨,且这个方式传了很长时间。这就叫文化,但它是毫无知识的。

又如,当亲人去世的时候,我们都会很难过,所以殡仪馆的人在运送遗体时会采取一些行为,让死去的人安息,让活着的人的悲伤情绪得到缓释,这些行为无知识可言,但它却是一种文化。一种有效的文化会帮助你度过最困难的时候,但这里只有传统的文化,却没有科学。好的文科应该培养既有知识又有文化的人才。

王水照

复旦大学首席教授，博士生导师。现任复旦大学中文系学术委员会主任、中国宋代文学学会会长、中国苏轼学会名誉会长和《文学遗产》编委等。主要研究领域：苏轼研究、宋词研究、宋代散文研究、文人集团研究。发表专著《宋代文学通论》、《苏轼论稿》、《唐宋文学论集》、《王水照自选集》、《宋人所撰三苏年谱汇刊》、《唐宋散文精选》、《苏轼及其作品》、《苏轼研究》、《苏轼传》（合著）、《欧阳修传》（合著）等，主编《历代文话》、《日本宋学研究六人集》、《新宋学》等。曾获"有突出贡献的国家级专家"称号、上海市哲学社会科学优秀成果奖、全国普通高校第二届人文社会科学研究成果奖、首届国家社会科学基金项目优秀成果奖、上海市高校教学成果一等奖、全国高校教学成果二等奖等。

永远的苏东坡

（2007 年 11 月 8 日）

各位同学，今天到这里来给大家介绍苏东坡，看到这么热烈的场面，我非常感动。讲台上有"感受名家风采，共享学术盛宴"的标语，这里的"名家"两个字我觉得要改一改，我算不得"名家"，却要来感受"名城名校"的风采。绍兴是一座文化名城，我作为人文学者是带着一种朝圣的心情来的；现在我们这所学校应该说已经初步迈入名校的行列。看到同学们对学习的热情这么高，我非常感动。下面就由我和大家来共享900年前苏东坡给我们留下的丰盛的文化大餐。

我今天讲的题目是"永远的苏东坡"。首先我要解释一下为什么说是"永远的"。今年正好是苏东坡诞辰970周年。900多年来，苏东坡在中国文化史、人文史上影响一直不断，拥有一代又一代的读者，这个影响在我看来是永远的。

我在从上海出发到绍兴来的路上，看到了今天的报纸，听到了今天的广播，正好两件事情都跟苏东坡有关。

一个事情是报纸上登了我们国家要增加3个节日。我们知道，我们有四个传统的大节日，第一个是春节，第二个是清明节，第三个是端午节，第四个是中秋节。但只有春节是国家法定节日，现在极有可能后面三个节日时我们可以放假了。

在解释中秋节的时候，新华社发的稿件是用什么来作标题的呢？就是"但愿人长久，千里共婵娟"。大家想一想，写中秋节的诗词很多，比如张九龄的名句"海上升明月，天涯共此时"，他的意思跟苏东坡词的意思是一样的。但是苏东坡这首词是历年过中秋时中国人引用率最高的，这首词写了以后，前人也有评价，说其他的中秋词都不用写了。

中国的中秋节是宋代以后才开始有的。苏东坡写这首词的时候，中秋节还没有成为一个民俗，并没有中秋节。这首词是苏东坡写给他的弟弟苏子由的。他把月亮圆了人也要团圆这么一个意念在词里表达出来了。虽然他说"人有悲欢离合，月有阴晴圆缺"，但是他希望只要月亮存在就能"千里共婵娟"，在同一个月亮底下可以达到心灵上的感应。苏东坡是第一个在中秋节看到月亮的圆而想到人的团圆，并在诗词里面表达出来的人。张九龄的"海上生明月"没有明确的团圆观念。所以苏东坡的词成为历来中秋的代名词。这是我在报纸上看到的一个消息，以后我们过中秋节放假的时候，一定会更加体会到苏东坡"明月几时有，把酒问青天"的感受。

另外一个消息是今年的拍卖会上，明代画家仇英的一幅画拍卖到了七千几百万的高价，创造了国际上中国书画拍卖价格最高的纪录。他画的是什么呢？是《赤壁图》。这幅画能拍卖到那么高，当然跟仇英的绘画成就有关系，但是我们想想，如果没有苏东坡的《前赤壁赋》和《后赤壁赋》以及他的"大江东去"（《赤壁怀古》）的词，仇英是无法创作这幅画的。他这幅画若值七千多万的话，其中的很大部分应该要归功于苏东坡。如果苏东坡没有"壬戌之秋，七月既望，苏子与客泛舟游于赤壁之下"这样照耀千古的名篇的话，仇英是无法创作现在价值七千多万人民币的这样一幅画的。

到今天为止，我们的生活里到处都有苏东坡的影子。刚才主持人也说了"苏东坡是一个大俗大雅、又俗又雅的人"，他对不同层次的知识分子都有影响，文化很高的知识分子对他很崇拜，普通老百姓也很崇拜他。苏东坡的影响对我本人来说也是非常大的。我从读大学开始就喜欢上了苏东坡。我是北京大学的学生，我们学生自己要编一部文学史，那时我大三，文学史里苏轼那一章就是我写的。我在生活里也经常会接触到苏东坡的作品，所以应该说苏东坡是我的一个朋友。我们中国古人有一句话叫做"尚友古人"，或者也可以说苏东坡既是我崇拜的一个对象，也是我一个非常亲切的朋友。

今天我想借这个机会，把我所认识的苏东坡这个朋友介绍给各位同学。我想讲三点：

一 说不全的苏东坡

中国知识分子的知识结构到宋代有了一个质的变化。宋以前的知识分子，也就是所谓的"士"，他们的知识结构一般都比较简单。

比如说李白、杜甫，他们两个当然是中国的伟大诗人，一个是浪漫主义诗人，一个是现实主义诗人，他们主要的成就是诗歌。诗以外，杜甫写过几篇赋；李白有一篇散文，《古文观止》里也选进了，另外他的两首词《忆秦娥》、《菩萨蛮》到底是不是他写的，还不能定论。李白、杜甫是伟大的作家，但是主要成就偏重于诗歌。

这种情况到了宋代以后有了非常大的改变。宋代是文官政府，宋代的科举制度，以科举取士，使得一般的平民知识分子都大量涌入士大夫的圈子。十万进士支撑了宋代以后一千多年的中国历史，特别是文化创造的那部分，是由这十万进士以及没有中进士的后备队伍所支撑的。这种现象在宋代非常突出。这也是近代有些历史学家把宋代社会作为中国古代社会重要转型标志的一个原因，有的学者认为从古代转到近代是从宋代开始的。

我介绍一下著名的文史专家陈寅恪先生,有一本书《陈寅恪的最后20年》,大家可能也读过。陈寅恪就说过:"华夏民族之文化,历数千年之演进,造极于赵宋之世。"宋代的开国皇帝是赵匡胤,赵宋就是指宋代。在陈寅恪先生这样一个史学大家看起来,中国的华夏文化到了宋代是"造极",他对宋代的评价是非常高的。

在这样的背景底下出现了一大批"百科全书式"的人物,现在西方研究宋代的历史学家就把这一批知识精英称为"前近代知识分子的共同体"。研究这个"共同体",是现在宋代史学、整个中国历史学里的一个重大课题。

宋代是一个非常矛盾的社会。一方面,宋代文化的发展超过了汉唐,国家的经济实力也超过了汉唐,但在军事上不行。北宋是被金人灭亡的,南宋是被蒙古人灭亡的。老实说,宋代一方面是一个巨大的惊叹号,我们惊异于宋代的文化、经济发展到那么高的高度;但是另外一方面它又是一个大问号,它的军事实力是那么薄弱。这是一种非常奇特的社会情况。在这种社会情况下,综合型的知识分子精英对社会起着更大的作用。

当时社会有点畸形发展,政治、经济、军事并不是全面均衡的发展。这当然跟宋太祖开国时定的"祖宗家法"有关系,他只重视文而轻视了武。宋太祖黄袍加身,他实际上是搞政变上台的,因此怕自己底下的大将取而代之,所以在治军方面采取排除异己的态度。宋代领兵打仗的元帅都是文官,比如范仲淹,他应该是个文人,写过《岳阳楼记》,但是当时打西夏时他是主帅,据说打得也还比较好,所以说"范夫子肚子里有十万精兵"。但后来我到宁夏去参观历史博物馆的时候,才知道当年的西夏人对他的评价并不高,说他经常被党项族的人打败。

在这种情况下,宋代社会还能保持这么高的文化发展水平、这么高的经济实力,其中的一个原因就是因为有一大批知识精英存在,而且他们的知识结构都非常全面。

第一个具有全面知识结构的人就是欧阳修,欧阳修既是诗人、散文家,又是词人、经学家和诗歌评论家,我们可以给他戴上很多帽子。在他以后的司马光、王安石都是这种情况,甚至连我们非常讨厌的秦桧、贾似道这两个宋代最有名的奸相,从他们的知识结构、文化素养以及能力来说,也不是一般人所能企及的。

今天我就讲讲苏东坡。首先,我们可以给苏东坡各种各样的定位。

（一）大诗人

苏东坡是个大诗人。他流传至今的诗歌一共有 2700 多首，他作为宋代的大诗人是没有问题的。我们中国的诗歌非常发达，可以说中国是一个诗的国家。中国的诗歌如果从艺术类型上去分类，主要是唐诗和宋诗这两个大体系。诗歌史上给唐诗一个专有名词叫"唐音"，给宋诗一个专有名词叫"宋调"。苏东坡以及他的门生黄庭坚对于"宋调"的奠定起了决定性的作用。

那么，什么叫"唐音"和"宋调"呢？这是一个研究课题，一时说不清楚，不能给它下一个周密的、确切的定义。但是钱锺书先生在《谈艺录》中说："唐诗多以丰神情韵擅长，宋诗多以筋骨思理见胜。"也就是唐诗一般比较自然，最好的代表就是李白，他写诗好像不需花力气，神采丰满，神韵充足；宋诗比较见心思，写的时候要用心思，而且背后有很深的学问基础。这是两种不同的艺术类型。我们读懂了苏东坡的诗，很大程度上也就知晓了"宋调"的特点。所以对苏东坡的第一个定位是诗人。

（二）词家

苏东坡是一个革新派的词人。在中国的词史里面，有所谓"豪放派"与"婉约派"的区别。传统的词本来比较婉约，这跟词的功能有关系。一些文人填词，其主要功能是在酒宴上供歌女歌唱，以此助兴。这使得词带有浓厚的女性化色彩，题材和风格都比较婉约。今天文艺学评价的标准比较多元化了，对这么多的婉约词不能一笔抹杀，但是如果我们的四万多首词都讲风花雪月、男女爱情，没有更多的社会内容和人生体验在里面，那么词的发展也就停顿了。

幸亏出了个苏东坡，因为他的词已经慢慢跟歌唱相脱离。他的大部分词不是应歌，而主要是为了抒写他自己的感情和思想而作。这样一来，无论词的内容、题材还是风格都有了很大的变化，中国词史上就开创了豪放派，苏东坡就是中国豪放词的开创人。

有一个故事，苏东坡曾经担任过皇帝的顾问官，叫"翰林学士"。有一次他在学士院里面跟一个幕僚聊天。那个幕僚会唱歌，于是苏东坡就问他："我的词比起柳七的词来如何？"柳七就是柳永，是苏东坡词学的前辈，年纪比苏东坡要大。这个问题实际上带有竞争性，从他的潜意识来说是指"我的词跟柳永的词高下如何?"有一种竞争意识。这个幕僚说了一句很俏皮的话:"柳七的词应该由十七八岁的女孩子拿红牙板来唱'杨柳岸晓风残月';学士的词应该由关西大汉用铜琵琶来唱'大江东去'。"

这话什么意思呢?幕僚实际上是在调侃苏东坡。因为按照当时的规矩,没有男士唱词的,"关西大汉"是雄伟魁梧的一个形象。当时女孩子唱歌时用的乐器一般是琵琶,后来才有箫。姜夔有句诗叫"小红低唱我吹箫",所以词是由女性唱的,伴奏的乐器是箫跟琵琶,而不是用铜琵琶来伴奏的。幕僚讲这话其实是对苏东坡的调侃,也就是说你的词虽然写得不错,但不是词的本色。妙就妙在苏东坡听了后为之绝倒,很高兴,笑得前俯后仰。这说明苏东坡的器量很大。

关于词能不能改革,在当时是有争论的。以幕士为代表的一方,在他们看来,词只能写成婉约词,只能是"十七八女郎,执红牙板,浅斟低唱",不能像苏东坡那样来写。这个争论发生在苏东坡和"苏门四学士"之间,"苏门四学士"指的就是黄庭坚、秦观、张耒、晁补之。

有一次,张耒、晁补之跟苏东坡谈话,苏东坡又问他们:"我的词比起秦观的词来怎么样?"由此看来,苏东坡也非常关注自己词的创作比起当时一流的词到底怎么样。柳永代表宋初词的水平,秦观代表他同时代的婉约词的水平,是当时婉约词最高成就的代表。晁补之跟张耒对于苏东坡的提问,回答得很妙。他们说:"先生的词像诗,秦观的诗像词。"这个回答同时批评了两个人,一是批评苏东坡写的词不是词,像诗;另外是批评秦观写的诗像词。秦观的诗有个外号叫"女郎诗",很女性化。对于苏门内部的这样一个争论,苏东坡采取自由的、百家争鸣的态度,在苏门内进行自由探讨。

这个回答也说明了苏东坡的主要创作倾向就是以诗为词,他把原来用到诗歌里的题材、内容、风格引入到词当中。他用诗的方法来改革词和词体,但并没有把诗和词混淆起来,没有取消词的独立性,因此他的改革是成功的。这种不同文学体裁之间的"破体为文"是中国文学史上的规律。

赋也是这样,赋到宋代变成"文赋",比如欧阳修的《秋声赋》、苏东坡的《前赤壁赋》、《后赤壁赋》,跟汉代的大赋、魏晋的小赋、唐代的律赋都不一样了,"文赋"是散文化的赋。前面三篇赋在《古文观止》和《唐宋散文选》里都有,用散文的方法来改革赋，这是很成功的例子。既保持赋的吟诵、咏唱，讲究词采的特点，又有一种散文化的自然流转，能够更充分地发挥自己的思想。如果不选"文赋"，不用散文化的方式，苏东坡就无法在《前赤壁赋》里把"水和月亮"与"变和不变"的哲理表达出来，因为传统的赋原是一种严格的构造。

所以苏东坡对词的改革是成功的。如果没有苏东坡，就没有南宋的辛弃疾，历史上就没有"苏辛词派"。苏东坡是词的改革家，这是第二个定位。

（三）散文家

中国散文史上有"唐宋散文八大家"：唐代的韩愈、柳宗元和宋代四川的三苏（苏洵、苏轼、苏辙）以及江西的欧阳修、王安石、曾巩。苏东坡一家占去了宋代六家的一半，这就意味着北宋和苏东坡的散文影响是非常大的。我们现在能够检索到的苏东坡的各体文章有4000多篇，有的是奏议，很多是艺术性的散文。这些散文成为我们散文史上的瑰宝，所以苏东坡当然是个散文大家。

（四）书法家

你们文理学院的兰亭书法艺术学院是中国第一个专门培养书法人才的学院，也是我们文理学院的办学特点和特色。宋代的书法与唐代不同。唐代书法讲究法度，如唐代的颜鲁公讲究法度；宋代尚"意"，就是更加人文化。宋代书法有四家：苏轼、黄庭坚、米芾、蔡襄，简称"苏黄米蔡"，对蔡襄还有点争论，蔡襄年龄最大不应放在最后。这里，名字并称时，往往有暗的规律——根据声调的平上去入。比如"王杨卢骆"，就是王勃、杨炯、卢照邻、骆宾王，也是这个规律。总之，这里苏东坡又是排第一，是宋代四大书法家之首。

（五）画家

苏东坡还是一个画家。苏东坡有一个表兄弟叫文同，文同在当时画竹子画得最好，并且因为他在湖州当过知州，所以人们把文同所开创的专门画竹子的画派叫"湖州竹派"。宋代人对于竹子是非常看重的，因为竹子代表雅。苏东坡曾说过"食可一日无肉，居不可一日无竹"，他认为没有竹人就俗，所以他跟文湖州——文同学画。现在有个成语叫做"成竹在胸"，这是苏东坡在一篇文章里总

355

结文同画竹的经验时提出的一个理论口号，说的是画竹的时候不是一枝一叶地画，而是把整株竹子全都熟记于心，然后一挥而就，这样才是画竹。苏东坡喜欢画竹子，画怪石，现在有他的一幅画怪石的画留了下来。

苏东坡是中国很重要的文人画家，他和朝廷里的画匠不一样，画匠是工笔画，苏东坡的画以意为主，主要讲究笔墨趣味，表达自己内心的感情。所以，苏东坡毫无疑问是画家。

（六）经学家

《十三经》是中国古代最重要的典籍。我们古代的学者用注解经的方法来表述自己的哲学思想，中国的哲学史都是以注解的形式来表达观念的。比如"宋明理学"，对于《易经》有各种各样的解释。苏东坡对中国经典中的三部书——《易经》、《论语》、《尚书》都做过注解，这是苏东坡很看重的。对于当时的知识分子来说，给经书作注是他在学术上安身立命的首要处。苏东坡晚年到贬地，到海南岛，最后才完成这三部书的注解，然后非常郑重地托付给他的朋友。现在的《东坡易传》在中国《易经》的发展史上有重要地位，就是以前对他有批评的朱熹对他的《易经解注》也作了肯定评价。所以他又是个经学家。

（七）医学家

现在有一部书叫《苏沈良方》，苏东坡和沈括两个人收集了当时民间流传的土方，后人把他们的资料合编成《苏沈良方》。沈括因为编了《梦溪笔谈》，很有名，英国很有权威的李约瑟编了一部《中国科学技术史》，对沈括的《梦溪笔谈》作了很高的评价。

苏东坡也关心药方的收集，并且他自己也学习看病，也懂医术。这里讲个小故事，苏东坡很不幸，死于自己对自己的误诊。苏东坡一生很坎坷，最后被贬到了海南岛。到65岁的时候，皇帝才下令让他返回中原。后来到南京、镇江、常州一带，最后在常州定居。因为当时交通工具的限制，他就乘船回来。这一路过来时正好是7月份，天气非常热，河水非常脏，并且他在海南岛感染了瘴气，就是现在的疟疾，也叫"打摆子"。

在这样的情况下，苏东坡病倒了。但船上没有医生，他就自己给自己开药方。苏东坡在最后的一个多月里经常写诗，写文章。我们根据他的诗和文章，几乎可以把他当时每天的病状建立一个档案,就像我们现在的病历卡一样。他当时鼻子出血,人不能平卧,只能仰坐,所以最后他死在县令送给他的一把躺椅上,他就这样离开了人世。当时他主要的毛病应该是热毒,但是他给自己开了三副药:人参、茯苓、麦门冬。麦冬是凉药,用凉药治是对症下药的;但是人参和茯苓是带热性的大补药。因此,他的鼻血流得越来越厉害,后来连牙齿都流血了。最后,他就死在了常州。现在常州还保留着他的终老地藤花馆的旧迹,藤花馆的旧址,据说不是宋代的房子,可能是清代的。

但是无论怎么说,苏东坡与沈括的《苏沈良方》对后世的药物学来说很重要。

(八) 美食家

苏东坡还是一个美食家。他研究美食跟我们今天研究美食不一样,他主要是为了生存。

苏东坡的一生三起三落,非常坎坷。他最后快死的时候,有一句诗:"问汝平生功业,黄州、惠州、儋州。"他回来的路线就是从南京、镇江到常州。在镇江时,他去了趟金山寺,金山寺中有幅朋友给他画的像,苏东坡就在画像上题了这几句诗:"问汝平生功业,黄州、惠州、儋州。"就是说,问问你平生建立了哪些丰功伟绩呢?在黄州,在惠州,在儋州。

这三个州是什么意思呢?黄州是他第一次被贬官所在的地方。中国第一个大文字狱就是苏东坡遭受的"乌台诗案"。苏东坡写了一些诗,他的政敌就认为这些诗里有攻击皇帝的内容,所以就把他下了大狱。后来经过好多人的营救才出了狱,出来后又被贬官到黄州,就是现在湖北黄冈。黄州是他不得意的地方,是他的伤心地,但倒的确造就了他文学创作的高潮。他的前后《赤壁赋》和《赤壁怀古》词都是在那里写的。第二次是惠州,就是今天的广东惠州,这是他第二次遭贬官所在的地方。第三次是儋州,就是海南岛的儋县。

所以,他写"问汝平生功业,黄州、惠州、儋州",实际上原意是自嘲——看到这个画像,苏东坡就问自己,这一生有没有建立什么功业?没有。他一生的功业在黄州、惠州、儋州,在贬地生活了13年,就过去了。他是自己调侃自己,自己对自己开玩笑。

但是,我们现在解读起来,可以解释成苏东坡在黄州、惠州、儋州13年的贬谪时期中,完成了他人生思考中最深刻的部分,获得了一整套对付困难、对付挫折、对付死亡的办法。所以，在苏东坡的一生中，这13年的生活是很苦的。他在面对这13年困苦生活的时候，是怎样坚持下来的呢？他想方设法去获得食物素材，能够得到什么材料，就尽量把它做出好的味道来，尽量享受生活。所以苏东坡作为美食家是带有非常强烈的自救信息的。

东坡肉是怎么来的呢？东坡肉最早是由苏东坡在黄州创造的。当时他去黄州时，发现了一个很奇怪的现象：黄州这个地方猪很多，但是当地的老百姓不知道怎么吃，只使用它的皮，使用它的粪便种庄稼，没有人会去吃猪肉——穷人不会吃，富人不想吃。从外形来说，猪很脏。苏东坡就发明了一个文火炖猪肉的方法。把猪肉拿来以后，剥皮，洗干净，然后用文火慢慢地炖。他还写过一首诗，专门写在黄州发明的制作东坡肉的方法。后来他第二次到了杭州，才把东坡肉发展成型。今天，我们到杭州去可以吃到很好的东坡肉。所以，苏东坡总是在很困难的生活条件下，面对非常艰苦的生活环境，想方设法使得自己的生活变得丰富。

唐诗是在边疆产生的，是在文人的大场合中产生的，是在高山大河上产生的，疆场、塞北就是唐诗产生的地方。宋诗则转向于日常生活。苏东坡的诗集里，写到过各种各样的美食，比如各种各样的鱼、各种各样的羹、各种各样的饮料等。这样的作品有一百多首，他都能写得津津有味。

在海南岛的时候，他写过《谪居三适》，就是谪居生活中三件舒适的事情。哪三件是令他感到很舒适的事情呢？早晨梳头，中午午睡，晚上洗脚，就是这三样都很简单的生活。我建议你们去读一读，写得非常有味道。这说明苏东坡的眼睛善于在琐琐碎碎的生活中，在人家看不到的生活中发现美。第一个把牛粪入诗的就是苏东坡。

古代有一句诗，叫"刘郎不敢题糕字，虚负诗中一代豪"。重阳节，人们不是都要吃重阳糕吗？刘郎，就是刘禹锡，是唐代一位大诗人，他在诗歌里面就不敢用这个"糕"字，因为这是个俗字。在唐代，俗字是不能入诗的。但苏东坡不一样，他在海南岛的时候，别人问他的家在什么方向。他说在有牛屎的地方，沿着这个方向走就能找到他的家。他连牛屎都能入诗，但我们没有感觉到什么不好，反而觉得这首诗很有味道。

所以关于苏东坡对美食的追求，我们应该更多地从人文的背景去理解。

（九）清官（政治家）

苏东坡一生曾经在八个地方做过地方官。每到一个地方，都会在那里留下政绩。用我们现在的话来说，就是真心地为老百姓办好事，办实事。刚到徐州上任五天，黄河发大水，淹到徐州城下，苏东坡就在徐州城上跟民工一起抗洪。成功以后建造了一个黄楼，是土筑的，用来镇压洪水。现在徐州又造了一个新的黄楼。

因为我们这里靠近杭州，我就讲讲苏东坡两次在杭州做官的故事。第一次，他在杭州做通判，不是第一长官，是二把手。第二次，他就是知州了。在做知州的时候，他治理杭州，做了许多好事。大家现在去杭州玩，知道西湖上有两个堤，一个叫做白堤，一个叫做苏堤。据说，白堤是白居易造的，苏堤是苏东坡造的。这话对了一半，苏堤是苏东坡造的，但白堤不是白居易造的。一个证据就是，在白居易的诗歌里面已经提到了白沙堤的风景怎么好，白居易到杭州去当太守之前白堤就已经有了。

白堤比较短，而苏堤的确是苏东坡呕心沥血，经过详细的调查研究建造出来的。苏东坡第二次在杭州担任的是知州，做地方的长官，对杭州的用水系统和西湖的疏浚问题十分重视。由于长期种菱角、荷花这些东西，西湖的湖面变得越来越小，水质越来越坏。苏东坡经过很长时间的调查，决定在西湖的南北之间架一个通道，用疏浚出来的污泥造一个堤，这就是苏堤。他非常会动脑筋，当时老百姓中有许多灾民，那年正好大旱，他就采取以工代赈的办法，让老百姓出工以代替"赈灾"。所以这个工程完成以后，西湖的水更清了，南北交通更方便了，老百姓也获得了实惠。他考虑得非常细，做到了一举两得。

现在在评西湖新八景，这是第三次评选了。第一次评的西湖八景里，很多景点都跟苏东坡有关，苏堤上的一些景观如平湖秋月、三潭映月都是。三潭映月这个景观是怎么来的呢？当时，苏东坡造完苏堤之后，就想在湖中立些标志，禁止在这个湖区种菱角、种荷花。就是这么简单，起一个实用性的作用。后来，在上面建了三个石塔，慢慢演变成了现在的这个样子。在月光的映照下，三潭映月就成了一个很好的景致。所以我们说苏东坡的这些考虑是非常仔细的。

可以说，中国的第一个自来水管也是苏东坡想出来的。那时候，他在惠州，没有做官。他看到广州城里喝水很难，因为广州靠近海洋，喝的水都是咸水。所以，他就专门画了图，从山上拔了很多竹子，一根一根接过去，做成管道，把山上的水引到了广州城。这恐怕是中国的第一条自来水管道。所以，苏东坡在实用方面的智慧也是非常突出的。

这样讲下来，有没有把苏东坡说全了呢？已经讲了大诗人、大词人、散文家、书法家、画家、经学家、医学家、美食家、政治家这样九个，是不是已经全了呢？其实，还没有说全。因为，苏东坡还是诗歌评论家、文物鉴赏家等。所以，要把他说全是很不容易的。

苏东坡给了我们一个证明：一个人的聪明才智可以发展到怎样的一个高度。苏东坡可以说是一个通才，他不仅涉及的方面广，而且在每个方面都是数一数二的。他在多个领域的成就大致是这样的。可能别人还能说出苏东坡各方面的文化成就，我今天就主要说这九点。

二　说不完的苏东坡

苏东坡有多方面的才能、深邃精微的人生思考、丰富的文化性格。就像研究《红楼梦》有"红学"、研究《文心雕龙》有"龙学"，研究苏东坡自然也有"苏学"，这是清朝人提出来的。苏东坡多方面的文化创造为历来研究"苏学"的人不断地提出新问题。900年来，谈苏东坡的人很多，著作也很多，但是说不完。我想借这个机会着重给大家介绍一下新时期以来，就是1978年打倒"四人帮"以后，在苏轼研究上的一些情况。今天只是介绍一段，作为一个简单的例子，说明苏东坡会永远成为学术上、文化上、文学史上的一个话题，会永远争论下去。

新时期开始的时候，在苏东坡问题上有一个争论，就是关于苏东坡政治态度的争论。具体地说，就是苏东坡跟王安石变法的关系。同学们都知道，苏东坡是反对过王安石变法的。

为什么新时期一开始，这个问题就首先成了学术界讨论的热点呢？"文化大革命"时，苏东坡不知道招惹了谁。那个时候有一个"评法批儒"运动，认为中国的文化史、思想史是一部儒法斗争史，法家是进步的、革命的，儒家是落后的、反动的。在这个运动中，王安石因为变法，被认为是一个大法家。苏东坡因为反对过王安石，就被认为是一个大儒家，同时还被加上"两面派"、"投机像两个"钢铁"公司。

就像苏东坡自己说的,他的政治原则是独立的。过去的时候,因为王安石当宰相,所以很多人都唯王荆公马首是瞻,王安石怎么说,就跟着他怎么做。后来的人则都是以司马光为首,他们都没有坚持政治上的独立立场。但苏东坡在政治上是有原则的。

那么现在就要问了,既然苏东坡是有政治原则的,不是随风倒的,那司马光对他那么好,一直提拔他,他跟司马光的政见怎么说不一样就不一样了?他对王安石的个人才能和品格是非常敬重的,为什么一开始他反对新法?

这里面的原因很复杂。但其中一个原因是跟那时的政治制度有关。宋代的政治制度非常值得研究。北宋有九个皇帝,南宋也有九个皇帝。其中真正有能力的皇帝,除了赵匡胤这个开国君主外,北宋也就只有一个宋神宗,南宋也就只有一个宋孝宗,其他皇帝的才能都不高。但是为什么在这样一些君主的领导下,宋代还有300多年的基业?靠的是什么?是制度保证。

赵匡胤虽然是武将出身,但是他非常有政治智慧,制定了一整套"祖宗家法",其中有一条就是宋代的权力要集中到皇帝手里,要防备武臣。所以,一般情况下,宋代是不设宰相的。王安石开始变法的时候只是参知政事,就是他对于政事可以参加、知道,而不是宰相,到后来,皇帝才让他做宰相。所以,宰相不多。真正最大的政治权、用人权、经济权都集中在皇帝的手里。

皇帝为了搞政治制衡,就特别要发挥谏官的作用。谏官就相当于我们现在的监察部门。谏官可以风闻言事,可以讲宰相哪里不对,哪怕经查证后没有这样的事,谏官也是没有责任的。宋真宗就说,他希望在政治上能"异论相搅"。就是说,两个人可以在不同的政治意见中互相斗争。所以,宋代初期的党争带有近代党争的色彩。不管是旧党还是新党,他们结党的原因都是为了同一个政治目的,即实践自己的政治主张。比如王安石变法,司马光就跟他有矛盾。但是现在在我们看来,这两人都是经世之臣。司马光也是我们中国重要的文化名人,不光是因为他写了一部《资治通鉴》,他的政治思想里也有一些可取的地方。所以是这么一个情况,即为了加强政治上的制衡作用。这跟现在西方国家的民主党上台,共和党唱反调是一样的。

苏东坡考取进士以后,在政治道路上还有一段特殊的经历。他考进士时,欧阳修是当时的主考官,他就跟欧阳修建立了师生关派"的恶名。

"文化大革命"结束后，正常的学术研究才展开，首先一个就是为苏东坡平反的问题。当时的政治领导人要给在"文化大革命"中遭受诬陷、迫害的人平反冤假错案。想不到在学术领域，也要给苏东坡平反冤假错案。而苏东坡对王安石变法的态度问题，同时也是一个学术问题，比较复杂。

苏东坡的政治思想究竟是怎样的呢？实际上，他的思想是很复杂的。在王安石变法以前，苏东坡曾经给皇帝写过奏章，提出过一系列改革主张。某些方面，他的改革措施比王安石还要激进。因为苏东坡是从四川出来的，他的家庭不是名门望族，所以他对于民生、对于老百姓的情况比较了解。到了汴京以后，对于整个经济情况、政治情况、社会情况的感受非常清晰。所以，他必然对于宋初以来政府积贫积弱的形势感受深切。但是，王安石在宋神宗的支持下，在全国范围内推广新法，进行政治改革。这个时候，苏东坡就持反对态度了。

后来，王安石变法失败去了南京，成为一个退休的宰相，住在蒋山。当时，苏东坡正好贬官黄州，遇到皇帝赦免，沿着长江也到了南京。这时，两人见面，极其要好。苏东坡说了一句话，叫"从公已觉十年迟"。

王安石邀请他说，你刚被赦免来到这里，朝廷也没有新的职务委派给你，就跟我一起"比邻"吧，就是说我们一起做邻居吧。因为王安石的这个邀请，苏东坡作了一首诗，其中就有这么一句话"从公已觉十年迟"。就是说，我跟从你已经感到迟了十年。十年是什么意思？十年前就是王安石刚刚变法的时候。从那个时候以来，他对新法的看法就已经有所改变了。他觉得十年的新法实践里，确有扰民的地方，但也有利民的地方。所以应该是衡量利弊，利和害的地方要进行分析，去掉不好的，吸收好的。所以在这个政治基础上，他跟王安石和好了。

后来，皇帝让司马光上台了。司马光在很短的时间里就把苏东坡召回汴京，还给他一连升了好几级。司马光认为苏东坡原来是反对王安石变法的，所以就把他召回来了。苏东坡的名声很大，司马光希望他能成为自己废除新法的得力助手。但是他没有想到，他们在讨论"免役法"该不该废除的时候，发生了严重的分歧，两人公开大吵。吵完以后，苏东坡回到家里，一边脱衣服，一边说："他是什么司马光，简直是司马牛。"两个人的性格都比较硬，就系。那以后，他又考了一个特别的科，叫"制举"，地位非常特殊。制，就是皇帝的命令。这是在平常的考试科目以外，皇帝亲自下令的考试。"制举"里面又有一科叫"贤良方正、直言敢谏"。"贤良方正"是说人品行很贤良，性格很刚正；"直言敢谏"是说话直率，敢于向皇帝提意见，敢于向大臣提意见，敢于向宰相提意见。苏东坡考中了这个科，而且名次很靠前。从宋初以来，考中这样名次的只有两个人，苏东坡就是其中之一。所以，苏东坡自己也有一种非常强烈的责任感和荣誉感。

　　这样一段特殊的政治经历先天注定了苏东坡在政治斗争中的反对派地位。就是你宰相讲什么话，我就总要讲跟你不一样的话，总要讲你的缺点、你的漏洞、你不足的地方。所以表面上看起来，苏东坡对于新法的态度有个"三步曲"：从王安石变法以前的支持变法，到王安石变法时的反对变法，再到司马光上台后的维护新法的某些变法。之所以有这么一个"三步曲"的变化，其中一个原因跟苏东坡的政治经历有非常大的关系。

　　这只是一个特殊的原因，当然还有更多其他的原因。对于苏东坡的政治态度，学者们在讨论过程中有许多不同的意见，我刚才介绍的是我的个人意见。

　　无论怎么说，"文化大革命"中给苏东坡扣上"两面派"、"投机派"的帽子是完全不对的。但是，后来大家感觉到这样讨论下去不一定能抓住"苏东坡研究"的重点。因为苏东坡留给我们后代的毕竟是他的作品，他的政治态度已经成了过去。在今天的社会当中发生作用的是他的2700多首诗、300多首词、4000多篇文章。所以关于苏东坡的研究，到了第二个阶段就是研究他的作品。作为一个文学家的苏东坡，在这一方面也有很多争论的问题。那些争论的大部分都是学术问题，就是对于苏东坡诗歌分期问题、苏东坡思想性质问题的研究。

　　还有第三个阶段。苏东坡固然是中国文学史上一个伟大的作家，但他在中国文化史上的意义并不仅仅局限在文学方面。苏东坡作为一个文化人，有着更广泛的意义，特别是他的人生思考、文化性格影响了一代又一代的后世知识分子。在人们对于自己人生价值的判断以及人生道路选择的判断上，都有很大的影响，因此后来人们就更多地从文化层面上来研究苏东坡了。

　　所以我想，新时期以来对苏东坡的争论，从大的方面来说，是从作为一个政治家的苏东坡到作为一个文学家的苏东坡，再到作为一个文化全才的苏东坡这样的一个讨论过程。简单地说，就是这样。当然，这样的争论还会永远继续下去。以上讲的就是"说不完"的苏东坡。

三 说不透的苏东坡

苏东坡是一个非常复杂、非常丰富的存在。我们要下很大的气力才能真正把握他的内心世界，才能真正认识他留给我们的这么丰富的文化遗产的内涵。这里的"说不透"主要讲的是他的人生态度。

苏东坡跟中国的很多知识分子一样，面临两个大问题，实际上我们现在也面临着这两个问题。一个是出处问题。出来做官，出来工作，还是退隐，不做官，这对于中国的知识分子来讲，是一个大问题。第二个是生死问题。怎么对待生，怎么对待死。出处问题是一个人跟政治、跟社会的关系，生死问题是一个人跟自然的关系，是每个人都会碰到的课题。我觉得苏东坡在处理这两个问题上，他的人生思考、文化性格以及由此形成的一整套应对方法，在今天都有值得我们玩味的地方。

（一）出处问题

中国的传统知识分子解决这个问题有儒家经典的教导。《孟子》里有这么一句话，"达则兼济天下，穷则独善其身。""达则兼济天下"是说，顺利的时候，要干一番事业，救国救民。"穷则独善其身"是说，当在生活道路上遇到挫折、不得意的时候，就追求自己道德的完善、人格的完整。

就是这么一个教导。苏东坡也是这样。他是从四川出来的，四川这个地方在宋初的时候非常特殊，特别是眉山这个地方，那里的人不愿出来做官。这是什么原因呢？我想来想去，大概跟宋朝的皇帝在统一四川的时候杀人太多有关。所以在宋代，特别是川西一带的知识分子，都对当时的朝廷中央保持一种疏离的态度。所以，苏东坡一家都不出来做官。

直到后来，他的一个伯父苏涣考中了进士，苏东坡才肯出来。刚到汴京的时候，他的信心也不大，用我们现在的话来说，就是有一种"盆地"意识，觉得考不上就赶紧回家。父亲苏洵带着两个儿子苏轼和苏辙来到汴京。苏洵自身也有问题，他原来读书很不用功,一直在外面游荡,直到27岁才发奋读书。他始终考不上进士,这是他心里面的一个情结。但是,他想不到的是带了两个儿子出来以后就一举成名了,苏轼兄弟同时考中了进士。所以,一家三人在当时的汴京都有了名气。

欧阳修是当时的主考官,他看到苏东坡的考卷和感谢信后非常高兴,说"快哉,快哉",还表示要甘为人梯,把苏东坡推出来,让他出人头地。欧阳修对他的家人说:"三十年以后,恐再无人道着我了。"当时,欧阳修的名气在京城正如日中天,还形成了一个"欧门",追随他的人很多。可他认为,三十年以后就再也没人会说起他,而是要谈论苏东坡了,认为未来文坛的领袖是苏东坡。苏东坡和欧阳修正好相差30岁,今年正好是欧阳修诞辰1000周年,苏东坡970周年诞辰。苏东坡就这样开始走上了仕途,这就解决了"出"的问题。

但是后来,苏东坡的一生非常复杂,概括起来就是两个循环。他先做了一阵京官,又到凤翔做了一段时期的地方官,最后又回到汴京做官。但是他总是跟朝廷中主流的政治派别起矛盾。他和王安石不和,所以又要求外任,到杭州、到徐州、到湖州去做官。做了一阵地方官后,又招来飞天横祸。

这是第一个循环。他在湖州做官,有一天,他升堂理事,正在判案,从开封朝廷来了两个差官,恶狠狠地进来,当场把苏东坡铐走了。文献上记载"拉一太守如驱鸡犬",就是说拉一个太守就像捉一只鸡、一条狗一样,然后就把他投进监狱。原因是有人告发苏东坡,说他的诗文涉及攻击新法,而且不仅攻击新法,还攻击宋神宗。所以苏东坡就被下了监狱,关了103天,差点被判处死刑。但宋太祖赵匡胤规定的"祖宗家法"是宋朝不允许杀士大夫和上书言事者。这一条起了作用,所以苏东坡就被贬到了黄州,一住就是4年。这就是一个从京官到地方官再被贬官的过程。

然后,老皇帝死了,新皇帝上台。新皇帝年纪比较小,就由他的祖母垂帘听政。他祖母的政治立场倾向旧党,所以就把苏东坡从黄州调了回来。苏东坡又做了京官,还做到了他一生中最高的官位,叫做"礼部尚书",相当于我们现在的部长,掌管礼乐、学校、贡举等职务。他的弟弟曾做到副宰相,所以说,他做官做不过他弟弟。

做了京官以后,他又跟司马光闹翻了,跟当时的"洛蜀"党政中的"洛党"闹翻了。于是在朝廷又待不下去了,就去了外面做知州，再次到了杭州。他第一次到杭州做的是通判。现在，因为他已经是京官，级别较原来高了，就到杭州做了知州，又陆续在颍州、扬州、定州做地方官。

他在定州的时候，老太后死了，她的孙子亲政。宋哲宗的政治倾向是支持新党的。那么，苏东坡又倒霉了，因为他是旧党，所以又从定州一路被贬。先到了惠州，那还算好的，因为惠州是在大陆上。他写过一首诗，里面讲了他在惠州的生活很悠闲。宰相听说后，觉得他怎么还能如此快乐，索性就把他贬到了海南岛。海南岛是什么地方？在当时，海南岛被叫做"鬼门关"。这是第二个循环。

苏东坡的一生就是这么两个循环。从京官，外任，又被贬官，到了65岁的时候，朝廷才又把他召回中原。他的一生经历了多少大起大落，所以，他对于人生的态度、对于人生的思考是不断变化着的。他顺利的时候，是皇帝的老师、皇帝的顾问大臣，是一州之长、一方诸侯，是苏门的领袖，大家都捧着他。但是他被贬官的时候，是一个监狱里的囚徒，是一个只能吃野菜、白薯的野夫。在海南岛的时候，他出无车，食无鱼，病了无处医，吃饭没有米，什么都没有，是靠吃芋头过活的。生活的反差在这样一个杰出人物身上不断地重复。因此，他对于生命的有限性、多变性有着非常深刻的思考，他留给我们的诗歌里面所包含的东西也非常深刻，非常值得玩味。

（二）生死问题

从中国的传统文化来说，中国传统思想有三个大的体系：一是儒家，主张入世；一是道家，主张混世；另一个是佛家，主张出世。

苏东坡在做官时主要遵从儒家思想。儒家思想追求勤政爱仁，以立功、立德、立名的思想来要求自己，所以他在这方面做出了成就。而当他贬官的时候，他面对的是一个非常险恶的政治环境以及非常恶劣的生活环境，在这样的环境中他怎么自处？这时候他更多地需要从佛教、道教上汲取营养来维护他生活的信念，但他最终不是一个佛教徒或者道教徒。

他给一个信佛教的朋友写信说："你所信仰的佛教是龙肉（中国人是龙的传人），非常玄妙，非常高深。但是我不要，我信仰的佛教是猪肉，味道好，对身体也好。"这实际上是一句俏皮话，我们可以从中体会到他是利用佛教思想来支撑自己，希望对生命有一个自己的把握。

人的生命有两个性能，一个是虚无性，一个是无常性。人从哪里来的？没有人能回答。孔夫子不作回答，他说："未知生，焉知死？"虽然人的一生有其虚幻的，不能自主完全把握的，但苏东坡尽量从虚无的一生中把握好现在。

我们来比较一下《念奴娇》和《水调歌头》两首词。《水调歌头》最后两句是"但愿人长久，千里共婵娟"，虽然有一个美好的祝愿，但从整首词来看，情调是悲凉的；《念奴娇》最后两句是"人生如梦，一樽还酹江月"，应该说是比较消沉的，但整首词给我们的感觉反而是昂扬的、积极的，这是因为整首词描写的赤壁景色以及周瑜风流倜傥的形象在起作用。

苏东坡诗集里有一句诗叫"吾生如寄耳"，就是说，我在一生中就像一个匆匆来去的过客。这句诗如果按照直接的理解来说的话，应该是比较消极的。从"人生如寄"的认识出发，得出的结论可以是多种的，有人说是得过且过；有人说今朝有酒今朝醉，就堕落吧。但苏东坡不一样。我曾经考察过，苏轼诗集中共有9处用了"吾生如寄耳"句，突出表现了他对人生虚无性的感受，但联系上句来看，这句诗在他的诗里的具体作用都是积极的，告诉我们，人生虽然有虚无性，但是人可以把握这个虚无，并在这个虚无中找到自己的实在。

人生的另一个特点是无常。苏东坡说，人生虽然无常，但无常的时候我们总有一个落脚点，那个落脚点值得尊重。苏东坡"人生到处知何似？应似飞鸿踏雪泥"这两句诗主要有两个意象。现在有个成语"雪泥鸿爪"，说的是雪地里大雁的爪印，大雁到处在飞，偶尔在雪地里留下爪子的痕迹。从这点来说，他是在比喻人生，告诉我们，飞鸿虽然没有固定的方向，但是在不断的飞行过程中终会有一个落脚点，这个落脚点就是我们人要尊重的。

苏东坡的很多诗里对人生的虚无性和无常性都有一个积极的解释。

苏东坡的死非常有意思。他在常州去世之前，杭州径山寺的住持维琳专门从临安赶来常州见他最后一面。维琳住持是苏东坡在杭州当知州时任命的，两人有很密切的关系。他知道苏东坡快不行了，就从临安赶到常州去见最后一面。他们两人互赠佛偈，维琳对苏东坡说："端明宜勿忘西方。""端明"是端明殿大学士，是苏东坡的一个荣誉称号。苏东坡说："西方不无，但个里着力不得。"就是说西方是没有的，我不愿意去。

佛偈其实是一首五言诗，一共八句，八句里其中有两句还是他几年前写的一篇文章里面的两句。这说明苏东坡临死时，思维非常清醒。八句里最后两句结语非常重要："平生笑罗什，神咒真浪出。"苏东坡说他平生笑话天竺高僧鸠摩罗什，鸠摩罗什怕自己死后进地狱，要他的徒弟为他念咒语。苏东坡说："我一生没做过坏事，我不会入地狱。"苏东坡到临终对于佛教里面的迷信成分是坚决排斥的。所以我说苏东坡的死是个大完成，他为自己的一生画了一个很好的句号。

苏东坡的性格概括起来有四点，"狂、旷、谐、适"，后两点对我们非常有用。有位前辈，对苏东坡很有研究，他在劳改时，随身带着的就是苏东坡的书。他后来告诉我，当时让他坚持生命的就是读苏东坡，他从苏东坡的"谐、适"里汲取了很多营养。

因为时间关系，我对苏东坡的四点性格不再具体举例说明。刚才我们讲了"说不全的苏东坡"、"说不完的苏东坡"、"说不透的苏东坡"。总的说来，苏东坡是没有穷尽的，因此，他是永远的。

互动交流：

学生：王教授您好！您刚才讲过，《水调歌头》是苏轼写给他弟弟的。但是我觉得这首词写得非常女性化，他为什么会把一首写给男人的词写得如此女性化呢？

王水照：这首词肯定是写给他弟弟的。说它女性化，应该从词的起源来讲，因为词的源头是女性化的。最早的词，题材广泛，风格多样，后来进入文人化以后，主要成为酒席宴上歌唱助兴的歌辞，又与它所配合的音乐性质有关。中国古代音乐分为两种，一是雅乐，即殿堂里面的音乐；一是燕乐，主要是宴会上由女声伴唱。而且，宋词所配置的燕乐又吸收了许多胡乐和民间的音乐的成分。这些音乐成分的融入，使得词牌本身也就是曲谱，就带有女性色彩。无论怎样改革，词总会带有女性化的色彩在里面。

苏东坡的这首词写在一个明月之夜，又是抒发怀念他对最要好的兄弟的思念之情。因此，他所选用的辞藻都比较淡雅，这也就是大家感到女性化的一个原因。同时，作者所处的环境影响了作者的写作基调。据说，苏东坡在金山寺的时候，在另一个月夜自己唱了这首词。这个情景跟写《念奴娇》时，面对大江大河的壮阔抒发豪放的情怀有很大区别。但是，在《念奴娇》的最后，作者还是用"人生如梦，一樽还酹江月"这样悲凉的语句结束。因此，不管是在哪种情况下，我们都能在词中隐隐约约感受到女性化情调。

学生：王老师您好！我记得，林语堂在他的一篇文章中说：苏东坡是不可救药的乐观主义者。这点我比较感兴趣，我遇到很多有学问的人都想对他说：我尊重您的学问，但是我更愿意您做一名不可救药的乐观主义者。还有，您能简单谈谈东坡肉吗？谢谢。

王水照：首先我介绍一下林语堂先生的《苏东坡传》。林语堂先生到美国以后又写小说又写传记，我要跟大家说明的是《苏东坡传》的原文是英文本，他是向英语世界的读者介绍苏东坡的。"不可救药的乐观主义者"是翻译过来的，所以我觉得可能相对于原意有出入。在我看来，林语堂先生笔下的苏东坡是名士化的苏东坡，是林语堂式的苏东坡。因为他在美国写这部书，受到资料的限制，这本书里有比较多的知识性的问题值得商讨。

说到东坡肉，虽然我不会烧，但是喜欢吃，特别是年纪大了以后更喜欢。我写过一本苏东坡的小传，翻译成日文后，一位日本学者在一篇书评里说："我在东京某个地方的饭店，一边吃着东坡肉，一边看王教授的《苏轼传》，感觉很有意思。"这个东坡肉已经流传到日本了，要多吃一点，当然年轻的女学生还是少吃一点为妙。

学生：王教授您好！苏东坡应该说是一个把儒、道、佛三家思想结合起来的学者，这让我想到李白，李白也是想出仕而得不到，然后就逍遥了的人。是因为中国百家环境的影响，使苏东坡变成了三家的结合体，还是因为苏东坡自身的遭遇，使他对三家有融合的追求？

王水照：我们看苏东坡的经学著作，或单篇论著，那么，这三家思想还不能说已经融合为一体，可能这部书儒家思想比较多，那篇文章老庄的思想比较多，有的甚至对孔孟或老庄思想表示质疑或批判。但是谈到他真正的人生思想，指导他生活、指导他面对困难处境、指导他如何面对生死这些问题上的，应该说，他对三家思想都有吸取，但究竟以何者为主导，怎样具体地统一，我现在把握不准。我曾经说他以"外儒内道（佛）"的形式统一了三家。在他的生活里，苏东坡把这些传统思想融合在一起了，基本点就是他要很好地生活。

所以要对他的思想作一个准确定性，我觉得比较困难。我只能说苏东坡的一生中贯穿着两条磁力线：一条是儒家立德、立功、立言三不朽的思想，一条主要是从道教、佛教思想中吸取的对生死问题的应对方法。这两条线一直在交流，随着他人生道路的起伏而变化。但是从人生思想的角度来说，不能给它绝对地定性。苏东坡是"一个不可救药"的最伟大的生活辩证法的导师。

学生：王教授您好！听到您的精彩演讲非常高兴，又非常遗憾。因为由于时间关系，刚才您没有具体分析苏东坡的性格，而我本人非常喜欢苏东坡豪迈乐观的性格。最近，校园评论说，苏东坡的性格和才华在被贬黄州前就显现出来了。但是很多评论家说，苏东坡的最高精神境界以及他的才华都是在被贬黄州之后才达到、显现出来的。到底是命运造就性格，还是性格造就命运？对此，您有什么看法？谢谢。

王水照：关于苏东坡的性格，我刚才说了四个字。如果大家对苏东坡的性格感兴趣，可以看我写的一篇论文《苏东坡的人生思考和文化性格》。我刚才介绍文学家的苏东坡的时候，有一个争论：黄州是不是苏东坡人生的高潮。这里有两派，一派认为是高潮，另一派认为不是高潮。认为是高潮的那一派跟你所分析的苏东坡的性格一样，他的作品能够比较深刻地反映他对人生思考的成熟性。

学生：王教授您好！我在书上看到一篇关于苏东坡的逸闻，说的是苏东坡和他的好友佛印相对打坐。苏东坡问佛印："刚才打坐时，你看到你面前的是什么？"佛印说是一尊佛，又问苏东坡看到的是什么。苏轼说是一堆牛屎。我想问，苏东坡当时是否对佛家的一些思想还没有理解？

王水照：刚才还有同学提到苏东坡和李白的比较，我先回答一下。李白和杜甫我也很喜欢。但是老实讲，李白很伟大，诗写得非常好，但我总感觉天马行空，不可捉摸，太潇洒了；杜甫也很伟大，爱国爱民，关心百姓疾苦，但是，他又似乎太苦了。所以呢，我喜欢苏东坡，苏东坡有这两者之长，又无这两者之短。李白的道教思想更浓一点，苏东坡还有佛教思想，我想区别大概就在这个地方。

比起李白和杜甫这两个人来说，苏东坡一个最大的不同点就是始终保持了雅的一面，也有俗的一面。他的粉丝，可以是文化程度非常高的人，也有一般的人。由于这个原因，苏东坡身上有很多故事。苏东坡和佛印的故事跟真实的史料又有差别。比如我们绍兴有徐文长的故事，但是，徐文长和徐渭是两码事。这种故事也是一种社会反映，说明了老百姓对苏东坡的喜爱。

至于说到苏东坡的佛学思想，苏东坡有关佛学的文章有很多。曾经有人编过一部书叫《东坡禅喜集》，就把苏东坡有关佛教的文章、诗歌都集中在一起了。从这里可以看出来，苏东坡对佛学思想的理解是深层次的。但是他是生活辩证法的大师，他不会死心眼地相信佛经里讲的出世观念以及否认客观世界的存在。他是实实在在的，他承认世界是客观存在的，所以他要面对生活里的困境，特别是经历了那么大的波折后。苏东坡是一个绝顶聪明的人，又有很好的悟性，因此从那些书来看，他对佛家的理解是内行的，但是他并不会像佛教所教导的那样去对待生活。

学生：王教授您好！苏轼的许多词里都带有悲情，其实他的性格中也存在着悲情的成分。那他是不是经历了那样一场大波折后，把这种悲情隐藏在大喜之中了呢？谢谢。

王水照：讲苏东坡诙谐乐观的性格，跟他写"十年生死两茫茫"这些比较悲凉的意境并不矛盾。人总是多方面的，正是由于苏东坡性格的多面性、丰富性，我们才能感受到苏东坡是真实的。他跟王弗感情那么好，王弗去世以后如果他写的悼亡诗是干巴巴的，那就不是苏东坡了。他写《卜算子·黄州定慧院寓居作》里"谁见幽人独往来"的"幽人"实际上是自指，是他作为一个迁客的实际生活感受。这些都出于真诚，只要是真诚的，我们都应该尊重，而且我觉得跟他诙谐的性格并不矛盾。

学生：王教授您好！您之前谈的都是苏东坡的人生观，那么他的爱情观或者是他跟他父亲之间的感情是怎样的呢？谢谢！

王水照：苏东坡是一个感情丰富的真诚的人。他有友情、亲情还有爱情。最近看到一本书叫《苏东坡和他的几个女人》，这方面的东西大家可以自己去体会。但是我想，他跟两任妻子以及王朝云的感情都是非常真诚的。

苏东坡的性格也有比较旷达直率的一面，他在祭奠第一任妻子的时候曾提到一件往事。他说："在我看来，天下没有一个不好的人。我上可以追陪玉皇大帝，下可以和乞丐做伴。"有一次，王弗就对他说："不要这么轻易相信人，我看到这个人跟你交谈的时候，他老是顺着你的意思说话，现在顺着你的意思，追你追得快，那么他将来背叛你也快。"苏东坡就把这件事记录下来，写在王夫人的墓志铭里。这说明他跟夫人的感情交流达到了一个很高的层次。

苏东坡第一次到杭州做官的时候，杭州姑娘王朝云成为他的侍妾，后来成为他的妻子。她和苏东坡的结合本身要从封建社会的特定时代背景来理解。他们的年龄相差很大，却真正达到了默契。有一个真实的故事，有一次，苏东坡吃饱饭以后挺着个大肚子问朝云："我的肚子里藏的是什么？"其他的丫头就说"你的肚子里满腹经纶"、"都是学问"等。王朝云却说："你满肚子不合时宜！"就是说苏东坡肚子里是跟当时的主流社会对立的东西。苏东坡就认为是知己。

你们现在到惠州去，可以看到朝云的墓。当时跟着去惠州的女性只有朝云一个人，她本来还要跟到海南岛，但死在了惠州。曹雪芹在《红楼梦》中说，天地之间有一种间气，这种间气到了人的身上，人就会很了不起。他列出了古往今来间气的拥有者，其中一位便是王朝云。在曹雪芹看来，苏东坡与朝云的爱情是真诚的。虽然由于当时的等级观念，她只是一个侍妾，但是他们的爱情却是真诚的。

所以苏东坡是一个有感情的人，这与苏东坡成为一个伟大的作家是相辅相成的。这让我们感觉到他是一个活生生的人，而不是一个高高在上的圣贤，我们可望而不可即。因此我认为，在古代文人中，苏东坡最大的优点就是可以跟任何人交朋友。这是最了不起的！

我很少在这样的场合讲课，今天看到这么多同学听我讲课，我感到非常惊喜。大家提的问题也很有水平，我的回答可能不是非常到位。同时我也感觉到，绍兴文理学院应该赶紧变成绍兴大学，因为这里不仅有好老师，还有你们这样追求学问的好学生！

（根据录音整理，已经本人审阅。整理：朱敏　胡王达　袁丁　周香玲）

靳埭强

教授，艺术家，设计师。现为汕头大学长江艺术与设计学院院长、教授，香港理工大学设计学院荣誉博士、荣誉教授，国际平面设计联盟 AGI 会员。主要擅长领域：平面设计、现代水墨画、公共雕塑。曾荣获美国洛杉矶国际艺术创作展金奖、波兰第一届国际计算机艺术双年展冠军等各类重要国际设计奖项 600 多个。因其在设计领域的卓越成就，1991 年获香港艺术家年奖之设计师年奖，1992 年被选为香港 90 年代风云男士，1998 年获杰出成就大奖，1999 年获香港特区颁发的铜紫荆星章勋街，2000 年被英国选为 20 世纪杰出艺术家及设计师，2004 年被选为世界杰出华人设计师。

生活·心源
——艺术设计之魂

（2007 年 12 月 25 日）

今天是我第一次来绍兴，感到很高兴。这个地方很文明，我小时候就知道这个地方。今天能到这里来，第一个工作是跟大家见面，我很开心。今天讲座的内容相当丰富，所以我希望可以快一点让你们看完我的作品，留一些时间来回答你们的问题，因为我也喜欢跟你们互动，喜欢回答问题。

今天我的讲题是"生活·心源"，因为我觉得艺术、设计跟生活的关系非常密切；还有，它们都是从我们心里发出来的，所以

"心源"是很重要的。我把这个题目再改一下，主要讲讲我是怎样发展我的艺术、设计的。这里有我 2002 年在香港文化博物馆、广东美术馆办回顾展的照片，一个很大的回顾展，展出了我的设计，也展出了我的艺术和我的生活。当时也是用这个名称，也作了这个演讲。但是，今天的又不是当年作的演讲，我把新的东西放了进去。

一 童年 童心

这是我小孩时候的样子，大概十一岁吧。我是在番禺一个小村子出生的——现在番禺是广州的一个区了。番禺也有一些很漂亮的地方，有五个小的庙宇，这是其中一家庙宇。

我小时候就跟我的祖父一起生活，当然还有妈妈、奶奶。我爸爸在广州打工，我很少见到爸爸，所以爷爷对我的生活很重要。我爷爷是个工艺师，跟我其实是同行。那时候没有设计师这个名称，叫做工艺师，绘制壁画，做一些立体雕塑（灰塑工艺）放在庙堂里。

我发现现在还有爷爷的两个作品在这个小庙堂的门前。我现在才知道他的作品有这么高的水平。小时候我不懂欣赏，只看到一些立体的人形，非常漂亮。但是现在已经没有了，被破坏了，已经做了新的东西。我的爷爷应该是做得非常漂亮的，这两幅山水画有人文画的风格，很清逸，水平非常高，我现在才懂得怎么欣赏。我很开心他有两个作品还在，没有被修改过，都保留得这么好。我都不知道怎么把自己的名字题得这么大，我可能是因为遗传了他的自大（笑）！这是作品的标题，这是他的名字。

因为爷爷已经退休了，闲来就画画山水、刻印。他让我也乱涂，也给我临摹。所以，我跟我弟弟——他比我小一岁，两个人都喜欢艺术，后来我们两个都变成了水墨画家。

在我十岁的时候，我的爷爷去世了。当时是我第一次感到亲人的离开，虽然没有哭，但内心是很悲伤的。我也遗憾，当他在世的时候，我不好好地向他学东西，现在没有机会了。我十一岁去了广州念高小和初中，初中二年级的时候我就和弟弟去了香港，后来二十年没有回番禺。我去了香港之后，也就没有再念书了。

小时候在故乡度过的童年时光是很快乐的。除了爷爷启发我艺术之外，我还经常在小学边的池塘放小船，打弹珠。有很多儿童时候的游戏现在我都常常记着。我童年的生活离不开我的心，常常念记着，所以常常有一些童年的东西可以用来创作，就是说生活里有些东西可以拿来作创意。

这个作品是 80 年代我在香港创作的，1981、1982 年左右。当时，香港人知道 1997 年香港可能要回归中国，都很怕，因为 70 年代在香港可以看到很多"文化大革命"时期恐怖的东西，当时很多香港人都怕大陆。所以一说香港要回归，都很震动，香港很多人都要跑，投资者又要拿资金走，港币下降，不值钱，整个是很动荡、比较窒息的感觉。我们作为设计师，希望香港人不要这么怕，关心这件事，做好香港的工作。所以，我们在学校举办了一个展览，邀请香港的设计师参展。这个作品就是我在那个时候创作的，主题就是"我们要爱香港"。我把香港的一张地图折成了一条纸船，就好像是一种愿望——香港人同在一条船上，不要把它弄沉。所以，一条小纸船就变成了香港回归时"我的香港"主题的海报。其实，这是我在创意中放进了童年关于纸船的游戏、回忆。

打弹珠也是一种很好玩的游戏。这里是一些漂亮的弹珠，不是我小时候玩的，好像是十多年前我的太太从古玩市场买回来的，很漂亮。她可能没有玩过弹珠，但我们都喜欢很漂亮的东西，能够留下一些回忆。

这里还有一些小孩画的儿童画。有我小孩时画的图画，也有我的太太教小朋友画的图画。这是她的学生的作品，我就把它拿来作为儿童的一个期望、幻想。这是我收藏的小人儿。这个海报是在推广文化博物馆里的儿童探知馆，这个探知馆是给儿童参观、游戏的。这个是宇宙的中心，就好像一个小孩在想宇宙是什么样的。我把儿童游戏的东西、儿童的绘画，做成了儿童探知馆的主题海报。

当我成为 AGI（顶尖大师级的国际平面设计联盟）会员香港第一华人后，德国一个海报美术馆邀请我们所有 AGI 会员参加一个儿童主题的展览。他们给了一个题目叫"童年不是儿戏"，英语是"childhood is not child's play"，这个标题很好，翻译出来也挺好。

那么我就用儿童玩的儿戏来做。我不知道你们有没有玩过沙包，图中这个沙包不是我小时的东西，是我构思这个作品之后，用一件老内衣亲手缝出来的。女孩玩沙包比较多，我小时候也常常跟女孩子一起游戏。这是我的儿子小时候的一个笑脸。这是十岁小女孩的手印。我创作了副题："how much happiness can our children collect"，意思是：我们又能给下一代找多少快乐、多少幸福？就

375

是要关心我们的孩子，要多给他们快乐、幸福。

其实，小孩有很多好玩的东西。画画是我最喜欢的。香港邮政局有时候会出版一些面对小孩、让小孩喜欢的邮票，当我要为儿童设计一套邮票时，我想，怎么做呢？要有创意。我就把中国人"天人合一"的思想运用进来，做了一个人跟大自然合而为一的设计，把动物跟人——小孩、不同的小动物、小花等——合而为一。

我们在创作过程中，大家一起讨论，有一个构思说："这个邮票可不可以让小孩来填充图画？"所以我们在每个小人儿的身体上都留有空白，这个空白就是让小孩来填颜色的。颜色游戏是小孩常常玩的。这个构思很好，因为全世界可能只有这一套邮票能填色——法律不准人们涂鸦邮票和钞票，把邮票涂污了是不能寄信的，但是这套邮票是可以的，我们特意邀请小孩在里面画图画。所以，这在全世界可能都是首创的，是一个原创作品。我就把创意定名为"画出童心"。

后来，这套邮票出版了，很多小孩都喜欢。还办了一个比赛，就是儿童填色比赛。他们填的颜色比我填的还漂亮，因为我只填了一个。那是因为广东有一个集邮迷，他中学生时就要求我寄邮票给他，变成了我的集邮迷，要我帮他订这套邮票的首日封，说"你帮我填一个颜色送给我吧"。所以我就填了一个送给他，只填了这一套。但是后来看到小孩们的填色，我就觉得我比不上小孩子，他们很厉害。

二 匠人 匠心

刚才我说童年很快过去了，我的爷爷离开了我。我去了香港，带着我的二弟，我爸爸在香港是一个裁缝。三弟、四弟，还有一个妹妹都在香港出生，家里担子很重。我们一家七口住一个房间，大概是六平方米，放着一张大床、一个小柜、一张桌子。我是老大，弟弟都要念书，很困难；加上当时香港的学术水平比较高，我不懂英语，只会 ABCD 和代数几何的 XYZ 等，连 A pen, A man 都不懂，就没有去念书了。

爸爸送我去一个裁缝铺里当学徒，我当了十年裁缝。但是，我不知道裁缝工艺对我人生的影响有多大。是不是浪费时间呢？也不一定，因为它让我长大，让我做事手工精细。刚才的沙包就是我亲手做的，我的针法相当不错。后来也让我知道，我服务客户、设计企业形象等，就好像量身定做、为人做适身合体的衣裳，这是一个匠人、一个裁缝的目标，也影响到我后来的设计观念，所以是没有白费了人生。我学习很努力。

当然，香港是一个很商业化的地方，艺术氛围很不够，没有人鼓励你去当画家、设计师。后来做了一段时间，我就被同化了。香港人喜欢打麻将，我也打麻将；香港人喜欢赌马，我也赌马。

后来，我觉得没兴趣了，慢慢地就思考人生，转向学英语或者其他东西。我想，自己喜欢艺术，为什么不去学艺术、发展我的艺术？当时我也爱看书、听音乐，贝多芬很感染我，贝多芬可以奋斗，做艺术的英雄，为什么我不可以？

所以后来我就确定了做艺术家的理想，于是就跟伯父学素描、水彩。后来我觉得应该向很多老师学习，不要单学一个老师的，所以就学很多不同的东西，跟吕寿琨先生学水墨画，跟王无邪先生学设计，变成了设计师。

我不知道是从什么时候开始喜欢尺子的。20世纪80年代我碰到了一个，就买了回来，一百块人民币，当时也不便宜。其实不需要这么贵的，二十块就可以了，但是当时我喜欢，就买了。后来又买了很多，现在我已经有三四百个不同的尺子。我觉得尺子是一个很简单的工具，但很漂亮，很有感觉，很有生活的印记，里面有很多内容。所以当宁波邀请我做一个服装题材的海报"服饰与文化"时，我觉得尺子里就已有文化。看看它的花纹有多漂亮！它只是一片竹子，上面就用漆来描绘花纹，但很漂亮、很精致，当然，是民间的味道，但是这个味道更有人的感情在里面。我喜欢画水墨画，所以我用水墨做了两条弧线，与尺子组成了一个衣架，服装的题材跟文化混而为一。

其实，收藏东西不一定是玩物丧志，因为你收藏东西就会有思考，就会有人生的领悟。看我收藏了很多尺子，很多都是不一样的。这些都是根据东方的中国的标准设计的尺子，但没有两根是长短相同的。为什么？我就领悟了，标准是因时而异、因地而异、因人而异的。我们有一个普通标准，但是也有一些个人标准，有不同时代的标准。在设计生活里，你要学会思考，有思考才有灵感。

后来我也喜欢用很多尺子来做设计。这是一个美国权威的设计杂志：《Communication Arts》杂志——《传达艺术》，是我在初做设计的时候就已经喜欢的权威的四大平面设计杂志之一。我年轻的时候就有一个梦想：什么时候我的作品能在这四大权威杂志里有专题，有评价。1999年，我完成了这个愿望。因为从80年代初，一本《Idea》杂志开始评价我的作品之后，其他的杂志就开始评论我的作品了，最后1999年《CA》评价了我的作品，还用了我的作品作封面。这是我替它做的封面设计。当时我想要做一个什么创意来代表我的设计呢？我喜欢水墨，就用水墨来画"C"，代表我的设计有东方的精神；"A"就用断的铅笔和尺子来做。为什么要用断笔、断尺呢？我的意思是说我的设计不受工具的规范，也不受规矩的限制，要打破规矩。还好，这个封面出来之后，很多国际朋友看到这个作品是我做的，就告诉我："《CA》有史以来最漂亮的封面就是你做的。"听了这个我真开心，比拿奖还好。

20世纪90年代初，中央工艺美术学院——现在是清华艺术学院邀请我去教毕业生。我当时就问自己，我能教学生什么。后来我觉得，我一定要告诉学生，不要学我，不要老师说什么就做什么，应该有打破陈规的勇气。所以我赠他们一句话，要"勇破陈规"。我就把圆撕破、"尺子"折断，"方圆"规矩我把它撕破。但是破不够，破而后立，立什么呢？圆破变成B，就是北京的B，尺断变成J，北京的J。这是我在北京教学生要"勇破陈规"，破而后立。这是我对他们的期望。我后来打破东西也打得不少了。

这些是我用尺子做的奥运系列作品。尺子很便宜，几十块钱，但不用每把都打破吧。尺子是个标准，我觉得奥运是产生标准的一个地方，每次都要破纪录，都要创出新的标准，所以我就用尺子作奥运标准的象征。再用我们中国的水墨做成B，北京的B，也像

奥运系列作品之一

北京的京，像英文也像中文，也好像一个漂亮的姿态。我做了这个海报之后，自己觉得很喜欢，就做了一个系列。当时是中国美术馆邀请我们设计师做一个展览的，每人起码要做奥运主题的一个海

报，每人可以展出五张作品，我就把五张都做了。

这个主题，我做了第一次后就喜欢。我把不同的尺子凑起来，做成不同的运动形式。这个是跨栏，是刘翔。这个是跳水，是郭晶晶。我选了一些比较优秀的中国运动员，还有射箭的……这五个海报在中国美术馆做了展览，并拿了国际比赛的一个金奖，有五千美元奖金。所以尺子对我来说很有感情，我对生活里的东西很有感情，这里是"尺外情"，不是婚外情。

一个年轻的设计师要办一份杂志，每期访问一个他喜欢的设计师。第一期他就访问了我，并让我来做封面。我就创作了一个作品。你们看，就好像进门出门一样，我是刚刚进门呢，还是刚刚要走出去呢？要你自己来想象。作品里的人也是从水墨变成真的人。我好像用水墨用得很多，是不是能够不用呢？我也在思考这个问题。有人说："哎呀，你好谦虚。"好像说现在正进门，进谦虚的门。我其实不谦虚，很自大。

还说说尺子。人生就是这么一步一步地领悟文化。尺子跟我的缘分，对我的启发太多了。为什么是这样？我就说，我用自己的标准来给你们看我的东西，你拿你的标准来看我的东西。每一个人都有标准，为什么我有自己的标准，这灵感是从哪里来的？我是从别人那里得来的，不是我自己做出来的。

国际上很多朋友大都知道我喜欢尺子。我到一个地方去，很多人都希望送我一把老尺子。真的，很多朋友很关心我。我去印度尼西亚巴利岛，年轻的设计师带我在沙滩上看日落、吃晚餐，很浪漫。回家问他的妈妈："家里有老尺吗？"妈妈说："没有。我们巴利岛的人从没有用过尺子。""那怎么量度？""很简单，那样是量度，这样也是量度啊！"她用手与脚比划给我看。原来尺的标准是人做出来的，标准是用人的身体做成的。

在英语里"一尺"就是"one foot"。"foot"是什么？就是"脚"。这是人的身体。我觉得这个文化多好！很原始，人的身体就是标准，以人为本，就是这样，真好！他不是也有送我"尺子"吗？身体就是尺子，比送我一把真尺子更好，所以我在做韩国的一个海报时，就用这个概念来作标准。

三　学艺　修心

我有了目标就很努力地学习。当时很年轻很时髦，喜欢贝多芬，也喜欢披头士，所以我在香港是第一代留长头发的，很反叛。我跟我伯父学素描。但是我不喜欢跟着老师画，因为老师教学都是一班学生坐下来看着东西素描，他来弄几笔给修修改改。我不喜欢老师修改我的作品，所以就回家去自己做。这些作品没有一笔是老师的，全是我自己的，都不错吧？

水彩也是，老师有他的风格，他要每个人画他的风格。我不喜欢，就去百货公司买了一个比较现代化的花瓶回家，自己画。这是画的干的玫瑰，我1966年的作品，老师没有改过。我还留到现在，不知留下来有什么用，但现在看来，也挺开心的。

我跟伯父学了两年的素描和水彩，觉得只跟他学，都是学他一人的风格，我不喜欢。后来晚上有一些成教——在香港不叫成教，叫校外部——上大学的一些校外课程，我们没有学历都可以去学。就这样，我碰到王无邪老师，他是一个新派画家，我喜欢跟他学习。他原来教的是设计，我就无意之中学了设计，学了三个月就变成设计师了。确切地说，是学了三个月，两个课程，24节课，每节课2个小时，就是48小时，之后就变成了设计师。有同学看了我的功课，就介绍工作给我，我跟他一块做。所以我就变成天天晚上去上学，修了两年的设计课程。

这个作品是四个小提琴协奏曲的唱片封套设计，因为我喜欢交响乐。世界上公认的四个最漂亮小提琴协奏曲我都喜欢。我亲自动手画插图做唱片封套，现在在博物馆收藏了。

当时不流行插图，都是用构成主义的一些几何图案。王无邪先生写了几本书，一本书的封面是我帮他设计的，就是用很理性的构成观念来做，但是没有个人风格、没有自己、没有中国、没有中国文化。但是当时很喜欢，也表现得很好，好像跟国际水平都很接近了。

我出来做了5年设计，构成主义是我的风格，也做得很好，有很多人欣赏，全盘西化了。但是后来我觉得这样跟下去不太好，为什么我的作品在香港受到很好的评价，但是在国际比赛中却没有人看、没有人理？是不是我的作品不好呢？后来我就反思自己，为什么跟着别人走？人家的潮流变了，你还跟，那么你自己是什么？后来我就想，我应该看看中国，看看我的根源、我的背景、我的历史文化，所以开始想起用中国的元素来做设计。

1967年我开始做设计，5年后，1972年我做了一个作品，用算盘珠子来设计英文字母"AIC"——一个投资公司。投资公司就是要精打细算，算盘就代表精打细算。"AIC"这三个英文字母应该是全世界第一个用中国的算盘做成的英文字母，所以是原创的作品，也拿了一个金奖。

影响我最大的另外一个老师是吕寿琨，他是一个传统功底很深、很好的中国画画家。但是他已经看到中国传统的山水画如果不革新、不创新、没有新的路线，就会成为一个不能发展得好的中国艺术。所以他就推动香港的一帮年轻人革新，我是他其中的一个学生。

当时我不喜欢传统临摹，但是他鼓励我们创新之余应该临摹，临摹是一个很重要的学习过程。他对我很关心，当时跟他去看傅抱石的画展，看完画展他就拿出一卷真迹——不是他自己的绘本，是古人的作品，一个长卷，说："靳埭强，你回家临摹给我看，要临摹!"他要学生临摹，但永远不拿自己的绘本给学生临摹。一般的老师都是先示范，示范之后拿自己的画片给学生回家临摹，回来后修改。他不是这样的，他不要学生临摹他的作品，要学生临摹古人的作品。我当时觉得受宠若惊，因为古人真迹很贵，是古董。但是我太前卫、太反叛，不喜欢临摹，所以我拿回了家，只临摹了卷尾的一小段。

我觉得这位老师不仅是很好的老师，而且是很伟大的老师。他很关心我，却没有修改我的作品，只是评论我的作品，说哪里不行，为什么不行，哪里最好。他鼓励我，说我必成大器，说我一定要当画家。他教我多读书，教我怎么学，学古人的，学大自然的，学自己的，这点我是受他影响很大的。

这是我的老师晚年——1970年时的作品，他用一个红点代表莲花花蕾来表现"不染"，这块墨渍象征污泥——出淤泥而不染。当我画山水的时候他已经去世了，我想请教他，他不在了。后来我的设计也受他影响，我的设计也有红点，但不是重复他的莲花蕾，而是用了圆的红点，是我自己的红点，它代表画家的心灵。我继承了老师的一些精髓，变成我自己的一种个人风格。

我有很多偶像，我向很多大师学习。这是我最喜欢的偶像之一——日本设计师龟仓雄策。他给我很多鼓励，后来成了我的好朋友。他去世之后，日本艺廊邀请我参加纪念海报展，我就把他的一幅作品改变了，黑底变成白底——我喜欢更多的余白，把他从早年到晚年所设计过的商标排列在中间，也用了他在海报里出现得很多的和平鸽意象做了一组图案，我也把自己的红点——我的心放在里边，就好像说他永远活在我的心里，这表达我对他的怀念。

除了东方的偶像之外，我也有西方的偶像，西方的 Paul Rand（保罗·兰德）是我最喜欢的 20 世纪的一位大师。他对世界的现代设计影响深远，代表作有 IBM 的商标。他是耶鲁大学一位最出色的老师，我有幸跟他通过信，收到过两封他亲笔签名的信，还见过两面。他跟龟仓雄策是在同一年去世的，我也受邀请参加他的纪念海报展。他有一个作品是推广达达主义的，是用黑、白与竖横交错的文字设计来表现反叛精神，因为达达主义是反叛的艺术。我发现他的名字 Paul 是四个字母"P、A、U、L"，姓氏"R、A、N、D"也是，刚好有两个"A"、"D"在其中。我就承传那个作品的手法，把他的姓氏用他的字体构成，他的名字用我的水墨绘制，试将我的精神融合在大师的精神里面。

我还有很多喜欢的艺术家、设计师，比如田中一光。他的字体设计很伟大，譬如他用明朝体做的设计——日本人把宋体叫做明朝体，其实宋体也是明代才形成的，也可能是明朝才传到日本的——很细跟很粗的笔画对比，用很锐利的角度来构成。所以他去世的时候，我就把他"田中一光"光明体的"一"倒过来，变成水墨线，好像眼睛盖下来在流泪，表示我对他的怀念——眼泪是用计算机做成的。

我的学习是从很多人那里汲取了好的东西，我觉得每个人都有值得我学习的东西。

四 生活 热心

最重要的，我觉得设计一定要热爱生活，对生活有热忱。这是我另外一组生活照片，这是我年轻的时候，这是我的女儿，很可爱。我喜欢买东西，也收藏很多东西，这是我的收藏。

我也喜欢旅游，喜欢看山。我第一次看到的名山是庐山，在那里看到云烟，是真的云烟。我不知道为什么中国古画里云在山腰，我没有看到过云烟，所以作画时只是留一些空白，但现在我知道云烟跟山好像很有感情。后来也去过黄山，黄山影响我终生，因为它的云海、松树、山峰都很漂亮。这是旁边的一个小石山，我回去以后创作了这个作品，拿了艺术奖。我喜欢看很多不同的大自然风光。这作品是美国的大峡谷，这是欧洲的山。

我觉得生活里有很多东西可以用来创作，譬如筷子，天天吃饭用的筷子也是我的收藏。多漂亮！我去中央美院教学生的时候，出了一个题目：21世纪中国的设计会是什么样子呢？我觉得是传统跟现代的融合。我还觉得如果设计师能够像中国人天天做饭一样，天天做出好的设计，中国的设计就有希望了。

我收藏很多东西，砚台、毛笔……其实工具也很漂亮。台湾举办过一个展览叫"文字的感情"，那么文字的感情是什么呢？我觉得做设计的人有感情，写字的人有感情，工艺师做工具有感情，所以我用了纸、笔、墨、砚等工具跟山、水、风、云做了一套海报，表现文字的感情。

不要在意你自己做的是艺术，还是工艺，还是设计，或是别的什么。什么是艺术呢？有艺术品质的东西就是艺术。如果你是一个画家，你画的画没有艺术品质，你就不是艺术家。你做出来的东西有艺术品质，你就是艺术家。所以不要在意自己是做什么，只要做出有品质的东西。

这个砚台是老砚，石不太好，但是它上面很自然的松树纹理很漂亮。我还没有一个很漂亮的墨床是跟云的主题有关的，所以我自己设计了一个图样，请工艺师帮我做，他收了我2000块钱，但是我觉得做出来后它不只值两千块，两万我都不卖，因为只有一个。我收有很多笔山，这是紫檀木做的，很现代，很漂亮！

我喜欢的砚台都很自然，我不喜欢雕龙雕凤的。这里有一条雕龙的，但是比较简练，好像花，很自然。这块石头是从河里拣回来的，不需要钱，却是我最喜欢的一块，因为它很有味道。这是另外一块石头，是从我家乡拿回来的。

其实生活里有很多东西可以启发创意。我收到一个包裹，觉得它的贴纸很漂亮，就都留下来，虽然不知道有什么用。后来我就做了个K字，K是我的英文姓氏。人家没有觉得好看的东西我都觉得好看。

这是今年我为一家公司做的一套海报，它成立三十周年。十年播种、发芽，二十年就长枝、长叶，三十年就开花、结果，我用了这样一个创意。我觉得创作一定要诚心诚意，专心地为客户做事，为需求、为消费者做事，所以我都很专心。

这是一家饼家，它要更新形象，要扩展。所以我们要改它的商标，但不是乱改。譬如说他们用牡丹花代表荣华富贵，用月亮代表花好月圆，这些都是他们的文化，不能去掉。所以我们保留这些，却不是一成不变地保留，而是要改良、提升。还是有月亮，有牡丹花，不过牡丹花好像饼一样，方圆、字体也有所调整。礼品包装很明亮，风格统一。

还有，要有策略地做设计。中国的饼做旅游礼品，老外来买，送他们一个饼印。这些木质饼印很便宜，一块钱就可以了。但是放进包装，产品就会多卖很多钱。

最近做了一个个案，我觉得是我终生最困难的一个个案——重庆城市形象标志设计。因为重庆地方大，人口多，文化很丰厚，有很多有代表性的东西。那么，什么东西能够代表重庆呢？有很多不同的意见。我们要调查研究，跟大学生做工作，访谈官员，听他们的意见，困难重重。后来找到了"人"，最代表重庆的主角。他们为什么叫重庆呢——双重喜庆。所以设计的标志是两个人都很开心，携手前进，好像官民都高高兴兴，携手建设重庆。大家都很喜欢这个标志。因为重庆的文化非常丰厚，所以我们要分析它的文化是怎样的层次，然后提出一些重点、一些文字符号，做成一个主题图案，再把它现代化；可以几个图案一块用，也可以分开来用。我终于完成了整个重庆城市形象的视觉系统。

五　合作　同心

我觉得做设计不是个人的工作，是合作的工作、团队的工作，所以合作要同心。这张照片里是十年前的同事，现在还有几个在，有些出去开公司了。我的团队很好，我在香港的公司人员没有做一年就走的，但是我在深圳的公司里一些年轻人做一年就走了，他以为已经学完了，其实不是的，香港公司的人起码做五年，有些十年以上。我的搭档刘小康跟我合作二十五年以上了，他是1981年来我公司的，现在还在跟我合伙工作。

这是一个关系机场快线，当时我们改名为"飞畅快线"，是和英国跨国公司合作的，这是我们做的商标。现在你去香港，如果不坐汽车你可以坐机场快线，很便捷舒适。这是一个很成功的国际合作案例。

其实，跟一家公司合作也是合作，跟其他的一些工作人员合作也是合作。这一套海报是跟计算机专家、摄影师合作完成的，摄影师拍照，计算机技师操作，水墨是我自己做的，合作成为一个作品。凭这四张海报我拿了波兰第一届国际计算机艺术双年展冠军，但是我不懂电脑，是电脑盲，连开机都不懂。我是用电脑的，但不是动手用，是用脑来用，你们年轻人喜欢用电脑，但一个人只用手来用电脑是没用的。

我在澳大利亚墨尔本的国际论坛里给大约三千学生作演讲，学生问我一个问题："你怎样用高科技的计算机结合中国文化来做设计呢？"我当时是这样回答的："我是电脑盲，不懂电脑。但是我公司是最早用电脑的，我有电脑专家。现在全公司只有我和刘小康桌子上没有电脑，其他都有。我用电脑是不动手的。"

可是用电脑是什么观念呢？我就告诉他们——用中国文化告诉他们：中国人有一句话"意在笔先"，懂吗？用笔的时候，先有意才用笔。笔就是工具。我告诉他们，计算机就等于笔，就是工具，我用电脑就是意在笔先，意在电脑前，明白吗？首先有 ideas, ideas go first, and then design, and then computer, ok?

还有一句话，我们中国人说"用笔"，不是"为笔所用"。这就是说，你用笔，要懂得这支笔能做什么，而不是拿着笔写出来什么就是什么；笔牵着你的鼻子走，那就不是用笔了，是"为笔所用"，明白吧？这里"用计算机"，不是为计算机所用，明白吗？

如果你做设计，就依赖计算机，坐下来就打，好漂亮，但没有你的概念在里面，明白吗？所以计算机不是万能的，重要的是你自己的脑，不是电脑。你要学计算机，但不是单学计算机，你要动手，用手来理解心，心和手合而为一。你的灵魂怎样在你的手里发挥感情，这个过程是最重要的，而不是只靠计算机。所以我回答这个问题的时候，掌声雷动，旁边的大师说"你回答问题这么厉害"。当然，中国文化可以解答很多问题。

合作者，专家也是合作者，团队也是合作者，即使小孩子也是我的合作者。这是小孩的作品，我的太太教学生画他们的老师，我看到后觉得很漂亮，就说"你多给我一些他们的作品来让我欣赏"。用小孩的作品作为设计的元素，这个作品拿了个金奖。所以这个金奖不是我的，我的太太有功劳，我太太的学生也是我的合作者。什么人都可以合作，最重要的就是概念。

六 认同 开心

你看，小孩子们多么喜欢我的作品，他们在香港艺术馆的展览里慢慢地看。70年代我就设计过很多邮票了，其中生肖邮票获得了广大集邮迷的喜爱。刚才我说有邮迷要我代买邮票是从80年代开始的，我把邮票给他，他也送过我很多邮票。

我设计的中国银行的标志也拿了很多奖。我觉得，一个设计被认同了，很高兴，拿奖是其中一个原因，老板喜欢是其中一个，自己喜欢也是其中一个，但是我觉得最重要的是有口皆碑，公众喜欢才是最好的认同。中国银行的标志我一说他们就认同。我在国际上拿了很多奖，但是我觉得得奖不重要，公众的推崇最重要。

有人邀请我做一张纸——我跟蔡伦有关系，真想不到。要做一张有中国文化的纸，因为觉得中国设计师比较合适，觉得我比较懂中国文化。我就用了毛边，用了宣纸，用山水的感觉做了纸纹，用中国的颜色来做纸。这种纸，我取了个名字叫做"自在纸"，附加了"大自在"来做这个设计。"大自在"是佛家的一种生活态度，我就用了自在的主题做海报。穿什么鞋在山里走比较自在呢？坐在什么地方自在呢？睡在什么枕头上自在呢？木的，瓦的，还是瓷的呢？都可以睡得很香的。一个人心灵自在就行了。

这"玩"字是手写的书法，里面有计算机做的水纹，当然这个蝌蚪是我亲手画的，画了一百个，选美一样选出来的。

这是2002年我在文化博物馆开大型展览——生活·心源，这是我一生的总结吧。但是已经过了5年了，不单是我的设计作品，还有我的生活、我在学生时期的作品、我的工作间、我的收藏、一百多个商标、一百多张海报，都有丰富的内容。

当时我的水墨画也进入了一个新的阶段。这张水墨画是很抽象的，香港汇丰银行总部顶楼里收藏了我这个作品。最近我的山水画变成书法山水，我用草书、行草来做山水画，《乐山》、《观自在》、《坐看云起》……

七　甘苦　平常心

我觉得做设计很开心，但有时候也要承受很多压力，有很多痛苦，所以要用平常心去对待。香港回归的时候我设计过一个银器，法国名牌，我用妈妈的手跟孩子的手来表现伦理关系。香港回归中国是很正常的事，像孩子回家，很开心，不需要打锣打鼓。我觉得平常心就够了。这个作品很成功，卖得很贵，全部卖光。可以打开，有签名，我的签名在这里；是限量发行的，有号码；银的，但是很温柔，有一点佛家的佛手的感觉。所以它是儒家跟佛家的混合。

十年后，我又给丹麦的皇家歌本哈根公司做了一套中国式的宴会餐具纪念香港回归10周年。因为哥本哈根承传了明代的青花瓷，我就用青花瓷来创作，我觉得这个合作很有意义。现在做平面设计已经是跨专业的。他们没有中国汤匙，所以我设计了一个中国汤匙；还有筷子座，我设计了两只手，手勾手，是中港心手相连的意象。

八　互动　关心

我觉得要关心这个世界，要跟人互动，所以我喜欢演讲，喜欢年轻人，喜欢跟年轻人打交道。

我做了一套邮票，是邀请小孩一起做的，也是给小孩做的。我们只做了一个小熊，等孩子们给它穿新衣，多漂亮。小孩做的新衣，这就是互动。

我策划了一个海报，要求每个设计师在他们的城市里找一个小孩，让他表现对城市的感觉和印象。我邀请了一个女孩，问她对香港的印象。她就回答说香港很和平；好像彩虹；香港人很勤劳，好像蜜蜂做事；七彩纷飞；空气污染很厉害；楼房很多，好像大森林；冰山；玻璃墙幕；香港人都是向钱看……她觉得很好，但是也很害怕。她做了这海报之后，我也很害怕——怎么能做得比她好呢？她已经做得很好了，我怎么能比她好呢？我就用了她的文字，用了她的一些元素，做了一个香港人——原来香港人是这样奇奇怪怪的。

我有一个好朋友，是香港一个画漫画的，他的漫画常常用小人、不同的空间、九个空格来做，他邀请很多设计师、艺术家来跟他互动。

最近，我有一个展览是跟德国的一个朋友合作的。他是一个海报设计师，我跟他碰面，一见如故，就策划一个两个人的展览，已经在清华大学、南京艺术学院展览过，2月1号、2号就要在香港展览。我们把这个展览叫做"对话"，就是两个人说话，他做一个海报，我要跟他对答。他做了一个关于设计的未来，是木马。为什么是木马呢？后来我知道木马是计算机病毒，是危机的表现。怎么回应他？他已经告诉我们有危机了，那么我只能不做将来了。我做昨天和今天吧。昨天，有马踏飞燕，多漂亮，我用飞马回应他的木马；今天很商业，我用条形码困着马，表达当下设计的困境。

他做了个地球，黑黑的地球，黑黑的背景，东方有一点光。我不知道是好还是坏——东方有点光，他看到东方的光明。那么我怎么说呢？我觉得地球有烽烟，地球在打仗了，年年打，打完一遍又一遍。白和黑，一个光，一个火，在对话，是互动的作品。

九　共享　爱心

我觉得爱心要共享。我有很多很好的朋友，大阪的、芬兰的。

烧了碳的树枝能长叶吗？不能，所以要关心未来。这个作品是一个蝴蝶，人跟蝴蝶变成一个生命，表现天人合一，也是庄周梦蝶的一个表现。庄周做梦变成蝴蝶，醒了，那么他就想，这个梦是庄周的梦还是蝴蝶的梦呢？他想通了，就是世界万物为一，所以人跟蝴蝶合而为一。这个地方我很关心，是一个新的居民区和学校的所在，我希望那边的人爱护本来是一片大自然的地方。这是有道家思想的设计。

这里也是一个保护环境的慈善艺术展览。我用笔来代表莲花。是莲花还是笔呢？都是一样的。另一张海报用一块石头表示大自然，用宣纸包扎它，好像它在流血，要爱护它。一个国际化的题材，我表现了一个中国文人的感觉，因为这包含了砚台、宣纸、朱红点。这些中国元素，全世界的设计师、全世界的人都明白，都知道我是要表现不要伤害大自然的主题。所以这个海报是我的名片，他们不懂靳埭强是什么名称、是三个字的中国人，但是一看我这个作品就知道我，"我很喜欢你的作品，我认识你"，所以我的作品是我的名片。

他们不单是觉得我的作品是我的名片，有时候，这些作品还深深感动过他们。我在德国一个海报博物馆里展示作品的时候，我以为只是男人喜欢看的一张水墨画乳房海报"爱大地之母"，结果一位女士——我不知道年轻还是成熟——很喜欢这个作品，看了很久之后回家，回家之后三天都睡不着，在想着它。她去博物馆要求给她一张，博物馆的工作人员说："不行的，这是我们收藏的，只有一张。""你们印一张给我，我很喜欢。""不行，不能印。因为这是艺术家的作品，有版权，不能乱印给你。"她就很不开心，苦苦哀求不罢休。博物馆给了她我的联络地址，她写了一封信告诉我这个故事，说我的作品很感动她，很想要一张。

所以我觉得中国文化不只是中国人的，中国文化应该是全世界的。我们身为中国人要好好发扬中国文化，我们有责任这样做，将中国文化与全世界的人分享。要关心别人，大家互爱。

上个月 21 日，我的一个水墨画展在香港大学美术馆展览。今年我创作了很多大的作品，两米高七米长的作品——《只缘心在此山中》。我很大胆，改了苏东坡的诗。苏东坡说"只缘身在此山中"，我把身改成心；另一幅画 11 米长，意动、心动、笔动、云山动，是我自己创作的一句话，意在笔先。

好，耽误你们很多时间，已经过了二十分钟了，我不知道有没有机会回答你们的问题，你们不走的话，我愿意回答问题。我正在写一本书，是回答问题的，已经收集了很多问题。如果今天回答不了这么多，那么传给我。如果现在有问题，举手就可以。谢谢！

互动交流：

学生：靳教授您好！请问您作为一名设计师、教育家，对设计的教育方式和方法有什么样的想法？对我们设计专业的学生有什么样的期望？谢谢！

靳埭强：谢谢你！我只当了三年设计师，1970 年开始教学生。我觉得像我这样没有机会上大学的都可以学设计，很多年轻人都可以学好。我教学生，就让他们学，我就开始当老师了，但是我教了之后才知道自己不够、不足，所以每一个科目我都要重新找材料、写讲义，希望我教得比我学的更好。

7 年前我有机会，李嘉诚先生邀请我去汕头大学做改革。因为在体制里面，改革是很困难的。中国自从改革开放之后，设计教育都发展得很快，有一些发展，也有一些改良，但是总有一些不太彻底，有很多陋习、不足的地方，所以我有机会在大学里做就很开心，希望用一些跟别的学校不同的方法。

你问我怎样做教育，我在这里不可能三言两语就说清楚，但是我可以说说重点——我的宗旨是以中国文化为本的设计教育。因为每一个地方都有它的文化，所以设计教育应该以地方的和国家的文化为本，用国际的视野、新的思维去做，这是第一点。

第二点，要训练学生不只是锻炼考试能力，不是追求统一答案，不只是跟着老师怎么画。计算机等这些新的科技，要动手，所以我提出锻炼学生心、手合一，心想什么，手可以做出来，手可以表达你的创意和感情。

第三点，刚才也说过了，要勇破常规。不追求标准答案，这个世界没有标准答案，不是没有标准，而是答案可以是多元的，可以用不同的方法去表达一个问题。不要背书考试，我要每一个学生做出来的课题都不同，追求异，求异不求同，这是很重要的。

还有就是我主张教学方法不是老师教、学生学，老师为主导的教育是不行的，要互动。互动的意思是老师要引导学生主动学习，主动找材料，主动研究，主动讨论问题，主动提出不同的意见，而不只是听老师这样说，那样说。老师不会告诉你一个标准答案，他说是标准答案，是骗你的。真理不是老师告诉你的，也不是耶稣。信耶稣就有真理，那是错的。真理是终生追求，要花终生的精力。每一个时代，真理都有不同的追求。

所以在学校，我的设计教育期望学生学懂得终生学习，而不是学会专业知识，出去找一份工作，然后工作到老，不是的。现代世界不是一生一职业的，是一生多职业，一生多发挥，终生学习的。所以我希望我们的学生学会怎么学习，而不是学完了就去工作，因为设计教育不是职业训练、职业培训。设计教育就是教育学做人，学做事，学学习，这是我主张的设计教育。如果不明白，慢慢会明白的。谢谢！

学生：靳教授您好！听完您的讲座，觉得非常精彩，我们备受启发。我想问您一个问题：您认为咱们未来的平面设计趋势将朝着何种方向发展？我们在平时的生活中如何注意一些问题？谢谢！

靳埭强：谢谢！你的问题比较难回答，我不能预先知道平面设计的未来是怎样的，不能告诉你，因为我不是先知。

但是，以我在一个行业里40年的经历，我可以告诉你。我1967年开始做设计师，已经做了四十年。每个时代我的行业都在变，工具变、范围变、方法变，都在变。如果你希望在学校里学到所有东西、你终生能用的东西，是不太可能的。你学了电脑，现在叫计算机，将来叫什么？不知道，将来可能有一个工具已经把电脑、计算机淘汰。所以你只学一个工具对于设计是没用的。

但是，万变不离其宗，它没有改变设计是什么。设计还是设计，还是为人的需求来创造东西，提高人的生活。不单是指提高物质生活，还提高精神生活，因为里面应该有文化的含义和内涵。给人提供更好的精神生活，这是不变的。

但是范畴会变。我学设计的时候，从20世纪的1919年开始，就有人训练一些专业的设计师，专门做一些专业的工作，越来越专，到70年代已经很专了，专得不能再专了，分得很细了。后来再慢慢地融合，融化边缘，越来越交叉，跨媒体，跨界别。所以我们现在学平面设计方向也好，产品也好，多媒体也好，不是终生只做一个工作，可能有很多不同的工作要做。

所以现在我们公司做很全面的工作，不单做平面、商标、包装、书刊，也做店铺、公共艺术、环境设计、产品。越来越不专，越来越交叉，跨界别的。整个趋势将来可能五十年不变。所以你们的机会也很多。

我也提议，我们的学校也是分专业的，但是鼓励跨学科来选修学习。有些是必修课，有些是跨学科的，有时候是跨学院的。你可以去商学院学市场管理，去文学院学文学，这是个人的修养。

我们将来的学生每一个人都不同，是自主学习。我们国家现在的政策是什么？有一个词用得最多，是"自主创新"，知道吧？自主创新是对的，胡主席说得对，我们要自主创新。每一个人都有他的自主性，有他的创新能力，才成为我们国家发展的力量。这是我给的答案，希望你思考。

学生： 靳教授您好！从您的讲座中，我感悟了很多。我不是学设计的，是学计算机的。我总觉得您取得那么大的辉煌的成就，您的思想里有一种力量支撑着您，就是您有一个信念，能确定您的人生目标。但是，我们现在的很多大学生心里并没有一个非常明确的目标，或者并没有一个很崇高的目标，都是冲着找一份好工作，然后谋个好职位，赚点钱。您觉得应该给我们一些什么忠告，让我们认识到人生的价值呢？谢谢！

靳埭强： 谢谢你！我应该说你是很年轻的，是二年级的吧？我很羡慕你有机会可以进大学来学习。年轻人有很多不太明确的事，有很多问题、很多疑问是很正常的，如果没有才不正常，所以你不要担心。我年轻的时候也在想很多问题，也有很多不明白，有很多不肯定、不知道对不对的事情，也做了一些我自己不是很喜欢的职业。

但是要去找自己的路。每个人都有一个找自己的路的过程。刚才说找真理是终生的，所以你要准备终生都要寻找，寻找一些理想，理解一些事物。你们现在还年轻，不要太担心这些问题。

但是，我们思考问题的时候，不要想太短视的东西。在大学里，尤其是四年级或者三年级开始，学生好像很着急要找工作了，出去实习，走出去，老师要指导他的毕业作品时都找不到他。因为他需要一份职业，马上就要找一份职业，我觉得这是很短视的。如果你能够珍惜你这四年的学习，每一分钟都努力学，而不是担心你将来选什么工作，好好做好一套毕业创作、毕业论文、毕业功课，就可以表现你的能力，将来应该说是人家要找你，要求你去工作，而不是说你要找人家，要让人家请你去工作。

这样想是不是更好呢？我不是说自己很厉害。我学设计的时候都没有想过怎样找设计的工作，好像设计工作找我，我是机缘巧合。我不是有理想要做设计师，只是想去发展艺术，不知道设计是什么，是设计来找我的，就因为我学得好，我很努力很用心地学。我觉得这个世界没有怀才不遇的，你有才，一定会遇，一定有机会发挥出来。你可以说我："你认为你成功了，你才可以这样说。"可能是。

但是我觉得，最主要的是你要好好地把握这四年。当然，四年大学之后，你可以再考研，考研之后再考，当博士，这也是一条路。可以当学者，可以当教授。但是我觉得，你学，怎么学，学多久都好，学的时候要好好地学，好好地思考人生，学会怎么装备自己，而不是只是学能做什么事。比如说，如果有些同学学设计，很喜欢老师教他怎么上机，多做两个软件。于是第一份工作很容易就能够找到，因为很容易就做到了一些设计师要求的工艺。但是这些很短视，你只能做一个助手，你应该要学怎么用，做能用脑思考来运用软件的人。

我学设计学得很快。不需要自己动手，就有人帮我做设计，我只是思考，要求助手怎么做。为什么能够这样？就因为我懂怎么思考，我懂什么是好的设计，怎样表现得好，可以教他们怎么做，而不是等自己动手。你学五个软件、十个软件都不够，因为有些软件很快就会过时，又有新的软件要你学，你应该学思考，而不是学做什么。动手是一个理解的过程，你应该锻炼以思考来谋生。所以，有理想还不够，年轻人应该有梦想。有了梦想，你的人生就可以多姿多彩。

如果你去找一份工作，将来你要去做一份怎样的工作？第一份工有三千元，第二份工五千元，第三份工一万元？不够的，没用！钱，没用！如果你有用，你就有钱用，要锻炼自己有用而不是有钱。所以想问题就想一些大一点的，要有梦想。这几句是不是可以改变你们思维上的一些方法呢？我不知道，期望能够有一些作用吧。谢谢！

学生：靳教授您好！刚才看见您的设计中有很多带有中国风元素的设计作品，十分精彩，但是频繁地使用中国风元素会不会使思想、创意受到禁锢？

靳埭强：每一种地方文化都在它的艺术创作、设计中表现，是必然的。不是要不要的问题，是必然有的。

中国文化会不会限制我的思维呢？中国文化怎么放进我的设计呢？中国文化是怎么用的呢？比如说图案，是不是中国文化呢？这些问题我觉得最好不要去考虑。我在大学里带研究生，有一门课《中国传统图形与现代设计的研究》，我也在大学开了研讨会，是关于中国传统图形现代设计的研讨会。是不是需要研究呢？需要。这个问题在中国还是要研究，因为我们对中国文化好像有一点点自卑，好像西方的东西比我们层次高。其实现在应该把这种自卑心打破掉。

我觉得中国文化是不会限制我们的。什么是中国文化呢？我说一个故事，是我的研究生的故事。我的研究生要写毕业论文，跟我讨论。他喜欢汽车设计，那么，他要研究什么呢？要研究战国时代的战车。他说战国时代的战车应该有很多中国文化在里面，怎么把它应用到现代的中国汽车设计里？他就写这个论文，说是提倡环保、天人合一的这些观念、理论。我就说："你为什么说它是天人合一的？它的材料是用木头做的，你觉得用木头是不是真的环保，是否真的是对大自然的关爱呢？我觉得不一定。"是不是研究战国时代战车的图腾，有什么样的图腾就放到现在的汽车设计里，这样就是生产我们中国的汽车了呢？我觉得这不是有中国文化的车。

如果你做发展中国现代汽车的工业，就要有中国文化的车，应该怎么做呢？这不是限制我们的思维，应该是发挥我们创意的最好手段。我举个例子。如果我们将来在中国生产一种车，不是给公司、个人用的，是家庭用车，应该怎么做呢？我们应研究中国的家，中国的家是不是中国文化？

例如靳埭强设计奖，今年的主题是家。家是伦理观念，是儒家思想，是中国文化的精华，也是很多东西的载体。所以家值得研究。我就研究家这个主题，来思考怎么做中国的车。怎么研究呢？想想我们中国的家是怎样的。以前传统的家里是一个老太爷，老太爷到爷爷，爷爷到爸爸，爸爸到几个儿子，儿子娶媳妇，再到很多孙子。一个正三角形。如果用这个传统来做现在的汽车设计，当然不行，因为现在的家是怎样的？一个孩子，有爸爸、妈妈，爸爸、妈妈也有爸爸、妈妈，如果三代同堂的时候，它是倒三角形。一个孩子、两个青年、四个老人，这就是现在中国的家。中国人常常都是住在一起的。外国的孩子是怎样的？上大学开始就出去了，不回家了，老两口自己住。

所以我们设计中国的汽车，是不是为了中国的家做设计？如果是，应该怎么做？应该有四个老人、两个青年、一个孩子的座位，七个座的车最好用。还有，要照顾小孩的位置；四个老人坐车也很不方便，要慢慢上车，慢慢下车，可能后面的车就要啵啵啵啵地停下来，那么后面设计一个灯号、一个标志好不好？表明老人在上车。

当他能够为中国的家做一个汽车设计、设计出有中国文化的汽车，我就告诉他什么是中国文化。这是中国人的生活。我们做一个扶老携幼的车，这个车不需要图腾，不要吉祥图案在上面。你要设计有中国人精神的车，为一个家庭，设计照顾小孩子和老人的车，这车就是有中国文化的车了。这就是用中国文化的精神去做设计，用中国人的生活态度、伦理精神来做设计。

所以，不是表面的图腾，不是水墨，不是吉祥图案，不是传统图形，而是要有中国人的生活态度。做设计，如果能有中国人的生活态度，我们的设计就有中国文化了，就不需要问怎样做有中国文化的设计。

我不知道这样说你们明不明白，如果不明白也不要紧，这不是标准答案。你们要思考，想想怎样做中国文化的设计。我只是教你一个思维的方法。我觉得我的研究生都很喜欢我这个答案，所以把这个告诉你们，希望对你们有启发。谢谢！

学生： 我想问您一个比较简单的问题，一幅比较简单的艺术作品，怎样才算是一幅好的设计作品？就是做设计，怎样才能做得好？

靳埭强： 我明白你的问题，我在我的书里写了。这个问题，常常有年轻人问。什么算是好的设计作品？有很多重要的条件，最重要的是原创，力求原创。当然，原创不容易，就不要抄袭，不要模仿，按自己的方法做，这是第一个条件，就是要有新鲜的概念。

当然，设计一定要有用。如果作品没用，功能不行，就失败了。一定要体现有用。

我们一定要做美丽的作品，因为这是我们的专业，一定要做得美。

所以，要做得有创意，有用，这基本上是好的作品。但是，追求好还不够，我们还追求伟大。怎么算是伟大的作品？就是有启发性，对文化有提升，能启发后人。

可以说，我的作品有很多人在学，但是学表面也不好，要启发他有创新。越有影响力、越有启发性的设计，就越能带动整个社会向好的方向发展。所以只是做漂亮的、有用的、好卖的还不够，要追求伟大，希望你们也努力追求伟大。我书里的答案写得比较详细。因为今天大家都要休息了，我就只答一些重点。靍靍！

（根据录音整理，已经本人审阅。整理：朱敏　易观云　温燕芬　汪微　蔡璐）

上仓庸敬

大阪大学教授。现任日本电影学会理事、京都电影节委员。主要研究领域：美学、艺术学。出版《现代艺术的拓扑学》、《美的改观——西方美学史的展望》、《艺术现代论》、《象征主义的光与影》等专著多部。

黑泽明和他的《七武士》

（2008年5月22日）

我是刚才承蒙介绍的上仓庸敬。开始的时候我想向这次在汶川大地震中受灾的失去生命的人们表示深切的哀悼。十年前发生了一次著名的阪神大地震，我的一个朋友在那次大地震中去世了，所以我也能体会到大家心中的痛苦，大家现在的心情我也是能够理解的。我的朋友在阪神大地震中失去了生命，他再也不能讲述他人生的故事了，而且也不能讲述他对未来的希望、对未来的抱负了。对于我来说这是一件非常痛苦的事，我失去了和他在一起的机会，失去了和他见面的机会，人生其实就是和人相遇的这么一个过程，所以我感觉我仿佛失去了我人生的一部分。对我来说，这是一个很难消化、很难接受的事实，至少曾经是。所以我能感觉到大家可能也在失去人生的某些部分，也能想象得到对于大家来说这是个非常痛苦的经历。我没有力量能够使大家不悲伤，但是我想分担大家的痛苦与悲伤。

在这么悲伤的时候，大家还能这样欢迎我，我感到非常高兴。我现在想不起来到底是谁曾经写过这样一个诗句——"我希望那些走的人们能够在这么美好的季节走得平安。"

下面我要开始我的讲演了，如果大家有什么不明白的地方，讲演完了之后可以随便提问。

一　日本电影传统

绍兴文理学院的教授希望我给大家讲一下关于黑泽明导演的一些事情，所以我这次的讲演以黑泽明的电影为中心，但是也不完全拘泥于黑泽明的电影。在黑泽明电影诞生之前、诞生之后，日本的电影是如何继承发展起来的，我也要给大家介绍一下。比如，法国的电影其实很大程度上是继承发扬了法国的传统，英国的电影也是这样的，很大程度上继承了他们戏剧、舞台剧的传统。所以说各个国家的电影制作其实都是继承了本国的传统并发挥在电影当中的。

可以说电影是没有国界的，但是也可以说电影是有国界的，日本电影的传统就是歌舞伎。日本有东京和京都两个城市——京都当然是历史悠久的城市，东京只有150年的历史，但是这两个城市作为电影制作的两个中心，成了日本电影产业的两个重要支柱。东京的电影制作中心制作的主要是现代的日本电影，但是与东京相比，京都由于它是一个历史悠久的古城，所以京都的电影制作人的使命主要是取材于日本悠久的历史，并且非常注重发扬日本的文化传统，在这方面他们非常下工夫。

所以说我们要给京都的电影起一个名字其实是很难的事情，尤其是用汉语或者英语说明的时候。但是在日语当中用"时代剧"这个词来形容它，也就是用中国说的"古装剧"来形容日本在京都制造的、描写历史剧的电影。所以它表面上是古装剧、历史剧，其实在骨子里也是一种现代剧。

为什么呢？就算是在东京制作的现代剧，由于当时有很多针对电影的规章制度，电影受到一定的限制，所以它无法表现现代。相反，在京都，它通过时代剧、历史剧来表现，反而不受任何限制，能够自由地表达现代的一些情形。所以在京都制造的时代剧表面上虽然说是古代的、历史的一些事件，其实骨子里表现的是对现代的一些时事现象的揭露与反抗，它表现的是这样的一些东西。可以说，在东京的现代剧里，虽然它表现的是现代这个主题，但实际上它反而被现代这个定义框住了。与东京的现代剧相比，京都虽然制造的是时代剧，但实际上它完全不拘泥于当时的现代社会的概念，自由自在的发挥反倒更能够自在地揭露现代的一些现实情况。

我首先要向大家介绍的是距今七十年以前的京都电影制作的一些情况。黑泽明是东京人，他创作的时代剧与日本传统时代剧的制作方法是完全不同的。黑泽明并非否定了日本电影制作的传统，而是完全漠视了京都电影制作的传统，他在无视日本电影制作的同时，大量吸取了好莱坞以及法国电影的要素，然后将其充分地运用到自己电影的表现形式里来。所以我在向大家介绍黑泽明的电影之前，首先要介绍一下京都传统的时代剧是怎样的电影。

这里我们放一个片子（电影《雄吕血》），让大家了解一下传统的京都的时代剧。首先请大家注意一下演员们的化妆。其实你们看到的这种化妆并不代表在这个时代生活的人每天就是这样化妆出来的。但是日本观众看这个电影一点也不会觉得奇怪，因为他们看到的歌舞伎所表现的那个时代的人们的脸就是这个样子的，所以他们看了以后就会觉得演员们就像周围生活着的人一样，并不觉得很稀奇。所以我希望大家了解日本人并不是每天化妆成这个样子出门的。

下面请大家注意一下演员的位置。为了使大家看清楚舞台上的每一个人，演员们都是平着站在摄像机的前面。这种摄像方式也是继承了法国戏剧的表现传统。法国电影中也有这种现象，就是人都是并列在镜头前面的。在京都最初的时代剧里，摄像最主要的特点就是它仿佛是让观众站在了舞台的前面，直视舞台的表演，给你这样的一个视觉效果。但是电影毕竟是电影，它是有别于舞台艺术的，所以在这之后京都电影面临的主要问题就是如何摆脱舞台的表现方式，制造出电影独特的镜头的表现力。

这部电影的名字叫做《雄吕血》，这也是一部在日本电影史上非常著名的电影，当然这部电影有很多优点，但是为了说明我们今天的课题，我只举出了这部电影里许多舞台表演的痕迹，只是把这方面举出来让大家看一看。

下面要给大家放的这部电影就是在日本电影史中第一部表现导演的内心世界和感情的电影，这部电影也是在京都制作的。下面就请大家看这部电影。这部电影的名字是《忠次旅日记》，就是描写忠次这个主人公的。现在我们看到的画面上的人物就是主人公忠次。这个主人公在歌舞伎的传统表现方式里是一个英雄式的人物，但是这部电影的导演伊藤大辅表现的其实是一个内心非常脆弱的人物。

我们现在看到的这个场面是说忠次正在被人追杀，现在有很多人朝他袭击过来了。恰恰在这一刻之前，就是在刚才，他心爱的情人已经被杀了。我们能看到他手里拿的是什么吗？这是日本女孩子喜欢用的钗，他手里拿的就是他已经死去的爱人的头钗。我们可以看到他的姿势是很奇怪的，为什么呢？因为他患了中风病，右手动不了，所以姿势比较僵硬。就是这样一个身心备受伤害的主人公，这时候抓他的巡捕追来了，忠次对他们说："你们不要上来，上来的话我肯定会把你们都杀死的。"但是捕快们不听他的，还是要来逮捕他，所以忠次不得不和他们搏斗，不得不杀死他们。在他杀死捕快的一瞬间，导演对他的内心世界进行了很深刻的描写。刚才说到导演伊藤大辅在描写这个主人公的时候刻画了主人公的心理，就是在他杀捕快的一瞬间来描写他内心的脆弱和悲伤。

刚才说到的是这样一个关于主人公的情况，其实这部电影也反映了很多日本歌舞伎的一些传统的表现方式。大家一定会觉得很奇怪，因为这是一部无声片，为什么还会有音乐呢？其实这个音乐是在后期也就是日本举行京都电影节的时候，请一个作曲家专门为这个无声片谱的一个曲子，所以大家在看图像的时候也能够听到音乐。在这里顺便说一下，我还是日本京都电影节制作委员会的主要成员之一。如果大家有机会在秋天来到日本的话，可以来参加这个电影节——做一下宣传。

这个导演虽然是属于革新派的，但是他在拍这部电影的时候很大程度上还是继承了京都电影的传统。

在这部电影拍摄20年之后，也是一个京都的导演把京都电影的传统作了更大、更全方位的改进。其实这个导演曾经在中国生活过，是刚刚从中国回国不久的一个导演。这个导演在中国生活的八年中，重视观察人的内心世界，思考人性，思考深层次的人的内心问题。回到日本以后，他把自己思想上的一些感受都通过京都电影的方式放到了电影里。这个导演的名字叫内田吐梦，他曾经在长春电影制片厂——它的前身是东北电影制片厂——工作过。今天我对内田吐梦导演就不多说了，如果以后有机会的话，也很希望给大家介绍一下他。

二 以《七武士》为例解构黑泽明电影

（一）黑泽明与张艺谋运用电影元素的比较

下面我们就来看看对刚才讲的京都传统既不否定又不继承、采取完全无视传统态度的这样一个泰斗导演，他就是我们最先说到的黑泽明。其实我在这里讲黑泽明导演是有一点不好意思的，为什么呢？因为最了解黑泽明导演的其实是中国的一位导演，下面我就给大家具体介绍一下。

（电影《七武士》和《英雄》开头的画面）我们现在看到的就是对《七武士》的开头作了充分理解之后发挥出来的作品。在《七武士》的开头，农民回到村里说土匪要来袭击他们的村子，然后村民请来了村里的长老，他想了一个主意，就是雇用一些当时失业的武士——但并没有沦为土匪——来跟土匪对打。农民虽然知道谷物粮食的好坏，但是并不知道武士武功的好坏，所以四个农民费尽了千辛万苦去找武士，却怎么也找不到，非常失望，非常伤心。他们在一个破旧的小旅馆里，在一个下雨天，我们可以听得到雨的淅淅沥沥的声音，也可以感受到雨的冰冷，同时还有这四个悲伤的人以及琴的音乐声。只有张艺谋导演完全理解并吸收了黑泽明导演的表现方式，然后使之在自己的电影当中得到了充分发挥。

下面再放一个片段，给大家举一个例子。不知道大家知不知道这个片子，也是黑泽明的一个知名作品，叫《蜘蛛巢城》，这部电影其实取材于西洋的一部戏剧——莎士比亚的《麦克白》。

（电影《蜘蛛巢城》和《英雄》的画面）刚才我们看到了两个场面：一个是《蜘蛛巢城》里的国王被飞来的箭射死的场面；一个是《英雄》里的无名被射后，并没有表现他，而是展现了射在城墙上的密集的箭中间空出来的那一块地方。哪一个让大家感到了恐惧呢？黑泽明直接把箭刺穿国王颈部的镜头展现给大家，但是张艺谋没有把箭射穿无名身体的镜头展现出来，反倒让大家自己想象。刚才我们看了《英雄》里无名的葬礼场面，现在我们看到的是黑泽明作品《影子武士》里的一个葬礼场面。

我们不光要看黑泽明影片中的一些动作场面，下面来看几个悲伤的场面。

一个就是电影《七武士》决战前夜，被农民雇用的七个武士中最年轻的武士和一个农民年轻的女儿的恋爱场面。在火焰中，两个人的热情沸腾到了极点。但也是在火焰中，女孩父亲的愤怒也上升到了极点。这个时候，剩下的六个武士知道了年轻武士与这个女孩的恋情，也明白了她父亲为什么要打她。首领很懊恼为什么现在才知道这件事，以致造成这样的局面。其中一个武士安慰女孩的父亲："年轻人之间产生男女之情是人之常情，你要原谅他们。"但女孩的父亲内心根本无法原谅他们。这时候，出现了一个人物，他曾经也有自己心爱的妻子，却被飞贼掠走了。他说："你的女儿与这年轻的武士在一起不是很好吗？难道要像我的妻子那样被飞贼抢去才高兴吗？"女孩的父亲终于被他的话说服了。这时，下起了雨。黑泽明通过火焰还有雨，把两个人爱情的炙热表现出来了。

张艺谋也把这样一个类似的场面表现出来了。影片是围绕着两个男人为了一个女人的爱而决斗的场面展开的，但张艺谋不是用火而是用水来表现的，他利用绿色和湖水来表现人物的感情。大家知道无名和残剑在湖面上决斗的情节吧？这个场面其实是秦王自己的推理和想象。这时，黑暗的背景变成了绿色的自然环境，表现出了两人善良的内心世界。这是张艺谋对黑泽明电影的理解和对其电影元素的运用。

我们通过刚才这两个画面的比较，可以发现它们的相似之处。同时，我们还可以看出张艺谋对黑泽明的电影元素的改进和发挥。其实在张艺谋的电影中，我感到理解黑泽明的电影元素并把它运用得惟妙惟肖的还不是《英雄》。当然，在刚才的几个片段中，大家都看到了一些东西。希望大家能想起来当时是怎样看《英雄》这部片子的。大家还记得《英雄》的故事情节吗？它的故事情节其实是和黑泽明第一部在世界上获得大奖的电影《罗生门》类似的。电影一开始就是秦始皇听无名向他表述自己是怎样拿到残剑、飞雪、长空的兵器的，故事情节由此展开。但是无名说完后，秦王并不相信。秦王说："你说的都不是真的，其实事实的真相是这样的……"《罗生门》这部电影也是围绕着一个杀人事件展开的，在找到这个杀人事件的三个目击者后，问他们到底是谁杀的、怎么杀的。三个人说的事实真相都不一样。所以，我们可以看到，这两部电影的故事情节根本的相似之处就是哪一个人所说的是事实并不清楚。但张艺谋把黑泽明没敢想、没敢做的东西也表现在自己的电影里了。

在今天光线比较亮、屏幕不是非常清楚的条件下，希望大家能够认真看并且回忆起在影院看《英雄》时的情形。刚才我们看到的无名和残剑在湖面上打斗的场面，其实就是失去心爱女人的剑师和另外一个精神非常高洁的剑师两人的内心之战。清澈碧绿的湖水，周围是郁郁葱葱的山峦。在这个时候，两人的搏斗其实已经不是武术的争斗，而是内心的挣扎搏斗。他们堂堂正正地打了这场仗。当我看到这个场面的时候，最让我吃惊的是，原来古代的中国人是能在天上飞的。但是后来我马上就明白过来了。我明白了什么呢？其实这个情节想要表现的并不是实际的打斗，而是要表现人物的内心世界。这个表现其实是黑泽明想都没想过、也没能够尝试的。

包括我在内的日本人第一次看到《英雄》的时候，已经有很多人意识到了张艺谋是把黑泽明的电影元素充分运用、发挥到了自己的电影当中。但是知道黑泽明且曾经和他合作过的电影人没有一个不说这部电影超越了黑泽明的电影。《英雄》这部影片在充分学习、了解了黑泽明的电影之后，使他的电影元素得到了更高层次的、更充分的运用。为什么张艺谋能够这么好地把黑泽明的电影元素运用到自己的电影里并且超越黑泽明呢？当然，我们可以说这是张艺谋的才能。还有一个原因就是黑泽明的电影有一个很重要的特点，它不管在技术上还是内容上都否定了日本的传统。当然，黑泽明描写的那些人物是日本人，但是，他的电影所表现的日本人不是停留在日本人的层面上，而是停留在更深层次上，即作为一个人的人性上。这时候，我们不能说他的电影表现的是日本人了，它表现的是和世界上任何一个国家的人共通的这么一个人。张艺谋模仿的是黑泽明电影中那种普及性的、普遍性的人的概念，把它吸收并发挥了。我想，这可能就是张艺谋发挥并超越黑泽明电影元素的重要原因之一。

当然，我们觉得，这对于黑泽明来说并不是一件有失名誉的事，相反，这是一件很好的事。这是今天我给大家介绍的这一课题的结论。也许可以这样说，在座的人通过看张艺谋的《英雄》，对于黑泽明已经有了一定的了解。当然，黑泽明作为一个日本人，在电影中还表现了非常具有日本性的东西。我们在《七武士》这部电影中能够发现这种表现。

我从日本来到这里，不能光接受在座各位这样热烈的欢迎，我得尽我所能给大家介绍一些东西。这个东西是我临时加上的，也许会超时，但还是请大家把它耐心看完。

（电影《七武士》片段）这个场面我想给大家介绍一下。这是

《七武士》中表现得最大胆也是最逼真的一个场面。七武士要保护这个村庄就得想对策，他们对农民说："现在有一个办法，但只能保护这个村子中心的那部分民宅，离得较远的那三所房子就没法保护了。"所以，为了保存中心的二十几所房子，只能牺牲边缘的那几所房子。那三所房子的主人就不干了——既然不能保护自己的家园，何必还要出这份力呢？这时候，七武士的首领就走上前说："把你们扔掉的枪拾起来！"这是瞬间的一个镜头，虽然时间非常短，却是整部电影中最精彩、最大胆的表现。大家知道，电影是在一个平面上展示的。一件东西看起来是由远到近接近自己的，其实从画面的角度来讲，只不过是从小变大罢了，并不是真的接近我们。也就是说，我们是看不到动感的，表现有些人从后面往前走，只是人由小变大了，但是动感并没有表现出来。黑泽明为了这两秒的镜头，下了很大的工夫，做了一个大胆的尝试：在表现一个人从后往前进的同时，让另一个人在他的背后从右往左运动，两个方向并进。所以，七武士的首领从后往前跑的这个镜头表现得非常大胆、非常精彩，它的动感很好地表现出来了。

很遗憾，刚才没能放七武士决斗的场面，现在给大家放这个片子中同样很精彩的场面。这时，住在边缘三个房子中的一个村民说："我不干了！自己的家都保护不了，还在这里干什么。走，都跟我走。"于是，住在那三个房子里的人都跟他走了。他们说："我们自己保护自己的家，我们谁的力量都不用依靠。"大家看出来了吗？刚才给大家介绍的这个画面，其实不只在黑泽明的电影当中，在世界电影中这个场面都是非常精彩的一个表现。

（二）电影是什么

下面请大家欣赏《七武士》中一个表现日本传统的地方。四个农民在找武士的时候，因找不到伤心失望了一段时间。他们鼓起勇气继续找，终于找到了第一个武士。在他们出发之前，这个村里的长老曾经对他们说要找肚子饿的武士。当时，那些失业的武士即便没有饭吃，也没有一个人愿意帮这些农民。这个武士就是其中之一。本来他不想管这事，就说："不行，这事我干不了。"在那些农民住的小旅馆里有两个脏兮兮的人正在打牌，他们是马贩子。这两人其实内心非常善良。其中一个对那武士说："你甭管他们了，这帮农民就该死。他们连自己吃的粮食都没有，还能把粮食给你们？"被这个马贩子一激，武士终于醒悟了。年轻一点的武士就说：

"咱们帮帮他们吧。"那个为首的武士想了一会儿,觉得这事没有把握,还是决定要走,他说:"就我们两个人,这场仗怎么打?肯定干不了的。弄不好还把命给丢了。"这时,突然有个农民哭了起来。那个马贩子就站出来对那些农民说:"死吧,都去死吧。一点办法也没有了。"他又对武士说:"你看,这些米饭是给你们吃的,而这帮农民自己不仅没有米饭吃而且滴水未进。"这时,七武士的首领就说:"你们的米饭我不会白吃的。"

我们可以看到镜头的构成,首先是武士的手和他捧着的一碗米饭,后面就是三个农民。实际上,这个画面真正表现的东西是我们在画面上看不到的,但我们能够感受到,这个武士因为这一碗米饭,决定哪怕不要自己的生命也要帮助这些农民。但正因为我们看到了这个画面,才能意识到我们看不到的东西,才能了解导演真正想要表现的是什么。

其实电影是什么呢?电影就是这样的一个表现方式:它通过能让人们的眼睛看到的东西来表现人们用眼睛看不到的东西,让人们来体会这些东西。所以,在我们看电影的时候,为什么要认认真真看影片中每一个细小的地方,竖起耳朵听影片中每一个细小的声音呢?我们的目的就是通过完整的看和听来体会导演想表现的看不到也听不到的东西。

虽然我们刚才说到黑泽明无视日本电影的传统,但通过这个画面,我们可以说黑泽明充分表现了日本一些本质的文化底蕴。有一个学者曾经说过,日本文化的特点就是:它拼命地藏起来,不让人看到,但又能让人体会得到。黑泽明在努力追求并表现出来的就是这样一个非常深刻、非常典型的日本文化的特点。黑泽明作为一个日本导演,在日本传统的文化氛围中长大。他在发挥自己的电影元素的同时,也不由自主地想要表现日本精神层面的、文化上的最本质的东西,而且他在他的电影中也做到了。正因为如此,在黑泽明之后也出现了像张艺谋这样的电影导演,他与黑泽明在很多地方是相似的。

最后想向大家介绍一下比黑泽明更加重视日本传统的导演——小津安二郎。刚才向大家介绍了,日本文化的特点是不直接表现,而是间接地、隐讳地表现。在这方面,小津安二郎与黑泽明的表现方式是不同的。大家可以通过比较他们的电影来得到自己的结论。

今天实在很抱歉,因为设备操作不是很顺利,给大家的欣赏带来一定的障碍。但大家还是能这么耐心地听我讲完,我非常感谢。

老实说，我从日本远道而来就是为了给大家放影片的，真正给大家作讲座的是翻译。现在请大家提问。

互动交流：

学生：听完讲座，我感觉到黑泽明确实是一位很了不起的导演，您觉得黑泽明电影最重要的一个特点是什么？

上仓庸敬：你的日语说得非常清楚易懂，我都听明白了。我很希望自己能像你一样，把我的意思用汉语准确地表达出来，但我好像没有自信。

黑泽明导演最主要的一个特点是能够洞察到人内心深处的东西，并且能把这些枯燥的东西用电影的形式生动地、逼真地、准确地表现出来。这一点他做得非常到位。比如说我现在站在这里讲演，我内心的有些活动连我自己都还没能理解到，但是黑泽明能够洞察到并且把这些东西表现出来。黑泽明的这一点是非常有特点的。但是我们不能说只有黑泽明的电影有这样的特点，其他导演也是具有这样的特点的。

学生：听了老师的讲述，我们都更加知道了黑泽明是一个伟大的导演。我想张艺谋也是一个非常伟大的导演。为什么呢？张艺谋把他想表现的都表现出来了，但并不是完全地表达出来，给了我们很大的想象空间。有很多东西是只可意会不可言传的，张艺谋的电影中也有，而且他电影画面的视觉效果非常美。刚才老师介绍了张艺谋和黑泽明的相同之处，那么他们的不同之处在什么地方呢？

上仓庸敬：黑泽明导演花了一生的时间终于形成了他自己的电影风格，而张艺谋非常巧妙地把黑泽明电影中的风格运用于他自己的电影当中，并且超越了黑泽明。所以，我可以说张艺谋是更为杰出的。虽然我这么说，但并不意味着我不喜欢黑泽明的电影了。

任何一个艺术作品，电影、绘画都是有它的价值的。但是它也不止一个价值，它也许有 A 这个价值，也有 B 这个价值。根据发现它的人的不同，人们会发现它不同的价值。这跟我们的人生观、价值观以及世界观都是有关系的，跟我们现在的年龄、现在的心理状况也是有关的。也许就你来说，以你现在各方面的情况，你能看到一部艺术作品里 A 的价值，但事实上也许真正说明了你内心里的一些东西，很多价值都不是固定的，是由欣赏者或观察的人的内心反映出来的。

举个另外的例子，比如说诗，李白、杜甫，那么我到底喜欢谁呢？也许我今天喜欢李白，明天就喜欢杜甫了。这并不能说明今天我选择了李白，明天我选择了杜甫，而是说今天李白选择了我，明天杜甫选择了我。不是我来选择艺术作品，而是艺术作品来选择欣赏的人。

学生：请问老师对张艺谋电影中的哪部作品或者场面印象最深？

上仓庸敬：我真正喜欢的张艺谋的电影并不是他后期的大制作的，而是前期的小制作的电影。比如《一个都不能少》，题材不是很大，但是我个人非常喜欢。后期的《英雄》大片，只是达到了形式美。我还喜欢《红高粱》。

学生：刚才教授讲张艺谋所拍的电影有借鉴黑泽明导演的电影，这是您个人的观点还是一个公认的观点？这是我作为一个电影欣赏者向您提的问题，希望您给予一个好的解答。

上仓庸敬：我在这里说张艺谋的《英雄》有借鉴黑泽明的《七武士》的观点，其他评论者在其论文当中都没有写过。

我在大阪和京都从事影评以及电影研究，在我知道的圈子里，有两个人也是持有这样的观点，跟我的观点是一致的。在看完《英雄》之后，我与其中的一个人交谈这个观点的时候，我们谈得非常愉快。因为当时我们都喝醉了，所以也记不清到底是谁先说张艺谋和黑泽明有相似之处的。然后，在刚才说的两个人当中的另外一个人也提出了这个观点。但是我想说的是，最先提出这个观点来的是张艺谋本人。在《英雄》接受采访的时候，张艺谋说了下面这段话："《英雄》这部电影，日本人才能够真正理解。"也可以说，我是把张艺谋的想法给找出来、提出来并将它明确化了。

其实我的工作是为了增加更多热爱电影、喜欢电影的人。至于谁先提出了这个论点，对我来说倒不是很重要。我的工作是什么呢？就是在看电影的过程中能够感受到什么，而且不只是感受，还要把自己感受到的东西表述出来，让别人也感受到。我觉得这是我应该做的工作。所以绍兴文理学院的老师让我来介绍黑泽明电影的时候，我把我意识到的张艺谋与黑泽明的相似之处提出来告诉大家。也许有我没有意识到的，还有我说错的，同时也希望大家提出来，这是我的目的之一。所以在来绍兴文理学院的途中，我的内心始终怀着期待。通过这次讲演，希望能够让大家更加关注张艺谋和黑泽明的电影，同时能够让大家更加喜欢去看、去理解电影更深层次上的东西。今天我讲的其实都是我想说的，也是翻译想说的。其实我还想知道大家到底怎么想。不知道有没有给你一个满意的答复。好，谢谢。

学生：七武士中有一个原本是农民的儿子，那么为什么还称为七武士呢？

上仓庸敬：当我还没有涉及这个研究领域的时候，已经有很多评论者在研究这个问题了。因为在策划这个电影的时候就已经决定让三船敏郎来演一个农民的儿子。本来想让三船演一个武士的，没想让他演农民。但是如果缺少三船现在演的这个角色，那么农民和武士的落差就太大了。把他完全描绘成一个农民的话，那么和武士的落差也太大了。怎么办呢？于是就创造了三船现在演的这样一个人物，他介于农民与武士之间，正好把农民和武士连接到一起，起到了媒介的作用。

所以说，所谓"最重要的角色"的定义是很难的。也许可以通过片酬来看，演这个电影片酬最高的是三船，从这个角度，也许可以说三船是一个最重要的角色。对于三船演的这个农民，为什么把他算在七武士之一，这个问题也有很多人研究过。那么给你介绍最简洁明了的也是我认为正确的一个说法。这个电影所定义的武士是什么呢？就是为了拯救人的生命，为了一碗米饭而不惜牺牲自己生命的人。也许黑泽明心中就是这样想的，他心目中的武士就是这样一个人。也许从当时的一个阶级制度看，我们不能说那个农民是一个武士，但是从他的心灵、他的人性来看，我们可以称他为武士。也许黑泽明就是这样想的。

我非常吃惊，这么难的一个问题，你竟然能用日语表达得如此准确。谢谢你。

学生：上仓庸敬教授您好！我只能用我们的母语跟您交流。您讲到电影里的很多表现方式，比如雨声、琴声还有火焰，那么这些细节对表现人物性格和人物特点或者对整个电影所起到的作用是什么？还有一个问题，京都电影舞台表现形式很丰富，那么黑泽明的电影《七武士》里有没有摆脱舞台的表现方式？谢谢！

上仓庸敬：我没有想到，你们提的问题都这么难。要是知道你们的问题提得这么难的话，我就去学点中国话了。

首先说细节描写对表现整部电影的作用。我们从电影胶片的角度来思考一下，电影胶片的一个小格放映的时间是二十四分之一秒。也就是说，导演要考虑要斟酌的最小的单位是二十四分之一秒。到现在为止，我还没有发现任何一个人能像黑泽明一样这么重视二十四分之一秒所能表现的内容。所以那个雨声、琴声还有火焰对表现场景是起到很重要的作用的。其实黑泽明就是通过琴声以及水滴折射的光把那种画面制造出来的。其实他的电影当中不只有我们今天所说的雨声、琴声和火焰，还有不胜枚举的表现方式。黑泽明正是通过这种不胜枚举的细节表现才形成了他自己的电影风格。我只是从他那不胜枚举的、无法计数的表现当中举了一两个例子，通过它来比较张艺谋和黑泽明电影的一些特点。

你提的问题很好，希望将来还有机会来听听你对电影的看法。

下面回答你的第二个问题，打算回答得简短一点。日本电影从诞生以来，就承袭了歌舞伎的表现方式，特别是在京都制作的电影。京都电影在继承传统的歌舞伎的表现方式的同时，又希望打破歌舞伎的表现方式，形成自己独特的电影表现形式。但是与此相反，在东京制作的电影，想表现的是人们的日常生活，但是东京的电影并没有形成它自己的风格。如果说它有风格，也是好莱坞和法国电影的融合。

20世纪50年代之后，当东京的电影人意识到京都电影有他们独特的风格，那东京电影也要创造出自己独特的风格时，他们发现的离自己最近的是什么呢？是当时的现代艺术。当时东京电影开始把新的现代的设计、现代的音乐、现代的表现方式以及当时实验性的记录性的电影等这些东西吸收到自己的电影风格当中。其实这个风潮在1960年到1980年的整个东京电影当中都是有所反映的。但是我们现在回过头来想想，五六十年代兴起的——美国、欧洲、日本兴起的所谓现代艺术，只不过是一时的现代，只不过是一时的流行罢了。

所以黑泽明晚年制作的电影给人的印象从美术的角度讲是非常精美，但是从电影的角度讲总觉得有点不够味，有不足的感觉。现在京都电影面临的最大难题是摄影所、制片厂已经濒临倒闭的状态。与此同时，东京的电影找不到自己的独特性，找不到自己的风格，所以它也是在徘徊当中。刚才我向你介绍的是日本电影的现状，不知道是不是对你的问题给予了回答。现在问题越来越难了，我的心里也越来越没有底了。

学生： 上仓庸敬教授您好！首先我向您表示道歉，您已经这么累了，但是我还有一个问题想要问您。作为奥斯卡终身成就奖获得者的导演黑泽明的电影是非常精彩的。为了今天的讲座，昨天我把

《七武士》重新看了一遍，并且发现了一个很有趣的问题：七武士当中，除了他们的老大勘兵卫这个名字里不带数字之外，其他人的名字里都带有数字，像胜四郎、五郎兵卫、七郎次、平八、九藏、菊千代。这些数字是不是有什么特殊的意义？为什么只有勘兵卫这个名字中没有数字？这是我的问题，谢谢。

上仓庸敬：谢谢你的提问，我一点也不累。你刚才提到黑泽明获得了奥斯卡终身成就奖，这也是我本来想跟大家介绍而没有介绍的一个问题之一。黑泽明获得奥斯卡奖的第一部影片是《罗生门》，这是他来到京都以后制作的第一部电影。在这部电影的制作人员班子里，有很多是京都的电影人，所以通过这部电影的摄制，黑泽明第一次感到了京都电影的实力是如此之强。所以我觉得他拍摄《罗生门》的这个经验与他以后不是否定京都电影传统，而是完全无视京都电影传统的做法是有关系的。

在你提问之前我以为电影《七武士》里只有一半的人是有数字的，在你提问之后我才知道只有勘兵卫这个名字里是没有数字的，其他人都是有数字的。勘兵卫这个名字里没有数字，也许是导演或者创作人员想让这个人物更加突出，因为他是七武士里最主要的人物。还有一个原因可能是在创作过程中起名字是一件非常费事的事情，像《水浒传》里起的那些好名字其实是很难的。也许日本的电影创作者是为了简单，用几个数字简简单单地把这些名字起了就完了——也不排除有这种可能性。

通过你的提问，我也想通过黑泽明电影中人物的名字对他的电影有什么意义这个角度来思考一下黑泽明的电影，所以谢谢你的提问。没准，把七武士名字里的数字加起来，会比野武士的人数还要多，也许是这个原因，从这个方面也可以思考思考。

（根据录音整理，已经本人同意。整理：朱敏　胡王达　崔堞）

于 海

复旦大学社会发展与公共政策学院教授，博士生导师。任复旦大学北欧中心研究员、上海慈善基金会荣誉理事，兼任上海东方卫视特约评论员、上海东方讲坛讲师、上海法制宣讲团讲师等。主要研究领域：西方社会思想史、城市社会学、社区与志愿组织研究等。主要著述有《西方社会思想史》、《西方社会学文选》（中、英文版）、《城市社会学文选》（英文版）等。主持教育部"九五"重点教材立项——《西方社会思想史》的修订、国家社科基金项目"社会理论的核心范畴"等多项课题。获上海市育才奖，被评为上海市教学名师、复旦大学教学名师、上海《东方讲坛》最受欢迎的讲师等。

城市生活呼唤人文精神

（2008年10月14日）

一 前言

各位同学、各位老师晚上好！非常荣幸站在这样一个崇高的讲台上！当我把这个讲稿做完以后，我突然醒悟到：我来的是绍兴城，绍兴跟上海的空间尺度是很不一样的，我今天讲的内容有很多是批评上海的。上海的尺度非常大，两千万的人口，还要打造四个国际中心。对于上海的发展，我们需要考虑的是：我们现在创造的城市空间，对人是不是亲切的？除了那些令人非常震惊的效果之外，我们应该不应该考虑在城市发展中，让人在其中可以感到是受尊重的，他愿意跟别人交往，愿意发展社会关系，愿意获得一种地方的感觉或家园的感觉；而不仅仅因为这个城市做得非常非常壮观，除了震惊之外，他觉得自己又非常非常的渺小，以致人的感觉会失去。所以现在要想想，一个像上海这样尺度的城市在快速发展的时候可能会遇到的问题是什么？

我要特别讲一讲的是，如果我的报告里批评的很多东西，大家觉得对绍兴没有什么帮助的话，希望大家体谅，因为这主要不是对绍兴说的，而是对上海说的。

今天我的演讲原本的标题是这样的，"把人文空间带回城市生活"，我特别提出了一个"人文空间"。在座的林局长是真正的专家。一般的规划专家和建筑专家，是不会用"人文空间"这个概念的，他们会说人文景观、自然景观，会说公共空间或者私人空间。接下来我会解释人文空间是一个什么样的概念。

刚才我听说文理学院有两万名学生，所有的专业都是齐全的，我估计今天在座的也有建筑系的学生吧？有没有城市规划的？我自己没有建筑学的背景，没有规划的背景，所以我讲"人文"实际上也就绕开了我自己最弱的东西，比如工程、建筑、画线，这些我都是不会的。

我对城市，不光怀着研究的兴趣，实际上它也是我生活的城市，是由我少年时代的经验带来的。所以我说我对城市研究、上海研究一直抱着一股主观性，我愿意放任这种主观性。当然，这种放任主观性，也使得我认为我们的城市应该把人的因素放进去。今天我把自己的个人经历跟今天的主题结合起来。

二 人文空间的丰富含义

今天讲"人文空间"，人文空间至少有"空间"的概念。这个空间实际上就是物理空间。我们看到的一大片绿地、一块广场，那都是空间。

空间一定会有"景观"问题。最近20年，中国城市都在加快景观建设。在建筑、规划这两个专业之外还有一个专门的景观设计，它也是一门专业。

第三个概念是"地方"。我来到绍兴，特别有地方感，进来以后就觉得绍兴的建筑，它的高度，它的街道，很特别，坐在那里，要喝黄酒——古越龙山。通过这种熟悉的场景，我会产生某种地方感。地方感是我们跟一个地方发生的一种非常主观性的联系，我们在哪里生活，就对哪个地方产生亲切感情从而获得认同感。

这种认同感里，就包含着人跟人之间的互动。我现在讲的这几个概念，除了"互动"，空间、景观、地方等都是现代地理学的核心范畴。

（上海外滩照片）大家看这几张照片，里面有三张是我自己拍的，第一张不是。第一张大家一看就知道是特别有上海标识的外滩，是上海的名片。当然这张名片的景象，包含的是一百六十年来上海的脚步、上海三十年来的改革开放、上海在计划经济时代所承担的角色以及今天上海对自己提出的目标。

（上海弄堂照片）这是大家非常熟悉的上海石库门的房子、弄堂，两个邻居可以坐在门口，一个在前门，一个在后门，就这样面对面地说话。这个情景大家是不是觉得已经非常陌生了？我们现在还和邻居打交道吗？容易打交道吗？我们今天住进公寓，公寓都有铁门，外面可能还再包层铁门，我们要去邻居家敲门的话，可能半天也敲不开。所以说我们今天得把"邻居"这个概念拿掉，但是我们在拿掉这个概念的时候，又在怀念什么？——怀念邻居，邻居包含着什么呢？——包含着我们跟一个地方的一种非常深切的联系，是我们跟这个地方的人的一种联系，以及我们自己属于这个地方的某种感觉。

（加拿大某普通草坪照片）这张照片是我在加拿大拍的，为什么放这张照片？因为这张照片让我想到上海，上海有很多绿地，但很多绿地是不让人在里面活动的。所以有人说这一块绿地像什么呢？——像一块祭坛，绿色祭坛，这个绿是伪绿，不是真绿。我在加拿大和美国的时候，像这样的绿地上都是鼓励人去活动、去使用的。当绿地不能够使用、只能观赏的时候，我们会感到，这一大片地方实际上就变成了一个把人隔开、妨碍人们进行互动的一个障碍了。

所以，有时候，当我们没有社会观点、没有人文观点、没有社会生态观点的时候，一个自然生态不是让人跟人亲近了，而是让人跟人更远了。因为这块地方不让人进去，那就变成了一个隔断，很大的一块隔断。上海有些这样的地方，今天我带的一些照片里会显示出那一块隔断，非常大。对建筑和规划来说，这就等于变成了一个黑洞，有害于这个城市的有机性。整个空间应该是流动的，人跟人接触非常非常方便，城市的机体就是一个有机的整体。

（上海街角照片）我觉得这是上海做得不错的一个空间，它是上海南京路上的一个空间，它有隔但是没有完全隔断。这样一隔本身就有艺术气息，又让那些在这块艺术屏障后面的人也可以很安心地坐在那里歇息和赏景，否则我们将直接面对大马路，来来往往的车辆所排放的废气和扬起的废尘，会使人不愿意在那个地方停留、坐下、休息。所以，这个空间是做得很不错的。

我用的这几张照片、这个标题，实际上也就是今天晚上我们要谈到的问题。比如说空间的尺度问题，它是不是会大到让我们觉得有一种震惊和壮观的效果，但是不亲切？或者说这个地方给人的感觉是疏远的，而不是让人会有一种想使用的、停留的、亲切的感觉。再比如一个空间，你会觉得它是不可及的，虽然它没有标识说"严禁入内"，但是你会觉得它不欢迎你，你是不属于那个空间的人，所以这个空间就产生了一个社会隔离效果，是不可及的。

还有景观。我们说景观可以表达，一种炫耀式的表达。最近有一个很酷的例子——阜阳白宫。阜阳下面的一个区做了一个跟白宫很像的政府办公楼，如果上面不是飘了五星红旗的话，我们会真的认为是白宫，大家觉得酷不酷？阜阳不过是一个地级市，阜阳的一个区里造这样的一个景观，它要炫耀什么呢？这样的景观要炫耀的就是权力。景观实际上从来都不是中立的，景观就是表达某种意义、象征的，所以这个景观放在那里是炫耀权力，而且是模仿世界超级大国的权力。通过景观我们知道，为什么今天城市里有很多景观让我们看了不舒服？就是景观从来不是中立的，不是一个简单的事物，景观在表达意愿、表达符号、表达意义。中国大大小小的城市，尤其是大城市做的广告，一些广告语毫不隐讳地说要为精英人士、至尊人士打造住房，大家看了、听了后，感觉怎么样？所以像这样一种广告、景观，我们都会在今天讨论人文空间的时候批评到。

还是先稍微解释一下何为人文空间。我不认为人文空间是一个严格的规划概念、建筑概念，我用这个词实际上要表达的是，所谓人文空间，首先它是可及的（可及性），我们在规划和建筑中特别强调这一点，那么这是一个空间尺度概念。

我马上会提到中国城市现在都在搞广场运动，经常说我们造了中国甚或世界最大的广场。天安门广场多大？多少平方米？天安门广场是世界上最大的广场，可以容纳一百万人。我走了世界那么多城市，真的没看到过那么大的广场——40万平方米。现在我国很多城市要造一两百万平方米的广场，还有的甚至说要造四百万平方米的广场，大家觉得酷不酷？这个尺度是不是太大了？

今天我把这个问题提出来，不是我自己想象出来的现象，的确是新的一轮"大跃进"。大家都在争造最大的广场，一个小小的县城搞了很大的广场、喷水池，而这个地方实际是缺水的。所以，把这些都当成城市现代化的标识，实际上这不过是60年代、70年代的流行，风向最晚从80年代已经改变了，而我们还正如火如荼。

人文空间又是一个最大限度减少社会不平等的空间，也就是说它是有社会平等诉求的一个空间。是不是有很多空间有明显的歧视呢？对，它虽然没有一块牌子，但事实上很多人走到那里，会说"哦，这不属于我的世界"，对吧？一看它的价格，一看那些服务生的样子，我们就知道，他们的定位不是学生，不是普通百姓，而是另外一群人。所以我说一个人文空间当然是一个平等的空间。

人文空间也应该是一个满足人们需要的空间，而不是只是给人看的。

人文空间应是有助于人格发展和人性成长的、富有意义的。富有意义，我要特别谈到。一个场所、一个空间，如果我觉得亲切，我会赋予意义，我会想到一段成长的故事，能够把自己的成长经历、人格感受跟这个环境结合起来，而不是觉得受挫、沮丧、压抑。

当然人文空间也是跟自然和谐的空间。

讲了那么多，实际上，这个空间应该是易居的、可及的、资源节约的、生态可持续的……

我讲了关于人文空间的定义。"你既然讲那么多肯定的，有没有否定的呢？"当然有否定的：很多空间是不可及的，存在一个不可及的、社会隔离的、强化不平等的、阻碍人性成长的、乏味的、无生气的、没有活力的和掠夺自然的空间。

这样一讲的话，我们就知道，事实上我们讲人文空间，它不是现成就是人文的、对所有人友好的，这样的一个空间实际上是按人文原则构建出来的。今天在空间的构建中谁有发言权？——房地产商有发言权，政府有发言权，但要知道城市空间绝大多数是给普通人用的，所以空间还有一种建构力量，即空间的使用者。普通人有没有发言权呢？在今天整个城市规划、城市建设中，普通人的发言权是很小的、很弱的，他们基本上不能影响到城市空间的改造、城市空间的再造、城市空间的创造。城市怎么使用这块土地？怎么来改造这个场所？我们第一个可能会想到GDP，可能会想到利润，可能也会想到政绩。很多城市工程首先考虑政绩。

所以，我们今天面对的一个问题就是：人文空间事实上属于一个空间生产的概念。空间能生产吗？空间当然不能生产，但是我们要生产出适合人居住的空间，这是需要人的努力的。所以，最后，人文空间实际上属于社会空间的范畴，是一种适合人居和可持续发展的城市环境和场所，它不是现成的，是需要努力的，而且也需要普及理念。

所以，我们今天会说："哦，这个地方不错嘛。"但是再进一步想想，这地方方便你跟它打交道吗？它可能仅仅是景观。这地方能够让你获得活动的便利吗？它能不能够成为你在此发展你的能力的一个场所呢？

所以，我今天会讲到，我们的孩子到哪里去玩？当然孩子们今天有很多地方可以去玩，但是想想看，游乐场所是真正能够发展孩子身心能力的一个地方吗？所以说孩子到哪里去玩，这就是个问题！我们是不是给孩子创造了一个真正适合孩子的一个场所呢？我们今天的环境对孩子来说是不是可能过于危险、过于商业化，而不能让孩子自己发挥他的思想、他的体能？

下面我给大家看几张照片，也是我在不同的地方拍的。我加了一些小标题，也是为了支持我今天晚上的说法。"人文景观 人居尺度"。一张是巴塞罗那的街头。大家看，它是街头一个可饮水的水龙头，这个城市让你在街头渴了的时候，可以饮用免费的水，这本身就够善意的。上海有没有？你们不知道。绍兴有没有？有，OK，绍兴比上海好，上海没有！但是，巴塞罗那人不满足于给你水喝，他们把它做成这样：一个雕塑，一个小男孩雕塑，他两手捧着水龙头。那种淘气、那种神态是欢迎到这个城市来的所有人。那天我一点不渴，也没喝水，我就站在那里想，这样的城市，一个陌生的游客第一次到那里去，马上就产生一种非常好的感觉：这个城市不仅是善意的，的确也是很艺术的。我从这个场景读出很多的内容。

人文景观，这个景观里体现着真正的人文精神，而不是说这个景观在炫耀什么。历史上有很多景观是在炫耀。在巴黎有很多那样的雕塑，法国国王路易十四和其他的君主或统帅，他们骑着马讲述着往昔的征服史。但在城市，越来越多的是像可爱小男孩那样的艺术品，实际上就把环境本身人文化了，就这么小小的一个东西在街心，马上就把环境变得非常可亲了。

第二张照片是在里斯本拍的。这张照片，我想告诉大家的是尺度问题，它是一个人居的尺度。讲一个简单的道理，今天我觉得绍兴的马路基本上还是属于那种我们可以穿越的马路。上海有一家电视台是专门拍交通节目的，大概是第四频道，他们那次叫我做节目《劝阻行人别乱穿马路》，我就说："你们找错人了，我是主张乱穿马路的。"

我主张乱穿马路，但不主张乱闯红绿灯。我说的乱穿马路的意思是：这条马路要有合适的尺度，不要太宽，可以让行人随便地、非常方便地、无危险地从这边穿到那边。我们今天的很多马路是没办法穿了，马路就不再是两边的马路，而变成一边的马路。马路对面的商店、对面的设施我们基本上没办法用了。

尤其是现在很多城市的马路中间还来个隔断，或是铁隔断或是绿化隔断。我觉得在城市搞这个隔断实在是制造麻烦。交通、交通本来就应该通，搞隔断的话，马路不能随便乱穿，马路也会失去生气，我们说城市最重要的是什么呢？——人气！

"地方世界和富有意义的空间"。这两张照片其中一张是在米兰拍的。大家看这张米兰照片，我用了个词叫"地方世界"。米兰的一个周末，人们在进行什么样的交易呢？社区的居民拿出自己做的，或者自己家里可以调剂的东西，做成的一个市场，我们一般把它叫做跳蚤市场。但它跟跳蚤市场不一样，跳蚤市场都是旧货，而它有很多自己做的果酱、面包等其他东西。后面是教堂，教堂总是在社区里面的，所以这样的一个活动，实际上也就是一个社区活动。"地方世界"，"地方"这个概念，place，是个地理学的概念，一个核心概念。所以人跟地的关系、社会跟空间的关系，主要是人在一个地方，利用这个地方，熟悉这个地方以及人们因地方发生了各种各样的互动所产生的一种真切的联系。

这张照片是巴黎最古老的一条街，我的法国同事带着我走这条路的时候告诉我，"巴黎就是从这里成长起来的"。他们讲这话的时候是一种什么神态，我现在还能记得。看着地上那么古旧的石头，那比钻石还要宝贵。差不多就是那种感觉。上海最早的路没有柏油，没有水泥，大家知道叫什么吗？叫"弹格路"，听得懂吗？"弹格路"就是用鹅卵石铺成的路。

"弹格路"今天看来是很环保的，下了雨，水会渗下去，而且走路又不打滑。因为它是鹅卵石铺出来的，走的时间长了之后它还有光泽，看得出岁月给它留下的印记。后来上海在若干年前为了迎接世博会，把"弹格路"全部弄掉了，然后还在报纸上用欢呼的口吻说"最后一条'弹格路'消失了"，当时我真的是很悲哀。今天大家突然醒悟："弹格路"要比水泥路值钱多了，这是上海的历史啊！巴黎人走到那条路，那个神态，就像是看着它的历史，他们认得那种历史。就是一到了那里，人就会觉得不一样了。

我给大家讲一篇我今天早上还在看的论文，是一篇小小的报告，是我的一个美国学生写的，这个美国学生是从费城来的，现在我在教她。我让学生两三周写一篇报告，全部是对上海的观察。她写了什么呢？写了"新天地"和一大会址，她特别写了一大会址。她说她走到一大会址，边上是一个真正的时尚中心——"新天地"。1921年到今年不过八十几年，八十几年天翻地覆，这地方是中国共产党、共产主义运动的发源地，那一边新天地是资本在歌舞升平。这种强烈的对比对于一个美国学生来说刺激太大，她说在看一大会址的时候，不由自主地看到这个凳子是毛泽东坐过的，那个凳子是董必武坐过的，还有一个凳子是陈独秀坐过的。她的一种特别感觉油然而生，是这个小小的空间里所发生的历史的巨大能量。八十多年前共产主义运动还非常弱小，是各种各样运动中的一个——她一个美国学生是不信共产主义的，但她今天必须要承认社会主义中国是世界上的一支力量，是一个谁也不能忽视的大国。所以最后她讲了这样一段话，整个场面极其朴实、极其朴素，一点也不张扬——她猜想如果这个共产主义运动没有胜利，大家也许找不到这个地方，因为太平常了。

这是个美国学生写的。她写得真是挺调皮的，我们的学生就写不出这个东西来。她来到一大会址，发现居然没有人告诉她哪一个房间是开会的、是你必须要去看的，她觉得太不可思议了。她说费城有一个叫 Independence Hall——独立厅，就是宣布《独立宣言》、签字的地方，美国人把那个地方当成一个圣地，像耶路撒冷，就是故意要弄成圣地，因为这是美国开国领袖宣布美国独立的地方；有最醒目的标识指引你进去，要求进入者整理衣冠，屏住呼吸、酝酿、升华感情。但是到了一大会址，没人告诉你哪一个房间是开会的，是宣布中国共产党诞生的。她说这个地方应该做成圣地，但没做成圣地，如此地被淹没在一组房子里。但是她作为一个美国学生，到了开会的房间，一下子感觉到分量了，一下子联想到这段历史——不过几十年的历史，共产主义改变了中国，在当今世界上，谁都必须尊重它，所以她就感到了这历史的重量。

我到绍兴来讲这个话题应该是非常切题的。绍兴有2500年的历史，这是一个非常富有意义的空间。实际上我今天用的这几张照片已经把我今天要讲的话题里几个核心范畴都提出来了。

三　重温雅各布斯

讲讲稍微深一点、学术一点的东西。先来重温一下雅各布斯。她是一个美国人，后来去了加拿大，不是一个完全科班出身的规划专家，但是她写的书在美国规划、美国城市界掀起了一场革命。她那本书的名字是《美国大城市的生与死》，这是搞建筑、规划的学生，尤其是规划专业的学生都要读的，是一部经典。这是什么时候写的呢？书是四十多年前写的，就是20世纪60年代，到今天我们仍然会感觉到它对我们思想的一种极为敏锐的激发能力，所以我们来重温一下。

（一）城市的多样性

雅各布斯最欣赏的是城市的多样性。一个城市当然有多样性，因为里面有各种各样的人，不同的职业、不同的背景。她又说多样性会带来多样性，激发多样性。

想想看，中国的城市本来是很有多样性的，从南到北，从东到西，植被、气候、族群、食物都不一样，所以城市各有各的特点。大家知道山西平遥古城，也知道绍兴、周庄等很多江南的城市，还有广东、广西、岭南那一带，城市又不一样。但是今天中国城市的多样性是在增加还是在减少？显然在减少，千城一面现在成了中国城市一个很大的痛。所以我们来看看雅各布斯讲的多样性。

她讲到城市街区多样性的四个条件："第一，区域内的主要功能必须要多于一个，最好是多于两个。这些功能必须要确保人流的存在，不管是按照不同的日程出门的人，还是因不同的目的来到此地的人，他们都应该能够使用很多共同的设施。第二，大多数的街区必须要短，也就是说，在街道上能够很容易转弯。第三，一个地区的建筑物应该各色各样，年代和状况各不相同，应包括适当比例的老建筑，各色不同建筑的混合必须相当均匀。第四，人流的密度必须达到足够高的程度,不管这些人是为什么目的来到这里的。这也包括本地居民的人流也要达到相等的密度。"

雅各布斯住在纽约格林威治村,她讲多样性是从一个街区的角度出发的。她强调街区不能太长,要走几步就可以转弯,纽约就是这样。城市的马路、街区从空间和形态上一定要富于变化,这样才会使城市生动起来,人的活动也会被激发出来。如果一个长长的街区,全部是住宅,没有任何变化,走这一段路就会非常乏味。她讲了多样性的四个条件,今天搞规划的人、搞建筑的人是不是想到过?雅各布斯的这些话听上去非常朴实,但是实际上有非常中肯的观察。

(二)认同一个地方是因为使用一个地方

"认同一个地方是因为使用一个地方。"这又是一个很多搞规划和建筑的人忘掉了的问题,他们现在只想把建筑变成一种展示、炫耀,给人一种震惊效果,所以城市充满了震惊的效果。大家可能会说,我们刚刚看过奥运会的震惊效果——鸟巢、水立方。那不一样,鸟巢、水立方本来就是公共建筑。当然现在很多机构很有钱,如中央电视台,可以搞那么一个很变形的建筑,就是要让人震惊一下。

但是民居不能这样搞,现在的民居也追求震惊效果,动不动就在小区造极高的廊柱、罗马柱,或凯旋门式的大门。这么高的罗马柱和罗马拱门是可以让人驾马车进去的,不是开宝马进去,而是真正的马车,而且不是一匹马,是好几匹马拉着车子进去。现在上海一些民居都有这种大理石砌起来的柱子,搞错地方了!那本来不是用于民居的吗!

雅各布斯又说,没有人会认同一个抽象的叫做地区的地方,或对这里表现出多少关心。我们认同一个地方是因为使用这个地方,对这个地方了解很深且产生亲切感。我们在地方四处走动,产生了信赖感。产生这种感觉的唯一原因是周围很多有趣、方便且有用的东西像磁铁一样吸引着我们。所以这也是一个人文空间,它主要是为了满足人们的需要,而不是为了展示。

在满足需要的时候,你必须要跟人打交道,这样的话你们就会结成意义深厚的关系,你会有很多的投入在一个地方,你就发现,它变得越来越意义密集了,而不是越来越稀薄。所以这是认同一个地方的最重要的一个原则——使用。人文空间实际上并不是一个跟我们无关的空间，恰恰是一个跟我们的日常生活、日常使用关系最密切、最亲近的一个空间。

（三）赶走了人也赶走了人的社会关系

这句话一点也不深奥，但讲得非常好。清除贫民区——就是今天的大拆大建，造成什么结果？不仅仅是拔掉那些破败的房屋，而且还赶走了人，将其迁移他处，砸掉了当地生意人的饭碗，把街区的律师送进了城内的新办公楼里，它挥刀砍向社区各种错综复杂的关系网，使之永不可再恢复。

这是社会学最关心的东西，社会学不仅关心这一个地方是一个小区，而且还关心小区背后有没有人们彼此联系的社会网络，这是肉眼看不到的。当我们把一个成熟的社区连根拔掉的时候，这些人散到各处，网络也随之消散。今天居住的空间基本上主要考虑的是独立成套的（私人空间是成套的），但不大考虑有多少公共空间让人们方便接触，如何在新的住区重新建立社会联系，因此居民要建立新的联系变得非常困难。

清除一片房子是非常容易的，但清除的时候也把社会关系给清除了，所以我想这是社会学家和建筑、规划学家可以合作的地方。因为搞建筑、规划会想到砖块、管道、工程，但是社会学家还看到什么呢？——社区、社区感、社区网络、关系网络，而这种关系网络会给人们带来生活的某种支持和生活的意义感。

当我们改造一个社区的时候，我们想到的是数砖头、数房间，而没想过人们结成的一种社会联系。四十多年前雅各布斯对美国人说的这段话，今天对中国人说，依然是适用的。我们在做计算的时候，我们只看这些"硬"的东西，没看那些"软"的东西——社会的东西，结成的历史关系、社会关系，这对我们的生活来说是非常重要的关系。

（四）人际网络是城市宝贵的社会资本

雅各布斯说："人际网络是城市宝贵的社会资本，是这个城市不可替代的社会资本。一旦这种社会资本丢失了，不管是什么原因，这个资本带来的收益就会消失，而且不会再回来，直到或除非新的资本缓慢地、偶然地积累起来。"这一段文字是对美国60年代大拆大建的批评，美国60年代也有大拆大建，欧洲也走过这样的路。这句话非常经典。

（五）快车道抽取了城市的精华

雅各布斯对汽车生活方式及城市快车道有尖锐的批评。她说，人行道不知道起自何方，伸向何处，也不见有漫步的人。快车道抽取了城市的精华，大大地损伤了城市的元气。这不是城市的改建，这是对城市的洗劫。垄断性的购物中心和标志性的文化中心，在公共关系的喧闹之下，掩盖着商业还有文化在私密而随意的城市生活中的式微。

八九十年代我们是以欢呼的心情来欢迎沃尔玛，欢呼这些购物中心——shopping mall。我今年在浙江乌镇开会，回来时路过桐乡。桐乡市是个县级市，如果我说那是上海的一个区，没有人会反驳我，因为它和上海的一个区差不多，造了很宽的马路、很高的楼。我就在想：一个县级市有必要造那么高的楼、那么宽的马路吗？实际上，把江南市镇那种窄窄的街道、比较接近地面的平房、那种给人平面交往的方便，都给丢掉了。北京、上海、香港没有办法，没有空间。所以有时候我们学上海学北京，尤其小城市学了的话，实际上是学了最不该学的东西。我从乌镇出来之后这种感觉特别强烈。江南水乡窄窄的石板路、青石路，那才叫好。现在乌镇把整个镇包起来，变成一个巨大的博物馆。所以我们也笑话它，里面就两类人——我们这些游客，还有里面的演员，旅游公司雇的工人、服务员，他们就是演员嘛！他们敲锣打鼓，穿着民族服装，他们在划船，都是在表演，所以乌镇也不是个真实的生活社区，是个旅游公司，只是个旅游点。

四 社会空间视角

"社会空间视角"，这是比较学术的语言。我们今天讲到空间的时候，大家认为空间是自然的。一批社会学家纠正了这个观点，他们认为空间本来是自然的，但是我们今天已经看不到纯粹自然的空间了，所有的空间都是在一定的制度和意识形态下被创造出来的，都是为一定的制度和意识形态服务的，都有很丰富的政治的关系和涵义、社会的关系和涵义。所以我们今天面对的实际上是一个社会空间。

(一) 对空间的控制是一种社会力量

法国哲学家列斐弗尔第一次提出要从关心空间中的生产转向空间的生产，相信对空间的控制构成日常生活中一种根本的和普遍的社会力量。这一观点是由列斐弗尔提出的，也就是说当你控制了空间以后，实际上就是控制了一种非常厉害的社会力量。围绕着空间一定有争斗，一定有政治关系，所以空间一定有权力分析、政治分析。

列斐弗尔启发城市研究深入到城市空间变化背后权力的作用和制度的力量。他是空间研究的鼻祖，后面学者的观点都是从他那儿发展而来的，他开启了对空间的政治学和社会学的研究。

(二) 人类实践如何创造和使用空间

第二个我们要谈到的重要人物是戴维·哈维，美国的社会学家，他原来在英国剑桥，后来去了美国。他写的书很多，在空间研究方面是一等的学者。他继承了马克思主义传统，属于马克思主义地理学家。我编的《城市社会学文选》里还节选了他书里的一个章节。他人也非常好，我跟他说："我要用你的一篇文章放到我的书里，是给学生用的，没钱给你版税。不管你同意还是不同意都给我们写信，如果你没有表示，那我就认为你是默认。"他的回信非常简单，就是"OK"——你去用吧！

戴维·哈维的观点是这样的：要求放弃"空间是什么"的问题，而代之以特定的人类实践如何创造并使用特定的空间的问题——空间是特定的人群为了特定的目的创造出来的——这是一个充满利益和观念冲突的过程，反映社会各派力量对建构城市空间主导权的争夺。一方面，商业主义不断俘获内城空间，全世界都一样，把它变成"一个炫耀性消费的空间"——它给你造的这类炫耀性消费的景观一般人是进不去的，顶多看一看，有时候看一看都觉得不自在。为什么呢？你们一路看过去，别人知道你们买不起，用这种眼光看你几眼的话，最后你就不想去了。在这样的空间里称颂的是商品而非市民价值，它成为一个奇异景观的地点，宣传的是商业主义的原则。另一方面，以推进平等参与和正义秩序为目标而建构的社会空间，来取代阶层与纯粹金钱权力之地景的斗争，从来没有停息。空间应该是平民主义的，应该是日常生活的，应该是社区活动的。

在美国的纽约等很多地方，一些商业设施或商业计划经常会受到市民运动的阻挠，包括我刚才说的雅各布斯，她认为街区乱很好。我们经常批评"脏、乱、差"，但我现在说"脏、乱、差"好，有活力。很多城市提出要消灭小贩，比如合肥。消灭小贩是要给人一种什么样的景观？那背后是什么样的诉求？现在景观等于是城市新的政绩——美化城市的新政绩。而小贩代表了一部分民众的民生，小贩有市场就表明还有人要买小贩的东西，买不起其他的东西。在中国这样的一个发展阶段，我一直反对对小贩斩尽杀绝，一直反对。在加拿大、渥太华这些地方，都能看到小贩，当然没有中国这么多，这是肯定的。

我一开始就提出景观问题，现在大家可以明白：听于老师讲景观背后的譬如权力、政绩、某种商业原则，才知道，为什么它会和小贩等有这么大的冲突。这里就涉及小贩用空间谋生、地方政府的空间美化是地方政府发展和政绩的一部分等重要的社会方面。

（三）城市空间的消失与崛起

上海的一位学者名叫王晓明，他对列斐弗尔和戴维·哈维也是非常熟悉的。他写了一篇文章题为《上海天空下》。他是上海人，亲历上海发生的变化——什么空间消失了，什么空间崛起了。随着这个崛起的空间（不光是个物理空间，而且还会塑造人们对空间的一种心理联系），他发现原来的社会主义工业空间消失了，兴起的是以住宅为核心的新的城市空间。

今天，地铁站放在哪里，办公楼放在哪里，购物中心放在哪里，都取决于它离住宅中心有多远。空间的设计已经不再围绕工厂，而是围绕着生活区域，就是我们的小区，高档的小区。发展商要搞一个大的楼盘，搞一个小区，要怎么吸引人？他说，我要争取地铁站从我这儿过去，而且还要弄个好的学校——好的小学，好的中学。

以住宅为中心的组团空间是今天的一个空间模式。在这样的一个空间模式下，人们就会把家作为自己生命或是生活的中轴。人们关心的是经营这个家，接受了以家为中心的这样一种生活方式，所以会把很多精力放在家里。无论我们在外面怎么奔波，最后还是要回到家里。

中国现在的家庭一方面进入到公寓、汽车时代，另一方面，家家户户都装修得美轮美奂，一进家门都得脱鞋。但以家为中心会产生对环境、公共空间和集体活动空间的某种疏远，这也是今天空间实践带来的新问题。

（四）毛泽东时代的社会主义工业空间

下面是对我刚才所说的社会空间理论的进一步阐释。分为毛泽东时代和改革开放时代两段。毛泽东时代时，从农村到城市是一个巨大的改变。毛泽东领导的革命几十年都在农村，革命胜利进城他有一套改造和建设城市的理论。他认为中国的城市原来是个消费城市，社会主义的中国就要把消费城市变成生产城市，一切围绕着生产。围绕着工厂建工人新村，在工人新村里建工人俱乐部，所有空间的计划、空间的战略都围绕着生产和工厂，这是第一点。

第二，毛泽东时代不断搞革命运动，搞运动就要政治动员，政治动员经常要群众集会。北京有一个世界上最大的广场，上海也搞了个人民广场，用于五六十万人的大型集会。中国大大小小的城市都有广场，广场有一个台子，是领导检阅或动员群众用的。那时的空间就是围绕着政治动员的需要来规划的，所以所有的单位都有大礼堂。大礼堂是干什么的？领导动员。还有工人俱乐部、工厂、工人新村、单位制度，都围绕着政治动员。

单位制度是个什么样的制度呢？它里面什么样的功能都有。单位办社会，单位就是一个小社会，既然单位是一个小社会，那在单位范围内什么都有，有理发店，有菜市场——现在回想，当时连菜市场都是国营的。是怎样的一种制度和为这制度所配套的空间结构？以工厂为核心，以提供无所不包的社会职能的单位聚合而成的单位空间，成为新中国成立以后中国城市主导性的新景观，也标志着上海新兴工业区的起源。闵行、漕河泾、泗塘、彭浦等市镇的兴起都是这样。

"社会工业空间"这个概念是列斐弗尔提出的。他先讲资本主义生产方式一定会有与之配套的资本主义的空间，因为只有这样的空间才能让资本主义的生产方式运转顺利。关于这方面的文献很多，戴维·哈维也有很多精彩的观点。

戴维·哈维讲到资本主义生产是一个扩张性的生产，扩张性的生产最大的一个问题就是空间障碍。怎么克服这个障碍呢？资本主义的发展跟着电报、电话、火车的发明和其他各种各样的超越，成为克服各种空间障碍的地理史。

毛泽东时代也是这样。我举一个例子，上海有一个跑马场，

1949年解放军一进上海就把它关闭了，然后把它开辟成人民广场和人民公园。跑马场代表什么？代表着过去一百多年殖民地的历史，或者叫半殖民地的历史、租界的历史。有一段时间它是属于英国人的，英国人到哪里去都要搞跑马场，中国香港也搞跑马场。

1995年我到香港进修的时候，一个学院的院长带我去跑马场看跑马，出来时问我怎么样，觉得挺新鲜吧？我说几十年前上海就有。他又问我身上穿的西装是不是香港的那家店买的。我说不是，是上海，香港的这家店是上海那家店的分店。原来上海一直是香港的model。上海市中心最好的一块地就是跑马场，香港现在有两个跑马场：香港岛上那个叫跑马地，还有一个在新界沙田的沙田跑马场，那是很大的一个马场，这次奥运会的马术比赛就在沙田马场举行。空间表达的这种政治象征涵义，新政权是很清楚的，所以要荡涤原来租界或者帝国主义、资本主义的那些污泥浊水，上海首当其冲。关闭妓院，关掉跑马场，开辟人民公园、人民广场，都包含着新政权新的空间战略，新的空间政治学。

我刚刚讲到，围绕着工厂有工人新村，那里有煤气，有卫生间，只有劳动模范可以进去，这算是特权了。所以工人新村在当时那个时代不光代表着一种新的住宅、新的地标，还代表着某种政治荣誉和某种社会地位。社会地位和工人新村连在一起，是毛泽东时代的一种空间政治学。

1978年以后，中国城市包括上海在空间的改造和空间战略上发生了一些变化。但有一点没变，主导空间战略的仍然是政府，但是意识形态变了。1978年，也就是三十年前，十一届三中全会提出以经济建设为中心。中国的改革开放是一次伟大的变革。美国"时代周刊"说，这是毛泽东以后中国的新革命。毛泽东领导的革命被全世界大多数的学者认定是一个revolution，而且是人类历史上最伟大的革命之一。

虽然毛泽东在后期犯了一些错误，但毛泽东真正让一个四分五裂、积贫积弱的文明古国统一、站立起来。毛泽东在1949年10月1日讲的"中国人民从此站起来了"这句话，一定不是虚言。

（五）以空间效益为目标的新空间战略

对今天在座的同学们来说，意义重大的是1978年的改革开放，这真的是一场革命。你们今天都会觉得这革命理所当然，你们今天上大学，到国外读书，到其他地方旅游，不需要单位介绍信，就可以随便去做什么。在从前那是完全不允许的，所以说这是一个巨大的变革。

三十年来，西方人根据以前对中国的了解，再到中国来一看，真是被吓一跳！很多人说中国富裕的地方已经超过了发达国家，当然这话我们听的时候要留点神。因为中国的发展很不平衡，从上海跑出去就会发现，上海真不代表中国，真正代表中国的还是中国广大的中小城市。

1978年的改革开放，转变了基本路线以后，我们城市发展的空间战略也发生了变化。邓小平确定改革开放路线，放弃以阶级斗争为纲的口号，代之以经济建设为中心、建设社会主义市场经济新体制的发展战略，根本改变了城市空间生产的方向和机制。为满足不断的政治运动和政治动员的需要而建的空间场所，如广场、大礼堂等大多失去政治功能而改作他用，如人民广场。大家可能会想，于老师刚才不是说中国现在"广场热"吗？那是另外一回事，那不是搞政治动员的，是用来炫耀的。现在再去看人民广场，这一块是博物馆，那一块是规划馆，这一块是大剧院，还有一大片草地。以前那就是一大片用来搞政治动员的场所。

我自己就参加过好多集会，5月1号、10月1号、"文化大革命"，都是人山人海。1997年上海市人民政府把这一个地方变成一个艺术中心，也是向世人宣示它的新的空间方向。文化和艺术是城市最重要的中心地带功能。支持新广场景观的是新的发展战略：上海要成为中国经济的引擎或龙头，国际经济、金融、贸易和航运中心城市等，以及支持新战略的新的意识形态：GDP中心主义、全球主义、消费主义、市场主义等。

（六）改变城市空间的力量及其后果

这样，城市空间生产的主导力量，就不单是发展型的政府，还有发展商。在政府、发展商、空间的使用者和居民，还有建筑师、规划师的专业力量中，最有发言权的是政府和发展商，其次是专业人士，民众的声音最弱。当民众声音最弱的时候，你会发现，空间基本上是靠权力主导，权力又主导资本，权力资本加上专业，三种力量主导。

所以民众的要求、民众的权益、民众的呼声在整个空间的生产中就显得很弱。今天发生很多群体事件，或者叫群体的不满，当然它们没办法变成一种运动，为什么呢？他们只能个别地跟发展商或政府讨价还价。所以我们说政府真的是很有力量。它想把这一个街区推倒就推倒了，它想改成什么样的地方就改成什么样的地方，这在国外是很难做到的。涉及千千万万的产权，每一个谈判都非常难。像上海这种"一年一个样，三年大变样"，西方人只觉得我们政府实在太强大了，他们看不懂我们空间生产的机制。

我现在基本上把社会空间的视角、概念扼要地讲完了，也讲了毛泽东时代的空间战略和现在的空间战略。最后我还特意讲了讲由权力和资本主导、以土地/空间效益为目标的经济开发型模式，而不是经济社会的协调模式。所以我们追求空间利益最大化，发展商在其中起了很大的作用。

当我们追求空间利益最大化的时候，我们就一定会不断地把政府控制的土地用完了以后，还去找新的土地。找谁要呢？——农民。从农民那儿获得土地，城市不断扩张，就带来了一个问题。当城市扩张了以后，比如说绍兴，原来如果是 50 平方公里，现在扩展到 100 平方公里，或者 300 平方公里，那么实际上空间的距离就大了，这需要解决一个穿越空间的机动性问题。

随着城市空间的扩张，城市的发展，带来的就是中国的小汽车进入家庭，变成一个巨大的运动。小汽车的进入，解决了一个机动性的问题。当小汽车进入以后，我们发现，空间开发马上发生变化。原来马路上只有 100 辆汽车，现在有 1000 辆，原来的马路不够用了，怎么办？加宽。加宽侵蚀的是什么呢？自行车道、人行道。所以在这样一个发展中，马上会涉及路权的问题。

我现在写的一篇文章就是讲为什么现在我们的自行车不让骑了，行人走路很困难。一方面我们的速度更快，另一方面我们在城市内部骑自行车变得很困难。上海有 20% 的路是禁止自行车行驶的。到这里，我们就大体把今天最难的理论部分讲完了。大家一讲到绍兴就会想到鲁迅，想到水乡，想到它的空间特点，想到它的亲切的尺度，我们不希望这些东西丧失。今天很多城市都在丧失各自的特点。

下面我开始讲一些批评的专题，也有一些是以我在国外所经历的事情为例子。大家可能会说我崇洋媚外，我要解释一下，因为这些也是比较现成的例子。我们学习国外还是有必要的，现在还学得太少，尤其是在城市规划方面。今年 4 月份我在乌镇开会的时候，当时参加会议的还有徐匡迪——中国工程院院长，以及法国前总统德斯坦，我是作为专家被邀请发言的。当时大家大讲修旧如旧，说是保持中国传统。我就发言说修旧如旧不是中国传统，中国怎么是修旧如旧？

中国的古建筑多是木结构的，容易腐朽和败坏，怎么修旧如旧？中国哲学是生生不息日新月异。颐和园过几年就要用油漆刷一刷，描一描，中国的寺庙翻修的时候也用油漆，用油漆怎么叫修旧如旧呢？就要把旧的盖掉，把新的东西展现出来。

修旧如旧是国外的，是欧洲的，是法国人的。他们开始时把原来的石块路翻掉，搞个柏油，发现味道不对，因为道路边的建筑都是石头建筑，于是把柏油挖掉，再弄石块。以前我到欧洲去，看到大多数的中心城区都是石块路，代价很高。我们是欢呼"弹格路消灭了！"人家是不断地在修旧如旧。我去过耶鲁大学，他们就明确地告诉我，修旧如旧比修旧如新要费钱得多，有时候还故意把它打碎一点点，稍微重一点就全碎了，那就泡汤了。总是要弄得看上去有历史的沧桑感，拼命去维持那种风格。在美国的大学里我是特别喜欢耶鲁的，因为耶鲁大学的整个风格非常老牌而且统一。

我说修旧如旧是学习西方的，而不是我们的传统。所以我们要正本清源，不要把它说成是我们中国人的发明。我们要学习西方的修旧如旧，但是我们的传统木结构建筑要修旧如旧的确是蛮难的，它要腐朽你能怎么办？不像人家的这种石头建筑。

讲了理论，再来讲讲我们今天的现实。1978年以后，尤其90年代以来，中国城市的空间已经发生了很大的改变。改变城市空间的力量有三种：政府与开发商，规划师、建筑师、景观设计师，空间使用者和居民。当然空间使用者和居民在空间的物理性生产上发言权很小，但他们仍然是有力量的，他们的力量就是把空间改造成适合他们用的空间，这是任何规划师和发展商都没有办法决定的。人们在他们使用空间的过程中发现新的用途——老百姓对空间的用法很多，要适合他们生活的需要。我们与这个空间的感觉是一种具体的感觉，而规划师描画空间的时候是画线，对他来说，空间是抽象概念。所以对使用者来说，空间要么是可亲近的要么是不可亲近的，都是一个具体空间的关系。这是我们要掌握的。

最重要的是90年代以来，中国城市的空间生产是哪些运动呢？是基于哪些大的动机呢？几乎所有的城市都在做城市改造与更新，要做区域中心和国际中心城市。中国有156个城市要做国际大都市，南京想做大都市，被南京的社会学家讽刺了一番，因为它在上海边上，永远做不了国际大都市，所以南京政府最后也接受了这个现实。南京的一位城市专家张鸿雁说过，长三角别另搞一套，要有大上海都市圈的概念，其他城市无法取代上海具有的领袖能力、引领能力和辐射能力。这并不是大上海主义，而是真正从空间、从经济、区域中心这个角度来考虑的。

还有其他的，如绿化运动，景观与城市美化运动，城市快速道路和轨道交通建设，汽车进家庭的新的生活方式。所有这些列举的东西，对我们今天城市变化的作用大不大？太大了。

绿化、景观——上海把延安路两边的民宅和其他建筑全部拆除，建了延安绿化带。上海搞了很多中心绿化带，这是多大的一个运动！当然这个运动和上海要建国际大都市，要按国际标准即所谓生态城市相关。所以今天这些城市运动背后，要么是中国政治要么是世界政治，它绝不是一个单纯的空间美观问题，所有的城市美观运动都与政府的新的发展战略连在一起。

汽车进家庭的生活方式对空间有什么影响？影响很大，有小区的停车位、马路的拓宽、城市机动性的增加所带来的其他问题。

这是我列举的新的后果——空间改变的社会后果：新的路权分配，中心城区的绅士化、奢侈化、商业化，传统街坊的消失和新型公寓区的兴起，城市内的人口大迁移和新的居住分异。

给个数据大家就知道了，上海至少有200万人从中心城区迁到了原来被认为是接近郊区的地方。现在有一个说法非常符合我们今天讲的空间化。上海现在有三个圈——内环、中环、外环。随着上海中心城区的奢侈化或者绅士化或者高档化，越来越多的穷人住不起了，房子拆迁的时候买不起新房，那就往外搬，城市往外运动，然后有钱的人进来，所以中心城区讲英文；内环和中环之间讲国语，为什么呢？全国各地的财主到上海了；到了外环讲上海话。这是一个形象的说法。上海90年代以来城市空间的变化带来了新的人口集聚、新的社会阶层的归属，要在市中心买房子太难。现在在市中心买一套房子一平方米要四五万元，我现在住在中环和外环之间，一平方米也差不多要一万或更多，所以，我现在真的是百万富翁了。

五 城市空间的问题

这样带来的是怎样一个关于人文空间的问题呢？报告开头的简介里说到，最近20年来的城市运动、城市更新、城市改造，我们告别了里弄,告别了小巷,住进了公寓,有了汽车,是公寓加汽车的时代。我们住的空间增大了,但从某种意义上说,我们的人文空间消失了或者说受到了损害,所以今天要讲城市运动的过程给人文空间带来的问题。先来看城市空间的问题,我举的例子是:大学谢客了?孩子到哪里去玩?街道怎么了?主干路没有自行车道?绿化为生活还是为展示……

(一)大学谢客了?

以上这些都是上海存在的问题。大学谢客是昨天接受采访时临时想到的,当然这跟空间有关系。北京大学准备实行刷卡进校园制度,社会人士进去需要登记。昨天我在天津人民广播电台做了一小时的直播节目,批评了北京大学。我走遍全世界的大学,很多连围墙都没有,更不用说大门了。

这是我们现在的问题:北京大学酝酿刷卡进校和访客预约登记制度;武汉建成世界最大广场,总面积超过150万平方米;合肥建设无摊贩城市;上海中环线沿线规划不设自行车专用道;安徽阜阳颖泉区耗资千万建白宫式政府办公楼……这都是在报纸上看到的,和我们今天主题有关的话题,然后我们就要问很多问题。

先评论一个问题,就是大学。文理学院有预约登记制度吗?社会人士可以进入吗?《杭州日报》评论员魏英杰说:"浙江大学没有'关门'。"报道出来以后,复旦大学坚持不"关门"的立场。这使我想到,北大是否发生了外来人员严重妨碍教学秩序的事件?即使有,也要用具体措施去解决,而不是把"大学要关门"和这样一个技术问题等量齐观。大学不能谢客,大学要开门,甚至要把围墙拆除,这是第一等原则,第一条原则,其他的都是第二等第三等的。

大学为什么不能关门,我觉得道理很多。大学是干什么的?大家看这两个大学(巴黎大学和加拿大女皇大学照片),一个是巴黎大学,一个是我们现在合作的加拿大女皇大学。加拿大女皇大学每年都有学生来访,那里根本没有门。巴黎大学,看到门了吗?也没有院墙,学生下课坐在那里吃东西,教授上完课和学生一起坐在那里,可以继续师生的互动。

大学是干什么的?德国哲学家雅斯贝尔斯说,大学是科学与学术性的研究,学术之教学以及创造性之文化生活。今天在这里,大讲堂是一个公开的讲堂。社会上有各种各样的机构,商业机构、政府机构。大学是干什么的?大学是创造知识、传播知识,一个创造性文化生活的地方。

就大学的使命而言,"关门"是完全忘记了自己是干什么的,应该欢迎来客,使其接受影响,而不是让社会影响大学,让商业主义影响社会。应该各得其所,用更好的理念、更均衡的价值观去影响社会。可是现在大学经常是缴械投降,拜倒在商业主义面前,完全放弃自己的责任,还要把大门关上。北大还希望建设成为国际一流大学,就这点就成问题了。

(哈佛大学和加州理工学院照片)加州理工学院是钱学森就读的地方,在美国大学中排名靠前。(耶鲁大学和麻省理工学院照片)所有这些大学根本没有院墙。我走过的欧洲的大学,很多也没有院墙,更不用说大门了,也没有牌子。

一个大学在城市里,这个城市就叫大学城,所有的市民都很自豪,一些大型的演讲他们都会去,当然这个大学也接受社区给予他们的帮助。所以,大学在一个社区、一个城市,本就应该自觉去影响社会。另外,大学是一个公共的空间,中国的大学都是国立大学或者公立大学,有大块的草坪。一个城市有商业空间、工业空间、居住空间,大型的公用空间除了街区之外哪里还有?——大学。大学还有很多很好的建筑,还是个景观之地。我在香港中文大学的那半年,香港的新人都喜欢去那里拍照。这是渥太华大学,这是麦吉尔大学,都是加拿大的好大学,尤其是麦吉尔大学。这是我1999年在加拿大,那里完全没有院墙。麦吉尔大学在加拿大最大的城市之一的蒙特利尔。

另外一个非常有名的是伦敦经济学院,在城市的中心地带,靠近大英博物院、国会大厦,大学把它的文化辐射出去,也接受社会各种各样的便利,包括听克林顿的演讲。在这样的环境里,大学和社会的互动是积极的、互益的。伦敦是名副其实的国际大都会,是欧洲主要的金融中心,伦敦的城市心跳和伦敦经济学院的脉搏更是紧紧相连。一个伦敦经济学院的学生除了本科专业以外,若是对艺术、建筑或文物、舞蹈、电影、音乐、戏剧表演感兴趣,都可在伦敦找到投身的领域。大学坐落在一个密集的空间,每年有知名的国际领导人、各界专才到访,公开演讲、教学、个人研究,他们丰富了学院的知识景观,也强化了伦敦经济学院的学术地位。联合国秘书长安南、英国首相布莱尔、美国前总统克林顿及南非前总统曼德拉曾去发表过演讲,伦敦经济学院的学生很容易就能听到这些演讲。

我们是怎么做的呢？建造一个大学城，把学生聚集到郊区。我曾经到过兰州大学，兰州大学把校区搬到一个县里，还不是县城，而是一个很远的山沟里。他们请我去做演讲，开车开了一个多小时，越走我心里越不舒服。一直进去才知道那里原来是兰州军区空军司令部，部队把这地方以很便宜的价格置换给兰州大学，兰州大学因此多了一个校区。其实这样的校区有不真实的一面，老师上完课就走，师生无互动，晚上只有学生和小贩出没，所以学生一到周末就像逃离瘟疫一样逃离大学城。本来大学应该充满意义，现在变得单调乏味。

这是在耶鲁拍的照片，大学校园是社区和城市的一部分。这是哈佛大学的照片。哈佛大学有个地方叫 Harvard Yard，是哈佛大学的核心地带，有很多人愿意穿梭于其中，特别爱校园。别人问他每天从哪里经过，他很自豪地说每天从哈佛经过。另外，哈佛每天进出的都是神采奕奕的教授、年轻焕发的学生，建筑都代表着历史，各种各样的雕塑都代表着文明。我常作这样的猜想，一个顽劣的人若每天穿越哈佛大学校园，一年下来也变得文雅了，大家同意这种说法吗？

我在欧洲一些大学里走的时候真的有这样的感觉，不敢放肆，看到弗洛伊德的雕塑或另一个雕塑时，体会到文明的创造和传承。维也纳大学里到处都是各种学派的创始人，所以你在校园里走的时候，知道你在一个大的传统洪流中是个后来者，有一种继承传统的愿望，它提升你，把你从琐碎中提升起来。几百年的历史和传统，最好的建筑，豪华、气派、有艺术。所以当人在其中行走，怎么会不受熏陶呢？每天从复旦大学经过多好。因此我主张把围墙拆除，让人穿行，在教育学生的同时也在教化市民，一举两得。

（二）孩子到哪里去玩？

孩子去哪里玩？现在的孩子没地方玩。我小的时候在弄堂里玩，那里很安全，没有车辆。那时候几乎没有自行车，自行车是三大件里的一件，谁家要有自行车，那是很了不得的事情；而且那时候功课也不多，家里大概三四个孩子，读书也没有压力，一个小时差不多就完成了，我们叫"开小组会"，完了以后就在弄堂里玩，打弹子、跳橡皮筋……东西虽然简陋，但是跟别人玩你不能赖皮，要遵守规则，不能用不正当的手段赢别人，用社会学的观点，这叫伙伴团体，是一个社会化的过程。在玩的过程中，你自己玩还要带别人玩，不能破坏规则。所以我们小时候心理和人格还是比较健康的；不像现在在孤独中成长的孩子，受了一点挫折就沮丧到了极点，经常觉得大起大落。那时候我们在弄堂里玩出了我们的那种人格，很穷但很开心。今天的孩子没地方玩，去哪里玩？游乐场，到游乐场玩不用动脑子也不用动身体，只要金钱。

雅各布斯相信街道是合适孩子玩的地方，街道可成为孩子人格成长和人性发展的空间，所以把空间的概念放到这个角度，她有很多具体的描述。今天我们读这些文字的时候不是一般的生搬硬套。她说的最重要的一点是：丰富多样而富有活力的街道有助于孩子的人性成长与人格发展。孩子们会使用各种方式玩耍，他们那种玩耍方式的魅力在于随处都在的自由自在的感觉，那份在人行道上跑来跑去的自由，这与把他们限制在一个圈起来的地方完全是两码事。

上海有一个嘉定新城，按照中国传统建筑的样式，就是四合院的方式，它的建筑材料很环保，有恒温的效果，不需要空调，所有的起居室都有很大的窗户对着四合院围起来的场所。所以当时我对设计师说，一个孩子进去就会唤来其他的孩子进去，一群孩子进去就会引来大人，大人可以互相交流孩子的事。上海的市区也一样，孩子出去滑旱冰，孩子很小，有专门教授教，孩子由家长带领，孩子玩，大人交流，渐渐发现孩子有孩子的乐趣，大人有大人的乐趣。这是场所和场所的活动把他们连接起来的。

特别要谈到人行道。如果街旁的人行道足够宽，那么孩子的玩耍活动可以和其他的活动热闹非凡地一起进行。如果人行道不够宽，跳绳会成为第一个牺牲品，接下来的会是轮滑、骑三轮车和自行车。人行道越是狭窄，孩子们随意的玩耍就被禁止越多，而孩子们对车行道的骚扰也会越多。这都是我们今天遇到的问题。我们还有人行道吗？上海很多地方几乎没有人行道。我小时候在人行道上活蹦乱跳，玩，追逐。玩是孩子的天性，现在还有追逐吗？没有了。

这张照片是在 2006 年我做弄堂调查时拍的，我们就是在这里长大的。今天孩子到哪里去玩？游乐场，就是玩这种东西，对身心都没什么帮助，就是固定的商业项目，不培养孩子的团队精神、伙伴精神、身体能力。

再讲一个酷的观点，今天我们讲公园，人家讲 Garden，Garden 不是花园而是田园，是带着农庄的性质，可以作农田。欧洲现在有很多地方，城市里弄出一块地方，地形多样，但是安全，到处都是沙子。我在柏林的时候就看到过，特别注意过，它是一个住宅区里围出的很大一块，孩子在那里打滚、骑车，怎么玩都可以。他们把它翻译成田园——儿童田园，不叫乐园，也不叫花园。孩子在那里抱着猪，种庄稼，真的是在接近自然。德国的一个景观师来上海一直在推销这个田园理念，我也把她的想法介绍给上海市教委，可能是太前卫，没有人来尝试。

这是我在街头拍的轮滑照片，这是今天的一些孩子的玩法。所以我说上海市政府的领导要保留上海的特点，并不是要孩子再去打弹子，刮香烟牌子，而是要知道今天的孩子喜欢玩什么，要开辟适合孩子玩的安全的空间、安全的场所。我在拍照的时候发现那里的台阶都没有处理好，孩子在那里容易摔跤。像这种街头广场应该多开辟，现在很多青少年喜欢滑旱冰、滑滑板。我儿子也很喜欢，他们常常一起滑，叫刷街，从家里刷到复旦大学，又从复旦大学刷到外滩，一路刷过去，然后再刷回来。还有很多小表演，放些小杯子穿行。每天有新的玩法，但是应该给他们创造合适的、安全的、随处可及的空间。这样，孩子在玩的过程中，不仅娱乐了，还和同伴一起成长了。这样一些空间就是雅各布斯所说的人性成长的空间、人格发展的空间。

（三）主干路没有自行车道？

第三个例子——自行车。"自行车王国"现在不能骑自行车了，上海有些主干道路已经不能骑自行车了。欧洲人现在怎么做呢？他们的原则是：行人第一，自行车第二，汽车第三。小汽车最后，汽车第三里包含公交车。欧洲所有的火车都有一节车厢画有自行车的标记，可以让你推着自行车上火车去远处锻炼，所以自行车在那里是畅行无阻的。我今年4月在柏林，很大的一个城市，没有一个地方不可以骑自行车。

赫尔辛基街头有很多免费自行车，骑完之后可以放到另外一个免费的地方，它专门画出了自行车道，这是欧洲的做法。针对这个问题，我专门写了一篇关于空间生产和路权分配问题的文章，里面谈到为什么行人在其与汽车的路权分配中处于弱势地位，这个城市的空间扩展、机动性的要求、汽车产业等，实际上牺牲了最大一部分人对出行的交通工具的选择。

自行车王国在哪里？我觉得是在欧洲，而不是在中国的城市了。这是在巴塞罗那，这是在海德堡。海德堡是一个小城市，自行车过马路怎么办？它有专门用黄线划出的区域，你在上面骑自行车没有车敢碾你。著名的是海德堡大学，也是德国的印刷技术的发源地。我们对它比较熟悉是因为最伟大的社会学家马克思·韦伯在这所大学读书，后又在这里任教。

我家现在住的房子被称作莱茵半岛二期，叫什么名字呢？就叫海德堡。当时我一听这个名字就去买这套房子了。我怎么会知道海德堡这个名字呢？是因为我的一个朋友——香港中文大学的校长写了一本书叫《海德堡语丝》，讲的就是在海德堡的经历，写得非常好，写得太美了。城里有一座山叫圣山，有条路叫哲人之路，还有一条很长的步行街。这座城为什么保留下来了呢？那是因为当时好莱坞在这里拍了个片子，以海德堡为背景讲述一个美国人在这里邂逅了一段浪漫，所以很多士兵都很喜欢海德堡，当二战打到德国本土时，士兵对海德堡的偏爱也影响到了统帅部，最终海德堡没有挨盟军的炸弹。当然海德堡也是要保护的，那里有很多古迹，是一个值得去的、很优美的城市。

（四）街道怎么了？

下面一个例子是上海的街道。现在城市空间改变，街道有变化吗？有变化，街道变宽了。我们用一个词"可及性"，这个词英文文献里经常有，叫 accessible 或者 accessibility，要求我们的空间设计尽量让大家方便接近和使用，所以非常强调 accessible 即可及性的原则。当今天我们的空间变得很大时，就带来了很多不便。所以有时候不是因为阶级或者是阶层问题，而是由于空间的问题，街道就不能使用。

一个好街区，在城市多样性的条件下，正好是雅各布斯所说的那些条件：街区宽度窄，200 步到 300 步；店面紧凑，三个门面左右；多样性的街道空间，如街角；弄堂可以穿行。但是现在不行了，原来上海这个城市的 block 是弄堂，弄堂外面是马路，弄堂门口的房子是沿街的店面，这是上海典型的布局不是封闭的，可以从弄堂穿到马路，弄堂构成城市道路系统的一部分，所以 accessible 也可以从这个角度来看。

今天我们的弄堂都变成小区了，小区一般只有一个门，而且是"非请勿入"，"非本小区居民不准入内"。所以当弄堂变成一个 block 后，又是一个封闭空间的话，这块空间你就无法穿越了。如果这个 block 足够大，例如一个 400 步至 500 步的 block，全部属于一个楼盘，就一两个门，你就发现这一段路会走得非常乏味，本来穿越小区会让走路遇到的场景很丰富很生动，现在再也不能穿越了，变得非常没有乐趣，里面如果有什么趣事你也不知道了。

我列举了上海旧街区的一些特点，就是想说明我们今天城市的变化带来的问题。看我去年拍的照片，这些街道大概 10 步到 15 步——我以我的步子量过。10 步到 15 步是我小时候生活的街区的尺度，今天是多少？一般至少 30 步，更多的有上百步。有时候上海一些宽的马路，一个红绿灯行人走不过去，得等两个红绿灯，很多人就会闯红灯，因为等不了，所以政府在街道旁边做的很多景观他们都不想看了，他们唯一的目的就是穿过一条很宽的马路。

上海有条世纪大道，非常宽。我们问过行人："你们看不看世纪大道两边的景观？"他们说不看，就关注红绿灯，绿灯一亮就踏着碎步，快速地通过马路。所以过马路变成一件非常紧张的事。大家觉得这是一个人文尺度吗？不是，这不是一个人文尺度。

这是一个短的街区照片，门面紧凑，2 个到 3 个门。这是在上海复兴路上，那边的街角非常丰富。街角是真正的社会空间，绍兴人也知道，上海的街角一般都是南货店。南货店卖各种各样的东西，从弄堂出来到南货店很方便，很容易遇到自己的邻居，遇到邻居就会顺便聊聊天，这样就是一种互动。我拍的这张照片是现在还存在的街角，四个街角会有不同的商店，当然今天变成了小超市。照片显示街角多少仍在延续一个传统。

这都是一座城市需要具有的，比如说可接近性、亲切、人可掌控、生活方便、容易和别人打交道等这些要素。这就是刚才大家看过的面对面互动的生活事件。这种情况你在哪里看得到呢？在公寓里根本不可能。在美国绝对看不到这种情况。美国人现在怎么做呢？一栋栋的 single house 或者是一排排 town house，在这个区域里没有一家商店。美国人会花十五分钟、二十分钟开车到 shopping mall 去买东西，再开车把孩子送到另外一个区域去上学，美国人就是这样生活的。一个城市，具有完整的、多样的功能的世界，就被美国人分割成几块。而且他们都住在独立的 house，邻居见面就是点点头，所以美国人自己也在说美国的社区精神在衰败。美国邻里之间没有关系了，美国人一有事情就想到找保险公司，找律师、私人医生，不会去考虑邻居。所以现在有人说美国人现在"独自一人去打保龄球"，打保龄球当然是呼朋唤友地去更有趣，一个人打有什么意思？就算你全部打中，谁为你喝彩？所以美国哈佛大学的一个政治学教授普特南写了一本书——《独自打保龄球》，非常有名，这本书就是讲美国的社区精神怎样在渐渐地衰败。从我的角度，我会说这和他们的居住形态有关系，你们没有生活在一个真实的社区里。所以现在美国有一批搞建筑规划的人倡导了一个叫"新城市主义"的运动，就是想恢复美国传统的市镇与街道。

（弄堂照片）上海原来的弄堂都是和马路相通的，所以弄堂就构成了马路的一部分。图片中是我原来住的地方，也就是"新天地"那个地方，现在全部被香港开发商推倒了。

今天，汽车、高架桥改变了我们城市的空间尺度。高架桥基本上都是直来直去，所以有人说高架破坏了城市的有机性。而高架下面做绿化，将马路隔断了，实际上马路变成了不通的两段，骑自行车经常要逆向行驶。这种做法非常笨。

图片中高架桥下面是什么呢？绿化带。谁会跑到高架下面去看绿化，谁会要求把一个城市中本该通的道路变成不通的？这是第一点。还有一点，就是图片中的绿化带是在我家门前，所以我很容易拍到，可是那些草种了三年，从来没有绿过。这有两种可能，一种可能是这本身就不是一种绿化，是一种黄色的草。我估计应该没有这样的草本，可能种的是劣种草；还有一种可能就是草没有长在阳光下，它就是不绿，你怎么浇水它都不绿，所以现在那里变成什么样了呢？土、草混在一起，黄成一片，真的是惨不忍睹。

如果真的要追究的话，也是可以追究的。我们是纳税人，我会问："这条路到底做成什么样子了？"但问题关键在哪里呢？问题在于政府政绩，这一块仍然算绿化，是有面积的，所以他不管这块地绿不绿，也把它算进上海的人均绿化成就中。这样一种观点，跟人们真实的需要差太远了。依我看，你真要做的话，高架桥下面你就做成自行车道、人行道，多好，道路又通，又可以给自行车一个安全的地带。中环线有多长？四十多公里，居然不设自行车道，我不知道当时规划的人怎么想的。

这片就是"新天地"，上海最豪华的公寓。这是我家门口的路，两边对照一下。对面的是原本的路，还没有改造的。原来一个一个的门面全都没有了，这一片 block 全部变成了围墙。上海的城市就是这样，原来的那种尺度改变了，原来到处可以通的空间现在不通了，道路也隔断了，小区也隔断了，所以上海现在变成了一块块的黑洞，一个小区就是一块黑洞。

　　大家会想到安全问题，我今天不讲安全问题，我说过今天要简而言之。大家都希望小区安全，就像北京大学需要安全，所以就要禁止外面的人进来，要外面的人预约，我觉得这种做法不对。这样一来，现在城市变得不像一个城市，你发现一块块的都是"非请勿入"，都是私人财产，城市本来到处都应是畅通的，现在到处不畅通了，所以这在空间上带来很大的问题。这让城市变得非常乏味，非常单调，非常没有生气，而且交通也不方便了。这是被围起来的弄堂，大家看到这幅图了吗？弄堂都被围起来了。

　　还有汽车高架桥，我们对上海的汽车高架桥提出了许多批评。以汽车为本的城市高架道路不仅割断了自然空间，也破坏了社会生态，它把适于人们彼此遭遇和交往的街道变成了只对汽车方便的快速干道，又把有机的社区分割成彼此难以互动的部分，损害了城市生活的社会有机性。

　　街角在城市的空间设计上是非常重要的一个环节，是很体现水平的，你们去看巴塞罗那的街角，都做得非常好。上海原来的街角建设水平真的很高，现在经常被一个很大的公司霸占，建成了一幢很大的楼，把街角变成公司的一个小花园。照片中是南京西路和黄陂北路路口的一个街角，这个街角已经不成为街角了，它给行人留下的空间非常小，行人走过时一看这个架势就知道这个街角是这个公司的私家花园，不会停留，也不会去欣赏这个花园。

　　旁边这张照片上是青海路，上海电视台边上的一个路边设计，我说过它不完全隔断，对汽车扬起的灰尘有一定的阻挡作用，同时又便于人们在那边休息观赏风景。这在我的眼中是做得非常好的一个，不知在专家眼里这个做得怎么样。大家说城市以人为本，但人有穷人富人，老百姓和做官的，开车的和步行的，中国人和洋人，我在2005年就写过一篇文章，追问城市以人为本到底是以谁为本？

（五）绿化为生活还是为展示？

　　这两个地方（相关照片），一个就是我所说的人民广场上的一大片非常好的绿地，但是有标志说明"不准入内"，另一个就是我在加拿大拍的一块没有边的草地，人们可以在上面做各种各样的活动。所以做绿化到底是为了生活还是为了展示，这是一个问题。绿化也是景观的一部分，中国城市运动很大一部分就是景观运动。景观不只是物，也是意识形态。

六　人文空间面面观

　　上海有个大工程——五角场，我们学校就在五角场附近。五角场现在是上海的一个商业中心。但我认为五角场讲得"不灵"。作为一个商业中心，它有五个角，怎么做呢？不能把五个角割裂开，应该有一个非常便于流动的空间，让人很方便地从这一个角到另一个角。五角场本身在路面上就不好做，中环从中间穿过去，路被隔断了，那五个角该如何连接呢？它就把连接的功能全部放到地下空间。一到地下，人们的方向感就出问题了，会走很多冤枉路，人们就没有信心了，在空间里会迷失。人们在地面上，会有各种各样的标志物作指示，很容易确定方向，一到地下全部是室内空间，人们怎么来确定方向呢？而且商圈又有五个角，所以中环从这里穿过，本来就是个错误。另外还有一条垂直的淞沪路是浅埋式的隧道，又是对商圈的一个切割，这两条鸿沟把五角场的商业中心隔成分离的碎片。

　　我还是用雅各布斯的话：快车道抽取了城市的精华，伤害了城市的元气。贯穿一个商业中心的快车道，怎样可以把一个商业中心变得方便呢？我认为这绝不可能。"道路成为鸿沟，切割了商圈的有机性。"而且五角场400步的街区没有多少可坐的场所。我估计商家是说我不要你坐，一定要让你跑到商店里来；他错了，如果到处有座的话，行人累了，坐一坐，会再返回去买东西。而且五角场里不能骑自行车，大学生都骑自行车，所以它对大学生很不友善，大学生就算有钱也不来买东西。五角场的交通也做得不好，五个口都有公交车站，把应该整个做成公交枢纽的地方，变得非常不方便。

　　下面我来举个例子。我紧接着五角场的交通，来看欧洲是怎么做的。这是赫尔辛基中心地带的照片（相关照片），我把这个中心叫赫尔辛基中心的中心。因为这个地方在赫尔辛基的中心，而这幢楼又是这个地方的中心。这幢楼我们叫它 complex，因为它是一个复合式的楼，像一个 shopping mall，什么都有。但它的特点在哪里？它的特点在它不仅可以承受所有的消费活动，又是一个交通枢纽。

　　赫尔辛基不大，所有的公交车到了这个中心，全部通过浅埋式的隧道进到这个中心大楼里面的汽车站，那里所有的车都有，并且被分为好几层。大家看到这些指示牌了吗？就是指示交通信息的。里面一个门就是一路车。它一共三层，最方便的一层是市内交通，再下一层就是市郊公车，再往下一层，就是地铁。所以赫尔辛基人坐公交车，坐地铁，他就坐到这个 Kamppi 中心，接下来就可以换乘到去这个城市任何一个地方的车了。并且从这个汽车中心上来以后，人们想买任何东西都可以买到。

它就相当于五角场中心，但比五角场做得好多了。人们到一个中心就什么事情都搞定了，那就完全是 accessible，没有障碍。而五角场要跑上跑下，跑到最后，去了一个地方另一个地方你就不想去了。五角场分得很开，本想做成一个商圈，但这种结构把商圈应有的有机性隔断了。

我特别强调我们可以将一个居住的空间变成一个社会交往、人性成长的空间。这张照片是我在瑞典拍的，住家的结构也就相当于中国的四合院，中间被围起来的就是一个社会交往的场所。我的朋友告诉我，他的孩子经常从门里面爬出来，爬到院子的沙坑里玩，他家的前窗子直接对着院子。这张照片我是从他家里面拍出来的。从这个窗子看出去就是那个院子，孩子完全在大人监控之下，很安全。这是他们整个的一个社区，有地方界限也有地方感。

我们讲人文空间很重要的一点是保留地方特色，这张照片就是上海的弄堂，大家看到都会有一种新鲜感。这张照片是哥本哈根，出自一张明信片的启发，看照片上房子鲜艳的颜色，是地处高纬带的北欧人对阳光的渴望。这是巴塞罗那的照片，哥伦布和高迪的城市，高迪是个建筑奇才，人们去巴塞罗那一定不忘去欣赏高迪设计的房子，高迪的建筑就成为这个城市的名片。

这张照片是费城。费城在美国历史上非常重要，是宣读《独立宣言》的地方，是美国独立战争时的首都，这是一个小小的街心花园，被做成一个美国独立战争史的展示，四周的墙上都有一些文字和照片。所以我们说一个人文空间会让你感到一种地方感、地方联系，更大地说，一个城市的历史是这个城市市民精神的一部分，一个城市的环境应能不断地进行历史的展示。

我们经常说，绍兴有很多小河，如果小河没有了，桥都没有了，南方的这种黑瓦白墙的建筑都没有了，绍兴的记忆在哪里？对绍兴的集体记忆就在书里面，而不在我们的感官和观念里。所以我们讲一个城市的集体记忆，它一定要体现在街区，然后才能成为一个街区的记忆，成为我们个人的空间经验，而这个经验实际上就构成了我们知识结构的一部分，构成了我们有意义的文化体验的一部分，也是我们身份认同的一个主要来源。

前面提到美国的新城市主义，下面诸点是他们的核心主张：行人第一，处处有便于步行的道路；紧凑的街区；多样性和混合的使用；各种类型与价位的房屋；有品质的建筑和城市设计；传统的邻里结构；便捷高效的交通；可持续的发展；有品质的生活等。

下面稍微讲一讲我在巴塞罗那拍的一条街道的照片，这是非常宽的马路，建造时把它隔成几段，它一下就变得可接近了。那次我在巴塞罗那开会，中间休息两个小时，我出来以后来到这条马路上，真的是让我大开眼界。我就在马路中间走，马路中间就是给行人和自行车开辟的。大家看到那个自行车的标记了吗？第一段，是非常窄的机动车道，便于马路两边的商店卸货和公交车停靠，而行人走不几步就能来到自行车道和步行道，马上就会觉得安全了。你可以在这样的路上尽情地走路，欣赏两边的景观，中间是快车道。再过去和这边一样，也是同样结构的马路。总体上，这条马路非常宽，但是你会觉得他们这么一做以后，所有的都各得其所，非常安全。这是我 2005 年拍得最好的一张照片。

我经常讲小贩体现了城市的生动性。但现在的做法更经常是为城市的整齐划一而驱赶小贩，最后这个城市就变得没有生气了。这张照片上是佛罗伦萨，街头艺术家在为行人画肖像。这是纽约第五大道上的一群拉美人。当时我真的被他们那种生活之简朴、前途之不定，而神情之乐观、乐曲之欢快感染了，听了以后马上就给钱了。这群拉美人觉得明天没事做不要紧，但是现在还是要唱。在纽约最繁华的第五大街唱，相当于上海的南京路——如果这帮人跑到南京路一弄的话，五分钟之内就会被警察控制，看第五大街，多热闹。

下面介绍两张照片。一是德国的弗莱堡，弗莱堡把原本是中世纪的排水沟变成了一个景观的小渠，全城都有，它又变成了行人和机动车的界线。另一张是上海的弄堂，街头和弄堂都应是亲切的环境。

最后两张照片，一张是在海德堡拍的，那里是自然生态与社会生态的统一。我在德国和奥地利旅行的时候，最大的感受就是他们都把鲜花放在窗口让行人看。我从来没有看到过已经凋谢的花，但是花肯定是会凋谢的，那他们是什么时候把花换掉的呢？我想来想去只能是在半夜的时候偷偷地换了，白天路人看到的总是鲜花盛开的景象。我在奥地利,在德国,在马丁·路德的家乡看过去,一路上都是这样。另一张是在萨斯堡拍的。萨斯堡我去过两次,它的农庄真叫新农村。我的同事有个农舍,他告诉我已经有三百年历史了。我想如果我们的农舍都这个样子。他们的财产三百年不变,这个社会的财富当然就积累起来了。

今天我给大家放了差不多一百张幻灯片,谢谢大家!

互动交流:

学生: 尊敬的于老师您好!我觉得我们的城市呈现出诸如此类的弊病,也是因为我们学习了西方,只是像桐乡学上海一样,没有学好。其实我们的老祖宗有非常好的人居环境理念,我们有"藏风得水"、"天人合一",或者说是风水文化。如果我没记错的话,大名鼎鼎的李约瑟博士曾经说过:中国的风水就是一门准科学。我的问题是:您怎样看待风水?它对我们的城市生活和人文空间的建设有可借鉴之处吗?

于海: 我对风水没有研究,但是我觉得风水跟我讲的影响生活的空间因素肯定有关系,因为风水本来就讲环境,讲朝向,我们讲空间的时候一定会涉及方向;讲风水的时候也会讲到环境之间的关系,这都是跟空间有关系的。但是我真的是没有研究过,所以不能有把握地说风水对今天城市的空间设计、改造有什么帮助。

但是有一点,我今天举了这么多西方的例子,我们一定要知道,我们在学西方的时候,我们也有我们自己非常突出的特点,比如我们的人口。比如说我们今天那么多的大学,在城市里到哪里去找空间?所以将它们建到郊区也是不得已而为之。

所以应该怎么做,这就需要设计部门、主管部门有一种具体的智慧、可实施的智慧。我自己学哲学,学哲学的人就是什么呢?就是把观点简而言之,所以我就反复强调,对于空间,我们不要只看到它的物理向度,它的工程向度,它的密度等,还要看到它的尺度和人的需求的关系。刚才林局长的话讲得非常好:空间一定要满足人的本质需要。所以一些好的空间你去了以后就会被它感动,就会流连不已,因为它真的因应了你的一种内在需要。为什么人们对一些有意设计的空间很不以为然呢?反倒是一些集市等自发形成的空间很有活力,我们需要对这点进行研究。

这位同学讲的关于风水的问题,我觉得倒是可以将它作为当代中国空间科学研究和我们今天所说的城市空间研究的一个重要元素。

学生： 于老师您好！您今天讲了空间设计的不合理，城市的设计割裂了人际交往，这只是因为那些规划造成了障碍。我们作为普通人，怎样去创造这种人文精神？我们可以做哪些事情去迎合"城市生活呼唤人文精神"这一主题呢？

于海： 我们今天讲的不是跟普通使用者说的，刚才讲人文空间的时候是讲给那些对空间的改造、设计有决定权的人听的，比如说发展商、政府部门、规划师、设计师。因为关于大的空间的设计建造，在现在的中国，老百姓基本上发不上言，所以老百姓只能在你空间做完了以后，自己按照自己的想法去用，把它变成一个对自己来说需要的场所。老百姓每天都在做，根本不需要去教导他们。

今天我们的公园、公共绿地，还有街边，每天早上、下午、晚上——我不知道绍兴有没有，上海现在很多——居民出来以后，跳舞、唱歌、社交，他们很会利用。当然，有时候会受到干预，说是影响到交通。但无论如何，我今天要说的是，我们今天空间的形态、空间的格局，它背后有政治，有发展理念。所以我们要检讨这些东西，通过检讨这些理念，让城市空间更加适应普通人的需求，这主要是对决策者、对发展商、对规划师、对专业人士说的。在座的各位，我也期望你们以后做城市规划，做发展商，做专业工作者，能够有关于城市规划和设计的一个人文主义的观点、人的尺度的观点。

所以对普通人来说，我们真的不需要对他们进行太多的教导，因为他们占有的空间本来就少，他们能用到的话，他们一定会尽量地用，一定用得适合他们自己的需要。所以我今天没有讲另外一个话题，这个话题是说，一个公共空间，普通人可以最终将它变成一个社交的场所，变成一个社会空间，普通人每天都在做这种空间实践。

学生： 于教授您好！刚才听了您激情洋溢的批判，通过您的报告，我们也了解到现在社会中有很多空间布局的不足，但是现实的运作就是"文化搭台，经济唱戏"。正如您今天演讲的标题"城市生活呼唤人文精神"，我想问：我们一直都在呼唤，但是这种人文精神何时才能回归？谢谢！

于海： 我今天讲的是理念，我们今天遇到的是另外两个东西——利益和权力，大家会想理念遇到利益和权力的时候是不是就

443

变弱了？不！有时候理念会转变成利益。

我举上海最新的例子。上海有一个田子坊，现在被改造成了一个中外闻名的场所，创意产业园区，新的时尚中心、休闲场所。田子坊和"新天地"最大的区别就是"新天地"基本上是一个假古董，田子坊就是由一片民居改造成的，里面大的结构不变，外面的装扮都不变，做得很成功。这个成功里有很多经验，很重要的一条经验就是，对于空间的改造，仍然会有两个大的因素决定它的走向，一个是利益，一个是权力。

没有权力就没有办法做决定，各级政府仍然掌握着空间的生杀大权，这是毫无疑问的。但问题是，当这些掌握决定权的官员们接受新理念了，那么这个新理念就会变成他们追求利益和追求发展时所衡量的因素，所以理念本身转化成了利益，这个利益就是上海的发展。真正吸引人的、真正有价值的，不再是大拆大建，上海要用创造性的、化腐朽为神奇的方式，让保护旧的理念激活，变成新的生活中心、新的创意中心、新的时尚中心。这是上海市政府，上海的市长、上海的某些区长们已经接受的东西了。

田子坊——上海的市委宣传部长去了，上海的市委书记去了，都说"好"。上海市长对田子坊的一位主要创业者说：上海在90年代，一年一个样，三年大变样，最后出现一个新上海，这很了不起，全世界都知道上海90年代大变样，很了不起。他说斯德哥尔摩有一片地方，不到一平方公里，一百年不变，同样了不起。原来上海拆得太多，现在要不变，但这个不变，不是完全不变，而是怎么保留我们原来的脉络，使之能够为今天的经济、今天的文化生活服务。

因此，理念有用吗？有用。理念在流行，现在很多官员都接受了，我们明天会请林局长讲讲绍兴古城保护和发展的平衡的模式。这就是一种保护，我们市政府也接受了。当一种理念已经成为一种社会共识的时候，原来少数人的理念就会变成政府决策时的一个依据了。这时候城市的发展、政府的政绩和其他利益都跟这个理念结合起来了。所以我们要相信理念。我坚信，我们做的工作就是讲理念，我们不断地讲，最后大家都在讲，等大家都讲的时候，政府就会去做了。

（根据录音整理，已经本人审阅。整理：黄锟拉　林佩芬　张佳佳　吴敏　卢丹）

田耀农

音乐学博士，教授。现任杭州师范大学音乐学院院长、浙江省高校重点学科（音乐学）负责人、浙江省高校重点专业（音乐教育）负责人、浙江省音乐家协会副主席、中国传统音乐学会副会长、中国音乐家协会会员、中国教育学会音乐教育分会理事、中国音乐美学学会会员、中国音乐史学学会会员。主要研究领域：民族音乐学、音乐教育学、中国传统音乐理论。主要著作有《皖西锣鼓研究》、《陕北礼俗音乐的考察与研究》等，发表论文《音乐教育应实施全面的美的教育》等数十篇，并获浙江省教育厅2006年高校科研成果奖一等奖、中国高等教育学会第六次优秀高教科研成果评选优秀论文奖等奖项。曾参加和主持国家"十五"课题《音乐教育促进大学生综合素质发展的多维度研究及学生主体参与型综合艺术课程实验》等多项重大课题。

谈美论丑探美育

（2008年3月25日）

各位同学、各位老师、各位同仁，今天我非常荣幸来到中国的文豪之都、文豪之都的最高学府、最高学府里的最大讲堂。站在这里我感到诚惶诚恐，因为我知道绍兴文理学院是个藏龙卧虎的地方，这里有很多优秀的同学、优秀的校友、著名的师长，所以我也是抱着一种学习、取经的态度到这里来的。

今天我要跟大家讨论的是一个人人都在说、天天都在说、没人不知道的老问题，题目就是"谈美论丑探美育"。特别是对一些从事教育的老师或者学教育——特别是学艺术教育的同学来说，这些词——"美"、"丑"、"美育"，几乎天天都要说上一两遍。

这个话题——特别是美和丑的问题，谈了几千年了，现在也没有谈出一个所以然来，本来也可以不要谈了，先做了再说。但是，又不可以不谈，为什么？因为2001年教育部颁布了几个课程标准，一个是音乐课程标准，一个是美术课程标准，一个是艺术课程标准，我们把它总称为艺术课程标准。基础教育课程改革里把传统的音乐、美术还有艺术并行地作为一个课程标准颁布以后，它们有一个共同的核心价值，就是审美。既然这三个课程标准都把审美问题作为课程的核心价值，那这个"美"的问题我们就回避不了，必须要谈。

本来我们可以从容不迫地等美学家们谈出一个所以然以后，我们再用他们的成果来办学。但是以这样的趋势来看，再等一千年也不知道能不能等出个所以然来。我们从事教育的，特别是从事艺术教育的，就不能够再坐等下去。与其坐等，还不如我们坐下来，谈一谈，思考思考。

"美育"这个词，实际上出现的年代并不是很久。18世纪末，著名德国诗人席勒在《美育书简》里首次提出"美育"的概念；中国近代教育家蔡元培提出"以美育代宗教"的教育思想。从席勒、蔡元培提出美育、实践美育以来，"美育"这个词在中国已经深入人心了，成为教育界使用频率很高的一个概念。

当代的艺术教育——美育，几乎成为音乐教育、美术教育或者是艺术教育的一个代名词。但是，美育到底是什么？我们有这么几个备选答案：美育是"美的教育"吗？美育是"审美教育"吗？美育是"美感教育"吗？

它到底是什么？美育是一个简称，它的全称到底是什么？我们不知道，说明对这个概念本身还没有完全搞清楚。如果连美育是什么都没有搞清楚，就要把音乐、美术、舞蹈这些艺术教育定位在这个没有搞清楚的美育上，那我们的教学效果是怎样的就可想而知了。我今天之所以提出这个题目，其初衷也就在这里。

那美育这个东西能搞清楚吗？我们搞不清楚"美育"的根本原因是"美"本身没有搞清楚，所以我第一个问题是"美是什么"。我们探究探究成天挂在嘴边的这个"美"，把这个问题讨论清楚——我在讲完以后，还会留半个小时给大家，共同讨论这个问题，人类已经讨论了两千多年也没弄清楚，当然我也不指望今天晚上我们就能讨论清楚。从现在开始大家就可以思考这个问题，然后我们就此再进行讨论。

一　美是什么

（一）美是什么

美是什么？实际上，很多先哲们都有过思考。比如俄国列夫·托尔斯泰说："'美'这个词儿的意义，在150年间经过成千的学者的讨论，竟仍然是个谜。"美，我们挂在嘴边上，人人都知道，甚至三岁的孩子当你问他美是什么，他都能回答，可是哲学家们、美学家们却回答不了。

我们再看看更早的人，比如古希腊著名哲学家柏拉图，他的《文艺对话集》里有篇文章叫《大希庇阿斯篇》，在这篇对话集里，他最后得出一个结论：美是难的。很困难，不知道怎么回答。

他为什么得出这个结论呢？当初，《文艺对话集》是借助他的老师苏格拉底和当时古希腊很著名的一个诡辩家——能言会辩之士希庇阿斯，他们两个关于美的一段对话，他把它收了进来，然后评价这两个人的对话，得出"美是难的"这么一个结论。

《大希庇阿斯篇》里讲到，苏格拉底去问希庇阿斯："希庇阿斯，我想向你请教一个问题。"希庇阿斯一看伟大的哲学家苏格拉底都来向他请教问题，感到非常高兴，就说："你说吧，问我什么问题？"苏格拉底说："我想向你请教一下什么是美。"希庇阿斯稍微思考一下，立刻做了回答："伟大的苏格拉底先生，我告诉你什么叫美——就是漂亮小姐。"苏格拉底不露声色地说："不是，我问你的不是那个美的东西，我是问美本身是什么。比如说这个漂亮小姐，小姐很多，但是是什么东西放到这个年轻的女性身上她就美了，把什么东西拿掉了她就不美了？因为并不是所有的年轻小姐都漂亮。什么东西放进去她就美了，把那个东西拿掉她就不美了，我问的是这个东西。"

这时候，希庇阿斯想了想说："那我告诉你，美就是黄金。"答案变了。苏格拉底又反唇相讥，他说："雅典娜神像不是黄金的。"因为在希腊人眼里，雅典娜是美的化身，恰巧是个石头做的，那是他们作为最美的一个象征、一个代表了，却和黄金一点关系都没有。

447

他们讨论来讨论去，希庇阿斯提出的一个又一个答案都被苏格拉底——否定掉了。美到底是什么呢？不知道。所以，柏拉图说"美是难的"，这个东西你不说还好，你一问就糊涂了。

美的本质这个问题的复杂性不在于人们不知道什么是美，而在于美的答案太多，并且这些看上去彼此矛盾的答案又各有其合理性，我们往往难以从中挑选出一个排中性的答案。答案太多了，反而不知道哪一个是。

那么，我们现在把这众多的答案归纳一下的话，有三大类：

第一，从物质层面探讨美的本质，认为美是客体对象的属性。比如说它的形状大小、色彩对比、比例、光泽度等，那就是从物理的层面、数学的层面、光的层面去讨论美。我们通常把它叫做客观的美，认为美是客观的东西。

第二，和这个相反的一种观点，从精神层面探讨美的本质，认为美是审美主体的意识。中国著名美学家朱光潜做过一个非常形象的比喻，他说："你说这朵花是红色的，这没有什么争议，因为花瓣反射出的光波的波长我们可以测量，所以我们可以证明这朵花是红的，这是它的物理属性。当我们说这朵花美的时候，我们就很难确定是一个什么基因或者因子决定了这朵花是美的，往往提取不出这个美的因子，不知道为什么这朵花是美的。"所以这里面也包含着美是审美主体的意识这层含义。

第三，从主客体的关系层面探讨美的本质，认为美在于主客体之间的关系。

这是我们对成千上万个关于美本质问题的讨论初略地归纳成的三个方面。

我对于美的思考是这样的：

第一，美首先应该是人类特有的一种判断方式。这种对美的判断方式不同于理性的逻辑判断，它无须推理和证明，它只是一种感性的、经验性的直观判断。就是说判断一个对象美不美的时候，不需要去推理、论证，一眼就能判断它到底美还是不美。我们拿到一个审美对象的时候，决不会想一想这家伙美不美，不会去问一问这东西美不美。无须这样做。拿到手里，看到眼里，听在耳朵里，美不美立刻就可以做出一个判断来。不需要去推理，不需要去讨论，它是一种感性的、经验性的、直观的判断。

第二，美的判断必然依据一定的标准。那么根据什么标准来判断、认定它是美的呢？要做出这个判断，总是要有一个标准的，这个标准也就是美的价值标准，或者我们简称为"美的标准"。什么标准？这里我就提出一个标准，这个标准就是"贵"。现在物价正在上涨，我们对"贵"这个词都很有感受。美的判断标准就在于"贵"——当然和物价的"贵"不是一个概念。

那什么是"贵"呢？俗话说物以稀为贵，价格上涨是由供求关系造成的，就是说，之所以蔬菜价格上涨，是因为我们需要的蔬菜和卖的蔬菜的供求关系偏向于卖菜的——卖菜的少买菜的多，我们叫卖方市场，这个时候价格就贵了。如果是买方市场，也就是说卖菜的多买菜的少，它就贱了，便宜了。中国有一句俗话讲得很有道理：物以稀为贵，稀就是少。所以，凡是贵的事物或者现象，与同类相比——一定要是同类——它永远是绝对的少数，事物或者现象只有具有了贵的价值以后才可能成为审美客体。

第三，并非事物或现象具有了贵的价值就一定是美的，它还必须具有真和善的前提。所以要让我给美下一个定义的话，美乃是真善贵的统一。

我们通常说什么是美？美就是真善美。这是循环定义。真善美的"美"和美的"美"到底怎么说呢？我们总是说真善美，又说美的东西就是真善美，这就循环定义了，逻辑上讲不通。

什么是美？美就是真善贵。我们说真和善是美的前提，不言而喻，那如果要简洁地给美下定义，就三个字——美为贵。

"美为贵"这个定义可以解释一系列审美难题。我们现在就来看一看"贵"到底是什么东西。"贵"就是一般基础上的不一般，若脱离了一般的基础，"贵"就转化成了"怪"。

我做过一个实验，我的一个研究生跟我去做过很多次这样的实验，实验做起来很简单，在幼儿园小班和中班的孩子前，拿出五个塑料球：四个黄色的，一个红色的。这五个球体积、材料都一样。把五个塑料球的次序打乱，随机排列后放在讲台上。让幼儿园的孩子们一个一个用耳语告诉我们，他认为这五个球里哪一个是最美的，我们一个一个记下来。然后到另外一个班去，还是五个球，这时候不是四个黄的了，而是四个红的一个黄的，然后再做同样的记录。得出来的结果，百分之八十的孩子都认为那个唯一颜色的球——有可能是红的，有可能是黄的——是最美的。也就是说，这五个球同类当中有一个球是唯一一样颜色的，它就具备了贵的价值。它具备贵的价值以后，我们就认为它美了。

我们现在说美女、美人，根据什么做出判断呢？我们也做过这个实验,把摄像机放在西湖边的栏杆上,让游人随机地从摄像机前一个一个走过。这一轮从一百个女性中选出美女来,当然也可以选美男。选美女的时候,第一个女性过来,我们说第一号选手过来了,又过来一个,第二号选手、第三号选手、第四号选手……我告诉我的十几个研究生:你们要做的事情就是,你认为哪一个美,就给她的号打个勾。等一百个女性走完了,选美活动就结束了。因为西湖边人很多,三分多钟就有一百个女子走过去了。我所关注的不是他们到底选了哪几号,我就问他们一百个当中选了几个。最多的选了五个,有的只选一个,还有的标准太高,一个都没选。然后我们再选美男,那就更苛刻了,比美女比例还要低。美女在众多的女性当中永远处在绝对的少数,美男在男性当中也处在绝对的少数。

当我们在赞扬雷锋精神的时候,当它作为一种社会的美、一种思想的美、一种道德的美的时候,有这样一种思想道德的人也占整个人群当中绝对的少数。

现在父母疼爱自己的子女,孩子哭了,父母就跑过去给他吃、给他喝、哄他。媒体绝对不会说"多么爱孩子,真是美德"。为什么我们不去宣传它呢?因为大家都这么做,就不贵了,不贵就不美了。

但是,如果一个做子女的对长期卧病的父母无微不至地照顾,受尽种种磨难还照顾,这时候我们就会宣传它,为什么?因为它是一种美德,孝敬父母的美德。之所以要宣传它,之所以说它是美德,是因为大部分人都做不到,只有少部分人做得到,所以它是美的。按我们中国的传统,父母都知道爱子女,子女们对父母的爱就不一定了。不是今天独生子女时代是这样,其实在我们上代、上上代也是这样。

这里说一个笑话。我到乡村去考察——刚才主持人说我研究民族音乐学——在皖西一个乡间考察过。过去农村到了春天——差不多就现在这个时候,没有拖拉机,要借牛来耕田,到养牛的人家去借。被借的人家心里很矛盾,舍不得,因为牛对一个农民来说是命根子。所以借牛的人就得打消他的顾虑,说:"你放心好了,你的牛我借去后,会当做我老子一样供起来。"这时候被借的人家就说了:"你这样说我真没办法借给你了。你要是把牛当老子看的话,我绝对不会借给你。"借牛的人说:"那你说怎么办?"被借的人家说:"你要是同意把这个牛当成你儿子那样来对待,我就借给你。"

我们说凡是被认为美的,它总是处在绝对的少数。绝对的少数不能脱离一般的基础，所以我说这个"贵"是一般基础上的不一般，是在多数基础上的绝对的少数，不能够脱离那个多数的基础。

比如说现在人们要把头发染成黄色的——当然我看今天同学里面比较少。我们讨论一下为什么把头发染成黄色。很显然，要追求美，那么为什么染成黄色就美了？我们还是从"美为贵"的观点来讨论这个问题。

首先，中国人都是黑头发，黄色的少，外国人黄头发多一点。外国人在我们中国人当中受到一种超国民待遇，因为我们1840年打了败仗，所以对外国人特别崇拜，只要是老外，总觉得他高明一点。其次，我们中国人生下来以后，在青春期以前，头发是黄的，进入青春期以后，头发越来越黑了，所以我们把青春期以前的小女孩叫黄毛丫头。人们把头发染成黄色有两种目的，一种是似乎有点外国人的血统；第二种是感觉很年轻，像小孩子一样。

最本质的就是大部分人的头发都不是黄的，有一点黄就显得很美。那是以一般的基础为前提的，哪个一般的基础？就是大部分人在孩童时期头发是黄的，外国人有一部分人头发是黄的；我们中国人大部分都是黑头发，黄色的头发只占少数，所以染成黄色的头发有一种美感，这种美感产生于它的少数。

（二）丑是什么

如果只讲美不谈丑，还是讲不清楚美。那丑是什么呢？

第一，丑也是人类特有的一种判断方式。这种判断不同于理性的逻辑判断，无须推理和证明，只是一种感性的、经验性的直观判断。这和美是一样的。

第二，丑的判断必然也要依据一定的标准，这个标准就是"怪"。什么是怪？"怪"就是同类事物中脱离了一般基础的不一般价值。"贵"是一般基础上的不一般，"怪"就是脱离了一般基础的不一般，也就这么一点差别。

接着上文的例子，如果我们把头发染成蓝色的、绿色的，这贵吗？"你不是说绝对的少数吗？"这就太少了。为什么呢？因为人类里没有绿头发，没有蓝头发。你染个绿头发、蓝头发，这个贵就脱离了一般的基础。脱离了一般的基础后我们叫它什么呢？叫"怪"。我们之所以反对奇装异服，就是因为它脱离了一般衣服的基础。我们要穿时装，时装是一般的衣服基础上的不一般。

第三，并非事物或现象具有了怪的价值就一定是丑的，它还必须有假和恶的前提，所以，丑就是假恶怪的统一。美是真善贵的统一，丑是假恶怪的统一。如果假和恶的前提不言而喻的话，那我们就说"丑为怪"了。中国人说"妖怪"，为什么呢？因为妖怪是绝对少数，从来没有，世上没有，脱离了一般基础，它就怪了。

第四，当美失去贵的价值后，就变成非美的"一般"。美不直接就变成怪，不直接变成丑，它变成不美。不美不一定丑，就是一般，大部分都是一般的。你说："田老师，你美不美啊？"我说："我不美。""你丑不丑啊？""那也不至于丑到不能见人。"无非不过是一般化了，就是又不丑又不美。其实大部分都处于一般状态，真正的美是绝对的少数。

当美失去了贵的价值以后，像我们说的人老珠黄。"你长得漂亮吗？""看看我年轻的时候说不定还可以，现在不行了。""现在不行了"就是因为失去了贵的价值。

我们说美永远只属于年轻人，上帝就这么安排年轻人的，让年轻人有一个美貌的容颜来掩盖他的种种不足。因为年轻人做事情没有经验，知识、修养、技术都不够，那怎么能够让他还受到社会的欢迎呢？于是让他有美丽的容颜。

当人们积累了很多很丰富的经验、很多财富的时候，如果这时候就离开人间，大家会很忧伤，"老爷子给我家创造了多少财富，怎么死了"。上帝就会想办法让他慢慢地变老。首先让他有一个丑陋的容颜，丑容渐渐呈现出来，看上去有点讨厌，一讲话口水、鼻涕就流了出来，满脸皱纹，皮肤没有光泽，眼睛是浑浊的，头发是稀疏的，牙齿也没有几颗了。除了在容貌上让他变得越来越丑陋之外，还要让他的性格也变得很丑陋，让大部分老年人都得上帕金森症，让他的情绪、行为变得有些古怪、不可理解，于是就"老小老小"，老年人像小孩一样不懂事了。如果说小孩子不懂事，上帝给他一个美貌的容颜，大家可以原谅他；如果说给老年人一个丑陋的容貌，再让他有小孩子的不懂事，那就令人接受不了了。

于是，什么时候死吧，死了就好了。他终于死了，他死了后这一家都解放了。之所以赡养、孝敬父母是美德，大部分人做不到，就是这个原因。它是有原因的，所以说上帝公平。他走了以后，我们也不至于因为他创造了这么大的财富，给家里作出这么大的贡献，而永远悲伤。也可以让他心安理得地去，他确实也该去了，走了还享福呢，我们自我安慰一下。其实老人自己、当事人一点都不想走，一点都不想去享福，但是也没有办法。

(三) 美与丑的关系

美与丑的关系其实是相互依存的。"丑就在美的旁边，畸形靠着优美"，美丑在一定条件下可以转化。刚才我说蓝头发很怪，因为人类没有蓝头发，但是如果很多人就是喜欢蓝头发，首先是卡通片里出现很多蓝头发的形象，然后我们也不断地去染蓝头发。蓝头发见多了，这时候，我们也可以接受一点了。可以接受三根，以后五根，再然后是十根，再搞一小撮，渐渐地我们过去认为丑的东西变得美了。

我是搞音乐的，在音乐里也有美与丑的转化。比如20世纪初期的时候，外国列强到中国来，听中国的音乐，特别是听到中国的锣鼓，他们会想："世上怎么会有这么粗野、这么噪音的音乐？"对西方人的耳朵来说，简直是不可忍受。他们对于中国的音乐不但贬，而且贬得很低，认为这是奇丑无比的，没有比这更丑的音乐了。

后来，他们四五代的孙子到中国来了，有个搞音乐的英国人来中国，他很有意思。我跟他聊天，知道了他很喜欢听中国的小锣。我问他为什么觉得小锣好听。他说，经过考察，他觉得中国的小锣是迷人的小锣，特别是京剧里走花步，台、台、台，太美了。我说："我们中国的音乐比你们西方的音乐不知道进步多少。"他问为什么。我说："你们的音乐一开始是单旋律的，然后把两个音结合起来，再把三个音结合起来。接着是四个音、五个音、六个音结合起来，以至于十二个音发出来。有时十二个音还不够，甚至有二十四个音同时发出来的。"我又说："你测量一下小锣，'台'，这一下里面包含了多少音高。这比你们高级多了，你们还处于初级阶段呢。"我的话让他听得云里雾里了。

为什么会出现这种转化呢？这是因为在西方音乐不断发展的过程中，他们的美丑观发生了转变。四五代以前的人听上去感到不可接受的音乐，等到四五代后的人再来听就觉得非常美妙了。

其实我们中国人也是这样的。我们一开始听到西方、港台那些流行音乐，尤其是一些爵士风格的音乐时，感觉简直是一片嘈杂，甚至对一些歌手唱歌用"鬼哭狼嚎"、"声嘶力竭"来形容，以说明这些音乐是如何的不可接受。但是，渐渐地这些原来认为很丑的音乐听着听着就不丑了，听着听着就觉得美了，再听着听着就爱上它，非听不可了。这就发生了美与丑的转化。

美与丑转化的本质就是渐渐具备了一般的基础。我们为什么觉得它丑呢？那是因为它脱离了一般。但是我们不断地接触，让它把一般的基础补充上，这时候丑的东西也就变成美的了。

同时，美也可以变成丑。失去了一般的基础，美转化为非美，就是一般化。一般化再向后发展，渐渐地变得怪了。老年人都怪吧？那个怪就脱离了一般的基础，于是渐渐地觉得丑了。

罗丹有个作品叫《老妓》，表现的是一个骨瘦如柴的老年女性，身上几乎就是一副骨骼披着一张皮，所有的骨头都显露出来，非常瘦，大家都认为这是一个奇丑无比的形象。罗丹给它起了一个名字叫做《老妓》，也就是说这个女人是一个妓女，那意味着她年轻的时候倾国倾城，老了变成了如今这个形象。所以后来人们在评价罗丹这个作品的时候，称它为"丑得如此精美"。于是丑转化成了美。

二 被审美是人之为人的本质内驱力

我讲讲被审美的问题。被审美是人之为人的本质内驱力。

我们先回忆一下《荷马史诗》。大家是否记得古希腊的一场战争——特洛伊战争？我们不去讲战争，我们讲战争的起因，与金苹果有关系。

古希腊英雄喀琉斯和海神的女儿忒提斯结婚。那时候的希腊，人和神的界限不是很清楚，人可以请神到家里做客，神也可以请人帮忙办事情，不像现在人和神的界限那么明显。喀琉斯和忒提斯举行婚礼的时候，诸神都被请来参加他们的婚礼。但是他们没有请争执女神厄里斯来，怕不吉利。所以厄里斯很不高兴，"你不请我我也来"。厄里斯也去了，在桌子上放下一个金苹果，马上就走了。金苹果上面刻着几个字：赠给最美的女人。大家一看苹果，说是"赠给最美的女人"，于是都开始争了。

争到最后，有三个女神不分上下，一个是宙斯的妻子天后赫拉，一个是智慧女神雅典娜，还有一个是爱与美的女神阿佛洛狄忒。她们三个都认为那个金苹果属于自己，于是争了起来。后来这个官司就打到宙斯那里去了，宙斯看看自己的妻子，看看雅典娜，再看看阿佛洛狄忒，感觉都差不多。他自己拿不了主意，于是就找了一个人来做裁判，这个人就是特洛亚王子帕里斯。

三个女神知道要让帕里斯做裁判，于是就去行贿，想买通帕里斯，让他把金苹果判给自己。赫拉首先去许诺，她说："帕里斯，你把苹果判给我，我就让你做世间最伟大的君主。"女神的承诺一旦说出就得实现。于是帕里斯说他要想想。赫拉走了以后，雅典娜来了，她说："帕里斯，你把金苹果判给我，我就让你当最伟大的武士。"在古希腊时期，哪个力气最大，哪个也就是最伟大的君主了。这是雅典娜给他的许诺。第二个行贿的刚走，第三个行贿的又来了，爱与美的女神阿佛洛狄忒说："帕里斯，你把金苹果判给我，我就让你娶人世间最美最美的女子。"这三个女神走了以后，帕里斯就在想：我是做最伟大的君主呢，还是去做最伟大的武士，还是娶一个最美的女子为妻呢？权衡来权衡去，他决定答应第三个。

那么阿佛洛狄忒就必须履行自己的诺言了，因为金苹果已经判给她了。可是有麻烦了，因为当时最美的女子海伦已经出嫁，成了希腊王国的王后。但是女神也要履行诺言，阿佛洛狄忒就使用她的魔力，趁着帕里斯访问希腊城邦的时候，让海伦迷上他。就这样帕里斯带着海伦回到了特洛亚。于是开始了战争，因为要把海伦夺回来。这就是《荷马史诗》里描写的特洛伊战争的起源。

我们现在不说《荷马史诗》，说说这三个女神为什么那么想要那个苹果呢？其实，她们不是要那个苹果，她们是想通过那个苹果得到"最美的女人"的称号。对于这，我们中国人有句俗话叫"爱美之心人皆有之"。我们现在就分析这句话，我们"爱美"，是爱那个美的对象呢，还是希望自己成为那个美的对象被人所爱呢？两个选择，一个是那个很美的东西，人人都在欣赏它，非常希望得到它；第二个选择是让你成为那个东西，让人人都想得到你，你被别人想得到。我不知道大家选择哪一个。这三个女神的选择都是后者，她们都希望成为美的对象，要不然她们要那个金苹果干嘛。

其实我们也都是这样的。花多少钱都愿意去买衣服、化妆品，还去做美容，甚至去做手术，都是希望把自己变得美一些。可是花费的这一切，只是在镜子前的那一瞬间，自己可以享受，绝大部分时间里，都是被别人享受的。可是人们愿意。我父亲讲了一句很有趣的话："你们太蠢了，花那么多钱买这些衣服让我穿给别人看，太不划算了。"我们说我们愿意，愿意成为美的对象被别人爱。

我就把这种现象叫做审美的负概念——被审美。我们一方面审美，另一方面还希望被别人审美，成为美的对象被别人欣赏，并且这比去欣赏美更重要。我把这种情况称为人之为人的本质是被审美意识的觉醒。

人为什么是人？关于人的本质问题今天晚上讲不完了。人没成为人的时候，身上都长着毛，是一群猿。恰巧在这个猿群里，有一个猿有一天冒出一个念头："我有什么办法，能让别的猿欣赏我呢？"它有了这个愿望，就是希望别人欣赏它。它有了这个意识就已经不得了啦，说明它快要变成人了。它怎么才能实现这个愿望呢？看到旁边树上有根树藤，它就把树藤拽出来，在腰里打个圈，把树藤系在腰里。当它腰里多了这根树藤的时候，其他和它进化水平接近的猿都用惊异的目光看着它，它的目的实现了，很高兴。这时候其他的猿实际上也差不多有了它的这个意识，于是就思考：原来腰里多了这根树藤就可以被其他的猿来欣赏，那我也这么干。于是大家都这么开始干。

　　当大家都这样干的时候，这个美也就变成了一般——原来只有一个，现在都是了。这就不行了，于是它们思考要找一个别人不是那么容易做到的，以此来被别人欣赏。树藤太简单了，要找一个别人不是那么容易找到的、能够长期被别人欣赏的东西。当时最难得到的东西是什么呢？是野猪的下巴颏骨头。把野猪打死，把野猪下巴颏骨头上的肉剔掉，然后挂在脖子里。野猪对于原始人来说是最凶猛的对象。一个猿想要干掉它，是非常不容易的，只有合作或很勇猛的人才行，这也就是说要获得野猪的下巴颏骨头是非常不容易的。如果拥有了下巴颏骨头挂在脖子上面，这时候被审美的时间要维持很长时间。

　　于是人终于成为人了。为什么？因为假设这时候突然来了一只野猪，如果是只老虎，它肚子饱了，就不会再去吃野猪了。而猿不是这样的，刚刚吃饱，又来了一个，还是把它干掉。干掉它不是要吃它的肉，而是要获得它的下巴颏骨头。也就是说，它不是为了吃这头野猪的肉，而是为了获得那个根本不能吃的，但是对它们来说更重要的野猪的下巴颏骨头的时候，它的行为就不是捕食了，而是我们所说的劳动。

　　恩格斯说："劳动创造了人。"这才是劳动，获取食物不是简单地为了维持自己的生命，而是为了实现被审美的愿望，此时它所采取的行为就是劳动行为。人正是有了这种劳动行为，所以人才成了人，劳动不是为了谋生，而是为了实现被审美的目标。再笨的女孩子，也知道把妈妈的口红拿来涂一涂，对着镜子把头发梳一梳。但最聪明的狗，它也不知道到外面摘朵花插在头上去讨主人的喜欢。如果你家里养的狗知道把花摘来放在自己的嘴上，以得到主人喜欢，那你家的狗就真的快要成人了。狗永远也做不到那一点，但最笨的孩子都做得到。所以说人与动物的区别就在于人有被审美的意识。

有了被审美的意识，人脱离了动物，就有了不断进取、永不停歇的精神，没有满足的时候，所以有人说人贪婪。人类贪婪什么？他不是要获取财物本身，而是要获得被审美的价值。所以一些大老板们挣了很多钱，会捐建一座教学楼什么的。我们觉得他们很了不起，是慈善家。其实他们是希望通过这样的方式实现自己被审美的价值，想让我们审美他，在我们的审美过程中得到一种满足。所以我们说劳动的本质就是实现被审美的愿望。

三 什么是美育

现在就谈谈第三个问题：美育。美育到底是什么呢？我们并不是很清楚，但有一点是很清楚的，那就是它与审美有关系。特别是我们的三个课程标准——音乐课程标准、美术课程标准、艺术课程标准，都把审美作为课程的核心价值。

为了实现审美价值，我们的课程怎么做呢？比如音乐，怎么去实现音乐的审美？音乐是听的艺术，我们就去听。于是把学生召集到课堂里来，老师放音乐给大家听，以听为主，欣赏。如果是美术，那么坐下来，给学生看一幅画，这画怎么样，谁画的，什么样的线条，什么样的色彩，光线怎么样，画的是什么样的东西。当然也有可能什么都不是，只是让你感受。现代的美术作品很多是看不出什么来的，你不知道画的是人还是鬼，往往就是几个线条几个色块，你说这画的是什么呢？看不懂？那你就是老外，也太落后了。就像音乐一样，你想从音乐中听到什么吗？审美，你得到美的感受了。这就是审美吗？如果是这样的话，我们的教学效果能好吗？

其实我们的基础教育面临这样一个问题，那就是我们到底审什么美。现在有两种关于艺术教育的哲学思想，其中一种叫做审美的哲学，我们现在的三个基础课程就是基于这个的。

这个哲学基础的"始作俑者"就是美国的一个音乐教育理论家雷默，他访问过中国三次。他写过一本书《音乐教育的哲学》——可能我们学音乐教育的同学都知道有这本书，专门阐述了音乐哲学的这个价值。我们课程标准的设置很大程度上是受这本书的影响。

讲到西方哲学的体系，我批评一下"假洋鬼子"们，特别是那些所谓的"海归派"们，他们以为到外国取了真经，对西方音乐哲学如获至宝，然后到中国来炮制一个课程标准。炮制出这个课程标准来也就罢了，可是要想想这个音乐哲学基础又是建立在什么哲学基础之上的呢？

西方人、美国人的核心价值观是个人主义、自由主义，就是人的自由是不受限制的，要不他们怎么会一直跟我们打人权牌。包括最近出现的西藏问题，他们也一直想把这与人权拉在一起，说我们的人权记录不好。当然这次它搞得很失败，由坏事变好事了，现在西方媒体已经出来道歉，因为造假。自由主义、个人主义的哲学基础造就了雷默这样一种哲学基础。那我们中国呢？我们中国人现在崇尚共产主义、集体主义的价值观，简单地说就是我们自己活着是为了要让他人活得更好。而个人主义、自由主义是首先要让自己活得好，让自己活得更好。

其实他们获得这个哲学基础也不容易，因为他们是通过人文主义的一次变革才获得的。在他们获得这个之前，他们活着不是为了自己，而是为了自己的死后。他们认为人生下来就有罪，要受尽种种折磨，把自己的罪过赎回去，然后就可以进入天堂。人活着就是为了死后进入天堂，所以不能享受，要尽可能地受苦受难。这很荒唐，但是人文主义改变了这一切，于是他们认为人就是要为自己活着。

可是我们中国人不是这样的，中国人最早崇尚的就是为他人。在共产主义还不知道在哪里的时候，儒家的经典著作《礼记》就提出了两种社会，一个叫做大同社会，一个叫做小康社会。大同社会才是古人的最高理想，小康社会是比较低级的社会了。大同社会是什么呢？"大道之行也，天下为公"，孙中山所说的"天下为公"说的就是大同社会。"不各亲其亲，各子其子"，什么意思呢？就是个人不只是去赡养自己的父母亲，也不只是为了抚养自己的子女，所有人的父母我们都要去赡养，所有人的子女我们都要去抚养，这才叫大同社会。小康社会是什么呢？叫"大道既隐，天下为私，各亲其亲，各子其子"。在小康社会的时候，个人就只去赡养自己的父母亲，只去抚养自己的孩子。所以我们今天私心重一点也情有可原，我们还在建设小康社会，还没有进入大同社会。大同社会跟我们的共产主义社会有天然的共同之处，所以说中国人有了大同社会的理想之后，接受共产主义思想是非常容易的。

我们是这样一种价值观，和西方的价值观不一样。我们在这样一种价值观的基础之上，去嫁接一种个人主义、自由主义哲学思想的这种雷默的审美观，然后再设计出我们的课程标准来，你觉得会不出问题吗？就像我们看《济公传》，济公对管家说把你的腿接到你主人身上去。接好了，管家说我没有腿了。济公说把狗的腿接到你身上去。狗又没有腿了，那就用泥巴做条腿。所以管家就叫狗腿子，狗呢，是泥腿子，撒尿的时候要把腿翘得高高的，要不然会把腿冲坏掉的。这个嫁接就相当于我们的音乐教育、美术教育、艺术教育，把另外一条腿接到不该接的腿上去了，这就麻烦了。所以我们就在痛苦中受折磨。

还有一种哲学叫实践主义哲学。怎样把美体现在我们的艺术上、体现在其他的美育教育上呢？不是去欣赏、鉴赏美的对象，而是通过自己的行为，主要是艺术行为，来得到别人的审美，即我们所说的被审美——但是实践哲学没有提出被审美的概念。它认为接受艺术不是被动地接受，而是主动参与，得到艺术的享受。这个艺术的享受，也可以说是美的享受，更准确地说就是在创造艺术活动的过程中，得到别人的赞赏，我把它叫做被审美的享受。被审美，我刚才说了连女神们也需要，人之为人的本质就是被审美意识的觉醒。

我们中国是非常注重实践的，所以中国人没有什么宗教观。我今天可以请耶稣，"今天感冒发烧，请耶稣给我点药，让我感冒好了吧"。一转身，一个菩萨庙，"佛祖你要保佑我"。一转身，又一个道家的，就找太上老君。这就说明中国人信奉实用主义，不注重理论本身，所以也有西方人说我们中国人没有宗教意识。那么是什么意识？实用意识，不管三七二十一，有用就行。也有被贬低的，所以中国汉奸也比较多。就像抗日战争，打到最后不是中国人和日本人在打，而是中国人和汉奸在打。所以说这也是悲剧。

既然提出了被审美的概念，我就在这里提出来：我们的艺术教育，包括其他的大教育，还有一种就不是审美教育了，是被审美教育。被审美教育的含义指的是，我们的音乐、美术、舞蹈、语文、数学，包括其他所有的课程，要尽可能地通过教学活动让学生能够得到被审美的机会，满足被审美的需要。

我们的语文、数学课程能不能实现被审美教育？当然可以。比如说数学课，一上课，报一下昨天的测验的名次，张三第一名，李四第二名，王五第三名，这个时候，张三、李四、王五已经在被报到名字的过程中得到了被审美的享受。

可惜这样一种方式只能满足少数同学被审美的需求，而不能满足所有同学，剩下的同学也许永远实现不了。但他有这个被审美的需求，怎么能满足他呢？男同学就搞恶作剧，想放屁的时候把屁放得响响的。于是大家回头一看，哄堂大笑，他高兴了。就在大家哄堂大笑的过程中，他得到了被审美的享受。女同学呢，她的学习成绩实现不了被审美的需求，就讲究穿戴，奇装异服。

我说的也不是绝对的，但大部分成绩不好的学生，大多搞奇装异服。为什么呢？因为我们没有提供给他们实现被审美需求的机会。他们自己在找机会，难道我们不应该理解他们吗？如果我们给了他们充分的机会，他们还需要这样吗？如果老师能够通过一系列环节，让那些成绩不怎么好的学生也得到老师、同学的欣赏，那就是一个很成功的老师了。

在这一点上，尤其是艺术专业的老师更容易实现同学——所有同学的被审美需求。音乐教育可以通过音乐课堂教学来满足所有同学被审美的愿望。比如说，最简单的，我让第一组唱歌，让第二组欣赏；让第二组唱歌，让第一组欣赏。这本身就满足了学生被审美的需求，你欣赏我，我欣赏你。

但是有人说，如果五音不全呢？不唱歌还好，一唱歌不是被审美，而是"被审丑"了，因为本身不具备唱歌的条件，没办法唱歌。当过老师的都知道，小学的音乐好教，让他怎么唱就怎么唱，到初中就难了，高中就更难了。为什么呢？因为他知道即使不被审美也不愿意"被审丑"，也就是说他宁愿不做也不要失败。他越来越看重这个，被审美的欲望越来越强烈了，是这个背后的东西决定了他。

当老师遇到五音不全唱不了歌的，也可以设计环节。比如说我们现在要唱《卖报歌》，我就叫那个没有音乐天赋、一唱歌就跑调的学生用茶杯来敲节奏，"啦啦啦，啦啦啦，我是卖报的小行家"，这是他能够做得到的。我在上课之前就安排好，今天要唱"啦啦啦，啦啦啦，我是卖报的小行家"，你就这么敲，你管好这个就可以了，我们两个共同合作。我老师当然唱得好，当老师得到掌声的时候，这位最差的同学也得到了掌声。这样一来，说不准将来他就成为一个出色的鼓手了。

被审美，只要老师用心，总能让每个同学都能够得到被审美的机会。如果你这个老师这么做了，你的教学一定能够获得成功，你的学生一定会喜欢你，你的课也一定会上得很经典。

美育应是审美、立美、被审美的全面的美的教育，而不能只是片面的审美教育。

我就讲到这里，给大家多一点的时间提问。大家可以就我今天所讲的话题或者其他话题提问，我们共同讨论。

互动交流：

学生：田教授您好！我们在生活中总会听到"心灵美"，那么心灵美主要包括哪几方面呢？谢谢。

田耀农：美当然包括各个方面。心灵美往往被叫做内在美、精神美，精神美再提升一下就是道德美，心灵美可以提升为道德美。道德是我们行为规范的一种总和，就是我们应该怎么做。往往有人做不到，但是应该这样做。虽然没有法律的压力，但是有强大的舆论压力，这种压力让我们做一个有良好道德的人。这就指心灵美。

但是，之所以称为美就是因为这个东西难以实现。比如说，拾金不昧是心灵美的表现之一，当然，体现在行为上。比如今天一出去就看到一万块钱，这时候可以做一个实验，看看有谁愿意把这钱拿出来，大声地说："这钱是谁的？"如果愿意把这钱拿出来的人比例有50%以上，那么这就不算是一种行为美。如果只有10%甚至5%的人这样做，90%或95%的人捡到钱就走，那么这就是心灵美了。凡是这样一种被称赞的道德、一种高尚的内在精神，我们说都是心灵美。但是心灵美相对于一般，处于绝对的少数。

学生：田教授您好！我们常说生活中不缺乏美，而是缺乏发现美的眼睛。那么生活中我们如何培养慧眼呢？

田耀农：美确实就在我们身边，在我们身边可以发现很多美，可惜我们不一定能够发现。就是说我们的经验不足，一时不能够判断。我刚才说美是一种判断，这个东西美不美，一时不一定能判断出来。虽然我们说美是不需要推理的，是人马上能够反应的，但实际上有时是迟到的，有时甚至是错误的。

那么进行审美教育就有一定的意义了。为什么呢？通过审美教育让他渐渐知道哪些是贵的东西，哪些是一般的东西，哪些是怪的东西。他辨别了这个，自己就能知道、发现美了。特别是我们搞艺术创作的，谁不希望创造一个美的艺术作品？不仅是我们搞艺术作品的，哪怕是今天要出门前的形象塑造——我在穿衣镜前看以什么样的形象出现在世人的面前。谁不希望自己成为美的对象？那我们怎样来设计自己，怎样来想出发现美的办法？这就是发现美了。知道了发现美的办法就知道了美。这就需要我们观察、教育、引导。比如说你想把头发全都喷成绿色的，那么就收不到美的效果，如果你搞一撮黄的，说不定还可以。

要去比较、分析什么样的处在贵的，什么样的处在一般的，这在我们的心里是要有一个判断和选择的。我想如果这个原理我们能够熟练掌握的话，我们的音乐创作、绘画创作、其他方面的创作，说不定就可以少走一些弯路。

十年前，我和一个著名的作曲家在一起开会，住在同一个房间里，谈美的规律。我很敬佩这个老作曲家，结果他说："如果五年以前我跟你谈话，我的一些作品就不那么写了。"所以说美的原理可以指导美的创作实践。所以我一再说审美、立美、被审美是三位一体的、全面的美的教育。怎样发现美？就要通过全面的美的教育。

学生：田教授您好！刚才您提到中国音乐中的一些元素，西方原先是不喜欢的，然后再慢慢地喜欢。那么我想问：从中国汉朝的以细为美到唐朝的以胖为美，然后到了宋朝以裹小脚为美，从男人的角度来看，是男人审美观的变态还是有其他的社会原因？谢谢！

田耀农：美的标准是随着时代、空间（就是不同的地区、不同的民族）的变化而变化的，是不一致的。有的人认为是美的，恰巧有的人认为是丑的。那么为什么唐朝人以肥为美，汉朝人以瘦为美，宋朝以女人小脚为美？

这里面有深层的历史原因。要形成一个社会上共同的判断标准，有一些偶然的因素，偶然因素当中也有具有引导社会风尚的那些人物的爱好，推广起来可能造成美的一种标准。我们通常说上行下效，这放在美上也是可以的。也就是说，如果皇帝喜欢什么，接着人们也就喜欢什么了。我们现在没有皇帝了，明星喜欢什么，我们跟着也就喜欢什么了，于是我们喜欢的东西渐渐演化成了一种标准。

如果汉朝的皇帝偏偏就喜欢瘦的，于是就特别宠爱赵飞燕。如果这个皇帝正好喜欢她，普通百姓想，这么厉害的人都喜欢瘦的，于是也找了一个瘦的，渐渐地形成了一种审美时尚、时髦、风尚，于是这种时髦渐渐地推广起来了。到了唐朝，唐明皇偏偏喜欢杨贵妃，杨贵妃就长得很胖。

小脚我倒是没有考证过，这个问得我措手不及。我也不知道小脚到底是怎么来的，搞不清楚。我想这里会不会有类似的一层意思——小脚不仅是小脚的问题，关键是脚小了以后，走路的形态发生了变化？大脚姑娘走路是大踏步的，而小脚姑娘走路是一扭一扭的。我奶奶就是裹小脚的，走路的神态能够得到当时男人的喜欢。这样的人一般是什么事都不能干的人，是富家小姐。

我国的客家女人——今天福建、江西、广东有很多客家人，客家人也是我们汉族人的重要分支——是天足，天足就是不裹脚的。她们要劳动，裹了脚就不能劳动了。不劳动的人在封建社会往往是上流社会的，会得到更多人的关注，就像中世纪欧洲人的马蜂腰，很恐怖的，不知道胃到哪里去了。但是人们认为那是美。这里有各种很复杂的原因。

学生：田教授您好！我是音乐系大三的学生。最近基础教育课程改革关系到新课程标准，都涉及审美观念，现在艺术课程也谈及美学，跟哲学也有关系。您能不能介绍几本书让我们更多了解一些？

田耀农：确实，2001年国家颁布了九年制义务教育音乐课程标准、美术课程标准、艺术课程标准，之后我们整个基础教育的艺术课程教育发生了很大的质的变化，由过去的教学大纲时代进入了课程标准时代。

进入了课程标准时代，我们感到很困惑，因为我们的核心价值转变成了审美价值，我们的课程必须接受审美的检验。换句话说，我这节课让学生得到了审美没有？如果我做到了，那么我这门课就成功了，如果我做不到，那么这门课就失败了。

可是当我们用这个标准去检测我们上课情况的时候，大多数是令人失望的。像刚才那个同学说的，赵飞燕也好，杨贵妃也好，萝卜青菜各有所爱。我介绍这个作品的时候就只能介绍赵飞燕，如果这个时候李隆基在这里，就麻烦了，因为他不喜欢瘦的，他喜欢胖的，觉得赵飞燕丑死了。我们音乐教育目前就存在这样的情况，我们编教材的老师、教材决策者们认为贝多芬的第五交响曲很好，勃拉姆斯的作品也一定要听，但是你认为很美的是不是所有人都认为是很美的呢？你认为很美的东西对他们来说，他们做好准备了没有呢？如果没有，那你的这节课就很难说成功了。

我们的音乐教育还存在一种可悲的"皇帝新衣"效应。我们老师自己向学生介绍的、让学生审美的那个作品，老师自己到底认为美不美呢?"我不敢说贝多芬的作品不美,因为我是学音乐的,所有学音乐的都认为它很美,所以贝多芬的作品是最美的。如果说贝多芬的作品不美,那么说明我就不是学音乐的,是一个笨蛋,是一个与音乐没有一点缘分的人。于是我就不能这么说,所以我坚决认为贝多芬的作品是美的,也许其实我心里认为贝多芬的作品是不美的,我在家里也绝对不听他的作品,但是我也装得它很好听。"这里面是一种可怕的"皇帝新装"效应。

在我们的音乐教育里,在接受古典的、经典的、有很长时间的、传统的音乐时,确实存在这样的问题。但是我们的学生,就像《皇帝的新装》里喜欢讲真话的孩子一样,"哈,皇帝什么衣服都没有穿呢","啊,这个音乐不好听啊"。我们的学生才不管是贝多芬的还是莫扎特的,或者我就喜欢,或者我就不听,就出现了学生喜欢音乐而不喜欢音乐课这些问题。

这些问题的症结在哪里?症结就是我们把自己的审美标准强加给每个学生了,以为学生也会接受这样一个标准。这个审美标准不是说不对,但是接受起来需要一段过程。当他没有审美标准的时候,就拿这个标准去衡量,我们的教学就很难成功。所以我在这里强调要被审美,不能够只提审美。让学生参与到音乐实践当中去,尽管他音唱得不准,节奏不准,只要让他感觉到被审美了,感到喜悦了,就调动了他学习音乐的强烈要求和兴趣。他想,通过这个活动能够实现下一步的被审美的要求,于是形成一种良性循环。让他渐渐地提高了以后再说。

学生: 田教授您好!刚刚您提到美的标准是真、善、贵的统一。我想问:善和真是不是一定要成为美的前提?假画也很美,难道它属于真吗?您认为的美是指什么范畴的,是专指艺术和生活的范畴,还是文学领域也是同样可以适用的?

田耀农: 我们首先要想:善是什么?善就是对生存本体有好处,这就是善。对自己的身体有可能造成伤害的,就叫恶,就是假恶丑的恶。

比如最近新闻报道的华南虎造假。打个比方说,今天上午还在杭州野生动物园欣赏老虎,"这个老虎真威武,你看它的花色、威武的样子,真是美极了"。或者我们看这幅画,"画的虎真好啊"。可是我们这个讲座一结束,正好有一只马戏团的老虎跑到我面前了,那我现在能欣赏它吗?吓得要死了。那为什么我上午在野生动物园能欣赏老虎,而现在老虎在我面前我却不能欣赏它了呢？因为这个时候老虎不善，它有可能对我们造成伤害，美就无从谈起了。

再比如说曲线和直线。曲线有变化，我们说曲线美，而直线相对于曲线不美。这也需要有一个善的前提，也就是说这个曲线不能够对我们造成伤害。如果这时候从一个小布袋里冒出一条眼镜蛇就在我面前，"啊，多么优美的曲线啊！"你是欣赏不了它的曲线的。为什么呢？你知道被这家伙咬一口就完蛋了，它就可能给我们的生存造成很大的伤害。它不善，它恶，那美还从何谈起呢？最大的善是长生不老，最大的恶是即死，立刻死亡。

那我们说，凡是被认为美的，必然有个前提就是不能对我们的本体造成伤害。当然，有了这个前提，我们才能够谈美的问题、贵的问题。一旦没有了这个前提，就无从谈它的美，无从谈它的贵。所以必须要有这个前提。

还谈到一个假的问题。假画也很美，你不告诉我它是假的，我还真不知道，它和真的一样。当你告诉我它是假的时，我就不觉得它美了。这个时候的美已经不是美的原则了。当人们知道画是假的时，实际已涉及画的价格问题了，因为真画和假画价格悬殊，这已经不是美的问题。

我们有一个成语叫"买椟还珠"。有个人看到珠子很漂亮，价值连城，很贵。宝珠放在很精致的盒子里。这家伙很有钱。珠子要多少钱呢？100万两。好，买了，连这个包装盒和宝珠一起拿了。又看了看，破珠子没用，只把盒子拿走了。我们说这家伙笨蛋，值钱就值在珠子上，别看小石头一样的东西，就它值钱，怎么不要最值钱的东西，而把盒子给拿走呢？我说这个人才真正知道美。他完全是从盒子的形式、图案、色彩等的精致出发，而这个石头也就和一般的石头差不多。

我举个例子，我们从月亮上面拿回一颗石头，你说这颗石头贵不贵呢？贵。但是如果跟我们的雨花石来比，肯定是雨花石更美。所以美又有一种实际价值和它的形式之间的价值判断，形式美更重要。

我们说美是形式美，指什么呢？是它的形状、色彩、体积、比例、光泽是不是具备了同类事物当中不一般的特点。如果月亮上面拿回来的石头和我们看到的石头没有什么两样，你不告诉我是月亮上面的石头，我就会觉得根本没有什么了不起。因为它太普通了，和我们看到的石头没有什么两样，所以我不认为月亮上面的石头美。但是月亮上面的石头很贵。那我们所说的不一般到底体现在哪里呢？体现在形式的不一般，而不是真正内在价值的不一般。就像名画一样，我们知道它美，它的色彩、形式、线条美，这就够了。至于它是不是真的，那是你准备掏钱买的时候要考虑的。

学生：田教授您好！您认为美的标准是真、善、贵的统一，但是您又说美是人类特有的判断方式。这种判断不同于理性的逻辑判断，它无需推理和证明，它只是一种感性的、经验性的直观判断。真和善是一种内在的品格，您又说是一种直观的判断，这是不是一种矛盾？

田耀农：真、善是美的两个前提。一般我们认为这是一个美的东西的时候，它进入我们的审美视野的时候，真和善的问题都已经解决了。当真的和善的进入我们的欣赏层面时，这个已经不存在问题了。就是我们已经知道这个东西不会对我们造成伤害，不会是假的。当我们知道它是假的时，我们会觉得它的审美价值打了一个折扣，这个折扣不是美本身打了折扣，而是自己受骗了以后的一种痛恨。

我们说美女蛇，首先她是美的，对不对？后来发现了这家伙是一个毒蛇变成的，那就是说她有恶的层面在。有了恶的层面，这时候她就不美了，我们会觉得这家伙很险恶，很恐怖。当她具备险恶、恐怖、不善的时候，她的美的价值就消失了，就不能成为美的对象了。

我们说美是直观的、经验的，不是逻辑判断，是一种直接的判断，那是因为每个人有不同的经验，就有不同的判断标准。我国有一个很著名的文学家宋玉，和楚国的屈原是同时代的。他写了一篇著名的《登徒子好色赋》："东家之子，增之一分则太长，减之一分则太短；著粉则太白，施朱则太赤。"很巧妙也就是说，如果这个女孩子再高一点就显得太高了，如果去掉一点就显得矮了；如果再增加一点就显得太肥了，如果再缩小一点就显得太瘦了；如果涂点胭脂就显得太红了，如果涂点粉的话就显得太白了。宋玉答得非常巧妙，因为他并不知道楚王喜欢什么样的女孩子。如果说这个女孩子是高高的身材、大大的鼻子，要是楚王恰巧喜欢小个子、低鼻子的女人，就完了，楚王有楚王的标准。

所以我们各自在生活经验里都有一个贵的标准，这个标准每个人是不一样的，是没法讨论的。每个人通过生活经验慢慢地积累了这样一个标准，所以我说美是一种经验式的直观的判断，在判断的时候总是跟自己特有的生活经验联系在一起。审美教育其实也是帮助人们形成更高级、更广泛的审美判断的依据，通过美育，帮助人们提高审美和被审美的能力。

（根据录音整理，已经本人审阅。整理：朱敏　胡王达　魏幼娜　毛娟芬）

《风则江大讲堂》读者反馈卡

亲爱的读者,感谢您购买本书!请您填妥下表并把您的任何意见与建议告诉我们,因为这是我们共同期待的互动交流。

姓名:_____ 出生日期:_____年_____月 性别:_____
文化程度:_____ 从事行业:_____ 职位:_____
地址:_____
邮编:_____ 电话:_____
E-mail:_____

1. 您从哪里得知本书:
   □书店 □书摊 □报纸 □杂志 □亲友介绍 □DM
   □其他_____

2. 是什么因素影响您开始关注本书:
   □封面 □书名 □作者 □书评 □广告 □索引及目录
   □前言 □内容 □出版社 □亲友推荐 □其他_____

3. 是什么原因促使您决定购买本书:
   □作者 □内容 □书名 □前言 □索引及目录 □报纸书评
   □杂志书评 □广告 □封面 □亲朋推荐 □赠送他人
   □有文献资料收藏价值 □其他_____

4. 购买方式或地点:
   □大型零售店 □新华书店 □民营书店 □书摊 □书展
   □邮购 □直销 □赠阅 □其他_____

5. 您认为本书内容:
   □很值得阅读 □一般 □购买时认为很值得阅读,阅读后感觉一般
   □不值一读 □其他_____

6. 您认为本书制作需改进的地方:
   □封面设计 □版式设计 □印刷质量 □装订质量

□内文用纸　□其他_____

7. 您对本书中最满意的篇目有哪些？请试陈述理由。
_____
_____

8. 您对我们这套丛书有什么好的建议或其他的想法？（欢迎交流，如果文字过长，请另附函）
_____
_____
_____

　　谢谢您的大力协助，如有任何疑问与要求，意见与建议，请与我们联系。联系地址：绍兴文理学院宣传部张颖　收
　　邮编：312000　E-mail：zhangying@zscas.edu.cn